国际商务硕士(MIB)考试辅导用书

# 国际商务专业基础真题汇编及详解

（第6版）

科兴教育　编



中国石化出版社

## 内　容　提　要

本丛书是配合教育部命制的434国际商务专业基础考试大纲而编写的考试辅导用书，整个系列有《国际商务专业基础复习指南》《国际商务专业基础真题汇编及详解》两本，分别适用于第一轮和第二轮复习。

《国际商务专业基础真题汇编及详解》收集了51套最近7年(包括2021年、2022年)各大名校具有典型代表性的国际商务硕士434国际商务专业基础考试真题，并提供了参考答案与解析。本书在为试题提供参考答案时，尽量详细地解析相关考点，并且适时进行归纳总结，做到讲练合一。

本书适用于参加国际商务硕士(MIB)入学考试的学生，也可供高等院校国际商务、国际贸易等专业的师生参考。

**图书在版编目(CIP)数据**

国际商务专业基础真题汇编及详解／科兴教育编．—6版．—北京：中国石化出版社，2022.10(2023.3重印)
国际商务硕士(MIB)考试辅导用书
ISBN 978-7-5114-6894-9

Ⅰ.①国… Ⅱ.①科… Ⅲ.①国际商务-研究生-入学考试-题解 Ⅳ.①F740-44

中国版本图书馆CIP数据核字(2022)第173133号



**中国石化出版社出版发行**
地址：北京市东城区安定门外大街58号
邮编：100011 电话：(010)57512500
发行部电话：(010)57512575
http://www.sinopec-press.com
E-mail：press@sinopec.com
北京力信诚印刷有限公司印刷
全国各地新华书店经销
*
787×1092毫米 16开本 22.5印张 687千字
2022年10月第6版 2023年3月第2次印刷
定价：59.00元

# 前　言

本书是配合教育部命制的434国际商务专业基础考试大纲而编写的考试辅导用书，整个系列有《国际商务专业基础复习指南》和《国际商务专业基础真题汇编及详解》两本，分别适用于第一轮和第二轮复习。

《国际商务专业基础真题汇编及详解》第1版是2013年发行的。9年过去了，本书也出到了第6版。相比于以前的版本，本次改版主要体现在以下几个方面：

一、以大纲为主筛选试卷。434国际商务专业基础是由每个高校自主命题的，因此考查内容是有较大区别。有些侧重国际商务管理，比如对外经济贸易大学、东华大学；有些侧重国际金融，比如南京大学；还有的学校侧重贸易实务，比如东北财经大学、辽宁大学。为了提升本书的适用性，我们决定以教育部考试中心给定的434大纲为标准筛选试卷。本版本选定的51份试卷中，绝大多数都与大纲比较契合。当然，为了照顾个别高校考生，我们也选择了少量与大纲并不一致，颇具参考价值的高校试题。

二、以指定教材为准绳解析试卷。第6版收录了约1000道试题，我们为每一道试题做了详细解析。由于每所高校的参考教材并不一致，这客观上为试题解析增加了难度。为了保证解析的准确性，我们一般会查阅命题高校指定的教材来进行答题。当然，有部分开放性试题，我们也给出了相对权威的答案以供参考。

三、以应试为导向适度拓展。我们在第6版增加了一些“科兴点评”和“科兴提示”的插件，或简评试题难度，或推荐参考用书，或阐述命题规律，或归纳总结，或知识拓展，或说明题源。这些对考生的应试备考是大有裨益的。

由于图书篇幅有限，我们删除了部分命题重复率较高、时间较早的试题(2011—2015年试题全部删除)，删除的试题及其解析可以扫描以下二维码进行下载。

可以下载的试题名单见下表：

| 高　校 | 年　　份 | 高　校 | 年　　份 |
| --- | --- | --- | --- |
| 对外经济贸易大学 | 2011—2014 | 复旦大学 | 2011—2015 |
| 东华大学 | 2013—2014 | 暨南大学 | 2011—2014、2017 |
| 中国人民大学 | 2011—2012、2014 | 山东大学 | 2016—2017 |
| 宁波大学 | 2011—2012、2016—2017 | 深圳大学 | 2011—2012 |
| 西南财经大学 | 2014—2016、2018 | 华东师范大学 | 2014—2015 |
| 江西财经大学 | 2011—2012 | 云南大学 | 2011—2012 |
| 东北财经大学 | 2011—2012 | 辽宁大学 | 2011—2012 |
| 浙江大学 | 2011—2012 | 河北大学 | 2011—2012+2015 |
| 首都经济贸易大学 | 2011+2015—2016 | 南开大学 | 2011+2012+2014+2015 |
| 南京大学 | 2011—2014 | 浙江财经大学 | 2018 |
| 中央财经大学 | 2011—2015 | 上海财经大学 | 2011—2015 |
| 武汉大学 | 2015 | 中山大学 | 2015 |

由于编者水平有限，且时间紧迫，再加上各高校试题考试侧重点和参考用书区别比较大，本书肯定还存在诸多不当之处。如果您对本书有任何意见或者建议，可发邮件至275443204@qq.com进行反馈和沟通，我们定会及时回复。

科兴教育

2022年9月

# 目　录
# CONTENTS

**2018 年真题**



**2019 年真题**

# 对外经济贸易大学 2016 年 434 国际商务专业基础试题

一、单项选择题(每题 1 分，共 15 分)

1. 现金集中管理的原因不包括(　　)。

A. 提高资金收益率　　B. 防止过度支出

C. 信息优势　　D. 减少现金持有总量

2. 属于普通法系的地区是(　　)。

A. 新加坡　　B. 魁北克　　C. 日本　　D. 路易斯安那

3. 对外派经理的跨文化培训不包括(　　)。

A. 文化意识培训　　B. 文化经典培训　　C. 短期访问考察　　D. 语言培训

4.《简明合同格式》简称(　　)。

A. 绿皮书　　B. 银皮书　　C. 黄皮书　　D. 新黄皮书

5. 外汇风险的类型不包括(　　)。

A. 折算风险　　B. 损失风险　　C. 交易风险　　D. 经济风险

6. 最常见的企业组织结构不包括(　　)。

A. U 型　　B. M 型　　C. 矩阵型　　D. 蛛网型

7. 邓宁在国际生产折中范式中最重大贡献是关于(　　)。

A. 垄断优势　　B. 所有权优势　　C. 区位优势　　D. 内部化优势

8. 国际定价会因政府对一些问题的考虑受到监管角度的限制，这些考虑不包括(　　)。

A. 倾销　　B. 转移定价　　C. 垄断高价　　D. 平行进口

9. 管理责任保险不包括(　　)。

A. 商业犯罪责任保险　　B. 违法雇佣行为责任保险

C. 信托责任保险　　D. 董事和高管责任保险

10. 以下哪个不属于外联网？(　　)

A. 国际互联网　　B. 客户关系管理系统

C. 企业办公系统　　D. 供应链系统

11. 在 11 种贸易术语中有几个是专门用于装运港交货的术语？(　　)

A. 2 个　　B. 3 个　　C. 4 个　　D. 5 个

12. 在分析企业出口动因时，哪个原因不属于来自企业外部的被动因素？(　　)

A. 产能过剩　　B. 获得税收优惠

C. 国内市场已经成熟　　D. 来自国外的订单

13. 网络使得进出口的经营模式发生变化，其中属于进出口单据交换的交易流程是(　　)。

A. 交易前　　B. 交易中　　C. 交易后　　D. 交易前和交易后

14. 在供应链管理中，最关键的是(　　)。

A. 物流　　B. 资金流　　C. 信息流　　D. 商流

15. 形式发票的做法在进出口中，目前主要是(　　)。

A. 获得银行的认可　　B. 获得海关的认可

C. 获得买家的认可　　D. 获得卖家的认可

## 二、判断题(每题1分，共20分)

1. 上海、广东、天津、福建四大自由贸易试验区是区域经济一体化的第一层次。(　　)
2. 世界主要法律体系里包括部落法系。(　　)
3. TTIP是美欧之间谈判的“跨大西洋贸易与投资伙伴协议”。(　　)
4. 制度都是游戏规则，政治制度是一个国家在政治上如何治理的游戏规则，有民主制和集权制。(　　)
5. 利用国际避税港是进行合理避税的手段之一。(　　)
6. 多国中心的人员配备政策适合本土化战略导向。(　　)
7. 2013年签订的“巴厘一揽子协定”是世贸组织成立以来的首个全球贸易协定。(　　)
8. 专利流氓的存在有利于知识产权保护和社会福利的增进。(　　)
9. 区域经济一体化的贸易创造利益和贸易转移伤害都是针对非成员方而言的。(　　)
10. 当今世界各国的汇率制度都属于浮动汇率制度。(　　)
11. U型结构企业的国际化无须重视国内业务同国外业务之间的协调问题。(　　)
12. 历史上，很多美国企业从国际部转为全球产品分部机构后，都经历了国外销售额的下降，说明这种组织结构的变化过早了。(　　)
13. ERP的核心是财务系统和业务系统。(　　)
14. 主提单与代理行提单的主要区别是，前者一般是物权凭证，而后者不是。(　　)
15. 在互联网上可以跨境线上交易的基本上都是消费品，所以这等同于跨境网络零售。(　　)
16. 货物与商品不同，前者是市场客体，而后者是交易的标的。(　　)
17. 在信息系统建设和管理中，技术问题是第一位的，需要标准化的解决途径。(　　)
18. 电子数据交换是计算机之间的结构化数据的自动交换。(　　)
19. 影响信息系统本地化的因素不仅包括技术因素，而且包括很多文化因素。(　　)
20. 数据是对客观事物及其属性的描述。(　　)

## 三、名词解释(每题5分，共35分)

1. 出口信用保险
2. AIIB
3. TPP
4. 战略联盟
5. 单一窗口
6. 承兑交单
7. 直接标价法

## 四、简答题(每题8分，共40分)

1. 有关国际直接投资的理论被称作什么理论？主要包括哪些？它们分别侧重解释哪些问题？
2. 政治风险、政策风险和社会风险的区别与联系是什么？
3. 如何从多个层次表述文化的概念？
4. 定义战略的重要要素包括什么？战略的实施依赖什么？
5. 承包商在运用FIDIC合同条件时要注意哪些方面，以达到降低风险、增加收益的目的？

**五、综合题(共 40 分)**

1. 国际商务与制度因素。(20 分)

(1) 2015 年 11 月发生在法国的系列恐怖袭击事件能否被视为不同宗教或不同文明的冲突？为什么？(4 分)此类事件可能对当今全球化进程产生怎样的威胁？(4 分)

(2) 政府与政权有何共性和差异？(8 分)请根据这两个概念的提示，阐明“习马会”的地点被选定在新加坡的一层重要含义，以及为何两岸领导人互称“先生”？(4 分)

2. 民族文化与创新。(20 分)

跨国公司知识创新战略的具体实现方式主要有哪三种？(6 分)基于知识战略的跨国公司企业文化建设应注重哪三个方面？(6 分)个人主义与集体主义的不同价值理念同不同国家的文化有何关联？(3 分)国家文化可能怎样制约中国企业的创新活动？(5 分)

## 对外经济贸易大学 2016 年 434 国际商务专业基础试题解析

**一、单项选择题(每题 1 分，共 15 分)**

1. B。每一家企业都需要持有某些现金余额以备必须支付的账款和防范其现金流量不可预见的波动。对于国际企业来说，关键的一个问题是每一家国外子公司是否应该持有其自己的现金余额或现金余额是否应该放在一个集中存款中心。公司愿意将现金余额放在一个集中存款中心进行集中管理的原因大致有三个方面：①提高资金收益率；②信息优势；③减少现金总持有量。

2. A。普通法系也称英美法系或海洋法系，以传统、先例、惯例为基础，强调“遵循先例”原则。普通法系的分布范围主要包括英国(苏格兰除外)、美国(路易斯安那州除外)、加拿大(魁北克除外)、澳大利亚、新西兰、印度、巴基斯坦、新加坡、南非等国和中国香港地区。

3. B。对外派经理的培训通常包括跨文化培训，培训的主要内容包括：①文化意识培训，即熟悉所在地区的风俗习惯和基本价值观等；②短期访问，即给予实地考察机会，以做出最后决定；③语言培训。

4. A。《简明合同格式》，简称“绿皮书”。该文件适用于投资金额较小的建筑或工程项目。根据工程的类型和具体情况，这种合同格式也可用于投资金额较大的工程，特别是较简单的、或重复性的、或工期短的工程。此外，《施工合同条件》简称“新红皮书”；《生产设备和设计—施工合同条件》简称“新黄皮书”；《设计采购施工(EPC)/交钥匙工程合同条件》简称“银皮书”。

5. B。由汇率变化而引起的国际商务上的风险称为外汇风险，外汇风险通常可以分为三种：交易风险、折算风险和经济风险。

6. D。企业的基本结构类型包括：①U 型结构，即单一职能结构。U 型结构是纵向一体化、有多个职能部门、生产单一产品的典型结构。②M 型结构，即多部门结构。M 型结构不是按照职能划分部门，而是将企业按照产品线、地区、消费者特性等分为多个部门。③矩阵结构，采用矩阵结构的企业同时沿着两个维度划分部门。企业的每个员工(通常是中层管理人员)都处于矩阵的交点上，有两个老板并向两个老板汇报。

7. C。邓宁从垄断优势理论和内部化理论中汲取灵感，提出了国际生产折中范式，又称 OIL 范式。OIL 分别对应所有权优势(ownership advantages)、内部化优势(internalization advantages)和区位优势(location advantages)。所有权优势对应垄断优势，内部化优势源自内部化理论，因此，邓宁在国际生产折中范式中的最大贡献是关于区位优势。

8. C。对于国际营销的企业而言，定价决策不仅要考虑普遍性原则，还要考虑国际市场中定价面临的新挑战和风险问题。国际定价中必须考虑国内市场营销定价不必面临的几个特殊问题，它们包括：①倾销与反倾销；②国际转移定价；③平行进口。

9. A。管理责任保险是近年从职业责任保险中分离出来的独立险种，主要包括：①董事和高管责任保险；②违法雇用行为责任保险；③信托责任保险；④环境责任保险。

10. D。搭建企业网络的目的是让员工利用计算机获取信息资源，便于工作、提高效率，所以，很多企业有自己的网络，如果企业网络允许供应商、合作伙伴、政府监管部门等外部用户访问，就演变成企业外部网，也被称为企业外联网。D项，供应链系统是指为终端客户提供商品、服务或信息，从最初的材料供应商一直到最终用户的整条链上的企业的关键业务流程和关系的一种集成。因此供应链系统不属于外联网。

11. C。11种贸易术语中有4个是专门用于装运港交货的术语，分别是：①FAS船边交货(指定装运港)是指卖方在指定的装运港将货物交到船边，即完成交货；②FOB船上交货(指定装运港)是当货物在指定的装运港装上船，卖方即完成交货；③CFR成本加运费(指定目的港)是指货物在装运港装上船，卖方即完成交货，卖方必须支付将货物运至指定的目的港所需的运费和费用；④CIF成本加保险费、运费(指定目的港)是指在装运港当货物装上船时卖方即完成交货。

12. B。企业之所以做出经营进出口的决策通常受到两方面的因素的影响。一是企业内部的主动因素，二是企业外部的被动因素。企业外部的被动因素指的是企业自身不可控的客观上推动的因素。这些因素一般都是与企业自身的愿望无关，而是企业外部的市场或环境因素，主要包括：①不用宣传就有国外的主动订单；②外部有竞争压力；③国内市场偏小或已经成熟；④产能过剩；⑤对国外客户的熟悉或者心理距离较近。

13. C。交易前阶段指达成合同前的准备和信息获取以及信息交流等活动的阶段，以帮助厂商了解国际市场信息和寻找贸易机会；交易中阶段指在网上实现交易的过程，即提供交易平台；交易后阶段指进出口合同达成后的履约阶段，不仅涉及交付货物和进行外汇货款收付，还需要与贸易监管部门打交道，必然涉及单据交换。三个阶段只有交易后涉及单据交换。

14. A。供应链是物流、信息流和资金流三者的统一，物流管理是供应链管理体系的一个重要组成部分，也是供应链管理的起源。需要注意的是，企业实施ERP更多侧重的是企业内部信息流的整合。

15. C。形式发票的做法是近年来在实践中进出口商达成书面合同的另一种简单有效的方法。以往形式发票被认为是试算发票，由出口商根据交易的具体内容和价格给进口商出具的含有出口产品详细描述的试算发票，主要用于提交行政机构等获得外汇审批、海关许可、银行付款等目的。近年来，形式发票用于行政审批的作用越来越少，而形式发票所载的内容却越来越多，它包含了进出口商所确定的主要的合同条款内容。因此，在进出口实践中，形式发票也经常被用于进口商对详细交易内容和价格的确认，其作用与销售确认书并无两样。

**二、判断题(每题1分，共20分)**

1. √。区域经济一体化是指一个地理地区内各国一致同意减少并最终消除关税和非关税壁垒，以便货物、服务和生产要素在区域内自由流动。区域经济一体化的层次由低到高来划分，可分为自由贸易区、关税同盟、共同市场、经济联盟，最后是完全的政治联盟。

2. ×。法律体系，法学中有时也称为“法的体系”，是指由一国现行的全部法律规范按照不同的法律部门分类组合而形成的一个呈体系化的有机联系的统一整体。目前，世界各国所采用的法律主要有三大体系：普通法系、大陆法系和神权法系，没有部落法系。

3. √。跨大西洋贸易与投资伙伴协议(TTIP)即美欧双边自由贸易协定，议题涉及服务贸易、政府采购、原产地规则、技术性贸易壁垒、农业、海关和贸易便利化等。

4. √。政治制度是由一个或一群被公认拥有权力的人，通过明确的规则和通过决策过程制定的、用来规范集合起来的个体成员及其行为的正式安排。如同其他制度一样，其本质是游戏规则，用以对行为者的策略选择进行限制。两种基本的政治制度是民主制和集权制。

5. √。国际企业通过积极有效的避税手段能够在全球范围内做到税负最小化，从而最大限度地增加经营活动的现金流。国际避税港是国际企业常用的避税手段。避税港是指所得税率特别低甚至无所得税的国家或地区，如百慕大、巴哈马等。国际避税港除了税收优惠待遇之外，还具备其他一些有利条件，如有严格的银行保密法、银行业发达、政局稳定等。

6. √。多国中心人员配备政策以东道国子公司为中心，母公司对子公司采取分权式管理体制，以多国为中心的人员配备政策要求子公司管理层由东道国人员担任，给予东道国子公司充分的自主经营和发展权；本土化战略强调充分考虑东道国消费者的偏好以及适应东道国本土的营销模式。因此多国中心人员配备政策适应于本土化战略导向。

7. √。“巴厘一揽子协定”也被称为多哈回合谈判的“早期收获”，达成“巴厘一揽子协定”，实现了世贸组织成立18年来多边谈判的“零突破”，是世贸组织成立以来首份多边贸易协定，是首个全球贸易协定。

8. ×。专利流氓，又称专利蟑螂、专利鲨鱼，是指那些没有实体业务、主要通过积极发动专利侵权诉讼而生存的公司。由于没有实体业务，国际上又称其为NPE(Non-Practicing Entities，非执业实体)，不利于专利的保护。

9. ×。当自由贸易区内低成本的生产商取代高成本国内生产商时，就会产生贸易创造。当较高成本的外部生产商被自由贸易区内较低成本的外部生产商所取代时也会形成贸易创造。而当较高成本的外部供应商取代了自由贸易区内较低成本的外部供应商时，就会产生贸易转移。只有当贸易创造的数额超过贸易转移的数额时，区域自由贸易协定才会使世界受益。贸易创造和贸易转移对成员方和非成员方都会产生影响。

10. ×。目前世界上还有一些国家实行固定汇率制。世界上实行固定汇率制度的国家大多数是那些经济基础比较薄弱而且政治也相对保守的国家诸如古巴，朝鲜等国。

11. ×。U型企业一般只生产一种产品或者产品多元化程度低。当企业刚刚开始全球扩张时，往往会把所有的国际活动集中在一个国际部中。当在出口市场生产该产品变得切实可行时，则会在这些国家建立生产设施。由于母国采用的是职能结构，这意味着国外子公司所在的各个国家很可能也会复制一套职能结构。尽管这种结构很流行，但这种结构存在着国内与国外经营间潜在的冲突与协调问题。

12. √。这一时期是在20世纪70年代。20世纪60年代末期，由于美国企业的海外市场越来越重要，美国企业开始建立全球产品分部同时取消国际部。然而，很多跨国公司在20世纪70年代都经历了海外运营的低谷，证明过早进入全球产品分部阶段。

13. ×。早期，ERP系统多是外贸业务系统和外贸财务系统的结合，加上某个单独模块为核心的(比如外贸单证管理)管理平台。现代外贸ERP系统，是围绕财务管理为核心的管理平台，也是多个系统的综合性应用平台(例如以财务管理平台为核心，实现邮件业务一体化、业务财务一体化、业务生产一体化等应用)。

14. √。主提单，也叫海运提单，简称提单，是船方或其代理人签发的，证明已收到货物，允许将货物运至目的地，并交付给收货人的书面凭证。它是承运人和托运人之间的契约证明，在法律上具有物权证书的效用。代理行提单是指由运输代理人签发的提单。一般情况下，运输代理行提单不具有提单的法律地位，它只是运输代理人收到托运货物的收据，而不是一种可以转让的物权凭证。

15. ×。跨境线上交易一般达成的都是金额较小的类似网络零售的交易。跨境网络零售是指交易双方以互联网为媒介进行的跨境商品交易活动，即通过互联网进行的信息的组织和传递，实现了有形商品和无形商品所有权的转移或服务的消费。二者并无因果关系。

16. ×。从一般国际货物买卖角度看，进出口的交易主体一般都是企业。交易的客体是一般货物。这里，货物是对买卖的商品所做的一般统称。国际商务活动中，货物、商品、产品等概念都在不同情况下使用，一般而言，从进出口交易达成和流程角度看是货物，而从市场和消费者角度看是商品，从企业角度看就是产品。

17. ×。一个信息系统从建设到上线运营，面临的最大挑战来自人力资源，当一个系统把原来部门经理的审批权替代了，当原来需要4个人的库房，被信息化设备替代，变得只需1个人了，那些没了权限和下岗的人自然就会站出来反对，因为伤及了他们的个人利益。在信息系统开始实施之际，必须把人的问题解决好，化解掉矛盾。

18. √。电子数据交换是使用国际公认的统一标准格式编制资料，通过通信网实现各单位计算机之间数据的自动交换和自动处理，简称EDI。这是一种新的数据通信业务，用于贸易、运输、保险、银行和海关等行业，自动完成以贸易为中心的全部业务过程。

19. √。信息系统本地化涉及许多因素，包括文化、技术等，语言、政治、历史、地域、法律、宗教、风俗等因素属于文化类元素，均应该体现在信息系统建设中。

20. √。数据(data)是对没有处理过的客观事务以及特征或属性的描述，体现客观事物及其原始属性；与之对比，信息是根据条件或背景从数据中提炼出来的数据。

## 三、名词解释(每题5分，共35分)

1. 出口信用保险是对出口成品或服务的应收款项进行保险，保证出口商的资金不会落空，有利于出口商进行出口押汇或贷款，扩大生产，扩大出口的一种政策性保险。绝大多数出口信用保险由政府机构或政府成立的专门保险公司提供，个别商业保险公司也经营出口信用保险。

2. 亚洲基础设施投资银行(Asian Infrastructure Investment Bank，AIIB)，简称亚投行，是一个政府间性质的亚洲区域多边开发机构，重点支持基础设施建设，总部设在北京。作为由中国提出创建的区域性金融机构，亚洲基础设施投资银行主要业务是援助亚太地区国家的基础设施建设，主要宗旨就是通过在基础设施及其他生产性领域的投资，促进亚洲经济可持续发展、创造财富并改善基础设施互联互通；与其他多边和双边开发机构紧密合作，推进区域合作和伙伴关系，应对发展挑战。

3. 跨太平洋伙伴关系协定(Trans-Pacific Partnership Agreement)，也被称作“经济北约”，是目前重要的国际多边经济谈判组织，前身是跨太平洋战略经济伙伴关系协定。TPP是由亚太经济合作会议成员国中的新西兰、新加坡、智利和文莱等四国发起，后来美国加入谈判并起主导作用。TPP是一个综合性的自由贸易协定，包括典型的自由贸易协定的主要内容：消除货物贸易关税，规范原产地规则、贸易救济措施、卫生和植物卫生措施、技术性贸易壁垒、服务贸易、知识产权、政府采购和竞争政策等。

4. 战略联盟是指两个或两个以上的企业或跨国公司为了达到共同的战略目标而采取的相互合作、共担风险、共享利益的联合行动。由于产品的特点、行业的性质、竞争的程度、企业的目标和自身优势等因素的差异，企业间采取的战略联盟形式自然也呈现出多样性。跨国公司战略联盟可以创造规模经济，实现企业优势互补，形成综合优势，有效地占领新市场，有利于处理专业化和多样化的生产关系。

5. 单一窗口是指政府贸易监管机构在进出口流程中要建立基于计算机系统的单一窗口系统，以便让进出口商可以方便地在一个计算机系统中一次能够提交所有的贸易数据。其宗旨就是提升贸易监管的效率，也为进出口商带来流程的最优和费用的节省。这就如同政府的一站式服务，只不过，这一站式是计算机的单一窗口，即统一的计算机平台系统。这个第三方平台系统负责把相应的贸易数据分门别类提供给各个政府贸易监管机构。平台的存在是基于其所提供的网络数据传输和整合增值服务。

6. 承兑交单(Documents against Acceptance，简写D/A)是指出口人的交单以进口人在汇票上承兑为条件。即出口人在装运货物后开具远期汇票，连同商业单据，通过银行向进口人提示，进口人承兑汇票后，代收银行即将商业单据交给进口人，在汇票到期时，方履行付款义务。“承兑”就是汇票付款人(进口方)在代收银行提示远期汇票时，对汇票的认可行为，付款人于汇票到期日凭票付款。

7. 直接标价法，又称应付标价法。这种标价法是以一定单位的外国货币为标准，折合若干单位的本国货币。在直接标价法下，外国货币作为基准货币，本国货币作为标价货币；标价货币(本国货币)数额随着外国货币或本国货币币值的变化而变化。包括中国在内的世界上绝大多数国家目前都采用直接标价法。

## 四、简答题(每题8分，共40分)

1. (1)国际直接投资的定义

国际直接投资，又称外国直接投资(FDI)，是指投资者为了在国外获得长期的投资效益并得到对企业的控制权，通过直接建立新的企业、公司或并购原有企业等方式进行的国际投资活动。

(2) 有关国际直接投资的理论

有关国际直接投资的理论称为国际直接投资理论或跨国公司理论。主要包括：

① 垄断优势理论。由美国经济学家海默和金德尔伯格提出，海默认为，在不完全竞争市场上，不仅存在着价格竞争，而且存在着非价格竞争。跨国公司之所以对外直接投资，主要原因在于：一是排除竞争；二是利用垄断优势。

② 产品生命周期理论。由美国经济学家弗农提出，将产品生命周期划分为创新、成熟和标准化阶段，

说明在产品生命周期的不同阶段，各国在国际贸易中的地位不同，并把企业的区位选择与海外生产及出口结合起来进行系统的动态分析。

③ 内部化理论。由西方经济学家巴克利、卡森、拉格曼等人提出。主要回答了为什么和在怎样的情况下，到国外投资是一种比出口产品和转让许可证更为有利的经营方式。内部化是指把市场建立在企业内部的过程，即以内部市场取代原来固定的外部市场，企业内部的转移价格起着润滑内部市场的作用，使之与固定的外部市场同样有效地发挥作用。

④ 国际生产折中理论。由英国经济学家邓宁提出，国际生产折中理论的核心是，企业跨国经营是该企业具有的所有权特定优势、内部化优势和区位优势。在企业具有了所有权特定优势和内部化优势这两个必要条件的前提下，又在某一东道国具有区位优势时，该企业就具备了对外直接投资的必要条件和充分条件，对外直接投资就成为企业的最佳选择。

⑤ 比较优势理论。由日本经济学家小岛清提出。该理论认为对外直接投资应该从本国已经处于或即将处于比较劣势的产业，即边际产业开始，并依次进行。其结果不仅可以使国内的产业结构更加合理、促进本国对外贸易的发展，而且还有利于东道国产业的调整、促进东道国劳动密集型行业的发展，对双方都产生有利的影响。

⑥ 技术地方化理论。拉奥 1983 年提出了技术地方化理论，在拉奥看来，发展中国家跨国公司的技术特征虽表现为规模小、使用标准技术和劳动密集型技术，但这种技术的形成却包含着企业内在的创新活动。

⑦ 小规模技术理论。该理论是韦尔斯 1977 年提出的，韦尔斯认为，发展中国家跨国公司的竞争优势来自低生产成本，这种生产成本是与其母国的市场特征紧密相关的。

(3) 垄断优势理论、内部化理论、国际生产折中理论适合解释发达国家的对外直接投资。产品生命周期理论、比较优势理论、技术地方化理论和小规模技术理论适用于解释发展中国家企业对外直接投资行为。

2. (1) 政治风险

通常，由于对外战争、内战、革命、政府的民主变革、政变、叛乱等造成的政府更迭会给整个商务环境带来巨大的不确定性，从而导致企业失去部分或全部投资价值，或者迫使企业接受低于预期的收益率。这种由于政府更迭给外国投资企业带来的风险被称为政治风险。

(2) 政策风险

政策风险是指政府在商业领域中推行的相关经济政策可能对企业造成负面影响这一情况，其主要表现形式有：财政及货币政策变动、价格控制、贸易限制、民族主义的威胁、政府相关规定的改变、东道国对企业利润汇回母国的限制以及公共服务水平滞后等。

(3) 社会风险

社会风险根源于人们的信念、价值观、态度等，而这些方面政府政策与商务惯例往往是无法反映的。当人们自己的价值观与和他们生活密切相关的各种制度所蕴含的价值观产生冲突时，他们会采取集体行动。我们将这种集体行动在发生的可能性以及发展趋向方面的难以预知称为社会风险，具体表现为：社会骚动、群众暴乱、示威游行以及小规模的恐怖主义活动等。

(4) 联系

当一些集体骚乱行动发展到对政局构成威胁时，社会风险则演化为政治风险。因此，可以说在很多情况下，社会风险是政治风险的诱因或者催化剂；人们的价值观与制度冲突时，可能会导致政府迫于压力，做出相关的政策改变，这些政策变化往往会影响到企业在当地的商务活动，这时，社会风险就演变为政策风险，因而社会风险可能会演化为政治风险和政策风险。

政治风险和政策风险也可能会导致社会风险，当政府变更或者一项不被看好的政策实施，可能会使得社会发生不稳定，社会风险也就由此产生。

(5) 区别

政府的变更并不必然导致政策变更进而影响企业的投资与经营。同样，政局稳定也不意味着不存在政策风险。因此，政治风险与政策风险有区别，是两个不同的概念。而社会风险只体现在难以预知的集体行动，与政策变化和政府变更也是不同的概念。

3. 文化是个多层次的抽象概念，它为一群人所共享。其深层的基本假设是其灵魂，在这些深层基本假设之上形成了具有显性属性的价值观与规范，同时也塑造出具有隐性特征的思维方式，二者作为文化的核心共同塑造了人们的行为方式和生活模式，并同人们生存的制度性要素(包括政治、经济、法律制度，以及社会结构、宗教、语言、教育等)相互影响，最终映射到文学、艺术等形式的文化器物上。共享相同文化的群体构成了所谓的社会。

根据上述定义，我们可以对文化做如下理解：

(1) 文化是由一系列基本假设所衍生的系统。特定的文化由特定的基本假设来定义。基本假设具有不可见且不可(至少是极度难于)辨识的特点，故称其为文化的灵魂。

(2) 与灵魂相对的“肉体”文化具有可见或可辨识的特征，包含理念、制度、器物三个由高至低、从抽象到具体的层次。

① 理念层次的文化是文化的核心内容，由显性的价值观与规范和隐性的思维方式共同构成。思维方式虽不可见但仍可辨识的隐性特征，使之区别于不可见且不可辨识的基本假设。

② 制度层次的文化是政治、经济、法律制度和社会结构、宗教、语言、教育等体系的文化维度。简言之，文化是这些制度共有的维度。在文化维度上，理念和制度相互影响。

③ 器物层次的文化是物化的文化，以著作、音乐、绘画、建筑等为载体。

4. (1)定义战略的重要要素

企业的战略可以定义为管理人员为实现那些对于企业未来具有重大意义的目标，而在当下采取的行动。定义中最重要的要素是未来重大影响的目标，这是战略实施的目的。对于企业而言，这个目标一般就是企业价值最大化，也就是为企业所有者创造最高的企业价值。最大化企业价值表现为追求企业长期盈利能力最大化以及利润率的增长。另一个重要要素是当下的行动，这是战略如何实施的方法。当一个企业进军海外之后，其可实施的战略为国际战略、全球标准化战略、本土化战略、跨国战略，并且，随着压力(全球整合与当地响应)变化，国际战略逐渐向全球标准化战略、本土化战略、跨国战略演变。

(2) 战略实施依赖的要素

① 战略的实施要同企业的内部资源相契合

每个企业内部都存在着组织架构，组织架构指的是企业的组织整体，包括组织结构、控制系统和奖励、流程、组织文化和人员，而组织结构又包括部门划分、协调、配置决策权。要根据组织架构来实施战略，必须要做到：企业组织架构的不同要素必须具有内在一致性。组织架构必须与企业的战略相匹配、相适应。

② 战略的实施要同外部的行业和竞争环境相契合

跨国企业面临着全球整合压力与当地响应压力。全球整合压力来源于，一方面，消费者寻求标准化的产品，另一方面，提供标准化产品有利于企业分摊固定成本、实现规模经济，从而降低价值创造的成本。一些生产同质商品的行业降低成本压力就非常大。当地响应压力来源是多方面的，包括：a. 消费者在品位和偏好上的差异。b. 基础设施与传统实践的差异。c. 分销渠道的差异。d. 东道国政府的要求。不同企业面临着不同大小的两种压力，因此就会选择不同的战略进行实施，以最大化企业的利润和价值。

针对行业和竞争环境，企业可以在低成本或差异化这两个基本战略中进行选择，通过降低成本、增加产品价值并提高价格来实现竞争优势。

5. 运用 FIDIC 合同条件时的注意事项包括：

① 确立 FIDIC 合同条件属于“判例法”的概念，适应判例法的特点。中国法律属于成文法，是依据国家立法部门的有关法律规定来签约的，因为国家在诸多方面都有颁布的法律、法规、条例和有法律约束的细则，法官的依据主要是国家的法律规定，而不是判例。故合同条件简洁、简单，对承包商较宽松。判例法强调的是合同双方在合同条件中约定的责任、职责、义务和权利的法律逻辑联系、法律逻辑推理和违规的法律责任，所以合同条件详尽、严谨、严密、冗长。国内的雇主和各类承包商必须在成文法的基础上来适应判例法的合同条件的特点，才能确立学习应用 FIDIC 合同条件的法律观念。

② 利用 FIDIC 合同条件的专用条款，删减对自己不利的合同条件。业主和承包商签订的合同内容应包

括合约、中标通知书、投标须知、标书、通用条款、专用条款、技术规范、图纸、BQ 单及各种附件等。FIDIC 合同条件通常只是签约合同的一部分。FIDIC 合同条件通用条款是标准范本，在现实应用中可利用专用条款增加对自己有利的合同条件，删减对自己不利的合同条件。

③ 根据 FIDIC“新红皮书”是单价合同的特点，掌握和应用不平衡报价的技巧。FIDIC“新红皮书”强调量价分离，即工程数量和单价分开，使用过程中量变价不变。投标时承包商报的不是总价，而是单价，单价乘以业主认可的数量后才汇总出工程的总价。而这个总价只是业主和咨询工程师比较各家标价的高低时参考的数值，实际上承包商拿回的总收入是在履约过程中通过验工计价提出的。承包商在报价时可掌握不平衡报价的技巧，就是在总价不变的前提下，将 BQ 单中有些单价调得比正常水平高点，另有一些调得比正常水平低点，在不抬高总价以免影响中标的前提下，实施项目时能够尽早、更多地结算工程款，并能够赢得更多利润。

④ 熟悉仲裁方式，重视仲裁条款，争取有利的仲裁条件。FIDIC 合同条件解决争端的最终方式是仲裁。国际仲裁的特点在于它既有依法解决争端的严肃性，又有相对较大的灵活性。因此，与法院判决的司法程序相比，仲裁方式更适合解决国际合同中的争端。国际仲裁时发生的费用，原则上由败诉一方负担，有时也可能由仲裁双方合理分摊。如果仲裁庭没有明确说明，一般仲裁费用是由双方自理的。

⑤ 利用好索赔、变更令和调价公式。索赔、变更令和调价公式是 FIDIC 合同条件中为承包商规避风险创造收益的三种方式。FIDIC 单价合同中工程数量在变动，因此产生出索赔的概念。承包商应该依据合同条款，尽可能多的索赔，且要主动创造索赔条件。必须做好有关索赔的文字记录和证据收集，业主和咨询工程师都很看重提供的实证是否充足。第二种方式是变更令。如果业主要求承包商执行合同 BQ 单中没有列出的工作任务，通常是让咨询工程师发出变更令而指示承包商去完成。在项目实施的过程中，靠变更令创造收益比起索赔更方便和保险，不容易产生争端。第三种方式是调价公式，主要用来规避合同签订后到实施过程中物价上涨带来的风险。承包商在投标时，业主并不期望大家从开始就把各种风险因素和未知费用全部事先打进标价里，令报价含有水分和难以进行相互比较，而是主张在项目的实施过程中，通过合同手段及条款规定，由业主额外随时补偿可能发生的有关经济损失。

## 五、综合题(共 40 分)

1. (1)①2015 年 11 月发生在法国的系列恐怖袭击事件不能视为不同宗教或文明的冲突。此次系列恐怖事件是由极端组织 ISIS 策划，ISIS 信仰伊斯兰教，属逊尼派，伊斯兰教义有以下几条核心的原则：存在一个唯一的万能的上帝；放弃虚幻的世俗利益和权力的人会进入天堂；尊重他人的权利；开展公平、公正的交易；慷慨而不浪费；自由经商和通过商务活动获得合法的利润；信守诺言等，并没有暴力和杀戮。ISIS 所信仰的是极端宗教主义，非此即彼，非对即错，民调显示，仅有 13%的叙利亚人支持 IS，伊拉克 97%的逊尼派(以及 99%的什叶派)都将其视为恐怖组织。可见 ISIS 并不能代表某个宗教或某个文明。

② “9・11 事件”以及由此引发的“反对恐怖主义的战争”对全球化的进一步发展带来了威胁，由此可见，在政治方面，恐怖主义带来的影响是深远的，而政治局势的变化必将影响经济状态，所以恐怖主义会给经济全球化带来负面影响这是不可避免的；然而，在当今世界局势下，经济全球化对于各个国家的发展都是有利的，没有一个国家能够独自承担反全球化给经济带来的负面影响，即便法国恐怖主义事件发生，全球化仍旧是最优解。在恐怖主义没有恶化到一定程度之前，不会逆转或者终结全球化。

(2) ①政府和政权的定义

政府是国家权威性的表现形式，是一种秩序化的国家管理和控制形式，是指国家政权机构中的中央和地方的行政机关，与立法和司法相并列。政权是指掌握国家主权的政治组织及其所掌握的政治权力，以维护对社会的统治和管理。

② 政府和政权的共性和差异

a. 共性：无论政府还是政权，其存在都必须具有合法性，而合法性是指占人口绝大多数的民众对统治权力的同意和承认。

b. 差异：政府合法性有不同于政权合法性的另一个方面。一定时期在某国可能同时存在若干个政权，而能够代表该国的国家权威并且得到国际社会认可的合法政府只能有一个。其原因在于，某一政权要成为其所在国家的代表并以该国合法政府的身份参与国际事务，它必须在获得国内民众认同的同时得到世界上大多数国家尤其是超级大国美国的承认。如若不然，这一政权在某些国家的媒体中只能够被称为“×××政权”。

③ “习马会”的地点被选定在新加坡的重要含义

1993 年 4 月 27 日至 29 日，在海协会的倡议和积极推动下，经过海峡两岸的共同努力，备受注目的第一次“汪辜会谈”在新加坡正式举行，由于“汪辜会谈”是在新加坡促成，这次“习马会”如此选址便具有历史传承意义，表达了对于海峡两岸美好未来的向往。

④两岸领导人互称“先生”的原因

此次会面双方是以两岸领导人身份和名义举行的，这是在两岸政治分歧尚未彻底解决的情况下根据一个中国原则作出的务实安排，体现了搁置争议、相互尊重的精神。习近平总书记和马英九都认同孙中山先生的“三民主义”纲领，都希望实现中华民族的伟大复兴，都是所在地区行政领导人，因此互称“先生”。

2. (1)跨国公司知识创新战略的具体实现方式

① 建立鼓励知识创新的企业环境

人们对于风险的好恶不同，风险喜好型自然会对创新比较热衷，而风险厌恶型则会回避创新。回避创新的主要原因是害怕失败，为了让所有的员工都能创新，就必须建立创新失败宽容机制。

② 明确企业的知识需求

一方面，明确企业对员工的知识需求，使员工的学习和知识创新活动更有针对性和目的性。美国施乐公司就设立了职位标准，在内部网址上对每个岗位列出了近 25 条关键技能，并对每个职位标准做了详细的说明，员工可以通过访问内部网址找出自己的知识欠缺并可以从网上获取相关学习资料；另一方面，随时把握顾客对企业所提供产品和服务的需求，跨国公司经营的跨文化、跨体制和跨地区特点，促使其更深入地了解不同国家和地区的顾客在特定的价值观、文化和支付能力的前提下对公司产品和服务的需求，这些高度差异化、个性化的需求正是跨国公司不断进行创新的强大动力。

③ 建立全球一体化的 R&D 体系

随着经济全球化和一体化的发展，大型跨国公司为适应其全球战略，越来越多地由原来集中化的 R&D 体系向全球一体化的 R&D 体系转变，以便于利用分布于全球的有价值的科研技术成果和人才。改革开放 20 多年后的中国，正以优秀的人才、逐步完善的法律和基础设施迎接跨国公司在华设立 R&D 机构。

(2) 基于知识战略的跨国公司企业文化建设应注意的三个方面

知识基础理论将企业看作一个知识的集合体，跨国公司也是如此。跨国公司在跨国界、跨体制、跨文化经营过程中形成了独特的知识结构和知识体系，与之相匹配的是跨国公司注重创新的企业文化，其建设应注意以下三个方面：

① 在企业文化的核心层面，形成“鼓励创新与冒险，容忍失败”的核心价值观。跨国公司知识管理活动的目的是知识创新基础上的产品和服务创新，这是一个高投入、高风险的活动，其失败的比例相当高。

② 在企业文化的制度层面，有与知识共享相配套的绩效考核与评价体系。在跨国公司员工的绩效考核与评价体系中设置与知识共享行为及其效果相匹配的指标，员工的知识共享行为可以从精神和物质上得到尊重和认可。

③在企业文化的行为层面，员工形成基于长期心理契约的行为模式。知识共享行为的贡献往往是长期的，其一部分表现为薪酬方面的回报，更重要的部分表现为组织内部不同团队之间知识方面的回馈，例如帮助其他团队解决某项技术难题，而这种知识回馈往往不是即时进行的。在长期心理契约的基础上，员工对于未来知识回馈的期望可能是员工当前积极共享知识的动力源泉。

(3) 个人主义与集体主义的不同价值观念和不同国家文化的关联

① 个人主义与集体主义的定义

集体主义是指集体目标优先于个人目标，个体特性由其所属的集体特性所决定的一种价值观。当强调集体主义时，整个社会的需求通常被认为比个人自由重要得多，因此一般倾向于经济和政治上的极权。在此环境中，当个人行为被认为与“社会利益”或“集体利益”相悖时，其个人行为的权利就会被限制。

作为集体主义的对立面，个人主义是指个人应享有其经济和政治自由，个体特性以自我为中心的一种价值观，强调个人的利益应优先于集体的利益。个人主义是建立在两个核心原则基础之上的：第一个原则强调个人自由和个人表达的重要性；第二个原则强调只有通过让人民追求自己的经济利益，才能实现社会福利最大化，而不是由某个集体机构(如政府)来规定什么是社会的最高利益。

② 关联

强调个人主义的国家更重视个体价值，人们更加崇尚企业家精神、个体竞争力和创业精神，比如美国、瑞士等国。美国企业家在这方面做得很出色，著名的微软、苹果公司都在很大程度上得益于这种精神。但是，过于强调个人主义也可能导致团队成员互不信任甚至各自为战，从而增加因不确定性所产生的机会主义，提高成本，使团队合作效率低下。在诸如日本、中国、埃及等国家，集体价值被放在优先的位置，人们更倾向于相互合作、相互照应而换取忠诚。但是将个体价值置于次要的地位，可能会导致缺乏活力和创造性的问题。比较美国和日本两国，虽然长期的状况难以预料，但是更具活力和企业家精神的美国仍有可能比日本创造更多的新产业。

(4) 中国的国家文化对中国企业创新的限制

中国更多地崇尚集体主义而忽略个人主义。由于在中国更倾向于相互合作，把个人位置摆在次要位置，这样会导致缺乏活力和创造力。崇尚集体主义者只在与“圈内”成员共事时才会表现得更加合作，不利于创造力的外溢。

# 复旦大学 2016 年 434 国际商务专业基础试题

**一、问答题(8 题，共 100 分)**

1. 简述国家竞争优势模型(钻石模型)中的决定因素和外部力量及相互关系，该理论对现实国际贸易活动的解释意义是什么？(15 分)

2. 简述战略性贸易理论的主要内容，该理论为何种政府贸易政策提供了支持，其中的逻辑是什么？(15 分)

3. 对外投资理论十分强调区位优势，除了天然的地理优势外，区位优势也可能来自某些地区经济活动的聚集，请解释聚集效应的来源(10 分)

4. 请就邓宁的投资发展路径模式(IDP)的主要内容进行简要表述，该理论对一国的直接投资的流入流出与这个国家经济发展阶段之间的关系有何提示？(15 分)

5. 地区经济一体化有何正面影响？(10 分)

6. 何为 SDR，成为 SDR 计权货币有何利益？(15 分)

7. 简述影响汇率长期与短期变化的因素有哪些？(10 分)

8. 以在国外建立制造环节作为对外投资目标的公司，它在考察东道国市场时会侧重考虑哪些环境因素？(10 分)

**二、论述题(每题 25 分，共 50 分)**

1. TPP 产生的背景是什么？TPP 和 WTO 的差异主要体现在哪里？面对 TPP 可能产生的影响，在暂时不能成为其成员国时，中国可采取的对策是什么？(25 分)

2. 中国近年来的对外直接投资 FDI 增长很快，中国企业在海外投资可能遇到的风险主要在哪些方面？中国企业可以采取的应对策略有哪些？(25 分)

## 复旦大学 2016 年 434 国际商务专业基础试题解析

**一、问答题(8 题，共 100 分)**

1. 国家竞争优势理论，也即“钻石理论”，是由美国哈佛大学教授迈克尔·波特教授在 1990 年《国家竞争优势》一文中提出。波特认为具有比较优势的国家不一定具有竞争优势，他站在国家的立场上，从长远角度考虑如何将比较优势转化成竞争优势。他将其国内竞争优势理论运用到国际竞争领域，解释了为什么一个国家在特定产业内获得国际成功。波特认为一国在某个行业取得成功的关键取决于一系列相互关联、相互作用的因素的共同影响，包括四个决定因素和两个外部力量。

(1) 决定因素：

① 要素禀赋。生产要素是企业生存和发展的基本要素。波特把生产要素分为初级要素和高等要素两类。初级要素(包括自然资源、气候、地理位置、非熟练和半熟练劳工、债务资本等)为一个国家先天拥有的自然资源和地理环境等先天条件；高等要素(包括现代化电信网络、高科技人才、尖端学科的研究机构等)是通过长期投资和后天开发创造出来的要素，一个国家要取得竞争优势高级要素远比初级要素要重要。波特还把生产要素分为通用要素和特殊要素两类。通用要素包括高速公路、融通资金、大学一般专业的毕业生，这些要素可以为不同行业所公用；特殊要素是指应用面很窄的专业人才、专门设施和专门知识。特殊要素往往比通用要素在保持企业竞争优势方面更重要，因为特殊要素的创造需要更长的时间和更多的投资，而且供给更有限，公开市场交易更困难。

② 需求条件。国内需求对竞争优势的形成主要体现在以下三个方面：

a. 需求特征。若本国消费者老练、挑剔、需求层次高，则有助于相关产业改进产品质量、性能、服务以取得国际竞争优势；

b. 需求规模与需求拉动方式。一个市场需求若相对较大，使得企业足以发挥规模经济，则有利于该国建立该产业的国际竞争优势；

c. 本国消费者需求具有超前性，那么为其服务的厂商就会相应地走在世界其他厂商的前面。

③ 相关和辅助产业。一个国家要想获得持久的竞争优势，就必须在国内获得有竞争力的供应商和相关产业的支持。相关和支持性产业往往会为企业带来新的资源、技术、与竞争方法，从而促进企业的创新升级。各支持性相关产业之间密切合作，会形成一国的竞争优势。

④ 企业战略、组织和竞争状态。各个国家由于环境不同，需要采用的管理体系也就不同，适合一国环境的管理方式能够提高该国的国家竞争优势。国际竞争说到底是人才的竞争和对稀缺人才的占有量，企业组织形式是企业战略实施的载体和竞争能力集成的具体方式。激烈的国内竞争是创造和保持竞争优势的最有力的刺激因素，其将迫使国内企业更新产品、提高生产效率，以取得持久、独特的优势地位。从而有利于该国国际竞争优势地位的确立。

（2）外部力量：

① 机遇。机遇包括重大新发明，技术革新，投入成本的剧变、外汇汇率的突然变化、突发的世界性或地区性需求、战争等。机遇或偶然会造成非连续性，使竞争地位发生了变化，使以前的竞争优势失效，而为能够适应新形势的国家中的企业获得竞争优势提供了机会。

② 政府。政府对国家竞争优势的作用主要在对四种主要因素的引导和促进，从而对国家的竞争优势产生影响。政府可以通过补贴、对市场加以干预、制定教育方针等以影响要素条件；通过确定地方产品标准、制定规则等影响需求条件；政府也能以各种方式决定相关产业和影响产业的环境，并影响企业的竞争战略、组织和竞争状况等。

（3）各外部力量与决定因素的相互关系：波特的理论突破了以往国际贸易对单一要素的考察，强调了国家优势是由多个要素相互增强影响的。一国在某个行业取得成功的关键取决于一系列相互关联、相互作用的因素的共同影响，包括四个决定因素和两个外部力量。外部力量可以通过影响决定性因素，进而影响国家的竞争优势。

（4）该理论对现实国际贸易活动的解释意义：

① 该理论指出国家竞争优势形成的根本点在于竞争，在于优势产业的确定，而这一切都是由四个基本原则和两个辅助因素协同作用的结果，突破了以往国际贸易对单一要素的考察，强调了国家优势是由多个要素相互增强影响的。

② 该理论所倡导的一国必须创造公平竞争的环境、重视国内市场的需求、重视企业的创新机制和创新能力等，对一国国际竞争力的形成有一定的现实意义。

③ 该理论对解释二次世界大战之后，特别是 20 世纪 80 年代之后的国际贸易格局、新现象等现实问题有一定的解释能力，指出了现实各国在国际分工体系中的竞争策略不是基于单一要素而成，而是基于多种要素综合权衡而构建的，故而该理论是对当代国际贸易现实的进一步接近。

2. (1)20 世纪 70 年代以来，产业内贸易现象发展迅速，传统的以完全市场竞争为前提的贸易理论已经无法对此解释，开始出现了以规模经济和不完全竞争市场为假设前提的新贸易理论。战略性贸易理论借鉴了这些最新发展的理论成果，打破了传统贸易理论完全竞争的假设，把比较优势和规模经济统一起来，提出了政府介入的必要性及相关理论。

（2）所谓的战略性贸易政策是指一国政府在不完全竞争和规模经济条件下，利用生产补贴、出口补贴以及保护国内市场的各种措施来扶植本国战略性产业的成长，增强其在国际市场上的竞争力，获取规模报酬和垄断利润的贸易政策。该理论的核心观点具体包括了：

① “利润转移理论”：一国政府可以通过对进出口贸易的干预，影响本国企业和国外竞争者的行为，改变国际竞争格局，从而将利润从国外寡头厂商处向本国企业转移，以增加本国净福利，促进本国产业的发展。

② “外部经济理论”：该理论认为政府应该对那些能够产生巨大外部规模经济的产业进行扶植与保护。企业具有外部性，而这个外部性不能被企业所享有，故单凭企业自己并不能使社会福利最大化，因此需要政府来辅助。

（3）战略性贸易理论为政府的战略性贸易政策提供支持，其中的逻辑是：

① 若一国政府可以保证本国公司相较于外国公司获得第一进入者优势，则它对本国企业的扶植就有可能提高本国收入，因此政府应该采取补贴的方式对具有发展前途的新兴行业给予支持。

② 若政府对本国的某个行业的干预可以帮助本国企业克服已获得第一进入者优势的外国企业所设置的市场进入壁垒，则政府应该干预。其核心思想就是一国政府可以通过对进出口贸易的干预，影响本国企业和国外竞争者的行为，改变国际竞争格局，从而将利润从国外寡头厂商处向本国企业转移，以增加本国净福利，促进本国产业的发展。

3.（1）区位优势是指跨国企业在投资区位上所具有的选择优势，也即可供投资地区是否在某些方面较国内具有优势，投资区位的选择要受到生产要素和市场的地理分布、生产要素和运输成本、投资环境等诸因素的影响。

（2）聚集效应是区位优势的又一来源，指各种产业和经济活动在空间上集中产生的经济效果以及吸引经济活动向一定地区靠近的向心力，是导致城市形成和不断扩大的基本因素。

（3）聚集效应的可能来源有：

① 产业聚集扩大市场规模。企业和人口的集中，彼此形成市场，产生较大规模的市场经济，为工商企业增加了潜在市场，有利于它们扩大生产规模。在市场经济发达的地区，商业、金融、科技、信息机构条件更为优越，适合于企业进行生产经营活动。

② 降低运输费用，降低产品成本。企业集中在一起，企业之间互为市场，彼此提供原材料、生产设备和产品。不仅生产协作方便，供销关系固定，而且距离缩短，运输费用降低，销售费用缩减，从而有利于降低产品成本和销售价格。

③ 共用基础设施，降低公用事业的成本。企业进行生产和经营，需要与之相适应的交通运输、邮政通信、水电供应等各项设施。集中建设、使用和管理这些设施，比每个企业单独建设、使用和管理可大大节约费用，而且这些公共设施又为企业和居民所共享，使它们得到充分的利用，产生更大的社会经济效益和环境效益。

④ 劳动力市场的共享。企业的集中必然伴随熟练劳动力、技术人才和经营管理人才的集中，既使企业能够得到它们所需要的各类人员，同时各类人员也容易获得合适的工作岗位，发挥专长，从而创造出更多的社会财富。

⑤ 知识外溢。知识外溢是指行业的集中分布使各公司员工之间能自然地混杂在一起，便于企业之间直接接触，达到彼此学习，相互交流，广泛协作，推广技术，开展竞争，从而刺激企业改进生产、开发产品、提高质量，创造出巨大的经济效益，有利于技术创新或改革。

⑥ 众多企业的聚集，不仅有利于降低生产成本，而且能够塑造区域弹性分工体系，形成知识创新的外部性。

4.（1）20 世纪 80 年代初，邓宁在一篇题为《解释不同国家国际直接投资定位：一种动态发展路径》的文献中提出了投资发展路径模式。该理论认为发展中国家的对外直接投资倾向取决于一国的经济发展阶段和该国所拥有的所有权优势、内部化优势和区位优势。邓宁采用 1967—1975 年间的 GNP 数据将对外投资的发展划分为五个阶段：

① 第一阶段——人均 GNP 低于 400 美元或等于 400 美元。不会产生直接投资净流出的现象，这是由于一个国家的企业还没有产生所有权优势。同时，在这一阶段外资总的流入量不大，也是由于东道国各种条件的制约。

② 第二阶段——人均 GNP 在 400—1500 美元之间。在这一时期内外资流入量增加，但主要是利用东道国原材料及劳动力成本低廉的优势，进行一些技术水平较低的生产性投资。在对外投资方面，东道国的投资流出仍停留在很低的水平上，其主要的原因在于当地企业自身还没有产生较强的所有权优势，以克服进

行国际生产的基本障碍。但是，即便如此，还是在邻近国家进行了一些直接投资活动，并通过引进技术及进入国际市场等形式，来实现进口替代投资的经济发展战略。

③ 第三阶段——人均 GNP 在 2000—4750 美元之间。由于东道国企业所有权优势和内部化优势大大增强，人均净投资流入开始下降，对外直接投资流出增加。这标志着一个国家的国际直接投资已经发生了质的变化，即专业化国际直接投资过程的开始。

④ 第四阶段——人均 GNP 在 2600—5600 美元之间。这一时期是国际直接投资净流出的时期。随着该国经济发展水平的提高，这些国家的企业开始具有较强的所有权优势和内部化优势，并具备发现和利用外国区位优势的能力。

⑤ 第五个阶段——一个国家对外净投资先下降，继而开始围绕零水平上下波动，同时存

在大规模、高效率的资本流入和流出。与前四个阶段相比，此阶段受经济发展的影响程度大大减弱，以人均 GNP 指标对经济发展阶段的衡量已不能很好地反映优势变化，国际直接投资水平也不是必然与收入水平的变动趋势保持一致。处于这一阶段的国家可以凭借更多的优势在全球范围内进行资本运作，并分享大部分资本流动和区位优势带来的利益。

(2) 综上所述，邓宁的投资发展路径理论认为，各个国家的国际直接投资流动与其经济发展水平具有系统的相关性，在国家经济发展的不同阶段。其国际直接投资将呈现出特

定的变化规律在图形上表现为：在前四个阶段对外净投资额呈 U 型或 J 型曲线分布，在第五阶段又将返回零水平上下波动(如图 1 所示)。

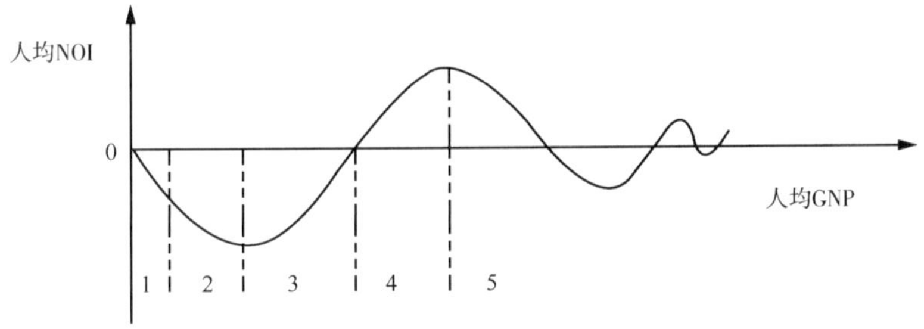


图 1　投资发展路径的五个阶段

5. 所谓地区经济一体化指的是同一地理区域的两个或者两个以上的国家，一般由中央政府出面，通过签订经济一体化文件或签署自由贸易协议等形式促使资本、技术、劳动、信息、劳务和商品的自由流动和有效配置，以对内加强经济贸易合作，对外增强经济竞争力为目的，并由所有缔结国共同组成的区域经济贸易组织。目前区域经济一体化主要有六种类型：特惠贸易协定、自由贸易区、关税同盟，共同市场、经济同盟及完全的经济一体化。地区经济一体化对世界经济的正面影响包括了：

① 促进了经济贸易集团内部贸易的增长。在不同层次的众多经济一体化集团中，通过削减关税或免除关税，取消贸易的数量限制，削减非关税壁垒形成区域性的统一市场，加上集团内国际分工向纵深发展，使经济相互依赖加深，致使成员国间制成品的贸易环境比第三国市场好得多，从而使域内成员国间的贸易迅速增长，集团内部贸易在成员国对外贸易总额中所占比重也明显提高。

② 促进了集团内部国际分工和技术合作，加速了产业结构的优化组合经济一体化的建立有助于成员国之间科技的协调和合作。经济一体化给域内企业提供了重新组织和提高竞争能力的机会和客观条件。通过兼并或企业间的合作，促进了企业效率的提高，同时加速了产业结构调整，实现了产业结构的高级化和优化。

③ 促进了经济贸易集团内部的贸易自由化。就贸易而言，通过签订优惠的贸易协定，贸易集团内部相互减免关税，取消数量限制，削减非关税壁垒，取消或放松外汇管制，从而在不同程度上扩大了内部的贸易自由化。

④ 有利于经济一体化国家整体贸易地位的提高。区域经济一体化使得原来一些单个经济力量比较薄弱的国家以整个集团出现在世界经济舞台上，其经济地位显然提高。由于其地位上升和竞争能力的加强，加

重了这些国家在国际贸易谈判桌上的份量，在一定程度上维护了本身的贸易利益。区域经济一体化意味着各成员国以综合的力量，采取协调一致的行动，加强和扩大对外经济合作关系，汇入国际社会，进而形成一种合力作用。

⑤ 加强了经济集团内部资本的集中和垄断。由于贸易自由化和统一市场的形成，加剧了成员国间市场的竞争，优胜劣汰，一些中小企业遭淘汰或被兼并。同时，大企业在市场扩大和竞争的压力下，力求扩大生产规模，增强资本实力，趋向于结成或扩大一国的或跨国的垄断组织。

⑥ 区域经济一体化对区外非成员国的经贸活动也有着一定的积极影响。这表现为：区域性集团实现内部经济一体化后，其成员国自身会增强经济活力，促进经济加速发展，扩大对外需求，从而在一定程度上促进了世界贸易总量的增长。这就为各国经济发展提供了更多的机遇，即产生“收入溢出效应”。此外，由于区域经济一体化在技术开发领域创造的新成果也会向外扩散，使得区外国家也可受益。欧共体优惠的科技合作政策，汇集了区内各国的科技精英，推动新技术产品的联合开发，这些成果也会随出口的增长转移到其他国家，提高了世界的科技开发水平。

6.（1）SDR又称为特别提款权，亦称“纸黄金”，最早发行于1970年，是国际货币基金组织根据会员国认缴的份额分配的，可用于偿还国际货币基金组织债务、弥补会员国政府之间国际收支逆差的一种账面资产。它是基金组织分配给会员国的一种使用资金的权利。会员国在发生国际收支逆差时，可用它向基金组织指定的其他会员国换取外汇，以偿付国际收支逆差或偿还基金组织的贷款，还可与黄金、自由兑换货币一样充当国际储备。因为它是国际货币基金组织原有的普通提款权以外的一种补充，所以称为特别提款权。

（2）成为SDR计权货币的收益包括：

① 提升一国货币的国际货币地位。成为SDR计权货币，将使该货币纳入国际货币基金组织成员国可以计算至官方储备的货币篮子中，成为真正意义上的世界货币。

② 降低该国在海外的借贷成本，并为未来经常项目赤字融资提供额外的自由度，有助于该国公司向海外扩张，推动该国经济全球化进程。

③ 对于提高该货币在大宗商品上的定价权具有重要意义。目前，石油、黄金、铁矿石等大宗商品都是以美元计价。如此一来，美国的经济好坏，美元的强弱，都会直接地影响到大宗商品的价格。因此，将一国货币纳入SDR货币篮子对该国成为世界一流经济强国具有重要的战略意义。

④ 可以提高世界各国对该货币的需求。一国货币成为SDR计权货币，将会吸引更多央行买家。随着该货币纳入SDR货币篮子，世界储备货币将更加多样化，可以使世界各国在投资资产上有更多的选择，减小投资风险。

⑤ 提升该国国际声望，维护该国国际利益。一国货币成为SDR计权货币，代表着世界对该国在全球经济和金融市场中地位不断上升得到认可，符合该国国际利益。

⑥ 推动该国的经济和金融改革。一国货币成为SDR计权货币，也就是意味增强了该货币在跨境交易和投资结算等方面在国际市场上地位的同时，该货币成为SDR计权货币可能受到国际市场冲击所面临的巨大风险。所以，一国货币成为SDR计权货币，必将倒逼该国经济升级以及建立适应世界金融体系的相关金融改革。

7.（1）影响汇率短期变化的因素包括：

① 通货膨胀率的高低。通货膨胀率的高低是影响汇率变化的基础。如果一国的货币发行过多，流通中的货币量超过了商品流通过程中的实际需求，就会造成通货膨胀。通货膨胀使一国的货币在国内购买力下降，使货币对内贬值，在其他条件不变的情况下，货币对内贬值，必然引起对外贬值。

② 利率。利率在一定条件下对汇率的短期影响很大。利率对汇率的影响是通过不同国家的利率差异引起资金特别是短期资金的流动而引起作用的。在一般情况下，如果两国利率差异大于两国远期、即期汇率差异，资金便会由利率较低的国家流向利率较高的国家，从而有利于利率较高国家的国际收支。要注意的是，利率水平对汇率虽有一定的影响，但从决定汇率升降趋势的基本因素看，其作用是有限的，它只是在一定的条件下对汇率的变动起暂时的影响。

③ 各国汇率政策和对市场的干预。各国汇率政策和对市场的干预，在一定程度上影响汇率的变动。在浮动汇率制下，各国央行都尽力协调各国间的货币政策和汇率政策，力图通过影响外汇市场中的供求关系来达到支持本国货币稳定的目的，中央银行影响外汇市场的主要手段是：调整本国的货币政策，通过利率变动影响汇率；直接干预外汇市场；对资本流动实行外汇管制。

④ 投机活动与市场心理预期。过度的投机活动加剧了外汇市场的动荡，阻碍正常的外汇交易，歪曲外汇供求关系。外汇市场的参与者和研究者，对市场的判断及对市场交易人员心理的影响以及交易者自身对市场走势的预测都是影响汇率短期波动的重要因素。当市场预计某种货币趋跌时，交易者会大量抛售该货币，造成该货币汇率下浮的事实；反之，当人们预计某种货币趋于坚挺时，又会大量买进该种货币，使其汇率上扬。由于公众预期具有投机性和分散性的特点，加剧了汇率短期波动的振荡。

⑤ 政治与突发因素。由于资本首先具有追求安全的特性，因此，政治及突发性因素对外汇市场的影响是直接和迅速的，包括政局的稳定性，政策的连续性，政府的外交政策以及战争、经济制裁和自然灾害等。

（2）影响汇率长期变化的因素包括：

① 国民收入。一般讲，国民收入增加，促使消费水平提高，对本币的需求也相应增加。如果货币供给不变，对本币的额外需求将提高本币价值，造成外汇贬值。当然，国民收入的变动引起汇率是贬或升，要取决于国民收入变动的原因。如果国民收入是因增加商品供给而提高，则在一个较长时间内该国货币的购买力得以加强，外汇汇率就会下跌。如果国民收入因扩大政府开支或扩大总需求而提高，在供给不变的情况下，超额的需求必然要通过扩大进口来满足，这就使外汇需求增加，外汇汇率就会上涨。

② 总需求与总供给。总需求与总供给增长中的结构不一致和数量不一致，也会影响汇率。如果总需求的整体增长快于总供给的整体增长，满足不了的那部分总需求将转向国外，引起进口增长，从而导致本国货币贬值。当总需求的增长从整体上快于总供给的增加时，还会导致货币的超额发行和财政赤字的增加，从而间接导致本国货币贬值。因此，简单地说，当总需求增长快于总供给时，本国货币一般呈贬值趋势。

③ 货币供给与需求。货币供给是决定货币价值、货币购买力的首要因素。如果本国货币供给减少，则本币由于稀少而更有价值。通常货币供给减少与银根紧缩、信贷紧缩相伴而行，从而造成总需求、产量和就业下降，商品价格也下降，本币价值提高，外汇汇率将相应地下跌。如果货币供给增加，超额货币则以通货膨胀形式表现出来，本国商品价格上涨，购买力下降，这将会促进相对低廉的外国商品大量进口，外汇汇率将上涨。

④ 财政收支。一国的财政收支状况对国际收支有很大影响。财政赤字扩大，将增加总需求，常常导致国际收支逆差及通货膨胀加剧，结果本币购买力下降，外汇需求增加，进而推动汇率上涨。当然，如果财政赤字扩大时，在货币政策方面辅之以严格控制货币量、提高利率的举措，反而会吸引外资流入，使本币升值，外汇汇率下跌。

⑤ 国际储备。国际储备，特别是外汇储备的多少，能表明政府干预外汇市场、稳定货币的能力的强弱。储备增加能加强外汇市场对本国货币的信心，因而有助于本国货币升值。反之，储备下降则会引诱本国货币贬值。

⑥ 劳动生产率。在工资水平稳定的前提下，劳动生产率的快速增长，使单位货币代表的价值相对增加，从而使本国货币的对外价值相应上升。不过，劳动生产率对货币汇率的影响是缓慢而长期的，它不易被马上察觉出来。

⑦ 国际收支状况。国际收支状况是决定汇率趋势的主导因素。国际收支是一国对外经济活动中的各种收支的总和。一般情况下，国际收支逆差表明外汇供不应求。在浮动汇率制下，市场供求决定汇率的变动，因此国际收支逆差将引起本币贬值，外币升值，即外汇汇率上升。反之，国际收支顺差则引起外汇汇率下降。要注意的是，一般情况下，国际收支变动决定汇率的中长期走势。

8. 以在国外建立制造环节为投资目标的公司，它在考察东道国市场时，应侧重考虑以下环境因素：

① 自然资源。自然资源包括矿产、地形、气候等，这些自然资源的特点是分布在特定的地区。制造业需要大量的制造原材料，地区资源丰富与否、廉价与否都将对其生产成本产生重大影响。因而，以制造环节为投资目标的国际企业，在进行选址时需要对其进行考虑，包括自然资源的分布、质量和可获得性等。

② 人力资源。制造业一定程度上是劳动密集型的产业，劳动力成本直接关乎总成本，在低成本，高技术的劳动力所在地区建立生产设施，充分利用宝贵的人力资源，显然是合理的。同时也需要考虑与劳动力相关的法律法规，如劳动法、最低工资水平等。

③ 法律因素和政治因素。东道国政府和法律直接决定其对外资资格的审批，制造业的可进入性，对外资的鼓励或者限制等。此外，东道国的政局稳定和政策的延续性是有利制造业外资进入的因素之一。

④ 经济发展水平及发展前景。东道国的经济发展水平直接决定当地市场的大小，进而决定企业是否可获得规模经济，降低生产成本。其优良的发展前景有利于制造业企业的未来发展，有更好投资机会。此外，当地的制造业产业基础和上下游产业的发展程度也需要予以考虑。

⑤ 技术环境。技术环境包括技术发展水平、人才储备以及政策保护等内容。通常在技术环境优良的区位投资设厂，可以减少风险和降低成本，同时还可能获得集聚经济下的知识外溢带来的收益。

⑥ 社会基础设施。社会基础设施指一国的交通运输条件、能源供应、通信设施和商业基础设施等。良好的基础设施水平是吸引制造业外资的重要条件之一。

⑦ 产业聚集。由于产业聚集，使得制造业得以就近寻得优质的零部件、原材料、与中间产品的供应商，可以招聘有丰富经验且价格低廉的熟练工人。

## 二、论述题(每题 25 分，共 50 分)

1.（1）TPP 全名为跨太平洋伙伴关系协定，也被称作“经济北约”，是目前重要的国际多边经济谈判组织，前身是跨太平洋战略经济伙伴关系协定。该协定是由亚太经济合作会议成员国中的新西兰、新加坡、智利和文莱四国发起，从 2002 年开始酝酿的一组多边关系的自由贸易协定，原名亚太自由贸易区，旨在促进亚太地区的贸易自由化。TPP 本质是区域自由贸易一体化协议，不仅旨在消除贸易壁垒，而且涵盖环境保护、政府采购、知识产权、投资等贸易条款，是更高标准的贸易协议。2015 年 10 月 5 日，泛太平洋战略经济伙伴关系协定(TPP)终于取得实质性突破，美国、日本和其他 10 个泛太平洋国家就 TPP 达成一致。12 个参与国加起来所占全球经济的比重达到了 40%。

（2）TPP 产生的背景原因包括：

① 经济上“抱团取暖”，美国欲借助 TPP 尽快走出危机。国际金融危机至今已有 8 年之久，但美国仍未摆脱危机影响，欧洲深陷债务危机，欧元区和日本 2012 年再次陷入衰退，发达经济体总体上仍处在低速复苏和不确定阶段。目前，“页岩气革命”的前景存疑，“第三次产业革命”高潮还未到来，大规模产业化及新支柱产业还没有形成。美欧日等西方经济体财政捉襟见肘，量化宽松政策的提振效果也不显著，刺激经济的手段几乎用尽，只好将走出危机的希望寄托在外部市场上。美国希望通过建立 TPP 分享全球特别是亚洲等新兴经济体高速增长的红利，借此打开亚太市场，实现“出口倍增计划”。

② 拆散东亚现有合作架构，重构亚太和全球贸易版图，试图强化保持美国在全球经济的主导的地位，在战略上保持主动。TPP 的建立，既有经济又有政治方面的考虑。在政治上拉拢欧洲和中国周边国家，维持和强化美欧日及亚太军事外交同盟，现有 TPP 加入谈判的伙伴多数是美国的军事盟友。其中“重返亚太”战略是近年来美国全球战略调整的核心，美在亚洲有重大战略利益存在，亚洲也是经济增长最活跃的地区，美难以承受被逐出亚洲之重。

③ 重构国际贸易和投资新规则，扭转美国在国际竞争中的颓势，遏制中国等新兴经济体的崛起。世贸组织多哈回合谈判陷入僵局，美通过世贸组织推行其全球贸易战略的阻力越来越大，有意另起炉灶。美国推出 TPP 框架协议内容，一开始就赋予其两个基本特征：一是开放的区域主义，即 TPP 向所有 APEC 的 21 个成员国持开放态度。二是提出适应 21 世纪的高质量的自贸区协定。两者的重点是在“高质量”上。美所谓的“高质量”，是以一系列不同以往的贸易投资新规则作支撑的其实质是尽可能固化和放大美国的竞争优势，最大限度弱化新兴经济体特别是中国的优势。

（3）TPP 与 WTO 的差异主要体现在：

① 成员不同

TPP 参与国家从最初的 4 国扩展至 12 国，总经济规模占世界经济总量的比重及贸易规模占全球贸易额的比重均为 40%左右，而 WTO 世贸组织共有成员 160 个，经济总量超过 95%。

② 内容和特征不同

TTP 之所以号称是具有“高标准的 21 世纪”自由贸易协议，主要有以下几方面的特征：首先，TPP 的协议内容具有约束性；其次，TPP 的发展具有“弹性次序，多轨多速”的贸易自由化特征。前者是指减让项目无固定顺序，后者是指对减让时间表和速度不做硬性规定；再次，TPP 坚持开放性和包容性原则。TPP 具有开放性，欢迎亚太地区各国积极加入，同时，对于 TTP 缔约各方原有的 FTA 协议，可根据各自实际情况自主选择适用原则，以最大限度保护各自的贸易利益；最后，目前 TTP 拟包含的内容和条款具有高标准和全面自由贸易协定的特征。

WTO 作为当今管辖世界贸易活动的权威性国际机构，其特点包括了：首先，它是一个具有有限优先权力的正式组织。其次，WTO 所辖内容不仅包括已有的和经乌拉圭回合修订的货物贸易方面的规则，而且还管理如服务贸易、投资与知识产权等新制订的各种贸易的“交通规则”，其同国际货币基金组织和世界银行共同构成真正支撑世界经济增长的三大支柱，为全球经济贸易决策产生强大的向心力；再次，WTO 具有全球统一性。它是一个统一完整的世界多边贸易体系，要求各成员方必须是“一揽子”接受《乌拉圭回合最终文件》的国家和地区。此外，WTO 具有法律制度上的正式性。

③ 目的不同

WTO 作为制定国际贸易全球规则的唯一国际组织，主要功能是保证国际贸易顺利自由地进行，基本宗旨是确保国际贸易的可靠性、公平性和市场的开放性。WTO 的最终目标是建立一个繁荣、安全和负责任的经济世界并改进成员国人民的福祉，并与国际货币基金组织和世界银行并列，被认为是世界经济三大支柱。

TPP 的目标则不仅取消或降低商品的关税，还将涵盖安全标准、技术贸易壁垒、动植物卫生检疫、竞争政策、知识产权、政府采购、争端解决，以及有关劳工和环境保护的规定。TPP 标准之高和覆盖领域之广远超一般自贸区协议。

(4) 为应对 TPP，中国可以采取的策略包括：

① 积极完善国内自贸区建设。服务业开放到底对中国冲击有多大，只有通过实践才能知道。我们可以在自贸区进行压力测试，并逐步推广试验的成果，进一步将对外开放的实践在自贸区内总结上升为理论以指导并推荐自贸区建设。

② 积极进行自贸谈判，建立自己的“朋友圈”。中国可以加快完成中美投资协定(BIT)谈判，进一步开启中美 FTA 谈判。争取在 RCEP 框架下扩大与东盟国家的贸易。这样不仅可以对冲 TPP 的负面影响，还可能达到与加入 TPP 一样的效果。构建以“中国+X”的 FTA 网络，积极加入区域自贸区，突破 TPP 的壁垒。

③ 顺应“公平贸易”的时代潮流，获取新一轮“开放红利”，拉动中国经济均衡可持续增长。中国应顺应“公平贸易”的时代潮流，不应以意识形态划界，认为“公平贸易”仅是美国利益；而要认识到，这是人类社会进入新世纪、应对新挑战、解决新问题的共同智慧、共同理念和共同工具。中国应快速建立自己“公平贸易”的理念和理论体系，就国有企业公平竞争、知识产权保护、劳工标准和环境标准等关键问题启动制度性改革。

④ 全面深化改革，主动与国际“公平贸易”规则体系接轨。如同中国入世后主动改革国内各类规章制度、法律体系，与 WTO 自由贸易规则体系接轨一样，当前中国也应主动全面深化改革国内各类体制机制，与国际“公平贸易”规则体系接轨。不管中国加不加入 TPP，这只是个形式问题，而本质都是中国自主通过全面深化改革。与国际社会“公平贸易”规则体系接轨，这才是战略问题和本质问题。中国成立国内自由贸易试验区，就是作为与国际新规则“接轨”的政策工具。

⑤ 最大的改革是开放，以开放促改革。如果说过去三十年的成功是制造业开放的成功，未来三十年的成功将是服务业开放的成功。开放既包括对外国际资本的开放，更包括对内民营资本的开放，引入竞争机制。中国在高技术领域进口的巨额贸易逆差和出境游日益增长的购买力表明，国内缺的不是需求，而是有效供给。

2. (1) 我国企业海外投资面临的风险包括：

① 政治风险。政治风险是指在国际经济往来中，由于未能预期政治事件的变化而给国际投资活动可能带来的不确定性。当今国际形势风云变幻，部分国家内部及国家之间武装冲突频发，一些国家政权更迭经

常引发局势动荡。这些政治事件不仅会影响海外项目的正常运转，甚至会波及海外人员的人身安全。就目前国际经济形势来看，受美元加息影响，各国货币竞争性贬值，国际贸易之间的摩擦也不断加剧，各国之间的利益冲突也日渐增多，这些都加剧了企业跨国经营环境的不确定性。

② 外汇风险。海外投资回报周期长，国际经济形势不稳，国际汇率波动明显，货币贬值，物价上涨，将直接影响企业收入。加上所在国外汇上的管制可导致海外投资资金的成本的急剧增加，海外投资的项目收益没办法转换成所需要的外汇汇出，从而使海外投资企业无法及时取得收益并回收项目资金而带来损失。

③ 市场风险。随着越来越多的中国企业走出去，国际市场竞争越来越激烈，尤其是准入门槛较低的领域，竞争更加激烈，利润空间越来越低。

④ 法律风险。中国投资企业对所在国法律研究不透彻，造成经营过程中出现重大问题甚至于诉讼。

⑤ 财务风险。主要包括评估风险、融资风险和支付风险。

a. 评估风险。评估风险的产生原因主要是由于海外投资并购过程的信息不对称。由于对目标企业调查研究不足，信息收集不充分，还有缺乏对国外企业的长期跟踪观察，使得对收购企业的价值评估失误，出现收购价过高的风险。

b. 融资风险。融资风险主要是指能否按时足额的筹集到资金，保证海外投资并购的顺利进行。如果企业的资本结构不合理，流动负债过多，以流动负债去支持长期投资，会使得短期内产生偿债的紧迫性，一旦企业现金流量不足和融资市场利率变动，将导致企业发生偿付困难甚至并购失败。

c. 支付风险。我国的资本市场还处于初级阶段，企业发行股票和债券受到限制太多，进程缓慢，无法适应海外并购的需要。在当前的我国海外投资中，一般都采用现金作为支付手段，或者通过银行短期贷款的方式筹集资金，这种方式大大增加了企业的融资成本，为并购后的整合和公司经营设置了巨大的财务障碍。

⑥ 管理风险。中国企业在对外直接投资过程中面临着与本国截然不同的经营环境，企业内部组织机制与外部环境变化的冲突在所难免。无论企业由于惰性而保持原来的组织结构，还是为了适应新的竞争环境而变革，都必然充满风险。这种风险的表现形式随着企业对外投资成长阶段的不同而变化，依次表现为领导权风险、自主权风险、控制权风险、组织作风风险和企业再造风险。

（2）为应对海外投资的风险，我国企业可以采取的策略包括：

① 政治风险的防范对策：

第一，实施本地化策略。对外投资企业实施本土化策略既可以能够享受到东道国的国民待遇，避免东道国政府在关税、配额、政府采购等方面对外资企业的歧视待遇，又可以从根本上规避政治风险的内在要求。当地采购、当地生产、当地销售和多雇用当地人员是外资企业实施本地化战略的关键，利用当地成员在社会文化和人际关系等方面的优势，他们更熟悉当地的政治环境、经济状况和文化习俗，更容易获得东道国政府的信任。

第二，选择恰当的投资经营方式。与东道国企业合资，以这种投资进入方式更有利于企业缓解民族主义对外国企业的敌视，而且通过共同承担政治风险，可以大大减少东道国政府政治干预的可能性。

第三，与东道国政府签订投资保护协议。投资保护协定是缔约国之间为互利投资合作而做出的国际承诺，具有很强的约束力。中国企业应尽量选择那些已与中国政府签订投资保护协定的国家进行对外投资，以便能在投资前与东道国政府签订一份投资协议，具体规定各自的权利和义务，在总体上规定了中国企业作为投资者的财产保障、待遇、征收的条件及补偿标准等，避免东道国政府对企业经营进行过多地干预。

第四，投保政治风险。我国企业可以向本国保险公司投保，也可以向多边投资担保机构投保。作为发展中国家的企业，中国企业更应该利用好多边投资担保机构，通过积极承保转移政治风险。

② 外汇风险的防范对策：应对外汇方面风险我国投资企业要将汇率的风险意识融入到业务谈判的每一个环节，要发挥其财务部门的作用，必须随时关注和分析汇率的风险，要能灵活地运用各种融资方法和工具，策划出适用于企业的汇率方面风险的管理方案。

③ 市场风险的防范对策：应对海外市场方面风险海外投资企业应尝试以多专业并进、多模式开发等多

种形式，开拓高端市场，拓展市场领域。在开发模式上，尝试一些投融资项目等经营模式，积极寻求中国政府主导的大型项目，使企业向上游移动，提高项目利润率，拓宽市场领域不断提升企业的品牌优势。

④ 法律风险的防范对策：

a. 系统分析企业投资经营过程中可能涉及的国内外法律法规。首先，充分系统的了解国内关于企业对外投资经营的法律法规是防范法律风险的重要前提；其次，海外投资企业应搜集整理所在国法律法规，并培养一批具备较高外语水平的人才，研究并遵守当地劳动法、税法等法律法规，尊重国际惯例和标准，保证企业合法经营。

b. 加强和完善企业法律风险防控体系。跨国企业法律风险防控是一项很强的系统性工作，企业在制定风险防控制度时要将企业面临的法律风险看作一个整体，从而构建防范体系。中国企业要在组织上、制度上、流程上、业务上保障企业的各项事务都受到法律的审核、得到法律的帮助，从而降低法律风险，提高公司收益。

⑤ 财务风险的防范对策：

a. 构建财务分析指标体系，建立长期财务预警系统。建立长期财务预警系统，指标应当主要包括获利能力、偿债能力、经济效率、发展潜力等。从长远观点看，一个企业要远离财务危机，必须具备良好的盈利能力。但从根本上讲，企业发生风险是由于对外借债债导致的，一个全部用自有资本从事经营的企业只有经营风险而没有财务风险。因此，应将负债经营资产收益率与债务资本成本率进行对比，只有前者大于后者，才能保证本息到期归还，实现财务杠杆收益。

b. 提升企业国际化发展的自身实力。只有当企业具备了一定的实力，才有能力支付跨国并购所需的大量资金，应对并购过程中的各类财务问题，才不会因资本结构不合理而导致企业财务状况恶化，或者因现金短缺而制约企业自身的发展。

c. 实现融资渠道的多元化。融资渠道的多元化和投资的多元化一样，都有利于规避单一渠道所带来的风险，防止融资渠道单一导致资金链断裂，从而最终走向破产。

⑥ 管理风险的防范对策：

a. 树立跨文化管理的意识，识别文化差异。由于中国企业的对外投资总体上还处于起步阶段，跨文化管理对于中国跨国企业来说还是一个崭新的课题。首先，要树立起跨文化管理的意识，识别企业文化环境中不同文化因素之间的差异，以有效地回避和处理文化冲突；其次，了解不同文化中的特定禁忌、惯例、风俗以及不同文化背景员工对待管理模式和方法的态度，避免在企业管理过程中出现直接性的文化冲突而引起员工之间不信任和反感情绪；此外，企业在经营过程中应当逐步对企业不同文化中的各项文化要素进行全面系统分析，识别彼此差异，包括语言、宗教、价值观和态度、行为方式与习惯、物质要素、审美、教育及社会制度等诸多文化要素，使企业能够有效地预防和处理各种文化管理风险。

b. 建立和完善现代国际化企业管理制度。理顺企业产权、责权关系，建立起真正意义上的现代企业制度。一方面，明确划分股权、决策权、执行权和监督权在责、权、利方面的相互关系，积极规范董事会运作，健全外部董事制度，扩大外部董事来源，充分发挥职工董事、职代会的作用，形成股东会、董事会、监事会和经理层各负其责、协调运转、有效制衡的公司治理结构；另一方面，通过建立对经营者合理的激励机制，构建科学的业绩评价与激励报酬体系，引导企业经营人员的目标与出资者的目标相一致。

c. 必须着力选聘和加快培养国际化人才。目前制约我国企业实施“走出去”战略的最主要、最迫切的问题就是人才问题，主要表现在缺乏足够数量、优秀适用的国际化人才。企业管理层既要从“走出去”战略的角度，重视国际化人才自我培养，又要以全球化的视野，充分利用好项目所在地各类人才资源，实现为我所用，更要以宽广的胸怀和创新精神，切实从体制、机制、环境等方面创造条件，以利于发现、培养和使用优秀的国际化人才。

# 上海财经大学 2016 年 434 国际商务专业基础试题

**一、名词解释(每题 6 分，共 30 分)**

1. 转口贸易
2. 雁行形态生产模式
3. 国民待遇原则
4. 特别提款权
5. 国际集中营销策略

**二、简答题(每题 10 分，共 40 分)**

1. 什么是战略性贸易政策？其选择标准是什么？
2. 简述垂直型对外投资和水平型对外投资的经济效应。
3. 什么是欧元区？
4. 国际经营战略有哪些？

**三、论述题(每题 20，共 80 分)**

1. 试述跨国公司的类型及各自的特点。
2. 试述国际营销渠道策略。
3. 试述国际债务危机的表现及影响
4. 谈谈你对中国建立"上海自由贸易试验区"的认识。

## 上海财经大学 2016 年 434 国际商务专业基础试题解析

**一、名词解释(每题 6 分，共 30 分)**

1. 转口贸易是指国际贸易中进出口货物的买卖，不是在生产国与消费国之间直接进行，而是通过第三国转手进行的贸易。这种贸易对中转国来说就是转口贸易。交易的货物可以由出口国运往第三国，在第三国不经过加工(改换包装、分类、挑选、整理等不作为加工论)再销往消费国；也可以不通过第三国而直接由生产国运往消费国，但生产国与消费国之间并不发生交易关系，而是由中转国分别同生产国和消费国发生交易。转口贸易有货物集散地、仓库、堆栈之意，它属于再出口贸易和过境贸易中间接过境的一部分。

2. 雁行形态生产模式认为，在工业化初期阶段，一些发展中国家由于经济和技术落后，不得不向发达国家开放某些工业产品的市场。当这种工业产品的国内需求达到一定数量时，就为本国生产该种产品准备了基本的市场条件和技术条件，国内逐步掌握了该行业的生产技术，并因资源和劳动力的价格优势占领国内市场，最终实现该产品的出口，达到了经济发展和产业结构升级的目的。

3. 国民待遇原则指在民事权利方面一个国家给予在其国境内的外国公民和企业与其国内公民、企业同等待遇，而非政治方面的待遇。国民待遇原则是最惠国待遇原则的重要补充。在实现所有世贸组织成员平等待遇基础上，世贸组织成员的商品或服务进入另一成员领土后，也应该享受与该国的商品或服务相同的待遇，这正是世贸组织非歧视贸易原则的重要体现。国民待遇原则严格讲就是外国商品或服务与进口国国内商品或服务处于平等待遇的原则。

4. 特别提款权是国际货币基金组织创设的一种储备资产和记账单位，亦称"纸黄金"。它是基金组织分配给会员国的一种使用资金的权利。会员国在发生国际收支逆差时，可用它向基金组织指定的其他会员国换取外汇，以偿付国际收支逆差或偿还基金组织的贷款，还可与黄金、自由兑换货币一样充当国际储备。

但由于其只是一种记账单位，不是真正货币，使用时必须先换成其他货币，不能直接用于贸易或非贸易的支付。因为它是国际货币基金组织原有的普通提款权以外的一种补充，所以称为特别提款权(SDR)。

5. 国际集中营销策略是指企业不是面向整体国际市场，也不是把力量分散使用于若干个细分市场，而只选择一个或少数几个细分市场作为目标市场。资源有限的中小企业多采用这一策略。这种策略的优点是适应了本企业资源有限这一特点，可以集中力量迅速进入和占领某一特定细分市场。生产和营销的集中性，使企业经营成本降低，但该策略风险较大。如果目标市场突然变化，如价格猛跌或突然出现强有力的竞争者，企业就可能陷入困境。

## 二、简答题(每题 10 分，共 40 分)

1. (1)所谓战略性贸易政策，是指在“不完全竞争”市场中，政府积极运用补贴或出品鼓励等措施对那些被认为存在着规模经济、外部经济或大量“租”(某种要素所得到的高于该要素用于其他用途所获得的收益)的产业予以扶持，扩大本国厂商在国际市场上所占的市场份额，把超额利润从外国厂商转移给本国厂商，以增加本国经济福利和加强在有外国竞争对手的国际市场上的战略地位。战略性贸易政策理论可以分为利润转移理论和外部经济理论两大分支。

(2) 战略性贸易政策扶持的产业应具有以下特点：一是产业或潜在产业所获得的收益必须超过补贴支出；二是必须是面临外国厂商激烈竞争或潜在竞争的产业；三是与出口相关的国内产业应比外国竞争产业更集中或同样集中；四是国内的扶持政策不会引起要素价格上升过高；五是本国产业相对于外国竞争者有较大的成本优势，增加生产会带来较大的规模经济或学习经济；六是具有 RD 补贴和扶持效果的产业；七是 RD 投入和资本投入比重高的产业。

2. (1)垂直型对外投资和水平型对外投资的含义

垂直型对外直接投资是指一国投资者为了生产过程的不同阶段实行专业化而将生产资本直接输出到另一国进行设厂或建立企业的投资活动。多见于汽车、电子行业。

水平型对外投资也称为横向型直接投资，是指一国的企业到国外进行投资，建立与国内生产和经营方向基本一致的子公司。一般运用于机械制造业、食品加工业。

(2) 它们各自的经济效应

① 垂直型对外投资的经济效应。垂直型对外直接投资使得全球生产的专业化分工与协作程度增高，各个生产经营环节紧密相扣，便于公司按照全球战略发挥各个子公司的优势；而且由于专业化分工，每个子公司只负责生产一种或少数几种零部件，有利于实现标准化、大规模生产，获得规模经济效益。垂直型对外直接投资与出口主要体现为互补关系，在垂直型对外直接投资条件下，可能导致较高水平的原材料贸易和中介投入，对产品出口具有较强的促进效应。

② 水平型对外投资的经济效应。水平性对外直接投资使母子公司之间在公司内部相互转移生产技术、营销诀窍和商标专利等无形资产，有利于增强各自的竞争优势与公司的整体优势、减少交易成本，从而形成强大的规模经济。水平型对外直接投资与出口主要体现为替代关系，水平型对外直接投资是指一国企业将生产资本输出到另一国，在投资所在国设立子公司，根据当地情况从事某种产品的设计、生产和销售等全部经营活动。

3. (1)欧元区是指欧洲联盟成员中使用欧盟的统一货币——欧元的国家区域。由于英国、瑞典和丹麦决定暂不加入欧元区。2015 年，使用欧元的国家为德国、法国、意大利、荷兰、比利时、卢森堡、爱尔兰、希腊、西班牙、葡萄牙、奥地利、芬兰、斯洛文尼亚、塞浦路斯、马耳他、斯洛伐克、爱沙尼亚、拉脱维亚、立陶宛，称为欧元区。欧元区共有 19 个成员国和超过 3 亿 2 千万的人口。

(2) 欧元的启动

1991 年的 12 月，欧洲共同体成员国签署了《马斯特里赫特条约》，承诺在 1999 年 1 月 1 日采用一种统一的货币。欧盟 27 个国家中目前有 13 个国家使用欧元，这 13 个国家被称为欧元区国家。2004 年 5 月 1 日加入欧盟的 10 个国家和 2007 年加入欧盟的 2 个国家将达到某些经济指标之后采用欧元。这些指标是价格水平的高度稳定、良好的财政状况、稳定的汇率和稳定的长期利率。欧元的建立不仅需要参与国政府放弃本国货币，甚至要放弃货币政策的自主权。欧元的使用使得欧盟建造了继美元之后的世界第二大货币区。

（3）要加入欧元区，欧盟成员国必须达到下列标准：

首先，每一个成员国削减不超过国内生产总值3%的政府开支；

第二，国债必须保持在国内生产总值的60%以下或正在快速接近这一水平；

第三，在价格稳定方面，通货膨胀率不能超过三个最佳成员国上年通货膨胀率的1.5%；

第四，该国货币至少在两年内必须维持在欧洲货币体系的正常波动幅度以内。

4. 国际化经营战略是指企业从国内经营走向跨国经营，从国内市场进入国外市场，在国外设立多种形式的组织，对国内外的生产要素进行配置，在一个或若干个经济领域进行经营的活动的战略。从事国际化经营的企业通过系统评价自身资源和经营使命，确定企业战略任务和目标，并根据国际环境变化拟定行动方针，以求在国际环境中长期生存和发展所作的长远的总体的谋划。按照战略实施的重点，企业国际化经营战略可以分为四种类型，即国际化战略、多国本土化战略、全球战略与跨国战略。

（1）国际化战略。国际化战略是指企业将其具有价值的产品与技能转移到国外市场，从而创造价值的战略。大部分企业采用国际化战略时，是把在母国所开发出的具有差别化的产品转移到海外市场来创造价值。在这种情况下，企业大多把产品开发的职能留在母国，而在东道国建立制造和营销机构。在大多数的国际化企业中，企业总部一般严格地控制产品与市场战略的决策权。如果企业的核心竞争力使企业在国外市场上拥有竞争优势，而且在该市场上降低成本的压力较小，企业采取国际化战略是非常有利的。但是，如果当地市场要求能够根据当地的情况提供产品与服务，企业采取这种战略就不太合适。同时，由于企业在国外各个生产基地都有厂房设备，会形成重复建设，则加大了经营成本，这对企业也是不利的。

（2）多国本土化战略。为了满足所在国的市场要求，企业可以采用多国本土化战略。这种战略与国际化战略的不同之处在于，要根据不同国家的不同的市场，提供更能满足当地市场需要的产品和服务；相同点是，这种战略也是将自己国家所开发出来的产品和技能转到国外市场，而且在重要的东道国市场上从事生产经营活动。因此，这种战略的成本结构较高，无法获得经验曲线效益和区位效益。在当地市场强烈要求根据当地需求提供产品和服务并降低成本时，企业应采取多国本土化战略。但是，由于这种战略生产设施重复建设并且成本比较高，在成本压力大的行业中不太适用。同时，实行多国本土化，会使得在每一个东道国的子公司过于独立，企业最终有可能会失去对于公司的控制。

（3）全球化战略。全球化战略是向世界市场推广标准化的产品和服务，并在较有利的东道国集中进行生产经营活动，由此形成经验曲线和规模经济效益，获得高额利润。有些企业采用这种战略主要是为了实现成本领先。在成本压力大而当地特殊要求较少的情况下，企业采用全球化战略是有利的。但是，在要求提供当地特色的产品的市场上，这种战略是不合适的。

（4）跨国战略。跨国战略是在全球激烈竞争的情况下，形成以经验为基础的成本效益和区位效益，转移企业的核心竞争力，同时注意当地市场的需要。为了避免外部市场的竞争压力，母公司与子公司、子公司与子公司的关系是双向的，不仅母公司向子公司提供产品与技术，子公司也可以向母公司提供产品与技术。跨国战略的显著特点是业务经营的多样化和市场的多样性。多元化跨国公司的管理者们不仅要制定和执行大量的战略，还要根据各国市场条件的需求进行调整变化。

## 三、论述题（每题20，共80分）

1. 跨国公司是指由两个或两个以上国家的经济实体所组成，并从事生产、销售和其他经营活动的国际性大型企业。按照不同的分析角度和划分标准，对跨国公司可以有不同的分类。

（1）按经营项目分类。按照跨国公司经营项目的性质，可以将跨国公司分为三种类型：

① 资源开发型跨国公司。资源开发型跨国公司以获得母国所短缺的各种资源和原材料为目的，对外直接投资主要涉及种植业、采矿业、石油业和铁路等领域。这类公司是跨国公司早期积累时经常采用的形式。

② 加工制造型跨国公司。加工制造型跨国公司主要从事机器设备制造和零配件中间产品的加工业务，以巩固和扩大市场份额为主要目的。这类公司以生产加工为主，进口大量投入品生产各种消费品供应东道国或附近市场或者对原材料进行加工后再出口。这类公司主要生产和经营诸如金属制品、钢材、机械及运输设备等产品，随着当地工业化程度的提高，公司经营逐步进入到资本货物部门和中间产品部门。

③ 服务提供型跨国公司。服务提供型跨国公司主要是指向国际市场提供技术、管理、信息、咨询、法

律服务以及营销技能等无形产品的公司。这类公司包括跨国银行、保险公司、咨询公司、律师事务所以及注册会计师事务所等。

（2）按经营结构分类。按照跨国公司的产品种类和经营结构，可以将跨国公司分为以下三种类型。

① 横向型跨国公司。横向型跨国公司是指母公司和各分支机构从事同一种产品的生产和经营活动的公司。在公司内部，母公司和各分支机构之间在生产经营上专业化分工程度很低，生产制造工艺、过程和产品基本相同。横向型跨国公司的特点是地理分布区域广泛，通过在不同的国家和地区设立子公司与分支机构就地生产与销售，以克服东道国的贸易壁垒，巩固和拓展市场。

② 垂直型跨国公司。垂直型跨国公司是指母公司和各分支机构之间实行纵向一体化专业分工的公司。这类公司的特点是全球生产的专业化分工与协作程度高，各个生产经营环节紧密相扣，便于公司按照全球战略发挥各子公司的优势；而且由于专业化分工，每个子公司只负责生产一种或少数几种零部件，有利于实现标准化、大规模生产，获得规模经济效益。

③ 混合型跨国公司。混合型跨国公司是指母公司和各分支机构生产和经营互不关联产品的公司。混合型跨国公司是企业在世界范围内实行多样化经营的结果，它将没有联系的各种产品及其相关行业组合起来，加强了生产与资本的集中，规模经济效果明显；同时，跨行业非相关产品的多样化经营能有效地分散经营风险。但是由于经营多种业务，业务的复杂性会给企业管理带来不利影响，因此具有竞争优势的跨国公司并不是向不同行业盲目扩展业务，而是倾向于围绕加强核心业务或产品的竞争优势开展国际多样化经营活动。

（3）按决策行为分类。20世纪60年代末，美国经济学家巴尔马特从跨国公司的决策行为出发，将跨国公司分为以下三种类型：

① 民族中心型公司。民族中心型公司的决策哲学是以本民族为中心，其决策行为主要体现母国与母公司的利益。公司的管理决策高度集中于母公司，对海外子公司采取集权式管理体制。这种管理体制强调公司整体目标的一致性，优点是能充分发挥母公司的中心调整功能，更优化地使用资源，但缺点是不利于发挥子公司的自主性与积极性，且东道国往往不太欢迎此模式。跨国公司发展初期，一般采用这种传统的管理体制。

② 多元中心型公司。多元中心型公司的决策哲学是多元与多中心，其决策行为倾向于体现众多东道国与海外子公司的利益，母公司允许子公司根据自己所在国的具体情况独立地确定经营目标与长期发展战略。公司的管理权力较为分散，母公司对子公司采取分权式管理体制。这种管理体制强调的是管理的灵活性与适应性，有利于充分发挥各子公司的积极性和责任感，且受到东道国的欢迎。但这种管理体制的不足在于母公司难以统一调配资源，而且各子公司除了自谋发展外，完全失去了利用公司内部网络发展的机会，局限性很大。在跨国公司迅速发展的过程中，东道国在接受外来投资的同时逐渐培养起民族意识，经过多年的积累和发展，大多数跨国公司的管理体制从集权和本民族为中心转变为多元中心型。

③ 全球中心型公司。全球中心型公司既不以母公司也不以分公司为中心，其决策哲学是公司的全球利益最大化。相应地，公司采取集权与分权相结合的管理体制，这种管理体制吸取了集权与分权两种管理体制的优点，事关全局的重大决策权和管理权集中在母公司的管理机构，但海外子公司可以在母公司的总体经营战略范围内自行制定具体的实施计划、调配和使用资源，有较大的经营自主权。这种管理体制的优点是在维护公司全球经营目标的前提下，各子公司在限定范围内有一定的自主权，有利于调动子公司的经营主动性和积极性。

2. 销售渠道也常常称为分销渠道和商品流通渠道。它是指产品从生产领域进入另一个生产领域或消费领域的流通途径，它不仅是指商品实物形态的运动路线，还包括完成商品运动的交换的结构形式。

（1）国际分销渠道通常包括两部分：

① 国际分销渠道的结构和长度。国际分销渠道的长度包括三个环节。第一个环节是本国的分销渠道，它由生产企业和批发中间商组成；第二个环节是出口国的出口商和进口国的进口商之间的分销渠道，即由本国进入进口国的分销渠道；第三个环节是进口国的分销渠道。

② 国际分销渠道的宽度，主要指分销渠道中各个层次使用中间商数目的多寡。在销售渠道的宽度上有

三种选择：

第一，广泛分销。即尽可能多地使用中间商，企业对每个中间商负责的地区范围不做明确规定，对其经营能力不严格要求。该策略的目的是使国际市场上的消费者和用户能有更多的机会方便地购买其产品。

第二，选择分销。即精选少数符合要求的中间商，由外销企业把产品售给经过精选的一定区域的少数中间商，故要求每个中间商销售能力强、信誉高；

第三，独家经销。即外销企业在目标市场上或目标市场的一部分地区内仅指定一家中间商经营其产品。

（2）对国际分销渠道选择考虑的因素

分销渠道的选择没有绝对优劣之分，公司在考虑分销渠道的选择时，不仅要考虑市场及公司自身条件的要求，也应从营销组合角度出发，使分销渠道决策与产品，定价及促销等组合因素相互配合，形成整体上的效益。选择分销渠道需考虑的因素有：

① 控制。公司对国际市场营销的控制权要求不同，其分销渠道的决策会有所不同，一般来说，渠道越长、宽度越宽，对于售价、销售量，推销方式等的控制能力就越弱；

② 资金。渠道所涉及的财务因素主要是利用某个中间商所需要的资金和现金流形式；

③ 成本。这里的成本指的是渠道完全成本。它包括支付本企业推销人员的一切费用；

④ 灵活性。一般来说，进入方式越直接、变动越难，灵活性越差；

⑤ 风险。这些风险包括商业方面的，如库存资金、应收款、外汇汇率等，也包括来自政治方面的，如国有化、政局变动等。

（3）对国际市场分销渠道的管理，主要包括以下内容：

① 专门管理。企业应设立国际市场分销渠道的专门机构，至少要有专人负责这项工作，以加强对分销渠道的专门化、系统化管理；

② 健全档案。不断搜集、分析、整理有关中间商的资料信息；

③ 适当鼓励。对中间商给予适当的鼓励，目的是促使双方友好合作，互惠互利，融洽感情；

④ 定期评估。一是对分销渠道模式和分销渠道结构进行评估，这种评估的标准主要是经济效益；二是对客户的评估，主要是对客户的履约率、资信状况、销售能力、合作态度、经营效率做出鉴定，必要时可对客户进行调整；

⑤ 及时调整。国际分销渠道调整可采用增减渠道或中间商，或改变整个渠道系统。

3.（1）国际债务危机是指在国际借贷领域中大量负债，超过了借款者（往往是主权国家或地区）自身的清偿能力，造成无力还债或必须延期还债的现象。

（2）国际债务危机具体表现包括：

① 外债规模膨胀。如果把外债视为建设资金的一种来源，就需要确定一个适当的借入规模。因为资金积累主要靠本国的储蓄来实现，外资只能起辅助作用；而且，过多地借债如果缺乏相应的国内资金及其他条件的配合，宏观经济效益就得不到应有的提高，进而可能因沉重的债务负担而导致债务危机。

② 外债结构不合理。在其他条件相同的情况下，外债结构对债务的变化起着重要作用。外债结构不合理主要表现有：

a. 商业贷款比重过大。商业贷款的期限一般较短，在经济较好或各方一致看好经济发展时，国际银行就愿意不断地贷款，因此这些国家就可以不断地通过借新债还旧债来“滚动”发展。但在经济发展中一旦出现某些不稳定因素，如政府的财政赤字、巨额贸易逆差或政局不稳等使市场参与者失去信心，外汇储备不足以偿付到期外债时，汇率就必然大幅度下跌。这时，银行到期再也不愿贷新款了。为偿还到期外债，本来短缺的外汇资金这时反而大规模流出，使危机爆发。

b. 外债币种过于集中。如果一国外债集中于一两种币种，汇率风险就会变大，一旦该外币升值，则外债就会增加，增加偿还困难；

c. 期限结构不合理。如果短期外债比重过大，超过国际警戒线，或未合理安排偿债期限，都会造成偿债时间集中，若流动性不足以支付到期外债，就会爆发危机。

③ 外债使用不当。借债规模与结构确定后，如何将其投入适当的部门并最大地发挥其使用效益，是偿还债务的最终保证。从长期看，偿债能力取决于一国的经济增长率，短期内则取决于它的出口率。所以人们真正担心的不是债务的规模，而是债务的生产能力和创汇能力。许多债务国在大量举债后，没有根据投资额、偿债期限、项目创汇率以及宏观经济发展速度和目标等因素综合考虑，制定出外债使用走向和偿债战略，不顾国家的财力、物力和人力等因素的限制，盲目从事大工程建设。由于这类项目耗资金、工期长，短期内很难形成生产能力，创造出足够的外汇，造成债务积累加速。

④ 对外债缺乏宏观上的统一管理和控制。外债管理需要国家对外部债务和资产实行技术和体制方面的管理，提高国际借款的收益，减少外债的风险，使风险和收益达到最圆满的结合。这种有效的管理是避免债务危机的关键所在。其管理的范围相当广泛，涉及外债的借、用、还各个环节，需要政府各部门进行政策协调。如果对借用外债管理混乱，多头举债，无节制地引进外资，往往会使债务规模处于失控状态和债务结构趋于非合理化，它妨碍了政府根据实际已经变化了的债务状况对政策进行及时调整，而政府一旦发现政策偏离计划目标过大时，偿债困难往往已经形成。

⑤ 外贸形势恶化，出口收入锐减。由于出口创汇能力决定了一国的偿债能力，一旦一国未适应国际市场的变化及时调整出口产品结构，其出口收入就会大幅减少，经常项目逆差就会扩大，从而严重影响其还本付息能力。同时巨额的经常项目逆差进一步造成了对外资的依赖，一旦国际投资者对债务国经济前景的信心大减，对其停止贷款或拒绝延期，债务危机就会爆发。

（3）国际债务危机的影响。债务危机严重干扰了国际经济关系发展的正常秩序，是国际金融体系紊乱的一大隐患，尤其对危机爆发国的影响更是巨大，会给经济和社会发展造成严重的后果。

① 国内投资规模会大幅缩减

首先，为了还本付息的需要，债务国必须大幅度压缩进口以获得相当数量额的外贸盈余。因此，为经济发展和结构调整所需的材料、技术和设备等的进口必然受到严重抑制，从而造成生产企业投资的萎缩，甚至正常的生产活动都难以维持。

其次，债务危机的爆发使债务国的国际资信大大降低，进入国际资本市场筹资的渠道受阻，不仅难以借到条件优惠的借款，甚至连条件苛刻的贷款也不易借到。同时，国际投资者也会视危机爆发国为高风险地，减少对该国的直接投资。外部资金流入的减少，使债务国无法筹措到充足的建设资金。

再次，危机爆发后国内资金的持有者对国内经济前景持悲观态度，也会纷纷抽回国内投资，这不仅加重了国家的债务负担，也使国内投资资金减少，无法维持促进经济发展应有的投资规模。

② 通货膨胀会加剧。债务危机爆发后，流入债务国的资金大量减少，而为偿债流出的资金却越来越多。资金的流出，实际上就是货物的流出，因为债务国的偿债资金主要是依靠扩大出口和压缩进口来实现的。由于投资的缩减，企业的生产能力也受到影响，产品难以同时满足国内需求与出口的需要。为还本付息，国家将出口置于国内需求之上。另一方面，进口商品中一些基本消费品也大幅减少。当国内市场的货物供应量减少到不能满足基本要求，以至发生供应危机时，通货膨胀就不可避免。

③ 经济增长会减慢或停滞。为制止资金外流，控制通货膨胀，政府会大幅提高利率，使银根进一步收紧，而为偿债需兑换大量的外汇，又使得本币大幅贬值，企业的进口成本急剧升高。资金的缺乏及生产成本的上升，使企业的正常生产活动受到严重影响，甚至破产、倒闭。投资下降，进口减少，虽然有助于消除经济缺口，但生产的下降势必影响出口的增长。出口若不能加速增长，就无法创造足够的外汇偿还外债，国家的债务负担也就难以减轻。这些都使国家经济增长放慢，甚至会出现较大幅度的倒退。

④ 社会后果严重。随着经济衰退的发生，大批工厂、企业倒闭或停工停产，致使失业人口剧增。在高通货膨胀情况下，职工的生活也受到严重影响，工资购买力不断下降，对低收入劳动者来说，更是入不敷出。失业率的上升和实际工资的下降使债务国人民日益贫困化，穷人队伍越来越庞大。另一方面，因偿债实行紧缩政策，债务国在公共社会事业发展上的投资经费会越来越少，人民的生活水平也会日趋恶化。因此，人民的不满情绪日增，他们反对政府降低人民的生活水平，反对解雇工人，要求提高工资。

⑤ 对国际金融体系的影响。债务危机的产生对国际金融体系运作的影响也是十分明显的。

首先，债权国与债务国同处于一个金融体系之中，一方遭难，势必会牵连另一方。债权人若不及时向债务国提供援助，就会引起国际金融体系的进一步混乱，从而影响世界经济的发展。

其次，对于那些将巨额贷款集中在少数债务国身上的债权银行来说，一旦债务国倒账，必然使其遭受严重损失，甚至破产。

再次，债务危机使债务国国内局势急剧动荡，也会从经济上甚至政治上对债权国产生不利影响。在这种情况下，债权人不得不参与债务危机的解决。

4.（1）中国（上海）自由贸易试验区，是中国政府设立在上海的区域性自由贸易园区，位于浦东境内，属中国自由贸易区范畴。2013 年 9 月 29 日中国（上海）自由贸易试验区正式成立，面积 28.78 平方公里，涵盖上海市外高桥保税区、外高桥保税物流园区、洋山保税港区和上海浦东机场综合保税区 4 个海关特殊监管区域。2014 年 12 月 28 日全国人大常务委员会授权国务院扩展中国（上海）自由贸易试验区区域，将面积扩展到 120.72 平方公里。扩展区域包括陆家嘴金融片区、金桥开发片区和张江高科技片区。

（2）中国（上海）自由贸易试验区的意义

① 示范带动效应。上海自贸区的成立，首先会带动我国新一轮对外开放。上海自贸区作为试点，将更加生动地体现先行先试的开放措施，包括开放度如何扩展、市场化进程如何推动、如何更好与国际接轨等。如果在上海的示范效果显著，均可形成可推广经验，并向其他地区扩展；

② 提升经营管理的理念。以前我国经济发展有很多方面的路径依赖，今后，在上海自贸园区内将大力实行新型创新模式。发展的核心理念是创新，不再是传统的只追求规模化的理念，创新包括技术创新、提高产品质量、品牌打造、服务水平提升等等，若试验园区内的创新机制效应显著，可将理念推广到全国。

③ 促进国际化进程。中国的全球化进程必然要继续推进，目前中国要培养一些新的国际竞争优势，未来将更多研究如何更好与世界规则接轨。在自贸区内，将按照国际化规则运行，运行取得效果后，可将这种模式从较发达地区向我国中西部地区推进。

④ 进一步深化市场化改革。国务院在此时推出自由贸易试验区意义重大，一是改变过去政府主导的经济转型发展模式，放弃过去单靠产业振兴计划等政策红利来扶持经济的做法，从而避免过度贷款造成银行不良资产和过度投资造成产能过剩；二是通过放松管制、强化市场化的机制改革的做法，向社会提供摆脱经济低迷所需要的制度红利。这种用“看不见的手”去替代“看得见的手”的做法，表明政府目前想扭转实体经济“钱荒”和虚拟经济“钱多”并存格局的决心。

⑤ 进一步对外开放。这次自由贸易区启动所追求的目标，不再像 2001 年中国加入 WTO 时更注重扩大商品贸易，而是以要素自由流动、自由贸易为主导的高层级开放格局。所以，它对金融、税收和市场开放程度都有更高要求，完全可以和美国倡导的 TPP 自由贸易内涵相媲美。如果自贸区的发展能够控制好时机、节奏和范围，那中国目前“创新驱动转型发展”的标志性成果，就会在未来自贸区的人才、资金、专利、信息等高端要素的顺畅流动中体现出来。

⑥ 聚集效应。虽然自贸区的发展可能会对其他地区产生挤出效应，但若能和自贸区外的经济活动形成稳定的互补结构、与香港等人民币离岸市场产生共同繁荣的协同效应，上海自贸区所产生的经济集聚效应和技术信息等高端要素的扩散效应会越来越明显。

# 中央财经大学2016年434国际商务专业基础试题

一、单项选择题(每题1分，共15分)

1. H-O模型的基本假定不包括(　　)。

A. 生产要素可以在部门间自由流动　B. 两种商品的要素密集度不同

C. 两个国家的要素丰裕度不同　D. 两个国家的消费偏好不同

2. 以下哪一种价格不是国际市场的封闭市场价格？(　　)

A. 垄断价格　B. 跨国公司内部价格

C. 国际商品协定价格　D. 美国谷物交易所的小麦价格

3. 缔约一方现在和将来给予任何第三方的特权、优惠及豁免待遇，应无条件地给予任何缔约对方，这属于(　　)条款。

A. 最惠国待遇　B. 国民待遇　C. 通商航海　D. 普惠制

4. 根据世贸组织的TRIPS协议，以下哪一项不是与贸易有关的知识产权？(　　)

A. 商标权　B. 专利

C. 商品所有权　D. 未披露信息的保护权

5. 贸易条件是指(　　)。

A. 一国从事贸易活动的环境条件

B. 一国从事贸易活动的汇率条件

C. 一国出口商品价格指数与进口商品价格指数之比

D. 一国进口商品价格指数与出口商品价格指数之比

6. 根据要素价格均等化定理，两国之间进行自由贸易后，两国间的生产要素价格会(　　)。

A. 逐渐增大　B. 趋向一致　C. 不受影响　D. 先扩大后下降

7. 原产地规则是确定货物“国籍”的原则和规定。在确定原产地时一般实施“实质性改变”的原则。以下哪一项不属于“实质性改变原则”？(　　)

A. 税号改变标准　B. 增值标准　C. 加工工序标准　D. 生产时间标准

8. 在区域经济一体化过程中，共同市场在关税同盟的基础上，实现了(　　)。

A. 对外统一的关税税率　B. 生产要素的自由流动

C. 制定某些经济社会政策　D. 货物的自由流动

9. 在商品价格下降的情形下，下列哪一种关税能起到较强的保护国内市场的作用？(　　)

A. 从价税　B. 从量税　C. 混合税　D. 进口附加税

10. 根据蒙代尔-弗莱明模型，在固定汇率制下(　　)。

A. 财政政策无效　B. 货币政策有效　C. 财政政策有效　D. 货币政策无效

11. 在欧洲货币市场上，同业拆借的基准利率是(　　)。

A. EURIBOR　B. NIBOR　C. LIBOR　D. SHIBOR

12. 银行的买入汇率对贸易厂商而言，常被称为(　　)。

A. 进口汇率　B. 出口汇率　C. 贸易汇率　D. 金融汇率

13. 在国外进行证券投资的利息收入应列入国际收支平衡表的(　　)。

A. 资本项目　　B. 经常项目　　C. 平衡项目　　D. 金融项目

14. 在利率互换中，交易双方到期互相支付对方的(　　)。

A. 借款本金　　B. 借款利息　　C. 借款手续费　　D. 借款本利和

15. 按照章程，不得依靠在国际金融市场上发行债券来筹集资金的国际金融机构是(　　)。

A. 国际清算银行　　B. 国际开发协会

C. 国际复兴开发银行　　D. 国际金融公司

**二、名词解释(每题 5 分，共 40 分)**

1. 雷布津斯基定理　　2. 离岸外包

3. 跨国并购　　4. 关税配额

5. 关税同盟的贸易转移　　6. 国际避税

7. 资本逃避　　8. 货币期权交易

**三、简答题(每题 7 分，共 56 分)**

1. 在异质性企业贸易模型中，企业生产率被认为是决定企业出口行为的关键因素。请简要回答为什么生产率较高的企业出口，而生产率较低的企业只能在国内生产？是否有什么例外？

2. 请简述以克鲁格曼为代表的规模经济贸易学说的前提条件和主要内容。

3. 企业在选择对外直接投资时可以通过绿地投资或跨国并购进入外国市场，请简要回答企业一般会考虑哪些因素做出决定？

4. 企业选择国际运输方式主要受哪些因素的影响？

5. 简述技术性贸易壁垒及其对贸易的影响。

6. 简述利率平价理论的基本内容。

7. 简述国际储备与国际清偿力的区别。

8. 试分析人民币升值对中国经济的利弊。

**四、计算题(9 分)**

假设某日在美国，即期欧元汇率€1＝$1.2535-60；6 个月远期欧元差价 85/55；美国年利率 4%，德国年利率 6%。现有美国套利者准备从美国银行借入本金 12.60 万美元去德国套利。问：不考虑交易成本，是否有抵补套利机会？其净收益为多少？

**五、论述题(每题 15 分，共 30 分)**

1. 在国际贸易的发展过程中，政府对于贸易活动总是进行一定的干预，请分析政府干预贸易活动的原因。

2. 随着国际分工的深化，全球价值链已经成为影响国际分工和国际经济格局的一个重要因素。发展中国家常常被认为锁定在全球价值链的低端环节，获利较少。请你分析全球价值链背景下中国实现外贸战略的战略转型，并在全球价值链中不断升级的对策。

## 中央财经大学 2016 年 434 国际商务专业基础试题解析

**一、单项选择题(每题 1 分，共 15 分)**

1. D。两个国家的消费偏好不同是新贸易理论的前提假设。

2. D。商品的国际市场价格按其形成条件、特征可分为：世界“自由市场”价格和世界“封闭市场”价格。世界“自由市场”价格是指在国际间不受垄断或国家垄断力量干扰的条件下，由独立经营的买者和卖者之间进行交易的价格。世界“自由市场”价格一般包括交易所价格、拍卖价格和开标价格。所谓的世界“封闭市场”价格，是指国际市场上买卖双方在一定的约束条件下形成的价格。这种价格一般不受国际市场上供求关系规律的制约，买卖双方中的其中一方具有市场垄断力量，从而影响了价值规律的作用。封闭市场价格一般包括调拨价格、垄断价格、区域性经济贸易集团内部的价格和国际商品协定下的价格。

3. A。最惠国待遇通常指的是缔约国双方在通商、航海、关税、公民法律地位等方面相互给予的不低于现时或将来给予任何第三国的优惠、特权或豁免待遇。

4. C。TRIPS 协议保护的范围包括：版权及相关权、商标、地域标识、工业品外观设计、专利、集成电路布图设计、未公开的信息包括商业秘密等七种知识产权，规定了最低保护要求。

5. C。贸易条件是指一定时期内一国每出口一单位商品可以交换多少单位外国进口商品的比例，或交换比价，通过它可反映一国宏观上对外贸易的经济效益如何。通常贸易条件用该时期内出口价格指数与进口价格指数之比来表示。

6. B。要素价格均等化定理：贸易前，由于两国要素禀赋的差异，所以两国的要素价格的不一致导致了同种商品价格的不同。但贸易开始后，两国商品的相对价格的差异会不断缩小，并最终达到均等，不仅如此，要素的价格和生产中的要素密集度也会达到均等。

7. D。我国《海关法》规定的实质性改变标准有两个：税则归类改变标准为主，以从价百分比(增值标准)、制造或者加工工序为补充标准。只要货物经过加工符合这几个标准之一，即可以这个国家为该货物的原产地。

8. B。共同市场是指取消成员国之间所有商品、劳动力和资本流通的壁垒，并制定统一的贸易政策来对待非成员国的经济一体化形式。共同市场在综合了自由贸易区和关税同盟特点的基础上增加了劳动力和跨境投资这两种重要生产要素的自由流动。

9. B。从量税是以货物的数量、体积、重量等计量单位为计税标准的一种关税计征方法。按从量税方法征收进口税时，在商品价格下降的情况下，加强了关税的保护作用；反之，在商品价格上涨的情况下，则不能完全达到保护关税的目的。

10. C。M-F 模型对不同汇率制度下政策有效性的分析

| | 固定汇率 | 浮动汇率 |
|---|---|---|
| 货币政策 | 无效 | 有效 |
| 财政政策 | 有效 | 无效 |

11. C。伦敦银行同业拆借利率(LIBOR)是英国银行家协会根据其选定的银行在伦敦市场报出的银行同业拆借利率，进行取样并平均计算成为基准利率，是伦敦金融市场上银行之间相互拆借英镑、欧洲美元及其他欧洲货币资金时计息用的一种利率，已成为全球贷款方及债券发行人的普遍参考利率，是目前国际间最重要和最常用的市场利率基准。

12. B。买入价，是指银行买入外汇时所使用的汇率，它多用于出口商与银行间的外汇交易，所以也常称为出口汇率。

13. B。经常账户包含四个二级账户：货币、服务、收入和经常转移。其中收入包括居民与非居民之间的两大类交易，即支付给非居民工人的报酬和投资收入项下的有关对外金融资产和负债的收入支出。

14. B。利率互换是指交易双方约定在未来的一定期限内，根据约定数量的同种货币的名义本金交换利息额的金融合约。利率互换交换的只是不同特征的利息，没有实质本金的互换。利率互换可以有多种形式，最常见的利率互换是在固定利率与浮动利率之间进行转换。

15. B。国际开发协会是由世界银行发起成立的国际金融组织。其名义上是独立的，但从人事及管理系统来看，实际上是在界银行的一个附属机构，又叫第二世界银行。它与世界银行、国际金融公司一起组成世界银行集团。按照章程，国际开发协会不得依靠在国际金融市场上发行债券来筹集资金，其贷款资金来源有会员国认缴的股本，会员国提供的补充资金，世界银行从净收入中拨给国际开发协会一部分款项，协

会本身经营业务的净收入。

## 二、名词解释(每题5分，共40分)

1. 雷布津斯基定理是指在商品相对价格不变的前提下，某一要素的增加会导致密集使用该要素部门的生产增加，而另一部门的生产则下降。

雷布津斯基斯基定理只适用于国际贸易中的“小国”。对于开放条件下的大国，如果一国某一要素增加，对方国家一切保持不变，那么要素增加后，在国际市场上密集使用该要素的商品相对价格要下降。所以，若该商品是要素增加国家的出口商品，则该国贸易条件恶化，相应地，对方国家贸易条件改善；若该商品是要素增加国家的进口商品，则该国贸易条件改善，对方国家贸易条件恶化。

2. 离岸外包指外包商与其供应商来自不同国家，外包工作跨国完成。在世界经济全球化的潮流中，通过国际合作，利用国家或地区的劳动力成本差异，是企业实现降低生产成本，增强综合竞争力的有效途径。离岸外包是企业充分利用国外资源和企业外部资源进行产业转移的一种形式。与外商直接投资相比，由于离岸外包更具有降低成本、强化核心能力、扩大经济规模等作用，越来越多的跨国公司将离岸外包作为国际化的重要战略选择。

3. 跨国并购是指跨国兼并和跨国收购的总称，是指一国企业(又称并购企业)为了达到某种目标，通过一定的渠道和支付手段，将另一国企业(又称被并购企业、目标企业)的所有资产或足以行使运营活动的股份收买下来，从而对另一国企业的经营管理实施实际的或完全的控制行为。

4. 关税配额亦称“关税限额”，是征收关税与进口配额结合运用的一种限制进口的非关税壁垒措施。即预先规定有关商品在一定时期内的进口配额，在配额以内进口的实行优惠税率或给予免税待遇，对超过配额的进口商品则实行普通税率或征收进口附加税，这样就可限制进口。关税配额可分为全球配额和国别配额。全球配额是指将某商品进口制定一个总额度，但没有具体的国家地区限制，可从全球进口，采取先来先得配额的办法，一旦配额申请完毕，就不再进口。国别配额则是在总配额下，又将配额分配给具体的国家或地区，当该国该地区配额用完，就不得进口。

5. 贸易转移是指由于关税同盟内部实行自由贸易，对外实行统一关税率，导致先前的贸易伙伴关系发生改变，即一国把与同盟外低成本的某个国家的相互贸易转变为与同盟内高成本成员国家的相互贸易。

6. 国际避税是指跨国纳税人利用两个或两个以上的国际的税法和国际税收协定的差别、漏洞、特例和缺陷，规避或减轻其总纳税义务的行为。国际避税的主要方式有：转让定价避税、利用国际避税地避税、滥用国际税收协定避税和利用电子商务避税。

7. 资本逃避又称资本外逃或资本转移，是指一种由于经济危机、政治动荡、战争等因素，导致本国资本迅速流到国外，从而规避可能发生的风险的现象。它是衡量一国经济增长稳定状况，反映一国金融体系潜在危机程度的一个重要指标。资本逃避概念本身所指的资本外流并非全都非法，在一定的政治经济条件下，资本外逃也属于合法、正常的对外投资。从短期看，大规模的资本逃避会带来经济的混乱与动荡。从长期看，资本逃避降低了本国可利用的资本数量，减少了政府从国内资产中可获取的税收收入，增加了本国的外债负担，从而会引起一系列严重的经济后果。

8. 货币期权交易是指期权购买者以一定的费用(期权费)获得在一定的时刻或时期内按交易双方约定的价格购买或出售一定数量的某种货币的权利的交易。其操作方法是：进口商或债务人在成交时买进该货币的买权。如果支付日即期汇率高于协定汇率，则可以要求执行期权，行使按照协定汇率买进该货币的权利；反之，如果即期汇率低于协定汇率，则可以放弃执行期权，让合同自动失效，而在外汇市场上按照相对低的即期汇率买进该货币。

出口商或债权人在成交时买进该货币的卖权。如果收款日即期汇率低于协定汇率，则可以要求执行期权，行使按照协定汇率卖出该货币的权利；反之，如果即期汇率高于协定汇率，则可以放弃执行期权，让合同自动失效，而在外汇市场上按照相对高的即期汇率卖出该货币。

## 三、简答题(每题7分，共56分)

1. 根据异质性企业贸易模型，异质性企业在进行生产决策时，生产率的不同起着决定作用。由于固定成本的存在，那些生产率很低的企业会停止生产退出行业，生产率较高的企业继续生产，由于对外贸易会产生额外的固定成本，只有生产率更高的企业才会进入国际市场。也就是说，在一个行业中，出口型企业的生产率普遍高于非出口型企业。这个结论与之前对于美国等国家的出口型企业的实证研究结果是相符合的。

然而，根据实证研究异质性企业贸易模型并不适用于我国的企业决策，我国的出口型企业的生产率普遍低于非出口型企业，生产率与企业的出口量呈负相关，贸易对生产率的提高没有显著的作用。这种生产率与出口量之间的反常现象被称为"生产率悖论"。专家们对这种现象的解释有：

(1) 产品的垂直性差异。异质性企业贸易模型是以垄断竞争条件为基础的，其中一个重要假定就是产品市场上都是具有水平差异性质的产品，产品的质量没有高低之分，消费者对各种不同种类的商品没有特殊偏好，带来的效用是对称的。这个假设使得生产率差异成为单一变量，便于分析，同时在市场经济十分发达，产品生产的标准化程度很高的地区也是合理的。但是，如果将中国企业生产的出口产品和内销产品放在一起进行比较则会发现，产品的质量差异还是很明显的，出口品质量明显高于内销产品，所以水平差异产品的假设并不合适，而应该是垂直差异。

(2) 大量存在的加工贸易。在我国的对外出口结构中，来料加工型的贸易占据着超过一半的比重。在如今的国际贸易中，跨国公司已经是非常普遍的企业形式，跨国公司往往会将其产品的生产过程分配在不同的国家进行，由于廉价的劳动力一直是我国的一个贸易优势，在这些出口产品的生产过程中，我国只是分担了劳动力密集的生产过程，而研发和设计等大量技术密集资本密集的环节都是在国外进行的。加工型企业基本都是劳动密集型的，并不需要太多的资本投入和先进技术，生产率比较低下。这样一来，由于这些生产率很低的加工型出口企业的存在，使得我国对外出口的企业的整体生产率水平呈现低于非出口企业的情形。

(3) 小于零的出口固定成本。在关税和非关税壁垒普遍存在的今天，一个企业要从国内市场进入国际市场都要考虑其他国家的贸易保护措施，所以大于零的出口固定成本是普遍存在的。但是，对于我国而言，尤其是在刚刚改革开放的时候，我国政府为了发展经济促进出口，采取了大量的刺激出口的措施，很高的出口补贴和出口退税往往使得企业在进入国际市场时面临的不是一个固定成本，而是固定收益，也就是一个小于零的出口固定成本。在我国加入 WTO 后，出口补贴大大降低，这种出口固定成本小于零的现象有所改变。但是，这并没有改变悖论中所描绘的企业出口决策，依然是低效率的企业在进行出口，这往往是因为低生产率的企业在长期的出口过程中，产生了规模经济效应，阻止了其他有潜在盈利可能的企业进入国际市场。

2. (1) 著名经济学家克鲁格曼在与艾瀚合著的《市场结构与对外贸易》一书中提出了规模经济贸易学说。规模经济贸易理论的两个假设条件：

① 企业生产具有规模经济

规模经济是指在企业生产扩张的开始阶段，企业由于扩大生产规模而使经济效益得到提高。如，企业参与国际贸易，获得更为广阔的市场空间，可以扩大生产规模，随着生产规模的扩大，单位产品的成本呈下降趋势。这种规模经济的取得，使企业增强了竞争力，提高赢利水平。国内外市场环境的变化为各国企业的市场观念和经营方法提出了更高的要求，规模经济产生规模经济效应，企业便可以扩大生产规模，更加专业化地进行产品的大规模生产。

② 国际市场的竞争是不完全的

不完全竞争即垄断竞争，是一种垄断和竞争并存的市场结构。在实际国际贸易中，大量的市场结构是垄断和竞争混合并存的市场，而这类市场又可分为：垄断竞争市场或寡头垄断市场。

(2) 规模经济贸易理论认为，企业的长期平均成本随着产量增加而下降，企业面对的是市场需求曲线，市场需求量会随着价格的下跌而增加。在参与国际贸易以前，企业所面向的只是国内的需求。由于国内市场需求有限，企业不能生产太多，从而使生产成本和产品价格不得不保持在较高的水平上。如果企业参与国际贸易，产品所面临的市场就会扩大，国内需求加上国外需求，企业生产就可以增加。由于生产处于规模经济阶段，产量的增加反而使产品的平均成本降低，从而在国际市场上增加了竞争能力。规模经济效应使资源禀赋即使无差异的国家之间也能凭生产规模大的优势形成竞争力，取得贸易利益。

3. 企业在选择对外直接投资时可以通过绿地投资或跨国并购进入外国市场，一般会考虑如下因素做出决定：

（1）母国与东道国间的文化差异

当文化差异使得不同国家在企业组织形式，管理实践以及员工期望等方面出现巨大反差时，母国企业就会倾向绿地投资。

（2）东道国的经济发展水平

新建全资子公司，会比并购东道国本土企业耗费更多的时间，且延时进入东道国市场还可能招致很高的机会成本。当东道国市场处于新兴发展阶段与经济发展速度较快时，投资机会一般很多，投资盈利的可能性也很大，采用耗时的绿地投资会延误投资者的商机。

（3）企业的多元化经营

开展多元化业务经营的母国企业积累了在谈判协商以及企业资源整合等方面的专业知识，这种专业知识有利于降低并购的交易成本，而未开展多元化业务经营的企业则不具备这种专业知识，在实施跨国并购时会引致很高的交易成本。

（4）企业技术水平

专有技术，是企业专用性资产的主要组成部分。出于对核心技术的保护，R&D 密度高的母国企业在东道国投资时，都不愿轻易松动技术专利权，更不愿泄露专有技术，R&D 密度高的母国企业在东道国投资时会倾向绿地投资，以期用较小的成本保护专有技术的完整。

（5）企业的国别经验

“国别经验”，是指企业对国外某一特定区域所拥有的经验。该类经验因参与该特定区域的经营交往活动而获得。如果母国企业在东道国无从事业务经营的任何经验，最恰当的进入方式莫过于跨国并购。因为通过购买目标企业的管理层可以较小的成本持有“国别经验”这种无形资产。

（6）企业的业务关联度

在东道国的投资如果与母国企业所从事的核心业务关联性不大，则母国企业在不具备从事新业务经营所要求的资源，技术和经验的前提下，会倾向选择跨国并购来获取产品专用性知识。

4. 国际货运运输方式选择主要从五个方面考虑：

（1）国际货运运输成本

这是国际物流对运输方式选择上的首要考虑因素，其原因是如果运距太长，运费负担会较长重。据统计，在外贸的价格中，物流费有进是可占出品货价的 30%—70%，对于煤炭、矿石等低价值货物，这一比例或许更高。

（2）国际货运运行速度

国际物流速度也很重要，这主要有两个原因：一个原因是运距长，需时日较多，资金占用时间长，加快速度有利于解放占用的资金；另一个原因是速度慢会错过好的价值而使经济效益下降。在各种物流形式中，航空货运有不容争议的高速度。在洲际运输中，用大陆桥运输取代海运，会获得提高物流速度的显著效果。

（3）国际货运货物数量

因为国际物流距离往往超出了汽车等运输工具的经济里程，大数量货物也不可能选择航空运输，所以在运输方式选择上会受到限制。

（4）国际货运物流基础设施条件

由于国家之间发展的不平衡，一个国家中可以选择的物流方式，到另一个国家可能因为缺乏采用这种方式的必要基础设施而不能采用。在选择时，如不考虑这个问题，是无法形成有效的物流系统的。

（5）国际货运中货物的特点及性质

货物特点及性质有时对物流方式选择起决定作用。经常是由于国际物流方式的限制，有些货物无法进入国际物流中而失去了市场时机。一般来说，各种包装杂货可以选择各种物流方式，而诸如水泥、石油、沥青、危险品等，选择范围则较窄，如在国际物流中，选择汽车或飞机运输水泥显然是不恰当的。

5.（1）技术性贸易壁垒的概念

技术性贸易壁垒是指一国政府通过所规定的复杂苛刻的工业产品的技术标准、卫生检疫规定以及商品包装和标签规定来提高进口产品技术要求，增加进口难度，最终达到限制进口的目的。从形式上看，技术贸易壁垒既包括决定一种商品特性的规格，如质地、纯度、营养价值、尺寸、用途等，也包括设计和说明、证书、标记、商标及检验程序等。这些标准不仅日益复杂，而且经常变化，手续繁杂，使外国商品难以适应，从而成为国际贸易中最为隐蔽、最难对付的非关税壁垒之一。

（2）技术性贸易壁垒对国际贸易的影响

在当今的国际贸易中，技术性贸易壁垒不但不可避免，反而将会长期存在。其对国际贸易的影响将会越来越大。同时，对社会的发展也将起着非常重要的作用。

① 负面影响

a. 越来越多的技术性贸易壁垒(如各国的标准条例、技术法规、合格评定程序等)阻碍着国际贸易的自由发展，不利于世界资源的自由流通和优化配置，并且与经济全球化世界进口贸易额分布、贸易自由化的社会发展潮流背道而驰。

b. 在现行的国际标准体系中，标准的制定者基本上都是发达国家，发展中国家大多是标准的被动接受者。而发达国家从他们自身利益和技术水平出发制定的标准是许多发展中国家所难以达到的。如此大的技术差距，不可能在短期内缩小。所以，在很长一段时间内，发展中国家在国际贸易格局中将会处于越来越不利的地位。

② 正面影响

a. 环境壁垒及绿色标准在客观上促进了可持续发展的实施。经济建设和环境保护是任何国家发展过程都会遇到的一对矛盾。但眼前的经济利益往往会使人们选择破坏环境进行经济建设的道路。环境壁垒及绿色标准在一定程度上也会促使世界经济的发展和世界环境的保护趋向协调和平衡，有利于在发展世界经济的同时保护整个地球的生态环境。

b. 不断提高的检疫标准和包装设计标准，促使各国要不断提高该国产品的质量和卫生及安全性能，这对人类的性命安全和身体健康是有积极作用的。

6. 利率平价说认为，一笔资金可以投资于国内，也可以投资于国外，对外币的需求是为了对外进行投资。国内投资取决于国内利率及收益，国外投资则取决于国外利率及收益，因此汇率决定于不同国家不同时期的利率及收益的比较。利率平价说突破了传统的汇率决定研究方式，即不从金银数量与价格，也不从国际贸易的角度来研究汇率的决定，而从国际资本流动的角度进行研究。利率平价说的实质是考察外汇市场的套利行为。一般将利率平价分为抛补利率平价和非抛补利率平价。

（1）抛补利率平价：所谓抛补套利是指套利者在将低利率国家货币兑换成高利率国家货币，以转移到高利率国家进行金融投资获取利差的同时，在远期进行方向相反的外汇交易，即卖出高利率国家货币买入低利率国家货币，以规避汇率风险。它的经济含义是：外币汇率的远期升(贴)水率等于两国利率之差。如果本国利率高于外国利率，则外币远期汇率必将升水，这意味着本币在远期将贬值；如果本国利率低于外国利率，则外币远期汇率将贴水而本币在远期将升值。

（2）无抛补利率平价：所谓无抛补套利是指套利者在将低利率国家货币兑换成高利率国家货币，以转移到高利率国家进行金融投资获取利差时，并不在远期进行方向相反的外汇交易。它的经济含义是：预期的汇率变动率等于两国货币利率之差。在无抛补利率平价成立时，如果本国利率高于外国利率，则意味着市场预期本币在未来将贬值。

7. 国际储备是一国货币当局者为弥补国际收支逆差、维持本国货币汇率的稳定以及应付各种紧急支付而持有的、为世界各国所普遍接受的资产。一个国家的国际清偿力是指该国无须采取任何影响本国经济正常运行的特别调节措施即能平衡国际收支逆差和维护其汇率的总体能力。它们的区别是：

（1）从内容上看，国际清偿力除了包括该国货币当局直接掌握的国际储备资产外，还包括国际金融机构向该国提供的国际信贷以及该国商业银行和个人所持有的外汇和借款能力。因此，国际清偿力的范围要比国际储备大。

（2）从性质上看，国际储备是一个国家货币当局直接掌握持有的，其使用是无条件的。而对于其他的国际清偿力的构成部分的使用，通常是有条件的。因此，从总体来讲，可以认为一个国家国际清偿力的使用是有条件的。

（3）从两者数量关系上看，一个国家的国际清偿力是该国政府在国际经济活动中能动用的一切外汇资源和总和，而国际储备只是其中的一部分。

8.（1）人民币升值的积极影响

① 有利于进口

人民币升值，有利于其他国家向中国出口商品。从汇率换算上就能得出结论：由于进口商品成本大大降低，就极具价格竞争优势

② 有利于减少贸易摩擦

人民币升值，有利于我国和其他主要贸易伙伴缓解贸易摩擦。近几年来，我国对外贸易一直处于顺差状态，我国的外汇储备已经越过3万亿大关，这些经常成为一些国家抨击我们的主要口实，贸易纠纷也越来越多，我国频繁遭遇反倾销立案调查和其他贸易争端；而以美国为首的西方主要国家，动辄拿人民币汇率说事，人民币升值问题成为贸易摩擦的一大口实。在目前世界经济尚未摆脱金融危机的背景下，人民币升值是一个较为有利的选择，人民币适度升值，就可以缓解我国和主要贸易伙伴的关系。而且能够树立我国作为一个负责任大国的良好国际形象。

③ 有利于促进我国产业结构调整

我国出口产品大多是像纺织品、农产品和机电产品等一些低成本，低技术含量，低附加值；同时又是高污染、高耗能、有的甚至是以破坏生态环境为代价的企业。这些企业在国际市场上无序竞争，竞相杀价，在国际市场上口碑不佳，而换回来的外汇又是微利的。人民币适度升值，就会大大降低这些行业的价格竞争优势，逼迫这些企业为了生存，必须苦练内功，自主创新，加快企业的技术进步，促使企业升级换代调整产品结构。大力发展高附加值产业，调整粗放式外贸发展模式、促进外贸出口由规模导向型向效益导向型转变，实现科学发展，优化我国经济结构，实现国民经济又好又快发展。

④ 有利于中国企业向海外投资进军

目前，国际经济形势尚不明朗。人民币升值，就能够降低中国企业海外投资或收购资产的成本。一些企业如能在海外拓展中，顺势打入国际市场，降低生产和交易成本，实现规模经济，建立全球性的生产、营销网络，树立良好企业品牌形象。对于像石油、铁矿石等我国严重依赖进口的战略性物资和大宗商品，看准时机大胆收购，为我国未来储备战略物资，实现可持续发展。

⑤ 有利于偿还外债总额

这里有一个规则是：汇率升值的幅度与债务减少的幅度成正比。也就是在人民币汇率下降的时候举债，在人民币汇率上升的时候还债，人民币升值越多，我们的债务减少越多。如果单纯从这个角度看，人民币升值符合我国的利益。

⑥ 有利于人民币走向国际市场

由于美国尚未摆脱经济衰退，量化宽松的货币政策还在持续发酵，美元走弱亦不可避免；欧洲债务危机还远未结束，欧元资产大幅贬值，前景黯淡，欧元持续走衰；日本经济已经连续20年低迷，这次安倍内阁上台，又紧随美国之后，开动印钞机，致使日元持续贬值，这对于中国经济陷入两难境地。虽然面临危机，也是挑战，只要我们抓住这一有利时机，加速人民币国际化战略，保持人民币汇率稳中有升，让世界各国对持有人民币抱有信心，这有利于人民币成为结算货币、储藏货币，有利于人民币加速国际化。

（2）人民币升值的消极影响

① 影响到我国外贸和出口

最直接的影响就是产品出口价格的相对提高，这意味着中国产品在国外价格竞争力的下降，尤其将严重影响那些以低价格取胜、科技含量较低的产品出口。而出口产品竞争力的下降，有可能会引发国内经济的不景气。我国的出口企业大部分是劳动密集型，低附加值，低价格的产品，70%—80%属于中小民营企业。许多中小企业的利润率仅为5%—6%，人民币升值6%，这些企业就会赔本，那么现在人民币已经升值20%以上，这些企业只能是关门倒闭。

② 影响到我国企业和许多产业的综合竞争力

如果出口商为维持一定利润而提高价格，又会无法抵抗同样价格但是技术含量、品牌、资本实力均高一筹的外国商品，短期内，会削弱出口产品的国际竞争力，进而影响企业的整体发展水平。同时，在外销产品利润率下降的情况下，很多产品将由外销转为内销，势必加剧国内市场的竞争。

③ 影响我国金融体系的稳定

人民币升值也可能葬送我国多年辛苦造就的良好投资环境，新增的海外投资则会减少。另外，由于以美元表示的国民财富迅速增加，股市和房地产达到高潮，一些“泡沫”进一步膨胀或造就新的“泡沫”，两极分化继续扩大，导致投机不可避免地盛行。目前，我国金融监管体系尚不健全，金融市场发展相对滞后，在这种环境下，升值将会导致大量境外短期投机资本通过各种渠道乘机而入，很容易引发货币危机，影响我国经济持续健康发展。

## 四、计算题(9 分)

根据题意可以计算出 6 个月远期汇率是：€ 1 = \$1. 2535−85 ~ 1. 2560−55 = \$1. 2450 ~ 1. 2505。则即期中间汇率为€ 1 = \$1. 25475，6 个月的远期中间汇率为：€ 1 = \$1. 24775。则可计算出年贴水率为：

$$贴水率=\frac{远期-即期}{即期}\times\frac{12}{月份}\times100=\frac{1.24775-1.25475}{1.25475}\times\frac{12}{6}\times100\approx-1.12\%$$

由于利差大于贴水率，所以存在抵补套汇机会。套汇流程如下：

(1) 在美国以 4%的年利率借入 12. 60 万美元，期限半年。

(2) 按即期汇率买入 12. 60/1. 2560 = 10. 032 万欧元，并将它存入德国银行，存期半年，收取 10. 032×6%÷2 = 3009 欧元利息。同时按远期汇率卖出本息 10. 3327 万欧元。

(3) 6 个月后，从德国银行取得本息 10. 3327 万欧元；同时履行远期欧元的卖出合约，收回 10. 3327×1. 2450 ≈ 12. 8643 美元。

(4) 偿还美国银行借款本金 12. 60 万美元和利息 12. 60×4%÷2 = 0. 252 万美元。

(5) 计算套利收益。若不计交易费用，该套利者获利 12. 8643−12. 60−0. 252 = 0. 0123 万美元。

**【科兴点评】**命题人为了简化计算给出了一个特殊的套利初始金额，但是，12. 60 与 1. 2560 相除并不能简化计算。把初始套利金额 12. 60 改成 12. 56 就好多了。

## 五、论述题(每题 15 分，共 30 分)

1. (1) 政府干预贸易的政治动机

政府干预的政治动机包括保护就业、维护国家安全、对其他国家的不公平贸易行为做出反应、获得对他国的影响力。

① 当国际贸易威胁到国内就业时，几乎所有的政府都会对国际贸易进行干预。

② 不论进口还是出口，政府常常会对涉及国家安全的基础工业进行保护。国家安全与对某些进口产品的限制往往是在保护国家安全的名义下进行的。

③ 如果其他国家都积极地保护本国工业，那么仅仅某个国家允许自由贸易就是没有意义的。如果他国不在一些不公平贸易问题上进行让步的话，一些国家往往会威胁不允许该国船只进入本国港口，或者对来自该国的进口商品征收极高的关税。换句话说，如果一国政府认为另一个国家没有进行“公平贸易”，它就会威胁将对该国实行“不公平”待遇，除非双方能达成某些共识。

④ 世界上的超级大国为了获得对其他小国的控制力也会干预贸易。

(2) 政府干预贸易的经济动机

当市场本身自我调节失效，出现经济过热或者衰退，通胀、失业等诸多问题的时候，政府就要干预了，初衷是弥补市场的不足以达到资源的最优配置。经济动机主要包括：在竞争中保护新生工业和促进具有战略意义的贸易政策的实施。根据幼稚产业保护论，一国的新兴产业在发展阶段需要得到保护以免受国际竞争的压力，一直到该产业具有足够的国际竞争力为止，这是以陡峭的学习曲线为理论依据的。换句话说，只有当一个产业成长并成熟时，它才能获得所需的知识，从而变得更具创新、高效以及竞争的能力。新贸易理论者认为政府的干预可以帮助企业在规模经济上取得优势，并成为行业中的先行者。先行者优势的产生是由于生产上的规模经济限制了该行业可承受的企业数量。

(3) 政府干预贸易的文化动机

国家经常通过限制商品和服务的贸易来达到一些文化目的，其中最常见的便是保护民族特性。文化和贸易紧密联系，并且相互之间会产生深刻的影响。随着来自其他文化的人民和产品的进入，本国的文化也会逐渐改变。不良文化的影响可能会给一国带来极大的危机，各种商品和服务的贸易使人们了解到世界各地的新语言、思想、产品和生活方式。但是，随着国际贸易的不断扩大，许多国家的政府都在尽力控制其对本国文化和经济的不利影响。

2. 全球价值链是指为实现商品或服务价值而连接生产、销售、回收处理等过程的全球性跨企业网络组织，涉及从原料采购和运输，半成品和成品的生产和分销，直至最终消费和回收处理的整个过程，包括所有参与者和生产销售等活动的组织及其价值、利润分配。当前散布于全球的处于价值链上的企业进行着从设计、产品开发、生产制造、营销、交货、消费、售后服务、最后循环利用等各种增值活动。

在全球价值链背景下发展我国经贸强国战略，需要有坚实的经贸实力做基础。大力发展制造业，特别是高端制造业是稳固我国实体经济和经贸发展的重中之重。对内而言，不仅需要我国各产业(产品)不断向价值链两端延伸，以提升增加值含量，实现价值链的“梯级”发展路径。同时，还需要继续实施出口结构优化和调整政策。促进贸易结构转型升级，是实现我国经贸强国的必由之路。对外，我国应该紧紧抓住“一带一路”倡议的重要机遇，加大与沿线国家产业链方面的合作，形成优势互补的区域价值链。此外，我国还应积极参与区域一体化谈判，了解经贸新规则、新标准。结合我国经贸强国战略，积极应对，争取其中更多的主动权和话语权。

具体而言，实现我国在全球价值链中不断升级的对策有：

① 积极延长国内价值链，提升加工贸易参与国际分工水平

由于我国加工贸易的零部件和原材料过度依赖进口的现状，形成了研发和营销“两头在外”的模式，再加上加工贸易国内价值链过短，对配套产业的带动作用不足。因此，需要进一步调整加工贸易的方式结构，加快搭建和延长国内价值链。

首先，尽快提高加工贸易料件的本地化率，加快提升零部件、原材料在加工贸易中从上游生产企业向下游企业的传递速度和水平，提高加工贸易与国内原有产业的结合度。

其次，参与加工贸易的企业应加强自身优势的培育，使跨国公司将更多的设计、生产、流通和服务环节放在中国，优化母子公司之间的分工关系，促使加工贸易由单纯生产向综合服务和全球运营方向转型。

最后，加强加工贸易产业分类评估，明确细化禁止、限制类产业目录，建立准入退出机制，通过财税、金融、品牌认证等手段加大引导力度，积极培育核心竞争力。

② 重视培育本土跨国公司，增强对全球价值链参与度和控制力

目前，我国很多国内大型企业的主要业务仍集中在国内市场。因此，建议深化和落实三中全会提出的建立“开放型经济体制”以及“走出去”发展战略，最大限度地吸收和利用全球高级生产要素，发展和延长国内价值链，并鼓励国内企业向低产业梯度国家转移。政府除了财税、金融、贸易便利化政策支持之外，应在全球主要出口市场设立相应的贸易促进机构，为企业搭建国际贸易网络提供综合性服务平台和境外贸易合作区建设。

③ 着力增强零部件和装备制造业的自主研发创新能力

针对中国企业自主研发创新能力低下的现状，政府应该制定政策引导国内企业加强零部件产品的自主创新能力，一方面提升我国本土企业的零部件生产质量和工艺，走出我国核心零部件过分依赖国外的困境，突破“为出口而进口”的被动贸易模式；另一方面促进产业内分工，打造和延长国内价值链。

④ 加快加工贸易产业向中西部转移的步伐

针对我国出口加工区主要集中在东部地区的现状，应打破地方利益和市场壁垒，建立全国统一要素市场，保障生产要素跨区域自由流动，优化贸易链的区域布局。进一步优化利用外资的区域结构，促进中西部地区承接国际产业转移，防止东部地区对产业水平较低的中西部地区产生挤出效应。

# 东华大学 2017 年 434 国际商务专业基础试题

**一、单项选择题(每题 2 分，共 20 分)**

1. 以下哪项商务活动不是国际商务活动(　　)。

A. 作为外国直接投资企业从事的商业活动

B. 跨境交付的服务贸易活动

C. 货物进出口活动

D. 当地企业为本国居民提供服务的活动

2. 下面哪项是国际商务中的政治风险？(　　)

A. 投资国通货膨胀　　B. 投资国商品包装语言限制

C. 投资国货币政策变动　　D. 投资国人口锐减

3. 以下哪个国家不属于亚太经合组织？(　　)

A. 文莱　　B. 中国　　C. 印度　　D. 越南

4. 按照价值链理论，以下哪项活动是企业的辅助性增值活动？(　　)

A. 市场营销　　B. 人事管理　　C. 材料供应　　D. 售后服务

5. 以下哪个行业适宜选择全球化战略？(　　)

A. 快速消费品行业　　B. 民用小汽车行业

C. 飞机制造业　　D. 服装制造业

6. 以下哪个市场不是国际金融市场？(　　)

A. 国际间资金借贷　　B. 证券交易　　C. 大宗商品买卖　　D. 外汇买卖

7. 以下哪种组织结构容易出现管理失控、有限理性或不准确信息的传递？(　　)

A. U 型结构　　B. M 型结构　　C. Z 型结构　　D. 矩阵结构

8. 进出口实务开展过程中，以下哪项支付方式兼顾了买方和卖方的利益？(　　)

A. 托收　　B. 汇付　　C. 信用证　　D. 保理

9. 以下哪项风险是指跨国公司对其财务报表进行处理过程中将一种外国货币转化为母公司的功能性货币时发生的汇率风险？(　　)

A. 原材料变动风险　　B. 转移定价风险

C. 报表合并风险　　D. 折算风险

10. 交易成本不包括以下哪项成本？(　　)

A. 寻找客户的成本　　B. 合同履行情况监控的成本

C. 产品生产技术提升的成本　　D. 争议的解决成本

**二、判断题(每题 2 分，共 20 分)**

1. 新新贸易理论的产生与日渐增多的产业内贸易有直接的关系。

2. 对外贸易区是一国境内的一个区域，在这里对进口产品进行组装或其他加工，然后重新出口，产品可以不受关税、配额或海关的规定限制。

3. 国际直接投资理论的发展，按照生产的大致时间顺序，主要有垄断优势理论，国际生产折中理论、内部化理论、资源-能力-知识观等理论。

4. 普通优惠关税是发达国家和国家之间的互惠贸易安排。

5. 欧洲债券，是指筹资者在本国之外发行的、以发行国以外的可自由兑换的货币为面值的债券。

6. 进出口实务中承兑交单可以让进口商在未付货款的情况下先提取货物。

7. 跨国公司使用东道国国籍员工有利于总部战略的执行和实施，有利于与总部的沟通和交流。

8. 市场全球化是指消费者的偏好在全球范围内越来越融合的现象。

9. 大陆法系的立法精神：除非某一项目的法例因为客观环境的需要或为了解决争议而需要以成文法规定，否则，只需要根据当地过去对于该案例的习惯而评定。

10. 当前各国处理双重征税问题共同遵循的一条基本原则是属地优先原则。

**三、名词解释(每题 8 分，共 40 分)**

1. 要素禀赋理论

2. 产权

3. 反向协商一致

4. 远期外汇交易

5. 垄断优势理论

**四、简答题(每题 12 分，共 36 分)**

1. 什么是经济体制？简述经济体制三种基本类型的特点。

2. 什么是产品生命周期理论？

3. 简述区域经济一体化的主要形式和特点。

**五、综合论述题(34 分)**

1. (14 分)跨国公司战略制定中一种有影响力的分析框架——I-R 框架(intergration-responsiveness framework)。请回答：

(1) I-R 框架的主要内容。

(2) 依照 IR 框架，跨国公司可以选择的发展战略有哪些？各种战略的特点是什么？

2. (20 分)2015 年 12 月 19 日，世贸组织第十届部长级会议在肯尼亚内罗毕结束；世贸组织成员首次承诺全面取消农产品补贴。请回答：

(1) 政府为什么要干预贸易？

(2) 什么是农产品出口补贴？

(3) 全面取消农产品出口补贴对农产品贸易有何影响？请从进口国、出口国和国际市场这三个方面阐述。

## 东华大学 2017 年 434 国际商务专业基础试题解析

**一、单项选择题(每题 2 分，共 20 分)**

1. D。国际商务活动是指一切为满足组织和个人需要而跨越国界进行的交易活动。选项 D 显然是国内贸易活动。

2. C。所谓政治风险，是指由于各种政治因素使东道国的经营环境发生了超过某种程度的变化，对企业的国际经营带来不利影响的可能性。政治风险有不可预测性、非市场力和涉及面广等特点。选项 B 属于政治风险经营风险：投资国政府对企业生产、销售、财务的限制。

3. C。亚洲太平洋经济合作组织成员国全部位于太平洋沿岸，印度显然不在这一区域。

4. B。价值链分为两大部分，即一般意义上的生产经营环节和辅助性增值活动。前者包括来料储运、市场营销和售后服务，后者包括组织建设、人事管理、技术开发和采购管理等。

5. A。全球化战略，是跨国公司从全球角度出发，合理安排有限资源，抓住全球性机遇，进行全球性选择和部署，确定全球性战略目标。从历史角度看，全球战略是跨国公司大发展阶段的产物。一般具备规模经济、标准化生产的行业适宜全球化战略。

6. C。国际金融市场是指由国际性的资金借贷、结算、汇兑以及有价证券、黄金和外汇的买卖活动所组成的市场。国际金融市场包括国际货币市场、国际资本市场、国际外汇市场、国际黄金市场、国际租赁市场。大宗商品市场属于现货市场。

7. A。U型结构，即单一职能结构(unitary functional structure)，是纵向一体化、有多个职能部门、生产单一产品的典型结构。这种结构容易出现有限理性和管理失控现象，渐渐被M型结构和矩阵结构所替代。

8. C。信用证付款是国际贸易中的一种主要付款方式，由银行替买家(进口方)在单证相符情况下向卖家(出口方)支付的一种结算方式，其最大的优点是用银行信用做担保支付。出口商只需要按照信用证的要求提交符合信用证规定的各种单证，做到"单单一致，单证一致"，就可得到银行的付款。由于货款的支付以取得符合信用证规定的货运单单证为条件，避免了预付货款的风险，因此信用证支付方式在很大程度上解决了进、出口双方在付款和交货问题上的矛盾。

9. D。折算风险是指跨国公司对财务报表进行处理过程中将一种外国货币折算成母公司的功能性货币时发生的汇率风险。其他几个选项均不是汇率风险。

10. C。交易成本是交易各方在达成协议和遵守协议过程中发生的成本，包括信息搜索成本、协商和决策成本、契约成本、监督成本、执行成本等。

## 二、判断题(每题2分，共20分)

1. 错误。新新贸易理论是指有关于异质企业模型和企业内生边界模型的理论，这两个理论将国际贸易的研究范畴从传统贸易的理论研究的产业间贸易转变为研究同一产业内部有差异的企业在国际贸易中所作的选择。从研究的范围来看，传统贸易理论主要研究产业间贸易，新贸易理论主要是研究在规模递增和不完全竞争条件下的产业内贸易，而新新贸易理论则是从企业的异质性层面来解释国际贸易和投资现象。

2. 正确。对外贸易区的概念。

3. 错误。传统的国际投资理论有海默的垄断优势理论和卡森等的内部化理论，邓宁在综合了两种理论的基础上，融入了东道国区位因素，提出了国际生产折中理论。

4. 错误。普惠制是发达国家给予发展中国家进出口给予的单向优惠关税。

5. 正确。欧洲债券的特点是债券发行者、债券发行地点和债券面值所使用的货币可以分别属于不同的国家。

6. 正确。承兑交单是托收方式的一种，买方在未付款之前，即可取得货运单据，凭以提取货物。一旦买方到期不付款，出口方便可能银货两空。因而，出口商对采用此种方式持严格控制的态度。

7. 错误。跨国公司使用母国国籍员工有利于总部战略的执行和实施，有利于与总部的沟通和交流。

8. 正确。在市场全球化下，消费者的口味和偏好正在向一些全球的准则趋同。

9. 错误。英美法系强调判例的作用，而大陆法系强调成文的作用。

10. 正确。当前世界各国处理双重征税问题时共同遵循的一条基本原则是属地优先原则，即当一国政府行使居民或公民管辖权对本国居民或公民纳税人在世界范围内的所得征税时，对其中来源于外国的部分，应优先考虑有关国家行使地域管辖权对此已征税的事实，允许这部分在国外已纳税的所得免征或减征本国税收。

## 三、名词解释(每题8分，共40分)

1. 要素禀赋理论又称H-O定理，最早是由两位瑞典经济学家——赫克希尔和俄林师生俩提出的，后经萨缪尔森等人不断加以完善。要素禀赋理论从要素禀赋相对差异出发，解释国际贸易的起因与贸易形态。根据要素禀赋论，一国的比较优势产品是应出口的产品，是它需在生产上密集使用该国相对充裕而便宜的生产要素生产的产品，而进口的产品是它需在生产上密集使用该国相对稀缺而昂贵的生产要素生产的产品。简言之，劳动丰富的国家出口劳动密集型商品，而进口资本密集型商品；相反，资本丰富的国家出口资本密集型商品，进口劳动密集型商品。

2. 产权是指使用资源以及通过使用资源可能产生任何收益的一系列相关法律权益。它包括财产的所有权、占有权、支配权、使用权、收益权和处置权。在市场经济条件下，产权的属性主要表现在三个方面：产权具有经济实体性、产权具有可分离性、产权流动具有独立性。

3. 反向协商一致是国际经济法学中的一个概念，也是 WTO 争端解决机制中的一个规则。世贸组织的争端解决规则的“反向协商一致”就是协商一致反对，否则该事项通过。也就是说，在争端解决机构审议有关事项时，只要不是所有参加成员协商一致反对，则视为通过。反向协商一致原则一个最大的特点就是它的效率很高，能够保证 WTO 的有效运作，但是另一方面，它在公平性上还有些不足。

4. 远期外汇交易又称期汇交易，是指交易双方在成交后并不立即办理交割，而是事先约定币种、金额、汇率、交割时间等交易条件，到期才进行实际交割的外汇交易。凡是交割日在成交两个营业日以后的外汇交易均属于远期外汇交易。

5. 垄断优势理论又称所有权优势理论或公司特有优势理论，由美国学者海默在 1970 年的一篇论文中提出。基于厂商垄断竞争的原理，他研究了企业对外直接投资的原因，开创了对外直接投资理论研究的先河。该理论认为，跨国公司若想在国外市场进行投资，必须拥有一定的垄断优势，即独占性的生产要素优势，否则由于额外成本的存在跨国公司将难以与当地企业进行竞争。因此，培育和提升各自的垄断优势成为对外直接投资的必要前提条件。

## 四、简答题(每题 12 分，共 36 分)

1. 经济体制指在一定区域内(通常为一个国家)制定并执行经济决策的各种机制的总和。通常指国家经济组织的形式，它规定了国家与企业、企业与企业、企业与各经济部门之间的关系，并通过一定的管理手段和方法来调控或影响社会经济流动的范围、内容和方式等。一般有市场经济、计划经济和混合经济三种经济体制。

(1) 市场经济。在完全市场经济情况下，一个国家所生产的商品和服务的性质和数量不是由某个个人计划出来的。是由供求关系所决定并通过价格体系给厂家发出信号。如果供小于求，价格就会上涨，给厂家发出增产的信号；如果供过于求，价格就会下降，给厂家发出减少生产的信号。在这种经济体制中，消费者是主宰，消费者的购买模式，通过价格机制，给生产者发出信号，决定生产的品种和数量。

(2) 计划经济。在计划经济下，一个国家所生产的商品和服务，所生产的数量以及价格，都是由政府计划的。与集体主义思想体系相一致。宗旨是使政府按“社会的利益”分配资源。所有的企业归国家所有，政府指令企业进行投资的合理性在于这是为了国家整体的最大利益。而不是为了私人个体的利益。

(3) 混合经济。混合经济介于市场经济和指令性经济之间的是混合经济。在这种经济制度下，在某些经济部门存在着私有制和自由市场机制，而其他部门主要是国家所有制和政府计划经济机制。相对来说，西欧国家混合经济较为普遍。

2. 产品生命周期理论是美国哈佛大学教授雷蒙德·弗农 1966 年在其《产品周期中的国际投资与国际贸易》一文中首次提出的。弗农从产品生命周期不同阶段的生产特征出发，分析创新时机、规模经济和不确定性对国际贸易模式的影响，创建了国际贸易中的产品生命周期理论，以此分析在生命周期不同阶段的生产决策以及在此基础上的国际贸易和国际投资行为。他提出了四阶段模型：导入期、成长期、成熟期、衰退期。

(1) 导入期

在这一阶段，创新产品刚生产出来，这时对新产品的国内需求弹性较低，需求量相对较大，生产者只是少数垄断技术的厂商，这些厂商拥有垄断地位，属卖方市场。

根据弗农的研究，创新一般发生在美国，原因是：①美国科技水平高，科研人员多；②科研经费多；③企业水平高，科研成果能迅速转化为生产力；④有需求偏好，喜欢新产品；⑤市场容量大，购买力大，产品有销路。

在新产品的引入阶段，生产是非标准化的，产品差异性明显，生产规模较小。生产主要是满足国内市场不断增长的需求，不存在国际贸易，或者只有规模非常小的国际贸易活动。由于产品需求在很大程度上依赖于收入水平，所以在新产品引入阶段，即便存在小规模的国际贸易，也主要是集中在收入水平相近的发达国家之间。

（2）成长期

在这一阶段，技术已经成型并已开始扩散，生产过程的标准化程度不断提高。生产从研发密集型转向资本密集型，包括物质资本和人力资本在内的资本成为生产的关键投入。生产阶段的转化和生产特征的变化，使得生产过程中的规模经济效应越来越明显。此外，在创新国内部，新进入的厂商不会受到技术约束，市场竞争程度不断提高。产品价格弹性提高，出现一些国内模仿者，这使得企业必须不断提高生产规模，以降低单位成本和增加竞争力。生产的增加带动出口的增加，包括对其他发达国家的出口和对发展中国家的出口，并逐步达到高峰。产品开始由技术密集型向资本密集型转变，生产逐步标准化。

在成长阶段，因为面临国外的竞争，所以创新国企业开始选择服务国外需求的最优方式。基于对国际贸易成本的考虑，会在本国生产并出口、到目标市场投资生产并在当地销售和对外技术转让这三种方式之间进行权衡选择。

（3）成熟期

成熟期，即进入标准化阶段。这时产品的生产技术完全标准化，由于技术已凝集在标准化的机器设备中，通过购买这些标准化的机器设备就可以获得全部生产技术和工艺，产品之间无差异。在这种情况下，劳动成本成为决定竞争结果的关键因素。拥有劳动成本优势的发展中国家大规模扩大生产，并开始向发达国家出口。包括创新国在内的发达国家的国内生产不断降低，并从出口逐步变为进口。

在这一阶段，市场竞争越来越激烈，消费者对产品已有较大的选择余地，市场开始变成买方市场，生产已专门化。而且外国厂商开始大量模仿生产该产品，创新国垄断地位已逐步丧失，出口开始大幅度下降，模仿国产品在第三国已开始取代创新国产品。

（4）衰退期

到达衰退期后，模仿国开始向创新国出口，创新国逐步退出生产，成为净进口国。由于这种创新产品在创新国已完全失去竞争优势，因此创新国已着手研究开发新的产品。

3. 经济一体化是指两个或两个以上的国家在现有生产力发展水平和国际分工的基础上，由政府间通过协商缔结条约，让渡一定的国家主权，建立两国或多国的经济联盟，从而使经济达到某种程度的结合以提高其在国际经济中的地位。根据各参加国的具体情况和条件以及它们的目标要求，有特惠贸易协定、自由贸易区、关税同盟、共同市场、经济联盟和完全的经济一体化六种形式。

（1）特惠贸易协定，是指在实行特惠贸易安排的成员国之间，通过协定或其他形式，对全部或部分商品规定特别的关税优惠。这是经济一体化的最松散和较低级的一种形式。

（2）自由贸易区，是指由签订有自由贸易协定的两个或两个以上的国家或地区组成的贸易区域。自由贸易区内逐渐减免甚至取消关税与进口数量限制，同时，保留成员国各自的原有独立的对区外国家的关税结构和其他贸易保护措施。

（3）关税同盟，是指两个或两个以上的国家通过签订条约或协定取消区域内关税或其他进口限制，并对非同盟国家实行统一的关税率而缔结的同盟。这在一体化程度上比自由贸易区更进了一步。它除了包括自由贸易区的基本内容外，而且成员国对同盟外的国家建立了共同的、统一的关税税率，结盟的目的在于使参加国的商品在统一关境以内的市场上处于有利地位，排除非成员国商品的竞争，它开始带有超国家的性质。

（4）共同市场，是指除了在成员国内完全废除关税与数量限制并建立对非成员国的共同关税外，还取消了生产要素流动的各自限制，允许劳动、资本等在成员国之间自由流动。在商品自由流动方面，它既有对外的统一关税，又有协调间接税制度、产品标准化制度；在资本的自由流动方面，有协调筹资制度；在劳动的自由流动方面，有学历和技术等级的相互承认制度等等。共同市场下经济调节的超国家性质比关税同盟更进一步。

（5）经济同盟，是共同市场和经济共同体向超国家一体化的宏观协调机制发展的具体步骤，是一种较高层次的区域经济一体化组织形式。其特点是，在实行关税、贸易和市场一体化的基础上，进一步协调成员国之间的经济政策和社会政策，包括货币、财政、经济发展和社会福利政策，以及有关贸易和生产要素的流动政策，并拥有一个制定这些政策的超国家的共同机构。

（6）完全的经济一体化，是经济一体化的最高级形式。完全经济一体化不仅包括经济同盟的全部特点，而且各成员国还统一所有的重大经济政策，如财政政策、货币政策以及有关贸易和生产要素流动的政策。在这个一体化组织内，各成员国的税率特别是增值税率和特别消费税率基本协调一致；它建立统一的中央银行，使用统一的货币；取消外汇管制，实行同样的汇率管理；逐步废除跨国界的金融管制，允许相互购买和发行各种有价证券；实行价格的统一管理等。完全经济一体化组织一般有共同的组织管理机构，这种机构的权力以成员国的部分经济决策与管理权限的让渡为基础。

## 五、综合论述题(34分)

1.（1）I-R分析框架（全球一体化——国家响应性分析框架）：即跨国经营的全球一体化和当地反应性（I-R）分析框架，在这一框架基础上将企业分为多国企业、全球企业、国际企业和跨国企业四类。

（2）根据地区调适的压力和降低成本的压力之间的强度差异，企业的战略选择可分成四种：全球标准化战略、跨国战略、国际战略和本土化战略。

① 全球标准化战略

采取全球标准化战略的企业强调的是增加盈利能力，通过规模经济、学习效应及区位经济以实现成本的降低。也就是说，它们采用的是低成本战略。运用全球标准化战略的企业，其生产、营销和研发活动都集中于若干个有利的区位。全球企业往往不随地区条件而改变其供应的产品和营销策略，因为这样会提高成本；相反，全球企业喜欢在全世界销售标准化的产品，以便基于规模经济和学习曲线获取最大的效益。它们也往往利用其成本优势在世界市场上使用其进攻性的定价策略。当成本降低的压力强烈而地区调适的要求最低时，这一战略最为有效。

② 本土化战略

本土化战略强调的是通过改变企业的产品或服务来增加利润，所以企业在不同国家的市场上提供与其消费者兴趣与偏好相适应的产品。当各国消费者的兴趣和偏好差异较大，而且降低成本的压力不太高时，本土化是最合适的战略。按当地的需求改变其供应的产品，企业可以在当地市场上增加其产品的价值。如果价值下滑，是因为涉及职能上的重复和缩小生产批量；降低成本与大量生产标准化产品满足全球消费有关，而客户定制服务限制了企业降低成本的能力。然而，这一战略可能是有意义的。一旦地区客户定制服务实现的价值增加有助于更高的定价，能够让企业收回其高成本，或者说，如果它带来了地区需求的持续性增加，也能够让企业通过在当地市场上获得一定程度的规模经济从而减少成本。

③ 跨国战略

当成本降低的压力强烈而地区调适的要求最低时，全球标准化战略最为有效。相反，当地区调适的压力高而降低成本的压力一般或较低时，采取本土化战略最为有效。然而，当企业同时面临强烈的降低成本的压力和很高的地区调适要求时，应当采用跨国战略。

跨国战略试图同时取得低成本优势、产品差异化优势和技术的扩大效应。通过区位经济、规模经济和学习效应获得低成本；通过区域市场解决地方差异问题以实现产品差异化；通过在公司全球营运网络的子公司间实行技术流动促进技术的扩大效应。这一理论听起来很有吸引力，实际上采取这一战略并非易事。实现产品差异化以适应不同市场的需求将会抬高成本，违背了降低成本的目标。

④ 国际战略

当跨国公司处于成本压力低并且地区调适压力也低的有利情形时，大多数追求的是国际战略，先为国内市场生产产品，再根据其他地区情况稍做改变，将产品销往世界各地。这些企业的特点在于，其产品满足普遍需求，不同于追求全球标准化战略的公司，它们没有强大的竞争者，没有降低成本的压力。追求国际战略的企业往往把产品开发职能集中于母国。然而，它们往往又会在各个有业务的主要国家设立制造与营销职能。

2. (1) 政府干预贸易的原因有政治动机、经济动机和文化动机。

① 政府干预的政治动机包括保护就业、维护国家安全、对其他国家的不公平贸易行为做出反应、获得对他国的影响力。

② 政府干预贸易的经济动机主要包括：在竞争中保护新生工业和促进具有战略意义的贸易政策的实施。根据幼稚产业保护论，一国的新兴产业在发展阶段需要得到保护以免受国际竞争的压力，一直到该产业具有足够的国际竞争力为止，这是以陡峭的学习曲线为理论依据的。新贸易理论者认为政府的干预可以帮助企业在规模经济上取得优势，并成为行业中的先行者。先行者优势的产生是由于生产上的规模经济限制了该行业可承受的企业数量。

③ 国家经常通过限制商品和服务的贸易来达到一些文化目的，其中最常见的便是保护民族特性。文化和贸易紧密联系，并且相互之间会产生深刻的影响。随着来自其他文化的人民和产品的进入，本国的文化也会逐渐改变。不良文化的影响可能会给一国带来极大的危机，各种商品和服务的贸易使人们了解到世界各地的新语言、思想、产品和生活方式。但是，随着国际贸易的不断扩大，许多国家的政府都在尽力控制其对本国文化和经济的不利影响。

(2) 农产品出口补贴是指一国政府为了鼓励出口，在出口农产品时给予本国出口厂商以现金津贴或财政上的优惠，从而降低出口农产品的价格，提高出口农产品的国际竞争能力。

(3) 全民取消农产品补贴对农产品贸易有很大的影响。对于进口国而言，取消农产品出口补贴，意味着农产品进口价格的提升，势必会减少农产品的进口量。对于出口国而言，取消农产品价格补贴，农产品价格会重回真实价格，增加生产者的收益。对于国际市场而言，取消农产品补贴将消除市场扭曲，营造公平竞争，同时将改善非洲等发展中和最不发达国家的民生。

**【科兴点评】**东华大学434官方推荐教材是王炜瀚的《国际商务》和德雷斯基的《国际管理》，实际上掌握第一本书就差不多了。由于东华的命题风格和对外经贸大学有诸多相似之处，考生可以适度参考贸大的434真题进行备考。

# 对外经济贸易大学 2017 年 434 国际商务专业基础试题

一、单项选择题(每题 1 分，共 15 分)

1. 以资产负债表法确定外派人员薪资的好处不包括(　　)。

A. 同一国籍去不同地区待遇公平　　B. 便于员工之间沟通

C. 员工返回时容易管理　　D. 管理简单，成本低

2. 跨国企业组织模型不包括(　　)。

A. 跨国模型　　B. 国内模型　　C. 多国模型　　D. 全球模型

3. 一般的风险管理手段不包括(　　)。

A. 风险忽视　　B. 防损减损　　C. 风险规避　　D. 风险转移

4. 外汇风险的类型不包括(　　)。

A. 折算风险　　B. 管制风险　　C. 经济风险　　D. 交易风险

5. 国际上通用的项目管理模式不包括(　　)。

A. DBB 模式　　B. BOT 模式　　C. PPP 模式　　D. PM 模式

6. 海外经理配备政策不包括(　　)。

A. 母国中心　　B. 全球中心　　C. 区域中心　　D. 多国中心

7. 关于国际生产折中范式中所有权优势不正确的表述是(　　)。

A. 不关心是否垄断　　B. 借鉴了海默的理论

C. 该范式下海外扩张的必要要素　　D. 容易同竞争优势混淆

8. 国际定价中，受到进口国贸易政策规制的对象是(　　)。

A. 倾销　　B. 转移定价　　C. 垄断高价　　D. 平行进口

9. 以下哪个方式会比较有效地降低出口交易风险？(　　)

A. 掌握价格趋势　　B. 了解客户需求　　C. 用信用证支付　　D. 与老客户做生意

10. 以下哪个方式不是银行信用介入的情况？(　　)

A. 跟单信用证　　B. 银行保函　　C. 银行汇票　　D. 备用信用证

11. 属于解决公司可持续发展和不断创新的信息系统是(　　)。

A. 供应链系统　　B. ERP 系统　　C. 知识管理系统　　D. 决策支持系统

12. 电子商务不再是技术问题，主要是因为(　　)。

A. 电子商务不再用到技术　　B. 电子商务的关键是企业战略转型

C. 电子商务中技术不再重要　　D. 电子商务的关键是在网上实现交易

13. 负责企业总体战略决策的最高职位是(　　)。

A. 首席执行官　　B. 首席运营官　　C. 首席信息官　　D. 首席知识官

14. 知识与信息的主要区别是(　　)。

A. 知识是静态的，信息是动态的

B. 知识是主观的，信息是客观的

C. 知识影响决策，信息不影响决策

D. 知识不能脱离人存在，信息可以脱离人存在

15. CIF 贸易术语的交货地点是(　　)。

A. 装运港　　B. 目的港

C. 进口国指定目的地　　D. 进出口商自行约定的交货地点

**二、判断题(每题 1 分，共 20 分)**

1. 中国的自由贸易试验区都位于沿海，包括上海、广东、天津、福建四地。(　　)

2. 世界各国的法律里都能找到英美法或大陆法的要素。(　　)

3. 所有国家都发行本国货币。(　　)

4. 劳合社属于保险市场，而不是保险公司。(　　)

5. 薪酬本地化更适于从不发达地区向发达地区的外派。(　　)

6. “蛛网”结构的战略联盟结构可以使中心企业获得更多的机会和灵活性。(　　)

7. 新贸易理论更适宜解释资源密集型产品的贸易。(　　)

8. 所谓转型国家都是经济体制向市场经济转型并获得成功的国家。(　　)

9. 国别差异的存在使得国际商务这一概念得以存在。(　　)

10. 集体主义价值观意味着集体荣誉感有利于激发个体的主动性和创造力。(　　)

11. 考场上老师提示考生们停止交头接耳相当于控制系统中的个人控制类型。(　　)

12. NIH 综合征是实施全球标准化战略的障碍。(　　)

13. 交叉持股可以作为战略联盟的一种形式。(　　)

14. 网络时代的进出口活动更重要的是通过互联网进行国际营销和研究客户行为，业务流程可以外包给提供相应服务的公司。(　　)

15. 目前在国际贸易中小批次，快递或者集装箱拼箱货物运输越来越多的情况，签发提单的情况越来越少。(　　)

16. 跨境电子商务就是跨境网络零售，小批量、多频次给监管带来很多麻烦，这是因为贸易门槛提高了。(　　)

17. 营销与销售对于工程承包企业而言，大致相当于寻找项目和投标工作。(　　)

18. 在国际营销中，创建和管理分销渠道是一项重大的、战略性的工作。(　　)

19. 集权的权力配置方式对于组织变革的实施更为便利。(　　)

20. 文化距离短意味着管理与决策过程中的跨文化风险小。(　　)

**三、名词解释(每题 5 分，共 35 分)**

1. 资产专用性

2. 柔性生产技术

3. 国民待遇原则

4. GATS

5. 外汇市场

6. 单一职能结构

7. 外贸综合服务企业

**四、简答题(每题 8 分，共 40 分)**

1. 跨国公司和天生全球企业(born global)有什么主要的共性和差异？天生全球企业同什么特定的历史条件相联系？

2. 20 世纪 80 年代以前哈佛商学院的国际商务课程设置是怎样演进的？

3. 政府的广义和狭义概念分别指什么？政权指什么？政治风险的概念是什么？政治风

险同哪个概念相关？

4. 如何从多个层次表述文化的概念？

5. 区位优势的主要来源有哪些？区位优势可以如何服务于企业全球经营的战略动机？

**五、综合题(共 40 分)**

2016 年 11 月 9 日，美国大选计票结果显示，共和党候选人唐纳德·特朗普当选美国第 45 任总统。特朗普在葛底斯堡(Gettysburg)“百日新政”演说中阐述的政治纲领和当选后公布的施政纲要均表明了其在全球化和贸易投资自由化方面的态度。

1. 特朗普在葛底斯堡演说中提出“End The Offshoring Act. Establishes tariffs to discourage companies from laying off their workers in order to relocate in other Countries and ship their products back to the U. S. tax-free.”。

(1) 请将以上英文句子翻译成中文。(3 分)

(2) 阐述如果上述内容通过立法，它将对生产的全球化和美国企业的竞争力产生何种影响？(4 分)

2. 为保护美国工人，特朗普还在演说中提出包括：

“FIRST, I will announce my intention to renegotiate NAFTA or withdraw from the deal under Article 2205. SECOND, I will announce our withdrawal from the Trans－Pacific Partnership. THIRD, I will direct my Secretary of the Treasury to label China a currency manipulator. FOURTH, I will direct the Secretary of Commerce and U. S. Trade Representative to identify all foreign trading abuses that unfairly impact American workers and direct them to use every tool under American and international law to end those abuses immediately.”

(1) 请将以上英文句子翻译成中文。(前三句每句 2 分，第四句 3 分，共 9 分)

(2) 请说明 NAFTA 是指什么。(1 分) NAFTA 是如何对美国工人的利益产生影响的？(4 分)

(3) 什么是 Trans-Pacific Partnership？(3 分)它是全球化取向的，还是反全球化取向的？(2 分)

(4) 如果你知道，请解释什么是广场协议(Plaza Accord)。(3 分)你是如何看待美国在汇率操纵问题上的态度的？(3 分)

(5) 若通过国际法进行贸易救济，请列举两条典型措施。(4 分)若通过美国的国内法进行贸易救济，通常会依据哪两条典型条款？(4 分)

## 对外经济贸易大学 2017 年 434 国际商务专业基础试题解析

**一、单项选择题(每题 1 分，共 15 分)**

1. D。资产负债表法的好处在于：①对不同外派任务，派往不同地区的同一国籍的员工是公平的；②便于外派员工沟通；③便于外派员工返回的管理。D 项，资产负债表法主要是以母公司的工资标准为基础制定的，所以对于东道国子公司来说，需要按照外派员工原来的工作地的薪资标准来制定外派人员的工资，导致员工之间有不同的工资绩效标准，会导致管理复杂，成本高。

2. B。跨国企业组织模式主要包括：国际模型、跨国模型、多国模型和全球模型。

3. A。一般的风险管理手段有四种：规避风险、防损减损、风险自担和风险转移。规避风险是指不从事有危险的生产或生活活动；防损减损是指对无法规避的风险进行管理；风险自担是指人们有意识、有计划地建立风险基金，用以对付可能出现的损失；风险无法规避，也无法防止损失发生，自担风险在经济上又不可行时，可以用风险转移来分散风险。

4. B。外汇风险包括交易风险、折算风险（又称为“转换风险”或“会计性风险”）和经济风险（又称“现金流量风险”）。

5. C。国际通用的项目管理模式包括：DBB（设计—招标—建造模式）模式、DB（设计—建造模式）模式、EPC（设计—采购—建设模式）模式、CM（建设—管理模式）模式、BOT（建造—运营—移交模式）模式、PM（项目管理承包模式）模式和 Partnering（合伙模式）等。PPP 模式是指公共基础设施中的一种项目融资模式，不属于国际通用的项目管理模式。

6. C。海外经理的配备政策主要包括三种：母国中心、全球中心、多国中心。

7. D。国际生产折中范式是邓宁在借鉴海默的垄断优势理论的基础上提出的，用以解释国际直接投资行为的产生。这一范式的三种要素：所有权优势、内部化优势和区位优势均为进行国际直接投资的必要要素，其中所有权优势容易与海默提出的垄断优势相混淆，但实际上这里指的所有权优势是一个中性概念，并不强调垄断性质的竞争优势。

8. A。WTO《反倾销协议》规定，如果一项产品以低于其正常价值进入另一国的商业，则该产品即被认为是倾销。对于倾销产品，进口国可以通过征收反倾销税的贸易政策进行规制。B 项，国际转移定价是指国际企业为实现总体经营战略目标，谋求整体利益最大化，而在公司内部各关联企业或子公司之间互相购销产品、提供劳务、转让无形资产时，确定的内部“交易”价格。这种价格不同于一般的市场价格，不受市场供求关系的影响。C 项，垄断高价指企业通过垄断地位获取高价。D 项，平行进口是指当企业对于产品或服务采用多元定价策略，未经相关知识产权权利人授权的进口商，将由权利人自己和经其同意在其他国家或地区投放市场的产品，向知识产权人或独占被许可人所在国或地区的进口。对于转移价格、平行进口和垄断高价，进口国都无法通过贸易政策规制。

9. C。信用证支付是出口交易过程中常见的风险转移手段之一。信用证付款方式是由银行介入，由银行替买家在单证相符情况下向卖家支付的一种结算方式。其最大的优点是用银行信用做担保支付。出口商只需要按照信用证的要求提交符合信用证规定的各种单据，做到“单单一致，单证一致”，就可得到银行的付款，因此能有效地降低出口交易的风险。

10. C。在国际贸易中，跟单信用证、备用信用证和银行保函均是有银行信用介入的保障措施，而银行汇票由于是由出票人先行支付汇款，因此不属于银行信用介入的保障措施。

11. C。知识经济条件下，知识被看作是一个企业所拥有的战略性资源，对知识资源的获取、共享、创新、应用等过程进行组织、领导、控制和测评，以期增强企业核心竞争力的过程，称为企业的知识管理。知识管理系统有助于解决公司可持续发展和不断创新的问题。A 项，供应链系统是为控制供应链的成本和效率提供决策依据，以获取供应链的竞争优势的系统；B 项，企业资源计划（ERP）是一种对企业多种资源进行综合管理的系统；D 项，决策支持系统（DSS）是较高层次的管理信息系统，不针对日常管理和业务活动，主要应用于企业决策。

12. B。电子商务是基于互联网的一种商业活动模式，其特征是在互联网上以数字化电子方式进行商务活动。作为一种商务活动，之所以认为电子商务不再是技术问题是因为现在的技术条件下已经可以满足电子商务的需要，而电子商务成功的关键是完成与之相适应的企业战略转型。

13. A。首席执行官（CEO）是在一个企业中负责日常事务的最高行政官员，负责企业总体战略决策。B 项，首席运营官负责公司职能管理组织体系的建设，并代表首席执行官处理企业的日常职能事务；C 项，首席信息官是企业信息管理最高职位；D 项，首席知识官负责企业知识管理、更新和创新。

14. D。知识共享、使用的过程中往往会创造出新的知识，因而知识是动态的；知识既有主观的又有客观的；知识和信息都会影响决策；知识可以通过人的学习行为而不断创新和延续，而信息则可以独立于人的行为之外。因此，知识与信息的最大区别在于知识不能脱离人而存在。

15. A。CIF 即成本加保险费加运费。该贸易术语的意思是货价的构成因素中包括从装运港至约定目的地港的通常运费和约定的保险费，故卖方除具有与 CFR 术语的相同的义务外，还要为买方办理货运保险，支付保险费。交货地点是装运港，卖方将货物交付给承运人并收取单据证明后，实现交货并转移风险。

## 二、判断题(每题1分，共20分)

1. ×。现阶段中国自贸区呈现1+3+7的格局，并不是都位于沿海地区。2017年3月13日，国务院批复成立中国(辽宁)自由贸易试验区、中国(浙江)自由贸易试验区、中国(河南)自由贸易试验区、中国(湖北)自由贸易试验区、中国(重庆)自由贸易试验区、中国(四川)自由贸易试验区、中国(陕西)自由贸易试验区7个自贸区。

2. ×。目前，世界各国所采用的法律主要有三大体系：普通法系、大陆法系和神权法系。其中神权法系是以宗教教义为基础而发展起来的一种法律制度，具有与大陆法和英美法均不相同的自身特点。

3. ×。并非所有国家都发行自己的货币，比如欧盟加入欧元区的成员国如德国、法国、意大利、荷兰等国不发行本国货币，统一使用欧元，再比如非洲的珐琅区国家。

4. √。劳合社并不是一个保险公司，而是一个保险交易的市场。这个市场主要由三类人构成：①经纪人，他们代表投保的客户给市场带来业务；②承保人，他们代表提供保险保障的辛迪加从经纪人处接受承保的业务；③辛迪加，他们是在劳合社的市场上销售保险的会员商业联合体。

5. √。薪酬本地化是指企业在外派员工的薪资处理时使用东道国本地的薪酬标准。为了使员工在外派时享受不低于本国待遇的薪资标准，在由不发达地区向发达地区的外派中薪酬本地法更为适用。

6. √。蛛网结构是战略联盟的一种形式。一些企业试图与关键供应商建立战略联盟的模式来替代自产或纯粹市场交易类型的外购。战略联盟要求企业之间建立一种正式的关系，是一种组织安排和运作协议。“蛛网”结构即其中一个中心企业与其他企业形成联盟关系。当网络中的任何一个企业将来成为行业中的领先者时，中心企业都可以因此而获得更多机会。

7. ×。新贸易理论主要针对的是差异化产品；从新产品出现所创造的国外需求同当地供给的不匹配，特别是同需求相关的收入效应和生产上的规模经济要求，对产业内贸易为主的国际贸易现象提出了解释，并不适宜解释资源密集型产品的贸易。

8. ×。转型国家指的是正在向工业国过渡的发展中国家，具体指由计划经济体制向市场经济体制转型并处在这一过程中的国家，并非是已经转型成功了的国家。

9. √。国际商务是超越了国界产生的围绕企业经营的事务性活动，主要是指企业从事国际贸易和国际投资过程中产生的跨国经营活动。认识国别差异是进行国际商务活动的基础，正是由于国别差异的存在，使得国际商务区别于国内商务而存在。

10. ×。集体主义是指集体目标优先于个人目标，个体特性由其所属的集体特性所决定的一种价值观。而信奉个人主义的国家一般崇尚企业家精神、个体竞争力和创业精神，比集体主义价值观更容易激发个人的主动性和创造力。

11. ×。个人控制是上级直接监控下属的行动，考场上禁止交头接耳是制度规定，属于制度控制。考场老师是这一制度的监督执行者。

12. √。NIH是not invented here，即非本地发明综合征，是社会、公司和组织中的一种文化现象，人们不愿意使用、购买或者接受某种产品、研究成果或者知识，不是出于技术或者法律等因素，而只是因为它源自其他地方。这一综合征会影响企业全球标准化战略的实施。

13. √。股权式国际战略联盟，也称为合资性联盟，是由各成员作为股东共同创立的，其拥有独立的资产、人事和管理权限。股权式联盟具体可分为交叉持股型战略联盟和国际合资企业。交叉持股型战略联盟中联盟成员为巩固良好的合作关系，长期地相互持有对方少量的股份。与合资、合作或兼并不同的是，这种方式不涉及设备和人员等要素的合并。

14. √。通过网络进行的交易达成后，会给进出口商带来复杂的流程和费用负担，因此大量新兴商务服务公司应运而生，通过信息化和专业化的服务为进出口商解决进出口复杂的业务流程。因此在互联网时代下的跨境贸易中，企业可以将关于外贸流程相关部分外包给第三方平台，而自身更多地着眼于产品和市场。

15. ×。尽管基于互联网的进出口活动呈现多频次、小批次的特点，但是在这一过程中仍然需要签发提单。提单不仅是货物交付、运输证明而且是货物所有权证明。

16. ×。首先，跨境电子商务是指交易各方利用现代信息技术所进行的各类跨境域的以数字化交易为主要方式的一种新型贸易活动和模式，涵盖了营销、交易、支付、服务等各项商务活动，不能简单定义为跨境网络零售，零售只是跨境电子商务的一个部分。其次，跨境电商采用小批量、多频次的方式，这实际上是降低了贸易的门槛。

17. √。营销和销售的目的是为了推广产品并达成交易。在工程承包领域，寻找项目是为了创造机会，投标是为了达成交易，本质上是一样的性质。

18. √。国际分销渠道投资大多涉及庞大资金，具有高固定成本的性质，这就要求在创建渠道或对渠道进行重大修改时，必须慎重考虑，应如何组织和管理渠道，因此在国际营销中，创建和管理分销渠道是一项重大的、战略性的工作。

19. √。集权有助于协调和保证决策与组织目标相一致，把决策权集中于某人或某个高层管理集体，能使高层管理者采取措施做出必要的重大组织变革。

20. ×。文化距离是指不同群体在文化方面的差异程度，由于历史、地域等原因，在文化上一些国家比较接近，一些国家则差别较大。管理者在跨国经营决策中可以将文化距离作为跨文化风险的一个认知指标，但文化距离短并不必然意味着跨文化风险小，在选择文化距离短的国家的同时，也要注意彼此文化间的细微差异可能导致的跨文化风险并做出相应的调整策略。

**三、名词解释(每题 5 分，共 35 分)**

1. 资产专用性是指对与交易相关的资产进行投资，可以提高效率，降低成本。针对地点的特定性，可以通过对厂房、办公设施等的投资使其相互临近，降低库存和运输的成本；针对专用性实物资产的投资，包括对专用设备和工具，即为特定客户设计的专用设备或者工具的投入；针对专用性人力资本的投资，即买卖双方中的一方或者两方同时为了建立和维持双方的合作关系而对交易涉及的专门技巧和知识进行投资；对特定的生产或者服务能力的投资，比如，客户的需求规模相对市场总体容量来说非常大的时候，就意味着这种生产或者服务能力是专门为他们而设计的，如果合作关系中断，这些生产或者服务能力则不能很顺利地应用到其他的契约关系当中；品牌或者声誉也是一种专用性资产，合作的各方必须维护共有的品牌，比如在特许经营中，特许经营的品牌声誉取决于每个特许经营商的行为。

2. 柔性生产技术是指在同一条生产线上通过设备调整来完成不同品种的批量生产任务，既满足多品种的多样化要求，又使设备流水线的停工时间达到最小，实现“只在必要的时间内生产必要数量的必要产品”。柔性生产技术的出现缓解了效率提高与多样化之间的矛盾，其不仅能实现低成本，而且可以满足消费者多样化的需要，从而同时达到效率和效果的目标。

3. 国民待遇原则是世界贸易组织的基本原则之一，原指一国对外国人给予不低于本国国民的待遇，GATT 框架下的国民待遇原则被赋予了新的内涵，其范围由保护诉讼权利及人身权利等上升为多边贸易关系的准则，是指一成员对其他成员的产品、服务或服务提供者及知识产权所有者和持有者所提供的待遇，不低于本国同类产品、服务或服务提供者及知识产权所有者和持有者所享有的待遇。

4. GATS 全称为 General Agreement on Trade in Service，是 WTO 协议中一个负责管理服务的国际贸易协议，称为服务贸易总协定。GATS 是 1982 年美国在 GATT 部长级会议上提出进行多边服务贸易谈判的建议，于 1995 年正式生效。GATS 以服务贸易的四种提供方式即跨境交付、境外消费、商业存在、自然人流动对服务贸易作出了全面的定义，这个定义已成为国际服务贸易的权威定义，其参照《联合国中心产品分类系统》将服务贸易划分为 12 个部门，并在此基础上又进一步细分出 160 多个分部门或独立的服务活动，其本身条款由序言和六个部分 29 条组成。前 28 条为框架协议，规定了服务贸易自由化的原则和规则。

5. 外汇是国际汇兑的简称，它是与国际贸易、国际债权债务清偿以及资本转移等活动相伴相生，从而实现国际间的购买力转移，以及清算国际间债权债务关系的一种工具。外汇市场是进行外汇交易或外汇买卖的市场。外汇交易既有在固定的交易场所进行的，也有借助于通信网络来实现的。不论哪种交易类型，大多数的外汇交易都是通过银行及各家交易商的网络进行的。外汇市场的主体是作为做市商的外汇银行。

6. 单一职能结构又被称为 U 型结构。钱德勒定义 U 型结构是“纵向一体化、有多个职能部门、生产单一产品的典型结构”。所谓单一职能是指企业里每个基本的业务职能(比如财务、营销、生产和采购)都由一个部门负责。实际上，这种结构的本质是建立在基本职能专业化基础之上的企业内部分工。在单一职能结构下，组织通常被分为各个职能部门(如生产、营销、研发、销售)，来反映企业的价值创造活动。单一职能结构可能会造成管理失控效果和有限理性或不准确信息的传递。

7. 外贸综合服务企业是指利用网络和信息技术平台将外贸业务流程标准化，进而最大限度地整合业务流程和业务数据信息，并以此信息整合的平台来与政府监管机构和商业机构合作，为中小企业提供进出口交易后的外贸业务外包服务，包括代办报关报检、物流、退税、结算、信保等外贸相关服务的企业。

## 四、简答题(每题 8 分，共 40 分)

1. (1)定义：

① 跨国公司是指同时在两个或两个以上国家或地区存在经济实体，并从事生产、销售和其他经营活动的国际性大型企业。

② 天生全球企业又被称为是“天生国际化企业”，是指在成立初期便面向全球市场销售产品、提供服务，谋求全球竞争优势的企业。根据奈特和卡瓦斯基尔的定义，这类企业为“小型的，通常是技术导向的，从成立之初就进行国际经营的企业”。

(2) 天生全球企业与传统跨国公司的共性有：

① 两者都通过国际化市场营销获取利益；

② 两者都会面临国际化过程中包括政治、经济和文化在内的各类风险；

③ 两者都同时在国内市场和国外市场开展业务。

天生全球企业与传统跨国公司的差异有：

① 两者国际化动机不同，传统跨国公司的国际化是反应性和被动性的，而天生国际化公司的跨国经营是自发性和战略性的；

② 两者国际化开始阶段不同，传统跨国公司往往要经历长期的知识积累才会开始国际化战略，而天生国际化企业的跨国经营往往与国内业务经营同时展开；

③ 两者针对的目标市场不同，传统跨国公司往往向广阔的海外市场提供丰富多样化的产品，而天生国际化企业则针对细分市场提供精细化、高质量的产品。

(3) 特定的历史条件：

① 由于经济一体化，不同国家与地区的消费者的需求趋向同质化，弥补了国内市场狭窄、需求量小的缺点，给企业带来了巨大的市场机遇，将产品销售到国际市场是追寻利润的手段。

② 通信、物流技术的发展，互联网技术日益广泛的应用，信息化的不断深入发展，使得沟通和运输的成本降低，为中小企业快速走向国际市场铺平了道路。

③ 生产技术的提高也使得中小企业能够快速走向国际化道路。技术的发展使得中小企业能够较为经济地、小规模多批量地生产高度复杂的产品，进而销售到全球市场。

④ 中小企业自身的优势，以及随着全球化的进一步发展，具有全球化视野的企业家出现，也是这类企业形成的一个重要原因。近年来，企业家由于有海外工作或生活经历，对海外市场比较了解，其视野从创办企业开始就瞄准了国际市场，而其本身也具备开拓海外市场的能力，因此，他们在创办企业不久，就会走向国际化道路。

2. Vernon 在其论文中讲述了自己在哈佛商学院(1959~1978 年)的经历，展示了 20 世纪 80 年代以前哈佛商学院对于国际贸易课程的设置演化。

(1) 20 世纪 50 年代末期，Vernon 进入哈佛商学院教授国际商务。当时，他认为国际商务应包括三方面：国际贸易与国际收支、多国企业、比较商业制度。那时，国际商务课程没有教材，但上述三个主要部分都有各自的课程。

(2) 20 世纪 60 年代早期，国际商务课程同职能学科并列。国际商务课程的教员可以自由决定课程的内容，但对于其他课程的内容几乎不能施加影响。

(3) 20 世纪 60 年代晚期，商学院院长决定取消国际商务领域的设置，同时各职能领域将课程国际化，为此将同国际商务有关的教员分配到各职能领域。最初希望那些从被解散的国际商务领域出来的教员能够对其新同事的课程施加影响，但后来发现并不可能。职能领域的教职空缺很少重视有着强烈国际兴趣的候选者。自此，将管理职能分支进行国际化扩展，成了典型的美式商学院课程内容模式，因为每一专业领域的原理都被认为是普遍真理，独立于环境。对于环境特殊性(如日本、中国)的知识，在当时的商学院仅处于补充地位。这一状况一直持续到20世纪70年代。

哈佛商学院国际商务课程从平行于职能领域的课程独立存在，到被取消进而并入职能领域并力图使职能领域国际化的历程，基本反映了同期美国企业国际化的实践及其背后的认识。在这一时期，一方面，美国海外市场的重要性不断增长，但重要性仍不如本土市场；另一方面，美国企业是全球国际化的主角。所以，在美国市场的主导格局下，美国模式被认为是先进的，进而复制和输出美国模式的思想影响了美国企业国际化的实践。

**【科兴提示】**这个知识点看起来没有考查的必要，但是对外经贸大学连续几年都在这里命制了简答题。这表明了该校的命题风格，没有重点，王炜瀚教材中的任何边角都可能会考。

3. (1)政府

政府是国家权威性的表现形式，是一种秩序化的国家管理和控制形式，广义的政府是指国家政权机构中的中央和地方的行政机关，与立法和司法相并列。狭义的政府是指国家权力的执行机关，即国家行政机关。

(2) 政权

政权是指掌握国家主权的政治组织及其所掌握的政治权力，以维护对社会的统治和管理。

(3) 政治风险

通常，由于对外战争、内战、革命、政府的民主变革、政变、叛乱等造成的政府更迭会给整个商务环境带来巨大的不确定性，从而导致企业失去部分或全部投资价值，或者迫使企业接受低于预期的收益率。这种由于政府更迭给外国投资企业带来的风险被称为政治风险。

(4) 政治风险与社会风险相关

在很多情况下，社会风险是政治风险的诱因或者催化剂，社会风险主要指集体行动在发生的可能性以及发展趋向方面的难以预知性，如社会骚动、群众暴乱、示威游行以及小规模的恐怖主义活动等。当这种集体行动发展到对政局构成威胁时，社会风险则演化为政治风险。

4. 答案请参考对外经贸大学2016年简答题第3题。

5. 特定国家的有利区位可能会给在那里经营的企业带来区位优势。从市场销售角度看，区位优势集中于那些大规模、快速成长的市场；而从生产角度看，区位优势也可能来源于优越的特定自然地理条件、充足的特定质量生产要素供给，以及产业集聚。

(1) 综合来看，区位优势的来源主要有以下几点：

① 自然资源与地理条件。在资源导向性的对外投资过程中，拥有丰富自然资源的地区将获得较大的区位优势，而一些特定区域具有其他地方难以比拟的地理特征，它可能是几个国家联系的枢纽地带，也可能是靠近一个比较大的资源点或者市场，这些区位可以为在那里经营的企业提供更多的机遇，并减少包括运输成本在内的多种成本。很多自然灾难和疾病也同某些区位的地理条件相联系。许多自然灾害尽管发生的概率低，但其发生也有一定的地域性，此外，某些疾病的爆发也有一定的地域性。

② 商务环境。企业对外直接投资往往偏好选择拥有健全的基础设施、便利的通信服务和形成产业集群的地区，产业集聚会带来明显的正外部效应，通过聚集产业的发展带动自己企业的发展和进步，例如中国的粤港澳大湾区和美国的硅谷。

③ 政策环境。在企业的对外直接投资过程中，当地政府出台优惠政策、给予企业更多便利的地区将为企业带来更大的区位优势，而政治风险、政策风险和社会风险较大的国家和市场会削弱这种区位优势。

④ 文化兼容性。企业选择与母国文化相近的地区进行投资可以最大限度上避免文化冲突、降低跨文化管理成本进而获得较大的区位优势。

⑤ 市场容量和竞争状态。企业偏好向市场容量充足、发展潜力大和竞争形势缓和的地区进行直接投资以获得较大的区位优势，更大的市场容量与更缓和的竞争状态会有利于企业在当地的长期经营。

（2）区位优势理论可以从以下三个方面服务于企业的全球化战略：

① 帮助企业选择目标市场。在企业的国际化经营决策中，选择目标市场是极其重要的一环，通过区位优势理论企业可以根据能够获取的区位优势来选择目标市场。

② 帮助企业获取规模经济。通过区位优势理论指导下的对外直接投资行为往往可以产生良性的产业集群效应，形成低成本、高效率的供应链体系，使企业获取外部规模经济。

③ 帮助企业进行产品转移决策。根据产品生命周期理论，不同生命周期的产品在不同的市场拥有不同的区位优势，企业可以据此及时将处于不同生命阶段的产品转移向不同市场以实现利益最大化。

**五、综合题(共 40 分)**

1.(1)停止离岸外包法案。通过设立关税来抑制公司一些全球化的行为，比如将总部设立到海外、产品返运回美国时避税并且解雇美国本土工人。

（2）上述内容通过立法后的影响有：

① 将妨碍生产全球化的进程。

在经济全球化的今天，发达国家企业将生产部门转移到拥有更丰富自然资源和更廉价劳动力的地区已经成为一种趋势，通过生产的全球化国际市场可以实现资源的良好配置，对于母国企业的东道国市场都会产生更优的福利效应。如果特朗普这一提议通过立法，将会导致大量美国企业将生产部门为主的海外部门移回美国本土，表面上可以一定程度缓解美国国内的就业问题和产业空心化现象，但是在阻碍生产国际化进程和损害东道国利益的基础上也给美国跨国公司带来高昂的人力、土地和资源成本压力，一定程度上牺牲了本土跨国公司的利益。

② 将降低美国企业的国际竞争力。

当今国际经营形势下，离岸服务外包和原始设备制造商(OEM)等国际经营方式是发达国家跨国企业的常用策略，可以有效降低企业生产成本，有利于企业在产品定价中更大程度撇脂，获取更强的竞争力和更高额的利润。如果这一提议通过立法，将很大程度增加企业的生产成本和社会福利负担，是以牺牲政府财政收入和跨国企业竞争力的方式来持社会稳定的行为，并不值得提倡。

2.(1)第一，我将会宣布，美方要重新协商北美自由贸易协定，或退出根据 2205 条款达成的协议；第二，我将会宣布，美国退出跨太平洋伙伴协定(TPP)；第三，我将让我的财政部长把中国列为汇率操纵国；第四，我将让商务部长和美国贸易代表对所有不公平对待美国工人的外贸政策滥用行为定性，并指导他们充分利用每一个美国法和国际法中的工具来立即终止这些行为。

（2）①NAFTA 定义

NAFTA 全称为 North American Free Trade Area，即北美自由贸易协定，由美、加、墨三方于 1994 年 1 月 1 日起生效和实施。

内容包括：a. 关税相互减免；b. 取消进口限制；c. 坚持产地规定；d. 政府采购协定；e. 鼓励投资；f. 扩大相互金融服务；g. 发展相互自由运输；h. 鼓励保护知识产权；i. 协商争端解决机制等。

② NAFTA 对美国工人利益产生的影响

NAFTA 的宗旨是取消贸易障碍，创造公平竞争的条件，增加投资机会，对知识产权提供适当的保护，建立执行协定和解决争端的有效程序，以及促进三边的、地区的以及多边的合作。在实践过程中，NAFTA 很大程度上促进了墨西哥和加拿大制造业对美国本土的出口，美国贸易赤字不断增大，同时大量制造业工人失去就业机会。

（3）①Trans-Pacific Partnership 定义

跨太平洋伙伴关系协定(Trans-Pacific Partnership Agreement)，也被称作“经济北约”，是目前重要的国际多边经济谈判组织，前身是跨太平洋战略经济伙伴关系协定。是由亚太经济合作组织成员国中的新西兰、新加坡、智利和文莱四国发起，从 2002 年开始酝酿的一组多边关系的自由贸易协定，原名亚太自由贸易区，旨在促进亚太地区的贸易自由化。

② TPP 是全球化取向的经济组织

所谓全球化趋向就是指全球趋向于一个大市场，各国之间的贸易和投资壁垒弱化，从这个角度看，

TPP 的宗旨是在缔约国促进经济增长，支持工作岗位的创造和维持，增进创新、生产力和竞争力，提高生活水平，减少贫困，进而促进透明度、良好治理以及劳动和环境保护，是一种自由贸易的新模式，因而是全球化取向的组织。

（4）①广场协议定义

广场协议是指 20 世纪 80 年代初期，美国财政赤字剧增，对外贸易逆差大幅增长的情况下，美国希望通过美元贬值来增加产品的出口竞争力，以改善美国国际收支不平衡状况而同日本、联邦德国、法国以及英国共同签订的协议。该协议要求五国政府联合干预外汇市场，诱导美元对主要货币的汇率有秩序地贬值，以解决美国巨额贸易赤字问题。

② 美国在汇率操纵问题上的态度

美国诱导美元贬值的行为固然可以解决自身贸易赤字过大的行为，但对于拥有大量美元储备的国家而言，将造成外汇贬值的风险。同时，美元贬值将通过减少国内需求的方式降低进口总额，并非健康的货币调节方式。美国在汇率操纵上的态度以保护本国自身经济利益为主要目的。

（5）①国际法下典型的贸易救济措施

a. 反补贴

补贴是指政府或公共机构提供的财政捐助以及对收入或价格的支持。生产补贴和出口补贴是两种最基本的补贴形式。在满足以下条件时，进口国政府可以对出口补贴采取反补贴措施：补贴确定存在；同类或相同产品的国内产业已受到实质损害；补贴与损害之间存在着因果关系。

b. 反倾销

倾销是指在正常贸易中一国向另一国出口的某一商品的价格低于其正常价值的价格，通常表现为一个出口企业在某一个国外市场上以低于它在其他市场(通常是本国)的价格出售商品。由于倾销被视作一种价格歧视，各国从自身利益出发，对来自他国的倾销行为通常采取坚决反对和禁止的态度，这就形成了反倾销。在一项反倾销调查中，如果进口商品被证明存在倾销价格、损害及倾销价格与损害之间的因果关系，进口国可以采取反倾销措施。

c. 特别保障措施

特别保障措施是世界贸易组织成员利用特定产品过渡性保障机制针对来自特定成员的进口产品采取的措施，即在 WTO 体制下，在特定的过渡期内，进口国政府为防止来源于特定成员国的进口产品对本国相关产业造成损害而实施的限制性保障措施，以减少该产业对本国的冲击。

② 美国国内典型条款

a. 美国 301 条款

当有任何利害关系人申诉外国的做法损害了美国在贸易协定下的利益，或其他不公正、不合理或歧视性行为给美国商业造成负担或障碍时，美国可进行调查，决定采取撤销贸易减让或优惠条件等制裁措施，甚至采取展开反倾销调查的方式保护本国产业。

b. 美国 337 调查条款

根据美国《1930 年关税法》，美国国际贸易委员会可以对进口贸易中的不公平行为发起调查并采取制裁措施。

# 复旦大学 2017 年 434 国际商务专业基础试题

**一、问答题(8 题，共 100 分)**

1. 简述邓宁教授归纳的企业开展跨国经营活动的动机。(10 分)

2. 跟大型国际企业相比，小企业在国际商务活动中的优势集中体现在哪里？(10 分)

3. 简述国际经营导向战略的侧重点和资源配置能力。(15 分)

4. 简述国际经营环境等级评价。(10 分)

5. 企业选择许可转让而不选 FDI，考虑的因素是什么？结合理论解释。(10 分)

6. 新贸易理论中的规模经济理论是怎么解释产业内贸易的存在和发展的，与传统贸易理论相比有何不同？(15 分)

7. 范围经济的定义是什么？国际企业如何利用范围经济获得全球竞争优势？(15 分)

8. 简述人民币加入 SDR 对人民币和中国经济的影响。(15 分)

**二、论述题(每题 25 分，共 50 分)**

1. 试述一国外汇储备规模过大的利弊。确定一国外汇适度的规模有哪些影响因素？

2. 三星 Note7 召回事件反映出了战略和管理中的一些问题。如受邀，你会提出哪些解决方案建议？

## 复旦大学 2017 年 434 国际商务专业基础试题解析

**一、问答题(8 题，共 100 分)**

1. 根据邓宁的国际区位投资理论，我们一般把企业跨国经营的动机分为：市场寻求型、资源寻求型、效率寻求型和战略资源寻求型。

(1) 寻求市场型

基于这一动机的前提是产品在海外市场上有需求。此外，企业必须考虑产品的优势可以维持的实践、竞争的创新能力以及当地法律对专利保护程度的强弱。投资壁垒的减少，对于寻求市场有一定促进作用。随着许多国家逐步减少对外商投资的限制，促使更多地企业把他们的市场扩展到这些国家，即企业能够将生产过程的一部分分散到全球从事该项活动的最佳区位，以提高产品质量并降低生产成本。

(2) 寻求效率型

寻求效率型企业通常愿意选择具有规模经济与低成本要素相结合特征的效率最高的区域。企业利用不同国家的要素禀赋优势，也可以降低成本，提高产品质量后改善产品的功能，从而获得更为有效的竞争。

(3) 寻求资源型

企业进入国外富含某些自然资源的区域，通过投资铁矿、油田、煤炭等领域，开采国外资源，弥补国内资源劣势。其目的不仅在于获得稳定和低价的自然资源，而且在于发挥本国的优势，进而增强企业国际竞争力。

(4) 寻求战略资产型

战略型资产是指能够为企业带来长期竞争优势的资产，它是一种难以被模仿或难以被替代的、非交易性的、积累过程缓慢且符合市场需求的资产。寻求战略性资产，是对包括顾客资产(如品牌认知)、渠道资产(如已建立的渠道入口、分销商忠诚)、投入要素资产(如完全要素市场的知识、供应商忠诚和融资能力)、过程资产(如技术资产、产品或市场确定性生产机制和组织机制)、市场信息资产(如竞争者的信息、需求价格弹性或市场对商业周期的反应)等资产的寻求。许多外国投资企业进入国外市场的一个理由是学习当地企业先进的技术和管理经验等战略性资产。

2. 美国经济学家刘易斯·威尔斯于1977年在题为《发展中国家企业的国际化》一文中提出“小规模技术理论”。威尔士认为，发展中国家跨国公司的竞争优势主要表现在三方面：

（1）拥有为小市场需要服务的劳动密集型小规模生产技术。低收入国家商品市场的一个普遍特征是需求量有限，大规模生产技术无法从这种小市场需求中获得规模效益，许多发展中国家正是开发了满足小市场需求的生产技术而获得竞争优势。

（2）在国外生产民族产品。发展中国家对外投资主要是为服务于国外同一种族团体的需要而建立。根据威尔士的研究，以民族为纽带的对外投资在印度、泰国、新加坡、马来西亚以及中国台湾、香港的投资中都占有一定比例。

（3）产品低价营销战略。与发达国家跨国公司相比，生产成本低、物美价廉是发展中国家跨国公司形成竞争优势的重要原因，也是抢占市场份额的重要武器。

3.（1）现实中的跨国公司在国外经营中所扮演的战略角色经历了一个逐渐演变的过程，根据管理思想的发展历程和国际商务环境中跨国公司这种独特的公司形式的变化路径，可将其划分为四种战略模式。

① 国际战略：指先为国内市场生产产品，再根据地区情况稍做改变，以将产品销往世界各地。采用这一战略的企业的目的是在世界范围内通过充分利用母公司的创新能力和开发出来的技术获得更多的利润。这一战略的核心内容是确定怎样在母公司的技术创新和开发能力上建立起强而有力的竞争优势。在资源和能力的配置上核心技能集中在母公司，其他分权给国外子公司；其适用的情形是当企业面对降低成本压力低而其产品可以满足普遍需求且缺少强大竞争对手。追求该战略的企业往往把产品开发的只能集中于母国，母公司雄厚的创新技术是运用该战略的前提条件。

② 多国战略：又称本土化战略，该战略把战略重点放在各东道国的差异上，通过提高东道国的经营环境和市场需求的适应能力，扩大在国外市场的占有率和销售收入。企业经营很大程度依赖于东道国子公司自身的适应能力、创新能力以及当地市场开拓能力。实行该战略的适用条件是当各国消费者对国际企业所提供的产品或者服务的兴趣差异大，而降低成本压力不高时。

③ 全球战略，又称全球标准化战略。采用这种战略的企业，跨国经营的侧重点在于通过获得全球性经营效率、规模经济、学习效应以及区位经济获得成本优势，提高在全球市场的占有率，以增强企业的盈利能力。其中，依靠大规模生产降低单位产品成本和提高产品质量，是获得全球性经营效率的必要条件；在资源和能力的配置上，该战略需要全球规模的集权管理。该战略实行的条件是当成本降低压力强烈，而地区调试压力较低时。

④ 跨国战略。这一战略综合了上述三种战略目标，其侧重点在于同时建立全球效率、经营灵活性和世界范围的学习能力，并且同时兼顾创新能力与效率、成本与收入；该战略的核心内容是确定如何合理配置资源及各种生产、管理和经营能力，同时在适应能力、全球经营效率、和创新能力三个方面建立竞争优势。该战略实行的条件是当企业同时面临着降低成本的压力与很高的地区调试压力时。通过区域市场解决地区差异问题以提高产品差异化能力，且通过公司全球经营网络的子公司之间实现技术流动扩大技术的扩大效应。

（2）四种战略的比较

| | 国际战略 | 多国战略 | 全球战略 | 跨国战略 |
|---|---|---|---|---|
| 战略的侧重点 | 通过全球范围的技术扩散和适应性调整利用母公司的知识和能力 | 依靠企业家的开拓能力，提高东道国子公司的自主经营灵活性，适应不同国家的差异 | 通过集权、全球规模的经营建立成本优势 | 同时建立全球效率，经营灵活性和世界范围的学习能力 |
| 资源和能力的配置 | 核心技能集中在母公司，其他分权给国外子公司 | 国外子公司分权管理，实行适当自给自足经营 | 全球规模的集权管理 | 分散的，相互依存的和专门化的能力 |

4. 经营环境等级评分法是由美国经济学家罗伯特·斯托鲍夫提出的。他认为，经营环境中各因素对国际商务活动，特别是对企业投资的作用和影响是不同的，不能同等看待。他首先根据不同的因素的效果作用，确定其等级评分；然后，再按每一个因素的有利和不利程度给予不同的分值；最后，把所有因素的等级评分值加总，作为对当地跨国经营环境的总体评价。罗氏主要从东道国政府对外国直接投资者的政策着眼，在影响国际经营的各种因素中挑选了八个主要的因素进行评价：①资本抽回限制；②外商股权比例；③对外商的管制和歧视程度；④货币稳定性；⑤政治稳定性；⑥给予关税保护的意愿；⑦当地奖金的可供程度；⑧近五年的通货膨胀率。

这种评价方法的优点在于：每一个因素的分值是依各自在经营、投资环境中的作用大小来评定的，从而避免了对不同因素平等看待的缺点。根据这种方法，总分越高，跨国经营的环境越好，反之则表示跨国经营环境越差。

5. 技术授权又称许可证贸易，是指技术许可方将其交易标的的使用权通过许可证协议或合同转让给技术接受方的一种交易行为。相对于产品出口、直接投资而言，许可证贸易具有独特的优势：

（1）是避开进口国限制、作为产品出口转换形式的最佳途径。

（2）可大大降低或避免国际营销的各种风险。例如，授方的资金没有进入国际市场，减少了受方所在国的外汇管制风险；纯粹的技术使用权许可，不存在独资或合资的企业被东道国没收征用的政治风险；由受方利用技术进行产销活动，使市场竞争与汇率变动等风险转移到受方身上。

（3）可节省高昂的运销费用，提高价格竞争的能力。

（4）有利于特殊技术的转让。某些关系到进口国国计民生的重要工业产品无法采用投资或产品出口方式，而通过许可证贸易便能顺利地涉足于这些产品的生产经营领域。

（5）便于服务性质的企业进入国际市场。如各种类型的咨询公司、技术服务公司等企业本身并不制造产品，许可证贸易便为它们的无形产品(技术)进入国际市场提供了便利条件。

（6）使小型制造企业也能进入国际市场。这一优点对于我国众多的制造企业来说尤为重要。

**【科兴提示】**本题也可用薛求知《国际商务管理(第二版)》P137—138 的内容进行作答。

6. (1)规模经济贸易理论主要观点为：规模收益递增为国际贸易直接提供了基础，当某一产品的生产发生规模收益递增时，随着生产规模的扩大，单位产品成本递减而取得成本优势，由此导致专业化生产并出口这一产品。

自 20 世纪 60 年代以来，约一半甚至更多的国际贸易属于发达国家间的产业内贸易或水平贸易，发达国家与发展中国家间、产业间贸易或垂直贸易的比重在下降，用规模经济贸易学说可以很好地说明这一现象。通过国际贸易，厂商可以面对更为广阔的市场，生产规模可以扩大，规模经济使扩大生产规模后的厂商的生产成本、产品价格下降，生产相同产品而规模不变的其他国内厂商就会被淘汰。因此，在存在规模经济的某一产业部门内，各国将各自专于该产业部门的某些差异产品的发展，再相互交换(即开展产业内贸易)以满足彼此的多样化需要。国家间的要素禀赋越相似，就越可能生产更多相同类型的产品，它们之间的产业内贸易量就越大。正是有了越来越多的产业内贸易现象，规模经济因素在国际贸易中的作用越来越重要。

（2）传统贸易理论认为，两国相对要素禀赋的差异决定了两国相对要素报酬的差异，这又直接导致了两国相对商品价格的差异并进行交易，从而形成国际贸易，相对要素禀赋的差异是贸易形成的根本原因。如果两国不存在相对要素禀赋差异，两国间的贸易就不会发生。但从当代贸易的发展来看，发达工业化国家之间的贸易，特别是资本、技术密集型产品贸易，并不是以要素禀赋差异为基础的。规模经济贸易学说可以解释国际贸易形成的另一个根本原因，只要有规模经济的因素存在，即使是两个技术水平和资源条件完全相同的国家，也同样可以发生专业化分工和贸易。由于规模经济的存在，两国相对商品价格的差异就不能由要素价格差异直接得出。在其他条件相同的情况下，两国规模经济的不同就会导致生产成本的差异，也就影响到商品的价格。

7. 范围经济的概念是与联合生产密切联系在一起的。如果企业联合生产两种以上产品或者经营两种以上劳务时，会引起平均成本下降，这就是范围经济。与大量生产同一产品不同，该类企业或生产单位通常是从生产或提供某种系列产品的单位成本中获得节省。范围经济在一定范围内可以产生最大的经济效益。

跨国公司不仅通过生产多种产品或经营多种劳务，使平均成本下降，而且通过跨国公司企业之间的经营分工与协作、技术创新与交流等进一步引起成本的节约。具体分析，跨国公司可以从以下几方面形成范围经济：

(1) 跨国公司投入要素的共享使投入要素具有多重使用价值，从而提高了资源的利用效率，因此可以节省费用，使成本具有范围经济；

(2) 跨国公司可以在全球范围内调控资源，节约资源流动成本，形成资源配置的范围经济；

(3) 跨国公司能分摊技术创新的成本，可以更好地节约新产品开发成本和研制费用，形成技术匹配上的范围经济；

(4) 跨国公司能充分利用其无形资产的优势，分摊品牌的扩散成本，利用网络资源节省营销、管理成本，形成网络营销和网络管理的范围经济。

8. 特别提款权是国际货币基金组织根据会员国认缴的份额分配的，可用于偿还国际货币基金组织债务、弥补会员国政府之间国际收支逆差的一种账面资产。人民币加入 SDR，是人民币国际化一个里程碑事件，在改变国际货币体系格局的同时，也将给自身经济发展带来一系列实质好处。

(1) 加入 SDR，人民币成为了世界货币。这将促进国际结算中用人民币进行结算，带来交易便利化，降低交易成本，同时规避汇率波动风险。例如，在国际结算时，中方直接支付人民币给美国企业成为可能，中国企业或个人无须担心汇率波动带来的可能损失。

(2) 加入 SDR 后，人民币汇率可以自由浮动，汇率自由化有助于降低国际风险对国内的传导。假设有国家突然宣布债务违约而致国际金融市场发生动荡，引发新兴市场货币贬值，带来抛售潮，在此情况下，人民币作为国际储备货币，无须担心被恐慌抛售；假使出现抛售的情况，由于国际储备货币实现了汇率的自由浮动，人民币可以通过汇率的波动，抵御掉一部分风险。反之，如果汇率僵硬不自由，比如和美元挂钩，一旦被抛售，风险就会向本国国内传导。

(3) 加入 SDR 还有助于中国获取国际商品交易中的定价权。近二十年来，因为中国等亚洲国家无定价权，亚洲主要石油消费国对中东石油生产国支付的价格，比从同地区进口原油的欧美国家的价格要高出 1~1.5美元/桶。上海自贸区决定设立国际原油期货交易平台，如果人民币不是国际储备货币，用人民币定价，则认可度低；如果使用美元定价，则不利于上海自贸区原油交易平台的影响力。一旦人民币成为国际储备货币，上海自贸区原油交易就可以采取人民币定价，交易方就会将人民币价格作为判断市场以及未来交易决策的重要依据。

(4) 人民币加入 SDR，还有助于维护央行货币政策的独立性。根据蒙代尔三角理论，一个国家不可能同时维护固定汇率、自由流动、独立的货币政策，只能同时维持其中两者。对于中国这样一个大国而言，必须维护独立的货币政策，不能被别人牵着鼻子走。三者中唯一放弃的就是固定汇率，而采取浮动汇率。尽管如此，由于人民币加入 SDR 成为国际储备货币，别的国家会将人民币作为其外汇储备，因此汇率波动风险就小了许多。

(5) 除此之外，人民币加入 SDR，加大了世界持有人民币作为储备资产的愿望，还将为政府带来数目可观的铸币税。同时，各国会增持人民币作为其储备资产、增加对中国金融资产的配置，也为中国国内带来一定的增量资金。

**二、论述题(每题 25 分，共 50 分)**

1. (1)外汇储备是一个国家货币当局所持有的用于弥补国际收支赤字、维持该国货币汇率稳定的国际间普遍接受的外国货币，是国际储备的一部分。国际储备包括外汇储备、黄金储备、国际货币基金组织(IMF)中的普通提款权和特别提款权。外汇储备作为一个国家经济金融实力的标志，它是弥补该国国际收支逆差，抵御金融风暴，稳定该国汇率以及维持该国国际信誉的物质基础。对于发展中国家来说，往往要持有高于常规水平的外汇储备。但是，外汇储备并非多多益善，多年来中国外汇储备规模的急剧扩大对经济发展产生了许多负面影响。外汇储备过多的不利影响有以下几点：

① 加大了通货膨胀的压力，影响货币当局独立制定货币政策。近年来外汇占款形式的基础货币投放已经成为中央银行货币投放的主要渠道。由于外汇储备逐年增加，央行为了维持外汇市场的稳定，必须在外汇市场上买入外汇抛出本币。通过货币乘数效应的作用，货币供应量被放大，不仅影响了货币政策的独立性，而且造成了通货膨胀的压力。央行进行对冲操作的工具还比较有限，对冲效果也不明显，因此如果外汇储备持续以较快的速度增长，那么通货膨胀的压力就会继续增加。

② 导致经济增长的动力结构不均衡，不利于实现经济增长向内需主导型模式的转变。我国高额外汇储备的形成，是政府鼓励出口、鼓励招商引资等政策因素和人民币升值预期因素在起主要作用。继续维持这种主要依靠出口和投资拉动的经济增长的动力结构，不仅有碍于落实科学发展观、建立资源节约型和环境良好型社会的目标的实现，而且会损害经济增长的潜力和后劲，不利于经济的健康和可持续发展。

③ 增大了人民币升值压力，不利于对外贸易顺利开展巨额外汇储备加大了人民币汇率升值压力，且使我国在相当程度上陷入减轻人民币升值压力与抑制货币供给增长难以兼顾的两难境地：要减轻外汇占款造成的过多基础货币发行对国内货币市场的影响，人民银行必须加大回笼现金力度或提高利率，但这些操作将加大人民币升值压力；如果为了减轻人民币升值压力而增加货币供给或降低利率，本来就已经极为宽松的货币市场将因此变得过度宽松，从而刺激国内资产市场泡沫膨胀。我国有可能陷入“外汇储备增长较快—人民币升值预期—资金流入—外汇储备继续增长—进一步的升值和资金流入”这种恶性循环。此外，不断高涨的外汇储备还会进一步加剧贸易摩擦，恶化国际收支失衡，不利于我国外贸和经济的可持续发展。

④ 带来高额的机会成本，加大资金收益风险，加大了汇率风险一个国家持有外汇储备，就是把这些资源储存起来，而放弃和牺牲利用他们投资的机会，在经济上就形成了一种损失，这种损失也就是机会成本，一国外汇储备越多，机会成本也就越高。美元作为我国外汇储备的主要资产，汇率波动较为频繁，高额外汇储备有可能承担美元贬值的风险。

⑤ 成为导致流动性过剩的重要原因，影响了银行的资金使用效率，加剧了经济结构失衡。巨额贸易顺差通过结汇转换成人民币资金进入商业银行，外汇占款作为基础货币大规模投放在货币乘数作用机制下引起货币供应量的多倍扩张，使市场流动性急剧膨胀。商业银行的存差规模日益扩大，货币市场流动性泛滥等问题，都与这一因素有关。或许更严重的问题还在于，流动性过剩还会引发企业利润下滑、投资过热和通货膨胀等一系列消极后果。

（2）国际储备的需求管理主要是数量管理，指一国应保持多少储备才合适。综合起来，一国最佳储备量的因素主要包括：

① 进口规模。一般采用年进口额这一指标，采用比例法来推算一国的最佳储备量，一般认为 20%—50%这一比例范围，但随着国际资本流动的迅速发展，其适用性在下降。

② 进出口贸易差额的波动幅度。一般而言，波动幅度越大，需要的国际储备就越多，可以用经济统计的方法来求得或者预测一段时间的平均波动幅度，以此作为确定储备需求的参考。

③ 汇率制度。储备需求与汇率制度关系密切，一般，实行浮动汇率制的国家，其储备的存有量较低。

④ 国际收支自动调节机制和调节政策的效率。调节政策调节国际收支差额的效率与国际储备存有量呈负相关，调节政策调节国际收支差额的效率越高，储备需求就越小。

⑤ 持有储备的机会成本。持有储备的相对机会成本越高，储备的存有量就越低。

⑥ 金融市场的发育程度。发达的金融市场能够提供较多的诱导性储备，这些储备对利率和汇率等调节政策的反应比较灵敏，政府所需要的国际储备也较少。

⑦ 国际货币合作状况。如果一国政府同外国货币当局和国际货币金融机构有良好的合作关系，签订有较多的互惠信贷备用信贷协议，或当国际收支发生逆差时，国外货币当局能协同干预市场，则该国对自由储备的需求越少。

⑧ 国际资金流动情况。国际资金的流动一方面为当局提供了新的资金来源，一方面也对本国外汇市场造成巨大冲击，它对最佳国际储备量具有双向作用，结果不确定。

2.（1）理论概述

艾伦森特在《森特公共关系实务》定义的危机公关是指组织为避免或者减轻危机所带来的严重损害和威

胁，从而有组织、有计划地学习、制定和实施一系列管理措施和应对策略，包括危机的规避、控制、解决以及危机解决后的复兴等不断学习和适应的动态过程。下面将结合斯蒂文·芬克提出的危机传播的四段理论模式即危机潜在期、危机突发期、危机蔓延期、危机解决恢复期，以及游昌乔提出的5S原则即承担责任、真诚沟通、速度第一、系统运行、权威证实，对三星 note7 爆炸门进行分析，对企业如何进行危机公关给予建议。

（2）事件回顾

三星8月19日在全球市场不包括中国发布了 Galaxy note7，发布不到一周，在8月24日，手机在韩国本土发生爆炸，9月1日，三星电子宣布在韩国全面召回 note7。同日，note7 在中国发售。9月2日，三星宣布全球召回但是不包括中国。国外交通部门禁用 note7. 9月14日，三星被国家质检总局约谈，同日，宣布召回一部分手机。9月18日，中国首炸，国外更换完成的新机仍然不断爆炸。此后，国行版爆炸不断出现。10月11日，三星宣布停售停用 note7。同时，在中国宣布召回。10月13日，三星在中国发布召回细则。

（3）三星公司在危机发生的四个阶段中5S原则的使用分析

① 危机潜在期

9月1日以前属于危机的潜在期，不断有手机发生爆炸，三星公司的反应速度还是很不错的，韩国8月24日和8月31日两炸之后，官方便回应推迟出货，对产品质量做进一步测试。

② 危机爆发期

9月1日，9月2日属于危机爆发期。事件的关注度不断上升，事件引起的影响在不断扩大。这个阶段，三星的公关很好。9月1日决定在韩国市场全面召回 note7. 9月2日，在首尔举行新闻发布会，三星移动部门总裁高东真向消费者公开道歉，表达愧疚，承担责任，宣布召回受影响的250万台 note7，同时停止 note7 的发售。可以对 note7 进行退款或者换新机，并且回应了召回晚的质疑，因为需要查明原因。

③ 危机扩散期

9月2日—10月11日，在此期间，危机扩散到中国，并且因为换新机后不断出现问题而导致危机不断进行扩散，但是三星并没有能够进行很好的处理。

下面以5S原则看三星危机扩散期存在的问题：

第一，快速反应原则。三星及时在官网发表声明，比如在中国及时说明电池不同，国行版没问题，安抚消费者。快速反应原则做得很好。

第二，承担责任原则。三星公司在手机爆炸之后，试图推脱责任，先是将爆炸归于 SDI 的电池，之后又将责任推脱给消费者的使用不当：比如没有使用原装充电器。

第三，真诚沟通原则，三星违背了公开透明原则和真实性原则，掩饰手机爆炸的真正原因，导致自己频频被打脸，说是 SDI 电池的问题，换掉电池之后，仍然存在问题。说国行版没问题，但是国行版仍然爆炸了。说中国手机爆炸是外部加热的原因，而中国泰尔研究室给出的结论却是电池自燃。对于消费者采取收买、怀疑、消极对待的态度。

第四，系统运行。在中国，公司内部组织的不当，据央视报道，在宣布召回后，电商平台已经召回完备，但是实体店仍然反应跟不上。同时，没有很好地联合政府和媒体进行危机解决，被国家质量总局进行约谈，以央媒为代表的媒体对其进行发难，质问它的双重标准和对消费者权益的伤害。

第五，权威认证。首先，在全球市场召回时，宣称中国市场的手机没问题，但是没有拿出证据，例如电池安全证明。其次，三星得出的爆炸调查原因，在中国首炸与二炸后，三星公司选择自己和自己的电池供应商 ATL 进行检测，没有第三方介入，让人难以信服。

④ 危机解决恢复期

10月11日全球宣布停产、停用、停销之后，三星的这场危机算是告一段落。10月13日三星宣布召回细则，陆续开展召回工作。三星目前应该着手重塑自己的形象，做好事件原因调查和召回工作。

（4）三星爆炸门给企业危机公关带来的启示

① 解决危机发生的根源是企业要专注做好产品质量和服务。

② 危机解决的基础和保障是企业组织内部应该有一套专门处理危机事件的班子，同时，对企业其他部门员工进行危机知识普及，这样方能在发生危机时上下一致，口径统一，反应迅速。

③ 危机解决的处理原则是企业要学会运用危机传播的 5S 原则和 3T 原则，3T 原则即杰斯特提出的“以我为主”，“尽快提供情况”，“提供全部情况”，3T 原则适应于对政府、对媒体、对公众、对消费者，让企业在危机公关中处于一个主动的地位。

④ 危机解决的根本保证是企业要坚持以公众利益为先的准则不动摇，不迷恋眼前的经济利益。

⑤ 另外，跨国公司更要学会平等对待每一个市场，不要有民族歧视和国家歧视的行为。

**【科兴点评】**复旦大学目前有三个学院招收国际商务硕士，按照难度排序，分别是管理学院、经济学院、大数据学院。由于初试考题和初试划线三个学院一致，难度差异主要体现在复试。管院采用压力复试，金融硕士一起，全程英语，小组讨论。经济学院国际商务硕士近几年成为金融硕士的调剂池，复试难度不大。大数据学院成立较晚，影响力较小，没有太多挑挑拣拣的余地。当然，最难考的也是最好的，管院的国际商务，基本不用交学费，而且发展也明显更好。

# 南京大学 2017 年 434 国际商务专业基础试题

**一、名词解释(每题 5 分，共 30 分)**

1. 产品内分工
2. 有效保护率
3. 欧洲债券
4. 米德冲突
5. (WTO)非歧视原则
6. 名义有效汇率

**二、简答题(每题 12 分，共 72 分)**

1. 画图说明外部经济对国际贸易的影响。
2. RCEP 成立的基础，障碍及其对中国的影响。
3. 说明经济增长对生产格局和贸易条件的影响。
4. 什么是最优通货区？用成本收益分析法进行说明。
5. 说明国际收支平衡表包含哪些项目。
6. 为什么在固定汇率，资本自由流动情况下，货币政策无效而财政政策有效？

**三、论述题(每题 24 分，共 48 分)**

1. 结合有关贸易理论和国内外实际情况，说明我国应怎样利用比较优势和创造竞争优势的关系。

2. 近年来人民币兑美元呈不断贬值的趋势，请运用有关理论和实际说明。

## 南京大学 2017 年 434 国际商务专业基础试题解析

**一、名词解释(每题 5 分，共 30 分)**

1. 产品内分工是指特定产品生产过程中不同工序、不同区段、不同零部件在空间上分布到不同国家，每个国家专业化于产品生产价值链的特定环节进行生产的现象。从某种意义上说，产品内分工是国际分工的进一步深化，是同一产品的不同生产阶段(生产环节)之间的国际分工，其实质是生产布局的区位选择，其既可在跨国公司内部实现，也可以通过市场在不同国家间的非关联企业间完成。产品内分工既可以通过横向扩展方式来实现，表现为发达国家之间的中间产品贸易，又可以通过纵向延伸方式来建构，表现为处于不同发展阶段的国家之间的中间产品贸易。

2. 有效保护率亦称“实际保护率”，是有效保护理论中衡量一国对某产业保护程度的指标，即各种保护措施可能给被保护产业的生产过程带来的价值增值的增加量与自由贸易条件下增值的百分比。用公式表示为：

$$ERP = \frac{V_1 - V}{V} \times 100\%$$

式中，$ERP$ 为有效保护率，$V_1$ 为保护贸易条件下被保护产业生产过程的增值，$V$ 为自由贸易条件下该产业生产过程的增值。

有效保护率的意义在于，根据生产过程中的加工深度来划分，产品可分为制成品(最终产品)、中间投入品(如零部件)和原材料等。如果对中间产品或原材料减少关税，将降低这些产品的价格，从而减少国内使用者的负担，使得那些使用中间产品或原材料的最终产品的关税所产生的保护效应提高。

3. 欧洲债券是指长期资本的借款人以欧洲货币为面值在欧洲债券市场上发行的承担到期偿付本息义务的债务凭证。欧洲债券是国际债券的一种。欧洲债券的借款人可以根据其用途自由选择任何一种货币种类和发行市场，自欧洲债券市场产生以来，以欧洲美元为面值发行的欧洲债券始终占有主要地位。欧洲债券的发行人主要是发达国家的企业、政府以及跨国公司和国际组织等。欧洲债券分为固定利率债券和浮动利率债券，期限通常为 15 年，最长可达 30 年。

4. 米德冲突是指在许多情况下，单独使用支出调整政策或支出转换政策而同时追求内、外均衡两种目标的实现，将会导致一国内部均衡与外部均衡之间冲突。米德冲突最有可能发生在经常项目顺差与国内通货膨胀并存，或经常项目逆差与国内失业并存的情况下。运用货币政策与财政政策的配合可解决“米德冲突”。

5. 非歧视性原则是指在世界贸易组织管辖的领域内，各成员应公平、公正、平等地一视同仁地对待其他成员的包括货物、服务、服务提供者或企业、投资、知识产权所有者或持有者等在内的与贸易有关的主体和客体。非歧视原则一直是多边贸易体制的支柱，《1947 年关贸总协定》的主要条款就宣布，缔约方相互之间及国产商品与进口商品之间的歧视性待遇是非法的。非歧视原则在 WTO 中具体通过最惠国待遇原则和国民待遇原则来实现。

6. 名义有效汇率是根据一定的权重对测算国与若干样本国家的名义双边汇率进行加权得到的汇率。名义有效汇率是以贸易比重为权数的有效汇率，它所反映的是一国货币在国际贸易中的总体竞争力和总体波动程度。

## 二、简答题(每题 12 分，共 72 分)

1. 外部经济又称外在经济，是指当整个产业的产量(因企业数量的增加)扩大时(企业外部的因素)，大型的、地理上较集中的产业更可能提供专业化的劳动及其他服务，从而导致该产业中所有厂商的高劳动生产率和低平均生产成本。图 1 中，纵轴为价格，横轴为产品数量，$AC$ 为行业的平均成本曲线，$D_1$ 与 $D_2$ 分别表示贸易前后的本国产品的总需求曲线，$S_1$ 与 $S_2$ 分别表示贸易前后的本国产品的总供给曲线。在贸易前，由于社会需求有限，本国厂商无法充分利用外部经济，其供给与需求相等的价格为 $P_A$——平均的生产成本，均衡产量为 $Q_A$；贸易后，由国际市场的开拓创造了更大规模的社会需求，其产品的需求由 $D_1$ 右移变为 $D_2$，在需求的推动下，厂商充分利用外部经济扩大供给，其产品的供给由 $S_1$ 右移为 $S_2$，最终，供给与需求相均衡的价格为 $P_B$，这也是厂商的生产成本，均衡的产量为 $Q_B$。由此可见，在外部经济存在的条件下，自由贸易使产品的价格下降。这不同于传统贸易理论的结果，因后者是建立在规模报酬不变基础上的，贸易的结果总是倾向于提高出口产品的价格。此外，贸易后，产品的生产与消费量增加——由 $Q_A$ 上升为 $Q_B$，出口量为 $Q_B-Q_A$。最后，国内与国外消费者均能从该产品的价格降低中得到利益。

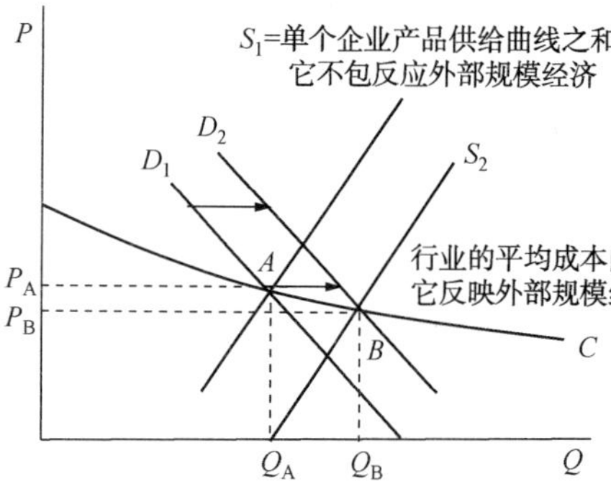


图 1　外部经济对国际贸易的影响

2. (1) RCEP 是东盟国家近年来首次提出，并以东盟为主导的区域经济一体化合作，是成员国间相互开放市场、实施区域经济一体化的组织形式。RCEP 主要成员国计划包括与东盟已经签署自由贸易协定的国家，即中国、日本、韩国、澳大利亚、新西兰、印度。东盟 10 国与这 6 个国家分别签署了 5 份自由协定，其中澳大利亚和新西兰是共同与东盟签署的一份自贸协定。RCEP 推进的动因有：①寻求区域经济一体化称为亚太各国保持经济增长的突破口。②亚太地区迫切需要有约束力的一体化组织解决 APEC 现行机制面临的困境。③寻求另外的合作机制称为 TPP 非参加国的迫切需求。

（2）RCEP 自 2013 年 5 月第一轮谈判至今，但谈判仍迟迟未决，可见 RCEP 谈判存在障碍。

① 整合 5 个“10+1”困难重重。RCEP 内部有 5 个 FTA，存在着相互叠加的优惠措施，各项优惠政策之间的差异给整合 5 个“10+1”带来困难。首先，货物贸易自由化的降税时间和敏感产品差异大。其次，服务贸易自由化的开放部门和承诺水平差异悬殊。再次，投资领域的承诺水平高低不等。最后，知识产权条款的设置不一。

② 面临 TPP 的竞争与挑战。2016 年 2 月 4 日，TPP 的 12 个成员国在新西兰正式签署了 TPP，标志着 TPP 谈判完成。TPP 以其标准高、涉及范围广而著称，它不仅涵盖传统议题，也包括投资、政府采购、劳工和环境等领域。目前参加 TPP 谈判也参加 RCEP 谈判的国家包括日本、澳大利亚、新西兰、马来西亚、新加坡和越南。韩国、菲律宾和泰国等国家也表示了加入 TPP 谈判的浓厚兴趣。最终这些既参加 TPP 也参加 RCEP 谈判的国家对 RCEP 条款的标准制定将会产生很大影响。另外，TPP 与 RCEP 的竞争关系很可能导致东盟国家的不团结，进而削弱东盟在东亚区域经济一体化中的中心地位，从而拖慢 RCEP 的谈判进程。

③ “灵活性”和“高标准”之间的权衡。RCEP 的谈判领域和议题虽然仍以传统议题为主，但在 RCEP 谈判中也多次提到了高质量的要求，如 RCEP 规定其关税免除水平标准至少达到 95%。但 RCEP 在开放程度方面仍将低于 TPP。同时，RCEP 谈判的指导原则还包括“灵活性”，这种灵活性体现在以下几个方面。首先，在启动 RCEP 合作的最初成员选择上具备灵活性，如一个或部分 RCEP 成员在某个特定领域不能立即参与合作，可以暂时不参加，待国内条件成熟时在逐步加入合作。其次，伴随着 RCEP 的开展，中国香港、中国台湾以及南美洲国家都可以成为 RCEP 新成员考虑的对象。再次，允许发展中国家按不同的时间表实施协定，这一“灵活性”在谈判中有很大的不确定性。虽然它可能有助于打破僵局，保护不同国家的利益，但也可能会阻碍自由化尽快实现。

（3）加入 RCEP 对我国的影响

① 促进东亚一体化建设。随着中日韩分别与东盟签订自由贸易协定，今天的东北亚地区已经更为紧密地与东南亚地区联系在一起，成为世界经济版图中最具有活力的区域之一。由于 RCEP 是将东盟与中日韩澳新印签订的五份自由贸易协定的进一步整合的基础上提出来的，所以 RCEP 的签订毫无疑问会促进东亚一体化的建设，这对解决东亚地区现存的问题和矛盾，促进东亚各国经济发展和提升东亚在世界政治经济中的地位大有裨益。中国作为东亚最大的经济体，有义务承担起大国的责任，通过积极推动 RCEP 谈判，促进东亚一体化建设。

② 打造自身 FTA 网。有 RCEP 谈判是中国打造自身 FTA 网络中的一个重要组成部分。长期以来，我国与周边国家的贸易关系得到了很大的发展，但是一些国家较高的关税水平严重阻碍着贸易的发展，通过与这些国家签订 FTA，可以在很大程度上降低交易成本，刺激贸易需求增长，产生贸易创造效益，有利于扩大我国的对外贸易。另外，积极参与 FTA 建设，有利于避免贸易转移效应的负面影响，提高我国的对外贸易的稳定性和增长潜力。与此同时，FTA 本身包括促进相互投资的内容，有利于区域内资本要素的流动，对吸收直接投资也有积极的作用。

③ 有效应对美国遏制。美国主导的 TPP，没有邀请中国加入谈判，而且制定了较高的准入门槛，遏制中国之心昭然若揭。TPP 作为美国重返亚太的一个重要的砝码，将会给中国的经济政治等方面的利益带来不确定的影响。面对美国的遏制，中国必须拿出自己的应对策略，不能坐以待毙。目前加入 TPP 谈判是不现实的，一方面，中国的经济发展水平还不能适应 TPP 的高标准，贸然加入必然会对中国经济造成严重损害，另一方面，美国主导 TPP 的目的是重返亚太，遏制中国在亚太地区的影响力，日后中国是否能够加入 TPP 还有待商榷。既然如此，中国加入一个适合自身发展水平，又可以与美国主导的 TPP 抗衡的区域自由贸易协定就成为中国最佳选择。而 RCEP 的提出正符合我国的需要。积极促进 RCEP 谈判的达成是应对美国遏制的必然选择。

3. 长期内，劳动与资本等要素禀赋的增长将引起生产可能性曲线的外移。外移的形状和程度取决于要素的增长比率。经济增长对生产格局和贸易条件的影响取决于经济增长的类型。

（1）经济增长的类型

经济增长分为平衡增长和不平衡增长。平衡增长是指经济增长要素的增长比率相同，生产可能性曲线将按要素的增长比率均匀地向各个方向外移。结果，新旧两条曲线（要素增长前后）被源于原点的射线相割的各点的斜率相等。不平衡增长是指各要素的增长比率不相同。

（2）要素平衡增长对生产格局和贸易条件的影响

假设规模报酬不变，要素以相同的比率均衡增长，图 2 表示劳动和资本均增加 1 倍时的平衡增长情况。两条生产可能性曲线具有相同的形状和斜率（$P_X/P_Y$），对任何一条从原点发出的射线均如此。则商品 X 和 Y 的产量均扩大一倍，贸易条件不变。

（3）生产要素不平衡增长对生产格局和贸易条件的影响

① 对生产格局的影响

图 3 重复了图 2 增长前的生产可能性曲线，并显示了另外两条生产可能性曲线，分别是仅劳动增加一倍（实线）和仅资本增加一倍（虚线）。当只有劳动增加时，曲线更多地向测度劳动密集型商品的 *X* 轴方向扩展。当只有资本增加时，曲线更多地向测度资本密集型商品的 *Y* 轴方向扩展。

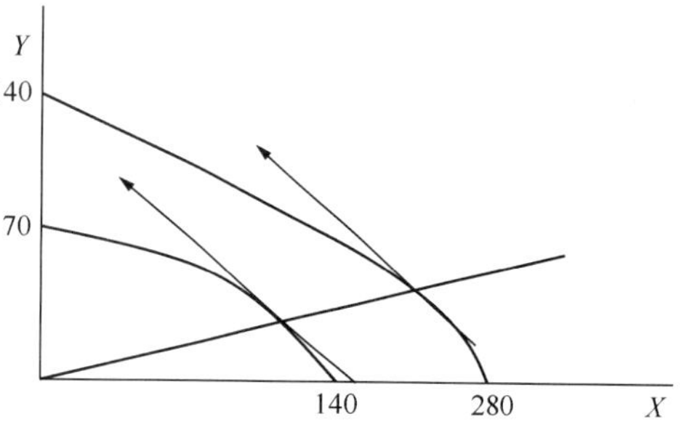


图 2　要素平衡增长对生产格局和贸易条件的影响

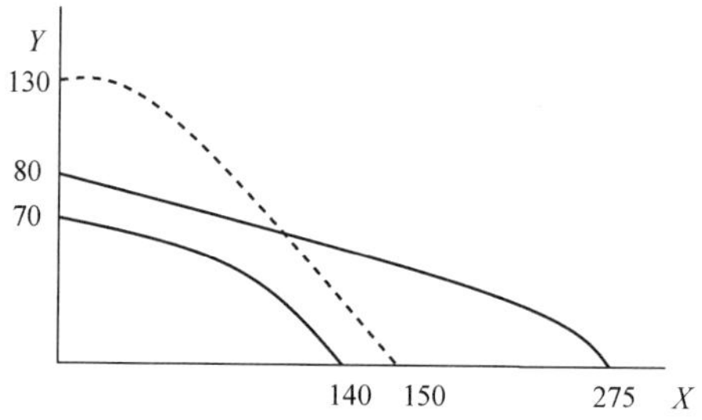


图 3　要素不平衡增长对生产格局的影响

在两种生产要素、两种商品模型的情况下，在商品和生产要素的价格保持不变的条件下，如果其中一种生产要素的数量增加了，而另一种生产要素的数量保持不变，那么密集使用了前一种生产要素的产品的绝对产量将会增加，而密集使用了后一种生产要素的产品的绝对量将会减少。

② 对贸易条件的影响

经济增长对贸易条件的影响，主要取决于这种增长是出现在进口竞争行业还是出口行业。

假定生产要素增长能影响商品的世界价格，那么，替代进口的经济增长会改善这个国家的贸易条件，而扩大出口的增长会使这个国家的贸易条件恶化。

4.（1）最优通货区的含义

最优通货区是指一种最优的地理区域，在此区域内，支付手段或是单一的共同货币，或是几种货币，这几种货币之间具有无限的可兑换性，其汇率在进行经常交易和资本交易时互相钉住，保持不变，但是区域内的国家和区域以外的国家之间的汇率保持浮动。

（2）最优通货区的成本收益分析

① 收益

a. 持久的固定汇率制可以消除成员国之间投机资本的流动。当然，这取决于人们对区域内固定汇率的信心。如果人们对区域内的固定汇率缺乏信心，不稳定投机就不可避免地会发生。而在实行共同货币的情况下这一问题显然不会出现。

b. 可以节省国际储备。各成员国在区域内的经济交易不再需要国际储备，就像在同一个国家不同区域之间进行交易一样。当然，这取决于人们对固定汇率的信赖。但在货币区建立的初期，为了稳定地建立固定的货币平价，各国必须拥有足够的国际储备来保持汇率稳定。

c. 货币一体化可以刺激经济政策一体化甚至经济一体化。一国参与某个货币区，履行保持与其他成员国货币间的固定汇率的义务，可以在一定程度上使所有成员国制定统一的经济政策(特别是统一的反通货膨胀政策)。

d. 尽管货币区内各成员国的货币对非成员国的货币采用浮动汇率，但货币区采取共同的对外汇率政策，这无疑有利于提高货币区整体的谈判实力。

② 成本

a. 各成员国会丧失货币政策和汇率政策的自主性。金融一体化及与此相关的完全资本流动，将导致货币政策失效。在完全货币一体化的情况下，各成员国的中央银行将合并成一个超国家的中央银行。当各成员国在工资、生产率、价格等方面存在差异时，汇率政策工具的丧失，将对成员国造成严重的影响，尤其是在受到外部冲击时，这种问题会变得更加严重。

b. 财政政策受到约束。在固定汇率制下，虽然货币政策失效，但财政政策却是有效的，但这只对独立的国家而言。当一国参与某一货币区时，财政政策会受到货币区整体经济目标的约束。由于对各成员国财政政策的联合管理是以货币区内大多数成员的利益为目标的，因而有可能出现这种情况，即对大多数成员有利的政策，可能刚好使某些成员受到伤害。

c. 可能引起失业增加。假定货币区内某一个成员国通货膨胀率较低和有国际收支顺差，这个国家有可能对通货膨胀率较高且有国际收支逆差的成员国产生压力，迫使逆差成员国实施限制性政策，导致该成员国失业增加。按照货币学派的观点，在长期内，货币区内的低通货膨胀率将使所有成员国获利。但即使如此，并不能确定这个长期会有多长，而且，在短期，逆差国必定要承担失业增加的成本。

d. 如果货币区内原先就存在经济发展的不平衡，则这种不均衡可能会恶化。由于在没有限制的条件下，国际资本的流动性比国际劳动力的流动性更大，因而，与劳动力相比，资本更容易找到报酬更高的机会。这样，欠发达地区的资本流失比劳动力流失更快，从而加剧货币区内经济发展的不平衡。

5. 国际收支平衡表是指系统记录一国在一定时期内(通常为一年)各种国际收支项目及其金额的一种统计表。国际收支平衡表有经常账户、金融与资本账户和错误与遗漏账户三个一级账户。

(1) 经常账户经常账户是国际收支平衡表中最基本和最重要的往来项目，它反映一国在一定时期内真实资源(包括产品和资本品)的转移。经常项目细分为以下四个子项目：

① 货物，又称有形贸易收支，指商品货物的进出口。它是国际收支中一个重要的项目，出口记入贷方，进口记入借方。按照国际货币基金组织的规定，在国际收支统计时，一律采用离岸价格计算进出口价值。

② 服务，又称无形贸易收支。包括运输、旅游、银行和保险业务收支、投资收益收支、军事收支、政府往来等。居民对非居民提供服务记入贷方，非居民为居民提供服务记为借方。

③ 收入，收入是记录因生产要素在国际间流动而引起的要素报酬收支。分为雇员报酬和投资收益两个项目。前者指一国居民在另一国(不足一年)工作而得到的工资、薪水和福利，后者指一国资本在另一国投资而获得的利息、股息等。注意投资产生的已实现的资本利得和资本损失不应算在收入项目中，而应算在资本与金融账户中。

④ 经常转移，是指不发生偿还或收益报酬的单方面支付，是无对等的交易，所以又称单方面转移。由于这种交易只包括单方面的收入或者支出，无法按照复式记账法记账，因此为了保证报表借贷平衡，符合会计法则，需要增加这样一个账户。这样，在本国向外国捐赠粮食时，本国贷记了出口粮食，但没有收到外汇收入，就应该在经常转移项目中借记一笔政府赠与，使整个报表借贷平衡。民间方面，经常转移包括侨民汇款，养老金，宗教团体、教育机构、财团法人捐赠钱款物资，各种资金及奖学金等；在政府方面，包括对外经济和军事援助，战争赔款，没收走私商品，政府间的赠与、捐款及税款等。注意与生产相关的资本品的单方面转移不记入经常转移，而应记入资本转移。

(2) 资本与金融账户

资本与金融账户有时简称资本账户，记录了一国在一定时期内金融资产的转移情况，分为资本项目和金融项目。资本项目包括资本转移(固定资产所有权转移、同固定资产收买/放弃相联系的或以其为条件的资产转移、私人部门债权人不索取任何回报而取消债务，注意政府之间的免除债务属于经常转移)和非

生产、非金融资产的收买或放弃(指各种无形资产如专利、版权、商标、经销权等的转让合同)。金融项目又分为以下子项目:

①“直接投资”项目，其特征是对非居民企业的经营管理拥有有效的控制权，可以通过直接在外国投资建厂或者持有外国公司一定比例以上的股票(*IMF* 规定为10%，我国规定为25%)实现。

②“证券投资”项目，记录本国居民对外国债券投资和不包括在直接投资内的股票投资，以及外国居民对本国债券投资和不包括在直接投资内的股票投资。

③“其他投资”项目，记录不包括在直接投资、证券投资和官方储备中的其他一切资本交易，如贷款、货币、存款、短期票据等。

④“储备资产”项目，指一国货币当局所拥有的、可用于满足国际收支平衡需要的对外资产，包括货币性黄金、特别提款权、在 *IMF* 的储备头寸和外汇储备等官方对外资产。官方储备增加记入借方，官方储备减少记入贷方。

(3)错误和遗漏账户

根据会计记账原理，最后借贷必相等，净额为零。但是，实际记账过程中，很难做到借贷相等，所以人为设置一个项目，以抵消某些偏差和遗漏，使账簿借贷相等，即“净误差与遗漏”。如果借方总额大于贷方总额，“净误差和遗漏”应记入贷方，反之应记入借方。

6. 在资本完全流动的情况下，国内利率等于国际利率，即 $i=i^*$，任何利差都会引起资本的跨国流动，此时资本流动线为水平直线。

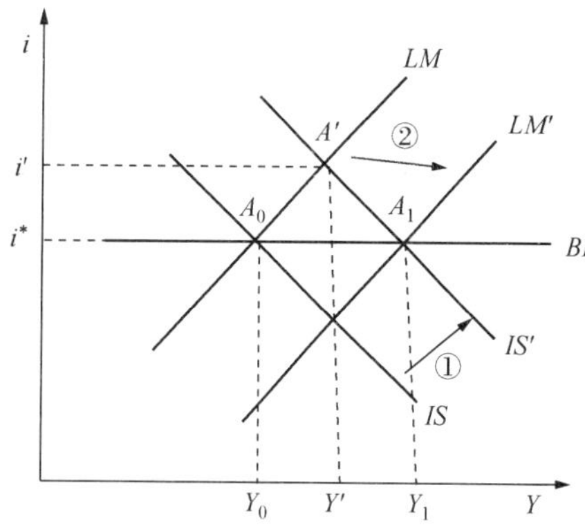

图4　固定汇率制度下的财政政策

(1)固定汇率制下的财政政策

假设经济原先在点 $A_0$ 处达到平衡，国内利率等于国际利率 $i^*$。现在，政府采取扩张性的财政政策，体现为 *IS* 曲线右移到 *IS'*(在图4中用①表示)，产出增加到 $Y'$。在货币供应量不增加而产出增加的情况下，为了使货币市场平衡，利率会上升到 $i'$，从而超过国际利率水平。

在国内利率高于国际利率的情况下，由于资本可以完全流动，所以国外的资本就会流入本国，造成资本账户顺差，在外汇市场上，形成对本国货币的需求，本国货币有升值的压力。为了维持固定汇率制度，货币当局会在外汇市场上卖出本币，买入外币，在此过程中，货币当局不断增加货币投放，*LM* 曲线不断右移，利率下降，直到 *LM* 曲线右移到 *LM'* 时(在图4中用②表示)，*LM'*曲线与 *IS'*曲线决定的国内利率水平才重新等于国际利率水平，经济在点 $A_1$ 处重新达到内外均衡。因为在此过程中，货币供给被动扩张了，所以此时的产出水平比封闭经济下使用财政政策所能达到的产出水平更高，达到了 $Y_1$ 的水平。也就是说，在固定汇率制度下，当资本完全流动时，财政政策对实现经济扩张的目标是有效的。

(2)固定汇率制下的货币政策

仍然假设经济在点 $A_0$ 处达到平衡。现在，货币当局采取扩张性的货币政策，体现为 *LM* 曲线右移到 *LM'*(在图5中用①表示)。在政府支出不扩大的情况下，*LM'*曲线与 *IS* 曲线相交于 $A'$ 点，产出增加到 $Y'$，利率下降到 $i'$，低于国际水平。

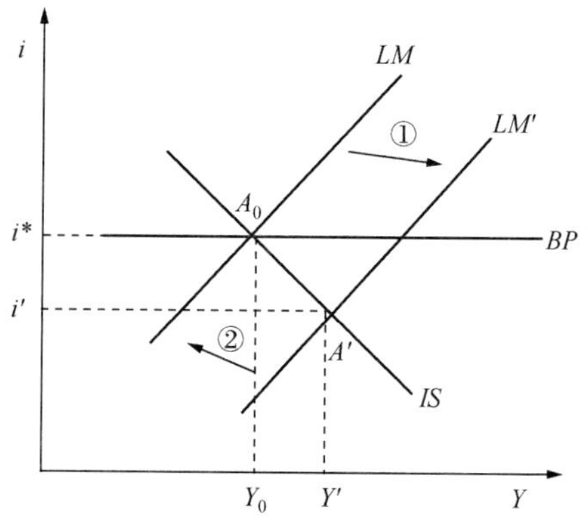

图5　固定汇率制度下的货币政策

在国内利率低于国际利率的情况下，由于资本可以完全流动，所以本国资本就会流出，造成资本账户逆差，在外汇市场上，形成对外国货币的需求，本国货币有贬值的压力。为了维持固定汇率制度，货币当局会在外汇市场上卖出外币，买入本币，在此过程中，货币当局不断紧缩货币，$LM'$曲线不断左移，利率上升，直到$LM'$曲线重新回到原来 $LM$ 曲线的位置时（在图 5 中用②表示），$LM$ 曲线与 $IS$ 曲线决定的国内利率水平才重新等于国际利率水平，经济仍然在点 $A_0$处达到内外均衡。在此过程中，货币供给主动的扩张被维持固定汇率而实行的货币紧缩所抵消了。也就是说，在固定汇率制度下，当资本完全流动时，货币政策对实现经济扩张的目标是无效的。

**三、论述题（每题 24 分，共 48 分）**

1.（1）比较优势战略的有效性和局限性

我国目前的基本国情具有两个特点：一是属于发展中国家，人口众多，同时拥有劳动力资源丰富的比较优势；二是不是一般的发展中国家，而是个大国。经过 50 多年的发展，我国已经形成相当的工业基础和拥有相当的科技水平与创新能力。改革开放以来，我国积极实施比较优势战略，利用劳动力丰富的优势大力发展劳动密集型产业并取得了重大成就。在国民经济取得持续稳定增长的同时，我国的对外贸易也获得了高速增长，国际竞争能力日益提高，成为世界第一大贸易国，出口商品结构不仅从初级资源性产品转变为劳动密集型产品，而且机电产品已成为第一大类出口商品，这是我国发挥比较优势、逐步提升资源禀赋结构的绩效。尽管如此，我们也应该看到，从经济发展的趋势并结合国情和世界各国发展的经验教训来看，我国在劳动密集型产业方面的比较优势正在并将进一步减弱。

① 工业制成品的产业内贸易已占国际贸易的主要部分，劳动密集型产品在国际贸易中的比重逐步下降。仅仅依靠传统的比较优势，发展劳动密集型产业出口的市场空间是有限的，随着出口扩张难度的增加，无以支撑我国成为世界贸易大国和强国。

② 劳动密集型产品和技术密集型、资本密集型产品的区分不是由产品本身，而是按投入要素来区分的。同样一种产品在发展中国家要靠密集的劳动来生产，而在发达国家则可由密集的技术来生产。对于劳动密集型产品，随着发达国家资本和技术对劳动的替代，使得发展中国家劳动力资源丰富、劳动力成本低的优势逐步减弱。

③ 随着科技含量的逐步提高，劳动成本在产品总价值中的比例逐步减小，使得劳动密集型产品及其劳动力成本低的优势逐步丧失。

④ 发达国家由于国内就业压力，对于劳动密集型产品的贸易壁垒提高，特别是以非关税壁垒为特征的贸易保护主义十分盛行，如技术壁垒、绿色壁垒等，限制了劳动密集型产品对发达国家出口的增加。

⑤ 从全球范围看，劳动密集型产品生产增长过快、竞争过度、市场容量有限，故价格逐年下降，经济剩余利益有限，不利于资本的快速积累。另一方面，随着我国经济的发展再加上人均资源占有量少，其进口尤其是资源性产品如石油、天然气等将大量增加，而资源性产品价格逐渐上扬，这两方面的作用有可能使我国的贸易条件恶化，需要持续稳定增长的出口来维持贸易平衡。

由上分析可见，发挥比较优势的确能获得贸易利益和促使经济发展，同时随着资源禀赋结构的提高，我国比较优势的阶梯和产业结构会逐步上升，但如果不能在较短时间内缩短与发达国家之间的差距，即使有可能逐步把我国建成富国，也不可能使我国成为强国。因此，对中国这样一个具有一定工业基础和拥有相当科技水平与创新能力的大国，长期和纯粹地仅仅依靠传统的比较优势战略是远远不够的。

（2）发挥我国对外贸易的比较优势并创造竞争优势的对策

① 继续发挥比较优势，拓展外贸出口增长空间

根据我国目前的经济发展水平，现阶段在国际市场上具有价格竞争力的仍主要是劳动密集型产品。当前和今后相当长一段时间内，出口劳动密集型产品仍可以发挥我国劳动力资源丰富的优势，拓展外贸出口增长空间，促进经济和社会的发展。目前我国农村有数以亿计的剩余劳动力亟待转移，劳动力资源有较大潜力可挖。与世界上多数国家相比，其资金、技术相对稀缺，成本较高，劳动力则相对充裕且成本相对较低，此优势可在今后一段时间内得到保持，故应把传统的比较优势和劳动密集型产品的价格优势尽可能充分地发挥出来。

② 依靠学习和引进，提升比较优势，促进产业结构升级和国际竞争力提高

比较优势的提升，除了依靠资本的不断积累外，技术进步具有重要作用。依靠技术进步和外资引进并

与我国劳动力丰富的优势相结合，不断提升比较优势的层面和产业结构，是我国可以而且必须选择的道路。a. 学习国外先进技术，提升产业结构和国际竞争；b. 积极引进技术先进的产业，鼓励外资投向高科技产业。

③ 实施战略性贸易政策，发展战略性产业和提高，自主技术创新能力，创造新的比较优势和竞争优势

今后我国应当针对某些涉及国家安全和经济命脉以及高技术的战略性产业实施战略性贸易政策。通过对某些产业战略性贸易政策的实施，在规模经济和不完全竞争市场条件下培植战略性产业，可以加强我国企业的国际竞争地位，扩大市场份额并获取垄断利润，增加本国福利。同时，发展战略性产业，将促进和支持这些产业进行追赶型跨越式发展，并产生“外部经济”，促进和带动相关产业的发展，创造新的比较优势，提高整体国际竞争优势。政府在实施战略性贸易政策时，应当依据“窄幅移动带”原则，在一定的时间内，选择特定的战略性产业予以支持，创造战略产业领域的比较优势，而不是一般性地保护幼稚产业甚至保护落后产业。

2. 民币汇率走势主要取决于经常项目下外汇收支状况和跨境资本流动双重因素。近年来人民币兑美元呈不断贬值的趋势，其原因有：

（1）美元保持强势

2016 年在美联储加息预期下，美元大幅升值，而且 2017 年美国加息概率大大上升，美国经济基本面预期好转。总体来说，美元已经进入强势周期。另外，由于“英国脱欧”事件，英镑和欧元在未来半年之内将保持贬值趋势，从而使美元被动升值。以上因素使得美元资产的吸引力不断上升，国际资本因此将大幅回流美国，导致非美货币面临较大的贬值压力。在人民币参考一篮子货币汇率形成机制下，美元的强势必然会让人民币承受贬值压力。

（2）人民币汇改之后贬值预期加剧

2016 年 2 月，中国人民银行首次明确宣布实行“收盘价+24 小时篮子货币稳定”的定价机制。后来央行在 2016 年第一季度货币政策执行报告中公开了中间价定价公式。这一汇率改革，使得人民币汇率相对以往更加透明，给市场主体创造了一种无限套利机会，即买入美元卖出人民币的交易将会稳赚不赔，这种模式势必会加剧市场上对于人民币贬值预期以及做空行为。

（3）中国经济回暖乏力

2016 年中国经济形势整体增长乏力。2016 年中国依旧保持贸易顺差，但是顺差规模较 2015 年明显减少。从外商直接投资来看，2016 年我国外资流入增速下降，资本外流压力增大。预测 2017 年中国的经济走势，我国消费仍将维持低速增长。而在贸易方面，特朗普上台之后推行的一系列对华贸易措施将削弱我国的出口，再加上目前国际环境中的反全球化浪潮兴起，中国经济增长在 2017 年势必遭遇巨大挑战。在中国经济回暖乏力的预期之下，人民币贬值预期也将进一步形成。

# 上海财经大学 2017 年 434 国际商务专业基础试题

一、名词解释(每题 6 分，共 30 分)

1. 经济全球化

2. 要素禀赋论

3. 直接标价法

4. 转移价格

5. 国际收支平衡表

二、简答题(每题 10 分，共 40 分)

1. 根据 WTO 的规定，进口国实施反倾销需要满足哪些条件?

2. 简述区域经济一体化类型和各自特点。

3. 简述世界银行的主要机构设置和宗旨。

4. 简述地区性定价的五种形式。

三、论述题(每题 20，共 80 分)

1. 试述关税同盟的经济效应。

2. 试述企业在产品生命周期的不同阶段采取的促销方法。

3. 试述新企业进入国际市场的模式和优缺点。

4. 试述外汇储备的构成、作用和我国外储的规模、结构的特点。你认为如何改善中国的外汇储备的规模和结构?

## 上海财经大学 2017 年 434 国际商务专业基础试题解析

一、名词解释(每题 6 分，共 30 分)

1. 经济全球化是指世界经济活动超越国界，通过对外贸易、资本流动、技术转移、提供服务、相互依存、相互联系而形成的全球范围的有机经济整体。主体一般认为是跨国公司。其载体为贸易自由化，生产国际化，金融全球化，技术全球化。经济全球化是一把“双刃剑”。它推动了全球生产力大发展，加速了世界经济增长。但也加剧了国际竞争，增多了国际投机，增加了国际风险，并对国家主权和发展中国家的民族工业造成了严重冲击。由于实力不同，发达国家和跨国公司将得利最多，而发展中国家所得甚少。因此，发展中国家与发达国家的差距将进一步拉大。

【科兴提示】这个题目 2012 年曾经考过，考生务必注意。上海财经大学 434 试题每年都会出现原题重复考查的情况。

2. 要素禀赋论指狭义的赫克歇尔—俄林理论，又称要素比例学说。该学说由赫克歇尔首先提出基本论点，由俄林系统创立。它主要通过对相互依存的价格体系的分析，用生产要素的丰缺来解释国际贸易的产生和一国的进出口贸易类型。

根据要素禀赋论，一国的比较优势产品是应出口的产品，是它需在生产上密集使用该国相对充裕而便宜的生产要素生产的产品，而进口的产品是它需在生产上密集使用该国相对稀缺而昂贵的生产要素生产的产品。简言之，劳动丰富的国家出口劳动密集型商品，而进口资本密集型商品；相反，资本丰富的国家出口资本密集型商品，进口劳动密集型商品。

3. 直接标价法是指以一定单位的外国货币作为标准，折算为本国货币来表示其汇率。目前，世界上大多数国家(包括我国)都采用直接标价法表示汇率。

4. 转移价格指的就是跨国公司为了达到减少税收的目的，借助不同辖区的税收体系，通过公司内部的不同部门，如母公司与子公司或海外两个子公司之间的定价，将资源在不同辖区的子公司之间转移。由于定价的灵活性，公司在实施价格转移战略时通常将应缴纳税收入由高税率国家转移到低税率国家，将较高的成本支出由低税国家转向高税国家。

5. 国际收支平衡表是反映一定时期一国同外国的全部经济往来的收支流量表。国际收支平衡表是对一个国家与其他国家进行经济技术交流过程中所发生的贸易、非贸易、资本往来以及储备资产的实际动态所作的系统记录，是国际收支核算的重要工具。通过国际收支平衡表，可综合反映一国的国际收支平衡状况、收支结构及储备资产的增减变动情况，为制定对外经济政策，分析影响国际收支平衡的基本经济因素，采取相应的调控措施提供依据，并为其他核算表中有关国外部分提供基础性资料。

**二、简答题(每题 10 分，共 40 分)**

1. 反倾销指对外国商品在本国市场上的倾销所采取的抵制措施。一般是对倾销的外国商品除征收一般进口税外，再增收附加税，使其不能廉价出售，此种附加税称为“反倾销税”。

按照 WTO《反倾销协议》的规定，实施反倾销措施需要具备以下三个基本条件：

第一，出现了倾销。即确定存在倾销的事实。

第二，出现了损害。确定对国内产业造成了实质损害或实质损害的威胁，或对建立国内相关产业造成实质阻碍；

第三，倾销与损害有因果关系。确定倾销和损害之间存在因果关系。

以上三个条件缺一不可，缺少哪一个，都不能采取反倾销措施。

2. 经济一体化是指两个或两个以上的国家在现有生产力发展水平和国际分工的基础上，由政府间通过协商缔结条约，让渡一定的国家主权，建立两国或多国的经济联盟，从而使经济达到某种程度的结合以提高其在国际经济中的地位。根据各参加国的具体情况和条件以及它们的目标要求，有特惠贸易协定、自由贸易区、关税同盟、共同市场、经济联盟和完全的经济一体化六种形式。

(1) 特惠贸易协定，是指在实行特惠贸易安排的成员国之间，通过协定或其他形式，对全部或部分商品规定特别的关税优惠。这是经济一体化的最松散和较低级的一种形式。

(2) 自由贸易区，是指由签订有自由贸易协定的两个或两个以上的国家或地区组成的贸易区域。自由贸易区内逐渐减免甚至取消关税与进口数量限制，同时，保留成员国各自的原有独立的对区外国家的关税结构和其他贸易保护措施。

(3) 关税同盟，是指两个或两个以上的国家通过签订条约或协定取消区域内关税或其他进口限制，并对非同盟国家实行统一的关税率而缔结的同盟。这在一体化程度上比自由贸易区更进了一步。它除了包括自由贸易区的基本内容外，而且成员国对同盟外的国家建立了共同的、统一的关税税率，结盟的目的在于使参加国的商品在统一关境以内的市场上处于有利地位，排除非成员国商品的竞争，它开始带有超国家的性质。

(4) 共同市场，是指除了在成员国内完全废除关税与数量限制并建立对非成员国的共同关税外，还取消了生产要素流动的各自限制，允许劳动、资本等在成员国之间自由流动。在商品自由流动方面，它既有对外的统一关税，又有协调间接税制度、产品标准化制度；在资本的自由流动方面，有协调筹资制度；在劳动的自由流动方面，有学历和技术等级的相互承认制度等等。共同市场下经济调节的超国家性质比关税同盟更进一步。

(5) 经济同盟，是共同市场和经济共同体向超国家一体化的宏观协调机制发展的具体步骤，是一种较高层次的区域经济一体化组织形式。其特点是，在实行关税、贸易和市场一体化的基础上，进一步协调成员国之间的经济政策和社会政策，包括货币、财政、经济发展和社会福利政策，以及有关贸易和生产要素的流动政策，并拥有一个制定这些政策的超国家的共同机构。

(6) 完全的经济一体化，是经济一体化的最高级形式。完全经济一体化不仅包括经济同盟的全部特点，而且各成员国还统一所有的重大经济政策，如财政政策、货币政策以及有关贸易和生产要素流动的政策。

在这个一体化组织内，各成员国的税率特别是增值税率和特别消费税率基本协调一致；它建立统一的中央银行，使用统一的货币；取消外汇管制，实行同样的汇率管理；逐步废除跨国界的金融管制，允许相互购买和发行各种有价证券；实行价格的统一管理等等。完全经济一体化组织一般有共同的组织管理机构，这种机构的权力以成员国的部分经济决策与管理权限的让渡为基础。

3. 世界银行是世界银行集团的简称，由国际复兴开发银行、国际开发协会、国际金融公司、多边投资担保机构和国际投资争端解决中心五个成员机构组成。按照《国际复兴开发银行协定条款》的规定，世界银行的宗旨是：

（1）通过对生产事业的投资，协助成员国经济的复兴与建设，鼓励不发达国家对资源的开发；

（2）通过担保或参加私人贷款及其他私人投资的方式，促进私人对外投资。当成员国不能在合理条件下获得私人资本时，可运用该行自有资本或筹集的资金来补充私人投资的不足；

（3）鼓励国际投资，协助成员国提高生产能力，促进成员国国际贸易的平衡发展和国际收支状况的改善；

（4）在提供贷款保证时，应与其他方面的国际贷款配合。

4. 所谓地区性定价战略，就是企业要决定：对于卖给不同地区（包括当地和外地不同地区）顾客的某种产品，是分别制定不同的价格，还是制定相同的价格。一般地说，一个企业的产品，不仅卖给当地顾客，而且同时卖给外地顾客。而卖给外地顾客，把产品从产地运到顾客所在地，需要花一些装运费。也就是说，企业要决定是否制定地区差价。地区性定价的形式有：

（1）FOB 原产地定价，又称按产品某种运输工具上交货定价，就是顾客（双方）按照厂价购买某种产品，企业（卖方）只负责将这种产品运到产地某种运输工具（如卡车、火车、船舶、飞机等）上交货。交货后，从产地到目的地的一切风险和费用概由顾客承担。如果按产地某种运输工具上交货定价，那么每一个顾客都各自负担从产地到目的地的运费，这是很合理的。但是，这样定价对企业也有不利之处，即远地的顾客就可能不愿购买这个企业的产品，而购买其附近企业的产品。

（2）统一交货定价，这种形式和前者正好相反。所谓统一交货定价，就是企业对于卖给不同地区顾客的某种产品，都按照相同的厂价加相同的运费（按平均运费计算）定价，也就是说，对全国不同地区的顾客，不论远近，都实行一个价。因此，这种定价又叫邮资定价（目前我国邮资也采取统一交货定价，如平信邮资）。

（3）分区定价，这种形式介于前者之间。所谓分区定价，就是企业把全国（或某些地区）分为若干价格区，对于卖给不同价格区顾客的某种产品，分别制定不同的地区价格。距离企业远的价格区，价格定得较高；距离企业近的价格区，价格定得较低。在各个价格区范围内实行一个价。企业采用分区定价也有问题：

① 在同一价格区内，有些顾客距离企业较近，有些顾客距离企业较远，前者就不合算；

② 处在两个相邻价格区界两边的顾客，他们相距不远，但是要按高低不同的价格购买同一种产品。

（4）基点定价，即企业选定某些城市作为基点，然后按一定的厂价加从基点城市到顾客所在地的运费来定价（不管货物实际上是从哪个城市起运的）。有些公司为了提高灵活性，选定许多个基点城市，按照顾客最近的基点计算运费。

（5）运费免收定价。有些企业因为急于和某些地区做生意，负担全部或部分实际运费。这些卖主认为，如果生意扩大，其平均成本就会降低，因此足以抵偿这些费用开支。采取运费免收定价，可以使企业加深市场渗透，并且能在竞争日益激烈的市场上站得住脚。

**三、论述题（每题 20，共 80 分）**

1.（1）关税同盟定义：关税同盟是指两个或两个以上国家缔结协定，建立统一的关境，在统一关境内缔约国相互间减让或取消关税，对从关境以外的国家或地区的商品进口则实行共同的关税税率和外贸政策。

（2）关税同盟的静态效应

① 贸易创造效应。由于关税同盟取消关税，成员国由原来自己生产并消费的高成本、高价格产品，转向购买成员国低成本、低价格的产品，从而使消费者节省开支，提高福利，提高生产效率，降低生产成本。从一国看，以扩大的贸易取代了本国低效率生产；从同盟整体看，生产从高成本的地方转向低成本的地

方，同盟内部的生产要素可以重新配置，可以提高资源的利用效率。当贸易创造大于贸易转移时，参加关税同盟就有净效应，意味着成员国的经济福利水平的提高。

② 贸易转移效应。形成关税同盟之后，由于取消了同盟成员国之间的关税但保留了对非同盟成员的关税，从而发生了同盟成员的低效率(高成本)生产取代非同盟成员的高效率(低成本)生产，即在差别待遇的影响下，某一同盟成员把原来向非成员国的低成本进口转向同盟成员国的高成本进口，以及由此而产生的进口成本增加的损失。

③ 贸易条件效应。一般来说，关税同盟的贸易转移会具有大国效应，即同盟内国家减少从同盟外国家的进口导致外部世界市场的供应价格下降。这样，同盟成员国的贸易条件就可能会得到改善。由于贸易条件改善，同盟成员国的社会福利也得以增加。

（3）关税同盟的动态效应

① 大市场效应，或规模经济效应。关税同盟建立以后，各成员国之间产品的相互出口创造了良好的条件。这种市场范围的扩大促进了企业生产的发展，使得生产者可以不断扩大生产规模，降低成本，享受到规模经济的利益，并且可进一步增强同盟内的企业对外，特别是对非成员国同类企业的竞争力。

② 促进成员国之间企业的竞争。组成关税同盟以前，许多部门已经形成了国内垄断，不利于资源合理配置。组成同盟后，由于市场相互开放，各国企业面临着其他成员国之间的竞争，各企业为了在竞争中取得有利地位，必然纷纷改善经营效率，增加研究研发投入，增强采用新技术的意识，不断降低生产成本，从而营造一种浓厚的竞争气氛，提高经济效率，促进技术进步。

③ 有助于吸引外部投资。关税同盟的建立，意味着对非成员国产品的排斥，同盟外的国家为了抵消这种不利影响，可能会将生产点转移到关税同盟内的一些国家，在当地直接生产销售，以便绕过统一的关税和非关税壁垒。这种客观上便产生了一种伴随着生产转移而生的资本流入，吸引了大量的外国投资。

④ 关税同盟的建立促成了新的垄断的形成，如果关税同盟的对外排他性很大，那么这种保护所形成的新垄断又会成为技术进步的严重阻碍。除非关税同盟不断有新的成员国加入，从而不断有新的刺激，否则由此产生的技术进步缓慢现象就不容忽视。

⑤ 关税同盟的建立可能会拉大成员国不同地区之间经济发展水平的差距。关税同盟建立以后，资本逐步向投资环境比较好的地区流动，如果没有促进地区平衡发展的政策，一些国家中的落后地区与先进地区的差别将逐步拉大。

2. 所谓产品生命周期，是指产品从进入市场开始，直到最终退出市场为止所经历的市场生命循环过程。典型的产品生命周期一般可分为四个阶段，即投入期、成长期、成熟期和衰退期。典型的产品生命周期的四个阶段呈现出不同的市场特征，企业的促销策略也就以各阶段的特征为基点来制定和实施。

（1）投入期

① 快速撇脂策略，即以高价格、高促销费用推出新产品。实行高价策略可在每单位销售额中获取最大利润，尽快收回投资；高促销费用能够快速建立知名度，占领市场。实施这一策略须具备以下条件：产品有较大的需求潜力；目标顾客求新心理强，急于购买新产品；企业面临潜在竞争者的威胁，需要及早树立品牌形象。一般而言，在产品引入阶段，只要新产品比替代的产品有明显的优势，市场对其价格就不会那么计较。

② 缓慢撇脂策略，以高价格、低促销费用推出新产品，目的是以尽可能低的费用开支求得更多的利润。实施这一策略的条件是：市场规模较小；产品已有一定的知名度；目标顾客愿意支付高价；潜在竞争的威胁不大。

③ 快速渗透策略，以低价格、高促销费用推出新产品。目的在于先发制人，以最快的速度打入市场，取得尽可能大的市场占有率。然后再随着销量和产量的扩大，使单位成本降低，取得规模效益。实施这一策略的条件是：该产品市场容量相当大；潜在消费者对产品不了解，且对价格十分敏感；潜在竞争较为激烈；产品的单位制造成本可随生产规模和销售量的扩大迅速降低。

④ 缓慢渗透策略，以低价格、低促销费用推出新产品。低价可扩大销售，低促销费用可降低营销成本，增加利润。这种策略的适用条件是：市场容量很大；市场上该产品的知名度较高；市场对价格十分敏

感；存在某些潜在的竞争者，但威胁不大。

（2）成长期

在成长期中，促销成为厂商扩大市场份额、打击竞争对手的重要市场工具。①针对厂商销售人员：以销售竞赛之类的促销方式来鼓舞其达成预期目标，并展开各种形式的培训，强化销售人员的营销专业知识和销售实践方法。②针对中间商：为确保在售点有足够的空间展示产品，以及排挤其他竞争对手，厂商在成长期可利用强有力的手段，确保售点占有率，增强中间商意识，如采用进货折扣方式增加中间商的采购量，以及促成其优先订购，挤占他们的资金和库房，并采取数量折扣方式使营销能力强的经销商获得更多利润。③针对消费者：利用售点广告和特殊陈列，将产品强力展示在消费者面前，将有别于竞争产品，激发消费者购买欲望，或者利用展示会、拍卖会、DM、有奖销售、公关赞助等方式引导消费者的购买行为。在成长期推动消费者教育，或成立会员俱乐部，还将提高产品和品牌形象。

（3）成熟期

厂商在成熟期内的重点是维持现有市场份额。从整体看，成熟期的促销已经不像导入期和成长期那样必要，但要注意防止老顾客被其他产品夺走；同时，仍有逐步扩大市场的必要。①针对厂商销售人员为实现厂商的营销目标，顺利地对客户开展促销活动，应开展对销售人员的培训和再教育；企业内部的宣传活动对于销售增加率低、活动能力差的销售人员也具有提高士气和意愿的效果。同时，该阶段也需要妥善的为销售人员准备各种促销用具及资料。②针对中间商对中间商如采取单纯按销量返利的方式，则很容易导致库存增加的趋势。如果对渠道管理不善，还将导致中间商片面追求销量而导致价格混乱等问题。因此，宜以进货折扣、非实物奖励或销售竞赛等方法来激励中间商。对渠道从业人员也宜实行与厂商销售人员类似的教育和培训，或利用企业内部刊物间接教育，帮助他们提高专业技能、应对市场变化，并建立和厂商的长期关系。③针对消费者面对成熟期的消费者，最大的特色是很少开展大规模的宣传活动，而多采用中小规模的促销活动维持和提升产品市场。由于产品本身的魅力与其他竞争产品差别不大，因此必须给予消费者更大的诱惑，方能激发他们的购买欲望。举办奖品价值高的有奖销售或使用优惠券，就是常用的方法。在这一时期里，也可成立消费者的会员俱乐部或使用积分优惠方式，增进他们对企业产品的忠诚度；并利用企业内部刊物和售点广告，介绍产品新用途以及不同的使用方法，以提醒消费者购买和增加产品的使用率。

（4）衰退期

在本阶段，厂商一般都尽量避免在促销上花费太多。为处理库存产品，常常开展折扣促销。

3. 企业从事国际商务进入国外市场的模式，包括了出口、交钥匙工程、技术授权、特许经营、合资、全资子公司六种不同模式。

（1）出口

（Ⅰ）出口的优点：

① 避免了在东道国进行制造经营活动通常所需的巨大成本。

② 出口可以帮助企业获得经验曲线以及区位经济。通过在一个中心区域制造产品，然后把它出口到其他国家市场，企业可以从它的全球销量中实现巨大的规模经济。

（Ⅱ）出口的缺点：

① 如果国外有更低成本的地方可以生产产品，那么从企业的母国出口就显然不合算了。

② 高额运输费用使得出口不经济，尤其是大宗商品。解决该问题的方法之一就是在某个地区生产大宗商品。

③ 关税壁垒的存在也使得出口很不经济。东道主关税壁垒的威胁可使出口这种形式机具风险。

④ 当企业把它在有业务的国家里的营销权和服务委托给另一家公司时，这家公司往往同时经营着竞争对手的商品，因此不可能完全的忠诚。解决这个问题的办法就是在该国建立全资子公司以处理当地的市场营销、推销和服务工作。

（2）交钥匙工程。交钥匙工程是指承包商同意把工程所有的细节都移交给国外客户，其中包括对经营人员的培训。一旦合同期满，外国客户就得到了已经可以全面经营的工厂的“钥匙”，故而成为交钥匙。

（Ⅰ）优点：

① 装配和运行技术性的复杂流程的专有技术是一项重要的资产，交钥匙工程是从这些资产中获得巨大经济回报的一种手段。

② 这个战略在对外投资受东道国政府管制时尤为有用，因为不通过这种形式，出售方就无法使他们有价值的专有技术在那些国家获得一定的回报。

③ 交钥匙工程通常要比传统的对外直接投资的风险低。

（Ⅱ）缺点：

① 采取交钥匙工程的企业往往对外国缺乏长期的兴趣，一旦所出口的工艺过程所生产的产品在这个国家最终被证明有巨大的市场潜力，则这个缺点就很明显。解决方法之一就是对此项目拥有小部分的股权；

② 与外国企业进行交钥匙工程项目可能会在无形中树立一个竞争对手。

③ 如果企业的生产技术是一种竞争优势来源，则通过交钥匙工程出售技术就等于向潜在的或现实的竞争对手出售竞争优势。

(3) 技术授权。技术授权是指协议中规定在某一特定时间内，许可方把无形资产授予另一个实体，反过来，许可方从接受方收取一定的许可使用费。

（Ⅰ）优点：

① 企业不必要承担开发一个外国市场所需要的费用和风险。技术授权对那些缺乏资金去发展海外经营的企业十分具有吸引力。

② 当企业不愿意对一个不熟悉的或政局动荡的外国市场投入巨大的财物资源时，技术授权相当诱人。

③ 由于投资壁垒而使企业不能参与到一个外国市场中去，通常也采用技术授权。

④ 当一家企业拥有一些有商业应用价值的无形资产，而它自身又不想开发这些应用价值时，技术授权常常被采用。

（Ⅱ）缺点：

① 它不能使企业对制造、营销以及为实现经验曲线和区位经济所必需的战略给予严密的控制。

② 在全球市场竞争中可能要求企业在国家间协调战略行动，如利用在一个国家中所赚取得利润来支持另一个国家的竞争性行为。从本质上看，技术授权限制了企业这么做的能力。

③ 技术诀窍授予外国公司时面临风险。技术诀窍构成了许多跨国公司竞争优势的基础。大多数企业希望对它们的技术诀窍如何使用保持控制，而企业一旦作了技术授权就很快对它的技术丧失了控制。

(4) 特许经营。特许经营从根本上讲是技术授权的一种特殊形式，在特许经营中，特许人不但向被特许人出售无形资产，而且还坚持要求被特许人同意遵守严格的有关如何经营企业的规则。特许人还将经常帮助被特许人经营业务以求得不断的发展。与技术授权一样，特许人通常收取特许使用费，其数量等于被特许人收入的一定百分比。技术授权主要用于制造企业，而特许经营主要被服务业所采用。

（Ⅰ）优点：

① 免去许多自己开发外国市场所必须承担的成本和风险。

② 对被特许人是一种极好的激励，激励它尽快建立起盈利性的经营活动。

③ 运用特许经营，服务企业可以以相对低的成本和风险快速地树立起全球形象。

（Ⅱ）缺点：

① 特许经营可能会束缚企业从一个国家获取利润来支持在另一个国际的竞争性活动的能力。

② 缺乏对质量的控制。

(5) 合资企业。合资企业是指两个或两个以上的独立企业共同出资而成立的企业。

（Ⅰ）优点：

① 企业可以通过从当地合资者处获得有关东道国竞争状况、文化、语言、政治体制和经营体制等知识而受益。

② 如果进入一个外国市场的开发成本或风险很高，企业可以与当地的合资伙伴分摊这些费用和风险。

③ 在许多国家，出于政治上的考虑，合资企业往往是唯一可行的进入模式。

（Ⅱ）缺点：

① 与技术授权一样，进行合资经营的企业将冒着把其技术控制权拱手让给合伙人的风险。

② 合资企业不能使企业实现经验曲线和区位经济而给予其分支机构可能需要的严密控制，它也不能使企业为对竞争对手进行协调性的全球性进攻而给予外国的分支机构可能需要的严密控制。

③ 当投资企业的各自目标与目的发生了变化或如果它们对应该实施的战略有不同的看法时，这种共同拥有股权的安排往往会导致在控制权上的冲突和矛盾。

（6）全资子公司。在一家全资子公司中，企业拥有100%的股权。要在一个外国市场中建立一家全资子公司可以通过两种方法。企业可以在那个国家建立新的企业，也可以并购现有的企业，利用这家企业推销其产品。

（Ⅰ）优点：

① 当一家企业的竞争优势建立在技术能力基础上时，全资子公司常常是最合适的进入模式，因为它可以降低对这种能力失去控制的风险。

② 如果企业想要实现区位和经验曲线经济时，就必须设立全资子公司。

（Ⅱ）缺点：

① 设立全资子公司的企业必须承担进行海外经营的全部风险和成本。

② 如果企业并购一家东道国现有企业，那么在全新的文化中学习经营的风险相对较小一些，但是，并购也会引起其他问题，包括试图融合不同的公司文化而产生的问题。

4.（1）外汇储备，指为了应付国际支付的需要，各国的中央银行及其他政府机构所集中掌握并可以随时兑换成外国货币的外汇资产。一国的外汇储备由多种外汇资产构成，比如美元、欧元、日元等国际化货币。外汇储备的作用包含：①调节国际收支，保证对外支付；②干预外汇市场，稳定本币汇率；③维护国际信誉，提高融资能力；④增强综合国力，抵抗金融风险。

（2）我国外汇储备管理集中在两个方面：规模和结构。

从规模上而言，截至2016年1月底，我国外储规模为32308.93亿美元，稳居世界第一位。外汇储备规模能反映一个国家的金融实力，但并非越多越好。一般来说，外汇储备过多会有以下这些主要负面影响：①带来高额的机会成本，加大资金收益风险，加大了汇率风险；②成为导致流动性过剩的重要原因，影响了银行的资金使用效率，加剧了经济结构失衡；③加大了通货膨胀的压力，影响货币当局独立制定货币政策。

从结构上而言，我国外汇储备中美元占据绝对的主导地位，并且绝大部分是美国国债，所占比重接近70%，高于美元在全球外汇储备当中所占的比重。外汇储备币种较为单一，面临汇率风险。

（3）出于适度性和安全性的考虑，我国需要进一步对外汇储备的规模和结构进行优化。在金融改革与开放进一步深化、汇率浮动区间进一步扩大、汇率弹性不断增强的背景下，我国可以按照“主动取之于民的外储藏之于民、被动取之于民的外储用之于民”这一原则对外汇储备的管理进行如下几个维度的调整：

① 在币种结构上对外汇储备进行多元化配置，适当增加黄金的储备规模，降低过度依赖美元和欧元的情况，并积极推动人民币国际化进程，呼吁国际社会更多发挥SDR的作用，推动扩大能源和大宗商品领域的人民币（或SDR）计价及结算规模。

② 央行减少购汇行为，将经济主体在市场交易中积累的外汇留在个体、企业和金融机构等更加广泛的主体手中，分散外汇储备集中管理的风险。

③ 运用外汇储备资金设立若干特定的基础设施投资公司，对“一带一路”沿线的优质项目进行定向投资，并在合适的价格时机，运用外汇储备购置能源、关键资源、粮食等大宗商品或战略安全物资。

④ 中国财政部发行特别国债向央行置换一定规模的外汇储备资产，使用所得外汇资金成立一批主权外汇养老基金，基金的投资收益注入满足一定条件的个人养老保险账户，也可考虑用于其他改善民生的项目。

⑤ 优化我国外部账户的资产负债结构，加快国内多层次资本市场的建设，营造良好的营商环境，调节

收入分配，倡导消费升级，引导国内的高储蓄更多用于国内消费和投资。

⑥ 对失衡的国际收支状况开展再平衡操作，培育中国国债和优质企业债的市场潜力，鼓励适度的外部融资，增加中国的对外负债规模，平衡对外资产负债表，降低海外净债权的规模，减少美元资产，适度增加美元负债，改变当前过度扭曲的净债权人地位。

**【科兴提示】**注意外汇储备和国际储备的区别。

# 西南财经大学 2017 年 434 国际商务专业基础试题

**一、简答题（每题 10 分，共 20 分）**

1. 简述里昂惕夫之迷的主要内容。
2. 简述布雷顿森林体系的主要内容。

**二、简述题（每题 15 分，共 105 分）**

1. 简述我国促进服务贸易快速发展的原因及措施。
2. 简述国际商务活动的风险。
3. 简述我国对出口贸易鼓励政策的措施。
4. 简述跨国公司对外直接投资的动因。
5. 简述进入国外市场的几种方式。
6. 简述产业内贸易的定义及产生原因。
7. 简述外汇风险类型及管理措施。

**三、论述题（25 分）**

论述海外拓展采用母国外派人员和东道国聘用人员的优缺点及适用范围。

## 西南财经大学 2017 年 434 国际商务专业基础试题解析

**一、简答题（每题 10 分，共 20 分）**

1. 按照要素禀赋理论，在国际分工中，一国应出口密集使用本国相对丰裕要素生产的产品，进口密集使用本国相对稀缺要素生产的产品。在这样的观点下，一般认为，美国是一个资本充足，但劳动力相对不足（高工资率）的国家，因此，美国在生产、出口机器设备等资本密集型产品方面应具有相对优势，进口的则应是劳动密集型产品。美国经济学家里昂惕夫利用投入-产出分析法对美国的对外贸易进行经验检验，验证结果表明美国出口的不是资本相对密集的产品，而是劳动相对密集的产品。这个结论严重违背了要素禀赋论，因此被称为里昂惕夫悖论，也称为里昂惕夫之谜。

里昂惕夫之迷是西方国际贸易理论发展史上的一个重要转折点，它推动了战后国际贸易理论的迅速发展。关于对里昂惕夫之迷的解释，实际上是从不同侧面对要素禀赋理论假定前提的修正，并为以后一系列国际贸易新理论的产生奠定了基础。

2.“布雷顿森林体系”的主要内容包括以下几点：

① 美元与黄金挂钩。各国政府或中央银行可按官价用美元向美国兑换黄金。为使黄金官价不受自由市场金价冲击，各国政府需协同美国政府在国际金融市场上维持这一黄金官价。

② 其他国家货币与美元挂钩。其他国家政府规定各自货币的含金量，通过含金量的比例确定同美元的汇率。

③ 实行可调整的固定汇率。各国货币对美元的汇率，只能在法定汇率上下各 1%的幅度内波动。若市场汇率超过法定汇率 1%的波动幅度，各国政府有义务在外汇市场上进行干预，以维持汇率的稳定。若会员国法定汇率的变动超过 10%，就必须得到国际货币基金组织的批准。布雷顿森林体系的这种汇率制度被称为“可调整的钉住汇率制度”。

④ 确定国际储备资产。《协定》中关于货币平价的规定，使美元处于等同黄金的地位，成为各国外汇储备中最主要的国际储备货币。

⑤ 国际收支的调节。短期的失衡由 IMF 提供信贷来解决，长期的失衡则通过调整汇率平价来调节。

## 二、简述题(每题 15 分，共 105 分)

1.(1)我国促进服务贸易迅速发展的原因

① 大力发展服务贸易，可以促进对外贸易增长方式的转变，推动我国从贸易大国向贸易强国迈进。我国对外贸易增长，总体上看是规模的扩张、速度的扩张、外延的扩张和数量的扩张，是粗放型的对外贸易增长方式，难以支撑我国对外贸易的持续增长。而发达国家以少消耗和少占用资源能源却能获得产业高端附加值的服务产品，在全球产业链、价值链分工中攫取了极大的利益。

② 大力发展服务贸易，可以抓住新一轮服务业跨国转移的重大机遇，提高我国承接世界服务外包的能力和竞争力。必须充分认识承接服务业国际转移的重要性，抓住全球兴起的离岸服务外包的历史机遇，采取综合的、配套的措施提高承接服务业国际转移的能力，以赢得这一场新的国际竞争。

③ 大力发展服务贸易，可以加快推进工业化发展进程，提升我国制造业在国际产业分工和价值链中的层次和地位。一个国家的贸易结构、贸易方式和贸易政策，是这个国家经济发展水平、产业水平和比较优势在贸易上的真实反映。

④ 大力发展服务贸易，可以提升我国现代服务业发展水平，开辟崭新的财富创造方式。

⑤ 大力发展服务贸易，可以解决大量高素质人才的就业问题，把高端劳动力转变为创造力最强的人力资本。

(2) 促进我国服务贸易快速发展的措施

① 积极调整服务贸易内部结构，大力发展知识密集型服务贸易。20 世纪 80 年代以来，世界服务贸易结构逐渐向新兴服务贸易部门倾斜，而我国一直以来传统服务业比重过大，提供服务的能力十分有限，因而我们应以劳动密集型和自然资源密集型为起点，重点培育现代服务业，大力发展同人民生活息息相关的金融、信息、教育等资本知识密集型服务产业。

② 积极引进先进技术，提高交通、通信和信息处理能力。服务贸易能力的增强与信息技术的发展息息相关。因而在开展对外贸易的过程中，我国也应积极引进外国先进技术，与国内的服务产业相结合，形成更加科学高效的服务体系。

③ 为跨国公司业务的开展提供有利的国内环境与支持政策。我国政府应采取开放政策，积极参与世界服务贸易，为服务贸易的发展营造一个良好的政策环境与法律支持，增强我国在服务贸易方面的竞争力，争取到更多的客户群。

④ 制定适当的保护政策，避免国外产业对国内产业的不良冲击。在实施开放政策的同时，政府也应适当颁布相关保护措施以预防国外企业的恶意竞争与冲击，保护国内产业健康发展。

2. 风险是指一件事情其结果的不确定性或缺乏预期性，也就是无法完全预期其结果。在经济上，风险是指损失发生的不确定状态。国际商务活动中的风险也可以按照社会属性和自然属性分类，包括自然地理风险、政治风险、政策风险、社会风险、经济风险、法律风险和文化风险等。

(1) 国际商务活动中的自然地理风险是指国际商务活动所在的国家或地区的自然条件、地理环境、气象气候方面可能会对潜在的国际商务活动造成损害的可能性。比如，承包的工程位于地质断裂带上，可能会受到地震的损害。出口货物在交货时，目的港会发生冰封，船舶无法航行。这类风险通常比较容易通过保险和自身的风险管理减低和化解。

(2) 国际商务活动中战争、罢工、恐怖袭击、政变和骚乱、国有化为代表的政治风险、政策风险和社会风险普遍存在，它们对于货物买卖、工程承包、直接投资的损害往往是灾难性的。因此，商业保险公司较少承保这类风险，而具有政府背景的保险机构通常在海外投资保险产品项下就上述通俗意义的政治风险提供政策性保险。

(3) 国际商务活动中的风险主要是经济风险。国际商务活动本身就是一种经济活动，它会受经济周期的影响。此外，市场风险和金融风险也是国际商务活动所面临的重要风险。这类风险其中一部分可以通过保险降低和化解，更多的此类风险需要通过决策和其他风险管理工具来处理。

(4) 国际商务活动涉及两个或两个以上的国家或地区，不同的国家和地区存在着不同的法律制度，不同的法系、不同的成文法或不成文法、不同的法律程序、不同的司法体制，这些都会对国际商务活动产生影响。对于当地法律制度缺乏了解，不仅无法顺利地从事国际商务活动，有时甚至会给国际商务活动造成重大损失。

(5) 在跨国商务活动中，不同文化之间的差异可能会影响获得正确的认知，阻碍进行有效的交流，甚至导致商业决策的错误。

3. 我国鼓励商品出口的措施主要有：

（1）补贴。以支付现金、低息贷款、免税、产品价格支持或其他形式对国内生产者所给予的财政资助叫作补贴。无论补贴采取的是何种形式，它都是试图帮助国内企业与国际竞争对手抗衡。这意味着企业将在国内市场中变得更有竞争力，或是通过出口增强其在国际市场中的竞争力。

（2）出口融资。政府经常通过给予企业出口融资来鼓励出口。政府可以提供比市场利率低得多的贷款，这往往是企业通过其他途径无法获得的。另一种做法是，如果企业拖欠还款，那么政府承诺将替企业偿还其所欠贷款，即贷款担保。许多国家都有专门的机构来帮助国内企业获得出口融资，比如进出口银行。

（3）出口信贷国家担保制。出口信贷国家担保制是指由出口国政府设立的专门机构，为本国出口厂商或商业银行向外国进口厂商或银行提供的信贷进行风险担保的制度。出口信贷国家担保制度的主要内容包括：担保的项目与金额、担保对象以及担保期限与费用等。

（4）政府的专门机构。我国设立了促进出口的专门机构，这些机构对于拥有有限资金来源的中小型企业来说尤其重要。政府的贸易促进机构经常组织相关工作人员和商界人士前往其他国家考察交流，这一方面可以会晤潜在的生意伙伴，另一方面还可以促成新交易。此外，这类机构还在其他国家设立贸易办事处，开发东道国潜在的贸易客户资源，并进行大量的广告宣传以促进本国产品的出口。

4. 跨国公司对外直接投资的动因主要包括以下几个方面：

（1）发达国家资本的高度集中及垄断和资本过剩。战后，主要发达国家的资本高度积聚和集中，垄断程度进一步加强，在垄断资本控制了国内主要工业部门和市场后，形成了过剩资本，于是，将这些过剩资本输出到国外进行投资，谋取垄断的高额利润，由此，垄断企业变成了国际性垄断组织，导致了对外直接投资的迅速增加。

（2）获取生产资源。生产资源重要包括自然资源、廉价劳动力、技术和管理技能。发达国家或资源贫乏的发展中国家企业、劳动力成本比较高的发达国家企业及发展中国家或新型工业化国家企业都会为了获得相对较低成本的生产资源而进行对外直接投资。

（3）开拓新市场。各国对国际市场的激烈争夺推动了对外直接投资的迅速发展。为了占领当地市场，美、日在发达国家对制造业进行投资，并主要通过“出口替代”的办法，缓和他们之间的贸易摩擦。此外，通过在当地投资建厂，带动了出口，继续控制已取得的市场。同时，为突破贸易壁垒，争夺国际市场，发展中国家的一些有实力的大型企业也采取了对外直接投资的策略。

（4）运输成本或贸易壁垒。运输成本或贸易壁垒使得出口丧失吸引力，企业偏好对外直接投资。此外，如果企业希望保持对技术和技能或业务运作和商务战的控制，或者一种经常发生的情况是，企业的能力根本不能通过转让协议明确，那么，与技术授权相比，企业也会偏好对外直接投资。

5. 企业通常运用六种不同的模式进入国外市场：出口、交钥匙工程、技术授权、特许经营、与东道国企业成立合资企业以及在东道国成立全资子公司。

① 出口。出口一般是以在国外设立出口机构或国际部的形式向外国的中间商出口商品，或与国外的零售商合作，甚至直接向用户推销，从而获得第一手的市场信息和国际化经营的经验，及时地适应国外市场的变化，调整经营策略和经营方法。许多制造企业最初都是以出口方式开始其全球扩张的。

②交钥匙工程。交钥匙工程，是指承包商同意把工程所有的细节都移交给外国客户，其中包括对经营人员的培训。一旦合同期满，外国客户就得到了已经可以全面经营的工厂“钥匙”，故而也称为“交钥匙”。

③ 技术授权。技术授权协议是指在协议中规定在某一特定时间内，许可方把无形资产授予另一个实体（接受方），反过来，许可方从接受方收取一定的许可使用费。

④ 特许经营。特许经营从根本上讲，是技术授权的一种特殊形式，在特许经营中，特许人不但向被特许人出售无形资产（通常为商标），而且坚持要求被特许人同意遵守严格的有关如何经营企业的规则。特许人还将经常帮助被特许人经营业务以求得不断的发展。与技术授权一样，特许人通常收取特许使用费，其数量等于被特许人收入的一定百分比。技术授权主要用于制造企业，而特许经营却主要被服务企业所采用。

⑤ 合资企业。合资企业是指由两个或两个以上的独立企业共同出资而成立的企业。

⑥ 全资子公司。在一家全资子公司中，企业拥有 100% 的股权。要在一个外国市场中建立一家全资子

公司，企业可以在那个国家创办新企业，也可以并购现有的企业，利用这家企业推销其产品。

6.(1)产业内贸易的定义

产业内贸易是一国对同类产品既有进口又有出口，或者说国际贸易双方交换的是同一产业所生产的产品的贸易行为。同类产品，指可以相互替代的产品，有同质、异质之分。同质产品，指性质完全一致，因而能够完全相互替代的产品；异质产品，指不能完全相互替代的产品，其差异可能体现在品牌、款式、性能或售后服务等方面。产业内贸易理论，主要针对国际贸易大多发生在发达国家之间，并且既进口又出口同类产品的现象提出来的。

(2) 产业内贸易的产生原因

① 同类产品的异质性是产业内贸易的重要基础。许多同类产品有着不同的特性，即同类不同质。由于世界市场上竞争愈来愈激烈，非价格竞争已经取代价格竞争，成为竞争的主要手段。同类的异质性产品可以满足不同消费心理、消费欲望和消费层次的消费需求，从而导致不同国家之间产业内部的分工和产业内部贸易的发生与发展。

② 规模经济收益递增是产业内贸易的重要成因。一国的企业可通过大规模专业化生产，取得规模节约的经济效果，其成本随着产量的增长而递减，使生产成本具有比较优势，打破各生产企业之间原有的比较优势均衡状态，使自己的产品处于相对的竞争优势，在国际市场上具有更强的竞争力，扩大了该产品的出口。这样，产业内部的分工和贸易也就形成了。

③ 自然条件的差异是造成产业内贸易的直接原因。地球上的不同地区，在同一时期有着季节的差异，导致一些地区在某一个季节出口这一产品，而在另一个季节又进口同种产品。另外，一些国家国土面积比较辽阔，国内贸易运输费用常常比国际贸易的运费要高，因此，通过国际贸易可以节约运输费用和时间。

④ 经济发展水平的相似性是产业内贸易的重要制约因素。经济发展水平越高，产业部门内部异质性产品的生产规模也就越大，产业部门内部分工就越发达，从而形成异质性产品的供给市场。同时，经济发展水平越高，人均收入水平也越高，较高人均收入层上的消费者的需求会变得更加复杂、更加多样化，呈现出对异质性产品的强烈需求，从而形成异质性产品的需求市场。当两国之间人均收入水平趋于相等时，其需求结构也趋于接近，产业内分工和贸易发展的趋势就越强。

7. 从国际商务企业的角度来看，外汇风险可以概括为三个主要类型，即交易风险、折算风险和经济风险。

(1) 交易风险及其管理

交易风险是指在运用外币进行计价收付的交易中，经济主体因外汇汇率变动而蒙受损失的可能性，是一种流量风险。对交易风险的管理方法可以分为三类：

① 可供签订合同时选择的防范措施，包括选择好合同货币、加列合同条款、调整价格或利率。

② 金融市场操作。在交易合同签订后，涉外经济实体可以利用外汇市场和货币市场来规避外汇风险。主要方法有：现汇交易、期汇交易、期货交易、期权交易、借款与投资、借款-现汇交易投资、外币票据贴现、利率和货币互换等。

③ 除上述签订合同的方法、借助金融操作的方法外，还有一些方法，如提前或错后收付外汇、配对、保险等。

(2) 折算风险及其管理

折算风险有时又称为“转换风险”或“会计性风险”，是指汇率变动对企业财务账户的影响。国际商务企业对折算风险的管理，通常是实行资产负债表保值。这种方法要求在资产负债表上以各种功能货币表示的受险资产与受险负债的数额相等，以使其折算风险头寸(受险资产与受险负债之间的差额)为零。只有这样，汇率变动才不致带来任何折算上的损失。实行资产负债表保值，一般要做到以下几点：

① 弄清资产负债表中各账户、各科目上各种外币的规模，并明确综合折算风险头寸的大小。

② 根据风险头寸的性质确定受险资产或受险负债的调整方向，如果以某种外币表示的受险资产大于受险负债，就需要减少受险资产，或增加受险负债，或者双管齐下。

③ 在明确调整方向和规模后，要进一步确定对哪些账户、哪些科目进行调整。这正是实施资产负债表保值的困难所在，因为有些账户或科目的调整可能会带来相对于其他账户、科目调整更大的收益性、流动性损失，或造成新的其他性质的风险(如信用风险、市场风险等)。从这一意义上说，通过资产负债表保值

获得折算风险的消除或减轻，是以经营效益的牺牲为代价的。因此，需要认真对具体情况进行分析和权衡，决定科目调整的种类和数额，使调整的综合成本最小。

(3) 经济风险及其管理

经济风险是指由于未预料到的汇率变动，使企业预期现金流量的净现值发生变动的可能性，又称“现金流量风险”。经济风险的管理，是预测预料的汇率变动对未来现金流量的影响，并采取必要措施的过程。主要方法有：

① 经营多样化。是指在国际范围内分散其销售、生产地址以及原材料来源地。

② 财务多样化。是指在多个金融市场、以多种货币寻求资金来源和资金去向，即实行筹资多样化。

## 三、论述题(25分)

(1) 母国外派的优缺点以及适用范围

① 母国外派人员的优点

a. 外派人员具有技术和管理专长；熟悉总部的目标、政策和管理，能够与总部进行有效的联络和沟通；容易对分支机构的经营加以控制。

b. 有助于母国人员的管理开发、在公司形成具有国际经验的经理人员人才库。

c. 如果分支结构由两个以上相对的种族或宗教团体构成，母国人员可能比较有优势。

②母国外派人员的缺点

a. 母国外派人员限制了东道国员工的发展机会，会导致怨恨不满、生产率下降以及组织中的人员变动频繁。通常，外派员工的薪酬大幅高于东道国同职位员工，这会进一步加剧不满情绪。

b. 母国外派人员会导致文化短视，公司无法了解东道国的文化差异。

③母国外派人员的适用范围

当跨国企业实施国际战略时，母国外派员工是很适合的，因为由母国培养和派出的员工能更好地理解公司的核心优势与国际战略，有利于企业文化与竞争优势的保持和传达。

(2)东道国聘用人员的优缺点及适用范围

① 东道国聘用人员的优点

a. 给当地人员提供发展和晋升机会、有利于鼓舞士气，加强其对公司的忠诚度。

b. 避免了文化短视。外派经理易犯的文化误解方面的错误，在东道国经理身上可以避免。

c. 由于负担外派经理的费用非常昂贵，东道国聘用人员实施成本低，降低了价值创造的成本。

② 东道国聘用人员的缺点

a. 东道国人员缺少在本土以外的经验，因而难以在本国子公司的高级职位谋得发展。

b. 东道国经理和母国经理之间很可能产生隔阂。语言障碍、民族忠诚以及一系列的文化差异会将公司总部人员与各个国外子公司人员隔离开来。如果母公司与东道国之间缺乏管理人员的流动，这种隔阂就会进一步恶化，最终导致总部与国外子公司之间无法实现一体化。结果就是多个独立的国外子公司与公司总部之间只存在名义联系的联盟形式。在这种联盟形式下，公司转移核心竞争力、实现经验曲线或区位经济所需要的协调性就难以获得。

③ 东道国聘用人员的适用范围

东道国聘用人员适用于企业采用本地化战略时，根据市场的不同，企业生产差异化的产品，以此来满足不同国家的市场需求。这就需要，子公司的员工要了解当地的文化，与当地市场具有包容性，因此从东道国聘用当地人员是最好的。

**【科兴点评】**纵观近几年的试题发现，西南财大434考查内容以国际贸易和国际商务管理为主，偶尔涉及国际金融。从应试的角度来看，韩玉军的《国际商务》比较适合西南财大434初试备考，相关的考点都能从这本书上找到。

# 浙江工商大学2017年434国际商务专业基础试题

**一、名词解释(每题4分，共60分)**

1. 比较优势
2. 要素密集度
3. 内部化理论
4. 出口管制
5. 垂直型对外直接投资
6. 服务外包
7. 布雷顿森林体系
8. 转移定价
9. 供应链管理
10. 货币互换
11. 主权债务
12. 贸易条件
13. 购买力平价
14. 营销渠道
15. 产业内贸易

**二、问答题(每题15分，共90分)**

1. 中国某公司为绕开欧盟的反倾销贸易限制，较快地进入欧盟市场，准备在欧盟投资办厂。经调查发现有一家欧盟的生产厂家，因资金不足等原因面临破产，这家企业有较好的销售渠道和技术实力。这种情况下，作为中国企业的决策人在欧盟的投资是选择新建企业还是并购？这家中国企业在欧盟的投资属于哪种投资导向类型？

2. 你认为英国脱欧对英国和欧盟经济会产生什么影响？

3. 请预测未来半年人民币对美元的汇率走势，说明理由。

4. 什么是不可能三角？请说明为什么是不可能的？

5. 无论是国际贸易、国际投资还是其后的管理，都要面对不同的文化，试分别举例成功、失败的例子，谈谈你对跨文化管理的认识。

6. 从第一次世界大战结束到20世纪70年代，日本经济基本上是一个“短缺”经济。稀缺资源的配置，实际上是由政府特别是大藏省和通产省控制。政府对重要自愿的控制，使这些部门具有影响经济增长方向的巨大权力。这种权力又通过使用关税和其他进口限制来保护选定的产业而得到进一步加强。以钢铁行业为例，从1963年到1970年，日本的钢铁生产增长了3倍，这不仅能够满足国内经济迅速发展的要求，同时也使日本成为世界上最大的钢铁出口国。日本是一个资源稀缺的国家，钢铁工业所需的原料不得不从其他国家进口，因而这一发展格外引人注目。请问：这一时期政府的政策的理论依据是什么？政府政策是否是日本钢铁产业迅速增长的原因？这种政策的实施对日本经济是否有利？

## 浙江工商大学2017年434国际商务专业基础试题解析

**一、名词解释(每题4分，共60分)**

1. 比较优势是指一个生产者以低于另一个生产者的机会成本生产一种物品的行为。如果一个国家在本国生产一种产品的机会成本(用其他产品来衡量)低于在其他国家生产该产品的机会成本的话，则这个国家在生产该种产品上就拥有比较优势。

2. 要素密集度是指生产一个单位某种产品所使用的生产要素的组合比例。在资本与劳动两种生产要素的情形下，要素的密集度就是指生产一单位该产品所使用的资本—劳动比率。要素密集度是一个相对概念，即使生产两种产品时各投入的要素数量不同，但只要所投入的各种要素的相对比率相同，那么这两种产品的要素密集度就是相同的。

3. 内部化理论是西方学者在建立所谓跨国公司“通论”的过程中形成的理论观点。所谓内部化，是指把市场建立在企业内部的过程，即以内部市场取代原来固定的外部市场，企业内部的转移价格起着润滑内部市场的作用，使之与固定的外部市场同样有效地发挥作用。内部化理论从外部市场不完全与企业内部资源配置的关系来说明对外直接投资的动因。该理论的出发点是市场不完全，认为市场不完全不仅在最终产品市场上存在，在中间产品市场上也同样存在，这里的中间产品除了通常意义上的原材料和零部件外，更重要的是指专有技术、专利、管理及销售技术等“知识中间产品”。这些与知识有关的中间产品由于市场不完全，存在定价困难，从而使交易成本增加，当交易成本过高时，企业就倾向于通过对外直接投资开辟内部市场，将原本通过外部市场进行的交易转化为内部所属企业间的交易以降低交易成本。

4. 出口管制是指国家通过法令和行政措施对本国出口贸易所实行的管理与控制。许多国家，特别是发达国家，为了达到一定的政治、军事和经济的目的，往往对某些商品，尤其是战略物资与技术产品实行管制、限制或禁止出口。一国控制出口的方式有很多种，例如可以采用出口商品的国家专营、征收高额的出口关税、实行出口配额等，但是出口管制最常见和最有效的手段是运用出口许可证制度。

**【知识拓展】**需要实行出口管制的商品

① 战略物资和先进技术资料，如军事设备、武器、军舰、飞机、先进的电子计算机和通讯设备、先进的机器设备及其技术资料等。对这类商品实行出口管制，主要是从“国家安全”和“军事防务”的需要出发，以及从保持科技领先地位和经济优势的需要考虑。

② 国内生产和生活紧缺的物资。其目的是保证国内生产和生活需要，抑制国内该商品价格上涨，稳定国内市场。如西方各国往往对石油、煤炭等能源商品实行出口管制。

③ 需要“自动”限制出口的商品。这是为了缓和与进口国的贸易摩擦，在进口国的要求下或迫于对方的压力，不得不对某些具有很强国际竞争力的商品实行出口管制。

④ 历史文物和艺术珍品。这是出于保护本国文化艺术遗产和弘扬民族精神的需要而采取的出口管制措施。

⑤ 本国在国际市场上占主导地位的重要商品和出口额大的商品。对于一些出口商品单一、出口市场集中，且该商品的市场价格容易出现波动的发展中国家来讲，对这类商品的出口管制，目的是为了稳定国际市场价格，保证正常的经济收入。比如，欧佩克(OPEC)对成员国的石油产量和出口量进行控制，以稳定石油价格。

5. 垂直型对外直接投资是指一国投资者为了生产过程的不同阶段实行专业化而将生产资本直接输出到另一国进行设厂或建立企业的投资活动，与出口则主要体现为互补关系。这是因为海外企业与国内企业形成一种互为市场的关系，任何一方市场规模的扩张，都会对另一方生产的发展产生直接的扩散效应。

6. 服务外包是指企业将价值链中原本由自身提供的具有基础性的、共性的、非核心的IT业务和基于IT的业务流程剥离出来后，外包给企业外部专业服务提供商来完成的经济活动。因此，服务外包应该是基于信息网络技术的，其服务性工作(包括业务和业务流程)通过计算机操作完成，并采用现代通信手段进行交付，使企业通过重组价值链、优化资源配置，降低了成本并增强了企业核心竞争力。

7. 布雷顿森林体系是指以外汇、资本及贸易自由化为主要内容的多边经济制度，其实质是建立一种以美元为中心的国际货币体系。它始于1944年由44个国家参加的“布雷顿森林会议”。这个体系有两个重要的核心内容：一个是成立国际货币基金组织，在国际间就货币事务进行共同商议；另一个就是美元与黄金挂钩，成员国货币和美元挂钩，实行可调整的固定汇率制度。但在20世纪60到70年代，由于美元不断贬值，世界各主要货币却被迫实行浮动汇率制，至此布雷顿森林体系完全崩溃。但是由布雷顿森林会议诞生的两个机构：世界银行和国际货币基金组织，目前仍然在世界贸易和金融格局中发挥着非常重要的作用。

8. 转移定价是指跨国公司内部，在母公司与子公司、子公司与子公司之间转移产品，提供劳务、转让技术和资金借贷等活动所确定的企业集团内部价格。国际转移价格不受市场一般供求关系的影响，不是独立各方在公开市场上按“独立核算”的原则确定的价格，而是以跨国公司全球战略和谋求最大限度的利润为目标，由跨国公司总部最高管理人员在综合分析评估交易双方所在国的外汇政策、税收政策、利率水平、经济环境及政治气候等因素以及所属子公司盈利能力等之后确定的价格。

9. 供应链管理是指在满足一定的客户服务水平的条件下，为了使整个供应链系统成本达到最小而把供应商、制造商、仓库、配送中心和渠道商等有效地组织在一起来进行的产品制造、转运、分销及销售的管理方法。供应链管理包括计划、采购、制造、配送、退货五大基本内容。

10. 货币互换是指两笔金额相同、期限相同、计算利率方法相同，但货币不同的债务资金之间的调换，同时也进行不同利息额的货币调换。简单来说，利率互换是相同货币债务间的调换，而货币互换则是不同货币债务间的调换。货币互换双方互换的是货币，它们之间各自的债权债务关系并没有改变。货币互换的目的在于降低筹资成本及防止汇率变动风险造成的损失。

11. 主权债务是指一国以自己的主权为担保向外，不管是向国际货币基金组织还是向世界银行，还是向其他国家借来的债务。由于主权债务大多是以外币计值，向国际机构、外国政府或国际金融机构借款，因此，一旦债务国家的信誉评级被调低，就会引发主权债务危机。

12. 贸易条件是指一定时期内一国每出口一单位商品可以交换多少单位外国进口商品的比例，通过它可反映一国宏观上对外贸易的经济效益如何。通常贸易条件用该时期内出口价格指数与进口价格指数之比来表示。

13. 购买力平价是一种根据各国不同的价格水平计算出来的货币之间的等值系数，以便能够对各国的国内生产总值进行合理比较。购买力平价分为绝对购买力平价和相对购买力平价。前者指本国货币与外国货币之间的均衡汇率等于本国与外国货币购买力或物价水平之间的比率；后者指不同国家的货币购买力之间的相对变化，是汇率变动的决定因素。

14. 营销渠道是指某种货物或劳务从生产者向消费者移动时，取得这种货物或劳务所有权或帮助转移其所有权的所有企业或个人。简单说，营销渠道就是商品和服务从生产者向消费者转移过程的具体通道或路径。

15. 产业内贸易，即一个国家在一定时期内(一般为 1 年)既出口又进口同一种产品，同时同一种产品的中间产品(如零部件和元件)大量参加贸易。发达国家间日益增多的产业内贸易是由于各国生产者为了利用规模经济的优势，降低产品的单位生产成本，仅选择少数几种最能反映国内大多数人消费偏好的差异产品进行生产，而国内少数人的偏好则通过进口差异产品来满足。

**二、问答题(每题 15 分，共 90 分)**

1. (1)这种情况下，该中国公司选择并购是更好的办法。相当于新建企业，并购的优势有：

首先，便于实施。通过并购一家现有的企业，跨国企业很快就可在海外目标市场建立起自己的形象。材料中该中国企业想要较快地进入欧盟市场，显然并购是更合理的选择。

其次，在许多情况下，企业通过并购来抢占市场先机。在快速全球化的市场中，抢占市场先机尤其必要。

最后，并购的风险要比新创企业更小。当企业在海外市场并购时，它获得的不仅是一系列有形资产，而且还获得了有价值的无形资产。这样的知识能降低由于忽略国家文化而导致犯错误的风险。

(2) 该中国企业在欧盟的投资属于市场导向型投资。因为该企业是为了绕开欧盟的反倾销贸易限制，较快地进入欧盟市场而进行的对外直接投资。市场导向型投资主要以巩固、扩大和开辟市场为目的，绕开贸易壁垒是市场导向型的国际投资动机之一。

2. (1) 英国脱欧对英国经济影响

英国退出欧盟，在短期内对英国无疑是有利的。英国可以立即省下每年需缴纳给欧盟财政的 80 亿英镑款项。但从长远来看，受脱欧的影响，英国在未来数年里经济增长将放缓，甚至可能进入衰退。

① 在贸易方面，由于英国对欧盟的贸易依存度较大，脱离欧盟将增加英国与欧盟的贸易成本。欧盟是英国最重要的贸易伙伴，英国进出口的一半与欧盟有关。由于欧盟区域内实行零关税政策，各国之间的贸易关系非常密切。脱欧意味着欧盟与英国之间的自由贸易将受到一定限制，而且尽管欧盟相关官员承诺未来将与英国保持密切关系，但为了提高脱欧的成本来保证欧盟稳定性，欧盟在与英国的谈判中大概率会保持强硬姿态。

② 在投资方面，欧盟是英国最大的 FDI 来源，脱欧将降低英国的吸引力。英国和欧盟经济贸易往来频繁，再加上英国管制较少、资本市场发达，英国 FDI 存量中来自欧盟的份额长期稳定在 40%以上，欧盟投资主要集中在批发零售、采掘业、通信、金融、公用事业、制造业等行业。脱欧带来的不确定性和恐慌也会减少英国国内企业的投资。脱欧后英国和欧盟能否达成促进贸易的协议都是未知数，一旦欧盟采取报复性的惩罚手段，英国有被边缘化的可能，经济和政策前景的不确定性也会影响英国国内的投资情绪。

③ 在就业方面，来自欧盟移民的快速增长和伴随而来的福利负担，是英国希望脱欧的重要原因。但是考虑到脱欧对英国经济的负面冲击，英国本地居民的就业机会可能不仅不增加，还会减少。

④ 在金融方面，脱欧还将导致欧盟的国际资本和人力资源大量从英国外流，削弱伦敦全球金融中心的传统地位。

（2）英国脱欧对欧盟经济的影响

① 在预算方面。英国是欧盟预算第四大净出资国，排在德国、法国和意大利之后。按 2016 年预算安排，英国需向欧盟缴纳 194 亿欧元，欧盟将返还英国 70 亿欧元农业和地区补贴。英国脱欧后，欧盟整体预算和再分配将受到影响，欧盟成员国需补上这个预算“窟窿”，同时调整相关补贴方案。

② 在投融资方面。英国是欧盟资本和金融市场的重要部分，欧盟股市一半资本通过英国资本市场筹集，英国脱欧对欧盟资本市场一体化是一个打击。

③ 在贸易协定谈判方面，英国脱欧公投结果可能会对“跨大西洋贸易和投资伙伴关系协定”(TTIP)谈判产生影响。美国贸易代表曾警告说，英国脱欧风险和其他欧洲政治问题正在削弱 TTIP 谈判前景。

④ 对金融机构来说，英国脱欧的冲击也不小。欧洲投资银行(EIB)预计将受到较大影响，因为英国在该银行的资本份额为 16.1%，英国脱欧后，其他欧盟成员国或将不得不补足英国份额。问题还在于，英国的离开有可能影响欧洲投资银行目前的 AAA 信用评级。

3. 未来半年人民币兑美元的走势较之前缓慢贬值，原因有：

（1）美元保持强势

2016 年在美联储加息预期下，美元大幅升值，而且 2017 年美国加息概率大大上升，美国经济基本面预期好转。总体来说，美元已经进入强势周期。另外，由于“英国脱欧”事件，英镑和欧元在未来半年之内将保持贬值趋势，从而使美元被动升值。以上因素使得美元资产的吸引力不断上升，国际资本因此将大幅回流美国，导致非美货币面临较大的贬值压力。在人民币参考一篮子货币汇率形成机制下，美元的强势必然会让人民币承受贬值压力。

（2）人民币汇改之后贬值预期加剧

2016 年 2 月，中国人民银行首次明确宣布实行“收盘价+24 小时篮子货币稳定”的定价机制。后来央行在 2016 年第一季度货币政策执行报告中公开了中间价定价公式。这一汇率改革，使得人民币汇率相对以往更加透明，给市场主体创造了一种无限套利机会，即买入美元卖出人民币的交易将会稳赚不赔，这种模式势必会加剧市场上对于人民币贬值预期以及做空行为。

（3）中国经济回暖乏力

2016年中国经济形势整体增长乏力。2016年中国依旧保持贸易顺差，但是顺差规模较2015年明显减少。从外商直接投资来看，2016年我国外资流入增速下降，资本外流压力增大。预测2017年中国的经济走势，我国消费仍将维持低速增长。而在贸易方面，特朗普上台之后推行的一系列对华贸易措施将削弱我国的出口，再加上目前国际环境中的反全球化浪潮兴起，中国经济增长在2017年势必遭遇巨大挑战。在中国经济回暖乏力的预期之下，人民币贬值预期也将进一步形成。

（4）人民币贬值压力有所减轻

首先，2015年下半年以来，人民币已经经历较大幅度的贬值，因此贬值压力已经得到较大程度的释放，人民币进一步大幅贬值的空间并不大。其次，在接下来半年中，央行为了更好地平衡稳增长、调结构、抑泡沫和防风险之间的关系，会实行更加稳健的货币政策，通胀压力不会很大。另外，对于一些套取国家外汇、资本外逃的行为，我国将会实施更严格的相关措施来加强管理。

综上所述，人民币未来的贬值压力将有所减轻，由此呈现缓慢贬值趋势。

4.（1）三元悖论，也称三难选择，它是由美国经济学家保罗・克鲁格曼就开放经济下的政策选择问题所提出的，其含义是：本国货币政策的独立性，汇率的稳定性，资本的完全流动性不能同时实现，最多只能同时满足两个目标，而放弃另外一个目标。

（2）根据三元悖论，在资本流动，货币政策的有效性和汇率制度三者之间只能进行以下三种选择：

① 保持本国货币政策的独立性和资本的完全流动性，必须牺牲汇率的稳定性，实行浮动汇率制。这是由于在资本完全流动条件下，频繁出入的国内外资金带来了国际收支状况的不稳定，如果本国的货币当局不进行干预，亦即保持货币政策的独立性，那么本币汇率必然会随着资金供求的变化而频繁的波动。利用汇率调节将汇率调整到真实反映经济现实的水平，可以改善进出口收支，影响国际资本流动。虽然汇率调节本身具有缺陷，但实行汇率浮动确实较好地解决了“三难选择”。但对于发生金融危机的国家来说，特别是发展中国家，信心危机的存在会大大削弱汇率调节的作用，甚至起到恶化危机的作用。当汇率调节不能奏效时，为了稳定局势，政府的最后选择是实行资本管制。

② 保持本国货币政策的独立性和汇率稳定，必须牺牲资本的完全流动性，实行资本管制。在金融危机的严重冲击下，在汇率贬值无效的情况下，唯一的选择是实行资本管制，实际上是政府以牺牲资本的完全流动性来维护汇率的稳定性和货币政策的独立性。大多数经济不发达的国家，比如中国，就是实行的这种政策组合。这一方面是由于这些国家需要相对稳定的汇率制度来维护对外经济的稳定，另一方面是由于他们的监管能力较弱，无法对自由流动的资本进行有效的管理。

③ 维持资本的完全流动性和汇率的稳定性，必须放弃本国货币政策的独立性。根据蒙代尔-弗莱明模型，资本完全流动时，在固定汇率制度下，本国货币政策的任何变动都将被所引致的资本流动的变化而抵消其效果，本国货币丧失自主性。在这种情况下，本国或者参加货币联盟，或者更为严格地实行货币局制度，基本上很难根据本国经济情况来实施独立的货币政策对经济进行调整，最多是在发生投机冲击时，短期内被动地调整本国利率以维护固定汇率。可见，为实现资本的完全流动与汇率的稳定，本国经济将会付出放弃货币政策的巨大代价。

5.（1）跨文化管理的成功与失败案例

迪士尼乐园在美国本土大获成功，于是公司管理层决定将乐园扩展到海外。日本东京为海外第一站，让管理层惊喜的是，东京计划没有耗费多大精力就获得成功，其成功经验值得我们借鉴。

① 工作语言的选用。日本语言和英语存在明显差异，日本人的英语水平在世界并不算高，这使得迪士尼公司特别重视语言的差异。在日本东京的迪士尼乐园，每一个路标都是用英语和日语两种语言标注，这就使得东京迪士尼乐园在保持美国文化味道的同时，给予了日本民众更多的照顾，这也是对日本文化的尊重。

② 生活习惯习俗的考虑"迪士尼城堡神秘之旅"是根据日本流行鬼屋的一些历史传说加以改造的。另外，在食品方面的适应性调整表现得特别明显，公园不仅开了一家迎合日本口味的餐厅，而且允许游客在公园中野餐。并且考虑到东京冬天特别寒冷的情况，迪士尼公司在设计东京迪士尼乐园时就特别加上了等候区域，以便使日本游客在寒冷的冬天依旧可以在这里等待游程。迪士尼公司对日本民众可谓是十分贴心，这样，东京迪士尼主题公园成为日本人所接受的一个最有吸引力的游乐场，并且获得了巨大的成功。

③ 文化认同感。二战之后，美国给予日本很多帮助，日本人对美国文化存在着强烈的认同和崇拜。很多日本人从心目中对美国文化有一种推崇感和认同感，而迪斯尼所代表的正是典型的美国文化，在这种情况下，迪斯尼进入日本就顺理成章。

迪士尼公司在东京收获了非常大的利润，于是决定将迪士尼乐园开进海外第二战场——法国巴黎，但谁曾想到会遭受如此大的挫折。1992 年欧洲迪斯尼在巴黎市郊马恩河谷镇开放，该公司决策者对其前景充满了信心。但是法国迪士尼在一开始就面临许多意想不到的问题，比如游客人数比预期少 10%；每名游客的人均花费比在日本少一半；法国当地媒体对迪斯尼的负面报道，使公司的公众形象不佳；一些工作人员抵制迪斯尼的管理风格及服饰规范等等。这些问题使欧洲迪士尼乐园经营入不敷出，赤字频传，每日亏损额高达 100 万美元，直至 1995 年底，巴黎迪士尼乐园共亏损 25 亿美元。究其失败的主要原因，迪士尼公司忽略了欧洲与美国的文化差异，对经营策略没有做适应性的本土化调整，因为文化差异的客观存在在很大程度上影响着跨国企业的经营策略。

① 法国人具有强烈的民族自豪感。他们认为法国文化是世界上最好的最先进的文化。法国人有强烈的自尊心和自我崇高的性格，他们瞧不起美国的殖民文化，对美国产品接受度不高。美国的殖民文化在法国人看来是低端的、劣质的、不高雅的，所以米老鼠的出现并不能引起法国人的热烈反响，反而是遭到法国人的抵制。

② 工作语言的选用。法国人的英语使用率颇高，所以迪士尼乐园最开始选用的是英语作为工作语言。虽然英语在法国的使用率高，但是法国人认为法语是世界上最优美最高贵的语言。这样就导致使用英语的乐园员工和法国游客之间沟通障碍，并且导致法国游客对迪士尼乐园的不满越来越重。

③ 生活习惯的考虑不够全面。迪士尼公司的高层管理者误认为法国人不注重早餐质量，所以法国迪士尼乐园提供很少的早餐，并且园内不提供酒类及酒精类饮料，所以法国迪士尼的餐饮收入要比其他乐园收入低很多。而实际上，大部分的欧洲人都对早餐的要求是合理丰盛的，而法国园内少量的餐厅及昂贵的快餐食品限制了这部分的市场需求。

（2）对于跨文化管理的认识

对于跨国公司来说，一个普遍性的问题就是在不同地区的跨文化管理问题，随着经济全球化进程的不断加快，企业国际化经营已成为不可逆转的趋势。企业进行国际化经营，在全球范围内利用资源，从事跨国生产经营活动，在跨越国界的同时，也跨越了文化。因此，企业国际化经营活动既是一个经济活动，又是一个社会文化活动，必然会面对来自不同文化体系碰撞而造成的文化差异。文化差异的存在对跨国公司有积极、有益的一面，但处理不当会给跨国公司正常的经营造成负面的影响。跨文化管理正是适应这一发展趋势的需要应运而生。

6.（1）这一时期政府的政策理论依据是战略性贸易理论。战略贸易理论认为，在不完全竞争的现实社会中，在规模收益递增的情况下，要提高产业或企业在国际市场上的竞争能力，必须首先扩大生产规模，取得规模效益。而要扩大生产规模，仅靠企业自身的积累一般非常困难，对于经济落后的国家来说更是如此。对此，最有效的办法就是政府应选择发展前途好且外部效应大的产业加以保护和扶持，使其迅速扩大生产规模、降低生产成本、凸现贸易优势、提高竞争能力。战略贸易理论建立在不完全竞争贸易理论的基础上，为国家进一步干预贸易活动提供了理论依据。

（2）我们不能简单地认为政府政策是日本钢铁产业迅速增长的原因。因为即使实行自由放任政策，日本也有可能形成钢铁工业的比较优势。一方面，日本的高储蓄率使钢铁之类的资本密集型产业具有一种不断增加的比较优势。另一方面，运输成本的下降以及新铁矿石和煤资源的发现，使钢铁工业一般不必坐落在煤田或矿场附近。因此，即使政府不干预，日本也可能有不断发展的钢铁工业。不过，可以认为，日本政府的鼓励促进了钢铁工业的发展，使其比在自由市场经济条件下发展得更快。

（3）战略性贸易政策的实施是否对日本经济有利，这需要从两个方面加以考虑。应该说，战略性贸易政策对日本经济的发展具有极其重要的影响，从日本钢铁业的发展就可以看出。但是，并不能将战略性贸易政策的作用绝对化，因为战略性贸易政策有其局限性。如果两个国家对相同的战略性产业实行对等的扶持政策，必然会产生过度竞争的情况。而且，在国际经济与政治的现实中，通过为国内厂商获得额外收益或支持国内产业来增加国家福利福利的政策势必招致其他国家的报复行为，比如长久以来的日美贸易摩擦。因此，从长远来看，战略性贸易政策对日本经济的发展是否有利是值得商榷的。

# 中山大学2017年434国际商务专业基础试题

**一、名词解释(每题6分，共30分)**

1. 国际创业
2. 布雷顿森林体系
3. 跨境电商
4. 企业经营国际化
5. 绿地投资

**二、论述题(每题20分，共80分)**

1. 近年来，以华为为代表的一批中国企业，在“走出去战略”的指引下开始从事国际化经营。请问它们遇到的主要困难有哪些？应该如何克服这些困难？

2. 国际营销与国内营销主要的区别有哪些？请以一家企业成功开展国际营销为例来说明国际营销的特征。

3. 最近两年，以美国为代表出现了一股西方发达国家“制造业回潮”的现象，亦即越来越多的西方发达国家的跨国公司拟将其制造业务迁回母国。请问出现这一现象的原因有哪些？我国企业应该如何应对这一变化？

4. 现在有越来越多的跨国公司将其员工派往国外工作一段时间后再调回来。请问对这些员工的管理工作应该注意哪些问题？

**三、分析题(每题10分，共40分)**

韩国三星公司所生产的Galaxy Note7手机在全球多地发生电池爆炸事故。2016年10月11日，三星电子官网发布声明称，要求所有合作伙伴停止销售和置换Note7手机。当日，三星电子股价下挫8%，创2008年10月24日以来最大单日跌幅，市值蒸发170亿美元(约合人民币1142亿元)。有分析认为，为消除此次事件的影响，三星还将耗去高达170亿美元的善后费，而此举也无异于给本来就遭受重创的三星集团雪上加霜。此外，10月11日，韩国综合股价指数KSll也在当天下跌0.65%。韩元兑美元则出现急促暴跌，并在全天一路下行，最多跌幅逾1.5%，后略有回升，截至北京时间20：30，韩元兑美元跌幅为1.24%，报0.08909。

(1) 你认为三星公司出现这种电池爆炸事故的原因是什么？

(2) 你知道在出现第一起电池爆炸事故到2016年10月11日期间，三星公司是如何处理这一危机事件的吗？对于整个事件的处理，你认为三星公司是值得尊敬，还是应该受到指责？为什么？

(3) 为什么三星公司对该事件的处理，会影响到韩国的股市及其外汇市场？对此，你有何体会？

(4) 这一事件给我们中国企业的跨国经营有哪些教训和启示？

## 中山大学2017年434国际商务专业基础试题解析

**一、名词解释(每题6分，共30分)**

1. 国际创业是创业者跨越国境开展商务活动的过程。早期学者将国际创业定义为新创企业一开始就利用国际资源进行的国际商业活动，是实现国际化成长的方式，强调的是企业在初创或成长阶段的迅速国际化问题，其研究对象是国际新创企业或从成立之初就致力于国际商务活动的小企业。而后，国际创业学者将大公司的内部创业活动也包含到国际创业的内涵中来。现在，创业机会日益成为创业研究的主线，着重考察什么人通过何种方式去发现、评价和利用机会以创造未来商品和服务。

2. 布雷顿森林体系是指以外汇、资本及贸易自由化为主要内容的多边经济制度，其实质是建立一种以美元为中心的国际货币体系。它始于 1944 年由 44 个国家参加的“布雷顿森林会议”。这个体系有两个重要的核心内容：一个是成立国际货币基金组织，在国际间就货币事务进行共同商议；另一个就是美元与黄金挂钩，成员国货币和美元挂钩，实行可调整的固定汇率制度。但在 20 世纪 60 到 70 年代，由于美元不断贬值，世界各主要货币却被迫实行浮动汇率制，至此布雷顿森林体系完全崩溃。但是由布雷顿森林会议诞生的两个机构：世界银行和国际货币基金组织，目前仍然在世界贸易和金融格局中发挥着非常重要的作用。

3. 跨境电商是指分属不同关境的交易主体，通过电子商务平台达成交易、进行支付结算，并通过跨境物流送达商品、完成交易的一种国际商业活动。跨境电商不仅冲破了国家间的障碍，使国际贸易走向无国界贸易，同时它也正在引起世界经济贸易的巨大变革。对企业来说，跨境电商构建的开放、多维、立体的多边经贸合作模式，极大地拓宽了进入国际市场的路径，大大促进了多边资源的优化配置与企业间的互利共赢；对于消费者来说，跨境电商使他们非常容易地获取其他国家的信息并买到物美价廉的商品。

4. 企业经营国际化是指企业从国内经营走向跨国经营，从国内市场进入国外市场，在国外设立多种形式的组织，对国内外的生产要素进行配置，在一个或若干个经济领域进行经营的活动的战略。企业经营国际化的动机可分为市场导向型、成本导向型、技术与管理导 向型、分散投资风险导向型等。

5. 绿地投资又称新建投资，是指跨国公司等投资主体在东道国境内依照东道国的法律设置的部分或全部资产所有权归外国投资者所有的企业。创建投资会直接导致东道国生产能力、产出和就业的增长。绿地投资作为国际直接投资中获得实物资产的重要方式是源远流长的。早期跨国公司的海外拓展业务基本上都是采用这种方式。绿地投资有两种形式：一是建立国际独资企业，其形式有国外分公司，国外子公司和国外避税地公司；二是建立国际合资企业，其形式有股权式合资企业和契约式合资企业。

**二、论述题(每题 10 分，共 40 分)**

1. (1) 当前我国企业实施“走出去”战略遇到的困难

① 资金不足。这是许多企业难以实施“走出去”战略的最主要困难，尤其是中小企业。主要有两点原因，一是我国外汇管制过严，使许多民营企业在外国的外汇使用发生困难。二是银行信贷过严，国内金融管制严苛，对于一些中小企业来说，融资难度大，面对一些很有发展的项目资金往往跟不上，错过很多机会。

② 知识产权问题。对外进行生产性的投资往往看中的就是当地的技术优势，但是如何处理知识产权的关系使很多企业付出了巨大的代价。企业在“走出去”过程中面临较大的知识产权风险，主要原因包括：一是企业自身意识能力不足。我国企业无论是海外知识产权布局、运用，还是知识产权风险防控方面的意识都还尚显不足。二是企业获得的海外知识产权信息有限。知识产权环境相对复杂，语言不通，我国企业对其他国家和地区的知识产权制度和程序熟悉和了解程度不够。三是高端知识产权专业服务还跟不上。国内能够为企业“走出去”真正排忧解难的知识产权专业服务机构还不多。四是企业风险防控不到位。

③ 企业海外投资管理水平低，缺乏高素质的跨国经营人才。我国企业在大型投资管理、大型投资资本运作方面缺乏相关经验，既缺乏整体的企业模式运营经验，又缺乏掌握这些经验的人才。企业产权关系模糊，财务管理不规范，经营机制未能与当地市场的运行规则和国际经贸惯例接轨。

④ 政府引导作用有待加强。虽然我国政府出台了一系列鼓励企业“走出去”的政策文件和法律法规，但在企业对外直接投资过程中，政府为企业提供的法律保护、政策引导、制度保障，以及税收、信息和咨询服务等方面的功能还不健全。主要体现在：对外投资产业政策和行业导向不明确，导致企业盲目投资；对海外经营效益不佳的国有企业缺乏有效监管，导致大量国有资产流失；对企业海外投资缺乏必要的保护制度，使得企业无法抵御投资国较大的政治风险等。

(2) 解决办法

① 放松外汇管制，创造良好的用汇条件。简化用汇审批程序，加强事后监管，尽快完善对用于境外企

业流动资金贷款的管理。对境外投资企业的流动资金贷款进出境适当放宽限制，允许具有创汇能力且效益较好的境内投资方在取得专项用于境外企业运营的银行流动资金贷款情况下，经外汇管理局核准后调出境外，使企业及时获得正常的营运资金。

② 加强境外投资财税管理，实行优惠的金融政策。在避免双重征税的前提下，区别中国海外投资的投资规模、经营时间长短等，分别采取税收抵免、税收减让、延期纳税、免税等不同的财税政策。同时，建立企业“走出去”的财政资金支持渠道，根据企业“走出去”的不同阶段，在中央和地方财政预算中安排专项扶持资金。金融外汇政策应注重根据国内外局势具体情况变化实施“阶段性弹性管理”思路。同时，鼓励企业以自己的信誉“自借、自用、自还”外债，在支持企业境外投资带动技术设备出口的同时，给予必要的外汇资金配套措施，帮助企业在立足后走生产经营和资本运营项结合之路，逐步学会扩大资本运营。

③ 加强海外企业产权管理，在境外知识产权问题上给予企业更多的信息和服务。针对企业知识产权意识能力不高的问题，有关部门可开展一系列有针对性的培训，一方面普及宣传知识产权保护的重要性，一方面教导传授实务技能。针对海外信息获取难的问题，可建立专门针对企业国际化发展的知识产权信息平台，将企业“走出去”需要了解的海外知识产权动态信息、环境信息、法律信息、实务信息等汇集聚类整理，方便企业查看。针对高端专业服务跟不上的问题，可启动知识产权服务机构培育项目等，提升服务机构的专业水平。

④ 培养高素质人才，提高企业海外投资管理水平。国际竞争实质上是人才的竞争，对外投资合作对人才提出了更高的要求。企业在对外投资时应注意制定人力资源战略规划，注重培养国际化管理团队，储备人力资源，通过内部培训和外部招聘等多种形式，培养通晓国际惯例及熟悉国外经济、政治、法律、文化的复合型高级人才，提高企业海外投资管理水平。

⑤ 政府完善法律法规，为企业走出去提供配套服务。首先，政府应在对外投资保护、政策引导、税收、融资、保障制度、信息和咨询服务等方面为企业走出去提供良好的服务，在企业进行对外投资中及时提供东道国的政治、经济、法律、文化等方面的信息，帮助企业协调国际关系。其次，政府应制定“对外直接投资战略规划”，包括总体规划、国别地区规划和产业规划等，规划应注意时效性，引导企业选取政局稳定、投资合作环境好、与中国经济互补性强、双边有一定经贸合作基础的国家和地区，作为对外投资合作的重点市场。再次，加快对外投资立法进程，建立和完善相关法律体系；及时掌握境外企业的发展与变化情况，加强对境外投资效果的检测和评估。

2. (1) 国际营销和国内营销的概念

国际营销是对为一个以上国家的消费者或用户提供商品和服务的过程进行分析、定位，并展开产品开发、生产、定价、分销、服务等相关活动，以满足用户需求，并实现自己的利润目标。

国内营销是指以国内市场为企业唯一的经营范围，企业经营的目光、焦点、导向及经营活动集中于国内消费者、国内供应商、国内竞争者。

(2) 国际营销与国内营销的区别

国际营销和国内营销是有区别的。下面我们以保洁公司为例来进行具体说明。

① 国际市场营销要适应“交叉文化”。文化是综合物质文明、教育、语言、宗教等各个方面而形成的一种价值观念和行为方式，并体现于一国的政治法律之中。文化具有保守性和相对稳定性，又有相互融合性。随着经济全球化的发展，国际交往的日渐频繁以及形式多样的经济与政治联盟的出现，各国文化正在相互交叉、融合。只有认清各国交叉文化的相似性和差异性，国际市场营销才会成功。一般情况下，政体、政策、法律、法规、经济发展水平、经济制度、自然禀赋、科技方面的差异是显而易见的，也是从事国际市场营销的企业易于掌握的，因此往往成为国际市场营销成功的关键。

以宝洁公司为例，当宝洁首次在日本市场促销“佳美”牌香皂时就遇到了始料未及的麻烦。它的广告片拍摄了这样一个画面：一位日本男士走进浴室，他妻子正在里面洗澡并开始向丈夫夸耀她的新香皂，而丈夫一边抚摸妻子的肩一边暗示说他压根没有在想着肥皂的事。这则广告在欧洲是非常流行的，但在日本却失败了，因为在日本，妻子沐浴时，丈夫擅自闯入被认为是件很不礼貌的事。

② 国际市场营销活动更加困难。各国在进行对外贸易时实施的贸易保护政策，以及各种有形或无形的

贸易壁垒，都会对外国企业的进入形成阻碍。在这种情况下，国际经营企业不能仅是被动地适应外界环境，而是要面对目标客户以外的利益相关体，借助一些政治和公共关系手段，打破各种贸易壁垒，积极对外界环境施加影响。在国际市场营销中，协调好各方面的关系，在复杂多变的环境中把握机遇，才能成功地进入目标市场进行战略性营销活动。以宝洁公司为例，面对日益复杂的国际营销环境，宝洁公司在一定程度上依靠了母国强大的经济军事实力开展对外扩张，对外销售。

③ 开拓市场需要更多的时间和成本。开展国际市场营销，面对的是具有差异性的甚至全新的市场环境，因而市场调研和市场分析的过程更复杂、时间更长。由于跨越国境，与目标市场的空间距离增加，使得进行实地调研及关系协调需要更多的时间。由于可能遭到东道国一些人士的反对，需要以相应形式做出让步并提供一些补偿，因而市场开拓成本较高。进行国际营销的企业付出比国内营销更多的时间、成本和其他代价。以宝洁公司为例，90 年代，宝洁开始了一次重要的重组工作，试图控制成本结构，并认识到逐步兴起的全球市场的新形势。公司在全球关闭了 30 家制造工厂，解雇了 13000 名员工，将产品生产集中于更少的工厂，以求更好地实现规模经济并为各国市场提供更好地实现规模经济并为各国市场提供更好的服务。然而此次重组工作效果不够明显，利润增长仍然停滞。因此宝洁在 1999 年实施了十年内的第二次重组，宝洁计划用节约下来的费用降低商品价格和增加销售支出，试图获得市场份额，进而通过规模经济地实现进一步降低成本。这次的战略成效才比较显著。

④ 战略联盟是国际市场营销的重要方式。通过企业间的战略联盟进入国外市场是企业国际市场营销的一种重要方式。战略联盟是指国际经营企业之间在一定时期和范围内采取的一种合作方式，形式多样。跨国战略联盟是国际市场营销发展的高级阶段，是一种更复杂的，既竞争又合作的新的国际分工方式。以宝洁公司为例，宝洁和沃尔玛在信息管理系统、物流仓储体系、客户关系管理、零售商联系平台等方面进行了合作，构建了战略联盟关系。比如，宝洁公司通过 EDI(电子数据交换)和卫星通讯能迅速获知沃尔玛物流中心内货物的销售量、库存量、价格等数据。由此宝洁公司能及时制定出符合市场需求的生产和研发计划，防止滞销商品库存过多，或者畅销商品断货。

⑤ 国际市场营销的风险更大。由于国际市场营销比国内市场更复杂，更多变，因此国际市场营销的风险要比国内市场大得多。如：政治风险、价格风险、运输风险、交易风险、汇率风险等。以宝洁公司为例，宝洁公司进入中国市场已数十年，在此期间商标纠纷也不断发生。从早期的“汰渍”和“舒肤佳”域名遭抢注，到后来的“护士宝 HUSHIBAO”商标异议案，以及“玉兰油”和“沙宣”商标争议，宝洁公司遭受商标困扰相当严重。

⑥ 国际市场容量大，竞争激烈。在国际营销中，企业面对更多的国外消费者和来自全球的竞争者。由于各国的地理距离和文化因素的差异，企业难以及时了解和掌握对手的情况，因此企业面对的竞争更为激烈。以宝洁公司为例，在巴西的尿不湿市场，两家美国公司——金佰利和宝洁都想取得市场主导地位，于是双方打起了价格战。结果，三年内尿不湿的价格从每片 1 美元降到了 33 美分，与此同时，其他的竞争者，包括本土的巴西公司都被逐出了市场。金佰利和宝洁在全球展开竞争以争夺市场份额和垄断地位，而巴西只是其中的一个战 场而已。

3.（1）制造业回潮的原因

① 制造业对于一国经济发展、提升创新能力乃至维护国家安全具有重要作用。一方面，制造业的发展对拉动本国经济增长、增加就业、促进出口具有重要意义，同时制造业的发展可以促进一国创新能力的提升，制造业也是维护国家安全的基础性产业。另一方面，由于新兴国家的劳动力成本持续上升，发展中国家的劳动力成本优势正在减弱，而发达国家制造业生产技术正在稳步突破，使其某些工业部门国内的生产效率超过了国外生产效率。这两方面的因素在一定程度上促使了发达国家制造业的回潮。

② 跨国公司在推动国际产业链分工中起着主导作用。跨国公司有利地推动了国际分工不断向价值链分工形式发展。在价值链分工模式下，跨国公司倾向于把资源集中于知识密集型、技术密集型的设计、研发等核心环节，而将非核心的生产、制造、营销环节外包出去。在价值链分工体系中，价值链各个环节之间的关系不是静态的，而是根据所处的环境不断地进行动态的优化调整。基于这种理论，发达国家制造业回流是发达国家跨国公司根据新情况对自身价值链分工作出合理调整的结果。

③ 母国在跨国公司全球市场开拓中的作用不可替代。跨国公司与母国的关系是相互依存的。第一，跨国公司在海外开拓市场的过程中，必定会遇到各种政治经济风险，因此需要母国为其提供一定的保护。第二，母国有义务为注册在本国的跨国公司提供法律支持，同时也需要跨国公司为自身提供税收、就业等资源。跨国公司母国集聚了总部管理功能，这使其形成了优于东道国的竞争优势。从这个角度分析，发达国家制造业回流是跨国公司重新认识母国竞争优势的结果。

④ 技术创新在跨国公司区位决定因素中的地位上升。跨国公司在进行区位选择时更重视母国技术创新和制度创新带来的效率提高。影响企业区位选择的主要因素有运输成本、劳动力成本、市场大小、资源禀赋等。技术创新作为影响企业区位选择更深层次的因素，会使其他因素都因为技术创新的出现而发生变化。价值链分工模式强化了跨国公司的竞争优势，因此，发达国家制造业回流是跨国公司在新的环境下为进一步促进技术创新，增强自身竞争优势作出的战 略抉择。

（2）我国应对措施

① 以提高原创技术研发能力、突破关键核心技术为重点，推动创新战略从引进模仿向引领跨越转变。改革开放以来，我国综合国力大幅提升，2016 年 GDP 达到 744127 亿元，科学技术支出增长 12%，研发经费投入占 GDP 比重超过 2%。我国在一些高科技领域已经取得世界领先的创新成果。我国完全有条件、有能力进行原始创新和集成创新，应该集中国力在关键技术上攻克难关取得突破。

② 以推动“大众创业，万众创新”为目标营造良好的创新环境。树立开放融合、包容试错的创新理念，加强创新创业载体建设。在财政政策、税收政策上给予优惠待遇。如：减免税收、低息贷款、提供创业补贴奖励等。鼓励高校设立创业学院，让大学生积极参与创新创业，推广“众包、众筹”等新模式，降低创新创业成本和风险。

③ 以“大企业顶天立地，小企业铺天盖地”为目标，营造可持续发展的企业生态环境，切实加强体制创新、消除垄断、简政放权、减税让利、放宽准入，营造公平的竞争环境。

④ 提高教育质量，鼓励留学人才回国发展，吸引海外高技术人才来华发展。

⑤ 以创新设计引领中国创造，推动传统产业改造和转型升级。

4. 外派人员在国外任职期间拥有高度的自主权，被高薪聘用，受员工的拥戴。然而回国后，组织对其过去几年的表现并不清楚，不知道怎样发挥其新知识，对其无特别关注。最糟糕的情况是，归国后的外派经理不得不自己找工作，或者公司设置一些后备职位，但是这些职位无法充分发挥他们的技巧和能力，使得公司在其身上所花费的投资收效甚微。因此，为外派人员重返母国组织做好准备是一个极其重要的问题。解决这一问题的关键是良好的人力资源规划，人力资源管理部门不但要为其外派人员制定良好的筛选程序和培训计划，还必须为外派人员的归国问题制定合理的规划，应该让他们为物质的和专业的前景转换做好准备，并利用他们在国外获得的知识经验。具体来说，可采取以下几类规划：

（1）签署归国协议。这保证了外派人员在国外不会超过某一段时期，并且一旦返回他将被给予一个双方均可接受的工作。

（2）提供职业商讨。提供正式的职业商讨以保证归国人员回国后的工作，满足他们的需要。

（3）建立一种联系人制度。国内总部高级管理有义务对回国的外派人员在国外期间就事业发展道路予以指导。这就减轻了在国外工作员工对于回国后事业机会的担心，使其能够全身心地投入到国外的工作当中。或者建立一个主要为在国外工作人员提供特定服务的机构。比如在出国前确定个人的事业发展计划，持续指导，建议他们在国外期间保持联系发展，在他们回国 6~8 个月前就应为他们回国工作或去另外一个国家工作做出系统安排。

（4）保持密切联系。使外派人员置入到总部的经营事务中，通过提供管理会议、频繁地在母国度假、定时与总部会面等，使他们感觉到他们仍然是整个公司的重要一员。

（5）为外派人员及其家庭的重新融入提供支持。如为了缓和归国初期的困难，公司帮助寻找住房、提供调整时间，甚至调整报酬等。

## 三、分析题(每题 10 分，共 40 分)

（1）三星手机出现电池爆炸问题的原因是品牌的质量管理出现问题。三星厂商为了提升电池续航能力，但是又不想增加手机厚度，于是改变了原有电池的设计，使电池最容易出现问题的尾部保护仓不完整，最终造成了电池的安全问题。在如今的市场环境中，用户对产品质量的要求越来越高，尤其是像手机等一类电子产品的质量还涉及安全问题，在这种情况下，就更要求企业对自己品牌的质量进行严格的控制和管理。如果在设计、生产过程之中一味地追求优化产品的性能、外观，却忽视了对关键材料的质量控制，企业就会因为其产品质量不佳、安全性不可靠，而受到相当大的负面影响，比如降低其品牌竞争力、增加产品服务成本、损害品牌形象等。

（2）① 三星公司处理危机事件的做法。三星 Note7 手机于 2016 年 8 月 19 日开始在美国、韩国等 10 余个国家发售，中国市场也于 9 月 1 日销售该款手机。在发生爆炸事件之后，迫于外界压力，三星电子无线事业部负责人 9 月 2 日召开记者会并正式道歉，宣布召回在全球售出的全部 Galaxy Note7 手机。但同时，三星电子中国公司却表示中国市场正式发售的国行版本不在此次更换之列，其给出的理由则是在中国销售的 Note7 手机采用了和国际版及韩版不同的电池供应商，并不存在爆炸风险，不用召回，并将在中国继续销售。

② 三星公司的处理做法应该受到指责。经过事实验证，在中国销售的使用 ATL 电池的手机之后也发生了大量爆炸事故。三星跨国公司对于该事件的处理实质上采取了歧视化模式，区别对待不同地区的消费者，严重危害了中国消费者的利益，损害了三星在华的声誉。

（3）① 三星公司对事件的处理影响韩国的股市和外汇市场的原因。三星公司作为韩国的大财团之一，在韩国具有较强的影响力，其发展的好坏直接会对韩国的股市和外汇市场产生影响，由于人们的心理预期，投机和规避风险行为，会将手中持有的韩元抛售出去，导致外汇市场受到波动。三星手机出现严重的安全隐患问题势必会影响其品牌形象，同时三星的上下游供应商和经销商也会受到其影响，更会受到直接或间接的经济损失。由此资本市场上股市和汇率也会遭受不利影响。

② 对该事件的看法。在经济全球化的背景下，一个公司企业的发展好快优劣直接会“牵一发而动全身”，直接影响该公司的信誉，上下游企业发展，公司的股票情况，该国的资本市场(如外汇市场)，因此，在经济全球化的背景下，企业更应该致力于生产适销对路、品质优良的商品，营造良好的国际形象。

（4）教训与启示

① 信誉是品牌的基础，没有信誉的品牌几乎没有办法去竞争。品牌竞争的起点是树立信誉，依靠提升管理的水平，质量控制的能力，提高客户满意度的机制和提升团队的素质来建立信誉。

② 争取广泛的支持。如果没有企业价值链上所有层面的全力支持，品牌是不容易维持的。除了客户的支持外，来自政府、媒体、专家、权威人士及经销商等的支持也同样重要。有时候，还需名人的支持并利用他们的效应增加品牌的号召力。

③ 建立亲密的关系。由于客户需求的动态变化和取得信息的机会不断增多，为客户提供个性化和多元化的服务已成为唯一的途径。只有那些同客户建立了紧密的长期关系的品牌才会是最后的胜利者。

④ 提供最优质的产品或服务。如果一个企业能够集中精力在产品研发上并不断推陈出新，它就可能成为行业的领袖。他们对客户的承诺是不断地为客户提供最好的产品，是要年复一年地提供新产品或新功能来满足客户对产品新性能的要求。

# 中央财经大学 2017 年 434 国际商务专业基础试题

**一、单项选择题(每题 1 分，共 15 分)**

1. 在李嘉图模型框架下，假设两个国家：甲国和乙国。两种产品：苹果和香蕉。甲国生产 1 单位苹果需要投入 3 个单位劳动，生产 1 单位香蕉需要投入 4 个单位劳动。乙国生产 1 单位苹果需要投入 2 个单位劳动，生产 1 单位香蕉需要投入 1 个单位劳动。具有生产苹果比较优势的国家是(　　)。

A. 甲国　　B. 乙国

C. 甲国和乙国都具有　　D. 甲国和乙国都不具有

2. 国内外市场的需求弹性不同是企业进行持续性倾销的条件之一，如果倾销确实发生了，则说明国内与国外市场需求弹性的关系是(　　)。

A. 前者小于后者　　B. 前者大于后者　　C. 没有关系　　D. 不确定

3. 买方信贷是指(　　)。

A. 出口方银行向本国出口商提供的贷款　　B. 出口方银行向外国进口商提供的贷款

C. 进口方银行向外国出口商提供的贷款　　D. 进口方银行向本国进口商提供的贷款

4. 完税价格的含义是(　　)。

A. 已缴纳过关税的商品价格

B. 免征关税的商品价格

C. 每一单位商品要缴纳的关税额

D. 经海关审定作为计征关税标准的货物价格

5. 进口国家并不是对所有进口的商品都一律征收高关税，一般来说，(　　)。

A. 对原材料的进口征收高关税　　B. 对半成品的进口征收高关税

C. 对工业制成品的进口征收高关税　　D. 对农产品的进口征收高关税

6. 跨国公司内部贸易的价格是(　　)。

A. 门槛价格　　B. 调拨价格　　C. 商品协定价格　　D. 自由市场价格

7. 正常关税通常是指(　　)。

A. 普通关税　　B. 最惠国税　　C. 普惠制税　　D. 自主关税

8. 一国对外贸易总额与 GDP 的比率称为(　　)。

A. 对外贸易条件　　B. 对外贸易依存度　C. 对外贸易结构　　D. 对外贸易方向

9. 根据 WTO《服务贸易总协定》的规定，国际旅游属于(　　)。

A. 跨境交付　　B. 境外消费　　C. 商业存在　　D. 自然人流动

10. 目前世界上绝大多数国家采用的汇率标价方法是(　　)。

A. 直接标价法　　B. 间接标价法　　C. 美元标价法　　D. 欧元标价法

11. 组成掉期交易的两笔外汇业务的(　　)。

A. 价格日期相同　　B. 金额相同　　C. 交割汇率相同　　D. 买卖方向相同

12. 要实现 N 个经济目标，必须至少具备 N 钟政策工具，称为(　　)。

A. 丁伯根法则　　B. 蒙代尔的政策指派理论

C. 米德冲突　　D. 斯旺模型

13. 香港实行的汇率制度是(　　)。

A. 严格的固定汇率制　　B. 浮动汇率制

C. 钉住一篮子货币　　D. 联系汇率制度

14. 1994 年以后我国的汇率制度为(　　)。

A. 固定汇率制度　　B. 自由浮动汇率制度

C. 单独的管理浮动汇率制度　　D. 有管理的浮动汇率制度

15. 在金本位制下，决定汇率的是(　　)。

A. 经济增长率　　B. 外汇供求　　C. 铸币平价　　D. 利率水平

**二、名词解释(每题 4 分，共 40 分)**

1. 转口贸易
2. 自由贸易区
3. 商品倾销
4. 产业内贸易
5. 绿色贸易壁垒
6. 独占的技术许可证协议
7. 战略性贸易政策
8. 外币期权
9. 实际汇率
10. 金融危机

**三、简答题(每题 9 分，共 54 分)**

1. 请结合邓宁的国际生产折中理论，分析中国企业“走出去”的所有权优势和对外投资区位选择的主要考虑因素。

2. 一国的零售体系可以分为集中和松散的体系，请分析这两种体系的差别，并请分析当企业进入一个拥有零散体系的外国市场时，进入企业应该采用什么销售策略。

3. 企业进入外国市场时选择最佳的进入模式是投资成功的关键之一。请简要分析“交钥匙工程”的优点和缺点。

4. 请分析国际市场价格的主要影响因素。

5. 请问什么是汇率风险，汇率风险主要有哪几种类型?

6. 试从利弊两个方面简要分析欧洲货币市场对国际金融市场的影响。

**四、计算题(9 分)**

某日，伦敦、纽约和苏黎世三个外汇市场的汇率分别是：

纽约外汇市场：GBP1 = USD1. 5730/42

伦敦外汇市场：GBP1 = CHF1. 6365/76

苏黎世外汇场：USD1 = CHF1. 0310/20

如果不考虑其他费用，某美国投机商以 157. 42 万美元进行套汇，请计算期收益。

**五、论述题(每题 16 分，共 32 分)**

1. 2016 年 9 月 4 日至 5 日二十国集团(G20)领导人第十一次峰会在中国杭州举行，促进全球贸易是该次会议的重要议题。跨境电商正搭建起一个自由、开放、通用、普惠的全球贸易平台，可以预见，跨境电商将连接世界，成为未来全球贸易的主要形式，推动全球贸易增长。跨境电子商务是指什么? 请联系中国实际，分析跨境电子商务面临的主要机遇、问题与对策。

2. 中国已经是世界货物贸易的第一大国，但是中国依然面临着产品缺乏核心竞争力、出口产品附加值低、质量不高、品牌影响力小、服务贸易发展滞后等诸多问题，请联系中国实际，根据国际贸易的相关理论，从“技术、品牌、质量、服务”四个国际竞争力新优势的视角，阐述我国实现从贸易大国向贸易强国转变的对策。

# 中央财经大学2017年434国际商务专业基础试题解析

## 一、单项选择题(每题1分，共15分)

1. A。在生产苹果和香蕉上，乙国都具有绝对优势。甲国生产苹果比生产香蕉落后较少，因此根据比较优势理论，甲国可集中生产和出口苹果，而乙国集中生产和出口香蕉。

2. A。持续性倾销，是指某一商品的生产商为了在实现其规模经济效益的同时，维持其国内价格的平衡，而将其中一部分商品持续以低于正常价值的价格向海外市场销售。形成持续性倾销的条件：市场是不完全竞争的；企业在国外市场面临的需求弹性比国内市场的需求弹性大；国内外市场是完全隔离的。

3. B。买方信贷是指由出口商国家的银行向进口商或进口商国家的银行提供的信贷，用以支付进口货款的一种贷款形式。其中，由出口方银行直接贷给进口商的，出口方银行通常要求进口方银行提供担保；如由出口方银行贷款给进口方银行，再由进口方银行贷给进口商或使用单位的，则进口方银行要负责向出口方银行清偿贷款。

**【科兴提示】**目前，我国国内银行提供的买方信贷分为进口买方信贷和出口买方信贷两种，进口买方信贷是用于支持本国企业从国外引进技术设备而提供的贷款；出口买方信贷是为支持本国船舶和机电设备等产品的出口而提供的贷款。这两种买方信贷的利率、期限、偿期等都不相同。

4. D。进出口货物的完税价格是指海关根据有关规定进行审定或估定后通过估价确定的价格，它是海关征收关税的依据。通常完税价格就是发票上表明的成交价格，即进口商在该货物销售出口至进口国时实付或应付的价格。但只有当进出口商申报的价格被海关接受后才能成为进出口货物的完税价格。

5. C。各国从保护市场，促进本国工业发展出发，对不同的商品制定不同的税率，进口税率随商品的加工程度的提高而提高，即对工业制成品征收较高的进口关税，半成品或中间产品的进口税率次之，原料等初级产品税率最低甚至免税。同时，各国还依据本同经济发展、对外政治经济关系的需要，对不同的商品实行差别税率。对于国内急需的生活必需品和机器设备予以抵关税或免税；国内能大量生产的商品或奢侈品则征收较高的关税。

6. B。调拨价格又称转移价格，是指跨国公司为了最大限度地减轻税赋，逃避东道国的外汇管制等目的，在公司内部规定的购买商品的价格。

7. B。进口税一般可分为普通税、最惠国税两种。①普通税是针对没有与本国签订任何关税互惠贸易协定的国家和地区的商品征收的关税。普通税率是进口税中税率最高的，一般比最惠国税高1到5倍，甚至更高。目前实施这种税率的国家仅有少数，多数国家只是将此作为其他优惠税率减税的基础。因此，普通税率并不是被普遍实施的税率。②最惠国税是对签有最惠国待遇条款的贸易协定国实行的税率。所谓最惠国待遇是指缔约方实行互惠，凡缔约国一方现在和将来给予任何第三方的一切特权、优惠和豁免，也同样给予对方。但最惠国待遇中也存在例外条款，如在缔结关税同盟、自由贸易区或有特殊关系的国家之间规定更优惠的关税时，最惠国待遇并不适用。由于世界上大多数国家和地区都参加了世贸组织或者签订了双边、多边的贸易协定，彼此间相互提供最惠国待遇，享受最惠国税率，因此，这种关税税率实际是一种最普遍使用的税率，又被称为正常关税。

8. B。对外贸易依存度又称为对外贸易系数，是指一国进出口总额与其国内生产总值或国民生产总值之比，反映一国国民经济发展对进出口贸易的依赖程度。

9. B。在一成员方境内向另一成员方的服务消费者提供服务。例如，本国病人到外国就医、外国人到本国旅游、本国学生到外国留学等。

**【科兴提示】**《服务贸易总协定》也明确规定，“政府当局为履行职能所提供的服务”不属于国际服务贸易的对象。“政府当局为履行职能所提供的服务”是指既非基于商业基础也不与一个或多个服务提供者相竞争的任何服务，例如，中央银行的服务和社会保障服务。

10. A。直接标价法又称应付标价法，是以一定整数单位的外国货币为标准，折算为若干单位的本国货币。目前，我国和世界绝大多数国家及地区都采用直接标价法。

11. B。掉期交易法是指进出口商通过与外汇银行之间签订掉期交易合同的方式来防范外汇风险的方法。它要求进出口商同时进行两笔金额相同、方向相反的不同交割期限的外汇交易，它是国际信贷业务中典型的套期保值手段。

12. A。丁伯根法则是由丁伯根提出的关于国家经济调节政策和经济调节目标之间关系的法则。其基本内容是，为达到一个经济目标，政府至少要运用一种有效的政策；为达到几个目标，政府至少要运用几个独立、有效的经济政策。

13. D。香港的联系汇率制度属于货币发行局制度，在这个制度下，货币基础的流量和存量必须有充足的外汇储备支持，透过严谨和稳健的货币发行局制度得以实施。香港并没有真正意义上的货币发行局，纸币大部分由3家发钞银行即汇丰银行、渣打银行、中国银行(香港)发行。在联系汇率制下，香港存在两个平行的外汇市场，即由外汇基金与发钞银行因发钞关系而形成的同业现钞外汇市场，相应的，存在官方固定汇率和市场汇率两种平行汇率。利用银行在上述市场的套利活动，使市场汇率贴近官方固定汇率。

14. C。1994年1月1日开始，人民币汇率并轨，实行以市场供求为基础的、单一的、有管理的浮动制。我国目前实行的汇率制度是2005年7月21日起开始实施的“以市场供求为基础、参考一篮子货币进行调节的、有管理的浮动汇率制度”。(注：单一的含义是指人民币汇率单一钉住美元。)

15. C。两个实行金本位制度国家单位货币的含金量之比称作铸币平价，两国货币汇率的决定基础就是铸币平价。

## 二、名词解释(每题4分，共40分)

1. 转口贸易是指两国的进出口贸易是通过第三国的中间商把货物转手来完成的贸易方式。这种贸易方式在生产国为间接出口，在消费国为间接进口，因而是一种间接贸易方式。交易的货物可以由出口国运往第三国，在第三国不经过加工再销往消费国；也可以不通过第三国而直接由生产国运往消费国，但生产国与消费国之间并不发生交易关系，而是由中转国分别同生产国和消费国发生交易。

2. 自由贸易区是指两个或两个以上的国家通过达成某种协定或条约取消相互之间的关税和与关税具有同等效力的其他措施的国际经济一体化组织。它除了具有自由港的大部分特点外，还可以吸引外资设厂，发展出口加工企业，允许和鼓励外资设立大的商业企业、金融机构等促进区内经济综合、全面地发展。自由贸易区的局限在于，它会导致商品流向的扭曲和避税。

3. 商品倾销指一国企业以低于国内市场的价格甚至低于商品生产成本的价格向国外大规模抛售商品并给国外竞争者带来严重影响的行为。商品倾销一般由大企业进行，但是随着国家干预经济的加强，一些国家也设立专门机构直接对外进行商品倾销。

4. 产业内贸易，即一个国家在一定时期内(一般为1年)既出口又进口同一种产品，同时同一种产品的中间产品(如零部件和元件)大量参加贸易。发达国家间日益增多的产业内贸易是由于各国生产者为了利用规模经济的优势，降低产品的单位生产成本，仅选择少数几种最能反映国内大多数人消费偏好的差异产品进行生产，而国内少数人的偏好则通过进口差异产品来满足。

5. 绿色贸易壁垒也称绿色壁垒，是指在国际贸易活动中，进口国以保护自然资源、生态环境和人类健康为由，通过制定严格的环保技术标准或采用绿色环境标志、绿色包装制度、绿色卫生检疫制度和绿色补贴制度等，使得外国产品无法进口或进口时受到一定限制，从而达到保护本国产品和市场的贸易保护措施。

绿色贸易壁垒具有两重性：从形式上看，是适应环境保护的要求，对贸易自由的限制；从实质而言，是贸易保护与环境保护的契合，是贸易保护中一种新型的非关税壁垒形式。

6. 独占的许可协议即独占许可合同，是国际许可合同的一种，即在一定的地域和期限内，受让方对受让的技术享有独占的使用权，供方和任何第三方在规定的期限内都不得在该地域使用该种技术制造和销售产品。为此，受让方需向供方支付相当高的使用费和提成费。

7. 战略性贸易政策是指在“不完全竞争”市场中，政府积极运用补贴或出口鼓励等措施对那些被认为存在着规模经济、外部经济或大量“租金”(某种要素所得到的高于该要素用于其他用途所获得的收益)的产业予以扶持，扩大本国厂商在国际市场上所占的市场份额，把超额利润从外国厂商转移给本国厂商，以增加本国经济福利和加强在有外国竞争对手的国际市场上的战略地位的贸易政策。

8. 外币期权又称货币期权是一种选择契约，其持有人即期权买方享有在契约届期或之前以规定的价格购买或销售一定数额某种外汇资产的权利，而期权卖方收取期权费，则有义务在买方要求执行时卖出(或买进)期权买方买进(或卖出)的该种外汇资产。

9. 实际汇率是指将现实汇率经过相对物价指数调整后得到的汇率，是按外国与本国物价指数之比对名义汇率进行调整，用来反映剔除两国货币相对购买力变动的影响后，汇率变动对两国国际竞争力的实际影响。

10. 金融危机是货币危机、信用危机、银行危机、债务危机、证券市场和金融衍生产品市场危机等的总称，一般是指一个国家金融领域中出现的剧烈动荡和混乱，对实物经济的运行产生极其不利的影响。表现为金融领域所有的或绝大部分的金融指标急剧恶化，股市暴跌，资本外逃，信用遭到破坏，银根奇紧，利率上升，银行发生挤兑，金融机构大量破产倒闭，官方储备大量减少，无力偿还到期的债务本息，货币的对内对外大幅度贬值等。

## 三、简答题(每题 9 分，共 54 分)

1. (1) 国际生产折中理论定义

邓宁的国际生产折中理论又称 OLI 范式，指跨国企业的国际投资行为不是单一优势可以决定的，而是所有权优势、内部化优势和区位优势共同作用的结果。这一理论认为跨国公司以其特有的所有权优势，寻找具有投资区位优势的东道国进行直接投资，并根据其内部化优势采用适当的组织形式。

(2) 中国企业“走出去”所有权优势主要考虑的因素

我国在实行“走出去”战略中的所有权优势可以通过技术地方化理论、小规模技术理论和技术积累–技术改变理论加以阐释：

① 我国企业具有的竞争优势不是绝对优势而是相对优势。相对于发达国家的跨国公司，我国拥有更加适合当地市场条件的生产技术，因而在同类型的发展中国家市场具有竞争优势。相对于欠发达国家，我国的跨国公司有较为先进的生产技术，从而具备了所有权优势。

② 我国的技术优势和竞争实力是跟随我国对外直接投资的过程而不断积累的，我国应首先在周边国家投资，积累海外投资经验，然后从周边向其他国家扩展直接投资，最后，在经验积累的基础上为获得更加复杂的技术，获取更强的所有权优势。

(3) 中国企业“走出去”对外投资区位选择主要考虑的因素

我国企业在对外投资的区位选择中应着重考虑以下四方面因素：

① 政治环境。对外直接投资的目标地区拥有稳定的政治环境对跨国企业的发展极其重要，因此应首先选择拥有稳定政权和政局的地区进行投资，规避政治风险。

② 资源环境。跨国企业往往选择拥有丰富自然资源的地区进行直接投资以降低其在母国本土进行生产的成本。

③ 社会环境。跨国企业应选择拥有良好社会环境的地区进行直接投资，良好的社会环境表现为积极的消费观念、包容的文化和宗教信仰以及稳定健康的劳动力保有量等。

④ 商务环境。商务环境指目标地区是否拥有健全的医疗、通信、交通、物流等与商业发展息息相关的基础设施建设，是否形成了同类型产业或上下游产业的聚集，跨国企业应选择具有良好商务环境的地区进行直接投资。

2. (1) 在一个集中的零售体系中，少数几个零售商负责供应大部分市场，而在一个分散的零售体系中有许多零售商，但它们当中没有一个占据市场的多数份额。

(2) 渠道长度是指在生产商(或制造商)和消费者之间存在的中间环节的数量。如果生产商直接向顾客销售，则渠道短；如果生产商通过进口代理商、批发商和零售商销售其产品，则渠道长。对生产商来说，选择长渠道或短渠道最重要的决定因素是零售体系的分散程度。分散的零售体系往往会促进批发商的发展以便为零售商服务，这样渠道就长了。

零售体系越分散，公司的分销成本就越高，因为它要和更多的零售商打交道。为了直接销售给这些零售商，公司必须建立一支庞大的销售队伍，这样做的成本将是非常高的，因为每次去拜访一位零售商所能带回的订单是很少的。相反假设这个国家有几百个批发商，由于这些批发商经营范围广泛，每去一个零售商那里会得到更多的订单，因此他们和零售商打交道就有利可图。所以，生产商把产品卖给批发商，再由批发商与零售商打交道是经济可行的。由于这一因素的存在，零售体系越分散的国家也越倾向于拥有较长的销售渠道，有时这些渠道是多层次的。

综上所述，可见当企业进入一个拥有零散体系的外国市场时，进入企业应采用长渠道策略。长渠道可以带来的好处之一是降低销售成本。长渠道的另一个好处是市场准入—进入独占性渠道的能力。进口代理商和批发商或重要客户已经建立起了长期的合作关系，故而能够更容易赢得订单和进入分销系统。

**【科兴提示】**希尔《国际商务》里面独有的知识点。

3. 交钥匙工程，是指承包商同意把工程所有的细节都移交给外国客户，其中包括对经营人员的培训。一旦合同期满，外国客户就得到了已经可以全面经营的工厂“钥匙”，故而也称为“交钥匙”。

（1）优点

第一，装配和运行技术性的复杂流程的专有技术是一项重要的资产，交钥匙工程是从这些资产中获得巨大经济回报的一种手段。

第二，这个战略在对外直接投资受东道国政府的管制时尤为有用，因为不通过这种形式，出售方就无法使它们有价值的专有技术在那些国家获得一定的回报。

第三，交钥匙工程通常也要比传统的对外直接投资的风险低。

（2）缺点

首先，采用交钥匙工程的企业往往对外国缺乏长期的兴趣。一旦所出口的工艺过程所生产的产品在这个国家最终被证明具有巨大的市场潜力，则这个缺点就很明显。解决方法之一就是对此项目拥有小部分的股权。

其次，与外国企业进行交钥匙工程项目可能会在无形中树立一个竞争对手。

最后，如果企业的生产技术是一种竞争优势来源，则通过交钥匙工程出售技术就等于向潜在的或现实的竞争对手出售竞争优势。

4. 国际市场的供求关系决定世界市场的价格。商品的国际市场价格围绕国际生产价格上下波动，但最终确定在哪一个价格水平上是由供求关系决定的，或者说是由买卖竞争关系决定的。这种竞争关系存在于卖方之间、买方之间、买卖方之间。影响供求关系的主要因素包括：

① 垄断。垄断组织为了获得最大限度的利润，通过影响供应量(需求量)或直接干预价格的做法对国际市场价格施加影响。

② 经济周期。经济增长是有周期性的，一般经历四个阶段：危机、萧条、复苏、高涨。在危机期间，商品供求关系失衡表现为供应远大于需求，商品价格快速下降，利润大幅度降低，企业只有通过减产应对危机。危机过去后，生产逐渐上升，对各种产品的需求增加，价格又开始上涨。周期过程中，各种商品的价格变化幅度主要取决于产品的供需弹性。

③ 生产者和消费者的收入与需求。生产者即世界市场上各国生产企业的经营、管理和竞争者，他们本身既是商品生产者，也是生产资料的需求者。消费者的需求取决于他们的收入水平和需求偏好。世界市场上，经济贸易大国的企业和国民对各种产品的供给和需求有巨大的影响。

④ 各国汇率的变化。汇率变化对一国贸易的影响：本币对外币升值，会使该国货物出口供给增加，进口需求减少，刺激国内服务贸易发展；反之亦然。

⑤ 政府采取的政策措施。世界各国采取的许多政策措施，如价格支持、出口补贴、进出口管制、外汇管制、政府采购、战略物资收购及抛售政策等。一些国际性组织也采取了干预国际市场价格的政策措施，对国际市场价格产生了很大的影响。

⑥ 商品销售中的各种因素。一般在国际市场上，商品都按质论价，优质优价，劣质劣价。包装装潢、

付款条件、运输条件、销售季节、商标牌号、成交数量、消费者的喜好、广告宣传的效果、服务质量的好坏等也影响商品的国际市场价格。

⑦ 其他因素。自然灾害、战争、政治动乱及投机等非经济因素对国际市场价格也会带来影响。

5. 外汇风险又称汇率风险，是指一定时期的国际经济交易当中，以外币计价的资产(或债权)与负债(或债务)，由于汇率的波动而引起其价值涨跌的可能性。从国际商务企业的角度来看，外汇风险分为：交易风险、折算风险和经济风险。

(1) 交易风险也称交易结算风险，是指运用外币进行计价收付的交易中，经济主体因外汇汇率变动而蒙受损失的可能性，它是一种流量风险。

(2) 折算风险又称会计风险，是指经济主体对资产负债表进行会计处理的过程中，因汇率变动而引起海外资产和负债价值的变化而产生的风险，它是一种存量风险。

(3) 经济风险又称经营风险，是指意料之外的汇率波动引起公司或企业未来一定期间的收益或现金流量变化的一种潜在风险。经济风险可包括真实资产风险、金融资产风险和营业收入风险三方面，其大小主要取决于汇率变动对生产成本、销售价格以及产销数量的影响程度。

6. 欧洲货币市场是对离岸金融市场的概括和总称，是当今国际金融市场的核心。欧洲货币又称境外货币、离岸货币，是在货币发行国境外被存储和借贷的各种货币的总称。之所以称为欧洲货币市场，是因为它是由欧洲美元市场发展而来的。欧洲货币市场对国际金融市场的影响阐述如下。

(1) 积极影响

① 推动了国际金融市场的一体化，促进了国际资本的流动。欧洲货币市场的产生和发展，打破了传统国际金融市场因国界限制而形成的相互隔绝状态，全球的离岸金融市场通过现代化通讯设备与网络相互联系起来，促进了国际间资金的流动和国际金融市场的一体化。

② 欧洲货币市场推动了金融创新的发展。欧洲货币市场本身就是 20 世纪最重要的金融市场创新，同时欧洲货币市场由于管制较少，交易自由，为金融工具创新提供了良好的外部环境。如欧洲定期存单、欧洲债券、浮动利率票据、票据发行便利、远期利率协议等都出现在欧洲货币市场。

(2) 消极影响

① 使国际金融体系变得更加脆弱。欧洲货币市场上国际信贷的主要方式是借短贷长，作为欧洲银行业的主要资金来源，欧洲货币存款绝大部分是一年以下的短期资金。然而 20 世纪 70 年代以来，欧洲货币贷款多半是中长期的，金融市场一旦有任何不利消息传出，储户就有可能提存，银行就会面临流动性危机。同时，欧洲货币通过欧洲银行的多次转存，形成复杂的连锁借贷关系，若个别银行发生清偿困难或倒闭时，就会引起连锁反应。因为欧洲货币市场没有一个中央银行作为最后贷款人，所以这对国际银行体系的安全埋下了隐患。

② 欧洲货币市场的外汇投机活动加剧了汇率波动。由于欧洲货币市场资金流动不受限制，有大量短期资金用于套汇、套利活动，导致大规模资金在几种货币之间频繁移动，从而加剧了有关汇率的波动，影响了国际金融市场和各国货币金融的稳定。

③ 加大了国际金融市场的信贷风险。欧洲货币市场的资金来源中，短期资金和同业拆借资金占有相当大的比重，而欧洲货币市场中的很多贷款是中长期的。这种短借长贷的运作方式加大了国际金融市场的信贷风险。

## 四、计算题(9 分)

(1) 由于国际银行间的交易统一采用美元标价法，因此我们要把三个外汇市场的汇率统一为间接标价法。

纽约外汇市场：USD1 = GBP1/1.5742 ~ 1/1.5730

伦敦外汇市场：GBP1 = CHF1.6365/76

苏黎世外汇场：CHF1 = USD1/1.0320 ~ 1/1.0310

然后计算三个外汇市场上的中间汇率：

纽约外汇市场：USD1 = GBP0.6355

伦敦外汇市场：GBP1＝CHF1.6371

苏黎世外汇场：CHF1＝USD0.9695

将三个中间汇率连乘可得：0.6355×1.6371×0.9695≈1.0086≠1，故存在套汇可能。

(2) 在间接标价法下，由于连乘的积大于1，所以按照连乘的顺序进行套汇即可。

首先，在纽约外汇市场上用157.42万美元兑换100万英镑。然后在伦敦外汇市场上用100万英镑买入100×1.6365＝163.65万瑞士法郎，最后在苏黎世外汇市场上将163.65万瑞士法郎兑换成163.65/1.0320≈158.58万美元。

(3) 计算套汇收益：在不考虑交易费用的前提下，本次套汇共获取收益158.58－157.42＝1.16万美元。

**【科兴提示】**三角套汇的流程：

(1) 判断是否有套汇机会：将三个市场汇率折算为同一标价法后，汇率相乘，如果不等于1就有机会。

(2) 在间接标价法下，如果大于1，用套汇货币(A货币)在该货币为基准货币的市场上兑换成B货币，再在B货币为基准货币的市场兑换成C货币，再在C货币为基准货币的市场兑换成A货币。如果乘积小于1，兑换方向相反。

(3) 收益：最后兑换的A货币减去套汇投入的A货币。

## 五、论述题(每题16分，共32分)

1. (1)跨境电子商务

电子商务最广泛的定义是通过电子数据传输技术开展的商务活动，常用的技术是互联网和其他相关的无线传输技术。跨境电子商务是指分属不同关境的交易主体，通过电子商务平台达成交易、进行支付结算，并通过跨境物流送达商品、完成交易的一种国际商业活动。跨境电子商务具有全球性、匿名性、无形性、即时性和无纸化的特点。

(2) 跨境电子商务面临的主要机遇

贸易全球化的浪潮之下，我国的跨境电子商务行业在政策扶持和资本涌入的情况中，将迎来前所未有的机遇：

① 政策推动下跨境进口电商行业自身所具有的机遇。国家政策对跨境电商依旧保持积极的态度，税率调整一方面减少税率的差异，另一方面鼓励传统进口企业的电商转型。

② 传统企业与跨境进口电商结合产生新的合作模式。跨境进口电商和传统消费企业面对的对象高度重合，这决定了传统消费企业对跨境进口电商具有天然的跨界优势，双方可以利用自身独有优势，打造线上线下结合的双管道消费购物模式。

③ 出口外销型企业可以借势自建B2C电商平台(B2C是Business-to-Customer的缩写，而其中文简称为“商对客”。“商对客”是电子商务的一种模式，也就是通常说的直接面向消费者销售产品和服务商业零售模式)。对于传统的出口型企业，可以基于自身业务需求，对跨境出口的物流仓储进行布局，通过现有渠道资源和人才储备，建立自营类出口电商平台。

(3) 跨境电子商务面临的问题

① 物流体系建设欠合理，信息化程度不高

通常来讲，跨境电子商务较国内的电子商务，对于物流的要求更高，而我国跨境物流的信息化程度较低，无法满足爆发式增长的跨境电子商务交易需求。众所周知，信息化是发展电子商务物流产业的重要条件，物流信息资源的整合能力已经成为其核心竞争力的关键部分。在这个方面，我国的第三方物流企业的信息处理能力较发达国家来说水平很低。比如配送中心的选址、货物配送方案、最佳送货路线及最优库存控制，基本还处于半人工状态，而信息化的使用不单单是为了保证送货的准确和及时，更关键的还是辅助完成产品的售后服务，比如提供销售报表等。

② 电子支付存在的风险较大

跨境电子支付是跨境电子商务的核心环节。目前，我国跨境电子支付环节还存在诸多风险：第一，跨国之间电子支付风险监管规则可能存在冲突，而且跨境电子商务中适用哪个国家的监管法律体系尚且存在争议和模糊的地方；第二，在跨境电子支付服务中出现的一些新问题，比如发行电子货币的法律界定及范围，电子支付服务主体资格的确定，电子支付服务活动的监管等缺少完善的法律规定。

③ 综合型人才暂缺

与国内电商不同，跨境电商面对的是来自世界各地的顾客，不同的语言、文化、宗教信仰、生活习俗等等，使得跨境电子商务变得复杂很多。加上电子商务本身涉及的在线支付、物流、计算机网络等知识，所以，一个优秀的跨境电商从业者需要了解并掌握的知识技能是相当繁多的。而目前国内这种复合型人才实属不多，要培养一批这样的人才也需要一个相当长的过程。

④ 跨国交易环境复杂，法律制度不健全

跨境电子商务涉及环节复杂，不同国家的政策法律环境、商务环境、资本市场、社会和文化环境、语言环境、消费习惯、消费偏好、支付方式、物流模式、贸易壁垒、汇率制度、税收政策等都存在很大的差别，使得经营成本构成复杂、经营风险大、形成了复杂的跨国交易环境。但是我国跨境电子商务尚处于起步阶段，国家既没有完善的理论依据也没有成熟的实践基础，并且跨境电子商务法律制度不健全，这将会大大加剧跨境交易的风险。

(4) 应对措施

为利用好自身优势同时有效解决上述问题，我国跨境电商应采取以下对策：

① 跨境电商企业应增强法律意识，加强自身实力建设，努力培养自己的品牌，切实保障产品渠道可靠，避免因为知识产权侵权和假冒伪劣商品导致国内外的消费者流失。

② 国家应该及时出台相应的政策以解决物流、通关、收汇及退缴税等问题；同时积极构建跨境电子商务平台建设，配合相关行业协会，为跨境电商提供优质服务，让广大跨境电商的利益从根本上得到保障。

③ 学校应加大力度，培养跨境电子商务专业人才，通过校企合作、学校内部合作，为社会培养具备英文网店管理、在线英语交流、海外网络营销策划及执行、搜索引擎优化、海外客户需求分析等应用能力的跨境电商人才。

2. 中国已经是世界货物贸易的第一大国，但贸易大国并不等于贸易强国。一方面，我国在对外贸易产品结构、产品技术含量、创新能力方面与欧美等贸易强国还有较大差距。另一方面，我国对外贸易发展存在诸多问题，如大量商品没有定价权、没有“游戏规则”的制定权、缺乏完善的销售网络和有影响力的品牌等。这些均是制约我国成为贸易强国的重要因素。因此，中国对外贸易发展能否实现由“大国”向“强国”的转变，取决于是否具备有别于传统贸易竞争力的新型竞争力优势。因此，在我国贸易大国向贸易强国转变的时代背景下，亟须培育对外贸易新型竞争力来加速贸易强国进程，助推“中国梦”的伟大构想转化为美好现实。中国对外贸易大国的目标是在近十年来全要素均衡发展的比较优势基础上实现的。面对贸易强国的目标诉求，以量取胜的全要素发展模式不能适应国际环境的新变化。十八大提出培育新型竞争力的思想，指出全面提高开放型经济水平，坚持出口和进口并重，形成以技术、品牌、质量、服务为核心的出口竞争新优势，推动对外贸易平衡发展。为了实现从贸易大国向贸易强国的转变，我们应该采用以下对策：

第一，产品技术创新方面。我国经济发展中多数企业以引进和创新为主的技术发展路径使我国技术水平有了极大的提高和飞跃。但我国企业目前的技术层次仍以一般技术为主。我国对外贸易新型竞争力构建的根本还在于技术水平和技术质量的进一步提升，即培育和发展我国对外贸易的核心技术。技术创新的基础路径为建立和完善国家技术自主创新体系；保障路径为完善知识产权保护；现实路径为发挥企业在技术创新中的主体作用；根本路径为加大技术的研发投入力度。

第二，产品质量创新方面。产品质量的长期稳定可靠是一个品牌、企业乃至整个国家国际竞争力发展的必要条件。对外贸易中，除价格因素外，国际间产品竞争的一个至关重要的问题就是产品质量的竞争。因此，创新产品质量是我国构建新型竞争力的基础。创新产品质量可以从宏观和微观两个层面入手。宏观层面的路径包括，建立统一高效的产品质量安全监管机构、完善产品质量相关的法律和制度、加强产品质量行政监管力度。微观层面的路径包括，建立标准化制度化生产工序和强化产品质量检验。

第三，产品品牌创新方面。产品品牌是体现一个国家民族企业力量的重要因素，不但是企业的无形资产，并且是国际市场中竞争力的直接体现。产品品牌创新也可以从宏观和微观两个层面推进。宏观发展路径包括构建创新品牌战略的国家竞争政策体系、培育促进品牌成长的市场环境、完善品牌保护的法制环境。微观发展路径包括加强品牌创新的战略制定以及强化创新后的品牌维护。

第四，发展生产性服务业方面。生产性服务本是制造业内部活动，而在我国产业发展中，制造业以大而全、小而全作为发展目标，生产性服务的剥离和产业化发展滞缓，这也是造成我国生产性服务业总体实力不强的原因。生产性服务业产业化发展路径包括，深化细化分工以促进生产性服务外部化发展，放宽服务业市场准入以加快生产性服务业市场化发展，重视生产性服务需求以促进产业化发展，增加生产性服务业基础设施建设以强化产业发展基础，扩大生产性服务业融资渠道。

# 复旦大学2018年434国际商务专业基础试题

**一、问答题(8题，共100分)**

1. 简述重商主义的基本内容及当代国家采取保护贸易的原因。(15分)

2. 简述相对比较优势理论和绝对比较优势理论的区别和联系。(15分)

3. 简述国际收支自动调节机制。(15分)

4. 简述社会文化环境的事实性知识和领悟性知识。(15分)

5. 国际产品营销策略中，如何通过产品周期的改变增加新内容?(10分)

6. 简述选择战略联盟的原因。(10分)

7. 对外投资理论十分强调区位优势，除了天然的地理优势外，区位优势也可能来自某些地区经济活动的聚集，请解释聚集效应的来源。(10分)

8. 简述对国际公司征税的两种基本方式。(10分)

**二、论述题(每题25分，共50分)**

1. 为什么跨国公司追求全球一体化和当地化的平衡战略?实施这种战略对跨国公司的组织和管理有什么要求?(25分)

2. 英国脱欧对欧盟一体化，欧盟经济，英国经济的影响。分别论述。(25分)

## 复旦大学2018年434国际商务专业基础试题解析

**一、问答题(8题，共100分)**

1. (1)重商主义盛行于16—18世纪的西欧，它是最早的贸易保护理论。具体来说，重商主义这一学派的理论要点包括以下几点：

① 世界资源是有限的，你多他就少，你少他就多，因而各国不能同时富裕。所以，一国所得必然导致另一国所失。因此，各国都会想尽一切办法多占有世界资源，增加本国的财富。

② 财富=金银。金银是货币的象征，金银的多少体现了一个国家富有的程度，所以国家应想尽一切办法积累金银。

③ 财富的来源应当有两个途径：一是本国的金银矿开采；二是开展对外贸易，通过多出口，少进口形成贸易顺差，使他国的金银流入本国，增加本国的财富积累。所以，对外贸易是财富的最重要源泉。重商主义所重的“商”是对外经商。

④ 政策主张：主张实行对外贸易保护政策(由于不可能所有贸易参加国同时出超，而且任一时点上的金银总量是固定的，所以一国的获利总是基于其他国家的损失，即国际贸易是一种“零和博弈”)，通过奖出限入，保证贸易顺差。

(2) 20世纪90年代以来，信息技术的迅猛发展在加快经济全球化和一体化的进程、推动贸易全球自由化发展的同时，也加剧了各国经济发展的不平衡，引起了新的贸易保护主义。新贸易保护主义又被称为“超贸易保护主义”或“新重商主义”。“超贸易保护主义”的产生有其客观原因：

① 国际竞争加剧

在全球化时代，市场经济制度逐步演化为世界经济发展的主流制度，而竞争是市场经济最主要的特征之一。目前，竞争已不再作为单纯的“手段”或“工具”存在，而逐步演变成为主权国家和企业生存与发展的核心动机，成为实现国家利益和企业利益的重要手段。各国政府不仅在国际竞争中保护自身的产业与贸易利益，而且直接介入本国企业与外国企业之间的竞争。一方面，采用进口关税或出口补贴等保护手段有利于改善本国企业的收益和市场地位；另一方面，一旦外国企业或进口产品危及本国利益时，即使发达国家的政府也采取直接干预的手段。特别是在"就业"已经逐渐演变为一种公共品的今天，由进口增加导致的失业问题已经具有了越来越突出的政治意义。当本国产业和劳工群体受到进口冲击时，来自公众的呼声或其他政治压力必然使政府倾向于对这些领域实行保护，以排斥竞争的威胁。

② 跨国公司内部贸易的发展改变了国际贸易差额的分布

随着跨国公司及其海外经营的发展，国际贸易的流向和贸易方式发生了深刻变化，跨国公司内部贸易在国际贸易中的地位不断提高。跨国公司内部贸易的发展一定程度上改变了国际贸易差额的分布。跨国公司通过内部分工和核算体系，在内部贸易中获得了较为稳定的收益，但却把各国账面上贸易差额的此消彼长以及由此引发的贸易摩擦甩给了各国政府。作为承接跨国公司产业转移最集中的地区之一的亚洲地区制成品出口的迅速增长，使其对美国、欧盟保持了较大规模的贸易顺差，而美国和欧盟跨国公司在亚洲地区投资企业的出口已经成为美国和欧盟贸易逆差的重要组成部分。但发达国家处理贸易逆差的政策并不主要针对这些大跨国公司，而是拿出口国开刀，以解决与这些国家的贸易争端为借口，推行新贸易保护主义。

③ 国际贸易中双边主义与区域主义兴起

20 世纪 90 年代后期以来，双边层面的"自由贸易协定"FTA 的签订和实施成为国际贸易发展的新热点。据 WTO 统计，到 1004 年，向 WTO 正式通报的 FTA 已达 106 个，WTO 成员中绝大多数参加了一个或多个 FTA。FTA 快速发展的主要原因，一是原有 FTA 在促进贸易增长、消除双边贸易壁垒等方面起到了积极的示范作用；二是地缘政治经济格局的变化导致了"双边主义"盛行。FTA 的迅速发展已经形成了连锁反应，一国缔结了 FTA 后会对相关国家构成竞争压力。

④ 中国、印度等发展中大国在国际贸易中的地位不断提高，并对国际贸易格局产生了一定冲击

以中国、墨西哥、马来西亚、印度等国家为代表的发展中大国出口规模迅速扩大，并逐步成为世界制成品市场的重要供应者。特别在中低端工业品市场上，这些国家已经形成了一定的出口竞争力，并逐步取代发达国家原有的市场份额。尽管这些发展中大国出口的高速增长并未彻底改变国际贸易不平衡增长的局面，但其出口实力的增强对国际贸易格局产生了不可忽视的影响。发展中大国大量低价工业品进入欧美市场，对其国内相关产业造成了冲击。为缓解由此形成的贸易逆差和各种国内矛盾，发达国家利用其政治经济强权，加强了对这些发展中出口国的贸易制裁。同时，由于这些发展中大国的产品结构和市场结构相近，彼此之间的竞争十分激烈。近年来，这些发展中出口大国之间的贸易纠纷已成为国际贸易摩擦的重要内容。

2. 亚当·斯密于《国富论》中最早提出了绝对优势理论，指各国在生产同样产品时，劳动生产率的绝对差异所导致的各国之间生产优势的不同，因此各国专门生产本国劳动生产率较高的产品。比较优势理论最早由英国经济学家大卫李嘉图在《政治经济学及其赋税原理》中提出，是用国与国之间生产同一产品相对劳动生产率优势解释国际贸易原因的理论。两者既有共同之处也有不同之处。

（1）共同点：

① 无论是绝对优势理论还是比较优势理论都属于技术差异论的范畴。技术差异论，是指各国在生产同一产品时劳动生产率不同所造成的国际分工。

② 都采用了比较的方法来阐述原因。

③ 都建立在劳动生产率的差异上，劳动生产率的引进使国际贸易的原因从自然要素领域转到了生产领域，如果没有差异，则没有比较，因此差异是基础。

④ 都有其自身的局限性，并有待于进一步发展。

（2）不同点：

① 假定条件不同：绝对差异论的假定条件是全世界只有两国，都能生产两种产品，一国在一样产品上

的生产率高于另一国，另一国在另一产品上的生产率高于此国；而比较优势理论则是一国两件产品的劳动生产率都高于另一国，在此基础上两种理论对国际分工进行解释。

② 比较内容与方法不同：绝对差异论比较是直接在二者中选出谁好谁劣，而比较优势理论则是“两利相权取其重，两弊相权取其轻。”

③ 适用范围不同：绝对差异论只能说明各国分别在某一种或某几种产品的生产上，劳动生产率高于其他国家，分工得以形成，而比较优势理论还可以解释当一国在所有产品的生产上劳动生产率都高于他国时国际贸易得以成立的原因，即考虑到相对技术优势，但同时这也有其自身的局限性，因为这种理论在假定时只考虑生产力的投入，并认为劳动力的转移劳动生产率不变，以及从静态角度考虑国际分工。

④ 有绝对优势一定有比较优势，有比较优势不一定有绝对优势。绝对优势是同一产品一国对另一国的优势，是内生的，而比较优势理论是同一国一产品对另一种产品的优势，是外生性的。

3.(1)国际金本位制度下的国际收支自动调节机制

国际金本位制度下的国际收支自动调节机制，又称大卫・休谟的“价格—铸币机制”。在国际金本位制度下，一国国际收支出现赤字，就意味着本国黄金净输出，由于黄金外流，国内黄金存量下降，货币供给减少，从而引起国内物价降低，与此同时，本国商品在国际市场上的价格优势增强，于是，出口增加，进口减少，国际收支失衡改善。

（2）纸币本位的固定汇率制度下的国际收支自动调节机制

① 利率效应分析

当一国国际收支赤字时，外汇需求大于供给，为了维持固定汇率，一国货币当局必须投放外汇，购入本币，外汇储备下降，本国货币供应量减少，利率上升，进而导致外国资本流入增加，结果资本账户盈余，从而，国际收支失衡得到改善。

② 现金余额效应(收入效应)

当一国国际收支赤字时，本国货币供给减少，实际现金余额(实际收入)下降，必然减少支出，由于支出的一部分是用于进口消费的，故此，进口需求下降，从而国际收支失衡改善。

③ 相对价格效应

当一国国际收支赤字时，为了维持固定汇率制度，本国货币供给减少，导致支出下降、物价下降。因而，本国商品相对价格下降(实际汇率升高)，从而，出口增加、进口减少，国际收支失衡改善。

（3）浮动汇率制度下的国际收支自动调节机制

当一国国际收支赤字时，外汇需求大于外汇供给，在浮动汇率制度下，汇率会上升。根据弹性论，汇率上升造成本国商品相对价格下降，外国商品相对价格上升(实际汇率升高)，进而导致进口量下降，出口量增加，只要满足马歇尔—勒纳条件，国际收支赤字将会得到改善，甚至消除。

4.(1)著名的国际营销专家菲利普．凯特奥拉认为，国际商务人员应具备市场文化的两种知识。一种是明显的事实性知识，如不同的宗教信仰，不同的传统习惯，不同的审美观等等，这些关于某一特定文化的事实，基本上是可以看到和了解到的。另一种是领悟性知识，即一种理解不同文化特征之间的差别的能力，如何待人接物，时间的观念，对自己在社会中的作用的理解以及人生的意义等等。这些是较之事实性知识更难、更需十分注意的知识，是要靠时间、经验和体会才能获得的。

（2）文化环境中的具体知识因素

要真切地了解文化对群体的行为究竟发生多大程度的支配力量，那就需要知道文化构成的各个方面。

① 物质文化。物质文化是指人们所创造的物质产品以及用来生产产品的方式、技艺和工艺。物质文化对生活方式和消费方式具有强烈的影响，物质文化是可以感知的，也是与国际企业生产经营活动有密切联系的。在对外投资决策时，国际商务管理者应知道东道国的物质文化特征，如当地居民拥有或希望拥有的产品，应该为该市场设计什么样的产品。

② 语言与沟通。对大多数人来说，从事国际商务最直接的障碍来自语言，而接触异国文化的主要渠道

却又正是语言。沟通的实质就是信息的交流，国际营销有赖于沟通，商业谈判、函电往来、合同签订、广告宣传等等，都涉及沟通问题。当然，这里语言是沟通的主要工具。语言不是人们交流沟通的唯一渠道。眼神、手势、脸部表情等也是表达思想与情感的重要渠道。

③ 宗教信仰。宗教是文化的一个重要方面，也是文化的一大源泉。宗教信仰影响人们的生活态度，价值观念，消费倾向和企业的经营作风，这些都会对国际商务产生直接或间接的影响。

④ 教育。教育水平在很大程度上反映了一国的经济发展水平，而教育结构决定了一个国家的人才结构。在当地开展营销、生产、招工都要对教育水平有事先的了解，并在设计时作为一个限制性因素。

⑤ 审美观念。这里指有关美和高尚情趣的观念。它体现在对于美术、音乐、戏剧、舞蹈以及颜色、形状的特殊鉴赏力。审美观念对国际商务的意义体现在很多方面。所以企业在涉及产品，包装或广告时，应该尽量适应当地人的审美观念。

（3）文化环境中的领悟性知识

对文化环境中的领悟性知识的把握和区别对于国际经营管理是十分重要的。

① 对于工作和成就的态度。在一个社会里，对财富和物质收入所持的主要观点，可能对追求创业精神和企业管理生涯的人的类型、品质、数量有很大的影响，工人对物质刺激的反应也是如此。

② 对于未来的态度。不同文化的主要差异之处在于对人类能够影响未来能力的设想和态度。

③ 对于权威的态度。在各个国家权威体系有很大差别，并形成自己的传统。

④ 态度价值观。这是指人们对于事物的评判标准，比如对时间的态度，对创新的态度，以及一些没有专门定义，但通过观察别人，学习范例而获得的态度、习惯等。

5. 产品生命周期（product life cycle，PLC），是指产品的市场寿命。一种产品进入市场后，它的销售量和利润都会随时间推移而改变，呈现一个由少到多再由多到少的过程。所谓产品生命周期，是指产品从进入市场开始，直到最终退出市场为止所经历的市场生命循环过程。一个产品要经历导入期、成长期、成熟期、衰退期。随着商品的国际化和生产国际化的发展，把产品的生命周期放到一个更广阔的市场空间里去考虑，产品生命周期仍然有效但会呈现出一些新的特点。

（1）产品生命周期的不同阶段的营销策略的新内容

当产品处在创新阶段，由于生产该产品的企业很少，规模又较小，又是新产品，所以在市场上几乎没有竞争对手，这时以满足过内市场为主，并出口一部分到国际市场。到了产品成熟阶段，产品技术趋于完善，产品也已定形，生产企业在不断增加，规模也在不断扩大，消费者能够从不同商标型号的同类产品中进行价格和质量上的选择，对企业来说，成本和价格问题变得日益重要。这时，想以继续维护简单的贸易出口来达到最佳经济效益的路子已行不通。因此，选择对外直击投资，即到国外建立子公司就地生产，就地销售，成为扩大出口、保证经济利益的最佳途径。第三阶段是产品标准化阶段，处于这个阶段的技术和产品都已相当成熟并已标准化了，参与此类产品生产的企业一般也都积累了许多经验，因此，市场竞争更加激烈，成本和价格问题显得十分突出，在这种情况下，就应对各个国家、地区的市场、资源和劳动力进行比较，而选择生产成本最低的地区建立子公司就变得十分必要。

（2）通过市场的转换，使产品生命周期得以延长

当企业把其产品打到国际市场上去后，其产品生命周期通常比仅局限在国内市场的要长，特别是对耐用消费品，机电产品等。这是由于各国的经济发展程度不一样，从而市场需求的发展也不一样，在 A 国已达到成熟或衰退阶段的产品可能在 B 国刚刚进入成长阶段，而在 C 国可能才被引进，因此，如 A 国的企业抓住时机将产品迅速推向 B 国和 C 国，则极有可能延长该产品的生命周期。

6. 战略联盟的概念最早由美国 DEC 公司总裁简·霍普兰德和管理学家罗杰·奈格尔提出，他们认为，战略联盟指的是由两个或两个以上有着共同战略利益和对等经营实力的企业，为达到共同拥有市场、共同使用资源等战略目标，通过各种协议、契约而结成的优势互补或优势相长、风险共担、生产要素水平式双向或多向流动的一种松散的合作模式。

企业选择战略联盟的动因有：

① 提升企业的竞争力。在产品技术日益分散化的今天，已经没有哪个企业能够长期拥有生产某种产品的全部最新技术，企业单纯依靠自己的能力已经很难掌握竞争的主动权。为此，大多数企业的对策是尽量采用外部资源并积极创造条件以实现内外资源的优势相长。其中一个比较典型的做法是与其他企业结成战略联盟，并将企业的信息网扩大到整个联盟范围。借助与联盟内企业的合作，相互传递技术，加快研究与开发的进程，获取本企业缺乏的信息和知识，并带来不同企业文化的协同创造效应。战略联盟与传统的全球一体化内部生产战略和金字塔式传统的全球一体化内部生产战略和金字塔式管理组织相比，除了具有更为活跃的创新机制和更经济的创新成本，还能照顾到不同国家、地区、社会团体甚至单个消费者的偏好和差异性，有利于开辟新市场或进入新行业，因而具有更强的竞争力。

② 获得规模经济的同时分担风险与成本。激烈变动的外部环境对企业的研究开发提出了如下三点基本要求：不断缩短开发时间、降低研究开发成本、分散研究开发风险。对任何一个企业来说，研究和开发一项新产品、新技术常常要受到自身能力、信息不完全、消费者态度等因素的制约，需要付出很高的代价。而且随着技术的日益复杂化，开发的成本也越来越高。这些因素决定了新产品、新技术的研究和开发需要很大的投入，具有很高的风险。在这种情况下，企业自然要从技术自给转向技术合作，通过建立战略联盟、扩大信息传递的密度与速度以避免单个企业在研究开发中的盲目性和因孤军作战引起的全社会范围内的重复劳动和资源浪费，从而降低风险。与此同时，市场和技术的全球化，提出了在相当大的规模和多个行业进行全球生产的要求，以实现最大的规模和范围经济，从而能在以单位成本为基础的全球竞争中赢得优势。虽然柔性制造系统可以将新技术运用到小批量生产中，但规模和范围经济的重要性对于企业的全球竞争力来说仍具有决定意义。建立战略联盟是实现规模经营并产生范围经济效果的重要途径。

③ 低成本进入新市场。战略联盟是以低成本克服新市场进入壁垒的有效途径。例如，在 80 年代中期，摩托罗拉开始进入日本的移动电话市场时，由于日本市场存在大量正式、非正式的贸易壁垒，使得摩托罗拉公司举步维艰。到 1987 年，它与东芝结盟制造微处理器，并由东芝提供市场营销帮助，此举大大提高了摩托罗拉与日本政府谈判的地位，最终获准进入日本的移动通信市场，成功地克服了日本市场的进入壁垒。

④ 挑战"大企业病"。单个企业为了尽可能地控制企业的环境，必然要求致力于企业内部化边界的扩大，这一努力过程不仅伴随巨大的投入成本，为企业的战略转移筑起难以逾越的退出壁垒，甚至将企业引入骑虎难下的尴尬境地，而且容易出现组织膨胀带来内耗过大的所谓"大企业病"现象：由于企业规模的扩大、管理层次的增加、协调成本上升正使得一些大企业的行政效率向着官僚式的低效率迈进，致使企业决策缓慢，难以对瞬息万变的市场做出敏锐的反应。而战略联盟的经济性在于企业对自身资源配置机制的战略性革新，不涉及组织的膨胀，因而可以避免带来企业组织的过大及僵化，使企业保持灵活的经营机制并与迅速发展的技术和市场保持同步。与此同时，战略联盟还可避免开反垄断法对企业规模过大的制裁。

7. 聚集效应是区位优势的又一来源，指各种产业和经济活动在空间上集中产生的经济效果以及吸引经济活动向一定地区靠近的向心力，是导致城市形成和不断扩大的基本因素。聚集效应的可能来源有：

① 产业聚集扩大市场规模。企业和人口的集中，彼此形成市场，产生较大规模的市场经济，为工商企业增加了潜在市场，有利于它们扩大生产规模。在市场经济发达的地区，商业、金融、科技、信息机构条件更为优越，适合于企业进行生产经营活动。

② 降低运输费用，降低产品成本。企业集中在一起，企业之间互为市场，彼此提供原材料、生产设备和产品。不仅生产协作方便，供销关系固定，而且距离缩短，运输费用降低，销售费用缩减，从而有利于降低产品成本和销售价格。

③ 共用基础设施，降低公用事业的成本。企业进行生产和经营，需要与之相适应的交通运输、邮政通信、水电供应等各项设施。集中建设、使用和管理这些设施，比每个企业单独建设、使用和管理可大大节约费用，而且这些公共设施又为企业和居民所共享，使它们得到充分的利用，产生更大的社会经济效益和环境效益。

④ 劳动力市场的共享。企业的集中必然伴随熟练劳动力、技术人才和经营管理人才的集中，既使企业能够得到它们所需要的各类人员，同时各类人员也容易获得合适的工作岗位，发挥专长，从而创造出更多的社会财富。

⑤ 知识外溢。知识外溢是指行业的集中分布使各公司员工之间能自然地混杂在一起，便于企业之间直接接触，达到彼此学习，相互交流，广泛协作，推广技术，开展竞争，从而刺激企业改进生产、开发产品、提高质量，创造出巨大的经济效益，有利于技术创新或改革。

⑥ 众多企业的聚集，不仅有利于降低生产成本，而且能够塑造区域弹性分工体系，形成知识创新的外部性。

8. 国际公司在进行跨国经营时一般会有国际重复征税的问题。所谓国际重复征税是指两个或者两个以上的国家按同一税种，对同一纳税人就同一征税对象，在同一时期内征税。为了达到避免重复征税的目的，对国际公司征税一般有免税法和抵税法两种基本方式。

（1）免税法

免税法是指一国政府对本国居民纳税人的已向来源国缴纳了税款的国外所得予以全部或部分免税待遇。一国实行免税法并不等同于实行单一的地域管辖权，而且免税法只有在实行居民管辖权的国家才有意义。一国政府根据居民管辖权本应对其居民的国外所得征税，但出于某些考虑才放弃了这种征税权。

免税法分为全额免税法和累进免税法。全额免税法是指一国政府对本国居民的国外所得不予征税，并且在确定对其国内所得征税的税率时也不考虑这笔所得。累进免税法是指一国政府对本国居民的国外所得不予征税，但是在确定对其国内所得征税的税率时，要将这笔所得额计算在内一并考虑。

（2）抵税法

抵税法指一国政府在对本国居民的国外所得征税时，允许其用国外已缴纳的税款冲抵在本国应缴纳的税款，因此，实际征收的税款为应纳本国税款与已纳外国税款的差额。具体做法是将纳税人的境外所得与境内所得合并计算，按照国内规定税率计算出应纳税款，然后将其在国外已缴纳的税款从居住地国的应纳税款中扣除。

## 二、论述题(每题25分，共50分)

1.(1)全球标准化和本土化营销涵义

本土化策略，即全球适应主张。是企业力图融入目标市场，努力成为目标市场中的一员所采取的策略。它要求企业不是把自己当成外来的市场入侵者，而是当作目标市场中固有的一员融入当地文化，它强调企业以适应环境来获得更大的发展空间。

与本土化策略相对，许多学者与执行者认为营销策略以全球标准化可以获得重大的利益。事实上，部分人士建议采取极端的策略：以相同价格在同样的通路提供相同的产品，并以相同的销售与促销计划在全球支援这些商品。国际产品的标准化策略是指企业向全世界不同国家或地区的所有市场都提供相同的产品。而实施产品标准化策略的前提是市场全球化。

（2）推动全球标准化和本土化营销平衡的因素

① 全球标准化的市场因素方面主要体现在多数国家的消费者需求存在一定的相同或者相似性，同质性需求是市场向其他国家或者地区扩展的内在驱动力。但是从另一个层面来看，许多国家为了保护本国市场对跨国公司的进入设置关税或非关税贸易壁垒，这给跨国公司造成很大的困扰，为了能够顺利进入异地市场，跨国公司试图通过本土化营销予以解决。这种方式能够带来两个层面的便利。一是本土化营销使得产品很接近当地消费者的心理需求，易于迅速打开市场，二是本土化可以获得东道国的相关优惠政策，避免贸易壁垒的阻碍。

② 全球标准化的成本因素方面主要体现跨国公司通过整合全球的资源，优化自身的价值链结构，利用全球化的合理分工方式来达到极大降低企业经营成本的目的，这种方式能够给跨国公司带来很大的竞争优势和利润空间。同样，产异化也能在一定程度上降低跨国公司的营运成本。跨国公司通过选择在劳动力成

本较低的国家建厂生产，然后将产品就地销售或者销往他国或者地区既满足本地市场需求又保证其他地区的供应，在这个方面标准化和本土化的作用是相辅相成的。

③ 全球标准化的竞争因素方面主要体现竞争迫使跨国公司不断开拓市场，寻求新的发展机会。当跨国公司在本国内的市场竞争非常激烈时，将目光转向其他国家员工说是一个很好的选择，这样能够很大程度上缓解竞争的压力。当在东道国的发展也遇到本国的竞争对手或者其本土的竞争对手时，跨国公司不得不采取本土策略，细分市场寻求定位了解消费者等一系列本土化措施应对竞争。

一般来说，全球标准化营销和本土化营销有着自身的优势和劣势。标准化的优势恰好是本土化营销的劣势，而标准化营销的不足也从本土化营销的优势中体现出来，二者的优势和劣势关系是一种相互补充的关系。因此，单纯的标准化和单纯的差异性只是企业国际营销战略选择杠杆的两端，实际的国际营销战略应该是介于单纯标准化和单纯差异性这两者之间，是一个标准化程度高，还是差异性程度高的问题。一些宣称为“全球公司”的企业也都是如此，它们在极力追求全球标准化运作的同时，并不完全排斥差异化的适应战略，在并不过多影响规模效益和品牌形象的前提下，它们都会根据地区或国家情况对产品和营销计划做一些小的改变。

(3) 实施平衡化战略对管理和组织的要求

① 实施平衡化战略，要求跨国公司在管理上实行分权模式。分权模式是以子公司及分支机构为中心的管理模式。在这种模式下，总公司通常只对重大的方针、政策及战略等做出规划，而对各子公司及分支机构的生产、销售及财务等不直接控制，只是给予必要的监督和控制。因此，子公司拥有较大的自主权，可充分利用东道国的政策与环境，并根据市场变化及时地调整自己的计划。但是，由于这种模式的跨国公司下放给各子公司较多的自由权，因此常常造成目标与局部利益的冲突。

② 实施平衡化战略，要求跨国公式在组织上实行全球矩阵结构。全球矩阵结构是一个对称性组织：它在产品分部和地区分部两方面具有相同的授权路线，矩阵结构为公司同时实施地区战略和全球战略提供了理想的组织结构，地区分部注重国别反应能力，产品分部注重全球生产经营效率。只有对地区调整需要与产品标准化生产需要趋于相等时，矩阵结构才能更好地发挥作用。

2. 2016 年 6 月英国通过全民公投宣布退出欧盟。这个事件给欧盟经济一体化、欧盟经济和英国经济都带来了深远的影响。

(1) 英国脱欧对欧盟一体化的影响

英国脱欧是欧洲和欧盟一体化进程的一个转折点。为应对英国脱欧对欧洲一体化带来的冲击和挑战。

① 英国脱欧使欧盟的自由贸易进程可能放缓，欧元存在下行压力。英国是欧盟与美国、日本之间贸易投资协定的坚定支持者，一旦脱欧，欧盟自由贸易的进度也可能放缓。近几年欧盟暴露出债务危机、难民流入等诸多问题，内部分歧增加。这些都给增长乏力、通胀低迷的欧洲经济带来不确定性，欧元存在下行压力。

② 英国脱欧使欧盟在国际体系中的权重下降的同时，也使自身在欧洲事务的影响力下降。英国是欧洲最强的国家之一，完全是支撑欧盟的三根台柱子之一。英国脱欧将使欧盟作为一个整体的总体实力、在国际舞台上的影响力和应对危机的能力下降。

③ 英国公投脱欧为其他欧盟国家开创了一个“先例”，将会起到“示范效应”。欧盟内部有其他想退出欧盟的国家，会受其影响，加快脱欧步伐。

(2) 英国脱欧对英国经济影响

英国退出欧盟，在短期内对英国无疑是有利的。英国可以立即省下每年需缴纳给欧盟财政的 80 亿英镑款项。但从长远来看，受脱欧的影响，英国在未来数年里经济增长将放缓，甚至可能进入衰退。

① 在贸易方面，由于英国对欧盟的贸易依存度较大，脱离欧盟将增加英国与欧盟的贸易成本。欧盟是英国最重要的贸易伙伴，英国进出口的一半与欧盟有关。由于欧盟区域内实行零关税政策，各国之间的贸易关系非常密切。脱欧意味着欧盟与英国之间的自由贸易将受到一定限制，而且尽管欧盟相关官员承诺未

来将与英国保持密切关系，但为了提高脱欧的成本来保证欧盟稳定性，欧盟在与英国的谈判中大概率会保持强硬姿态。

② 在投资方面，欧盟是英国最大的 FDI 来源，脱欧将降低英国的吸引力。英国和欧盟经济贸易往来频繁，再加上英国管制较少、资本市场发达，英国 FDI 存量中来自欧盟的份额长期稳定在 40%以上，欧盟投资主要集中在批发零售、采掘业、通信、金融、公用事业、制造业等行业。脱欧带来的不确定性和恐慌也会减少英国国内企业的投资。脱欧后英国和欧盟能否达成促进贸易的协议都是未知数，一旦欧盟采取报复性的惩罚手段，英国有被边缘化的可能，经济和政策前景的不确定性也会影响英国国内的投资情绪。

③ 在就业方面，来自欧盟移民的快速增长和伴随而来的福利负担，是英国希望脱欧的重要原因。但是考虑到脱欧对英国经济的负面冲击，英国本地居民的就业机会可能不仅不增加，还会减少。

④ 在金融方面，脱欧还将导致欧盟的国际资本和人力资源大量从英国外流，削弱伦敦全球金融中心的传统地位。

（3）英国脱欧对欧盟经济的影响

① 在预算方面。英国是欧盟预算第四大净出资国，排在德国、法国和意大利之后。按 2016 年预算安排，英国需向欧盟缴纳 194 亿欧元，欧盟将返还英国 70 亿欧元农业和地区补贴。英国脱欧后，欧盟整体预算和再分配将受到影响，欧盟成员国需补上这个预算“窟窿”，同时调整相关补贴方案。

② 在投融资方面。英国是欧盟资本和金融市场的重要部分，欧盟股市一半资本通过英国资本市场筹集，英国脱欧对欧盟资本市场一体化是一个打击。

③ 在贸易协定谈判方面，英国脱欧公投结果可能会对“跨大西洋贸易和投资伙伴关系协定”（TTIP）谈判产生影响。美国贸易代表曾警告说，英国脱欧风险和其他欧洲政治问题正在削弱 TTIP 谈判前景。

④ 对金融机构来说，英国脱欧的冲击也不小。欧洲投资银行（EIB）预计将受到较大影响，因为英国在该银行的资本份额为 16.1%，英国脱欧后，其他欧盟成员国或将不得不补足英国份额。问题还在于，英国的离开有可能影响欧洲投资银行目前的 AAA 信用评级。

**【科兴点评】**复旦大学经济学院 2017 年 9 月公布了 431、433、435 和 436 的考试大纲，唯独没有公布 434 的考试大纲，这似乎意味着复旦 434 考试内容、命题风格继续不变。从最终的实际情况来看，这证实了我们的猜想，前面几个公布大纲的专业课，命题难度、考试题型，考试范围与以往有很大差别，唯独 434 一如既往。

# 华南理工大学 2018 年 434 国际商务专业基础试题

**一、名词解释(每题 6 分，共 48 分)**

1. 国际收支平衡表
2. 外汇互换交易
3. 贫困化增长
4. 权力距离
5. 生产全球化
6. 市场撇指定价
7. 弗雷德曼学说
8. 弗罗廷贷款

**二、简答题(每题 10 分，共 50 分)**

1. 简述国家风险的成因。
2. 简述国际贸易新要素理论。
3. 从事国际商务的企业在组织结构水平差异化有哪些类型，各有什么特点?
4. 企业零部件来源决策主要考虑自制还是外购，请问各有何优点?
5. 商务决策中考虑伦理问题，国际企业和它的经理人可以做的工作有哪些?

**三、论述题(第 1、2 题各 16 分，第 3 题 20 分，共 52 分)**

1. 一个来访的美国某公司经理发现该公司设在一个贫穷国家的分公司雇用了一名 12 岁的女孩，这违反该公司禁止使用童工的有关规定。他要求当地公司辞掉这个孩子，并让这个孩子回学校上课。当地经理告诉这位美国经理，这个女孩是个孤儿，没有生活来源。如果她失去这份工作，将流落街头。请使用伦理问题相关理论知识来分析这位美国经理应该如何处理该问题?

2. 按投资者动机划分，国际直接投资有哪些类型?请阐述你对我国当前对外直接投资的相关认识。

3. 假设你在一家设计和生产个人电脑的公司工作，公司的研发中心在北达科他州，公司的电脑是在中国台湾贴牌生产的。营销战略的制定权下放给三个区域集团：北美集团(位于芝加哥)、欧洲集团(位于巴黎)、亚洲集团(位于新加坡)。各个区域集团自行决定区域内的营销手段。依重要性排序，公司最大的市场依次为北美、德国、英国、中国和澳大利亚。公司正面临产品研发和商品化程序上的问题。产品上市慢，生产质量差，成本高于预算，新产品的市场认可度也比预期差。从战略和组织构架上看这些问题产生的根源是什么?请根据组织构架的相关知识讨论解决方案。

## 华南理工大学 2018 年 434 国际商务专业基础试题解析

**一、名词解释(每题 6 分，共 48 分)**

1. 国际收支平衡表是指系统记录一国在一定时期内(通常为一年)各种国际收支项目及其金额的一种统计表。国际收支平衡表有经常账户、金融与资本账户和错误与遗漏账户等三个一级账户。

2. 外汇互换交易是指交易双方相互交换不同币种但期限相同、金额相等的货币及利息的业务。外汇互换交易主要包括货币互换和利率互换。

3. 贫困化增长是某些特定发展中国家发生的情况，它的含义为：当一国由于某种原因(一般总是单一要素供给的极大增长)使传统出口商品的出口规模极大增长，其结果是不仅导致该国贸易条件的严重恶化，而且还导致该国国民福利水平绝对下降。典型例证是“荷兰病”。

4. 权力距离是指一个社会对组织机构中权力分配不平等的情况所能接受的程度。在权力距离大的文化中，下属对上司有强烈的依附性，人们心目中理想的上司是开明专制君主，是仁慈的独裁者；在权力距离小的文化中，员工参与决策的程度较高，下属在其规定的职责范围内有相应的自主权。

5. 生产全球化是指企业为了降低生产成本、运输成本和经营成本，基于各国要素禀赋上的不同，将自己的生产活动分散到各个区位以达到最优化资源配置的目的。这种做法降低了总成本构成、提高了质量、改善他们所提供产品的功能，从而使他们更为有效地竞争。

6. 市场撇脂定价指在产品刚刚进入市场时将价格定位在较高水平，在竞争者研制出相似的产品以前，尽快地收回投资，并且取得相当的利润。然后随着时间的推移，再逐步降低价格使新产品进入弹性大的市场。一般而言，对于全新产品、受专利保护的产品、需求的价格弹性小的产品、流行产品、未来市场形势难以测定的产品等，可以采用撇脂定价策略。

7. 弗雷德曼假说，又称稻草人假说，其基本观点是，在法律许可范围内，企业的社会责任就是提高利润。他认为企业在法律之外不需要负社会责任。当一个企业实现利润最大化时，就是给企业的投资者以最大的红利回报，也在实现自身利益的过程中，带来正的外部性。他也认为，企业要以符合道德的方式经营，不能造假和欺诈。但是在国际商务中，游戏规则很难确定，国与国的规定都各不相同，其实弗雷德曼所谓“标准和法律范围”很难衡量。

8. 弗罗廷贷款指国际企业的母公司与子公司之间通过一家国际银行作为金融中介进行的贷款。这样做可以绕过东道国政府为限制外国子公司将资金转移到母公司而设置的障碍，同时还可以避税。

## 二、简答题(每题 10 分，共 50 分)

1. 国家风险的成因有以下几个方面：

(1) 国有化。国有化指政府将外资公司的子公司的资产无偿或者低价收归国有的行为，这是最突出、危害最严重的一种国家风险。

(2) 市场准入政策。无论发达国家还是发展中国家，往往都会制定一系列限制政策，阻挡跨国公司对当地市场的渗透。

(3) 财政金融政策。政策变化对跨国公司直接投资必然产生影响。

(4) 外资管理措施。常见的措施包括：设立污染控制标准；增加公司所得税和预提所得税；加强资金转移限制；建立社会福利设施或专门的环境设施；要求子公司使用当地雇员作为管理人员等。此外，东道国政府对外国经营者要求特许权审批、对本国竞争者给予补贴的做法也非常普遍。

(5) 货币的不可兑换性。为了防止资本外逃，危害经济发展的稳定性，许多发展中国家不允许本国货币自由兑换成其他货币。

(6) 消费偏好。东道国居民对产品产地的消费偏好，是决定外国产品能否成功进入新的国外市场的关键，因此对跨国公司的直接投资有决定性影响。

(7) 经济周期。当东道国经济衰退时，市场需求下降。跨国公司能够得到的现金流量下降，难以获得预期的投资收益。

(8) 战争。战争对跨国直接投资的影响主要是：威胁跨国公司雇员的人身安全；外部经济环境恶化；商业活动很不规范；子公司的经营现金流量更加不稳定。

2. 国际贸易新要素理论认为，应赋予生产要素以新的含义，扩展生产要素的范围，生产要素不仅仅是生产要素禀赋理论所说的劳动、资本和土地，技术、人力资本、研究与开发、信息以及管理等等，都是生产要素，这些无形的“软件”要素越来越成为形成贸易的基础，它决定着一国比较优势格局。新要素理论当然是对要素禀赋理论的发展，但就分析方法而言，新要素理论与传统要素贸易理论并无本质的不同。新要素理论主要包括：

(1) 人力技能说。该学说是从里昂惕夫的劳动熟练说发展来的。所谓人力技能是指人的劳动技术熟练程度，是通过储蓄和投资形成的，实际上也可以看成是人力投资。人们通过对劳动力进行投资(如教育、职业培训、保健等)，可以提高劳动力的素质和技能，使劳动生产率得到提升，从而对一国参加国际分工的比较优势产生作用与影响。该学说认为新时代，一个国家应该重视人力投资以提高人力技能，才可能产生新的比较优势。

（2）R&D 学说(研究与发展学说)。该理论强调的是研究与发展作为一种新的生产要素对于国际贸易比较利益的重要作用。研究与发展要素是指经济发展过程中用于研究和开发各种新项目、新技术、新产品的投资。在实际衡量中多用开发经费占销售额的比重来计算。研究与发展的多少，可以改变一个国家在国际分工中的比较优势，而丰裕的资金、丰富的自然资源、高质量的人才是从事研究开发的条件，市场对新产品的需求是研究开发产业化的基础，研究与发展密集度高的产品就是知识密集型或技术密集型的产品，其变化可以产生新的比较利益。该学说强调了科技在国际贸易优势形成中的作用，符合国际贸易发展的趋势。

（3）技术进展论。该理论认为技术是过去对研究与开发进行投资的结果，也可以作为一个独立的生产要素。技术进展同人力技能、研究与发展等要素一样，也决定着一国生产要素禀赋状况及其在国际贸易中的比较利益。

（4）信息贸易理论。信息是能够创造价值并进行交换的一种无形资源，是现代生产要素的组成部分。信息本身同时又是可以交换的商品，是一种软件要素，而且是一种无限的资源，占据信息意味着比较优势的改变，可以促进一国贸易格局的变化。目前该理论并不很完善，但它却代表着重要的发展方向。

3. 水平差异化是指管理者将公司划分成相互分离的子单位，以便为专门化的任务分配责任。这种划分通常从智能、业务类型或地理区域为基础。常见的跨国公司水平差异化组织结构类型有：

（1）国际业务部结构。国际业务部除了负责管理出口和销售之外，还监督履行多种智能的国外子公司或分公司。国际业务部通常按照地理区域来组织。由于国外子公司或分公司的负责人在组织中的发言权没有国内部门负责人多，同时各国子公司或分公司的经理被降为公司等级组织机构中的二级层级。所以国际业务部的组织结构存在着国内与国外经营间潜在的冲突与协调问题。

（2）全球地区结构，又称为区域事业部制，是指跨国公司根据全球不同地区划分分部，地区分部在很大程度上是独立自治的实体，并拥有各自的价值创造活动。地区分部拥有经营领导权与各项价值创造活动有关的战略决策权，而总部掌握公司总的组织战略方向和财务控制权。由于全球地区结构采取分权的管理方式，决策权的下放有助于促进各分部对地区的适应。然而，这种组织结构也会将组织分割成一个个高度自治的实体，阻碍地区间核心竞争力和技术的转移。这种结构一般适用于产品多样化程度低且国内组织结构为职能结构的公司。

（3）全球产品分部结构，是指以公司主要产品的种类及相关服务的特点为基础，在全球范围内设立若干产品分部。每一个分部都是一个自给自足、大体上自治的实体，并对其价值创造活动负全部责任。总部负责公司的整体组织战略发展和财务控制。这种结构一般适用于产品多样化程度高的企业。

（4）全球矩阵结构，是把一个以项目或者产品为中心构成的组织叠加到以地区划分的组织结构之上，有关某一特点项目或产品的经营决策权由产品分部与公司的各个区域部分分享。全球矩阵结构使得水平差异化沿着二维方向发展：产品分部和地理区域。

4.（1）自制的优势

支持在公司内制造零部件或产品(垂直一体化)的论点有以下四个方面：

① 降低成本。如果一个公司比其他企业在生产活动上更有效率，那么公司继续自己生产产品或零部件是有利的。

② 促进专业化投资。专业化资产是指价值依其所维持的某种特定关系而定的资产。当一个公司必须投资于专业化资产以供应另一家公司的时候，相互依赖关系就形成了。在这种关系下，每一方都害怕对方会滥用这种关系以寻求更优惠的条件。因此，当生产一种元件需要大量投资于专业化资产时，公司将选择内部制造元件而不是对外承包给供应商。

③ 保护专利产品技术。专利产品技术是一个公司特有的技术。如果它能使公司生产出具有卓越特点的产品，专利技术就给公司带来了竞争优势。公司当然不想让这项技术落入竞争者之手。如果公司将含有专利技术的元件或产品的生产外包出去，它就会冒风险：那些供应商可能将这项技术据为己有或出卖给竞争者。因此，为了保持对该技术的控制，公司可能宁愿在其内部生产零部件或产品。

④ 改进相邻工序的时间安排。关于内部生产产品或零部件的一个论点是，因为它更易于计划、协调和对相邻生产工序作出时间安排，所以可以节约生产成本。对于在世界范围内采购的跨国公司，生产进度问题会由于公司和其供应商之间的时间和距离的间隔而加剧。

（2）外购的优势

从独立供应商那里购买零部件或整个产品的优势是使公司具有更大的灵活性，有助于降低成本结构，帮助公司从国际客户那里获得订单。

① 战略灵活性。向独立供应商购买零部件或整个产品的一大优势是公司可保持灵活性，即根据情况需要在各供应商之间转移订货。这在国际上尤其重要，因为汇率的变化和贸易壁垒能改变一个供应来源的吸引力。如果产品的最佳生产地受到政治风险的困扰，向独立供应商购买零部件也是有利的。然而，维持战略灵活性也有其不利的一面。如果供应商发觉该公司由于汇率变化、贸易壁垒或一般政治环境要改变供应商，那么这个供应商可能不愿意投资于那些最终能使该公司获利的专业化工厂和设备。

② 更低的成本。尽管垂直一体化策略经常被用来降低成本，但是它也可能有相反的效果，组织复杂化会提高公司的成本结构。

③ 抵消贸易。抵消贸易是指一方在进口诸如国防、航空或宇航、计算机、信息交流等设备时，以先期向另一方或出口方提供的某种商品和/或劳务、资金等抵消一定比例进口价款的做法。抵消的方式可以是为生产该设备而提供的零部件、投入的资金、所转让的技术以及技术培训、项目研究开发等。向其他国家的独立供应商外包某些生产活动的另一理由是，它有助于公司从该国得到更多的订单。

5. 商务决策中考虑伦理问题，国际企业和它的经理人可以做的工作有：

（1）聘用和晋升。企业应该努力聘用那些具有很强的个人道德意识、没有不合乎伦理或不合法行为的人员。同样，也不会期望企业晋升那些其行为与公认的伦理准则相违背的人员。企业可以对潜在的雇员进行心理测试，以辨别他们是否存在伦理方面的问题，也可以从前任雇主那里了解他们的为人。不仅仅是企业在尽力寻找和聘用具有很强个人道德意识的人员，潜在的应聘者也在尽自己最大的努力发现一个组织的伦理氛围。

（2）组织文化和领导作风。在建立一个强调道德行为的组织文化时有三件事情十分重要：第一，企业必须讲清楚它所重视的道德行为。第二，企业领导还应反复强调它们的重要性，不断给这些文字注入新的活力，并且要身体力行。最后，建立一个高度重视道德行为的组织文化需要建立相应的激励和奖励制度，包括奖惩制度，即奖励那些道德行为良好的人，制裁那些有不良行为的人。

（3）决策过程。企业人员还必须思考在整个决策过程中伦理的含义。要做到这一点，他们需要一个道德指南。可采用五步法来思考伦理问题。第一步，企业人员应该识别出一个决策会影响哪些利益相关者以及以何种方式影响。一个企业的利益相关者是指在这个公司有一定利益、权利和股份的个人或团体，这个公司做什么以及如何做都会影响到他们的利益。他们可以分为内部利益相关者和外部利益相关者。第二步，就是根据第一步所获得的信息，判断所提出的战略决策的伦理含义。经理们需要确定提出的决定是否背离任何利益相关者的基本权利。第三步要求经理们确立一种伦理导向。这就意味着一旦发生了与利益相关者的基本权利或主要伦理原则相冲突的事情，企业必须将道德伦理放在首位。第四步要求公司管理伦理行为。第五步要求企业审核它的决策，评估这些决策是否符合伦理准则。

（4）伦理官员。伦理官员的职责是确保所有的员工都能接受道德伦理意识培训，有关道德伦理的考虑要进入企业的决策程序，企业的道德伦理措施要落实到位。

（5）道德勇气。道德勇气能够使经理放弃一项有经济效益但不道德的决策。道德勇气给员工带来力量，使他们能对上司强迫其执行的不道德行动的指令说“不”。道德勇气给员工带来了正义感，使其能向公众、媒体公开揭发公司老总的不道德行为。

## 三、论述题（第1、2题各16分，第3题20分，共52分）

1. 该例子揭示了在外国子公司工作真实的伦理困境。美国经理应当认识到无论是违反该公司禁止使用童工的规定还是让这个女孩流落街头，都是不可接受的。美国经理也应当意识到，公司在享有一定权利的同时还应当承担一定的社会责任。从本质上讲，对社会负责就是对自己负责，因为这是经商的正确道路。

成功的大企业应将诚实尽责、乐善好施视为自己的责任。因此，这位美国经理最好的做法就是为女孩提供一些慈善帮助，捐赠、送往孤儿院、找人领养或者是教会她一些技能足以自己谋生。

2.（1）根据投资者的不同动机，庞大的国际直接投资可细分为：

① 资源导向型投资。每个国家拥有的自然资源都是有限的，面对国内不断增长的原材料需求和世界性的能源危机，必须到资源禀赋丰足的国家直接投资，建立原材料生产基地和供应网点，以确保生产经营的正常进行。

② 出口导向型投资。国内市场是有限的，特别是随着生产的发展和竞争的加剧，国内市场很快会趋于饱和。因此，出口市场份额对于一国经济发展和企业壮大具有重要意义。

③ 降低成本型投资。由于劳动力成本上升，发达国家和一些新兴工业化国家的企业在国际市场上的竞争中已难以稳操胜券。为保持商品的竞争能力，它们以直接投资方式，把费工费时的生产工序和劳动密集型产品的生产转移到劳动力资源充裕和便宜的国家或地区。此外，在原材料产地附近投资建厂所节约的运输费用，东道国政府为吸引外资所给予的优惠待遇等，也都有助于减少成本开支，获取比较成本利益。

④ 研究开发型投资。通过向技术先进的国家直接投资，建立高技术子公司，或控制当地的高技术公司，将其作为科研开发和引进新技术、新工艺，以及新产品设计的前沿阵地，有助于打破竞争对手的技术垄断和封锁，获得一般的商品贸易或技术转让许可协议等方式得不到的先进技术。

⑤ 发挥潜在优势型投资。因为生产能力的扩大和市场份额的改变，一些企业拥有的资金、技术、设备和管理等资源已超过国内生产经营的需要而可能被闲置起来。为充分发挥潜在优势，使闲置资源获得增值机会，到国外直接投资建厂，就是一个有效的途径。

⑥ 克服风险型投资。市场的缺陷和政治局势的动荡等原因，都可能把企业推向困难境地。为防范经营风险，企业到国外直接投资，在更大的范围内建立起自己的一体化空间和内部体系，这样就可以有效地化解外部市场缺陷造成的障碍，避免政局不稳带来的损失。

（2）中国对外直接投资的现状和特点

① 发展速度快，平均投资规模逐步扩大，投资主体不断优化。近年来，我国对外直接投资的发展速度超过了许多发展中国家。当然，和发达国家相比，我国的对外直接投资实力仍比较薄弱，投资企业数目、年均投资金额、累计投资金额还较小，而且，我国的对外直接投资大多数为中小型项目，大型跨国公司很少。

② 对外投资企业多分布于港澳地区和经济发达地区，但近年出现了多元化趋势。我国的6000多家国外投资企业分布在亚洲、欧洲、北美等地，从具体国家和地区来看，除港澳地区以外，分布在美国、日本、泰国、新加坡、阿联酋等国家的企业较多。总体来看，我国企业对外投资的地区分布有日益多元化的趋势，我国国外企业的分布格局与我国对外贸易的市场结构有较密切的联系。

③ 重点和一般投资领域相结合。我国国外投资企业在第一、二、三产业均有分布，相对集中在服务贸易、工业生产加工、农业与农产品开发、资源开发等行业。近几年来，境外加工贸易受到国家鼓励而成为我国对外投资的主要形式，发展较快。

④ 出资方式多种多样，但以合资居多。我国企业对外投资的方式越来越多样化，有的以现汇出资，有的以国外贷款出资，有的以国内机械设备等实物出资，还有的以国内的专有技术和技术专利出资。

⑤ 国外投资企业对国内母公司的依赖较重，自我开拓和横向联系能力不强。就目前的状况而言，我国多数国外投资企业在各方面都是由国内企业直接控制，是国内公司的补充，没有形成属于自己的营销网络和信息网络。

（3）我国对外直接投资的作用

① 利用国外资源．弥补国内资源不足。目前随着我国经济的快速发展，国内能源、资源供需的总量和结构矛盾日益突出。所以，通过对外直接投资，建立稳定的国外能源、资源供应渠道，开发国外资源为我所用，利用国外资源弥补国内资源的短缺。

② 学习和引进国外先进技术和管理经验。借助于国外投资企业，能以优惠的价格和优质的服务为国内企业引进先进的技术、设备和关键零部件，推进国内企业的技术改造，增强国内企业新产品的开发能力和

出口能力，增强企业的国际竞争力，而且，我方人员可以通过参与对外投资企业的管理，学到一些先进的管理经验，促进企业管理水平的提高。

③ 有助于实施市场多元化战略。通过对外直接投资在新的出口市场建立一些贸易企业和零部件组装和加工企业，可以提高我国商品在该地区的竞争力。

④ 取得经济效益和社会效益。从对外投资企业的微观角度来讲，对外直接投资取得了一定的经济效益；从国家整体经济发展的宏观角度来讲，对外投资企业还产生了一定的社会效益，例如保证能源供应、实现产业转移等。

3. (1) 这些问题的根源是分散化管理所带来的协调复杂问题。将研发、生产和营销活动分散化的确是有意义的——在低成本的地方生产产品，雇用对当地熟悉的工人销售产品。将研发置于北达科他州是历史使然。然而，这将使得协调任务异常复杂，并且有助于商业化成功的有用信息也不能有效地在各个部门的管理人员之间传达。

(2) 在新产品的开发过程中，建立跨部门的研发小组将有助于帮助产品的开发和商业化。取得跨部门结合的方法之一是成立由研发、营销和生产部门的人员组成的跨部门研发小组。小组的目标是要完成从最初的概念设计直到产品上市的产品研发项目。小组要能够有效地发挥职能并达到每个阶段的研发目标，必须具备以下一些重要特征：

① 小组必须由一位“重量级”的人物来领导；

② 小组必须由各个部门派遣至少一名成员组成；

③ 小组成员应尽可能在一处工作以营造一种亲密感和便于沟通；

④ 小组必须有明确的计划和目标，特别是要有重要的阶段性研发目标和预算；

⑤ 小组必须制定自己的沟通及冲突解决方案。

**【科兴点评】**华南理工大学官方指定的参考用书是张二震《国际贸易学》、陈雨露《国际金融》、查尔斯·希尔《国际商务》。从历年命题情况来看，前面两本书用其他教材是可以替代的，但是最后一本是无可替代的。拿2018年的试题为例，关于弗雷德曼学说和弗罗廷贷款其他教材没有涉及。

# 暨南大学 2018 年 434 国际商务专业基础试题

**一、单项选择题(每题 2 分，共 10 分)**

1. 若一国货币汇率高估，往往会出现(　　)

A. 外汇供给增加，外汇需求减少，国际收支顺差

B. 外汇供给减少，外汇需求增加，国际收支逆差

C. 外汇供给增加，外汇需求减少，国际收支逆差

D. 外汇供给减少，外汇需求增加，国际收支顺差

2. 对于 CPT 术语合同，在卖方提交的提单上，买方不能接受的批注是(　　)。

A. 运费未付　　B. 收妥备运　　C. 货物表面良好　　D. 起航时间待通知

3. 我某出口公司于 2001 年 8 月 10 日用特快专递向德国汉堡某公司发盘，限 2001 年 8 月 25 日复到有效。8 月 23 日下午 3 时我公司同时收到德国公司的表示接受的特快专递和撤回接受的传真。根据《联合国国际货物销售合同公约》，对此项接受，(　　)。

A. 可以撤回　　B. 不得撤回，合同成立

C. 在我方同意的情况下，可以撤回　　D. 不得撤回，但可以撤销

4. 按着产品生命周期理论，在产品成熟期，产品要素密集性表现为(　　)。

A. 技术密集型　　B. 资本密集型　　C. 劳动密集型　　D. 人力资本密集型

5. 作为外汇的资产必须具备的三个特征是(　　)。

A. 安全性、流动性、盈利性　　B. 可得性、流动性、普遍接受性

C. 自由兑换性、普遍接受性、可偿性　　D. 可得性、自由兑换性、保值性

**二、名词解释(每题 8 分，共 40 分)**

1. 补偿贸易　　2. 国际收支均衡

3. 产业内贸易指数　　4. 贸易乘数理论

5. 外部规模经济

**三、简答题(每题 14 分，共 42 分)**

1. 请列出主要的国际贸易理论。

2. 列举说明常用的贸易术语。

3. 解释贸易转移效应。

**四、计算题(18 分)**

下表显示了美国、英国和日本在 2010 年和 2015 年的 CPI 指数，这三国的相应货币分别采用美元(＄)、英镑(￡)和日元(￥)表示，假设 2010 年名义汇率为：＄/￡ =1.25，￥/＄=120。

| | 美国 | 英国 | 日本 |
|---|---|---|---|
| 货币 | $ | £ | ¥ |
| CPI 2010 | 120 | 100 | 80 |
| CPI 2015 | 132 | 125 | 84 |

(1) 请计算 2010 年￡/＄、＄/￥、￥/￡ 的名义汇率分别为多少？

(2) 假设“相对购买力平价理论”成立，请根据“相对购买力平价理论”公式计算 2015 年

\$/£ 、¥/\$ 、¥/£ 的名义汇率分别为多少？

（3）同样假设“相对购买力平价理论”成立，请分别从“实际汇率”和“名义汇率”两个角度回答2010年至2015年日元（¥）相对美元（\$）是“升值”、“贬值”还是“不变”，并写出简要计算结果。

**五、论述分析题（每题20分，共40分）**

1. 英国“脱欧”事件导致全球对英镑贬值预期加强，然而，与大多数人的预期相反，英国目前的经济状况良好。请论述为什么英国“脱欧”会给英国经济带来短期的正面影响。你认为这种正面影响能够持续吗？请论述英国完全“脱欧”对英国的长期影响。

2. 工业革命时期英国倡导全球自由贸易，欧洲内陆国家历史上存在自我发展的保守主义（如李斯特的观点），再如大体对等时期（清朝时期）我国出现了“闭关锁国”；如今中国则更加积极推动贸易全球自由化，而美国等发达国家的贸易保护主义在抬头，请用各种相关贸易政策加以解析。

## 暨南大学2018年434国际商务专业基础试题解析

**一、单项选择题（每题2分，共10分）**

1. B。汇率高估，意味着单位外汇所能兑换的本币低于购买力平价所确定的数量，因此外汇供给减少，外汇需求增加。汇率高估使本国出口商品以外国货币表示的价格提高，因而使出口商品在国际市场上竞争能力减弱，不利于出口；相反，使外国商品以本国货币表示的价格偏低，鼓励进口，对国际收支不利。从而导致国际收支逆差。

2. A。CPT是carriage paid to的缩写形式，是指卖方向其指定的承运人交货（货交承运人），但卖方还必须支付将货物运至目的地的运费。

3. A。根据《联合国国际货物销售合同公约》规定，发盘送达受盘人时生效。因在发盘生效之前，发盘人可以随时撤回发盘或修改其内容，但撤回或修改通知必须在受盘人收到发盘之前或同时送达受盘人。

4. B。在新产品阶段，产品是技术密集型；产品成熟阶段，产品由技术密集型转化为资本密集型；产品标准化阶段，产品由资本密集型转化为劳动密集型。

5. C。外汇的三个基本特征：外汇必须是一种金融资产；外汇必须以外币表示；外汇必须具有充分的可兑换性。即可偿性、普遍接受性、自由可兑换性。

**二、名词解释（每题8分，共40分）**

1. 补偿贸易指买方在信贷的基础上，从国外厂商进口机器、设备、技术，以及某些原材料，约定在一定期限内，用产品或劳务等偿还的一种贸易方式。对缺乏技术和外汇的国家，利用这种贸易方式可以用外资买进先进技术和设备，以加速国家的经济发展，增强出口能力。

2. 国际收支均衡指国际收支平衡表中自主性交易收付双方总计的相等、平衡。由于国际收支是自发形成的，国际收支的自主性交易完全相等是少见的。一般认为：国际收支差额较小，略有顺差或逆差，即可为国际收支基本均衡。

3. 产业内贸易指数是用来测度一个产业的产业内贸易程度的指数。这一指数的计算公式为：$T=1-\frac{|X-M|}{|X+M|}$。式中，$X$和$M$分别表示某一特定产业或某一类商品的出口额和进口额，并且对$X-M$取绝对值。$T$的取值范围为[0，1]。$T=0$时，表示没有发生产业内贸易；$T=1$时，表明产业内进口额与出口额相等；$T$值越大说明产业内贸易程度越高。

4. 贸易乘数理论认为，对外贸易同样有乘数作用，即对外贸易的增加可以使国民收入成倍增加。贸易乘数原理主要说明：在边际储蓄倾向和边际进口倾向之和小于1的条件下，增加出口有利于提高总需求水平并增加国内就业量。

5. 外部规模经济是指产业规模经济，即某一产业大量的企业集中在一个小的国家或者集中在一个国家的一个地区，出现较大的产业规模，能提高效率，降低成本，增加收入。外部规模经济是一种经济外部性表现，其产生的源泉有：行业地理位置的集中带来的外部规模经济效应；行业内每个企业从整个行业的规模扩大中获得更多的知识积累。

## 三、简答题(每题 14 分，共 42 分)

1. 国际贸易理论的发展大致经历了古典、新古典、新贸易理论以及新新贸易理论四大阶段。

(1) 古典的国际贸易理论产生于 18 世纪中叶，是在批判重商主义的基础上发展起来的，主要包括亚当·斯密的绝对优势理论和大卫·李嘉图的比较优势理论，古典贸易理论从劳动生产率的角度说明了国际贸易产生的原因、结构和利益分配。

(2) 新古典贸易理论产生于 19 世纪末 20 世纪初。该理论以要素禀赋理论为核心，该理论由伊莱·赫克歇尔和伯蒂尔·俄林提出，并被保罗·萨缪尔森等学者加以发展。要素禀赋理论认为国家之间要素禀赋的差异是国际贸易的起因，并分析了建立在要素禀赋差异基础上的国际贸易对收入分配的影响以及要素积累对生产和贸易的影响等问题。

(3) 20 世纪 70 年代末 80 年代初，以保罗·克鲁格曼为代表的经济学家提出了新贸易理论。新贸易理论放弃了传统贸易理论中规模报酬不变和完全竞争这两条基本假设，将规模经济和不完全竞争引入国际贸易理论的分析中。虽然新理论可以解释传统的比较优势理论所不能解释的一些贸易现象，但二者之间并不是相互替代的关系，它们建立在不同的理论前提下，分别解释不同的贸易现象，因此是互补的。新贸易理论主要包括规模经济理论、产品生命周期理论、产业内贸易理论和国家竞争优势理论。

(4) 新新贸易理论是指有关于异质企业模型和企业内生边界模型的理论，这两个理论将国际贸易的研究范畴从传统贸易的理论研究的产业间贸易转变为研究同一产业内部有差异的企业在国际贸易中所作的选择。新新贸易理论更多是从企业的层面来解释国际贸易和国际投资现象。

**【科兴点评】**考生当然也可以把各种保护性贸易理论写上去，但是我们这里为了答题的逻辑性，把各种战略性贸易理论看成是贸易政策。

2. ① Free On Board(FOB)，指卖方在指定的装运港将货物装船超过船舷后，履行其交货义务。这意味着买方必须从那时起承担一切费用以及货物灭失或损坏的一切风险。它要求卖方办理货物出口结关手续。

② Cost and Fright(CFR)，指卖方必须支付成本费和将货物运至指定的目的港所需的运费，但货物灭失或损坏的风险以及货物装船后发生事件所产生的任何额外费用，自货物于装运港越过船舷时起即从卖方转由买方承担。

③ Chst，Insurance and Fright(CIF)，指卖方除负有与 CFR 术语相同的义务外，卖方还必须办理货物在运输途中应由买方承担的货物灭失或损坏风险的海运保险。卖方订立保险合同并支付保险费。本术语要求卖方办理货物出口结关手续。

④ Free Carrier(FCA)，指卖方办理货物出口结关将货物交到指定的地点由买方指定的承运人照管，履行其交货义务。买方必须自负费用订立从指定地或地点发运货物的运输合同，并将有关承运人的名称、要求交货的时间和地点，充分地通知卖方，负担货交承运人后的一切费用和风险，本术语可适用于各种运输方式，包括多式联运。

⑤ Crriage Paid To(CPT)，是指卖方支付货物运至指定目的地的运费。关于货物灭失或损坏的风险以及自货物交至承运人后发生事件所产生的任何额外费用各自货物已交付承运人照管之时起，从卖方转由买方负担。本术语适用于各种运输方式。

⑥ Crriage Insurance Paid To(CIP)，指卖方除负有与 CPT 术语相同的义务外，卖方还须办理货物在运输途中灭失或损坏的买方风险取得货物保险，订立保险合同，并支付保险。

3. 贸易转移效应是指由于关税同盟对内取消关税，对外实行统一的保护关税，关税同盟国把原来从同盟外非成员国低成本生产的产品进口，转换为从同盟内成员国高成本生产的产品进口，从而发生了贸易转移。

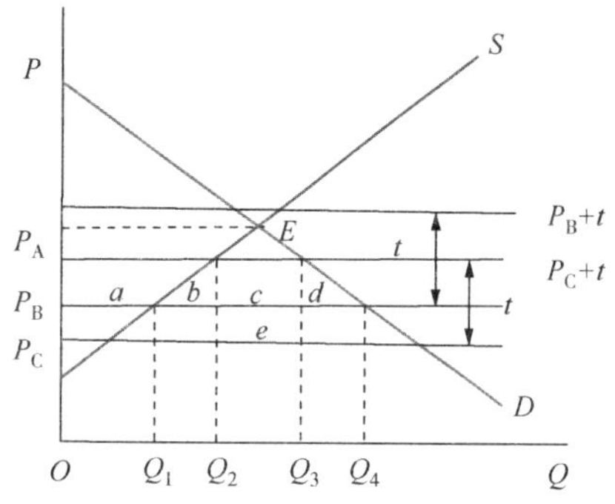


图 1　贸易创造和转移效应

我们假设世界上有 A、B、C 三个国家，都生产某一种相同产品，但三国的生产成本各不相同。我们以 A 国为讨论对象，图 1 显示了建立关税同盟的贸易创造和贸易转移效应。图中 $S$ 表示 A 国的供给曲线，$D$ 表示 A 国的需求曲线，$P_B$、$P_C$ 两条直线分别表示 B、C 两国的生产成本，其中 C 国成本低于 B 国（即 $P_C<P_B$）。在组成关税同盟以前，由于 B 国的产品价格高于 C 国，故 A 国只从 C 国进口，并对从 C 国进口的产品征收关税 $t$。此时，A 国国内价格为 $P_C+t$，国内供给量为 $OQ_2$，国内消费为 $OQ_3$，从 C 国进口量为 $Q_2Q_3$。假设 A 国与 B 国结成关税同盟，相互之间取消关税，并制定了共同的对外关税。由于 A 国对来自 B 国的进口产品不再征收关税，而对来自 C 国的进口仍然征收关税，因此 B 国产品在 A 国的销售价格 $P_B$ 低于 C 国产品在 A 国的销售价格 $P_C+t$。结果 A 国不再从 C 国进口，而改从 B 国进口，A 国的贸易发生了转移。

由于价格的下降，A 国的产量下降为 $OQ_1$，消费量上升至 $OQ_4$，贸易规模变为 $Q_1Q_4$，比建立关税同盟前增加了（$Q_1Q_2+Q_3Q_4$），这一部分为贸易创造效应。其中 $Q_1Q_2$ 是 A 国的生产被 B 国的生产替代的部分，此为生产效应。$Q_3Q_4$ 是由于价格下降而引起的 A 国消费的增加，此为消费效应。

在贸易总量 $Q_1Q_4$ 中，除去贸易创造部分，剩下 $Q_2Q_3$ 的是原来从同盟外生产效率更高的 C 国的进口转向从同盟内生产效率较低的 B 国进口的部分，这一部分即贸易转移效应。这意味着同盟内低效率的生产替代了同盟外高效率的生产，是对资源配置的扭曲，因此对 A 国是不利的。

## 四、计算题（18 分）

（1）2010 年：

$$(£/\$)_{2010}=\frac{1}{1.25}=0.8；(¥/\$)_{2010}=\frac{1}{120}\approx 0.0083；(¥/£)_{2010}=1.25\times 120=150$$

（2）2015 年：

$$(\$/£)_{2015}=\frac{P_d^{2015}/P_d^{2010}}{P_f^{2015}/P_f^{2010}}\times e_0=\frac{132/120}{125/100}\times 1.25=1.1$$

$$(¥/\$)_{2015}=\frac{P_d^{2015}/P_d^{2010}}{P_f^{2015}/P_f^{2010}}\times e_0=\frac{\frac{84}{80}}{\frac{132}{120}}\times 120\approx 114.55$$

$$(¥/£)_{2015}=\frac{P_d^{2015}/P_d^{2010}}{P_f^{2015}/P_f^{2010}}\times e_0=\frac{84/80}{125/100}\times 150=126$$

（3）从名义汇率而言，$(¥/\$)_{2010}=120$，$(¥/\$)_{2015}=114.55$，可见日元兑美元升值。

从实际汇率而言，$(¥/\$)_{2010}=e_{2010}\times\frac{P_f^{2010}}{P_d^{2010}}=120\times\frac{120}{80}=180$，$(¥/\$)_{2015}=e_{2015}\times\frac{P_f^{2015}}{P_d^{2015}}=114.55\times\frac{132}{84}\approx 180$，可见日元兑美元汇率不变。

**【科兴点评】**（1）$/£ 表示的是 1 美元能兑多少英镑，千万不能理解成是一种比率。（2）使用相对购买力平价进行计算的时候，第一步需要确定本币和外币，因为国内的教材中给定的公式均为直接标价法下的。本题给出的两个汇率，$/£ =1.25 中美元是本币，¥/ $ =120 中日元是本币，否则在代入公式的时候会出错。（3）实际汇率的计算公式为：实际汇率 = 名义汇率 ×（$P_f/P_d$），底纹部分与绝对购买力平价公式分子分母相反。

## 五、论述分析题（每题 20 分，共 40 分）

1.（1）英国"脱欧"事件导致全球对英镑贬值预期加强，然而，与大多数人的预期相反，英国目前的经济状况良好。这是因为在短期，英镑贬值会改善国际贸易收支。具体表现在：

①"脱欧"之后，英国可以不必向欧盟缴纳每年数十亿到上百亿不等的会费。按照"脱欧派"的设想，

省下的这笔钱可以贴补英国巨大的公共服务开支。

②“脱欧”之后，英国就能大幅减轻对欧洲经济的援助义务，不必担心被日益严峻的欧债危机所拖累。更何况，欧债危机爆发后，欧洲大陆经济体要求加强欧洲政治联盟的呼声逐渐增强，而这正是英国最担心和抗拒的事情。

③“脱欧”之后，英国可以摆脱欧盟在各个领域所制定的严格的生产标准和监管法规的束缚，从而降低生产成本。

④“脱欧”之后，英国政府就不必再为那些来英国求学的欧盟学生提供贷款。省下的这笔钱，就能用来资助英国本地的学生或其他教育用途。

⑤“脱欧”之后，英国政府就可以加强对边境的控制，减少移民的涌入。不断涌入的移民客观上占用了英国大量的公共资源，并抢走了本地人的就业机会。

(2) 英国退出欧盟，在短期内对英国无疑是有利的。但从长远来看，受脱欧的影响，英国在未来数年里经济增长将放缓，甚至可能进入衰退。

① 在贸易方面，由于英国对欧盟的贸易依存度较大，脱离欧盟将增加英国与欧盟的贸易成本。欧盟是英国最重要的贸易伙伴，英国进出口的一半与欧盟有关。由于欧盟区域内实行零关税政策，各国之间的贸易关系非常密切。脱欧意味着欧盟与英国之间的自由贸易将受到一定限制，而且尽管欧盟相关官员承诺未来将与英国保持密切关系，但为了提高脱欧的成本来保证欧盟稳定性，欧盟在与英国的谈判中大概率会保持强硬姿态。

② 在投资方面，欧盟是英国最大的 FDI 来源，脱欧将降低英国的吸引力。英国和欧盟经济贸易往来频繁，再加上英国管制较少、资本市场发达，英国 FDI 存量中来自欧盟的份额长期稳定在 40% 以上，欧盟投资主要集中在批发零售、采掘业、通信、金融、公用事业、制造业等行业。脱欧带来的不确定性和恐慌也会减少英国国内企业的投资。脱欧后英国和欧盟能否达成促进贸易的协议都是未知数，一旦欧盟采取报复性的惩罚手段，英国有被边缘化的可能，经济和政策前景的不确定性也会影响英国国内的投资情绪。

③ 在就业方面，来自欧盟移民的快速增长和伴随而来的福利负担，是英国希望脱欧的重要原因。但是考虑到脱欧对英国经济的负面冲击，英国本地居民的就业机会可能不仅不增加，还会减少。

④ 在金融方面，脱欧还将导致欧盟的国际资本和人力资源大量从英国外流，削弱伦敦全球金融中心的传统地位。

2. 所谓贸易自由化，是指一国对外国商品和服务的进口所采取的限制逐步减少，为进口商品和服务提供贸易优惠待遇的过程并且主张以市场为主导。而贸易自由化的理论基础来源于亚当．斯密的自由市场经济学说和大卫．李嘉图的比较优势论。这两个理论的核心就是，对于一个国家来说，不仅在其具有超过其他国家绝对优势的产品上进行专业生产是有利的，而且在那些具有比较优势行业进行专业生产也是有利的。通过贸易互通有无，各国在具有相对较高生产力的领域进行专业化生产，将有助于提高各国的真实财富总量。一个国家选择哪一种对外贸易政策，取决于该国的经济发展水平和其在国际经济中所处的地位。不同的国家在同一历史时期实行的贸易政策会不同，一个国家在不同的发展时期实行的贸易政策也不会相同。

19 世纪上半叶，英国率先完成工业革命，综合实力大大增强，急需商品销售市场和原料产地。因此此时英国倡导全球自由贸易。美国和德国等后起的资本主义国家则实行的保护贸易政策。当时，这些国家的工业处于刚刚起步的幼稚阶段，缺乏竞争力，没有力量与英国的工业品竞争，这些国家的政府代表工业资产阶级利益，为发展本国工业，实行保护贸易政策。此时，我国清政府认为天朝物产丰盈，没有对外贸易的必要，因此采取闭关锁国政策。

改革开放以来，我国出口规模迅速扩大，并逐步成为世界制成品市场的重要供应者。特别在中低端工业品市场上，我国已经形成了一定的出口竞争力，并逐步取代发达国家原有的市场份额。尽管我国出口的高速增长并未彻底改变国际贸易不平衡增长的局面，但其出口实力的增强对国际贸易格局产生了不可忽视的影响。我国大量低价工业品进入欧美市场，对其国内相关产业造成了冲击。为缓解由此形成的贸易逆差和各种国内矛盾，欧美发达国家利用其政治经济强权，加强了对我国的贸易制裁。这就是所谓的新贸易保护主义。新贸易保护主义是 20 世纪 80 年代初才兴起的，以绿色壁垒、技术壁垒、反倾销和知识产权保护等非关税壁垒措施为主要表现形式。

# 宁波大学2018年434国际商务专业基础试题

一、名词解释(每题5分，共35分)

1. 跨境电商
2. 反倾销
3. 国家竞争优势理论
4. 技术溢出效应
5. 劳动密集型产品
6. 国际直接投资
7. 贸易顺差

二、简答题(每题11分，共55分)

1. 什么是产品生命周期理论？结合产品例子加以说明。

2. 有人说，中国应该尽早从依赖“人口红利”转向挖掘“制度红利”。这里所说的“人口红利”和“制度红利”分别指什么？结合中国的对外贸易发展现状，谈谈你对从依赖“人口红利”转向挖掘“制度红利”的看法。

3. 影响我国企业对外直接投资区位选择的因素有哪些？

4. 迄今为止，中国批准设立的11个自由贸易试验区有哪些？谈谈你对中国设立自由贸易试验区的看法。

5. 按程度区分，区域经济一体化可分为哪几种形式？各有什么特点？

三、材料分析题(每题15分，共30分)

1. 央广网北京2017年11月12日消息(记者李思默)据中国之声《新闻纵横》报道，昨天日本经济再生担当大臣茂木敏充与越南工贸部长陈俊英在越南岘港举行新闻发布会，两人共同宣布除美国外的11国就继续推进跨太平洋伙伴关系协定(TPP)达成了框架协议，11国将签署新的自由贸易协定，新协议名称为“全面且先进的跨太平洋伙伴关系协定”(Comprehensive and Progressive Agreement for Trans-Pacific Partnership)，简称CPTPP。名字中增加了“全面和先进”(也就是C和P)，这样的变化在中国现代国际关系研究院世界经济所所长陈凤英看来是提升了TPP的可行性。“首先‘C’是全面，增加了TPP的内容。过去TPP签订主要在贸易，但这次所谓的‘C’包括了投资；贸易投资是当前自由贸易区谈判中更高级的内容，他们把‘投资’放在里面使协议的可行性增加；这11国都是APEC成员，都有一个相互之间发展的愿望，这就是‘C’。”

据悉，新版本CPTPP的生效条件是11国中有6国完成国内批准手续即可。此前包含美国的12国TPP的生效条件是批准协定的国家国内生产总值(GDP)应占全体签约国GDP之和的85%以上，而在原12个签约国GDP总和里，美国GDP占60%，美国退出等于TPP实际作废，而此次“全面且先进的TPP”的生效条件是任意6国批准即可。

结合以上材料，试答：

(1) 美国为什么要退出TPP谈判？(6分)

(2) 美国的退出对TPP谈判带来哪些影响？(5分)

(3) 美国退出后，其余11国做了哪些新的尝试？(4分)

2. 在某基础设施建设项目中，我们与欧洲的B国K公司合作生产一种重型设备。而我方业主是上海M公司。在合作过程中产生了一些矛盾，使工程开始阶段进展很不顺利，如交货期上出现困难，设备不能如期到上海。同时，在设备质量的认定上，双方还存在分歧。

这是一个典型的合同执行阶段的谈判僵局。

按照打破僵局的一般程序，我们首先搞清了造成僵局的原因。事实是 K 公司耽误了交货期，但是他们态度却很好，K 公司专家工作是认真的，与此同时，有许多问题却是中方处置不当所造成的，如：有许多地方没能按工期将工作场地及时清理出来；遇到塌方，隐瞒不报，K 公司的专家为此都急得差点掉眼泪。

通过以上事实的了解，我们认为，争吵是不能解决问题的。为了消除双方不合作的因素，应先进行中方的内部协调。为此，我们批评了中方的有关单位，并撤换了个别负责人。与此同时，我们认为，这场争执的责任主要在于中方，而不能归于 K 公司。于是，我们找 K 公司代表磋商，并指出：这个工程完不成，会影响 K 公司日后在中国的声誉，因此，把这件事情做好，对于双方来讲都是至关重要的，希望双方加强沟通。经过一段时间之后，中外双方的合作就比较顺利了。最后，工程完成得十分出色。

试根据上述例子回答下列问题：

(1) 僵局造成的原因是什么？(4 分)

(2) 僵局的解决说明了什么问题？(3 分)

(3) 结合例子说明如何突破谈判的僵局？(4 分)

(4) 本案例说明了谈判后应注意什么？(4 分)

**四、论述题(30 分)**

对外贸易的作用体现在哪些方面？

## 宁波大学 2018 年 434 国际商务专业基础试题解析

**一、名词解释(每题 5 分，共 35 分)**

1. 跨境电商是指分属不同关境的交易主体，通过电子商务平台达成交易、进行支付结算，并通过跨境物流送达商品、完成交易的一种国际商业活动。跨境电商不仅冲破了国家间的障碍，使国际贸易走向无国界贸易，同时它也正在引起世界经济贸易的巨大变革。对企业来说，跨境电商构建的开放、多维、立体的多边经贸合作模式，极大地拓宽了进入国际市场的路径，大大促进了多边资源的优化配置与企业间的互利共赢；对于消费者来说，跨境电商使他们非常容易地获取其他国家的信息并买到物美价廉的商品。

2. 反倾销是指对外国商品在本国市场上的倾销所采取的抵制措施。一般是对倾销的外国商品除征收一般进口税外，再增收附加税，使其不能廉价出售，此种附加税称为“反倾销税”。世贸组织的《反倾销协议》规定，一成员要实施反倾销措施，必须遵守三个条件：首先，确定存在倾销的事实；第二，确定对国内产业造成了实质损害或威胁，或对相关产业造成实质阻碍；第三，确定倾销和损害之间存在因果关系。

3. 国家竞争优势理论是由美国学者迈克尔・波特提出的。该理论认为，国家是企业或者产业参与国际竞争的基础，企业或产业的国际竞争优势是国家竞争优势的体现，或者说，国家竞争优势最终以特定产业作为载体而表现出来。国家竞争优势理论取决于四个基本因素：生产要素，需求因素，相关和支撑产业因素，企业组织、战略和竞争状态因素，以及两个辅助因素：机遇和政府。波特认为这六个因素共同构成一个动态的、激励创新的竞争环境，这形成一个类似钻石分子结构的菱形结构。由于钻石结构是一个互相增强的系统，许多因素的相互作用产生互相加强的利益，从而构成一国国际竞争力的来源。

4. 技术溢出是指在贸易或其他经济行为中，先进技术拥有者有意识或无意识地转让或传播他们的技术，包括国际技术溢出、国内技术溢出、行业间技术溢出、行业内技术溢出四种形式。技术溢出效应指的是跨国公司在东道国实施 FDI，引起当地技术或生产力的进步，而跨国公司无法获取其中全部收益的一种经济外部效应。

5. 劳动密集型产品又称为劳动集约型产品，是指那些在生产过程的要素投入比例中，劳动力投入比重相对较高的产品，它是相对于资金、技术密集型产品而言的，具体哪些产品属于劳动密集型产品则没有统一的划分。劳动密集型产品是发展中国家的重要出口产品，其特点是：技术操作要求较低，单位产品成本中活劳动消耗所占比重较大。

6. 国际直接投资，又称外国直接投资(*Foreign Direct Investment*，简称 FDI)，是指投资者为了在国外获得长期的投资效益并得到对企业的控制权，通过直接建立新的企业、公司或并购原有企业等方式进行的国际投资活动。国际直接投资与其他投资相比，具有实体性、控制性、渗透性和跨国性的重要特点。

7. 贸易顺差是指在特定年度一国出口贸易总额大于进口贸易总额，又称“出超”。贸易顺差越多并不一定好，过高的贸易顺差是一件危险的事情，意味着经济的增长对外依存度过高。

## 二、简答题(每题 11 分，共 55 分)

1. (1) 产品生命周期(product life cycle)，简称 PLC，是产品的市场寿命，即一种新产品从开始进入市场到被市场淘汰的整个过程。弗农认为：产品生命是指市场上的营销生命，产品和人的生命一样，要经历形成、成长、成熟、衰退这样的周期。就产品而言，也就是要经历一个开发、引进、成长、成熟、衰退的阶段。而这个周期在不同的技术水平的国家里，发生的时间和过程是不一样的，期间存在一个较大的差距和时差，正是这一时差，表现为不同国家在技术上的差距，它反映了同一产品在不同国家市场上的竞争地位的差异，从而决定了国际贸易和国际投资的变化。该理论侧重从技术创新、技术进步和技术传播的角度来分析国际贸易产生的基础，将国际贸易中的比较利益动态化，研究产品出口优势在不同国家间的传导。

(2) 收音机就是产品生命周期理论的一个很好的例子。当真空管收音机刚在美国发明时，其市场的前景并不确定，它并没有吸引许多顾客，生产规模也较小，价格非常昂贵并且具有手工艺的特点，因而需要大量技术性工人，经过最初错了又试的阶段之后，收音机成为适应大规模生产的成功产品，随着电台网的扩张以及收音机的有效性对消费者越来越明显，对收音机的需求也不断增长，不久收音机成为出口商品。二战过后，随着生产技术的普及，日本利用其廉价的劳动力扩大生产，使得日本占领了这一市场的很大一个份额。美国收音机研制开发了半导体收音机，并在几年内成功地与仍在使用旧技术的日本厂商进行竞争，后来日本又学会了半导体技术并利用劳动力优势挤占美国市场份额，美国厂商又研发小型半导体技术，使美国又获得技术优势，但是这个技术最终再次被日本学去，日本再次控制收音机的世界市场。现在，日本成为这一领域的创新者，用最新的技术生产收音机。用比较过时技术生产的收音机已转移到亚洲其他工资较低的国家，但工厂常常由日本厂商所拥有。

2. (1) 人口红利，是指一个国家的劳动年龄人口占总人口比重较大，抚养率比较低，为经济发展创造了有利的人口条件，整个国家的经济呈高储蓄、高投资和高增长的局面。制度红利就是在经济发展过程中制度的不健全导致由于产权保护和合约执行两个方面的交易成本在总的交易成本中占了很大的比重，那么通过制度变迁能有效减少交易成本从而促进经济发展的情况下，我们就说存在“制度红利”。制度红利的本质是政府释放了市场的空间，从而提高了效率，并增加了剩余，而先入者则可以获取厚利。

(2) 中国的人口红利从 2010 年开始逐渐消失，即使执行了“单独二孩”政策也无法从根本上改变这一趋势。这就意味着，支撑中国经济高速发展的“人口红利”已经终结，中国的潜在增长率将逐渐降低。然而，这并不意味着中国政府面对不断下降的潜在增长率不能有所作为。对此，中国政府应该尽早从依赖“人口红利”转向挖掘“制度红利”，通过具体的改革措施可以清除那些阻碍生产要素供给和生产率提高的制度障碍，从而提高生产要素供给和生产效率。这将是保障中国经济可持续发展的唯一路径。通过对比各种改革产生的增长效应，提出如下改革的优先领域和具体方式：

① 通过户籍制度改革推进农民工市民化。

② 完善市场配置资源的体制和机制，创造平等进入和退出的竞争环境。

③ 政府和企业需要为员工提供专项培训。

④ 政府还应该继续坚持“生育政策调整和完善”。

3. 影响我国企业对外直接投资区位选择的因素有：

(1) 市场因素。东道国的市场规模对对外直接投资的区位决策具有重要影响。大市场能容纳较多的国内和国外公司，而且能帮助企业生产可贸易产品以获得规模经济和范围经济。

（2）东道国的资源禀赋。一般而言，自然资源丰裕且廉价的地区，往往为吸引投资提供重要的可能性。此外，当东道国拥有丰裕且廉价的有技能的劳动力资源禀赋时，必将吸引许多劳动密集型产业的跨国投资。

（3）创造性资产。作为竞争优势的最重要的工具之一，技术和持续创新的能力已经成为跨国公司想要在东道区位获取的关键性的创造性资产。

（4）东道国的宏观经济政策。宏观经济政策主要是货币和财政政策，包括那些影响税收和汇率的政策。

（5）集聚经济因素。所谓聚集经济，是指一种空间上的外部规模经济。跨国公司的区位决策必须考量备选东道区位各种因素，即区位定位必须使其能够发挥其内部技术经济规模效益，这就要以周围众多的与之相联系的企业的存在为前提条件，这些企业为其提供各种要素投入、公共设施、交通运输、产业服务等。

（6）东道国政府对外直接投资的政策。一般而言，东道国政府对外直接投资政策的核心政策由以下三方面组成：即约束外国投资者进入和经营的规则和法规、给予外国投资者的待遇标准，以及它们在其中运作的市场的功能。

（7）与跨国企业产业选择相结合。因为不同产业的投资有不同的要求，因此，应根据这些需要在不同的区域进行投资。

（8）国际协定的影响。备选东道区位是否加入或签订这些协定，可能成为跨国公司对外直接投资区位决策程序中的考量之一。

4. 2013 年 9 月–2018 年 4 月，国务院先后批复成立中国（上海）自由贸易试验区、中国（广东）自由贸易试验区、中国（天津）自由贸易试验区、中国（福建）自由贸易试验区、中国（辽宁）自由贸易试验区、中国（浙江）自由贸易试验区、中国（河南）自由贸易试验区、中国（湖北）自由贸易试验区、中国（重庆）自由贸易试验区、中国（四川）自由贸易试验区、中国（陕西）自由贸易试验区、中国（海南）自由贸易试验区。

自由贸易区对经济社会发展的作用主要体现在以下四个方面：

① 利用其作为商品集散中心的地位，扩大出口贸易和转口贸易，提高在国际贸易中的地位，增加外汇收入；

② 有利于吸引外资，引进国外先进技术与管理经验；

③ 有利于扩大劳动就业机会。由于自贸区致力于营造市场化、国际化、法治化的营商环境，必然会对高层次人才产生不小的需求，特别是在金融、贸易、航运等领域，许多大学毕业生及专业人才将在自贸区内获得更多机会，甚至有机会不出国门就能拿到超同行业水平的“国际工资”；

④ 在港口、交通枢纽和边境地区设区，可起到繁荣港口、刺激所在国交通运输业发展和促进区域经济发展的目的。

当前，在我国设立自由贸易试验区除了发挥以上四方面作用外，最重要的作用是以制度创新为核心任务，努力形成可复制、可推广的制度成果，创造更加国际化、市场化、法治化的公平、统一、高效的营商环境，推动中国经济全面适应并逐渐引领世界经济全球化发展。

**【科兴点评】**题干问 11 个自贸区，是因为这张试卷是 2017 年底命制的，实际上 2018 年又增加了海南自贸区。

5. 按程度区分，区域经济一体化可分为：

（1）特惠贸易协定，是指在实行特惠贸易安排的成员国之间，通过协定或其他形式，对全部或部分商品规定特别的关税优惠。这是经济一体化的最松散和较低级的一种形式。

（2）自由贸易区，是指由签订有自由贸易协定的两个或两个以上的国家或地区组成的贸易区域。自由贸易区内逐渐减免甚至取消关税与进口数量限制，同时，保留成员国各自的原有独立的对区外国家的关税结构和其他贸易保护措施。

（3）关税同盟，是指两个或两个以上的国家通过签订条约或协定取消区域内关税或其他进口限制，并对非同盟国家实行统一的关税率而缔结的同盟。这在一体化程度上比自由贸易区更进了一步。它除了包括自由贸易区的基本内容外，而且成员国对同盟外的国家建立了共同的、统一的关税税率，结盟的目的在于使参加国的商品在统一关境以内的市场上处于有利地位，排除非成员国商品的竞争，它开始带有超国家的性质。

（4）共同市场，是指除了在成员国内完全废除关税与数量限制并建立对非成员国的共同关税外，还取消了生产要素流动的各自限制，允许劳动、资本等在成员国之间自由流动。在商品自由流动方面，它既有对外的统一关税，又有协调间接税制度、产品标准化制度；在资本的自由流动方面，有协调筹资制度；在劳动的自由流动方面，有学历和技术等级的相互承认制度等等。共同市场下经济调节的超国家性质比关税同盟更进一步。

（5）经济同盟，是共同市场和经济共同体向超国家一体化的宏观协调机制发展的具体步骤，是一种较高层次的区域经济一体化组织形式。其特点是，在实行关税、贸易和市场一体化的基础上，进一步协调成员国之间的经济政策和社会政策，包括货币、财政、经济发展和社会福利政策，以及有关贸易和生产要素的流动政策，并拥有一个制定这些政策的超国家的共同机构。

（6）完全的经济一体化，是经济一体化的最高级形式。完全经济一体化不仅包括经济同盟的全部特点，而且各成员国还统一所有的重大经济政策，如财政政策、货币政策以及有关贸易和生产要素流动的政策。在这个一体化组织内，各成员国的税率特别是增值税率和特别消费税率基本协调一致；它建立统一的中央银行，使用统一的货币；取消外汇管制，实行同样的汇率管理；逐步废除跨国界的金融管制，允许相互购买和发行各种有价证券；实行价格的统一管理等等。完全经济一体化组织一般有共同的组织管理机构，这种机构的权力以成员国的部分经济决策与管理权限的让渡为基础。

**三、材料分析题（每题 15 分，共 30 分）**

1.（1）美国退出 TPP 的原因有：

① 美国的不同种族、社会阶级在利益分配的问题上存在着尤为尖锐的矛盾。TPP 战略的实施对美国社会精英的利益造成的影响不是特别大，但是对美国普通工薪阶级来说却非常不利。特朗普成功当选为总统正是依靠了普通工薪阶级和中下层人民的支持，他上位之后的措施自然会为这些人民群众考虑，因此基于这一原因，美国选择退出 TPP。

② TPP 零关税政策令美国低端制造业雪上加霜，美国贸易保护主义开始反弹。特朗普基于美国工作机会外流、创新能力下降以及移民等问题，强烈反对 TPP 协定，试图在美国退出 TPP 协定后，通过“两反一保”等手段维护公平贸易，实现美国产业回流，重塑制造业大国形象，重新夺回流失海外的工作机会。

③ 特朗普政府奉行“美国利益”优先，积极推行双边协定和区域化合作以取代多边贸易。特朗普上位之后奉行“美国优先”政治经济导向，开始由之前的多边贸易协定转向双边贸易协定，这标志着美国政府贸易政策的转型。在双边会谈中，美国的合作对象大多是经济实力弱于美国且依赖美国市场的伙伴国。

④ 美国社会中存在不认可贸易全球化和贸易自由化的力量。美国一直是一个贸易大国，凭借其自身的科技、金融等方面的服务贸易获得了巨大的国际贸易顺差，与此同时，美国采取从发展中国家购买廉价的原材料的策略，从对外贸易往来中获取巨额收益。美国高科技等很多产业都转向外包行业，这导致美国自身的制造业就业需求量减少，美国本土的劳动力面临着发展中国家廉价劳动力的竞争压力，使得美国社会中一部分人对世界经济贸易的全球化长生抵制情绪，在一定程度上促成了美国退出跨太平洋伙伴关系协议。

（2）①美国退出 TPP 对美国的影响。美国退出 TPP 首先影响了美国自由贸易，中断了美国自由贸易的脚步，使美国必须重新制定贸易规则，将削弱美国在亚太地区的影响。退出 TPP 则表明美国将不再是全球贸易规则的制定者。然而，特朗普表示 TPP 损害了美国工人阶级的利益，美国退出 TPP，采用双边贸易协定来替代多边贸易协定，将会缓解美国的就业形式，将给美国民众提供更多的就业机会。特朗普曾表示要把国内各项事务置于优先地位，使美国再一次强大起来，使美国人民的生活更富裕，这一言论究竟真的会梦想成真，现在谈论尚为时过早。

② 美国退出 TPP 对其他成员国的影响。美国退出 TPP 对于美国的伙伴来说，无疑使其他国家受到经济损失，美国作为“群主”，占据主导地位，他的退出，必将导致 TPP 的搁浅。TPP 不仅具有经济意义，它也是维持亚太地区安全稳定的象征，各国盟友对此寄予厚望，各经济体希望依靠 TPP 提振经济增长，但美国退出 TPP 将使盟友国的愿望化为泡影，并且不得不在战略方面做出调整。美国中途退出，无疑导致美国面临信誉危机，盟友对美国从此将心存芥蒂。

③ 美国退出 TPP 对中国的影响。TPP 原本是美国联手各国成员国遏制中国的战略。如今作为“亚太再

平衡”战略重要组成部分的TPP搁置，那这项战略对中国的制约也将大大削弱。这将给予东盟和中国一段缓冲期，有利于调整现有的贸易协定。中国的贸易压力确实会在一定程度上得到缓解。近年来，中国对外贸易正遭遇着发达国家和新兴经济体的排挤。TPP搁浅缓解美国和日本围堵的压力，也缓解了越南等国通过TPP挤占中国传统劳动密集型产业市场份额的压力，给中国提供了一个相对宽松的外贸环境，有利于中国的发展，中国将提升在全球自由贸易体系中的分量和地位。此外，TPP中所提出的高标准，也符合当今国际贸易和投资发展的趋势。RCEP可以参照TPP中的一些优秀的建议，将有利于中国及其他各国的发展。中国作为新兴大国，将会提升自己的国际地位，促进亚太地区的经贸合作。

(3) 美国退出后，其余11国做出了如下尝试：

① 减少内容，降低门槛，但仍坚持“全面且进步”的标准。该项协定之所以被命名为“全面且进步”，是因为其远远超过了一般自贸协定仅为降低交易成本而签订，更多地还包括了确保提高亚太地区劳工和环境标准，创造出更多旨在提高人民生活水平的对外贸易和就业机会等重要目标。CPTPP保留了TPP中三分之二的原始文本，被搁置或修订最多的是与美国有关的22项条款，半数与知识产权保护相关，主要是缩短了创新药物的专利保护期和版权期限，缩小了信息保护范围等美国高度关注的项目。

② 宽松生效条件。与TPP较为严苛的生效条件，即“须获得全体签约国当年经济总量之和85%以上的六个国家批准后的60天后生效”相比，CPTPP的生效条件较为宽松。在日本的主导下，11个成员国一致同意将CPTPP的生效条件定为“在11个签字国中，只需有六个国家完成国内立法机构的审批手续后，即可在60天后自动生效”。

2. (1) 在合同履行过程中，经常发生这种由于沟通不够造成的僵局。

(2) 僵局的解决说明：只要不持偏见，把事情了解清楚，以合同为依据，就能把问题处理好。

(3) 突破谈判僵局的方法：①从对方角度来观察问题，这是谈判双方实现有效沟通的重要方式。②临阵换将是谈判中用来打破僵局的一种常用做法：釜底抽薪。③达到谈判目的的途径是多种多样的，只要在某些问题上稍做让步，而在另一些方面就能争取更好条件。

(4) 这个例子也同时告诉我们，谈判是自始至终的。有的人以为合同一旦签订，谈判就已经结束了，这个观点是错误的。只有当合同中所有的责任义务全部都履行完，谈判的目标得到了完全的实现，谈判才告终止。

## 四、论述题(30分)

对外贸易是国际经济交往的主要渠道和主要内容，也是联结国际分工参与国的共同纽带。一般来说，一个国家的经济外向度高，对外贸易发达，出口额占国民生产总值的比重大，标志着这个国家的国际分工和国际市场上的参与性、竞争性强，从中可能得到的利益也多。发展对外贸易的作用有：

① 发展对外贸易，可以互通有无，调剂余缺，实现资源的优化配置。现在世界上任何国家，哪怕是发达国家，也不可能具备一切资源，万事不求人。即使最不发达的国家，也都会有某些资源或产品富余，可供出口。发展对外贸易，国与国之间可取长补短。我国虽然幅员广阔，但某些资源还是缺乏的。

② 发展对外贸易，可以节约社会劳动，取得较好的经济效益。我国与发达国家相比，劳动生产率差距较大，但我们也有自己的比较优势。如我国具有劳动力资源充裕和传统技术精湛的优势，因此可以多发展劳动密集型产品的出口，扬长避短，以取得较大的经济效益。

③ 发展对外贸易，可以吸收和引进当代世界先进的科学技术成果，增强本国的经济实力。在人类步入21世纪之际，以知识为基础，直接依赖于知识和信息的生产、扩散及应用的知识经济已初见端倪。随着知识经济的来临，先进科技的地位越来越重要。当今国际竞争的实质是以经济和科技实力为基础的综合国力的较量。经济的发展需要靠科技去推动。我国是发展中国家，与发达国家相比，还有相当大的差距，通过对外贸易，引进先进技术是我们赶超发达国家、增强实力的重要途径。即使我们加入到世界发达国家行列，引进世界先进技术也不能停止。因为任何国家都不可能在一切科学技术领域都居于领导地位，各个国家，都有必要吸收其他国家的先进科学技术成果，以利于较快地提高本国的科学技术水平，推动本国社会生产力的发展。此外，在科学技术突飞猛进向前发展的当今世界，对现代科学技术关门研究是十分不经济的，肯定要落后的。

④ 发展对外贸易，接受国际市场的竞争压力和挑战，可以促进国内企业不断更新技术，提高劳动生产率和产品的国际化水平。经济全球化的发展，使世界经济相互依赖程度加深，任何国家的发展都离不开世界，离不开国际贸易。通过对外贸易，使本国企业直接进入国际市场，参与国际竞争并接受国际市场的检验。这将有力地促进本国企业改进技术，改善经营管理，提高产品质量，增加花色品种，降低成本，提高经济效益。

⑤ 发展对外贸易，促进了国民经济持续稳定的增长，创造了更多的就业机会，增加了税收收入和外汇收入，带动了相关产业的发展。发展对外贸易的作用综合起来就是一点，即通过世界市场实现资源的优化配置，创造较好的经济效益。

# 上海财经大学 2018 年 434 国际商务专业基础试题

**一、名词解释(每题 6 分，共 30 分)**

1. 垄断优势论

2. 普遍优惠制

3. 货币危机

4. 三元悖论

5. 范围经济

**二、简答题(每题 10 分，共 40 分)**

1. 进口配额有哪些经济效应。

2. 简述垂直型对外投资和水平型对外投资的经济效应。

3. 简述国际收支不平衡的原因。

4. 简述国际市场定价的影响因素。

**三、论述题(每题 20 分，共 80 分)**

1. 论内部化理论。

2. 论述生产要素禀赋理论。

3. 跨国公司的转移定价有何作用。

4. 何为最优货币区理论？它所提出的建立最优通货区重要标准是什么？为什么依据最优货币区理论建立的欧元区在 2008 年发生了欧债危机？

# 上海财经大学 2018 年 434 国际商务专业基础试题解析

**一、名词解释(每题 6 分，共 30 分)**

1. 垄断优势理论又称特定优势理论，是由美国学者海默首先提出来的。垄断优势理论的核心内容是“市场不完全”与“垄断优势”。海默认为，现实中普遍存在的是不完全竞争市场，即受企业实力、垄断产品差异等因素影响所形成的有阻碍和干预的市场。在不完全竞争市场上，不仅存在着价格竞争，而且存在着非价格竞争。

跨国公司之所以对外直接投资，主要原因在于：一是排除竞争；二是利用垄断优势。首先，不同国家的企业常常彼此竞争，但市场缺陷意味着有些公司居于垄断或寡占地位，因此，这些公司有可能通过同时拥有并控制多家企业而牟利。其次，在同一产业中，不同企业的经营能力各不相同。当企业拥有生产某种产品的优势时，就自然会想方设法将其发挥到极致。这两方面都说明跨国公司和直接投资出现的可能性。

2. 普惠制(GSP)全称普遍优惠制。它是世界上 32 个发达国家对发展中国家出口产品给予的普遍的、非歧视的、非互惠的优惠关税，是在最惠国关税基础上进一步减税以至免税的一种特惠关税。这项政策有利于帮助受惠国增加出口，促进工业化和经济发展。普惠制的三项原则是：①普遍的，即所有发达国家对所有发展中国家出口的制成品和半制成品给予普遍的优惠待遇；②非歧视的，即应使所有发展中国家都无歧视、无例外地享受普惠制待遇；③非互惠的，即非对等的，发达国家应单方面给予发展中国家特别的关税减让，而不要求发展中国家给予同等优惠。

3. 货币危机是金融危机的一种，是指对货币的冲击导致该货币大幅度贬值或国际储备大幅下降的情况，它既包括对某种货币的成功冲击(即导致该货币的大幅贬值)，也包括对某种货币的未成功冲击(即只导致该国国际储备大幅下降而未导致该货币大幅贬值)。或者，从另一个通俗的角度说，货币危机，是人们对一国的货币丧失信心，大量抛售该国货币，从而导致该国货币的汇率在短时间内急剧贬值的情形。

4. 根据蒙代尔的三元悖论，在开放经济条件下，一国的经济目标有三种：①各国货币政策的独立性；②汇率的稳定性；③资本的完全流动性。这三者，一国只能三选其二，而不可能三者兼得。三元悖论是国际经济学中的一个著名论断。但是，该理论是高度抽象的，只考虑了极端的情况，即完全的货币政策独立、完全的固定汇率和完全的资本自由流动，并没有论及中间情况。

5. 范围经济指由厂商的范围而非规模带来的经济，也即是当同时生产两种产品的费用低于分别生产每种产品所需成本的总和时，所存在的状况就被称为范围经济。只要把两种或更多的产品合并在一起生产比分开来生产的成本要低，就会存在范围经济。

**【知识拓展】**波特认为，规模经济是与比较优势联系在一起的，范围经济是与竞争优势联系在一起的。比较优势，关注点在生产要素，在禀赋。也就是一国“天生”的资源。竞争优势，除了取决于生产要素外，更取决于企业外部的需求、相关产业、战略等综合因素。范围经济带来的竞争优势有：

(1) 生产成本优势。主要是表现为分摊固定成本、降低变动成本。分摊固定成本主要表现为分摊固定资产的折旧费用，从而降低单位产品的固定成本；降低变动成本，主要表现在降低采购成本、提高资源利用率等方面。

(2) 差异化优势。差异化是指企业提供产品的多样性，包括产品的质量、功能、外观、品种、规格及提供的服务等，这种多样性能使消费者认同该产品并区别于其他企业提供的类似产品。范围经济形成的差异化优势特别明显，差异化一方面满足了顾客“多样化、个性化、差别化”需求，同时，差异化也是企业寻求范围经济的出发点和追求的目标。

(3) 市场营销优势。在买方市场条件下，获得市场营销优势是企业成功的关键。市场营销的关键在于正确定位目标市场的需要和欲望，比竞争者更有效地提供目标市场所要求的满足。市场营销强调满足消费者的需要和欲望，从营销理论来说，就是从产品(Product)、价格(Price)、地点(Place，又叫分销)、促销(Promotion)、公共舆论(Public Relations or public opinion)、政治或权力(Political or power)等方面体现企业的竞争能力。而范围经济形成的成本优势和差异化优势，体现了企业在产品、品质和价格方面的竞争能力。同时又能在内部建立的营销平台上，利用原有的渠道销售多种产品，还能更好地利用企业已经形成的品牌优势，为新产品开拓市场，使消费者更容易接受，同时也对跟进者形成巨大的进入障碍。

(4) 技术创新优势。首先，对范围经济的理解和受益，使企业管理层对新产品、新工艺的开发更加重视；其次，范围经济利益的驱动可以导致科技创新的良性循环，持续的创新活动将使企业在应用新材料、采用新工艺、培养创新团队、加强市场调研等等方面获得突破，最终将形成企业强大的核心竞争优势。

(5) 抵御风险的优势。范围经济在成本、差异化、市场营销和技术创新等方面获得竞争优势，实际上是增加了企业抵御风险的能力。同时，范围经济还强化了企业的“新陈代谢”和互补性(尤其是对于受季节性影响较大的企业。

## 二、简答题(每题10分，共40分)

1. 进口配额又称进口限额，是指一国政府在一定时期(一般为一年)内对某些产品的进口数量或金额加以直接限制。在规定的期限里，限额以内的货物允许进口，超过限额则禁止进口，或征收较高的关税甚至罚款后才允许进口。

假定实行进口配额的是个小国。图中 $D_d$、$S_d$ 分别为该国某进口商品的国内需求及供给曲线，$S_f$ 为出口国该商品的供给曲线。在自由贸易状态下，该进口国国内产量为 $OQ_1$，消费量为 $OQ_2$，进口量为 $Q_1Q_2$。此时国内价格与国际价格是一致的，均为 $P_1$。小国实施进口配额的经济效应如图1所示。

根据图1可知，小国实施进口配额的经济效应为：

① 保护(生产)效应：由于价格提高，国内供应量从 $OQ_1$ 增至 $OQ_3$，生产者剩余从 $e$ 增加至 $e+a$。

② 消费效应：消费由 $OQ_2$ 减至 $OQ_4$，消费者剩余减少 $a+b+c+d$。

③ 国际收支效应：因进口减少，减少贸易支出 $g+h$，使国际收支得到改善。

④ 配额利润效应：获得配额的进口者，可以以 $P_1$ 的价格进口，进口量为配额限量 $Q_4-Q_3$，但国内却可以按较高的价格 $P_2$ 售出，所以可以从中获得相当于 $c$ 的配额利润。

⑤ 再分配效应：消费者剩余的减少中，$a$ 和 $c$ 实际上是转化为生产者剩余和进口商的配额利润了。

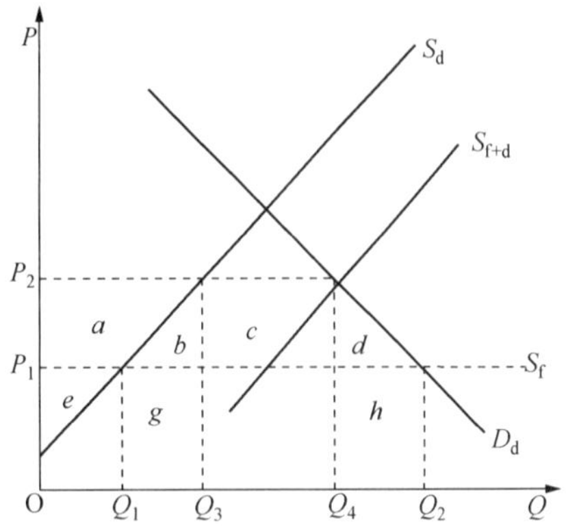

图 1　小国实施进口配额的经济效应

⑥ 贸易条件效应：一个国家在实行进口配额后，贸易条件趋于恶化还是趋于改善，主要取决于两个因素：一是需求，二是垄断。

2. (1) 垂直型对外投资和水平型对外投资的含义

垂直型对外投资也称为纵向型直接投资，是指一国企业或跨国公司到国外建立子公司或附属机构，这些国外子公司或附属机构与母公司之间实行纵向专业化分工协作。

水平型对外投资也称为横向型直接投资，是指一国的企业到国外进行投资，建立与国内生产和经营方向基本一致的子公司。

(2) 各自的经济效应

① 垂直性对外投资的经济效应

垂直型对外直接投资使得全球生产的专业化分工与协作程度增高，各个生产经营环节紧密相扣，便于公司按照全球战略发挥各个子公司的优势；而且由于专业化分工，每个子公司只负责生产一种或少数几种零部件，有利于实现标准化、大规模生产，获得规模经济效益。垂直型的对外直接投资与出口主要体现为互补关系，在垂直型对外直接投资条件下，可能导致较高水平的原材料贸易和中介投入，对产品出口具有较强的促进效应。

② 水平型对外投资的经济效应

水平性对外直接投资使母子公司之间在公司内部相互转移生产技术、营销诀窍和商标专利等无形资产，有利于增强各自的竞争优势与公司的整体优势、减少交易成本，从而形成强大的规模经济。水平型的对外直接投资与出口主要体现为替代关系，水平型对外直接投资是指一国企业将生产资本输出到另一国，在投资所在国设立子公司，根据当地情况从事某种产品的设计、生产和销售等全部经营活动。

3. 国际收支失衡是指一国经常账户、金融与资本账户的余额出现问题，即出现了不同程度的顺差或逆差。按照国际收支失衡的原因，我们知道国际收支失衡的原因有：

① 临时性失衡。临时性不平衡，是指短期的、由非确定或偶然因素引起的国际收支失衡。这种性质的国际收支失衡，程度一般较轻，持续时间不长，带有可逆性，因此我们可以认为这是一种正常现象。

② 结构性失衡。结构性失衡是指国内经济、产业结构不能适应世界市场的变化而发生的国际收支失衡，结构性失衡通常反映在贸易账户或经常账户上。结构性失衡具有长期的性质，扭转起来相当困难。

③ 货币性失衡。货币性失衡，是指一定汇率水平下国内货币成本与一般物价上升而引起出口货物价格相对高昂、进口货物价格相对便宜，从而导致的国际收支失衡。货币性失衡可以是短期的，也可以是中期或长期的。

④ 周期性失衡。周期性失衡是指一国经济周期波动所引起的国际收支失衡。当一国经济处于衰退期时，社会总需求下降，进口需求也相应下降，国际收支发生盈余。反之，如果一国经济处于扩张和繁荣时期，国内投资和消费需求旺盛，对进口的需求也相应增加，国际收支便出现逆差。

⑤ 收入性失衡。收入性失衡指一国国民收入相对快速增长而导致进口需求的增长超过出口增长所引起的国际收支失衡。

⑥ 预期性失衡。预期因素从实物流量和金融流量两方面对国际收支产生重要影响。从实物角度而言，当预期一国经济将快速增长时，本国居民和外国投资者都会增加在本国的实物投资；当本国的资本品供给不能满足需求时，投资就通过进口资本品来实现，出现资本品进口的增加和经常账户逆差。从金融角度而言，一方面，经常账户的逆差要由资本和金融账户的顺差来融资；另一方面，在资金自由流动的情况下，对本国经济增长和证券价格上升的预期会吸引国外资金直接投资于本国的证券市场，带来资本和金融市场的顺差。

⑦ 币值扭曲。币值扭曲是指本国货币与外国货币的名义比价持续背离了与外国货币的实际比价，从而造成本国商品实际价格持续较高进而导致出口持续相对下降、进口持续相对增加和国际收支逆差，或者造成本国商品实际价格持续较低进而导致出口持续相对增加、进口持续相对减少和国际收支顺差。币值扭曲通常是由僵硬的汇率政策和汇率制度引起的。

4. 国际市场定价的影响因素有：

（1）定价目标

面对不同的国外市场，企业的定价目标不可能完全一样。有些企业将国内市场作为主导市场，而将国外市场看作国内市场的延伸和补充，因此针对国外市场往往会采用比较保守的定价策略。另外，一些企业将国际市场看得和国内市场一样重要，甚至把国内市场当作国际市场的一部分，这类企业采取的定价策略往往是进取型的。企业针对各个国外市场设定的不同目标，对定价策略也有很大影响。在迅速发展的国外市场上，企业可能更注重市场占有率的增长而暂时降低对利润的要求，采取低价渗透策略。而在低速发展的国外市场上，企业可能更多地考虑投资的回收，而采用高价撇脂策略。与当地厂商合资的企业，在定价上除了考虑自己本身的目标外，还必须考虑合作伙伴的要求。企业的定价目标一般有维持生存、当期利润最大化、市场占有率最大化和产品质量最优化几种。

（2）成本因素

成本核算在定价中十分重要。产品销往的地域不同，其成本组成也就不同。出口产品与内销产品即使都在国内生产，其成本也不会完全一样。如果出口产品为了适应国外的度量衡制度、电力系统等其他方面而做出了改动，产品成本就可能增加。反之，如果出口产品被简化或者去掉了某些功能，生产成本就可能会降低。国际营销与国内营销某些相同的成本项目对于两者的重要性可能差异很大。例如运费、保险费、包装费等在国际营销成本中占有较大比重。而另外一些成本项目则是国际营销所特有的，例如关税、报关、文件处理等。

（3）市场需求

产品的最低价格取决于该产品的成本费用，而最高价格则取决于产品的市场需求状况。各国的文化背景、自然环境、经济条件等因素存在着差异性，决定了各国消费者的消费偏好不尽相同。对某一产品感兴趣的消费者的数量和他们的收入水平，对确定产品的最终价格有重要意义。即使是低收入消费群体，对某产品的迫切需要也会导致这种产品能够卖出高价，但仅有需求是不够的，还需要有支付能力作后盾。所以，外国消费者的支付能力对企业出口产品定价有很大影响。要详细了解需求与支付能力，还需要深入研究该国国民的习俗及收入分布情况。

（4）市场竞争结构

产品的最低价格取决于该产品的成本费用，最高价格取决于产品的市场需求状况。在上限和下限之间，企业能把这种产品价格定多高，则取决于竞争者提供的同种产品的价格水平。与国内市场不同，企业在不同的国外市场面对着不同的竞争形势和竞争对手，竞争者的定价策略也千差万别。因此，企业就不得不针对不同的竞争状况而制定相应的价格策略。竞争对企业定价自由造成了限制，企业不得不适应市场的价格。除非企业的产品独一无二并且受专利保护，否则没有可能实行高价策略。根据行业内企业数目、企业规模以及产品是否同质三个条件，国际市场竞争结构可以划分为完全竞争、不完全竞争和寡头竞争三种。

(5) 政府的价格调控政策

东道国政府可以从很多方面影响企业的定价政策，比如关税、税收、汇率、利息、竞争政策以及行业发展规划等。一些国家为保护民族工业而订立的关税和其他限制政策使得进口商品成本增加很多。作为出口企业，不可避免地要遇到各国政府的有关价格规定的限制，比如政府对进口商品实行的最低限价和最高限价，都约束了企业的定价自由。

## 三、论述题(每题 20 分，共 80 分)

1. 内部化理论是西方学者在建立所谓跨国公司“通论”的过程中形成的理论观点。所谓内部化，是指把市场建立在企业内部的过程，即以内部市场取代原来固定的外部市场，企业内部的转移价格起着润滑内部市场的作用，使之与固定的外部市场同样有效地发挥作用。

(1) 基本观点

内部化理论从外部市场不完全与企业内部资源配置的关系来说明对外直接投资的动因。该理论的出发点是市场不完全，认为市场不完全不仅在最终产品市场上存在，在中间产品市场上也同样存在，这里的中间产品除了通常意义上的原材料和零部件外，更重要的是指专有技术、专利、管理及销售技术等“知识中间产品”。这些与知识有关的中间产品由于市场不完全，存在定价困难，从而使交易成本增加，当交易成本过高时，企业就倾向于通过对外直接投资开辟内部市场，将原本通过外部市场进行的交易转化为内部所属企业间的交易以降低交易成本。

根据内部化理论，企业通过对外直接投资形成内部市场，在全球范围内组织生产与协调分工，以避免外部市场不完全对其经营产生的影响。同时，在“知识产品”的研发与获得越来越昂贵，知识产权保护越来越困难的情况下，企业内部交易可以有效地防止技术迅速扩散，保护企业的知识财富。而且，在不确定性不断增加的市场环境下，内部交易使企业能够根据自己的需要进行内部资金、产品和生产要素的调拨，从而保证效益最优化。内部化理论还分析了影响中间产品内部化的四个主要因素，即：

① 行业因素，主要包括中间产品的特性、外部市场结构、企业的规模经济特征以及行业特点等。

② 区位因素，是指有关区域内社会文化差异、综合投资环境以及自然地理特征等。

③ 国别因素，是指有关国家的政治体制、法律架构与财政经济状况等。

④ 企业因素，是指企业的竞争优势与劣势、组织结构、管理水平、生产和销售技术以及企业文化等。

(2) 理论评价

内部化理论从内部市场形成的角度阐述了对外直接投资理论，对跨国公司的内在形成机理有比较普遍的解释力，与其他对外直接投资理论相比，它适用于不同发展水平的国家，包括发达国家和落后国家，因而在跨国公司理论研究具有相当于“通论”和“一般理论”的地位，大大推进了对外直接投资理论的发展。更为重要的是，该理论强调了知识产品内部一体化市场的形成，更加符合当今国际生产的现实状况。

内部化理论的不足之处是该理论过分注重企业经营决策的内部因素，却忽略了对影响企业运作的各种外部因素的分析，对跨国公司的国际分工和生产缺乏总体认识，对对外直接投资的区位选择等宏观因素也缺乏把握。

2. (1)要素禀赋理论的内容

要素禀赋学说由赫克歇尔首先提出基本论点，由俄林系统创立。它主要通过对相互依存的价格体系的分析，用生产要素的丰缺来解释国际贸易的产生和进出口类型。

要素禀赋学说的四个定理是：H-O 定理(赫克歇尔-俄林理论)、S-S 定理(斯托尔珀-萨缪尔森定理)、H-O-S 定理(要素价格均等化定理)、R 定理(罗伯津斯基定理)。

① H-O 定理

H-O 定理以要素分布为客观基础，强调各个国家和地区不同要素禀赋和不同商品的不同生产函数对贸易产生的决定性作用。其内容是要素相对富裕度和要素相对价格的差异导致了生产成本的差异，而生产成本的差异又是导致了不同国家贸易前相对价格不同的原因。这种商品相对价格之间的差异可以转化为两国商品绝对价格的差异，而商品的绝对差异才是两国间发生贸易的直接原因。各国都倾向于生产其要素相对富裕的产品并且出口，并且进口其国内要素相对稀缺的产品。

② S-S 定理(斯托尔珀-萨缪尔森定理)

S-S 定理可表述为：如果一种商品的相对价格提高，将提高这种商品密集使用的生产要素的价格，降低其他商品密集使用的生产要素的价格(即长期影响)。该定理是关于关税对国内生产要素价格或国内收入分配影响的一种西方经济学理论，被称之为斯托尔珀—萨缪尔森定理，该定理证明了实行保护主义会提高一国相对稀缺要素的实际报酬。

③ H-O-S 定理(要素价格均等化定理)

要素价格均等化定理(赫-俄-萨定理)可表述为：在满足要素禀赋论的全部假设条件下，自由的国际贸易通过商品相对价格的均等化，将使同种要素的绝对和相对报酬趋于均等。

国际贸易可能导致要素价格均等化的论点是由赫克歇尔首先提出的。俄林则认为，虽然各国要素缺乏流动性是世界范围内要素价格相等的理想状态不能实现，但商品贸易可以部分替代要素流动，弥补缺乏流动性的不足，所以，国际贸易是要素价格呈现均等化趋势。萨缪尔逊论证了自由贸易将导致要素价格均等化，这一理论被称为 H-O-S 理论，它研究国际贸易对要素价格的影响。

④ 罗伯津斯基定理

罗伯津斯基定理是指在商品相对价格不变的前提下，某一要素的增加会导致密集使用该要素部门的生产增加，而另一部门的生产则下降。生产可进口商品生产要素的增加，将会减少对进口商品的需求，从而使其贸易条件得到改善；而生产出口商品所需的生产要素的增加，将会增加出口商品的供给，从而导致其贸易条件恶化。关于这一点对出口导向型企业显得尤为重要。在增加出口的同时，更要关注可能对贸易条件产生的负面影响，要做到趋利避害。

(2) 要素禀赋理论的评价

赫克歇尔、俄林、萨缪尔森的要素禀赋论和要素价格均等化学说是在比较利益论的基础上的一大进步，有其合理的成分和可借鉴的意义。大卫·李嘉图及穆勒和马歇尔都假设两国交换是物物交换，国际贸易起因于劳动生产率的差异，而赫克歇尔、俄林是用等量产品不同货币价格(成本)比较两国不同的商品价格比例，两国的交换是货币交换，两国的劳动生产率是相同的，用生产要素禀赋的差异寻求解释国际贸易产生的原因和国际贸易商品结构以及国际贸易对要素价格的影响，研究更深入、更全面了，认识到了生产要素及其组合在各国进出口贸易中居于重要地位。

但是，赫克歇尔、俄林、萨缪尔森的理论有明显的局限性。要素禀赋论和要素价格均等化学说所依据的一系列假设条件都是静态的，忽略了国际国内经济因素的动态变化，使理论难免存在缺陷。就技术而言，现实是技术不断进步，而进步能使老产品的成本降低，也能产生新产品。因而会改变一国的比较利益格局，使比较优势产品升级换代，扩大贸易的基础。再拿生产要素来说，远非同质，新旧机器总归有别，熟练工人与非熟练工人也不能相提并论。再看同种要素在不同国家的价格，全然不是要素价格均等化学说所指出的那样会随着商品价格均等而渐趋均等，发达国家与发展中国家工人工资的悬殊、利率的差距，足以说明现实世界中要素价格无法均等。

3. 转移定价是跨国公司内部的母公司与子公司之间、子公司与子公司之间提供产品、劳务或技术所采用的定价。跨国公司转移定价主要有以下作用：

① 减轻税负。利用关联方转移定价避税。一方面是利用不同企业、不同地区税率及免税条件的差异，将利润转移到税率低或可以免税的关联企业；另一方面是将盈利企业的利润转移到亏损企业，从而实现整个集团的税负最小化。尽管我国在税制改革以后，国内企业之间税率差别变小了，但是，不同地区不同企业的税务政策仍然不同，如特区的企业与一般地区企业的税率、高新技术企业与一般企业在税率和免税优惠上，仍存在相当大的差别。企业集团经常通过在关联企业间人为地抬高或降低交易价格，为的是调节各

关联企业的成本和利润，以达到其减轻税负、使各关联企业的共同体获取最大利润。

② 调节利润以树立新建公司在当时的形象。关联企业间的母公司为使其控股的新建公司占有市场，往往通过低价向新建公司提供原材料、零部件或劳务，而高价购买其产品的做法，提高新建公司的利润率和竞争力，使其在市场竞争中站稳脚跟。

③ 将企业资产和利润转移到主要投资者、关键管理人员及其家属所控制或有重大影响的企业，从而达到为少数人牟取私利的目的。

④ 粉饰会计报表，蒙骗会计报表使用者。通过转移定价，可使与其有关联的上市公司利润虚增，蒙蔽投资人，使投资人高估其获利能力和经营状况。

⑤ 转移资金。许多国家在国内资金和外汇相对短缺的情况下，大都采取一些限制资金转移的措施，特别是对外商的红利汇出、股息支付等都有较严格的规定。此时，跨国公司往往通过转移定价以高价向处于该国的子公司发运货物或提供劳务等方法，实现资金的转移。

⑥ 规避风险。跨国公司通过转移价格，可将利润转出，以降低预期的外汇风险，减少通货膨胀损失，躲避政治风险。对于国内企业而言，也往往通过关联交易转移定价实现产业结构转移与优化。

⑦ 基于内部考核与激励的转移定价。现代责任会计中为了考核各个利润中心的业绩，往往通过制定内部转移定价，来考核各中心的盈利能力。

4. (1) 最优货币区理论的概念和标准

最优货币区是指由一些彼此之间的商品、服务、劳动力和资本流动自由，经济发展水平和通货膨胀率比较接近，以及经济政策比较协调的国家组成的独立货币区。具体来说，它的建立应有以下几个标准：

① 劳动力和资本的流动性。跨国劳动力和资本的高度流动性会减少使用汇率作为恢复竞争力和消除国际收支不平衡的调整工具。如果劳动力能从高失业地区流向低失业地区，那么工资和其他成本就会趋同，资本的自由流动可减少通过汇率调整相对成本和价格的必要性。如果劳动力和资本不流动，相对价格的变化将是调整国际收支平衡的唯一手段，那么，浮动汇率比固定汇率和货币联盟更为有效。

② 经济开放程度和经济规模。一国的经济开放程度越高而且规模越小，那么固定汇率就越有效，这个国家就倾向于加入货币联盟。

③ 价格和工资的灵活性。如果价格和工资灵活，那么相对价格的调节可通过市场顺利实现，减少汇率调整的必要。

④ 产业结构相似。拥有相同生产结构的国家，并且多样性程度高，外部冲击会具有对称性。如果成员国实现了财政一体化，那么财政转移支付能够替代利率和汇率等货币政策抵消非对称冲击的影响。

(2) 欧债危机对最优货币区理论的挑战

欧元区的建立是最优货币区理论的最佳实践。欧元区的建立促进了国家间的贸易往来，降低了交易成本，为要素流动、产品和服务流通、建立开放型经济体都具有重大意义。虽然欧元区是建立在最优货币区理论的基础之上，但是2008年的欧债危机并不能看成是最优货币区理论的失败。按照最优货币区的理论，最优货币区应具有前面所阐述过的几个标准，而现实情况是，欧盟的劳动力市场僵化，劳动力流动受到语言、文化、社会保障体系差异等诸多因素的限制。欧盟的财政收入只占欧盟国内生产总值的1.3%左右，财政转移支付能力十分有限。显然，欧元区并不符合最优货币区的条件，大量实证分析也现实目前的欧元区不是一个最优货币区，至少与美国相比的确如此。单一货币带来的低成本和贸易所创造的收益在很大程度上被放弃本国货币主权而产生的经济调整成本所抵消，甚至得不偿失。

# 浙江工商大学 2018 年 434 国际商务专业基础试题

**一、名词解释(每题 4 分，共 60 分)**

1. 自由贸易港
2. 反向物流
3. 要素禀赋理论
4. 贸易条件
5. 贸易转移效果
6. 欧洲债券
7. 国际市场细分
8. 跨文化管理
9. 筹供
10. 重商主义
11. 产品生命周期
12. 产业内贸易
13. 信用证
14. 全球本土化
15. 特许经营

**二、问答题(每题 15 分，共 90 分)**

1. 十九大设定的我国对外开放的目标、要求和任务是什么？

2. 试比较跨国公司标准化广告促销和差异化广告促销的优缺点。

3. 影响跨国公司全球渠道设计的因素有哪些？

4. 我国华东某公司以 CIF 术语于 2013 年 5 月从澳大利亚进口巧克力食品 2000 箱，以即期不可撤销信用证为支付方式，目的港为上海。货物从澳大利亚某港口装运后，出口商凭已装船清洁提单及投保一切险及战争险的保险单向银行议付货款。货到上海港后，经我方公司复验后发现下列情况：(1)该批货物共有 8 个批号，抽查 16 箱，发现其中 2 个批号涉及 300 箱内含沙门氏细菌超过进口国标准；(2)收货人实收 1992 箱，短少 8 箱；(3)有 21 箱货物外表情况良好，但箱内货物共短少 85 公斤。

试分析，进口商就以上损失情况应分别向谁索赔，为什么？

5. 我国实施贸易强国战略的重点方向是什么？

6. 试论述当今国际经济一体化的主要特征。

## 浙江工商大学 2018 年 434 国际商务专业基础试题解析

**一、名词解释(每题 4 分，共 60 分)**

1. 自由贸易港是指设在国家与地区境内、海关管理关卡之外的，允许境外货物、资金自由进出的港口区。对进出港区的全部或大部分货物免征关税，并且准许在自由港内，开展货物自由储存、展览、拆散、改装、重新包装、整理、加工和制造等业务活动。

2. 反向物流指物品供应链下游向上游的运动所引发的物流活动，即为了资源回收或正确处理废弃物，在高效及适当成本下，对原材料、在制品、产成品及相关信息从消费点到产出点的流动和储存进行规划、实施和控制的过程。

3. 要素禀赋理论最初是由瑞典经济学家赫克歇尔提出来的，最终完善于其学生俄林。根据要素禀赋论，一国要扩大生产和出口的商品应该是它在生产上密集使用该国相对丰裕而便宜的生产要素，进口的商品则是它在生产上密集使用该国相对稀缺而昂贵的生产要素。简言之，劳动丰富的国家出口劳动密集型商品，而进口资本密集型商品；相反，资本丰富的国家出口资本密集型商品，进口劳动密集型商品。

4. 贸易条件是指一定时期内一国每出口一单位商品可以交换多少单位外国进口商品的比例，通过它可反映一国宏观上对外贸易的经济效益如何。通常贸易条件用该时期内出口价格指数与进口价格指数之比来表示。

5. 贸易转移效应，是指形成关税同盟之后，由于取消了同盟成员国之间的关税但保留了对非同盟成员的关税，从而发生了同盟成员的低效率(高成本)生产取代非同盟成员的高效率(低成本)生产，即在差别待遇的影响下，某一同盟成员把原来向非成员国的低成本进口转向同盟成员国的高成本进口，以及由此而产生的进口成本增加的损失。

6. 欧洲债券是指一国政府、金融机构和工商企业在国际市场上以可以自由兑换的第三国货币标值并还本付息的债券。其票面金额货币并非发行国家当地货币的债券。欧洲债券不受任何国家资本市场的限制，免扣缴税，其面额可以发行者当地的通货或其他通货为计算单位。对多国公司集团及第三世界政府而言，欧洲债券是他们筹措资金的重要渠道。

7. 国际市场细分是市场细分概念在国际营销中的运用，指企业按照一定标准，把整个国际市场细分为若干个需要不同的产品和营销组合的子市场，其中任何一个子市场中的消费者都具有相同或相似的需求特征，企业这种划分市场的过程即为市场细分，而企业可以在这些子市场中选择一个或多个作为其国际目标市场。它是企业确定国际目标市场和制定国际市场营销策略的必要前提。

8. 跨文化管理又称为交叉文化管理，即在全球化经营中，对子公司所在国的文化采取包容的管理方法，在跨文化条件下克服任何异质文化的冲突，并据以创造出企业独特的文化，从而形成卓有成效的管理过程。

9. 筹供源于英语“*Source*”，即来源、原始材料、发起者等。筹供，即根据组织战略目标，为跨国公司生产所需的原材料与零部件等投入物的货源搜寻，即跨国公司寻找能提供所需原材料与零部件的可能供应商，以满足企业发展需要的过程。这时，它具有以下两个基本特征：一是在国际市场上运营。企业经营的全球化意味着其筹供职能将延伸到国外市场获得一些供应来源。二是战略导向的作用。全球化意味着是其获得成功的一个因素。因而，筹供活动在公司的全球化战略中起主导作用。

10. 重商主义，也称作“商业本位”，产生于16世纪中叶，盛行于17至18世纪中叶，后为古典经济学取代。重商主义分为早期重商主义和晚期重商主义，早期重商主义理论又称为货币平衡理论，晚期重商主义理论又称为贸易平衡理论。货币平衡论，顾名思义是以货币多寡作为衡量贸易利得的唯一标准，主张积累货币，贸易顺差是其主要目标。贸易平衡论，注重长远利益，眼光并不局限在短期的货币得失，它注重的是长期的贸易利得，即必要的贸易逆差是为以后更大的贸易顺差服务，其目标是长期的贸易顺差。二者都把货币看作是财富的唯一形态，都把货币的多寡作为衡量一国财富的标准。

11. 产品生命周期，是产品的市场寿命，即一种新产品从开始进入市场到被市场淘汰的整个过程。产品生命周期是由消费者的消费方式、消费水平、消费结构和消费心理的变化所决定的，一般分为导入期、成长期、成熟期、饱和期、衰退期五个阶段。

12. 产业内贸易，即一个国家在一定时期内既出口又进口同一种产品，同时同一种产品的中间产品大量参加贸易。产业内贸易的产生原因有：①同类产品的异质性是产业内贸易的重要基础。②规模经济收益递增是产业内贸易的重要成因。③自然条件的差异是造成产业内贸易的直接原因。④经济发展水平的相似性是产业内贸易的重要制约因素。

13. 信用证，是指银行根据进口人(买方)的请求，开给出口人(卖方)的一种保证承担支付货款责任的书面凭证。在信用证内，银行授权出口人在符合信用证所规定的条件下，以该行或其指定的银行为付款人，开具不得超过规定金额的汇票，并按规定随附装运单据，按期在指定地点收取货款。

14. 全球本土化这一术语来源于“全球化”和“本土化”这个两个词语的混合，它所表达的意思为：将商品或服务结合当地人偏好以及文化需求的一种全球发展趋势。麦当劳的成功是全球本土化的经典案例之一。麦当劳在世界范围内市场的逐渐扩大是全球化的例子，然而为了适应当地人们的口味，其连锁店的菜单各不相同，则是全球本土化的一个典型例子。

15. 特许经营是指通过签订合同，特许人将有权授予他人使用的商标、商号、经营模式等经营资源，授予被特许人使用，被特许人按照合同约定在统一经营体系下从事经营活动，并向特许人支付特许经营费。特许经营却主要被服务企业所采用。

## 二、问答题(每题 15 分，共 90 分)

1.(1) 十九大设定的我国对外开放的目标：到 2020 年前，进一步巩固我国经贸大国地位；到 2035 年前，基本建成经贸强国；到 2050 年前，全面建成经贸强国，为实现“两个一百年”奋斗目标作出更大贡献。

(2) 十九大设定的我国对外开放的要求：

① 坚持内外联动新思维。以新一轮扩大开放为契机，深化创新体系、要素市场、监管体制和治理能力改革，将对我国经济持续健康发展发挥重要作用。

② 形成陆海统筹新格局。习近平总书记指出，要加强“一带一路”建设同京津冀协同发展、长江经济带发展等国家战略的对接，同西部开发、东北振兴、中部崛起、东部率先发展、沿边开发开放的结合，带动形成全方位开放、东中西部联动发展的局面。

③ 突出引领开放新导向。我们必须审时度势，积极参与国际经贸规则制定，贡献中国智慧、提出中国方案，努力在经济全球化中抢占先机、赢得主动，建设开放型世界经济，促进共同发展。

④ 体现包容开放新定位。从“和平合作、开放包容、互学互鉴、互利共赢”的丝路精神，到“开放、包容、合作、共赢”的金砖精神，我国始终谋求开放创新、包容互惠的发展前景，让中国梦具有了世界意义。

⑤ 树立开放安全新观念。既要重视防范国内市场开放带来的安全风险和产业冲击，也要重视海外市场开拓过程中的人员安全与财产保护。

(3) 十九大设定的我国对外开放的任务：

① 推进贸易强国建设。我们要加快外贸转动力调结构，培育外贸竞争新优势，推动外贸从量的扩张到质的提升。深入推进“五个优化”“三项建设”，做强一般贸易，提升加工贸易，发展其他贸易。培育贸易新业态新模式，促进服务贸易创新发展，打造中国品质、中国品牌、中国服务。

② 提高利用外资水平。我们要不断扩大利用外资的规模，不断提高利用外资的质量。科学研判中长期的外资走势，创新工作思路，打造利用外资新平台，重塑利用外资新优势。优化利用外资环境，推动大幅度放宽市场准入，保护外商投资合法权益，营造公平透明、可预期的营商环境。

③ 创新对外投资方式。我们要继续鼓励有实力、信誉好的企业走出去，为企业走出去营造好的环境、好的条件、好的服务，引导企业增强风险防范能力。实施境外合作区创新工程，培育大型跨国企业，打造中国投资品牌，树立中国投资形象。

④ 促进“一带一路”国际合作。我们要遵循共商共建共享原则，加强同相关国家的政策沟通和战略对接，商谈优惠贸易安排和投资保护协定，提升贸易投资便利化水平。推动互联互通和产业对接，做优做精重大项目。加强创新能力开放合作，培育贸易新增长点，拓展投资领域，推动“一带一路”建设再上新台阶。

⑤ 优化区域开放布局。我们要坚持以开放促开发的思路，推动完善西部口岸、跨境运输等开放基础设施，建设好国家级经济技术开发区、边境经济合作区、跨境经济合作区等区域开放平台。实施更加灵活的政策，促进产业向中西部梯度转移，积极推动打造新的开放增长极。按照中央统一部署，赋予自贸试验区更大改革自主权，探索建设自由贸易港。

⑥ 打造中非经贸合作新亮点。21 世纪以来，中非合作步入发展快车道，逐渐形成多层次、宽领域、广覆盖的合作格局。非洲作为发展中国家最集中的大陆，有着巨大的发展潜力，中非合作前景非常广阔。我们要更好发挥中非合作论坛作用，扩大中非贸易，深化基础设施和投资合作，优化对非援助，全面提升我国同非洲地区经贸合作水平，打造中非合作新亮点。

⑦ 积极参与全球经济治理。我们要坚定不移推进全球贸易投资自由化便利化，提出更多中国方案、中国倡议。积极推进自贸协定谈判，提升自贸协定水平。全力筹备好中国国际进口博览会，努力将其打造成为推动全球包容互惠发展的公共产品。

2.(1) 标准化促销策略的优点

① 获取规模经济，形成价格优势。标准化的产品可以产生生产、研发及营销的规模效应。规模化的生产可以从原料和零部件的采购中降低成本，提高效率，生产管理也较为简单，从而可以降低成本。而且，

销售标准化的产品，其产品的研究和开发费用就可以在大批量生产的基础上分摊，并且，无须投入太多的研究力量和经费为每一个市场设计独特的产品，从而可以集中资源专门开发几种新产品，使研发活动集中进行以减少成本。在此同时，如果在全球市场销售标准化的产品，那么企业就可以在采用一种销售方式和促销手段，比如选用相同的分销商，采用相同的物流流通渠道，利用一种广告来进行宣传促销等，产品的售后服务也 可以保持一致，管理的难度也大大降低。

② 塑造统一形象，形成世界品牌。企业进行国际营销，必然包括促销和宣传，如果采用标准化，那么企业就可以采用标准化营销的企业通过设计、制作世界通行且统一的、技术先进、性能功效优良的产品模式在全球所有市场使用，并为该产品设计一整套在全球大多数国家和地区都不与当地文化发生冲突的品牌名称和品牌标识。这样一方面可以降低成本，另一方面可以简化广告制作过程，可以在全球市场同时推出一致的广告和促销策略，更可以在全球市场维护一个统一的产品形象，使消费者对产品和品牌形象的印象更加深刻。

③ 促进文化兼容，创造市场需求。企业的市场营销策略与社会消费文化是相互影响的相互促进的。如二战结束后，美国麦当劳将西方食品介绍到日本，通过营销努力，最终使日本的饮食结构和饮食文化发生变化，使日本消费者由过去的以蔬菜、鱼、米饭为主食，转向以牛奶、面包、牛排为主食，从而打开了日本市场。

④ 有助于进行有效的管理。当企业的销售达到国际营销时，这个市场的范围就会增大很多，管理的难度也会相应地增大，而采用标准化产品，就可以在全球市场采用相同的管理方式，就可以大大降低管理难度，并且提高可靠性，而且这种相同的管理方式是可以迅速复制的，因此，在开发新的国际市场时就可以大大缩短时间。

⑤ 能更好地满足流动性消费者的需求。随着经济的发展，人口的流动越来越频繁，现在在一个地区生活一辈子的人越来越少，更多的人会不停地在不同国家、不同地区之间频繁流动。采用标准化产品，就可以使这些频繁流动的消费者，无论在什么地方都可以买到相同的产品，提高顾客对产品的满意度，增加顾客的忠诚度。

（2）差异化促销的优点

① 更能满足不同消费者的需求。不同国家和地区子市场的消费者需求不可能是完全一样的，不同国家和地区子市场的消费者因为有着不同的文化背景、消费习惯、经济条件、社会制度和人口情况，所以消费需求有着很大的不同，产品差异化就能够根据不同的消费需求，适当做出调整，更好地满足不同消费市场的需求。在市场推销方面，就消费品而言，多强调产品款式、性能、特色、大量广告及销售推广活动，产品的质量竞争高于价格竞争。而在经济发展水平低、收入水平低的国家市场则多强调产品的功能及实用性，推销着重于顾客的口头传播介绍，产品的价格因素高于产品的质量因素。由此可见，差异性策略可以更好地满足不同市场的需求。

② 更能适应不同国家的外部环境。在很多情况下，一些不可控制的因素迫使国际市场的经营者必须采取产品差异化策略。一是贸易保护主义的影响。一些国家为了保护国内工业的成长，限制进口以保障国内市场免受冲击，设置一些关税壁垒，来控制和消除来自国外的竞争。二是环境和标准的影响。很多国家为了保护自己国家的环境和消费者的利益，会对在本国市场上出售的产品制定一些特殊的法律、规则或要求。

③ 更能适应产品生命周期的需求。每一种产品都有自己的生命周期，在不同生命周期里，企业采用的营销策略是不一样的，但是，在不同国家市场，相同产品的生命周期很可能是不一样的，某一种产品在一个国家可能处于生命周期的成熟期，但是在另外一个国家，这种产品可能正处于生命周期的导入期。

（3）标准化促销的缺陷

标准化营销可以为企业带来大规模经济效益，但同时也为企业埋下一颗危险的种子。毕竟每个消费者的需求是有其天然差别的，特别是在当今人们崇尚“活出个性，活出自我”的年代，标准化营销又一次面临新的挑战。不能满足不同消费者的差异需求也正是标准化营销的最致命的弱点。同时，这种策略可能引起激烈的竞争，实行标准化营销的营销商一般针对整体市场，当同行中有许多人如法炮制之后，可能发生大市场内竞争过度，而小市场却乏人问津的情况。

（4）差异化营销的缺陷

差异化有自身的局限性，最大的缺点就是营销成本过高，生产一般为小批量，使单位产品的成本相对上升，不具经济性。另外，市场调研、销售分析、促销计划、渠道建立、广告宣传、物流配送等许多方面的成本都无疑会大幅度的增加。这也是为什么很多企业做差异化营销，市场占有率扩大了，销量增加了，利润却降低了的原因所在。

3. 影响跨国公司全球渠道设计的因素有：

（1）成本：包括开发渠道的投资成本、维持渠道的维持成本，其中，后者是主要的。

（2）资金：如果制造商要建立自己的国际市场销售渠道，通常需要大量的资金。

（3）控制：企业自己建立渠道，有利于对渠道的控制，但会增加成本；如果使用中间商，企业对渠道的控制减弱，还会受中间商愿意接受控制程度的影响。

（4）覆盖：渠道的市场覆盖面，即企业通过一定的分销渠道所能达到或影响的市场；市场覆盖面并非越广越好，要看是否合理、有效，能否带来较好的经济效益。

（5）特征：企业规模大，财力雄厚，可以选择多种渠道；鲜活易腐产品、生命周期短的产品，分销渠道短；单位价值低、标准化的产品，分销渠道可以长一些。技术要求高，需要提供较多客户服务的产品，采用直销方式多；原材料、初级产品一般直接销售给进口国的制造商；市场分散，购买不集中，购买频率高，并且需要就近购买，则需要中间商。

（6）连续性：企业要维持分销渠道的连续性，需要慎重地选择中间商，提供支持，不轻易作出更换；如果需要更换，预先安排好潜在的接替者，保持分销渠道的连续性。

4. 在本案中，如果合同中已明确注明货物必须符合进口国的衡量标准，则货物由于不符合规定而导致的损失应由出口方赔偿，反之则应由进口方自行承担；对于收货时出现的数量短少问题，鉴于该案例中船公司签发的是已装船清洁提单，因此短少的数量应由船公司负责，但如果已经投保了一般附加险，则可以以“偷窃提货不着险”向保险公司索赔；另外，至于箱内货物的短少，由于船公司只负责审查货物外表情况是否良好，货物件数是否符合合同规定，其没有义务核实货物的实质情况，所以货物内在瑕疵问题所导致的损失应向出口方索赔。

5. 贸易强国建设是一项系统工程，既需要贸易部门和非贸易部门的共同努力，也需要从相互联系的各个方面入手，重点包括以下七个方面：

（1）从产业基础来看，贸易强国的建设应以制造强国为主要基础，同时重视通过发展服务业提升制造业在全球价值链中的位势。在现阶段特别要突出强大的工业制造能力在稳定经济增长和保障国家安全方面的重要地位，加快提升核心技术的自主研发能力与创新智造水平。要吸收欧美国家在产业发展方面的经验教训，充分认识到制造业是立国之本、兴国之器、强国之基，强化金融业服务制造业的职能，高度重视产业国际转移对贸易强国建设可能带来的负面影响，避免出现产业空心化的问题。

（2）从市场主体来看，要持续提高民营企业在外贸总额中的占比，更好利用外资企业改善我国的进出口结构，充分发挥我国跨境电商等新业态的平台服务作用。要继续巩固民营企业在出口方面的优势，充分利用外资企业扩大进口特别是高新技术产品和服务的进口。2017 年，我国出口跨境电商交易规模为 6.3 万亿元，同比增长 14.5%，未来仍有较大的提升空间。此外，要重视利用中国国际进口博览会这一新的重大平台，推动人民币在外贸中更广泛的使用，推动国内的涉外产业升级、结构调整与产品创新。

（3）从外贸形式来看，要高度重视出口与进口的合理平衡，避免单方面简单追求出口或进口的增长。一方面要继续做大做强做优出口，充分发挥出口在促进就业和提振经济方面的作用；另一方面也要注重通过扩大进口更好满足国内经济和社会发展的需要，促进中国的高质量发展，同时更好处理与有关国家的经贸不平衡关系。要积极创新贸易形式，做强一般贸易，提升加工贸易，大力发展边境贸易。

（4）从市场布局来看，在继续稳定欧美发达国家市场的同时，更要积极开拓“一带一路”沿线国家的新兴市场，巩固和提升中国在全球贸易市场中的份额与影响力。较长一段时间以来，美国和欧盟是我国的两大贸易伙伴，在我国外贸总额与顺差中占比较高，但要充分考虑近期美国的贸易保护主义和欧洲经济趋向疲软的风险。要将外贸市场的国际调整与国内区域布局优化及产业结构升级充分结合起来，充分挖掘中西部地区在外贸领域的潜力，提高“一带一路”沿线新兴市场在全国外贸中的比重。

(5) 从外贸结构来看，要继续保持货物贸易在外贸领域的优势和主导地位，进一步提升我国货物贸易的出口能力，大力发展配套的生产性服务业，不断提高出口产品的质量、技术含量、不可替代性与附加值，稳定战略性资源和能源类产品的进口，扩大高新技术产品进口。就服务贸易而言，一方面要深挖旅游和运输等传统服务贸易的增长潜力；另一方面要适应“互联网+”和人工智能等新技术趋势，积极发展现代服务贸易，通过完善基础设施和鼓励创新创业等措施，努力提升服务业贸易的层次和水平。

(6) 从竞争优势来看，要尽快实现从价格优势为主向技术、标准、品牌、质量、服务为核心的综合竞争优势转变，并且积极根据不同国家市场的特点来发展外贸竞争优势。高度重视中国外贸的整体品牌建设与国际市场营销，注重在不同区域市场塑造差异化的品牌竞争优势，建立和发展若干特色的品牌联盟并加强品牌的统一管理，加快培育一批有国际竞争力的中国品牌与跨国公司。加快提升与外贸有关的国际标准制订能力，充分把握新产业、新技术和新产品的国际标准制订机遇，抢占外贸发展和全球产业链的制高点。

(7) 从营商环境来看，要积极打造制度化、规范化、法治化和国际化的贸易发展环境，完善外贸法律法规体系，加大知识产权保护，塑造公平竞争的市场环境，提供高质量的贸易金融服务，提高国际贸易中的人民币使用率，加强金融业国际化对贸易发展的促进作用，不断提高贸易便利化水平。通过参与制定国际贸易规则及话语权的提升、自由贸易区协定的谈判、自贸区和自由港的建设与发展，以及在贸易摩擦中的争议协调与司法救助等手段，积极为我国外贸发展创造更有利和更公平的环境。

6. 世界经济一体化，是指世界各国经济之间彼此相互开放，形成一个相互联系、相互依赖的有机的经济整体的过程。它从 20 世纪四五十年代就已经初见端倪。在当代新的发展形势下，它也出现了一些新的特点。

(1) 世界市场进一步扩大，国际分工更加深入。自从世界市场形成以后，它就不断扩大。①商品市场的扩大，这表现在世界贸易额的迅速增长上。1995 年世界贸易额为 6 万亿美元，到 2005 年，世界贸易额就突破了 10 万亿美元。②金融市场以惊人速度扩张。国际贸易的增长，必然导致国际金融业务规模的扩大，但更重要的表现是国际间短期资本直接投资规模的迅速增长，其速度大大超过了国际贸易的发展速度。③国际劳动分工也在不断地深化。战前，国际分工以垂直分工为主，这是一种不等价交换。战后，就发展中国家看，随着民族经济的发展，其产业结构不断多样化，出口的初级产品占全部出口额的比重仅为 40% 左右。发展中国家与发达国家之间的分工更多地表现为一种水平国际分工。同时，发达国家之间水平分工也进一步深化。

(2) 以科学技术进步为动力源泉，引领世界进入知识经济时代。科学技术进步推动世界经济一体化的作用早已被历史所证实。20 世纪 40 年代，以原子能，航天技术，电子计算机为代表的第三次科技革命使西欧主要大国联系日益密切，开始了经济一体化的过程。20 世纪 90 年代，信息高速公路使全球网络联为一体，真正意义上的世界大市场得以形成。知识经济是在世界经济一体化条件下的经济。高技术产业是知识经济的标志性产业，较之以前钢铁、机械和纺织等产业不同，其领域十分广阔。

(3) 跨国公司是世界经济一体化进程中的主角。跨国公司的发展对世界经济一体化的促进作用主要表现在：

① 跨国公司是世界经济一体化直接的驱动力和主要载体。进入 90 年代以来，国际上一切高水平、高层次、大规模的贸易与投资活动，都是以跨国公司为主体进行的。跨国公司在国际兼并、合作经济、股权国际化等领域掀起了一个又一个新的浪潮。许多跨国公司已不属于哪一个国家，由跨国公司产生的所谓“无国界”经济正在形成。跨国公司已成为国际市场的垄断者，国际投资的主宰者，国际贸易的主要承担者及世界经济一体化的主体。

② 跨国公司以其自身的优势迅速扩展它们在全球的生产经营活动。跨国公司作为世界经济一体化中的主体与国民经济中的企业相似，但是它以全球作为活动舞台。在这里生产、经营，战略规划是全球性的。通过投资，跨国公司将生产、销售等活动按生产要素成本的比较、经营要素的比较在全球范围内以最佳选择进行区域分布。

③ 跨国公司对世界经济一体化的促进作用还表现在通过直接投资把技术和管理经验推广到世界各地。

联合国贸易和发展会议的报告称跨国公司的直接投资已经成为世界经济增长的主要动力。这种动力除资本外，必然伴随着先进的技术和管理方法，它们共同推动着世界经济一体化的进程。

（4）WTO 在世界经济一体化中发挥着不可或缺的作用。WTO 推动世界经济一体化的进程是不言而喻的：

① WTO 将贸易自由化推向更广领域。其一贯倡导的非歧视、自由及鼓励竞争的原则，有效遏制了贸易保护主义。

② WTO 为各成员国提供了一个共同遵守的行为准则。WTO 成立十年来，共召开了五次部长理事会，以继续发挥其作为多边贸易谈判场所的功能。

③ WTO 成功地解决了诸多经济争端，使全球经济得以稳定发展。国际经济交往的扩大，必然会伴随各利益主体的经济争端，如果不能妥善和及时地解决，很有可能演变为贸易战，就会严重阻碍世界经济一体化的进程。

（5）世界经济一体化在当代表现为区域经济一体化

在世界经济一体化的进程中，由于世界政治经济发展存在不平衡，国家间的矛盾和竞争更加激烈，由此推动了区域经济一体化的趋势。经济全球化使各个国家的经济联系和相互依赖空前紧密，货物、服务、资本和劳力跨越国界的流动越来越频繁，客观上要求消除国家间各种经济障碍，减少贸易摩擦，也就是达成某种规范和约束各国行为的国际公约和准则，为经济全球化提供制度保证，实现对世界经济和国际经济关系的共同干预和调节。但是由于世界各国、各个区域经济发展水平的差异长期存在，决定了世界经济一体化的实现是一个漫长的过程，短期内不可能完全实现。

# 中国海洋大学 2018 年 434 国际商务专业基础试题

一、名词解释(每题 2 分，共 18 分)

1. 贸易条件
2. 水平型分工
3. 垂直型分工
4. 购买力平价
5. 国际收支
6. 外汇期权
7. 跨国并购
8. 转移价格
9. 纵向并购

二、简答题(1–6 题每题 6 分，7–10 题每题 7 分，共 64 分)

1. 简述赞成自由贸易的论据和反对自由贸易的论据。
2. 按照贸易壁垒撤除的程度划分，区域经济一体化的形式有哪些?
3. 汇率的决定因素。
4. 如何解释汇率超调现象?
5. 简述货币数量理论。
6. 简述“不可能三角”理论。
7. 跨国公司技术转让的特点。
8. 跨国并购管理协同效应理论内涵及实施环境。
9. 简述内部化理论及实践意义。
10. 简述战略联盟的理论结构，并着重选择你认为重要的理论并陈述其内涵。

三、计算题(第 1 题 18 分，第 2 题 5 分，共 23 分)

1. 一个小国以世界市场价格每袋 10 元进口花生。它的需求曲线是 $D=400-10P$，供给曲线是 $S=50+5P$。

(1) 计算自由贸易时该国的进口量。(2 分)

(2) 如果该国征收每袋 50%的进口关税，该国的国内价格和进口量各为多少?(4 分)

(3) 如果该国与邻国结成关税同盟，相互取消关税，但对外关税不变，其邻国以每袋 12 元的价格向该国出口花生，该国的国内价格和进口量各为多少?(4 分)

(4) 与邻国结成关税同盟后，该国贸易转移和贸易开辟的效应有多大?(8 分)

2. 假设伦敦的 3 个月期英国国库券年利率为 12%，纽约国库券为 8%。英镑与美元的即期汇率为 2 美元/英镑，3 个月的远期英镑汇率为 1.99 美元。如果美国投资者购买 100 万美元的英国 3 个月的国债，并进行抵补套利，与购买同期本国的 3 个月国债相比，三个月后可以得到多少美元的利润?(5 分)

四、论述题(3 题，共 45 分)

1. 李嘉图比较优势理论的主要内容及其局限性。(14 分)

2. 目前，中国持有 3 万多亿美元的国际储备，持有量高居全球之首。结合我国国际储备管理的目标和原则，试论述我国国际储备管理存在的问题及改进策略。(15 分)

3. 结合我国近年来引进外资和对外投资的变化，试述我国引进外资和对外投资的各自特征以及完善投资活动的主要策略。(16 分)

# 中国海洋大学 2018 年 434 国际商务专业基础试题解析

## 一、名词解释(每题 2 分，共 18 分)

1. 贸易条件是指一定时期内一国每出口一单位商品可以交换多少单位外国进口商品的比例，通过它可反映一国宏观上对外贸易的经济效益如何。通常贸易条件用该时期内出口价格指数与进口价格指数之比来表示。

2. 水平型分工是指经济发展水平大体相同的国家之间的分工。当代发达国家的相互贸易主要是建立在水平型国际分工的基础上的，一般可分为产业内与产业间两种水平分工。

3. 垂直型国际分工是指经济发展水平相差悬殊的国家之间的分工。这类分工主要表现为发达国家与发展中国家之间的分工。

4. 购买力平价是根据各国不同的价格水平计算出来的货币之间的等值系数。在对外贸易平衡的情况下，两国之间的汇率将会趋向于靠拢购买力平价。购买力平价分为绝对购买力平价和相对购买力平价。

5. 国际收支定指一个国家(或地区)一定时期内居民和非居民之间所产生的全部国际经济交易的系统的货币的记录。

6. 外汇期权也称为货币期权，指合约购买方在向出售方支付一定期权费后，所获得的在未来约定日期或一定时间内，按照规定汇率买进或者卖出一定数量外汇资产的选择权。

7. 跨国并购指一国企业(又称并购企业)为了达到某种目标，通过一定的渠道和支付手段，将另一国企业(又称被并购企业)的所有资产或足以行使运营活动的股份收买下来，从而对另一国企业的经营管理实施实际的或完全的控制行为。

8. 转移价格是指跨国公司内部母公司与子公司之间、子公司与子公司之间进行商品和劳务交换时所执行的内部贸易价格。转移价格不受市场一般供求关系影响，是跨国公司借以获取最大限度利润的一种手段。

9. 纵向并购是指生产过程或经营环节相互衔接、密切联系的企业之间，或者具有纵向协作关系的专业化企业之间的并购。纵向并购的企业之间不是直接的竞争关系，是供应商和需求商之间的关系。

**【科兴点评】**这种 2 分一题的名词解释，给分点一般都非常明确，无须太多的表述。

## 二、简答题(1-6 题每题 6 分，7-10 题每题 7 分，共 64 分)

1.（1）赞成自由贸易的论据

① 自由贸易和效率。支持自由贸易的观点建立在自由贸易是小国的最优政策这一结论上。关税使一国经济产生了净损失。解除关税，实行自由贸易可以消除效率损失，并且增加一国福利。

② 自由贸易的额外收益。规模经济的存在支持自由贸易，因为其能在更低的价格上提供种类更多的产品。与管理贸易相反，自由贸易提供了更多机会，因此会带来更多创新。

③ 赞成自由贸易的政治依据。个自由贸易的政治承诺在现实中可能争取选民的好办法。现实中的贸易政策被一些利益集团所左右，而不是考虑国家的成本与收益。

（2）反对自由贸易的论据

① 赞成关税的贸易条件改善论。对大国来说，关税可以使进口商品价格下降，从而改善贸易条件。这个改善必须与关税的成本相比较。有可能贸易条件的改善大于关税产生的损失。因此，自由贸易对大国来说可能不是最优的政策。

② 反对自由贸易的国内市场失灵论。反对自由贸易的国内市场失灵论是“次优”理论的一个特例。“次优”理论认为只有其他所有市场都能正常发挥作用时，实施自由放任才是最理想的政策。如果一个市场功能失常，政府干预可能增加福利。

2. 按照贸易壁垒撤除的程度划分，区域经济一体化的形式有：

（1）特惠贸易协定，是指在实行特惠贸易安排的成员国之间，通过协定或其他形式，对全部或部分商品规定特别的关税优惠。这是经济一体化的最松散和较低级的一种形式。

（2）自由贸易区，是指由签订有自由贸易协定的两个或两个以上的国家或地区组成的贸易区域。自由贸易区内逐渐减免甚至取消关税与进口数量限制，同时，保留成员国各自的原有独立的对区外国家的关税结构和其他贸易保护措施。

（3）关税同盟，是指两个或两个以上的国家通过签订条约或协定取消区域内关税或其他进口限制，并对非同盟国家实行统一的关税率而缔结的同盟。这在一体化程度上比自由贸易区更进了一步。它除了包括自由贸易区的基本内容外，而且成员国对同盟外的国家建立了共同的、统一的关税税率，结盟的目的在于使参加国的商品在统一关境以内的市场上处于有利地位，排除非成员国商品的竞争，它开始带有超国家的性质。

（4）共同市场，是指除了在成员国内完全废除关税与数量限制并建立对非成员国的共同关税外，还取消了生产要素流动的各自限制，允许劳动、资本等在成员国之间自由流动。在商品自由流动方面，它既有对外的统一关税，又有协调间接税制度、产品标准化制度；在资本的自由流动方面，有协调筹资制度；在劳动的自由流动方面，有学历和技术等级的相互承认制度等等。共同市场下经济调节的超国家性质比关税同盟更进一步。

（5）经济同盟，是共同市场和经济共同体向超国家一体化的宏观协调机制发展的具体步骤，是一种较高层次的区域经济一体化组织形式。其特点是，在实行关税、贸易和市场一体化的基础上，进一步协调成员国之间的经济政策和社会政策，包括货币、财政、经济发展和社会福利政策，以及有关贸易和生产要素的流动政策，并拥有一个制定这些政策的超国家的共同机构。

（6）完全的经济一体化，是经济一体化的最高级形式。完全经济一体化不仅包括经济同盟的全部特点，而且各成员国还统一所有的重大经济政策，如财政政策、货币政策以及有关贸易和生产要素流动的政策。

3. 汇率的决定因素有：

（1）国际收支。国际收支状况是影响汇率变化的一个最直接最主要的因素，顺差时外汇供大于求，本币有升值趋势；反之，逆差时本币有贬值趋势。官方储备是维持固定汇率制的保证，如果一国国际收支逆差过大，官方储备损失严重，则政府可能被迫放弃固定汇率制，本币大幅贬值，产生货币危机。

（2）相对通货膨胀率。通货膨胀率的大小反映了货币对内价值的大小，而汇率是货币对外价值的度量。在其他情况不变时，货币对内贬值必然引起对外贬值。然而，通货膨胀率的差异对汇率的影响不是直接表现出来的，而是通过影响实际汇率从而影响产品竞争力，通过影响人们预期从而产生跨国资本流动，这样从经常账户和资本账户两方面表现出来的，其作用需要一段时间。

（3）相对利率。利率是资本的价格，其高低直接决定金融资产的供求。如果一国利率升高，就会刺激国外资金流入增加，本国资金流出减少，资本账户顺差，本国货币有升值趋势；反之如果一国利率降低，本国货币有贬值趋势。由于许多发达国家资本项目已开放，资本在国际间转移已比较方便、迅速，因此利率对汇率的影响快速而直接，往往是决定汇率短期趋势的主要因素。

（4）总需求与总供给。总需求和总供给增长中的结构不一致和数量不一致，也会影响汇率。如果总需求中进口的需求增长快于总供给中出口供给的增长，本币将贬值。如果总需求的整体增长快于总供给的整体增长，满足不了的那部分总需求将转向国外，引起进口增长，从而导致本国货币贬值。当总需求的增长快于总供给的增长时，还会导致货币超额发行和财政赤字的增加，从而间接导致本国货币贬值。

（5）预期。预期有时候能对汇率造成重大影响。预期包括对经济的、政治的和社会的。预期通常是以捕捉刚刚出现的某些信号来进行的，因此，有意地或者无意地发出一些与之相对冲的信号，有时可以改变预期的方向。

（6）财政赤字。财政赤字的增加或者减少，往往导致货币供应量增加和需求增加，因此，赤字的增加将导致本国货币贬值。但犹如国际收支等其他因素一样，赤字增加对汇率的影响并非绝对的，如果赤字增加的同时伴随着利率上升，那么它对汇率的影响就很难说了。

（7）外汇市场投机。外汇投机者总是按照自己对汇率的预期进行低买高卖，希望赚取差价。全球各外汇市场投机者的不间断买入卖出是导致汇率随时波动的重要因素。

（8）中央银行干预。各国央行处于各种政策目的，可能进入外汇市场买卖外汇，影响外汇市场供求，从而干预汇率，这虽然无法改变汇率变动的长期趋势，但是却对汇率短期走势产生了重大影响。

4. 汇率超调是由美国经济学家鲁迪格·多恩布什于20世纪70年代提出的。他认为，当市场受到外部冲击时，货币市场和商品市场的调整速度存在很大的差异。这主要是由于商品市场因其自身的特点和缺乏及时准确的信息。一般情况下，商品市场价格的调整速度较慢，过程较长，呈黏性状态，称之为黏性价格。而金融市场的价格调整速度较快，因此，汇率对冲击的反应较快，几乎是即刻完成的。汇率对外部冲击做出的过度调整，即汇率预期变动偏离了在价格完全弹性情况下调整到位后的购买力平价汇率，这种现象称之为汇率超调。

假如本国货币当局为了刺激经济增长，大幅度地提高了货币供应量，使之超过了实际货币需求。从长期来看，这将会引起名义收入的增加、物价的上涨和汇率的上升。但短期内，由于商品价格具有黏性，实际货币供给量就会增加，人们为了保持一定的实际货币余额，就会用货币换取国内资产，使得国内利率大幅下降。在国内外资产完全替代的情况下，根据非抛补利率平价，利率的下降会引起资本外流，本币大幅贬值，汇率大幅上升。然而，本国利率和外汇汇率并不会一直维持在这样的水平。因为利率的下降刺激了国内投资需求，汇率的上升使世界商品市场偏离一价定律，引起商品套购，增加了对本国产品的需求。总需求的增加会导致价格水平逐渐上升，实际货币余额下降，于是利率开始回升，汇率开始回落，直到价格水平与最初的货币供给量同比例变化，利率回到原先数值，汇率达到购买力平价成立时的数值，资产市场达到长期均衡。此时，货币扩张引起的仅仅是价格水平、名义汇率等名义变量的改变，而利率、实际汇率、实际货币供给量等实际变量均保持不变。

5. 货币数量理论是一种用流通中的货币数量的变动来说明商品价格变动的货币理论。货币数量理论认为在货币数量变动与物价及货币价值变动之间存在着一种因果关系，其核心思想是，假定其他因素不变，商品价格水平涨落与货币数量成正比，货币价值的高低与货币数量的多少成反比。特别的是，对于货币数量较大幅度的变化，尤其是货币数量大幅度地增加，相应地将必定带来商品价格的大幅度变化或通货膨胀，而商品价格的大幅度变化特别是通货膨胀，乃是一个经济体存亡的大问题。

货币数量理论分为传统的货币数量理论和现代货币数量理论。传统的货币数量理论以费雪的现金交易数量说和马歇尔、庇古的现金余额数量说为代表。传统货币数量理论以古典学派的经济理论为前提，认为经济的运行只与实际因素有关，而与货币因素无关。现代货币数量理论认为，货币数量论不是关于产量、货币收入或价格水平的理论，而首先是一种货币需求理论，其主要代表人物是美国的弗里德曼。在弗里德曼看来，由于货币需求函数是极为稳定的，因而物价的变动决定于货币的供给。不仅如此，货币供给的变动还影响产量和名义收入，但货币量的增长对名义收入的增长的影响有一个时间间隔，因为名义收入是个综合性指标，它包括价格和产量。货币供给量的增长先影响产量后影响价格。这一点又区别于传统的货币数量理论，传统的货币数量理论假定充分就业，即假定产量不变。

6. “不可能三角”是由美国经济学家保罗·克鲁格曼就开放经济下的政策选择问题所提出的，其含义是：在开放经济条件下，本国货币政策的独立性，汇率政策，资本的自由流通不能同时实现，最多只能同时满足两个目标，而放弃另外一个目标来实现调控的目的。

根据“不可能三角”，一国在资本自由流动、货币政策独立性和汇率稳定之间只能选择以下三种政策组合。

第一，保持资本自由流动和货币政策独立性，必须牺牲汇率稳定，实行浮动汇率制。比如，巴西、加拿大大体如此，在资本自由流动的条件下，频繁进出的国内外资金将会导致国际收支状况的不稳定。

第二，保持汇率稳定和货币政策独立性，必须限制资本的自由流动，实行资本管制。对于许多发展中国家特别是那些发生金融危机的国家来说，相对稳定的汇率有助于保持对外经济稳定，货币政策独立性有助于调控国内宏观经济。

第三，保持资本自由流动和汇率稳定，必须放弃货币政策独立性。比如，阿根廷或2000年前的许多欧洲国家，在资本自由流动时，在固定汇率制度下，货币政策效果将被引发的资本流动的变化所抵消。

“不可能三角”这一理论是高度抽象的，建立在严格假设条件的基础上，即完全的资本自由流动、完全的货币独立性和完全的汇率稳定，而没有考虑中间情形。尽管资本自由流动、货币政策非独立性和固定汇率制度构成一组可行的政策选择，但是这一组合在现实中有效的前提是一国拥有相应数量的外汇储备。事实上，一国的外汇储备总量再大，也难以应对规模庞大的国际游资。此外，“不可能三角”隐含的假设是一国拥有发达的资本市场和货币市场，但是这在不少国家并不现实。

7. 跨国公司技术转让的特点具体体现于转让条件、转让活动、转让战略、转让时机以及转让效果等几个方面。

（1）以全球领先技术为基础创造技术转让条件。技术优势是跨国公司拥有的最重要的垄断优势，其中核心技术能力是跨国公司维持其垄断地位的保障，技术创新能力是跨国公司维持其垄断地位的手段。

（2）以全球研发网络为基础展开技术转让活动。跨国公司研发机构正在由一个中心向多个中心转化，形成了全球技术研发网络，这样可以充分利用当地研发资源，突出重点项目研究，互通有无，为跨国公司进行转让提供了有力保障。

（3）以内部化为基础实施技术转让战略。在技术交易过程中，市场交易存在成本，包括寻找交易对象的搜寻成本、签订合同的谈判成本以及监督合同执行的监督成本等。但是如果能够进行内部交易，并且能够比外部交易节约成本，那么企业就会想方设法将外部交易转化为内部交易。另外，内部交易还可以克服各种技术、专利、管理技能等与技术相关的中间产品外部交易的不完全性。

（4）以生命周期为基础选择技术转让时机。创新阶段时，任何地位的跨国公司都会选择不转让技术。发展阶段时，只有微弱地位的跨国公司会选择主动寻找机会转让技术；支配地位和优势地位的跨国公司不转让技术；有利地位的跨国公司可能会考虑选择转让技术；维持地位的跨国公司开始考虑技术转让。成熟阶段时，各种地位的跨国公司都会选择技术转让，但迫切程度和条件要求不尽相同。其中微弱地位的跨国公司最为急切，支配地位的跨国公司条件最为苛刻。衰老阶段时，各种地位的跨国公司都会选择技术转让。

（5）以扩张国际生产为基础彰显技术转让效果。纵观跨国公司发展历史，就是一部跨国公司以扩张国际生产为基础彰显技术转让效果的历史，即技术转让效果是否理想，从一定程度上可以将国际生产扩张程度作为衡量标准。

8.（1）跨国并购管理协同效应的内涵

管理协同效应主要指的是并购给企业管理活动在效率方面带来的变化及效率的提高所产生的效益。如果两个公司的管理效率不同，在管理效率高的公司兼并另一个公司之后，低效率公司的管理效率得以提高，这就是所谓的管理协同效应。管理协同效应来源于行业和企业专属管理资源的不可分性。

（2）跨国并购管理协同效应的实施条件

能够发生管理协同效应的两个企业(或企业群体)通常应具备以下的特征：

① 发生管理能力转移的企业之间，存在管理能力的“密度”差异。从而使高密度的企业有向外输出过剩能力的愿望，而低“密度”企业则有对管理能力的引进需求。

② 一般而言，管理能力缺乏的企业，在其他情况相同时，其业绩在同行业中水平较低；而管理能力过剩的企业则正好相反。这主要是由于后者比前者的资产经营效率更高的缘故。

③ 管理能力缺乏的企业多为产生时间较短、增长速度较快的企业，其有形增长比管理能力的增长更快。而管理能力过剩的企业通常已经过较长时期的生长发展，因为管理能力的积累需要相当长的时间，而且其发展速度可能已经大为下降，从而造成管理能力供大于求的局面。

9.（1）内部化理论的概念

内部化理论是20世纪70年代由巴克利、卡森和拉格曼等人提出。他们认为，由于市场的不完全，若将企业所拥有的科技和营销知识等中间产品通过外部市场来组织交易，则难以保证厂商实现利润最大化目标；若企业建立内部市场，可利用企业管理手段协调企业内部资源的配置，避免市场不完全对企业经营效率的影响。企业对外直接投资的实质是基于所有权之上的企业管理与控制权的扩张，而不在于资本的转移。其结果是用企业内部的管理机制代替外部市场机制，以便降低交易成本，拥有跨国经营的内部化优势。

（2）内部化理论的实践意义

内部化理论的出现标志着西方对外直接投资理论的重要转折。其实践意义有：

① 较其他对外直接投资理论更一般化，对发达国家和发展中国家均适用。其他国际直接投资理论仅从

产品和生产要素等某个侧面来分析跨国公司对外直接投资的原因，因此内部化理论不同程度地包含了其他理论。因而有助于对跨国公司的成因及其对外投资行为进行深入了解。

② 较好地解释了跨国公司进行对外直接投资和出口以及许可证安排方式选择的依据。

③ 有助于解释战后跨国公司增长速度、发展阶段和盈利变动的事实。

10. 战略联盟指的是由两个或两个以上有着共同战略利益和对等经营实力的企业，为达到共同拥有市场、共同使用资源等战略目标，通过各种协议、契约而结成的优势互补或优势相长、风险共担、生产要素水平式双向或多向流动的一种松散的合作模式。关于战略联盟的理论有“战略缺口”假说、技术协调论、市场权力论、交易成本论、技术创新论、资源基础论和战略管理论。

下面我们重点来说明战略联盟的理论有“战略缺口”假说。由于20世纪90年代以来，国际竞争环境的深刻变化对公司的绩效目标造成了巨大压力。因而，当国际企业审视竞争环境并评价自身竞争力和资源时，经常发现在竞争环境客观要求它们取得的绩效目标与它们依靠自身资源和能力所能达到的目标之间存在一个缺口，这个缺口被称为战略缺口。根据这个发现，泰吉和奥斯兰提出了战略缺口假说。他们认为，国际企业战略联盟的发展是其对国际经济、技术及竞争环境变化的一种战略反应，是国际总体竞争环境变化的产物。战略缺口在不同程度上限制了国际企业走一切依靠自身资源和能力自我发展的道路，在客观上要求它们走合作的道路。因此，战略缺口是推动国际企业在全球竞争中结成战略联盟的重要动力。企业的战略缺口越大，参与战略联盟的动力就越强烈。

战略缺口假说认为，通过合作，实现战略联盟的各方国际企业可以在以下方面增强在全球市场中的竞争力：

（1）聚集更多的技术创新资源，分摊技术创新的巨额投资和潜在风险；

（2）通过联合研究与开发，国际企业可以相互交流在不同领域、不同产品生产及不同行业的技术知识，适应当前科技发展的融合趋势；

（3）借助联合力量协调和建立新产品或生产工艺的世界统一标准；

（4）通过联盟实现经营范围的多样化和经营地区的扩张，以利用规模经济和范围经济；

（5）以战略联盟维系或增强已有的竞争地位；

（6）增强国际企业经营与组织结构的灵活性和对不确定环境变化的反应能力；

（7）通过战略联盟互相学习彼此的管理体系和管理经验。

## 三、计算题（第1题18分，第2题5分，共23分）

1.（1）当每袋价格为10元时，$D-S=(400-100)-(50+50)=200$，即进口量为200袋。

（2）征收每袋50%的进口关税后，进口价格为每袋15元。当不存在进口时，该国的国内价格可以通过如下计算：$S=D \Rightarrow 400-10P=50+5P \Rightarrow P=70/3>15$，因此国内价格为每袋15元。此时的进口量为$(400-150)-(50+75)=125$。

（3）结成关税同盟以后，该国花生市场会完全由邻国占据，此时，其国内价格为每袋12元，进口量为：$D-S=(400-10\times12)-(50+5\times12)=170$，即170袋。

（4）通过图1可以清楚地看出贸易转移与贸易创造的效应：

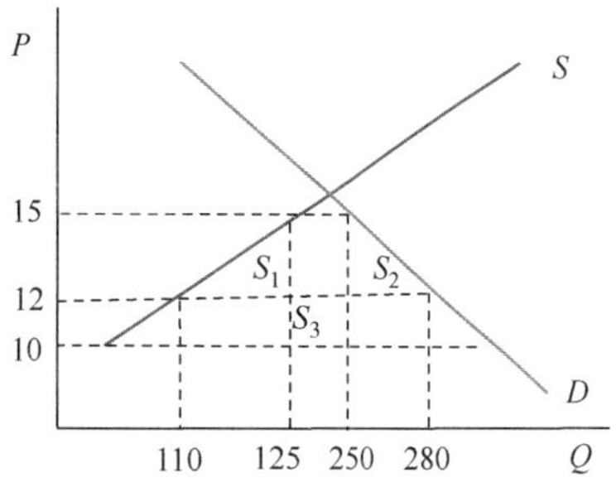


图1 贸易创造和贸易转移效应

贸易创造效应为：$[(125-110)+(280-250)]\times(15-12)\times1/2=67.5$，即图中$S_1$与$S_2$的面积之和。但是，较之于自由贸易时的进口量200袋，可知关税同盟建立后，贸易量减少了30袋，即产生了贸易转移，贸易转移效应为：$(125-250)\times(12-10)=-250$，即图中$S_3$的面积。因此，该小国关税同盟的净福利为：$-250+67.5=-182.5$，即净福利损失为182.5。

2.（1）美国投资者购买英国国债的收益为：

美国投资者先用100万美元兑换$100/2=50$万英镑，然后用50万英镑购买英国国债，投资3个月后，收益为$50\times(1+0.25\times12\%)=51.5$万英镑，然后把这笔钱换成$51.5\times1.99=102.485$万美元。最终收益为 102.485-100=2.485 万美元。

（2）美国投资者购买美国国债的收益为：100×(1+0.25×8%)-100=2 万美元。

（3）对比可知，购买英国 3 个月国债更划算。

**四、论述题(3 题，共 45 分)**

1.（1）李嘉图比较优势理论的主要内容

李嘉图认为国际贸易中起决定作用的不是绝对优势，而是比较优势，并且把比较优势理论作为国际分工理论的基础。他认为每个国家不一定要生产每种产品，而是应该生产那些利益较大或不利较小的商品，接下来两国进行交换，两国都会受益。

比较优势理论认为，国际贸易的基础是生产技术的相对差别(而非绝对差别)，以及由此产生的相对成本的差别。每个国家都应根据“两利相权取其重，两弊相权取其轻”的原则，集中生产并出口其具有“比较优势”的产品，进口其具有“比较劣势”的产品。比较优势贸易理论在更普遍的基础上解释了贸易产生的基础和贸易利得，大大发展了绝对优势贸易理论。

（2）李嘉图比较优势理论的局限性

① 比较优势理论所假设的前提比较苛刻，不符合国际贸易的实际情况。

② 比较优势理论所研究的是一个静态的世界，它所揭示的是一个国家短期的静态的利益，而对于长期的动态利益，该理论是无法很好预期的。

③ 它只是论证了根据比较优势理论，各国都会从国际贸易中获益，但是对于更加复杂的问题，比如贸易利得的分配、互利贸易的范围等问题都没有提及。

④ 比较优势理论以劳动价值理论为基础，认为所有劳动都是同质的，任何一种商品的价值都取决于其劳动成本。仅用劳动成本的差异来解释国际贸易的利益是不完整的。

2. 国际储备是一国货币当局或官方持有的用于平衡国际收支、维持汇率稳定以及应付各种紧急支付，在国际上被普遍接受的一切流动资产，其构成一般包括黄金储备、外汇储备、储备头寸和特别提款权。国际储备的规模和结构如果不当，就会影响其功能的发挥，尤其在各国普遍实行浮动汇率以来，国际外汇市场剧烈动荡、金价暴涨暴跌、国际游动资本到处游荡、国际金融市场动荡不安，这在客观上要求各国对国际储备加强管理。

（1）我国国际储备管理存在的问题

目前，中国持有 3 万多亿美元的国际储备，持有量高居全球之首。按照国际储备的流动性、安全性和收益性原则来看，显然是存在一定问题的。具体表现为：

① 国际储备资产结构不合理。目前我国黄金储备仅占外汇储备的 1.3%，远低于其他发达国家 3%-5% 的一般标准。外汇储备多黄金储备少的格局带来了很多问题。首先，较少的黄金储备对国际储备价值形成威胁。其次，黄金是一种重要的保值资产，在目前国际局势动荡、金融危机频发的时期，较少的黄金储备会危及我国金融安全。最后，国际金价和石油价格具有联动性，而我国是一个石油进口和消费大国，较小的黄金储备不利于我国的经济安全。

② 外汇储备币种结构不合理。在我国巨额的外汇储备中，美元资产估计在 70%左右，其中又有很大一部分是以美国国债的方式存在的。美元储备过多，形成了一系列问题。第一，成为美元“铸币税”的主要承担者。第二，承担美元贬值的风险。

③ 重要商品储备水平明显偏低。虽然国际货币基金组织并没有把商品储备列入国际储备的传统范畴，但从多数国家的实际情况看，增加重要商品储备、实现储备多元化正是国际储备的发展趋势之一。我国的重要商品储备起步较晚，储备水平偏低。在目前的主要石油消费国中，我国是唯一没有建立石油储备的国家，一旦由于某种原因石油进口中断而没有储备，对我国国民经济将造成重大影响。另外，没有一定的储备量，对重要商品的国际价格就没有话语权，只能被动地接受，影响经济的稳定发展。

（2）我国国际储备管理的改进策略

① 改变外汇储备思路，实行“藏汇于民”政策。实行“藏汇于民”政策的具体做法有：改强制性结售汇制度为意愿性结售汇制度，增加企业、居民的用汇自主权；以现有外汇储备成立境外投资基金，允许境内

居民以人民币购买，间接实现“藏汇于民”；完善外汇市场，让企业、机构和个人更多地进入外汇市场，并推出更多的外汇交易品种和工具，不断地扩大资金流动效率。

② 完善相关经济税收政策，实现国际收支平衡。一方面，通过出口税制的改革，支持和培育具有自主知识产权和自主品牌的商品出口，提高出口商品附加值；同时限制一些能耗型、污染型、资源型商品出口，改善我国产业结构，使对外贸易从数量扩张向质量提高和国际竞争力提升转变。另一方面，进一步降低进口关税水平和减少非关税壁垒措施，加大先进技术设备与国内紧缺物资、原材料的进口；放宽居民企业的用汇自主权，便利其经济活动。

③ 改变储备管理决策机制，构建双层次储备管理体系。对我国来说，应该由财政部牵头，会同其他部委共同研究国际储备策略和内容，再由中央银行负责实施，把国际储备的战略决策和策略执行适当分离，使我国国际储备真正能发挥保障国家经济安全和国民经济平稳发展的作用。

④ 增加重要商品储备，保障国家经济稳定和安全。尽快完善储备立法，以法律的形式保证储备的规范性、长期性；对不同的储备商品，采取不同的储备策略，储量少的资源类商品，应扩大进口，储量丰富的，应该注意保护，限量开采；建立重要商品储备是一个长期的过程，价高少储，价低多储，不可急于求成。

3.（1）外商来华投资与中国对外投资的新变化

在中国改革开放后经济高速增长和工业化快速推进的过程中，外商直接投资成为一支重要的力量。20世纪八九十年代，由于国内资金严重短缺，外资的进入发挥了极为重要的作用。1979~2000年，中国实际利用外商直接投资总额累计达到3483.5亿美元，在弥补国内资金不足的同时，还带来了先进的技术和管理经验，推动了经济增长，也促进了进一步的对外开放，作用极其明显。进入新世纪，中国的对外投资开始稳步增长，2001~2010的10年间，对外投资累计实现2 591.4亿美元，与同期使用外资的比值升至37%。特别是近几年来，情况又发生了更大的变化，中国对外投资的数额和增速迅猛攀升。虽然外商来华投资仍然保持着不断增长的态势，但中国对外投资的增长速度远高于引进外资。2016年，中国的对外投资额超过了引进外资额。

（2）我国引进外资和对外投资的特征

从产业资本净流入国到净流出国是一个可喜的转变，说明中国经济实力的增强和对外投资能力有了很大的提升。但值得关注的方面更多。发展经济学理论认为，发展中国家由于经济发展水平较低，资源开发利用和资本不足，需要吸收外资帮助经济发展，一般处于资本净输入状态，而发达国家正好相反。中国在中等发展水平上提前出现资本净流出，除了高储蓄率的经济结构外，主要是两个方面的原因：一是外商直接投资增量的提前趋缓；二是对外直接投资的超常规剧增。从外商投资增长趋缓方面看，由于国内要素成本上升导致一些行业企业的利润率下降，外商投资的积极性降低，并出现了外商资本向要素成本更低国家转移的情况；同时，中国服务业领域对外开放度较低，对外商投资限制较多，影响了外商资本的流入。从中国对外投资强势增长看，由于部分传统产业近年出现了竞争优势减弱的现象，国内部分成本敏感型产业资本开始向外转移。特别是中国企业谋求提升全球价值链地位，通过对外并购战略资产吸收研发、品牌、关键投入品等价值链高端要素的积极性提升。另外，人民币对美元贬值预期也刺激了企业在海外配置资产的需求。还有一个重要原因，就是中国对企业对外直接投资管理比较宽松，备案制便利化程度较高。

（3）完善投资活动的主要策略

① 进一步完善外商投资的政策环境和市场环境，积极留住外商已有投资和吸引更多新投资。同时，坚持扩大对外开放，特别是加快服务业的对外开放，增加外商直接投资的领域。中国吸引外资在很长的时期内主要集中于制造业领域，近年来外资进入的领域有所放宽，但总体上看，限制仍然较严，门槛较高，影响了外商直接投资的增长。近年来中国制造业对GDP增长的贡献率和相对比重降低，第三产业成为GDP增长主力。因此，在鼓励制造业，尤其是高端制造业引进外资的同时，还应引导外资进入更宽泛的领域，特别是第三产业和新兴行业。保持外商直接投资的继续增长，对中国未来经济发展仍然具有重要意义。

② 加强国内资金投资的引导，保证国内资金需求，促进国内产业的发展。一方面，加快国内产业转型升级，创新经济增长方式，提高资本回报率，增加国内投资的吸引力；另一方面，加大城乡基层社会事业类投资，大力发展文化、体育等产业。这类投资的经济效益和社会效益都很显著，但从现实情况看，投资

明显不足，急需扩大资金予以支撑。实现这类投资，需要适当调整投资决策权。国家层面的重大项目投资权在中央，一般项目的投资权应尽量下移。城市建设及城市内的基础设施等的投资权应更多地交由城市，与城乡居民生活密切相关的基础设施和服务设施应更多地交由基层单位。对于投资项目的轻重缓急、可行性与合理性，应该越往下把握越精准，让受益地区、受益单位和当地群众参与投资决策，失误的可能性会较小，投资效果应该更好。因此，实现投资与经济增长、社会发展和人民生活水平提升紧密结合起来，投资权的下移是非常重要的。

③ 以“一带一路”倡议为重点，科学引导资本输出的区域和行业流向，提高对外投资的宏观效益。同时，加强对外直接投资项目评估、跟踪监测和风险控制。在中国企业对外投资急增的过程中，存在不少企业盲目跟风现象，缺少对投资项目的充分论证和隐含风险的评估。管理部门有必要建立跟踪监测和风险控制机制，降低对外投资的风险。特别是处理好投资便利化和风险防范的关系。在备案制基础上完善监管机制，避免直接投资行为过度金融化、杠杆化，降低短期资本流动风险。

**【科兴点评】**中国海洋大学2012年在官网上曾经公布过434初试参考教材，刘舒年《国际金融》、李辉《国际直接投资与跨国公司》和薛荣久《国际贸易》，后来就取消了。从近几年的命题来看，后两本书仍然是适用的，但是国际金融部分建议换成姜波克版本的，因为曾经考过的蜜月效应，一般教材上根本没有。当然这本书没有汇率实务的内容，考生可以结合其他教材研究套汇的计算。

# 中山大学 2018 年 434 国际商务专业基础试题

**一、名词解释(每题 6 分，共 30 分)**

1. 转口贸易
2. 对外直接投资
3. 全球战略
4. 前向一体化
5. 转移定价

**二、论述题(每题 24 分，共 120 分)**

1. 要素禀赋理论的主要内容是什么？该理论的不足之处是什么？

2. 近年来，越来越多的海外留学人员、海外工作人员陆续回到国内工作。你认为，这些“海归”对我国企业的经营管理会产生哪些影响？我国应该如何更好地发挥“海归”人才的作用？

3. 对于国际化企业来说，一个合格的海外经理人员必须达到的标准和所必须具备的素质是什么？

4. 近年来，我国企业的跨境电子商务活动迅速发展。请问跨境电子商务为企业发展在哪些方面提供了新机遇？我国跨境电子商务的发展还存在哪些制约因素？

5. 什么是“一带一路”？“一带一路”的实施对于我国企业的跨国经营会产生哪些深远的影响？

# 中山大学 2018 年 434 国际商务专业基础试题解析

**一、名词解释(每题 6 分，共 30 分)**

1. 转口贸易又称中转贸易，是指国际贸易中进出口货品的生意，不是在生产国与消费国之间直接进行，而是通过第三国易手进行的买卖。这种贸易对中转国来说即是转口贸易。转口贸易的发生，主要是有些国家(或地区)由于地理的、历史的、政治的或经济的因素，其所处的位置适合于作为货物的销售中心。这些国家(或地区)输入大量货物，除了部分供本国或本地区消费外，又再出口到邻近国家和地区。

2. 对外直接投资(Foreign Direct Investment，简称 FDI)，是指投资者为了在国外获得长期的投资效益并得到对企业的控制权，通过直接建立新的企业、公司或并购原有企业等方式进行的国际投资活动。国际直接投资与其他投资相比，具有实体性、控制性、渗透性和跨国性的重要特点。

3. 全球战略，是跨国公司从全球角度出发，合理安排有限资源，抓住全球性机遇，进行全球性选择和部署，确定全球性战略目标。决策者不受民族、国家的限制，考虑在全球范围内实行资源的最优化配置，取得最佳的长期总体效益；换言之，它是跨国公司在变动的国际经营环境中，为求得长期生存和发展而做出的总体的长远的谋略，而不是孤立地考虑一个国家的市场和资源。全球战略要求在多国基础上取得最大经济收益，而不是斤斤计较于国际业务活动中一时一地的损失。从历史角度看，全球战略是跨国公司大发展阶段的产物。

4. 前向一体化战略是指获得分销商或零售商的所有权或加强对它们的控制，也就是指企业根据市场的需要和生产技术的可能条件，利用自己的优势，把成品进行深加工的战略。在生产过程中，物流从顺方向移动，称为前向一体化，采用这种战略，是为获得原有成品深加工的高附加价值。一般是把相关的前向企业合并起来，组成统一的经济联合体。这通常是制造商的战略。

5. 转移定价，指国际企业管理当局为实现总体经营战略目标，谋求国际企业整体利益最大化，而在公司内部各关联企业或子公司之间互相购销产品、提供劳务、转让无形资产和借贷资金时，确定的内部“交易”价格。这种价格不同于一般的市场价格，不受市场供求关系的影响。国际企业通过国际转移价格可以最大限度地获取利润和取得更为广阔的经营空间。

## 二、论述题(每题 24 分，共 120 分)

1.（1）要素禀赋论的内容

要素禀赋论由赫克歇尔首先提出基本论点，由俄林系统创立。它主要通过对相互依存的价格体系的分析，用生产要素的丰缺来解释国际贸易的产生和一国的进出口贸易类型。根据要素禀赋论，一国的比较优势产品是应出口的产品，是它需在生产上密集使用该国相对充裕而便宜的生产要素生产的产品，而进口的产品是它需在生产上密集使用该国相对稀缺而昂贵的生产要素生产的产品。简言之，劳动丰富的国家出口劳动密集型商品，而进口资本密集型商品；相反，资本丰富的国家出口资本密集型商品，进口劳动密集型商品。

（2）要素禀赋论的局限性

① 要素禀赋论的一系列假设条件都是静态的，忽略了国内外经济因素的动态变化，这使理论难免存在缺陷。比如，各国的资源禀赋状况、各国的技术水平等，都是动态变化的因素，将其静态化，势必影响各国对贸易模式状况的判断。

② 要素禀赋论主要是从供给角度分析贸易产生的原因，忽略了需求的作用，这也影响了其对于现实问题的分析。国际贸易结构除了受资源禀赋状况的决定外，还要受各国的需求偏好等因素的影响。

③ 要素禀赋论只能解释要素禀赋不同的国家的分工和贸易行为，而对大量发生在要素禀赋相似、需求格局接近的工业国之前的国际贸易现象无法解释。

2.（1）近年来，越来越多的海外留学人员、海外工作人员陆续回到国内工作，这些“海归”对我国企业的经营管理会产生如下影响：

① 海外人才回流增加了国家的人力资本存量和质量。海归人才拥有较高的“人力资本”积累，他们的回流直接增加经济中高质量人力资本的存量。通过劳动力市场上的职位竞争效应，激励国内的劳动力通过多种渠道加强人力资本投资。与海归共事及沟通的过程中，相互交融、学习及成长。

② 人才回流，是我国拉近与发达国家技术差距的有效方法。FDI 的技术扩散效应是发展中国家技术进步的重要来源，而海归充当了跨区域知识溢出的载体，他们的回流是 FDI 技术溢出的重要方式。

③ 海归人才携带具有知识产权的新技术或商业回国，已成为高新技术产业的重要推动因素。如印度 IT 产业重镇班加罗尔成功的重要因素，是它聚集了从美国、英国回来的 40000 多名 IT 业人才。

（2）海归人才是我国人才队伍中一支强大的生力军，为推动我国经济社会发展作出了重要贡献。当前，应该认真研究海归人才的特点，让海归人才发挥“鲶鱼效应”的最大效益。从人才开发的角度来看，“鲶鱼效应”是企业管理者激发员工活力的有效措施，具体是指组织管理部门通过引进优秀人才以激活原有员工的活力，产生一石激起千层浪的激荡效果。海归人才回国以后，往往能够产生非常积极的“鲶鱼效应”。

① 海归人才发挥科研创新的领军作用。海归人才是当前中国创业浪潮的核心主体之一，他们回国就业创业主要集中在 IT/通讯/电子/互联网和金融业等领域，尤其喜欢选择战略性新兴产业。海归人才的创业实践对中国经济发展具有深远的影响。海归人才对创业贡献度表现在以下几点：第一，海归创业的知识外溢效应对于本土高科技企业创新具有显著的促进作用；第二，海归创业企业比本土创业企业更具有创新性；第三，海归创业企业绩效高于本土创业企业；第四，出口导向以及跨国创业导向对海归创业企业绩效都有显著的正向影响。

② 海归人才是推动社会变革的生力军。在自然科学方面，海归人才具有较强的科研创新能力；在人文社会科学方面，海归人才也能够及时融入我国人文社会科学的创新大潮，成为推动我国社会改革的重要智库人才。

③ 海归人才促进多元文化的交流融合。在建构人类命运共同体的前提下，海归人才回国客观上有利于

促进多元文化的交流融合，推进世界各国和平共处、互惠互利与共生共荣。海归人才能够在很多领域架起国际交流合作的桥梁，在文化创意产业、艺术创造、高新技术、人工智能、互联网、文化传播等诸多领域促进我国与外国的交流合作，产生积极的知识溢出效应、技术溢出效应和经济溢出效应，全面激活我国企业的转型升级，促进我国新旧动能转换和产业结构的调整。

3.（1）对于国际企业来说，一个合格的海外经理人员，不论他来自哪个国家和民族，必须达到的标准是：能被公司的企业文化所完全同化，并做到在任何地方经营都能获胜。

（2）所必须具备的素质有：

① 业务能力与管理技术水平。在国外，由于时间、空间、人员的限制，以及交流上的障碍，求助于他人是困难的。

② 对文化差异的敏感性和适应性。海外经理不仅应该对异国文化的差异有清醒的认识，而且还必须有足够的调节能力，适应这种差异，即能在短时间内适应东道国的生活方式和行为准则。

③ 语言及人际交往的能力。除了必须精通当地语言外，还必须熟悉当地的生活习惯、社交礼仪，深入了解当地的道德准则和价值观念，并且没有民族倾向，不以本民族的行为标准去判断和衡量其他民族的行为。

④ 责任心和使命感。海外经理必须具备强烈的责任感和使命感，这是任何一个成功的跨国经营企业对经理人员的共同要求。对海外经理人员的责任心和使命感，一般可以从以下几方面进行综合判断：诚实、忠诚、正直；到国外任职的意愿；工作热情；待人接物的态度。

⑤ 经理人员及家属移居国外的愿望和动机。海外经理在国外工作的成败，还在很大程度上取决于他们及其家庭移居国外的愿望及动机，因为经理人员到海外任职的动机和愿望影响着他们才干的发挥。

4. 跨境电子商务是指分属不同关境的交易主体，通过电子商务平台达成交易、进行支付结算，并通过跨境物流送达商品、完成交易的一种国际商业活动。近年来，我国企业的跨境电子商务活动迅速发展。

（1）跨境电子商务为企业发展提供了以下新机遇：

贸易全球化的浪潮之下，我国的跨境电子商务行业在政策扶持和资本涌入的情况中，将迎来前所未有的机遇：

① 政策推动下跨境进口电商行业自身所具有的机遇。国家政策对跨境电商依旧保持积极的态度，税率调整一方面减少税率的差异，另一方面鼓励传统进口企业的电商转型。

② 传统企业与跨境进口电商结合产生新的合作模式。跨境进口电商和传统消费企业面对的对象高度重合，这决定了传统消费企业对跨境进口电商具有天然的跨界优势，双方可以利用自身独有优势，打造线上线下结合的双管道消费购物模式。

③ 出口外销型企业可以借势自建 B2C 电商平台（B2C 是 Business-to-Customer 的缩写，而其中文简称为“商对客”。“商对客”是电子商务的一种模式，也就是通常说的直接面向消费者销售产品和服务商业零售模式）。对于传统的出口型企业，可以基于自身业务需求，对跨境出口的物流仓储进行布局，通过现有渠道资源和人才储备，建立自营类出口电商平台。

（2）跨境电子商务面临的问题

① 物流体系建设欠合理，信息化程度不高。通常来讲，跨境电子商务较国内的电子商务，对于物流的要求更高，而我国跨境物流的信息化程度较低，无法满足爆发式增长的跨境电子商务交易需求。众所周知，信息化是发展电子商务物流产业的重要条件，物流信息资源的整合能力已经成为其核心竞争力的关键部分。在这个方面，我国的第三方物流企业的信息处理能力较发达国家来说水平很低。比如配送中心的选址、货物配送方案、最佳送货路线及最优库存控制，基本还处于半人工状态，而信息化的使用不单单是为了保证送货的准确和及时，更关键的还是辅助完成产品的售后服务，比如提供销售报表等。

② 电子支付存在的风险较大。跨境电子支付是跨境电子商务的核心环节。目前，我国跨境电子支付环节还存在诸多风险：第一，跨国之间电子支付风险监管规则可能存在冲突，而且跨境电子商务中适用哪个国家的监管法律体系尚且存在争议和模糊的地方；第二，在跨境电子支付服务中出现的一些新问题，比如发行电子货币的法律界定及范围，电子支付服务主体资格的确定，电子支付服务活动的监管等缺少完善的

法律规定。

③ 综合型人才暂缺。与国内电商不同，跨境电商面对的是来自世界各地的顾客，不同的语言、文化、宗教信仰、生活习俗等等，使得跨境电子商务变得复杂很多。加上电子商务本身涉及的在线支付、物流、计算机网络等知识，所以，一个优秀的跨境电商从业者需要了解并掌握的知识技能是相当繁多的。而目前国内这种复合型人才实属不多，要培养一批这样的人才也需要一个相当长的过程。

④ 跨国交易环境复杂，法律制度不健全。跨境电子商务涉及环节复杂，不同国家的政策法律环境、商务环境、资本市场、社会和文化环境、语言环境、消费习惯、消费偏好、支付方式、物流模式、贸易壁垒、汇率制度、税收政策等都存在很大的差别，使得经营成本构成复杂、经营风险大、形成了复杂的跨国交易环境。但是我国跨境电子商务尚处于起步阶段，国家既没有完善的理论依据也没有成熟的实践基础，并且跨境电子商务法律制度不健全，这将会大大加剧跨境交易的风险。

5. “一带一路”(The Belt and Road，缩写 B&R)是“丝绸之路经济带”和“21 世纪海上丝绸之路”的简称。2013 年 9 月和 10 月，中国国家主席习近平在出访中亚和东南亚国家期间，先后提出共建“丝绸之路经济带”和“21 世纪海上丝绸之路”的重大倡议，得到国际社会高度关注。“一带一路倡议”贯穿亚欧非大陆，一头是活跃的东亚经济圈，一头是发达的欧洲经济圈，中间广大腹地国家经济发展潜力巨大。丝绸之路经济带重点畅通中国经中亚、俄罗斯至欧洲(波罗的海)；中国经中亚、西亚至波斯湾、地中海；中国至东南亚、南亚、印度洋。21 世纪海上丝绸之路重点方向是从中国沿海港口过南海到印度洋，延伸至欧洲；从中国沿海港口过南海到南太平洋。

“一带一路”是一个宏伟的战略构想，它的建设过程不仅涉及众多国家和地区，涉及众多产业和巨量的要素调动，这其间产生的各种机遇不可估量。主要有以下几方面：

第一，产业创新带来的机遇。产业创新涉及产业转型升级和产业转移等带来的红利。随着“一带一路”倡议的实施，中国的一些优质过剩产业将会转移到其他一些国家和地区。在国内，因为市场供求变化，一些过剩的产业，也许在其他国家能恰好被合理估值；在国内，因为要素成本的上升而使一些产业、产品失去了价格竞争力，也许在其他国家，较低的要素成本会使这些产业重现生机。在国内，因为产品出口一些发达国家受限而影响整个产业的发展，也许在其他国家就能绕开这些壁垒，等等。此外，由于产业转移引致的产业转型升级更是机遇无限，比如技术改造、研发投入、品牌树造等等都会给投资者带来无限机遇。

第二，金融创新带来的机遇。“一带一路”倡议的实施首先需要有充足的资金流，巨量的资金需求只能通过金融创新来解决。我们已经发起设立“亚投行”和“丝路基金”，但这也只能解决部分资金问题，沿“带”沿“路”国家和地区一定会进行各种金融创新，包括发行各种类型的证券、设立各种类型的基金和创新金融机制等等，这其间的红利和机遇之多甚至是不可想象的。

第三，区域创新带来的机遇。“一带一路”本质上是一个国际性区域经济的范畴，随着“一带一路”倡议的实施，必将引发不同国家和地区的区域创新，这包括区域发展模式、区域产业战略选择、区域经济的技术路径、区域间的合作方式等等，这其间的每个创新都蕴涵着无限的机遇。

# 中央财经大学2018年434国际商务专业基础试题

**一、单项选择题(每题1分，共15分)**

1. 下列哪个贸易模型可以很好地解释产业内贸易？(　　)

A. 赫克歇尔-俄林贸易模型　　B. 李嘉图贸易模型

C. 垄断竞争贸易模型　　D. 特定要素模型

2. 以梅利兹(Melitz)为代表的贸易学者提出了异质性企业贸易理论，下列哪一项表述与此无关？(　　)

A. 企业的生产率是有差异的，生产率高的企业可以选择出口

B. 行业的生产率是外生的，贸易开放前后不会发生变化

C. 一国贸易开放后会导致低生产率企业退出市场

D. 贸易自由化会带来行业内资源重新配置

3. 下列哪一项是新贸易理论所阐述的重要的贸易得益？(　　)

A. 企业规模经济效应　　B. 出口学习效应

C. 进口种类增加　　D. 行业生产率提高

4. K国是世界上牛肉价格最高的国家。如果K国开放国内牛肉市场，牛肉价格会下降20%，但迫于国内养牛户的压力，K国政府决定对进口牛肉征收20%的进口关税。以下哪一个理论最能很好地解释K国的这项贸易政策？(　　)

A. 最优关税理论　　B. 幼稚产业保护理论

C. 中间选民理论　　D. 集体行动理论

5. 与进口配额政策相比，自愿出口限制措施具有下列哪项特征？(　　)

A. 给进口国带来了更多的收入

B. 避免了进口配额措施所带来的价格上涨

C. 租金收入由出口国获得

D. 福利成本较小

6. 国际生产折中理论所阐述的跨国公司对外直接投资必须具备的“三个优势”不包括下列哪一项？(　　)

A. 市场竞争优势　　B. 所有权优势　　C. 内部化优势　　D. 区位优势

7. 沃尔玛来华投资开设超市，这种方式属于GATS中四种服务贸易模式的哪一种？(　　)

A. 跨境交付　　B. 境外消费　　C. 商业存在　　D. 自然人流动

8. 歧视性政府采购的主要含义是？(　　)

A. 政府优先购买本国产品　　B. 政府比企业具有优先购买权

C. 政府只购买本国产品　　D. 以上表述都不正确

9. 我国在推动形成全面开放新格局的过程中，对于外商直接投资将全面实行(　　)。

A. 国民待遇管理制度　　B. 最惠国待遇管理制度

C. 负面清单管理制度　　D. 准入前国民待遇加负面清单管理制度

10. 1994年以后，我国的汇率制度为(　　)。

A. 固定汇率制度　　B. 自由浮动汇率制度

C. 单独的管理浮动汇率制度　　D. 有管理的浮动汇率制度

11. 一国货币升值对其进出口收支产生何种影响？(　　)

A. 出口增加，进口减少　　B. 出口减少，进口增加

C. 出口增加，进口增加　　D. 出口减少，进口减少

12. 在采用直接标价的前提下，如果需要比原来更少的本币就能兑换一定数量的外国货币，这表明(　　)。

A. 本币币值上升，外币币值下降，通常称为外汇汇率上升

B. 本币币值下降，外币币值上升，通常称为外汇汇率上升

C. 本币币值上升，外币币值下降，通常称为外汇汇率下降

D. 本币币值下降，外币币值上升，通常称为外汇汇率下降

13. 下述哪一种不属于投机性外汇交易？(　　)

A. 双边套汇　　B. 多边套汇　　C. 套利　　D. 套期保值

14. "三元悖论"是克鲁格曼就开放经济下的政策选择问题提出的，其含义是有三个目标不能够同时实现，其中不包括下列哪个目标？(　　)

A. 货币政策的独立性　　B. 经济的增长性

C. 汇率的稳定性　　D. 资本的完全流动性

15. 欧洲货币市场是(　　)。

A. 经营欧洲货币单位的国家金融市场　　B. 经营欧洲国家货币的国际金融市场

C. 欧洲国家国际金融市场的总称　　D. 经营境外货币的国际金融市场

**二、名词解释(每题 5 分，共 40 分)**

1. 要素价格均等化　　2. 贸易便利化

3. 出口信贷　　4. 跨国公司战略联盟

5. 转口贸易　　6. 汇率超调

7. 一价定律　　8. J 曲线效应

**三、简答题(每题 8 分，共 56 分)**

1. 美国特朗普总统上台后宣布要在美墨边境建造隔离墙，并要遣回大量非法移民。请你用特定要素模型分析这一措施对美国国内不同要素所有者(资本、土地、劳动)的短期影响及其政策立场(假设劳动为流动要素)。

2. 进口关税对大国和小国所造成的影响有什么不同点和相同点？

3. 尽管根据股价、利润和生产力等指标，许多并购并没有对收购方产生预期的积极效果，但跨国并购的浪潮仍在继续进行。请结合所学理论分析跨国并购兴起的原因。

4. 请简述国际物流与供应链管理对国际贸易的影响。

5. 请简述商业伦理对国际商务的影响。

6. 简述国际金融市场的形成条件。

7. 布雷顿森林体系的主要内容包括哪些，有什么缺陷？

**四、计算题(9 分)**

设纽约市场上美元年利率为 8%，伦敦市场上英镑年利率为 6%，纽约外汇市场上即期

汇率为1英镑=1.6025-1.6035美元，3个月英镑升水为30-50点，求：

（1）三个月的远期汇率；

（2）一个英国投资者有10万英镑，他希望换成美元投资于纽约市场三个月，如果他想通过外汇市场来规避外汇变动风险，应如何操作？

（3）比较(2)中的投资方案与直接投资于伦敦市场两种情况，哪种方案获利更多？

**五、论述题(每题15分，共30分)**

1. 随着“一带一路”建设的深入推进，中国企业将迎来新一轮对外直接投资的高潮。请结合所学知识分析“一带一路”建设给中国企业对外直接投资带来的机遇以及企业所要预防的风险。

2. 党的十九大报告明确指出，赋予自由贸易试验区更大改革自主权，探索建设自由贸易港。请结合我国自上海自由贸易试验区建立以来的11个自贸试验区改革实践，分析我国应该如何推进自贸试验区改革，打造更高开放层次的开放高地，为我国全面深化改革和扩大开放提供经验和制度成果？

# 中央财经大学2018年434国际商务专业基础试题解析

**一、单项选择题(每题1分，共15分)**

1. C。在不完全竞争市场结构下，规模经济和企业的垄断竞争行为成为贸易产生的重要动因与基础。在具有规模经济的条件下，企业倾向于扩大生产规模，对生产者来说，产品差别越少越好；而消费者则要求产品要具有多样性，即产品差异。国际贸易可以解决这一矛盾：各国专业化大规模生产具有某一方面差异的同种产品并进行贸易，既利用了规模经济性获得比较优势，又满足了消费者对差异产品的需求。

2. B。异质性企业贸易理论认为，当各国之间国际贸易的壁垒撤除的时候，同一行业不同生产率的企业可能面临不同的机遇和挑战。生产率最高的企业由于贸易壁垒的撤除，获得了进入国外市场的机会，因此可以进一步扩大市场占有份额。生产率较低的企业由于生产利润较低，不足以弥补到国外开拓市场的固定成本，只能在国内销售。生产率最低的企业面临高生产率企业扩张的压力以及外国企业进入本国市场的压力，只能退出市场。企业在面临开放后不同的变化导致市场份额和生产资源实际上会从低生产率企业向高生产率企业转移。这导致行业平均生产率上升，使整个社会福利水平提高。贸易导致行业平均生产率上升，这被认为是继传统比较优势和规模经济之后的又一贸易利益来源。

3. A。新贸易理论认为，专业化生产和规模经济效应的扩大能够带来收益。赫尔普曼和克鲁格曼把不完全竞争和规模经济引入贸易理论来分析比较优势。他们建立了一个垄断竞争的贸易模型，强调市场结构对国际贸易的重要影响，把分工与专业化形成的规模报酬递增作为贸易得益的重要来源。该模型基于自由进入和平均成本定价，将产品多样性的数目视为由规模报酬和市场规模之间的相互作用内生决定。在自给自足情况下，一个国家的产品多样性数目很小，而贸易丰富了消费者的选择。同时如果贸易增加了消费者的需求弹性，那么单个厂商的规模效率也能改进。这样，单个厂商通过规模经济作用确立了在国际市场中的优势。

4. A。最优关税理论的核心是：大国征收关税可以改善其贸易条件，并有可能提高该国的福利水平。即实施贸易保护可获得更多的利益。

5. C。进口配额是指一国政府在一定时期内，对某些商品的进口数量或金额加以直接的限制，即在规定的期限内，配额以内的货物可以进口；超过配额的不准进口，或需在征收较高的关税以后才能进口。自愿出口限制是指出口国或地区在进口国的要求和压力下，自动规定在某一时期内，某些商品对该国的出口限制。即在限定的配额内控制出口，超过配额则禁止出口。自愿出口限制的实施可以让出口国获得持续的租金收入。

6. A。国际生产折中理论也称国际生产综合理论，是由当代西方研究跨国公司问题的著名专家约翰·邓宁提出的。国际生产折中理论的核心是，企业跨国经营是该企业具有的所有权特定优势、内部化优势和区位优势这三种优势综合作用的结果。

7. C。商业存在是指一国的服务提供者通过在另一国境内的商业存在(指任何类型的经营企业或专业机构)提供服务，如一国的公司到国外开办银行、商店，设立会计师事务所、律师事务所等。

8. A。歧视性政府采购政策的通常做法为：通过制定法令，规定政府机构要优先购买本国产品；强调产品与服务中的国产化程度。对于一些政府不得不使用的外国产品和服务，有时会有一些其他的要求，如零部件国产化程度、当地产品含量或本国提供服务的比例等。偏向国内企业的招标，在政府出资的工程招标中采用偏向国内企业的标准或程序；直接授标，有的政府工程不通过招标而直接将标授予一家特定企业(一般都是本国企业)。

9. D。十八届五中全会提出，形成对外开放新体制，完善法治化、国际化、便利化的营商环境，健全服务贸易促进体系，全面实行准入前国民待遇加负面清单管理制度，促进内外资企业一视同仁、公平竞争。完善境外投资管理，健全对外投资促进政策和服务体系。有序扩大服务业对外开放，扩大银行、保险、证券、养老等市场准入。

10. C。自1994年1月1日起，人民币实现官方汇率与外汇调剂市场汇率并轨，并轨后的汇率向市场汇率靠拢，是以市场供求为基础的、单一的有管理的浮动汇率制。自2005年7月21日起，我国开始实行以市场供求为基础、参考一篮子货币进行调节、有管理的浮动汇率制度。

**【科兴点评】**这道选择题，中央财经大学已经考过很多遍了。实际上选项C和D的差别并不是很大，选项C强调单一浮动，选项D强调有管理的浮动。鉴于题干中问的是1994年以后的汇率制度，我们建议选择C。

11. B。一国货币升值将会提高出口产品的外币价格，导致出口减少；一国货币升值可以降低进口产品价格，从而使得进口增加。

12. C。在直接标价法下，外国货币的数额固定不变，汇率的涨跌都用本国货币数额的变化来表示，如果需要比原来更少的本币就能兑换一定数量的外国货币，则说明本国的货币币值在上升，称为外汇汇率下降；反之则称为外汇汇率上升。

13. D。投机性外汇交易包括外汇市场上的套汇、套利交易和纯粹投机交易。保值性外汇交易是指银行、企业和个人为防范汇率的不利变化对其暴露性的货币头寸造成风险而进行的具有对冲性质的外汇交易。D项属于保值性外汇交易。

14. B。三角悖论也称三元悖论，它是美国经济学家保罗·克鲁格曼就开放经济学的政策选择问题，在蒙代尔-弗莱明模型的基础上提出的，其含义是：本国货币政策的独立性、汇率的稳定性、资本的完全流动性不能同时实现，最多只能同时满足两个目标，而放弃另外一个目标。

15. D。欧洲货币市场，就是经营欧洲美元和欧洲一些主要国家境外货币交易的国际资金借贷市场。"欧洲"一词，实际上是"境外的"或"离岸的"意思。

## 二、名词解释(每题5分，共40分)

1. 要素价格均等化理论又称赫克歇尔-俄林-萨缪尔森理论，简称H-O-S理论。该理论认为，两国在进行贸易之后，一国相对充裕要素的价格会上升，相对稀缺要素的价格会下降，这一过程将持续到两国的要素价格完全相等为止。要素价格均等化有两种：一是要素价格相对均等化，即原先要素价格比率不一致的两个国家在发生贸易以后，会逐渐趋于均等，最后达到完全相等；二是要素价格绝对均等化，即原先同一种要素的绝对价格在不同国家不相等，在发生贸易后，会逐渐趋于均等，最后达到完全相等。

2. 贸易便利化指通过程序和手续的简化、适用法律和规定的协调、基础设施的标准化和改善，为国际贸易交易创造一个协调的、透明的、可预见的环境。它是以国际公认的标准和做法为基础的。简而言之，贸易便利化就是对国际贸易制度和手续的简化与协调。贸易便利化的基本精神是：简化和协调贸易程序，加速要素跨境的流通。贸易便利化涉及的内容十分广泛，几乎包括了贸易过程的所有环节，其中海关与跨境制度是问题的核心。

3. 出口信贷是指国家通过银行对本国商品所提供的一种信贷资助，对银行而言，就是出口信贷业务，用以促进和扩大出口。按借贷关系划分，出口信贷可分为卖方信贷和买方信贷。卖方信贷指出口国银行向本国出口厂商提供的信贷，适用于一些成交金额大、交货期长的成套设备和船舶等运输工具的出口。卖方信贷由出口厂商与银行签订贷款合同，银行直接资助出口厂商向外国进口商提供延期付款，以利于商品出口；买方信贷是出口国银行直接向进口国银行或进口厂商提供的贷款，帮助解决进口厂商资金不足，不能立即付款的困难，以刺激国外消费者购买大型机器设备或成套设备。

4. 跨国公司战略联盟是指两个或两个以上的跨国公司，出于对整个世界市场的预期目标和企业各自总体经营目标的需要，以签订长期或短期契约为形式而建立的局部性相互协作、彼此互补的合伙、合作企业的一种联合经营方式。战略联盟主要有三种形式：非正式的国际合作联盟、正式的国际合作联盟和股权式国际战略联盟。

5. 转口贸易又称中转贸易，是指国际贸易中进出口货品的生意，不是在生产国与消费国之间直接进行，而是通过第三国易手进行的买卖。这种贸易对中转国来说即是转口贸易。转口贸易的发生，主要是有些国家(或地区)由于地理的、历史的、政治的或经济的因素，其所处的位置适合于作为货物的销售中心。这些国家(或地区)输入大量货物，除了部分供本国或本地区消费外，又再出口到邻近国家和地区。

6. 汇率超调是由美国经济学家鲁迪格·多恩布什于20世纪70年代提出的。他认为，当市场受到外部冲击时，货币市场和商品市场的调整速度存在很大的差异。这主要是由于商品市场因其自身的特点和缺乏及时准确的信息。一般情况下，商品市场价格的调整速度较慢，过程较长，呈黏性状态，称之为黏性价格。而金融市场的价格调整速度较快，因此，汇率对冲击的反应较快，几乎是即刻完成的。汇率对外部冲击做出的过度调整，即汇率预期变动偏离了在价格完全弹性情况下调整到位后的购买力平价汇率，这种现象称之为汇率超调。

7. 一价定律认为在没有运输费用和官方贸易壁垒的自由竞争市场上，一件相同商品在不同国家出售，如果以同一种货币计价，其价格应是相等的。即是说，通过汇率折算之后的标价是一致的，若在各国间存在价格差异，则会发生商品国际贸易，直到价差被消除，贸易停止，这时达到商品市场的均衡状态。一价定律用公式可以表示为：

$$P_d^i = eP_f^i$$

式中，$e$ 是直接标价法的汇率；$P_d^i$ 和 $P_f^i$ 是本国和外国的可贸易品 $i$ 的标价。

8. J曲线效应表明即使满足了马歇尔—勒纳条件，贬值也不能立即导致贸易差额的改善。在通常情况下，当一国货币贬值后，最初会使贸易收支状况进一步恶化而不是改善，只有经过一段时间以后贸易收支状况的恶化才会得到控制并趋好转，最终使贸易收支状况得到改善。这个过程用曲线描述出来，与英文字母"J"相似，所以贬值对贸易收支改善的时滞效应被称为J曲线效应，如图1所示。

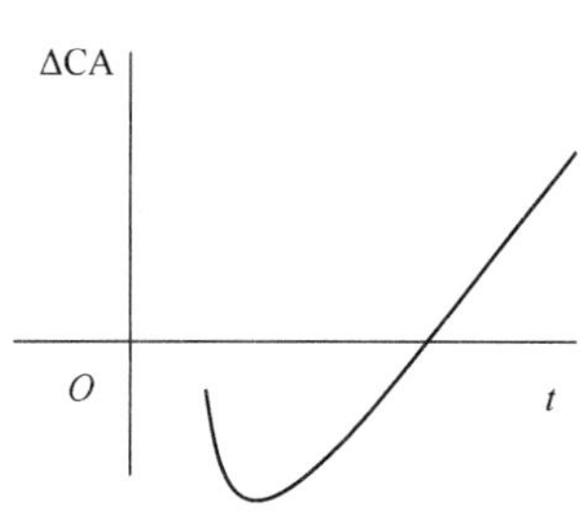

图1　J曲线效应

## 三、简答题(每题8分，共56分)

1. 特定要素模型是保罗．萨缪尔森和罗纳德·琼丝创建发展的。这个模型假定一个国家生产两种产品，比如棉布和粮食；然后再假设这个国家有三种生产要素：劳动力、资本和土地。生产棉布，只需要投入资本和劳动力两种要素；生产粮食，只需要投入土地和劳动力两种要素。因此在这个模型中资本和土地只能用于一种产品的生产，称作特定要素；而劳动力可以用于两个部门的生产，可以在两个部门之间流动，称作流动要素。

美国特朗普总统上台后宣布要在美墨边境建造隔离墙，并要遣回大量非法移民。墨西哥移民的减少，势必会减少美国的劳动供给。劳动供给的减少，会使得美国两个生产部门的均衡工资上升。由于短期内产品的国际市场价格不变，劳动力成本的增加，将会导致两个部门更多的使用土地和资本，这必然会降低这两个特定要素的回报。由此可见，在美国国内特定要素的持有者地主和资本家倾向于反对特朗普的限制墨西哥移民政策，而工会则持赞成意见。

2. 关税可以达到保护国内进口竞争工业的目的，并给政府带来可观的关税收入，但代价是消费者利益和社会效率的损失。“小国”造成社会福利净损失，而“大国”征税有可能提高国民收益。无论小国还是大国，不管本国有无能力影响国际市场价格，征收关税都会导致产品国内价格上升，生产增加，进口减少，消费缩减，但影响的程度则会由于在国际市场上的地位不同而不同。

经济学上小国定义为其进口不会影响商品的全球价格的国家，也就是说，一个小国可以在给定商品全球价格的基础上进口任意数量它想要的商品。由于关税原因，小国的价格每增加一美元，需求曲线的弹性越大越平坦时，消费效应(即由关税带来的国内消费的减少)越大。同样，供给曲线的弹性越大，生产效应(即由于关税导致的国内产量的增加)越大。因此，小国的需求曲线和供给曲线弹性越大，关税的贸易效应(即由关税导致的进口的减少)就越大，并且关税的收入效应(即政府从关税中所得收入)也越小。

经济学上大国定义为其贸易会影响商品的全球价格的国家。我们会看到，部分关税由国内消费者承担(表现为他们为进口商品支付了更高的价格)，部分则由外国厂商承担(表现为他们从商品上得到的价格收入更低)。因此，对于征收关税的大国而言，进口商品的需求和供给曲线越有弹性或越平缓，国内消费者的关税负担就越小，外国厂商的负担越大，大国就越有可能从关税中得到净福利增加的好处。

3. 跨国并购兴起的原因：

① 跨国并购为企业技术改造提供新的资金来源。在日益激烈的市场竞争中，企业需要持续地进行技术升级换代，如果没有持续的技改投入，即使企业目前经济效益比较好，在长期竞争中也将难以维持。通过跨国并购的方式，例如与外商合资可为企业提供技术改造的资金来源。

② 跨国并购推进技术进步和产业升级。跨国并购可以推动被并购国国内企业的技术进步，并通过技术外溢和扩散等途径带动国内同行业企业的技术升级。

③ 跨国并购使被并购国国内企业更有效地参与国际分工。根据弗农的产品生命周期理论，一种产品的生产依次在创新国、其他发达国家和发展中国家之间转移。在向发展中国家转移的时候，跨国公司会考虑已有的分支机构和生产能力，选择最适合生产其产品的目标转移国，从而能使被并购国发挥自己的比较优势，更有效地参与国际分工。

④ 贸易保护主义的抬头使企业倾向于进行跨国并购。随着金融危机的一再蔓延，全球经济陷入衰退，各国为了保护本国经济以图尽快从困境中走出，纷纷采取各种贸易保护措施，面对此种状况企业不得不另辟蹊径寻求海外并购以规避风险。同时，经济的快速增长使得一些行业出现严重的产能过剩，投资趋于饱和。在国内市场容量日益缩小的情况下，将视角转向国外，积极开拓国际市场成为企业的必然选择。而海外并购就是开拓国际市场的有效方式之一。它通过并购国外同行企业，利用外国公司的销售渠道、品牌影响，能迅速进入一个行业，同时能巧妙地规避东道国对外国商品的贸易壁垒。

4. 目前，国际物流与供应链管理在国际贸易中扮演着极其重要的角色，发挥出不可比拟的作用和优势，已经成了国际贸易普遍关注的焦点性话题。国际物流与供应链管理对国际贸易的影响主要体现在：

(1) 国际物流与供应链管理有利于促进国际贸易的稳定发展。信息网络、交通网络等基础设置都逐渐演变成国际物流网络化，大大提升了对外贸易的便捷性与广泛性，为对国际规模的扩大提供了良好的契机。

(2) 国际物流与供应链管理有利于降低国际贸易成本。在各个国家经济状况的影响下，国际贸易竞争越来越频繁，销售和生产成本的开发空间比较有限，物流成本是可开发性较强的资源之一。

(3) 国际物流与供应链管理有利于推动产业结构升级。国际物流可以借助物流企业的发展并将其集中整合在一起，发挥整体运作模式，提升其规模效益，促进国际物流业的形成。众所周知，传统储运业务的功能比较单一化，现代物流属于技术密集型产业。是高科技产业类型，具有高度的资产结构和劳动力密集等特征。因此，通过国际现代物流的发展，可以推动外贸产业结构的长效发展。

5. 国际商务中会产生许多伦理问题，其根源在于国与国之间在政治制度、法律、经济发展和文化方面存在巨大的差异。在国际商务中，最为常见的伦理问题是员工待遇、人权、环境污染、腐败以及跨国公司的道德义务等。

（1）员工待遇。当东道国的工作条件明显低于跨国公司母国的条件时，暂时还没有确定的标准供企业选择实施。但无论如何，跨国公司绝不能对其在国外的企业或转包商们恶劣的工作环境听之任之或视而不见。

（2）人权。有观点认为，一个跨国公司在一个缺乏民主和人权的国家做生意是合乎伦理的。长期的外国投资促进了经济，提高了当地的生活水平，这些发展最终将推动更多的人要求参与管理、政治多元化以及言论自由。但这一观点是有局限性的。有些国家非常落后，以至于很难合乎伦理地经商。

（3）环境污染。当东道国的环境保护制度不如母国时，也会发生伦理问题。环境是公共产品，但又是任何人都可以破坏的。这种情况被称为“公地悲剧”。公地悲剧即一项大家共同拥有的资源，不属于任何个人，但每个人都能使用，而且在过度使用，结果便导致资源的逐渐消减。

（4）腐败。“加急费”或“通融费”并不是用来获取那种如果不支付就拿不到合同的费用，也不是用来获取排他性利益的费用，而是为保证一家企业能从外国政府得到它应有的公平待遇所支付的费用，如果不支付有可能因某个官员的拖延而得不到。一些经济学家提出，在一个国家，已有的政治体制扭曲或限制了市场机制的正常运行，通过黑市、走私和向政府官员支付公关费等方式，“加速”政府批准商业投资，有可能促进福利。相反，另一些经济学家认为，腐败降低了商业投资的回报，导致较低的经济增长。因此，加急费的合理性导致了一个伦理困境。

（5）道德义务。有些伦理专家认为，与权力相伴的是社会责任。社会责任这个概念表达了这样一种思想，即商人在作商务决策时应考虑其经济行为可能导致的社会后果，应该尽力做到经济和社会双赢。

（6）伦理困境。管理者经常会遭遇伦理困境，不清楚到底如何做才是正确的。这涉及伦理困境的本质所在——在这种情况下没有一个方法看上去是完全合乎伦理的。

6. 国际金融市场的形成条件有：

（1）政局稳定。这是国际金融市场形成的最基本的条件。

（2）自由开放的经济体制。包括取消外汇管制、对外开放度高、资金自由输出入等。

（3）健全的金融制度和发达的金融机构。所谓健全的金融体制是指：①具有完善的法律体系。②建立系统、严明、高效并符合国际惯例的金融及经济监督机制。③形成灵活、高效的货币调控体系。④建立能够充分、合理、公平竞争的商业银行体系和证券公司体系。

（4）经济稳定增长，文化和地理条件适宜。经济稳定增长不仅指本地区，而且指整个国家经济长期稳定增长，甚至指周边国家。一般说来，文化因素包括区域内受教育的程度、道德修养程度、宗教信仰、行为习惯、人才结构——特别是国际化人才所占比重等。这些方面的水平越高，与海外文化的融合性越强，开展国际金融业务的范畴越大。此外，现代化的通信设施与交通便利的地理位置都是形成国际金融市场的极佳要素。

（5）训练有素的国际金融人才。人才是能否提供优良服务的关键因素，也是国际金融市场形成的关键因素。

（6）币值稳定。金融中心作为区域乃至世界的资金集散地，虽然外部流入和向外流出的资金所占比重很大，但是本国资金要占有相当的比重。

（7）一定规模的金融市场。金融市场的规模由两个方面所构成，其一为资金来源规模；其二为资金使用规模，相比之下，前者更为重要。

7.（1）布雷顿森林体系的内容

① 美元与黄金挂钩。各国政府或中央银行可按官价用美元向美国兑换黄金。为使黄金官价不受自由市场金价冲击，各国政府需协同美国政府在国际金融市场上维持这一黄金官价。

② 其他国家货币与美元挂钩。其他国家政府规定各自货币的含金量，通过含金量的比例确定同美元的汇率。

③ 实行可调整的固定汇率。各国货币对美元的汇率，只能在法定汇率上下各1%的幅度内波动。若市场汇率超过法定汇率1%的波动幅度，各国政府有义务在外汇市场上进行干预，以维持汇率的稳定。若会员国法定汇率的变动超过10%，就必须得到国际货币基金组织的批准。布雷顿森林体系的这种汇率制度被称为“可调整的钉住汇率制度”。

④ 确定国际储备资产。《协定》中关于货币平价的规定，使美元处于等同黄金的地位，成为各国外汇储备中最主要的国际储备货币。

⑤ 国际收支的调节。短期的失衡由IMF提供信贷来解决，长期的失衡则通过调整汇率平价来调节。

（2）布雷顿森林体系的缺陷

布雷顿森林体系保证了二战后世界金融秩序的稳定，为经济复苏奠定了基础。但是布雷顿森林体系也存在种种缺陷：①美国利用美元的特殊地位，操纵国际金融活动。②国际清偿能力供应与美元信誉二者不可兼得，即所谓的特里芬难题。③固定汇率有利于美国输出通货膨胀，加剧世界性通货膨胀，而不利于各国利用汇率的变动调节国际收支平衡。

## 四、计算题(9分)

(1) 3个月英镑升水30-50点，则银行愿意以1.6055(1.6025+0.0030)美元的价格买入三个月期远期英镑，以1.6085(1.6035+0.0050)的价格卖出三个月期远期英镑。即三个月的远期汇率为1.6055/1.6085。

(2) 该投资者应采用掉期交易来规避外汇风险，具体操作为：在即期将手中的英镑兑换成美元投放到纽约市场中，同时做3个月的掉期，将美元兑换成英镑。3个月后，投资者将会得到$10\times1.6025\times(1+8\%\times3/12)\div1.6085\approx10.16$(万英镑)。

(3) 若直接投资于伦敦市场，则3个月后，投资者可以得到：$10\times(1+6\%\times3/12)=10.15$(万英镑)$<10.16$(万英镑)，因此(2)中的方案获利更多。

## 五、论述题(每题15分，共30分)

1.(1)“一带一路”(The Belt and Road，缩写B&R)是“丝绸之路经济带”和“21世纪海上丝绸之路”的简称。2013年9月和10月，中国国家主席习近平在出访中亚和东南亚国家期间，先后提出共建“丝绸之路经济带”和“21世纪海上丝绸之路”的重大倡议，得到国际社会高度关注。“一带一路”是一个宏伟的战略构想，它的建设过程不仅涉及众多国家和地区，涉及众多产业和巨量的要素调动，这其间产生的各种机遇不可估量。主要有以下几方面：

第一，产业创新带来的机遇。产业创新涉及产业转型升级和产业转移等带来的红利。随着“一带一路”倡议的实施，中国的一些优质过剩产业将会转移到其他一些国家和地区。在国内，因为市场供求变化，一些过剩的产业，也许在其他国家能恰好被合理估值；在国内，因为要素成本的上升而使一些产业、产品失去了价格竞争力，也许在其他国家，较低的要素成本会使这些产业重现生机。在国内，因为产品出口一些发达国家受限而影响整个产业的发展，也许在其他国家就能绕开这些壁垒，等等。此外，由于产业转移引致的产业转型升级更是机遇无限，比如技术改造、研发投入、品牌树造等等都会给投资者带来无限机遇。

第二，金融创新带来的机遇。“一带一路”倡议的实施首先需要有充足的资金流，巨量的资金需求只能通过金融创新来解决。我们已经发起设立“亚投行”和“丝路基金”，但这也只能解决部分资金问题，沿“带”沿“路”国家和地区一定会进行各种金融创新，包括发行各种类型的证券、设立各种类型的基金和创新金融机制等等，这其间的红利和机遇之多甚至是不可想象的。

第三，区域创新带来的机遇。“一带一路”本质上是一个国际性区域经济的范畴，随着“一带一路”倡议的实施，必将引发不同国家和地区的区域创新，这包括区域发展模式、区域产业战略选择、区域经济的技术路径、区域间的合作方式等等，这其间的每个创新都蕴涵着无限的机遇。

(2)“一带一路”倡议的实施不仅有机遇也充满了挑战，需要我们有一定的风险意识，并未雨绸缪。

首先，自 1999 年以来，中国政府就一直鼓励企业“走出去”。最初的投资大多集中于一些全球贫穷国家的资源开采项目上。近年来，随着国内经济实力的不断增强，中国对外投资首次超过了外资流入，对外投资也被引导到发展中经济体和发达经济体中的更为引人注目的项目上。五六年前，中国“走出去”模式基本上围绕着大宗商品，现在开始在一些实行竞标机制的国家承建基础设施项目。我们知道沿“带”沿“路”的一些发展中国家还是比较愿意接受我们的投资，但由于其中一些国家政局并不是十分稳定，不同党派之间的理念差别很大，一旦一个党派下台，就会改变过去的对外政策，这必将给我国在这些国家的投资带来巨大风险。因此，我们在具体实施“一带一路”倡议时必须对这些国家的政治格局、法律环境等进行仔细研究，在投资之前做好风险应对的预案，将投资的风险降到最低。

其次，“一带一路”倡议实施中的任何创新其实都会有潜在的风险，尤其以金融为主的虚拟经济创新蕴含的乘数式风险，需要我们时时刻刻保持高度警觉。

最后，实施“一带一路”倡议必须得与国内经济状况相适应。我们要看到，中国的产能过剩是相对的；实际上，国内在基础设施建设方面仍有很大空间，大有可为。如果我们不顾及国内的这些实际需求而一味向国外投资和转移产业，有可能会产生对国内投资的挤出效应和产业的“空洞化”。对此我们要提高警惕。

2. 自贸试验区的建设，经历了三个阶段，即三个台阶：2013 年 9 月建设上海自贸试验区；2015 年 4 月增加广东、天津、福建等，上海自贸试验区扩区；2017 年 4 月增加浙江、辽宁、陕西、河南、湖北、重庆、四川等。目前，11 个自贸试验区呈“1+3+7”雁行式，中西部地区有 5 个。在全球经济格局大变化的环境下，我国正在编织“面向全球的高标准自由贸易区网络”。

党的十九大报告指出，推动形成全面开放新格局。以“一带一路”建设为重点，坚持引进来和走出去并重，形成陆海内外联动、东西双向互济的开放格局；推进贸易强国建设；全面实行准入前国民待遇加负面清单管理制度，大幅度放宽市场准入，保护外商投资合法权益；优化区域开放布局，加大西部开放力度；赋予自由贸易试验区更大改革自主权，探索建设自由贸易港；创新对外投资方式等。根据十九大精神，我认为，自贸试验区的改革探索，将主要在六个方面展开：

第一，探索建设自由贸易港。自由贸易港是“一带一路”建设的重要枢纽节点，是贸易强国的通道窗口和口岸、是我国全面开放新格局的重要承载区。建设自由贸易港要对标国际最高标准，在我看来，其含义主要有两个方面，一是对标国际新协定，如世贸组织《贸易便利化协定》；二是国际上的好经验和先进管理模式。需要强调的是，不能把这种国际对标简单视为优惠政策的对标。

第二，更好地服务“一带一路”建设。各地自贸试验区地理位置不同，改革任务也各有侧重。比如，有的着重建设枢纽港口和物流中心，如郑州双枢纽模式；有的主要加强国际产能合作，如在国外建立农业科技示范产业园；有的打出国际文化和旅游合作牌，如西安对外文化交流；有的建立有针对性的合作机制，如辽宁面向东北亚合作；还有的则加强服务平台建设，如上海建设国际经贸合作、金融服务和总部经济三大平台。

第三，成为高质量高水平利用外资的示范地。2017 年国务院 5 号文件指出，要支持外资企业在主板、中小企业板、创业板上市，鼓励外商到中西部地区投资。国务院 39 号文件则指出，将在 12 个领域进一步扩大开放，包括新能源汽车、加油站、互联网上网服务营业场所、银行业、证券业、保险业等。从这些文件中可以看出，国家希望把外资引入到中西部地区，使整个国家的产业分布更加均衡，包括实现制造业服务业协同开放、制度成本优势的转变等。从注重降低准入前门槛向注重保障准入后公平转变，形成更好的营商环境。

第四，探索试点差异化制度创新。各地自贸试验区的产业结构不一样，经济发展水平有差异，要结合自身的特点开展差异化改革。东北要振兴，国有企业改革是一个重点。浙江舟山则要推进油品全产业链的制度创新。重庆推动西部大开发战略的深入实施。四川可以打造为内陆性经济的新高地。陕西要发挥“一带一路”节点城市的作用，西安代表中国文化，与“一带一路”沿线相关国家积极开展人文交流。上海正在加强开放创新相结合的改革试点，全面推进“证照分离”改革。

第五，率先营造有国际竞争力的营商环境。营商环境是经济发展软实力和国际竞争制高点之一。在世界银行评价体系中，我国目前的营商环境是78名，营商环境还需要改善。站在新的起点上，自贸试验区建设需要在营商环境改善上有新探索，积累好做法好经验。比如辽宁自贸试验区在“申请建筑许可”方面大胆简化，包括土地、建筑项目的审批都进行了简化，如果能够成功，可以在全国推广。

第六，形成自贸试验区和城市发展的联动机制。在自贸试验区建设中，会发现有许多工作难点和“不对称”现象。例如，如何将为国家试制度和为地方谋发展更好结合起来？再如，许多改革任务超出了自贸试验区管委会的范畴，如政府转变职能，这需要在地方一级政府层面展开。解决这种“不对称”问题，形成联动机制是个好方法。具体包括：自贸试验区与城市发展目标的联动，与地方一级政府转变职能的联动，与城市重点产业发展的联动，与其他产业园区的联动。这样做，可以拓展自贸试验区制度创新的应用范围，加强自贸试验区改革任务和政府组织层面的对接，丰富制度创新的差异化探索，提升企业和城市居民对改革的感受度和获得感。

**【科兴点评】**因为试题是2017年底命制的，实际上我国现在已有12个自贸区了。2018年海南成为自贸区。

# 对外经济贸易大学2019年434国际商务专业基础试题

**一、单项选择题(每题1分，共25分)**

1. 海默(Hymer)关于多国企业的理论思想不包括(　　)。

A. 垄断优势论　　B. 消除冲突论　　C. 区位优势论　　D. 交易成本论

2. 国际生产折衷范式中的基本要素不包括(　　)。

A. 所有权优势　　B. 竞争优势　　C. 区位优势　　D. 内部化优势

3. 跨国公司也可以表述为(　　)。

A. 全球公司　　B. 国际公司　　C. 多国企业　　D. 天生全球企业

4. 最常见的企业组织结构不包括(　　)。

A. U型　　B. M型　　C. 矩阵型　　D. 蛛网型

5. 动植物卫生检疫措施简称(　　)。

A. SPS　　B. SPSS　　C. SSP　　D. SSPS

6. 国际定价策略不包括(　　)。

A. 统一定价策略　　B. 多元定价策略　　C. 协调定价策略　　D. 随机定价策略

7. 跨国企业组织模型不包括(　　)。

A. 跨国模型　　B. 国内模型　　C. 多国模型　　D. 全球模型

8. 国际营销中的市场定位可以遵循的法则不包括(　　)。

A. 形象突出　　B. 产品领先　　C. 亲近顾客　　D. 经营卓越

9. 国际定价中，受到进口国税收政策规制的对象是(　　)。

A. 倾销　　B. 转移定价　　C. 垄断高价　　D. 平行进口

10. 属于普通法系的地区是(　　)。

A. 新加坡　　B. 苏格兰　　C. 日本　　D. 路易斯安那

11. 以下哪种职业身份指受雇于业主并承担项目施工、设备采购及其他业主指定工作的公司、个人和它们的联合体？(　　)

A. 业主代理　　B. 承包商　　C. 供应商　　D. 分包商

12.《简明合同格式》简称(　　)。

A. 绿皮书　　B. 银皮书　　C. 黄皮书　　D. 新黄皮书

13. 国际商务活动的基本动机不包括(　　)。

A. 寻求自然资源　　B. 寻求效率　　C. 寻求更低风险　　D. 寻求市场

14. 关于柔性生产的不正确表述是(　　)。

A. 依靠生产技术的支持　　B. 需要多条流水生产线

C. 依靠管理流程的支持　　D. 兼顾标准化与多样化

15. 战略联盟的优点不包括(　　)。

A. 适应快速变化的环境　　B. 创造研发优势

C. 体现行业领导力与影响力　　D. 分享伙伴资源

16. 管理责任保险不包括(　　)。

A. 商业犯罪责任保险　　B. 违法雇用行为责任保险

C. 信托责任保险　　D. 董事和高管责任保险

17. 母国中心的人员配备政策适应何种战略？(　　)

A. 国际战略　　B. 本土化战略

C. 全球标准化战略　　D. 跨国战略

18. 现金集中管理的原因不包括(　　)。

A. 提高资金收益率　　B. 减少子单位不必要支出

C. 信息优势　　D. 减少现金持有总量

19. 英美等国的会计准则是(　　)。

A. 投资者主导型模式　　B. 利益相关者导向型模式

C. 政府监管型模式　　D. 资本市场导向型模式

20. 支持国际企业通过债务融资的东道国因素不包括(　　)。

A. 低利率　　B. 政治风险高　　C. 高利率　　D. 所得税率高

21. 跨国公司的知识积累过程具有三个特点，其中不属于这三个特点的是(　　)。

A. 历史长　　B. 范围广　　C. 速度快　　D. 层次高

22. 显性知识具有的属性是(　　)。

A. 信息　　B. 管理　　C. 学习　　D. 网络

23. 按照 INCOTERMS，在装运港交货的贸易术语是(　　)。

A. CIF　　B. FCA　　C. CPT　　D. CIP

24. 进出口贸易与国内贸易相比的特殊挑战不包括(　　)。

A. 语言　　B. 专业知识　　C. 政府监管　　D. 市场需求

25. 以下对企业 ERP 不合适的描述是(　　)。

A. ERP 是企业人财物等资源进行综合管理的信息系统

B. ERP 是解决企业之间的合作和提供供应链解决方案的信息系统

C. ERP 是企业辅助决策的信息系统

D. ERP 是基于生产制造理念的业务流程管理系统

**二、判断题(每题 1 分，共 25 分)**

1. 美国退出 TPP 后，其余国家签署了名为 Comprehensive Progressive Trans-Pacific Partnership(CPTPP)的自由贸易协定。

2. OIL 范式虽不是一个多国企业理论，但可以用于解释企业层次的国际生产。

3. 将国际商务理解为国际贸易加上国际投资是不专业的观点。

4. 2013 年 12 月 7 日世界贸易组织第九届部长级会议达成的多哈一揽子协定是世贸组织成立以来首份多边贸易协定，是首个全球贸易协定。

5. 政府和政权的区别在于是否具有大多数民众对统治权力的同意和承认。

6. 跨文化风险意识是国际商务从业者必须具备的。

7. Statetrading，虽被称作国营贸易，但本质上同国家所有或政府经营没有关系。

8. 中华人民共和国国家发展和改革委员会与中华人民共和国商务部发布的《外商投资准入特别管理措施》就是“外商投资准入负面清单”。

9. 2018 年 9 月 30 日，美国、加拿大和墨西哥三国签署美国-墨西哥-加拿大三国协定(USMCA)，自此北美自由贸易协定(NAFTTA)成为了历史。

10. 当今的国际货币体系是牙买加体系。

11. 在国际营销中，创建和管理分销渠道是一项重大的、战略性的工作。

12. 营销学中的“4P”和“4C”有各自的角度和侧重。

13. 跨国经营的知识产权管理中，应预防商标在潜在市场被恶意抢注。

14. 每一种 FIDIC 合同条件主要包括通用条款和专用条款两个部分，以及“协议书”和“投标书及其附件”两个标准格式。

15. 供应商是指为工程项目提供所需设备、材料或工具的公司或个人。

16. 利用国际避税港虚设公司可以作为合理避税的手段。

17. 国际商务是一个整合学科。

18. 文化距离短意味着管理与决策过程中的跨文化风险小。

19. 制度都是游戏规则，政治制度是一个国家在政治上如何治理的游戏规则，有民主制和集权制。

20. 商业汽车保险是财产和责任综合保险。

21. 海运提单是物权凭证，银行一般可以抵押放款。

22. 协同创新就是取得 1+1>2 的合作创新效应。

23. 在进出口货款支付中，信用证支付方式是银行信用做担保。

24. 跨境电子商务就是跨境网络零售，本质上没有改变国际贸易方式。

25. 银行保函与信用证不同，前者银行是支付主体，后者银行不是支付主体。

**三、简答题(每题 8 分，共 40 分)**

1. 传统国际贸易理论和新国际贸易理论分别适合解释哪种类型的贸易？

2. 20 世纪 80 年代至 21 世纪初，斯隆管理学院的国际商务课程设置是怎样演进的？

3. 对国际工程承包商而言，无论是参加哪一类项目的投标，获得投标的成功不仅取决于公司的实力，还取决于投标策略和技巧是否运用得当。请简述承包商在投标过程中的注意事项和技巧。

4. 如何从多个层次表述文化的概念？

5. 区位优势的主要来源有哪些？区位优势可以如何服务于企业全球经营的战略动机？

**四、综合题(3 题，共 60 分)**

1.《海外反腐败法》(15 分)

2017 年 11 月 20 日(当地时间)，美国官方发布消息称，逮捕了香港中华能源基金会秘书长何志平和塞内加尔前外长加迪奥。二人被控代表一家中国能源公司向非洲高层巨额行贿，涉嫌违反《海外反腐败法》及洗黑钱，如果罪名成立，最高可能被判处 20 年监禁。

据报道，美国司法部在起诉书中称，两人被指控代表一家中国能源公司向乍得总统行贿 200 万美元，“以获得宝贵的石油权利”。此外，他们还向乌干达外长的一个指定账号内汇入 50 万美元的行贿金，该外长最近刚结束其联合国大会主席的任期。

(1) 美国的《海外反腐败法》，英文是什么？(2 分)是在哪一年最初通过的？(2 分)你知道其中的哪些主要规定？(4 分)

(2) 经合组织的类似公约叫什么？(2 分)是在哪一年生效的？(2 分)

(3) 上述事件中，为什么美国对于非美国公司在美国以外的行贿行为具有管辖权？(1 分)你认为，上述事件中美国具有管辖权的事实，是否意味着从事国际商务活动应了解并重视美国的法律？(2 分)

2. 扩大进口(20 分)

近期，中国政府为扩大进口出台了重要政策并付诸行动。请列举三项。(6 分)扩大进口政策的出台，是基于哪些国家外部和内部因素的考虑？请列举出六至七个要点。(14 分)

3. 对外开放的中国(25 分)

(1) FTA 和 FTZ 分别是国际商务领域中哪个专有名词的缩写？(2 分)各自是什么内涵？(6 分)中国东盟自由贸易区和中国自由贸易试验区分属哪一种？(2 分)

(2) 从 2013 年开始，中国先后设立了四批自由贸易试验区。这四批自由贸易试验区共多少个？(2 分)第四批自由贸易试验区是哪几个？(2 分)

(3) RCEP 是中国推动建设高水平自贸区网络的重要组成部分。RCEP 谈判自启动以来，已经举行了 2 次领导人会议，14 次部长级会议和 24 轮谈判。谈判正在加速推进，货物、服务、投资等市场准入领域已经进入要价谈判的冲刺阶段。规则领域已经完成了七个章节，另外还有三个章节也已经基本接近结束。请问：

① RCEP 是哪个专有名词的缩写？(2 分)中文称作什么？(2 分)

② RCEP 谈判是在哪些国家之间进行的？(7 分)

# 对外经济贸易大学 2019 年 434 国际商务专业基础试题解析

## 一、单项选择题(每题 1 分，共 25 分)

1. C。垄断优势、消除冲突和交易成本三个核心观点共同构成了海默多国企业理论的完整体系。C 项，邓宁提出了国际生产折衷范式，又称 OIL 范式。OIL 分别对应所有权优势、内部化优势和区位优势。

2. B。国际生产折衷范式认为企业从事国际直接投资由该企业本身所拥有的所有权优势、内部化优势和区位优势三大基本因素共同决定。企业若仅拥有所有权优势，则选择技术授权；企业若具有所有权优势和内部化优势，则选择出口；企业若同时具备三种优势，才会选择国际直接投资。

3. C。习惯上，从事国际直接投资的实体被称作跨国公司，而当涉及跨国公司的理论时，则称为多国企业理论。因此，跨国公司也可以表述为多国企业。

4. D。企业的基本结构类型包括：①U 型结构，即单一职能结构。U 型结构是纵向一体化、有多个职能部门、生产单一产品的典型结构。②M 型结构，即多部门结构。M 型结构不是按照职能划分部门，而是将企业按照产品线、地区、消费者特性等分为多个部门。③矩阵结构，采用矩阵结构的企业同时沿着两个维度划分部门，企业的每个员工(通常是中层管理人员)都处于矩阵的交点上，有两个老板并向两个老板汇报。

5. A。动植物卫生检疫措施(Sanitary and Phytosanitary，SPS)，是为保护人类健康和控制动植物病虫害而制定的技术壁垒。

6. D。国际市场的定价策略包括统一、多元与协调定价策略。统一定价策略指跨国公司的同一产品在国际市场采用同一价格的策略。多元定价策略指跨国公司允许其国外子公司同一产品制定不同价格的策略。协调定价策略指充分考虑企业全球经营战略和营销组合战略，结合当地市场实际，制定最优化价格策略。

7. B。跨国企业组织模式主要包括：国际模型、跨国模型、多国模型和全球模型。

8. A。国际营销中的市场定位可以遵循三种方法或原则：经营卓越、产品领先或者亲近顾客。经营卓越，企业可以通过提供中流产品、索取高价、提高最大的便利而创造出价值；产品领先，企业往往关注开发新型、更优的产品；亲近顾客，企业往往会通过满足顾客独特的需求，与顾客保持极强的客户关系。

9. A。WTO《反倾销协议》规定，如果一项产品以低于其正常价值进入另一国的商业，则该产品即被认为是倾销。对于倾销产品，进口国可以通过征收反倾销税的贸易政策进行规制。B 项，国际转移定价是指国际企业为实现总体经营战略目标，谋求整体利益最大化，而在公司内部各关联企业或子公司之间互相购销产品、提供劳务、转让无形资产时，确定的内部“交易”价格。这种价格不同于一般的市场价格，不受市场供求关系的影响。C项，垄断高价指企业通过垄断地位获取高价。D项，平行进口是指当企业对于产品或服务采用多元定价策略，未经相关知识产权权利人授权的进口商，将由权利人自己和经其同意在其他国家或地区投放市场的产品，向知识产权人或独占被许可人所在国或地区的进口。对于转移价格、平行进口和垄断高价，进口国都无法通过贸易政策规制。

10. A。普通法系也称英美法系或海洋法系，以传统、先例、惯例为基础，强调“遵循先例”原则。普通法系的分布范围主要包括英国(苏格兰除外)、美国(路易斯安那州除外)、加拿大(魁北克除外)、澳大利亚、新西兰、印度、巴基斯坦、新加坡、南非等国和中国香港地区。

11. B。承包商通常是指承担工程项目施工及设备采购、安装的公司或他们的联合体。

12. A。《简明合同格式》，简称“绿皮书”。该文件适用于投资金额较小的建筑或工程项目。根据工程的类型和具体情况，这种合同格式也可用于投资金额较大的工程，特别是较简单的、或重复性的、或工期短的工程。此外，《施工合同条件》简称“新红皮书”；《生产设备和设计—施工合同条件》简称“新黄皮书”；《设计采购施工(EPC)/交钥匙工程合同条件》简称“银皮书”。

13. C。企业进行国际扩张的基本动机有：寻求自然资源、寻求市场、寻求效率、寻求战略性资产。

14. D。柔性生产强调的是产品的多样化。

15. C。战略联盟的优势为：适应快速变化的环境、创造研发优势、分享伙伴资源。

16. A。管理责任保险是近年从职业责任保险中分离出来的独立险种，主要包括：①董事和高管责任保险；②违法雇用行为责任保险；③信托责任保险；④环境责任保险。

17. A。企业追求国际战略都是遵循类似的向外国市场扩张的发展模式。它们往往把产品开发职能集中于母国，又会在各个有业务的主要国家设立制造与营销职能。在这类跨国公司中，多数总部对营销和产品策略保持严密的控制。

18. B。每一家企业都需要持有某些现金余额以备必须支付的账款和防范其现金流量不可预见的波动。对于国际企业来说，关键的一个问题是每一家国外子公司是否应该持有其自己的现金余额或现金余额是否应该放在一个集中存款中心。公司愿意将现金余额放在一个集中存款中心进行集中管理的原因大致有三个方面：①提高资金收益率；②信息优势；③减少现金总持有量。

19. A。英美等国的会计准则是投资者主导型模式，德日则是利益相关者导向型模式。

20. C。东道国利率越高，企业进行债务融资的比例越低。政治风险越高，财务融资的比例就越高，以便将来一旦在东道国的资金受到冻结，可以把被冻结资金用来偿还债务。税率越高，越应使用企业所在的债务资金，这样可以降低应税支出。

21. D。跨国公司的知识积累过程有三个特点：历史长、范围广、速度快。

22. A。迈克尔·波拉尼将知识分为隐性知识和显性知识。通常以书面文字、图表和数学公式(即信息)加以表述的知识，称为显性知识。在行动中所蕴含的未被表述的知识，称为隐性知识。

23. A。按照INCOTERMS，交货地点在装运港的贸易术语有FOB、FAS、CFR和CIF；货交承运人的贸易术语有FCA、CPT、CIP。

24. D。进出口贸易与国内贸易相比的特殊挑战包括语言、专业知识和政府监管。

25. B。ERP是解决企业内部的合作和提供供应链解决方案的信息系统。

**二、判断题(每题1分，共25分)**

1. √。美国退出TPP后，其余国家签署了名为Comprehensive Progressive Trans-Pacific Partnership(CPTPP)的自由贸易协定，即“全面且先进的TPP”。

2. √。OIL范式是用来解释出口、许可、对外直接投资三种模式如何选择的一个理论。

3. √。国际商务活动既包括跨境投资和跨境贸易，也包括对其直接协助的国内活动。国际贸易和国际直接投资这两个概念可以大致反映国际商务活动的总体景象，但各两个概念不能准确、全面地反映企业个体从事的国际商务活动。

4. ×。2013 年 12 月 7 日世界贸易组织第九届部长级会议达成的巴厘一揽子协定是世贸组织成立以来首份多边贸易协定，是首个全球贸易协定。

5. ×。无论政府还是政权，其存在都必须具有合法性。合法性是指占人口绝大多数的民众对统治权力的同意和承认。

6. √。跨文化风险是指在跨国经济活动中由于投资、经营主体的文化差异及对由此引起的文化冲突不能合理化解，而导致经济合作目标落空、并购失败等风险后果。国际商务从业者必须要具备跨文化风险意识。

7. ×。国营贸易的行为主体可以是政府设立的机构，比如营销局，也可以是非政府主体设立的企业。

8. √。我国商务部和发改委每年都会更新外商投资准入负面清单，条目逐年减少。

9. ×。美、墨、加三国 2018 年 9 月 30 日就更新北美自贸协定达成一致，新贸易协定被命名为美墨加协定，11 月 30 日三国正式签署协定文本，自此北美自由贸易协定成为了历史。

10. √。当今的国际货币体系是牙买加体系，其主要特征是黄金非货币化、浮动汇率制度和国际储备多元化。

11. √。分销渠道，是指产品或服务从制造商流向消费者所经过的各个中间商联结起来的整个通道。创建和管理分销渠道意义重大。

12. √。4P 是站在企业的角度来看营销，4C 是站在消费者的角度来看营销。

13. √。恶意抢注商标是一个国际性的问题，企业在跨国经营的过程中必须加以注意。

14. ×。每一种 FIDIC 合同条件主要包括两个部分和一套标准格式。第一部分是通用条款，第二部分是专用条款。标准格式有两个：协议书和投标书及其附件。

15. √。供应商是指为工程项目提供所需设备、材料或工具的公司或个人。对于操作比较复杂的设备，供应商还负责对操作人员进行培训；对于需要安装和调试的设备，供应商往往除了供货，还承担安装和调试的工作。

16. √。国际企业通过积极有效的避税手段能够在全球范围内做到税负最小化，从而最大限度地增加经营活动的现金流。国际避税港是国际企业常用的避税手段。避税港是指所得税率特别低甚至无所得税的国家或地区，如百慕大、巴哈马等。国际避税港除了税收优惠待遇之外，还具备其他一些有利条件，如有严格的银行保密法、银行业发达、政局稳定等。

17. √。国际商务是一个整合学科，它的学科基础包括：心理学、社会学、经济学、管理学、政治科学、历史学、法学、国际关系学、区域研究和比较研究等，但它的独到之处在于整个知识体大于它的每个单独部分知识的总和。

18. ×。管理者在跨国经营决策中可以将文化距离作为跨文化风险的一个认知指标，文化距离短并不必然意味着跨文化风险小。

19. √。政治制度是由一个或一群被公认拥有权力的人，通过明确的规则和通过决策过程制定的、用来规范集合起来的个体成员及其行为的正式安排。如同其他制度一样，其本质是游戏规则，用以对行为者的策略选择进行限制。两种基本的政治制度是民主制和集权制。

20. √。商业汽车保险是财产和责任综合保险。商业汽车保险的责任保险部分承保，被保险企业所拥有、控制或使用的承保车辆，因意外事故造成他人的人身伤害或财产损失应依法承担的损害赔偿责任。商业汽车保险的财产保险部分承保，被保险人的承保车辆因承保危险造成的车辆物质损害，例如，碰撞、盗抢、车窗玻璃破碎等。

21. √。海运提单之所以能够向银行办理抵押贷款，是因为海运提单具有物权凭证的性质。

22. √。协同创新是以知识增值为核心，企业、政府、知识生产机构和中介机构等为了实现重大科技创新而开展的大跨度整合的创新模式。

23. √。信用证支付方式属于银行信用。

24. √。从狭义上看，跨境电商基本等同于跨境零售，指的是分属于不同关境的交易主体，借助计算机网络达成交易、进行支付结算，并采用快件、小包等方式，通过跨境物流将商品送达消费者手中的交易过程。可见，其本质上并没有改变国际贸易方式。

25. ×。在信用证业务中，开证行承担第一性付款责任；在银行保函业务中，见索即付保函银行承担第一性付款责任，而有条件保函银行则承担第二性付款责任。

## 三、简答题(每题 8 分，共 40 分)

1. 传统国际贸易理论着力解释产业间贸易，而新贸易理论主要用于解释产业内贸易。

（1）传统国际贸易理论

传统国际贸易理论主要研究的是基于技术差异和资源禀赋差异的国际贸易。古典理论中，绝对优势理论和比较优势理论从技术差异角度，分别强调劳动生产率的绝对差异和相对差异决定贸易模式。新古典理论中，最著名的赫克歇尔-俄林模型，从要素禀赋相对差异解释贸易。新古典理论的其他模型也从品味与偏好的差异和/或技术差异解释贸易的发生。新古典理论的基本假设是完全竞争、产品同质化和规模报酬不变或递减。

传统国际贸易理论较客观地解释了宗主国与殖民地之间、发达国家与发展中国家之间的贸易现象，主要解决不存在规模经济的完全竞争类型的贸易市场。但是传统国际贸易理论解释不了二战以来国际贸易领域出现的新变化，如发达国家之间的贸易量大大增加、同类产品之间的贸易量大大增加、跨国公司在国际经贸活动中的作用空前加强、产业的规模经济明显等现象。此外，传统贸易理论无法解释发达国家之间与产业内、公司内的贸易成为国际贸易主流这一现实。

（2）新国际贸易理论

新国际贸易理论则以产业组织理论为基础，突破原有的假设前提，认为市场具有不完全性，企业存在着规模经济。所以新国际贸易理论适合解释存在规模经济效应的不完全竞争市场。20 世纪 80 年代，以克鲁格曼为首的一批经济学家试图突破传统理论与现状的隔膜，将规模经济引入贸易分析，提出了依靠政府支持，通过获得规模经济效益，达到扩大出口、抢夺竞争对手市场份额的战略性贸易政策理论。新国际贸易理论并不是对传统贸易理论的全盘否定，而是在继承的基础上有所突破和发展。事实上，新国际贸易理论也是在发达国家之间水平分工和贸易的不断增长以及产业内贸易的比重不断提高的背景下产生的。新贸易理论的基本假设是，存在垄断势力、产品差异化和规模报酬递增。

2.（1）在 20 世纪 80 年代早期，斯隆学院在国际管理领域集中教授“旧”国际商务。

（2）1983 年，Christopher Bartlett 提出并解释了“新”国际商务。在斯隆学院，Don Lessard 在公司高级管理人员培训课程中首次教授“新”国际商务。

（3）20 世纪 80 年代后半期，国际管理的教学课程设置已经发生变革，实践课程被取消。“在陌生地方从事商务活动”的课程亦被取消，取而代之的是关于“新”国际商务核心课程的多个分支部分，以及随后开设的关于特定国家或区域及专业知识的选修课。

（4）20 年后，国际商务课程的发展又回到原处。在 21 世纪，斯隆学院国际管理课程设置包括三门基本课程。新课程与 20 世纪 80 年代早期的课程相比有显著不同，这门课程已被称为“全球远程实验室”，授课基于由麻省理工学院创业中心组织的创业实验室课程模式。

3. 承包商在投标过程中的注意事项和技巧有：

（1）选择好的项目代理人

好的代理人首先要有合法的地位，其次在当地要有良好的信誉和广泛的社会关系，再次要熟悉国际工程招投标业务。

（2）认真编制资格预审资料

① 承包商应该认真准备相关资料，在达到业主要求的基础上充分展示自身的实力；

② 准确理解业主在资格预审文件中提的要求，要多研究，避免从主观出发；

③ 准确回应业主的要求，不要遗漏，也不要画蛇添足或制造问题；

④ 充分利用询疑，需要业主澄清的问题，应清楚、准确地提出来，且争取自己的主动；

⑤ 业主一般要求承包商提供财务状况、经历、人员、设备、施工能力等内容，承包商可以预先制作好，然后根据每个项目的具体要求，再整理成册，递交给业主；

⑥ 资格预审资料的编制要做到整洁有序，且按时提交。

(3) 谨慎做出投标决策

① 正确选择目标市场。判断是否进入一个市场，应从政治、经济、文化等方面深入调研，考察这一市场在政治上是否稳定、项目付款上是否有保障、文化上是否能沟通。

② 正确选择项目。对于获取的招标文件和其他信息，进行认真的研究，分析该项目所需投入的人力、财力、物力和技术要求以及竞争的激烈程度，对照本公司以往的经验和现有的能力，做出是否参加项目投标的决定。

(4) 组织优秀合理的投标小组

① 选拔优秀的成员。投标小组必须选拔专业水平高、综合素质强的人员，才能利用公司现有的人员、设备、技术以及适当利用外部力量，优选出最佳方案，编制出最具竞争力的标书，低成本、高效率地完成工作。

② 制定高效的计划。投标小组成立后，必须详细而周全地列出人员分配、进度安排、合作协调、各阶段和各领域的衔接等方面的总体计划，以保证投标工作高效有序。

(5) 严格按招标文件的要求编制投标文件

投标文件一般由技术标和商务标两部分组成。

① 技术标一般包括施工组织、产品技术资料、工作方法、工期或交货期等内容。技术标以符合业主的要求为原则，不要额外承诺；在满足业主要求的前提下，也可以提出更优的替代方案，以争取主动权；另外要注意数据的准确性和单位的统一性。

② 商务标一般包括报价说明、报价表、投标函、授权书等内容，其中报价是这一部分的中心内容。

(6) 综合考虑各项因素进行报价

① 做好调查研究和资料收集。了解当地市场的材料费、设备费、人工费、运输费、税率、汇率、物价上涨情况等信息，这些是报价的基础。

② 采用不平衡报价法。在总价确定以后，调整各项分项工程的报价，以达到在保证报价竞争力的前提下早收款、多收款的目的。

③ 利用降价系数。在填写报价表时，在每一项计算出的工程单价上都加一定的降价系数，为最后报价争取一定空间。递交投标文件前，可根据情报和判断，最后在投标函中写明公司出于友好目的，予以降价一定百分比。

(7) 重视标书的编排和装订

① 编排标书。在内容上要注意标书的完整性和翻译的准确性；在格式上要注意业主是否有固定格式要求，如果业主提供了固定格式，应按固定格式编排，反之可以根据招标文件各项要求的顺序或国际惯例编排。

② 重视打印和装订质量，保证标书的严谨和整洁；注意标书的密封性，在标书封面上要注明“×年×月×日(开标日期)前不得开封”。

(8) 按时递交投标文件

投标人一定要注意交标时间，可以派专人提前送达业主规定的地点并等待开标。如果要采取邮寄的方式，应留够充足的时间，以免邮寄过程中出现意外耽搁。

(9) 必要时采取联营体投标的方式

联营体投标是指承包商联合一家或几家公司共同投标，通过联营体协议规定各方的权利和义务以及对利润和损失的分担办法。

4. 文化是个多层次的抽象概念，它为一群人所共享。其深层的基本假设是其灵魂，在这些深层基本假设之上形成了具有显性属性的价值观与规范，同时也塑造出具有隐性特征的思维方式，二者作为文化的核心共同塑造了人们的行为方式和生活模式，并同人们生存的制度性要素(包括政治、经济、法律制度，以及社会结构、宗教、语言、教育等)相互影响，最终映射到文学、艺术等形式的文化器物上。共享相同文化的群体构成了所谓的社会。

根据上述定义，我们可以对文化做如下理解：

（1）文化是由一系列基本假设所衍生的系统。特定的文化由特定的基本假设来定义。基本假设具有不可见且不可（至少是极度难于）辨识的特点，故称其为文化的灵魂。

（2）与灵魂相对的“肉体”文化具有可见或可辨识的特征，包含理念、制度、器物三个由高至低、从抽象到具体的层次。

① 理念层次的文化是文化的核心内容，由显性的价值观与规范和隐性的思维方式共同构成。思维方式虽不可见但仍可辨识的隐性特征，使之区别于不可见且不可辨识的基本假设。

② 制度层次的文化是政治、经济、法律制度和社会结构、宗教、语言、教育等体系的文化维度。简言之，文化是这些制度共有的维度。在文化维度上，理念和制度相互影响。

③ 器物层次的文化是物化的文化，以著作、音乐、绘画、建筑等为载体。

5.（1）从生产角度看，区位优势可能来源于：优越的特定自然地理条件、充足的特定质量生产要素供给，以及产业集聚。

① 自然地理条件。一些特定区域具有其他地方难以比拟的地理特征。但很多自然灾难和疾病也同某些区位的地理条件相联系。大自然对人类的某些“作弄”具有一定的地域性，那么企业在选择具备某些优势的区位开展生产活动时，就要充分考虑这些因素，而当地政府也应采取一定的预防措施，比如灾难预警、疾病控制等，为企业在当地经营提供帮助。

② 生产要素供给的数量和质量。充足的、低成本的土地、资本、能源等生产要素为密集使用这些要素的加工制造企业带来了成本优势。充足的劳动力供给是低成本的前提。但劳动力的低成本并不能简单地解读为更低的工资率本身。能够构成区位优势的是更高的劳动生产率和与之对应的劳动力低成本，更强调充足的劳动力供给同特定的劳动力质量相对应。发达的教育与科学研究，同知识生产的关联尤为密切，是吸引寻求战略性资产型外国直接投资的重要原因。

③ 产业集聚效应。集聚效应是指同一产业或相互关联度较高的多个产业的经济活动高度集中于有限的地理范围而带来的效应。

（2）区位优势可以从生产技术特点、产品价值特点和市场需求特点等方面服务于企业全球经营的战略动机。

① 生产技术特点与生产区位选择。企业特定的生产活动所采用的技术可能对区位选择产生一定的影响，这种影响促使企业对集中生产和分散生产进行权衡选择。即某些技术因素可能使企业在一个地点生产并供应全球市场比较合适，而在另一些情况下选择分散生产则更为理性。

② 产品价值特点与生产区位选择。产品的价值重量比可能影响选址决策。如果产品的价值重量比高，它们的运输成本相对于总价值来说很低，因此，其他条件相同，应该在最佳区

位生产这些产品并从那里供应全球市场。而对于价值重量比较低的产品，如果经过长途运输，运输成本将占总价值的很大比例。

③ 市场需求特点与生产区位选择。如果各国消费者对某类产品的偏好几乎毫无差异，即产品服务于共同的需要，那么当地响应的需要就会减少，也就增加了在一个最佳区位集中生产的吸引力。如果消费者品味和偏好的差异较大，企业就必须对商品或服务进行改变以迎合当地消费者的独特需求。如果消费者对产品可靠性有较强的偏好，那么生产区位就更倾向于布局在劳动力技能更为优越但工资率较高的国家。

**四、综合题（3题，共60分）**

1.（1）《反海外腐败法》英文是Foreign Corrupt Practices Act，简称FCPA。该法于1977年制定，期间经过1988、1994、1998年三次修改。该法旨在限制美国公司利用个人贿赂国外政府官员的行为，并对在美国上市公司的财会制度做出了相关规定。其主要规定有：

① 基本禁令。该法规定，向外国政府官员行贿以取得或者保留某种业务的行为属违法。

② 第三方支付。《海外反腐败法》禁止通过中介机构行贿。在知道全部或部分款项将直接或间接地支付给外国官员的情况下，付款给第三方的行为非法。

③ 抗辩。如果行贿行为在行贿地被认为合法，那么这一点可以构成对违反FCPA指控的积极抗辩。所

谓积极抗辩，是指具有实质内容的抗辩理由，而不是仅仅反驳指控。

④ 法律制裁。对于犯罪的公司和其他商业实体，可处以最高200万美元的罚金；自然人则会被处以最高10万美元罚金和5年以下监禁。司法部长或者SEC可以对行贿者提起民事诉讼，要求最高1万美元的罚款。同时，在SEC提起的诉讼中，法院还可以判决追加罚款。

⑤ 合法的情况。FCPA明确规定了不算违法的行为，那就是为加速“日常政府行为”而支付的“方便费用”的行为。

（2）1997年11月21日，经合组织通过了《关于反对在国际商务活动中贿赂外国公务人员行为的公约》，这是发达国家之间签署的第一个全球性关于反腐败的公约，在国际反腐败斗争中发挥着重要作用。

（3）由于美国的“长臂管辖”，即无论发生地在何处，任何人只要满足了“最小联系”（只要和美国发生了任何联系，哪怕仅仅是电话、邮件或者是银行转账）美国都具有管辖权。在美元贸易体系下，全球化实质上还是一定程度的美元化，全球贸易不可避免受到美国的货币体系和贸易体系的限制，同样包括美国的法律体系。作为企业，不管进出口业务占据比例多大，合法合规经营在贸易保护主义盛行的今天，或许比经营规模的增长更加重要。守法但也需要懂法、用法，这就需要对贸易行为背后的适用法律做充分的认识。

2. 我国近期采取的扩大进口的举措有：

① 优化进口结构，促进生产消费升级。支持关系民生的产品进口，适应消费升级和供给提质需要，支持与人民生活密切相关的日用消费品、医药和康复、养老护理等设备进口。落实降低部分商品进口税率措施，减少中间流通环节，清理不合理加价，切实提高人民生活水平。完善免税店政策，扩大免税品进口。大力发展新兴服务贸易，促进建筑设计、商贸物流、咨询服务、研发设计、节能环保、环境服务等生产性服务进口。增加有助于转型发展的技术装备进口，增加农产品、资源性产品进口。

② 优化国际市场布局。加强“一带一路”国际合作，充分发挥多双边经贸合作机制的作用，将“一带一路”相关国家作为重点开拓的进口来源地。加快实施自贸区战略，积极推进与有关国家和地区的自贸区谈判，加快建设立足周边、辐射“一带一路”、面向全球的高标准自贸区网络。落实自最不发达国家进口货物及服务优惠安排。

③ 积极发挥多渠道促进作用。办好中国国际进口博览会。持续发挥外资对扩大进口的推动作用，完善外商投资相关管理体制，优化境内投资环境。推动对外贸易与对外投资有效互动，加快推进签订高水平的投资协定，提高对外投资便利化水平。创新进口贸易方式，加快复制推广跨境电子商务综合试验区成熟经验做法，加快推进汽车平行进口试点。

④ 改善贸易自由化便利化条件。大力培育进口促进平台，培育形成一批示范带动作用突出的国家进口贸易促进创新示范区。优化进口通关流程，提高进口贸易便利化水平。降低进口环节制度性成本，清理进口环节不合理收费。加快改善国内营商环境，加强外贸诚信体系建设和知识产权保护，推进以缺陷进口消费品召回体系为核心的进口消费品质量追溯体系建设，严厉打击假冒伪劣商品，规范和完善国内市场秩序。

（2）扩大进口政策的出台，是基于以下国家外部和内部因素的考虑：

① 扩大进口有利于弥补资源不足、扬长补短。我国是一个资源大国，但人均资源不足，不少资源存在较大短缺，充分利用国外资源和市场、适度进口是国情决定的必然选择。

② 扩大进口有利于增加人民福祉。扩大进口，不仅有利于满足人民日益增长的美好生活需要，还能有效改善民生、增加人民福祉。这可以从两个层面来理解：一方面，扩大进口是适应消费升级趋势的必然选择。当前，随着人民收入水平提高，人们对高品质商品和服务日趋强烈的需求和国内低端供给相对过剩、中高端供给相对不足的结构性矛盾交织在一起。在这种情况下，积极主动扩大进口可以更有效、更直接地增加相关供给，从而更好满足人民日益增长的美好生活需要。另一方面，进口更多丰富而又物美价廉的商品，会给消费者带来购买更便利、价格更实惠、种类更丰富的体验，为千家万户的日常生活增添更多实惠和惊喜。

③ 扩大进口有利于提升出口竞争力。中国作为一个发展中大国参与全球分工，发挥比较优势、积极扩大进口，是迅速融入全球价值链的重要选择。进一步看，通过进口更好、更先进的设备、服务、零部件，不仅可以弥补短缺，还可以提升我们产品和服务的附加价值，促进全要素生产率提升，从而增强我国产品

出口的竞争力。有了更多高新技术装备进口，“中国制造”才能走得更远。

④ 扩大进口有利于增强市场竞争、促进企业提升竞争力。积极扩大进口，意味着将有更多的国外优质产品、服务、企业进入中国。这既能倒逼我国产业结构转型升级，还将加大国内市场竞争程度，迫使更多企业增强竞争力，进而打破对一些产业的过度保护，改善我国营商环境，建立公平开放、竞争有序的市场秩序，激发市场活力，更好完善社会主义市场经济体制。

⑤ 扩大进口有利于让世界分享“中国机遇”。积极主动扩大进口，能够把中国的发展成果和红利更多惠及全球。这是中国履行国际责任和改善国际关系的一个重要举措，体现了大国的责任担当。

⑥ 扩大进口有利于改善中国对外贸易环境，缓解贸易摩擦。中国入世后，经济持续高速发展，对外贸易额增长迅速，贸易顺差逐年拉大。就中国的贸易伙伴国而言，为了缩小本国贸易逆差，包括美国、日本、欧盟在内的多个国家和地区都对中国进行了多次立案调查，并且次数总体呈逐年增加的趋势。我国主动扩大进口，努力寻求贸易平衡，有利于优化我国国际贸易环境，减少与贸易伙伴间的逆差，增强我国与世界各国的经贸合作。

3.（1）FTA 和 FTZ 分别是 Free Trade Area 和 Free Trade Zone 两个专有名词的缩写。FTA 指由签订有自由贸易协定的两个或两个以上的国家或地区组成的贸易区域。FTZ 指在贸易和投资等方面比世贸组织有关规定更加优惠的贸易安排，在主权国家或地区的关境以内，划出特定的区域，准许外国商品豁免关税自由进出，实质上是采取自由港政策的关税隔离区。中国东盟自由贸易区是典型的 FTA，而中国自由贸易试验区属于 FTZ。

（2）从 2013 年开始，中国已经分多批次批准了 18 个自贸试验区。2019 年 8 月，第四批自贸区公布，分别为：山东、江苏、广西、河北、黑龙江和云南。

（3）RCEP 是 Regional Comprehensive Economic Partnership 的缩写，其中文称作区域全面经济伙伴关系。RCEP 谈判在东盟 10 国（文莱、柬埔寨、印度尼西亚、老挝、马来西亚、缅甸、菲律宾、新加坡、泰国、越南）、中国、日本、韩国、澳大利亚、新西兰、印度等 16 个国家之间进行。

# 复旦大学 2019 年 434 国际商务专业基础试题

**一、问答题(8 题，共 100 分)**

1. (10 分)解释规模经济理论的要点。

2. (15 分)简述国家竞争优势理论钻石模型的主要内容。

3. (10 分)荷兰学者 Hofstede 提出的影响管理的文化四因素。

4. (15 分)简述本币贬值对国内经济产生的影响和机制。

5. (15 分)对绿地投资和跨国并购的优点和缺点进行比较。

6. (10 分)对外直接投资中的区位优势包括集聚效应，解释集聚效应的来源。

7. (10 分)地区贸易自由化协定对地区经贸发展和企业经营有哪些正面的影响？

8. (15 分)以在国外建立制造环节为对外投资目标的公司，它在考虑东道国市场时侧重考虑哪些环境因素？

**二、综合论述题(每题 25 分，共 50 分)**

1. 论述 EPRG 四种模式的战略特点、资源配置、文化特征和人力资源管理倾向。

2. 面对不确定的国际市场，中国企业海外投资面临哪些主要风险？对海外投资风险的管理有哪些策略选择？分别论述。

## 复旦大学 2019 年 434 国际商务专业基础试题解析

**一、问答题(8 题，共 100 分)**

1. (1) 规模经济的含义

规模经济是指在企业生产扩张的开始阶段，企业由于扩大生产规模而使经济效益得到提高。规模经济可分为内部规模经济和外部规模经济两种。内部规模经济主要来源于企业本身生产规模的扩大。由于生产规模扩大和产量增加，分摊到每个产品上的固定成本会越来越少，从而使产品的平均成本下降。外部规模经济主要来源于行业内企业数量的增加所引起的产业规模的扩大。由于同行业内企业的增加和相对集中，在信息收集、运输、产品销售等方面的成本会降低。

(2) 规模经济与国际贸易

在不完全竞争市场结构下，规模经济和企业的垄断竞争行为成为贸易产生的重要动因与基础。在具有规模经济的条件下，企业倾向于扩大生产规模，对生产者来说，产品差别越少越好；而消费者则要求产品要具有多样性，即产品差异。国际贸易可以解决这一矛盾：各国专业化大规模生产具有某一方面差异的同种产品并进行贸易，既利用了规模经济性获得比较优势，又满足了消费者对差异产品的需求。

2. 钻石理论认为，国家是企业或者产业参与国际竞争的基础，企业或产业的国际竞争优势是国家竞争优势的体现，或者说，国家竞争优势最终以特定产业作为载体而表现出来。国家竞争优势取决于四个基本因素：生产要素，需求因素，相关和支撑产业因素，企业组织、战略和竞争状态因素，以及两个辅助因素：机遇和政府。波特认为这 6 个因素共同构成一个动态的、激励创新的竞争环境，这形成一个类似钻石分子结构的菱形结构。由于钻石结构是一个互相增强的系统，许多因素的相互作用产生互相加强的利益，从而构成一国国际竞争力的来源。

① 生产要素。包括初级要素和高级要素。初级要素(或基础要素)是一国先天拥有的或者只需要简单的投资就能得到的要素，如自然资源、气候条件、地理位置、非熟练劳动力等；高级要素是通过长期投资或发展而创造出来的要素，如实物资本(包括通信设施、研究设施等)、人力资本、基础设施和知识等。一国

想要提升其竞争优势，必须大力发展高级要素。这将决定竞争优势的质量和持续性。

② 需求因素。国内需求是影响产业国际竞争力的另一个重要因素。企业的投资、生产和销售活动总是首先着眼于本国市场的需求，所以国内市场需求的状况和特征将影响企业的国际竞争力。

③ 相关和支撑产业因素。即国内是否存在有国际竞争力的供货商和相关支撑产业。任何一个企业，必然会在生产经营过程中与众多相关企业或行业保持密切联系，其创新与升级有赖于企业的前向、后向和旁侧关联产业的辅助与支持，并从中获得和保持竞争力。

④ 企业组织、战略和竞争状态因素。即企业的组织结构、发展战略和竞争状况。各个国家由于环境不同，适合国内企业的管理模式和组织结构不尽相同。只有选择了一种适合国内环境的管理方式，才能够有效提高该国产业的国际竞争力。

⑤ 政府。政府是影响国家竞争优势的辅助因素之一。在波特的理论中，他极力赋予政府和企业在追求竞争力提高和经济繁荣的进程中以新的、建设性的和可行的作用。这表明在某些领域如定价，政府应尽量减小发挥作用的余地，而在另一些领域如素质教育和培训等，政府却应该发挥积极的作用。政府应为有效竞争提供一个良好的环境，而不是自身也作为一个实体去直接参与竞争。

⑥ 机遇。机遇是影响国家竞争优势的另一个辅助因素。它具有历史性和偶然性的特点，新兴工业化国家和地区的起飞与西方发达国家产业结构升级、后工业化时代的到来有关。在一般情况下，机遇包括重要发明、技术突破、生产要素供求状况的重大变动(如石油危机)以及其他突发事件。

3. 文化四因素理论是荷兰教授霍夫斯泰德提出来的。他认为：文化是在一个环境中的人们共同的心理程序，不是一种个体特征，而是具有相同的教育和生活经验的许多人所共有的心理程序。不同的群体、区域或国家的这种程序互有差异。这种文化差异可分为四个维度：权力距离，不确定性避免，个人主义与集体主义以及男性度与女性度。

① 权力距离。权力距离即在一个组织当中，权力的集中程度和领导的独裁程度，以及一个社会在多大的程度上可以接受组织当中这种权力分配的不平等。在企业当中可以理解为员工和管理者之间的社会距离。一种文化究竟是大的权力距离还是小的权力距离，必然会从该社会内权力大小不等的成员的价值观中反映出来。因此研究社会成员的价值观，就可以判定一个社会对权力差距的接受程度。

② 不确定性避免。在任何一个社会中，人们对于不确定的、含糊的、前途未卜的情境，都会感到面对的是一种威胁，从而总是试图加以防止。防止的方法很多，例如提供更大的职业稳定性，订立更多的正规条令，不允许出现越轨的思想和行为，追求绝对真实的东西，努力获得专门的知识等等。不同民族、国家或地区，防止不确定性的迫切程度是不一样的。相对而言，在不确定性避免程度低的社会当中，人们普遍有一种安全感，倾向于放松的生活态度和鼓励冒险的倾向。而在不确定性避免程度高的社会当中，人们则普遍有一种高度的紧迫感和进取心，因而易形成一种努力工作的内心冲动。

③ 个人主义与集体主义。个人主义是指一种结合松散的社会组织结构，其中每个人重视自身的价值与需要，依靠个人的努力来为自己谋取利益。集体主义则指一种结合紧密的社会组织，其中的人往往以“在群体之内”和“在群体之外”来区分，他们期望得到“群体之内”的人员的照顾，但同时也以对该群体保持绝对的忠诚作为回报。美国是崇尚个人主义的社会，强调个性自由及个人的成就，因而开展员工之间个人竞争，并对个人表现进行奖励，是有效的人本主义激励政策。中国和日本都是崇尚集体主义的社会，员工对组织有一种感情依赖，应该容易构建员工和管理者之间和谐的关系。

④ 男性度与女性度。男性度与女性度即社会上居于统治地位的价值标准。对于男性社会而言，居于统治地位的是男性气概，如自信武断，进取好胜，对于金钱的索取，执着而坦然；而女性社会则完全与之相反。有趣的是，一个社会对“男子气概”的评价越高，其男子与女子之间的价值观差异也就越大。美国是男性度较强的国家，企业当中重大决策通常由高层做出，员工由于频繁地变换工作，对企业缺乏认同感，因而员工通常不会积极地参与管理。中国是一个女性度的社会，注重和谐和道德伦理，崇尚积极入世的精神。

4. 本币贬值对国内经济的影响和机制有：

(1) 本币贬值与贸易条件。贸易条件是指出口商品单位价格指数与进口商品单位价格指数之间的比率。汇率变动对贸易条件的影响与本国在世界经济体系中属于大国经济还是小国经济有关。在这里，假设本国在出口品方面是大国经济，在进口品方面是小国经济，也就是说，本国出口产品的国际价格，随着本国国内价格变动而变动，本国进口品的国际价格不变。由于本国在进口品方面是小国经济，故进口品的国际价格由国际市场上的供需决定，本国仅是价格的接受者。当本币贬值时，以外币计价的进口价格不变。在出口方面，本国是出口品国际价格的制定者。当本币贬值时，在出口品国内价格不变的情况下，出口产品的外币价格会下降。这样，以外币计，本国的贸易条件会恶化。

（2）本币贬值与物价水平。本币贬值会直接影响物价水平。贬值通过货币工资机制、生产成本机制、货币供应机制和收入机制，有可能导致国内工资和物价水平的循环上升。

① 货币工资机制。本币贬值，造成进口物价的上升，推动生活费用上涨，从而导致工资收入者要求更高的名义工资。更高的名义工资又会推动货币生产成本和生活费用的上升，如此循环不已，最终使出口商品和进口替代品乃至整个经济的一般物价水平上升。

② 生产成本机制。当进口商品是本国产品的重要原料或者中间品时，本币贬值会直接导致进口原料或中间品的本币价格上升，从而造成生产成本上升，本国商品价格上升。

③ 货币供应机制。本币贬值，由于货币工资机制和生产成本机制的作用，货币供应量有可能增加。另外在外汇市场上，本币贬值后政府在等量外汇的结算方面，必须支付更多的本国货币，也会导致本国货币供应的增加。

④ 收入机制。如果国内对进口商品的需求弹性较低，本币贬值不能减少进口总量或者减少的总量不足以抵消价格的上升，外国对本国出口产品的需求弹性较低从而本币贬值不能增加本国的出口总量或者增加的总量不足以抵消价格的下降，在这种情况下，本国的收入会减少，支出会增加，并导致贸易收支恶化和物价水平的上涨。

（3）本币贬值与总需求。传统的理论认为，成功的货币贬值对经济的影响是扩张性的。在乘数作用下，它通过增加出口，增加进口替代品的生产，使国民收入得到多倍增长。

（4）本币贬值与就业和民族工业。本币贬值可以看成是一种赋税行为，它是对出口的一种补贴，对进口的一种征税。当一国采取进口替代型战略，希望从国外进口基础设备，迅速建立起本国的工业体系时，本币贬值就会增加建设工业体系的进口成本，不利于民族工业发展。当一国希望发挥本国比较优势，采取出口导向型战略时，本币贬值就能降低本国出口产品的价格，提高本国出口商品的竞争力，有利于民族工业的发展，但也会造成本国工业偏消费品生产的结构。

（5）本币贬值与劳动生产率和经济结构。从短期来说，本币贬值对企业经营一般是有利的。一方面，本币贬值时出口企业产品的外币价格下降，出口企业销售增加；另一方面，进口产品的本币价格上升，从而在国内市场上处于价格劣势，为本国进口替代品留下了生存和发展的空间。但是，本币贬值引发的企业经营状况提升未必就会带来劳动生产率的提高和经济结构的改善。如果本币贬值后，企业利用销售增加获得的资金来改善生产技术，更新生产装备，研发新产品和向新产业转移，那么从长期来看，本国的劳动生产率和经济结构都会改善。

5. 跨国公司进行对外直接投资有两种基本方式：一是绿地投资，即外商在东道国，按照东道国的法律，建立合资企业或独资企业；二是跨国并购，即跨国公司通过收购目标企业的部分或全部股份，取得对目标企业控制权的产权交易行为。

（1）绿地投资的优点

① 拥有较强的自主性，而且能够在较大程度上把握风险。

② 较少受到东道国产业保护政策的限制。

③ 企业能更大程度维持公司在技术和管理方面的垄断优势。

④ 有利于选择符合跨国公司全球战略目标的生产规模和投资区位。

（2）绿地投资的缺点

① 绿地投资需要大量的筹建工作，因而建设周期长，速度慢，缺乏灵活性。

② 在企业的创建过程中，跨国公司完全承担其风险，不确定性较大。

③ 跨国公司要在东道国拓宽自己的市场，往往与东道国的管理方式以及东道国管理不适应，而在东道

国符合其管理、生产要求的技术人员相对缺乏。

（3）跨国并购的优点

① 速度快。跨国兼并收购进入的一个重要追求动机就是谋求最快速度进入东道国市场。

② 获取战略资产。战略资产，如研发或技术诀窍、专利、商标、当地特许权以及供应与分销网络等无法在其他市场上获得，而自己开发又需要时间。

③ 寻求新市场。寻求新的市场和市场力量是企业长期关注的目标。

④ 协同效应。预期通过协同效应提高效率可能是最经常提到的并购动机。

⑤ 规模经济效应。在经济全球化的形式下，较大的规模可以成为一个关键因素，特别是在需要规模经济、巨额研发开支和扩大分销网络的经营活动中更是这样。

⑥ 多样化。产品和地域市场的多样化，可以降低经营风险。

（4）跨国并购的缺点

① 国际会计标准差异、信息不对称导致无形资产评估等问题的存在，使得评估企业价值难度大，造成跨国公司决策困难，从而影响跨国并购的成功率。

② 东道国的政策限制和地方保护主义的抵制。为了保护本国产业，东道国政府和公民有时会对某些特殊行业的并购进行限制。

③ 容易受到企业规模、选址上的约束。由于被收购的企业规模、行业和地点都是固定的，所以跨国公司很难找到一个符合自己全球战略所要求的地点进行跨国并购，从而影响自己的战略实施以及经营管理。

6. 答案请参考复旦大学 2016 年问答题第 3 题。

7. 答案请参考复旦大学 2016 年问答题第 5 题。

8. 以在国外建立制造环节为投资目标的公司，它在考察东道国市场时，应侧重考虑以下环境因素：

① 自然资源。自然资源包括矿产、地形、气候等，这些自然资源的特点是分布在特定的地区。制造业需要大量的制造原材料，地区资源丰富与否、廉价与否都将对其生产成本产生重大影响。因而，以制造环节为投资目标的国际企业，在进行选址时需要对其进行考虑，包括自然资源的分布、质量和可获得性等。

② 人力资源。制造业一定程度上是劳动密集型的产业，劳动力成本直接关乎总成本，在低成本，高技术的劳动力所在地区建立生产设施，充分利用宝贵的人力资源，显然是合理的。同时也需要考虑与劳动力相关的法律法规，如劳动法、最低工资水平等。

③ 法律因素和政治因素。东道国政府和法律直接决定其对外资资格的审批，制造业的可进入性，对外资的鼓励或者限制等。此外，东道国的政局稳定和政策的延续性是有利制造业外资进入的因素之一。

④ 经济发展水平及发展前景。东道国的经济发展水平直接决定当地市场的大小，进而决定企业是否可获得规模经济，降低生产成本。其优良的发展前景有利于制造业企业的未来发展，有更好投资机会。此外，当地的制造业产业基础和上下游产业的发展程度也需要予以考虑。

⑤ 技术环境。技术环境包括技术发展水平、人才储备以及政策保护等内容。通常在技术环境优良的区位投资设厂，可以减少风险和降低成本，同时还可能获得集聚经济下的知识外溢带来的收益。

⑥ 社会基础设施。社会基础设施指一国的交通运输条件、能源供应、通信设施和商业基础设施等。良好的基础设施水平是吸引制造业外资的重要条件之一。

⑦ 产业聚集。由于产业聚集，使得制造业得以就近寻得优质的零部件、原材料、与中间产品的供应商，可以招聘有丰富经验且价格低廉的熟练工人。

## 二、综合论述题（每题 25 分，共 50 分）

1. 现代跨国经营中，经营战略的选择必须同时考虑到盈利性和合法性两个指标。所谓盈利性，是指跨国投资项目带来的公司收益的增加、成本的减少或稳定性的增加；所谓合法性，是指跨国战略中对盈利性和合法性指标的侧重程度不同，有以下四种经营战略模式：

（1）本国中心主义（Ethnocentrism）：跨国公司强调母国优越性的理念。特点是以母国和母公司的利益与文化价值标准为根本指导，由母国提供子公司的管理人员，技术、控制权高度集中于母国，集权决策，总部向子公司下达大量的命令与指示，产品开发、利润调配和人事政策等方面都体现“母国中心”。

（2）多国中心主义（Polycentrism）：多中心主义是跨国公司强调东道国差异性的理念。特点是注重子公司适应东道国的环境，分散决策，子公司的东道国文化色彩较浓厚，以雇用、培训东道国人员为主，甚至由东道国人士担任子公司的高层管理人员。

（3）地区中心主义（Regioncentrism）：亦称区域中心主义，指跨国公司强调地区性的理念。特点是兼顾区域内的一体化与针对各个东道国的当地回应能力，尽可能在区域利益与各东道国子公司利益之间取得妥协和平衡，在各个管理层次上反映了区域中心及区域文化的特征。

（4）全球中心主义（Geocentrism）：全球中心主义是跨国公司强调全球性的理念。特点是注重全球范围内配置资源和沟通协调，集中管理和分散管理并存以兼顾全球一体化和东道国国民的反应。组织形式通常采用网络系统结构。是本国中心主义、多中心主义和地区中心主义的综合与提升。

取以上四种模式的英文首字母把这个模式理论称为 EPRG 模式。四种模式的比较如下表所示。

| | E | P | R | G |
|---|---|---|---|---|
| 资源配置 | 总部决定投资机会 | 子公司独立自给，互相无协助 | 地区配置资源 | 全球范围内资源配置 |
| 战略特性 | 全球一体化 | 东道国民反应 | 地区一体化与东道国民反应 | 全球一体化与东道国民反应 |
| 文化特征 | 母国文化 | 东道国文化 | 地区文化 | 全球性文化 |
| 人力资源管理倾向 | 培养母国人员，以供全世界各地关键职位，用母国人员的业绩标准 | 培养东道国人员，业绩标准由各东道国决定 | 培养地区内人员，业绩标准由区域决定 | 培养世界各地优秀人员普遍适用的标准并使之符合当地情况 |

2. 答案请参考复旦大学 2016 年论述题第 2 题。

**【科兴点评】**复旦大学 434 的试题以重复率高著称，2019 年更是重复了一半以上的题目。虽然今年的题目本身也不难，但是也有很多同学得分没有超过 120，一方面是对真题研究不透彻，另外一方面是答题技巧欠缺。不要抱怨学校阅卷压分，因为压分是一视同仁的。

# 暨南大学 2019 年 434 国际商务专业基础试题

**一、单项选择题(每题 2 分，共 10 分)**

1. 在国际货物买卖中使用信用证方式支付货款，卖方将开立汇票，连同全套货运单据向银行议付货款，因此，信用证结算方式(　　)。

A. 使用商业汇票，属于银行信用　　B. 使用银行汇票，属于银行信用

C. 使用银行汇票，属于商业信用　　D. 使用商业汇票，属于商业信用

2. 上海某公司向美国出口商品，下列对外报价方式正确的是(　　)。

A. FOB 上海每箱 120 美元　　B. 每箱 128 美元 CIF 上海

C. CIF 纽约 128 美元　　D. CFR 每箱 125 美元

3. 下面那一个日期是 FOB 合同的实际交货日(　　)。

A. 买方付款赎单日　　B. 买方凭单提货日

C. 货物运抵目的港日　　D. 提单签发日

4. 我方与外商按 CIF 条件成交某商品 1000 打，允许卖方有 5%的溢短装幅度。我方实际交货 1000 打，并已凭清洁的已装船提单和投保了一切险的保险单向银行议付货款。但货抵目的港后，买方即来函反映仅收到 948 打，并已取得船公司的短少证明，向我方索赔，我方应作出的正确答复是(　　)。

A. 同意补装 52 打　　B. 同意退 52 打货物的货款

C. 请与保险公司或船公司联系　　D. 同意退 2 打货物的货款

5. W/WClause 是(　　)。

A. 出口方负责交货责任起讫条款　　B. 承运人负责运输责任起讫条款

C. 保险公司负责保险责任起讫条款　　D. 进口方接收货物责任起讫条款

**二、名词解释(每题 8 分，共 40 分)**

1. 共同海损
2. 海运提单
3. 购买力平价
4. 特里芬难题
5. 开放经济中的三元悖论

**三、简述题(每题 14 分，共 42 分)**

1. 区域经济一体化有哪些主要形式？

2. 国际收支不平衡调节中的支出增减型政策包括哪些？它们影响国际收支的作用机制是什么？

3. 影响贸易条件(terms of trade)变化的因素有哪些？

**四、计算题(18 分)**

假设世界上有 4 个国家，中国、美国、法国、泰国，4 国都生产大米跟小麦两种产品，各国大米与小麦的单位产品劳动投入情况见下表：

| 国家 | 单位产品劳动投入 | |
| --- | --- | --- |
| | 大米 | 小麦 |
| 中国 | 9 | 6 |
| 美国 | 2 | 0.5 |
| 法国 | 5 | 2 |
| 泰国 | 8 | 8 |

请根据李嘉图的比较优势理论，回答下列问题：

1. 计算各国大米的相对成本，并判断出哪个国家在大米生产上最具有比较优势，哪个国家在小麦生产上最具有比较优势？

2. 如果国际市场上大米的相对价格是3，那么中国是否具有出口大米的比较优势？

**五、论述分析题(每题20分，共40分)**

1. 贸易依附论认为两个主体国家彼此间的贸易量越大，彼此越依赖，双方之间发生政治和军事冲突的概率越小，你是否同意如此观点？给出你的判断和依据。

2. 全球分工背景下，不同的跨国贸易企业面临着一致的关税水平吗？基于中间品贸易视角比较分析一国关税调整对哪些企业造成的损失更大？

## 暨南大学2019年434国际商务专业基础试题解析

**一、单项选择题(每题2分，共10分)**

1. A。本题中，汇票是卖方签发的，属于商业汇票。信用证是银行对受益人作出的有条件的付款约定或承诺。信用证是银行对受益人作出的有条件的付款约定或承诺，属于银行信用。

2. A。FOB+离岸港+单价，选项A正确；CIF+目的港+单价，选项B和C错误；CFR+目的港+单价，选项D错误。

3. D。FOB合同属于象征性交货。象征性交货的核心是单据的买卖，双方交易的是单据而不是货物。

4. C。5%的溢短装幅度，指的是卖方装船时的选择，并不是指货到目的地后可以有5%溢短。该题已说明卖方实装1000打，到目的港后短卸，卖方不应负责。买方应向保险公司索赔。至于理赔工作，是一个较复杂的过程，究竟由哪一方来赔，该题未涉及。

5. C。所谓仓至仓条款，就保险期限而言，即保险责任自被保险货物运离保险单所载明的起运地发货人的仓库或储存处所开始，包括正常运输过程中的海上、陆上、内河和驳船运输在内，直到该项货物到达保险单所载明的目的地收货人的最后仓库或储存处，或被保险人用作分配、分派或非正常运输的其他储存处所为止。但被保险货物在最后卸载港卸离海轮后，保险责任以60天为限。

**二、名词解释(每题8分，共40分)**

1. 共同海损是指载货的船舶在海上遇到灾害、事故、威胁到船货等各方的共同安全，为了解除这种威胁，维护船货的共同安全，或者使航程得以继续完成，由船方有意识地、合理地采取措施，造成某些特殊的损失或者支出的额外费用。

2. 海运提单简称提单，是船方或其代理人签发的，证明已收到货物，允许将货物运至目的地，并交付给托运人的书面凭证。它是承运人和托运人之间的契约证明，在法律上具有物权证书的效用。

3. 购买力平价是指两种货币之间的汇率决定于它们单位货币购买力之间的比例。购买力平价分为绝对购买力平价和相对购买力平价。绝对购买力平价反映的是某一时点上汇率的决定，认为两国货币之间的汇率可以表示为两国货币的购买力之比。相对购买力平价反映的是两个时点汇率的变动，认为汇率的变动同两国物价水平的相应变动成比例。

4. 特里芬难题，指一种主权货币作为国际储备货币的货币制度的两难处境，即信心和清偿力之间的矛盾。布雷顿森林体系下，美元直接与黄金挂钩，其他国家货币与美元挂钩，这就形成了所谓的“双挂钩”体系，它实际上是一种美元本位制。因此，它的运行既要求储备货币发行国——美国保证美元按固定官价兑换黄金，以维持各国对美元的信心，又要求美国提供足够的国际清偿力即提供足够的美元，以促进生产和国际贸易发展的顺畅运转。而信心和清偿力又存在着不可克服的矛盾，美元供给太多就会有不能兑换的危险，从而发生信心问题；美元供给太少就会发生国际清偿力不足的问题。这一布雷顿森林体系的根本缺陷是美国耶鲁大学教授特里芬在20世纪50年代第一次提出的，故称“特里芬两难”。

5. 三元悖论是国际经济学中的一个著名论断。其含义是：在开放经济条件下，本国货币政策的独立性、汇率的稳定性、资本的完全流动性不能同时实现，最多只能同时满足两个目标，而放弃另外一个目标。

## 三、简述题(每题14分，共42分)

1. 按照贸易壁垒撤除的程度划分，区域经济一体化的形式有：

(1) 特惠贸易协定，是指在实行特惠贸易安排的成员国之间，通过协定或其他形式，对全部或部分商品规定特别的关税优惠。这是经济一体化的最松散和较低级的一种形式。

(2) 自由贸易区，是指由签订有自由贸易协定的两个或两个以上的国家或地区组成的贸易区域。自由贸易区内逐渐减免甚至取消关税与进口数量限制，同时，保留成员国各自的原有独立的对区外国家的关税结构和其他贸易保护措施。

(3) 关税同盟，是指两个或两个以上的国家通过签订条约或协定取消区域内关税或其他进口限制，并对非同盟国家实行统一的关税税率而缔结的同盟。这在一体化程度上比自由贸易区更进了一步。它除了包括自由贸易区的基本内容外，而且成员国对同盟外的国家建立了共同的、统一的关税税率，结盟的目的在于使参加国的商品在统一关境以内的市场上处于有利地位，排除非成员国商品的竞争，它开始带有超国家的性质。

(4) 共同市场，是指除了在成员国内完全废除关税与数量限制并建立对非成员国的共同关税外，还取消了生产要素流动的各自限制，允许劳动、资本等在成员国之间自由流动。在商品自由流动方面，它既一直有对外的统一关税，又有协调间接税制度、产品标准化制度；在资本的自由流动方面，有协调筹资制度；在劳动的自由流动方面，有学历和技术等级的相互承认制度等等。共同市场下经济调节的超国家性质比关税同盟更进一步。

(5) 经济同盟，是共同市场和经济共同体向超国家一体化的宏观协调机制发展的具体步骤，是一种较高层次的区域经济一体化组织形式。其特点是，在实行关税、贸易和市场一体化的基础上，进一步协调成员国之间的经济政策和社会政策，包括货币、财政、经济发展和社会福利政策，以及有关贸易和生产要素的流动政策，并拥有一个制定这些政策的超国家的共同机构。

(6) 完全的经济一体化，是经济一体化的最高级形式。完全经济一体化不仅包括经济同盟的全部特点，而且各成员国还统一所有的重大经济政策，如财政政策、货币政策以及有关贸易和生产要素流动的政策。

2. 支出增减型政策是指改变社会总需求或国民经济中支出总水平的政策，主要包括财政政策和货币政策。这类政策旨在通过改变社会总需求或总支出水平来改变对外国商品、劳务和金融资产的需求，从而达到调节国际收支的目的。财政政策是政府利用财政收入、财政支出和公债对经济进行调控的经济政策，它的主要工具包括财政收入政策、财政支出政策和公债政策。货币政策是中央银行通过调节货币供应量与利率来影响宏观经济活动水平的政策，它的主要工具是公开市场业务、利率以及法定存款准备金率。

财政政策和货币政策都可以直接影响社会总需求，由此调节内部均衡；同时，社会总需求的变动又可以通过边际进口倾向影响进口和通过利率影响资金流动，由此调节外部均衡。紧缩性的财政政策和货币政策具有压低社会总需求和总支出的作用。当社会总需求和总支出下降时，对外国商品、劳务和金融资产的需求也相应下降，从而使国际收支逆差得到改善。反之，扩张的财政政策和货币政策具有增加社会总需求和总支出的作用。当社会总需求和总支出增加时，对外国商品、劳务和金融资产的需求也相应增加，从而使国际收支逆差增加(或顺差减少)。

3. 贸易条件是指出口商品单位价格指数与进口商品单位价格指数之间的比率。当比率上升，称为贸易条件改善，它表示由于进出口相对价格的有利变动而使相同数量的出口能换回较多数量的进口；反之，当这一比率下降，称为贸易条件恶化，它表示由于进出口相对价格的不利变动而使相同数量的出口只能换回较少数量的进口，这意味着实际资源的损失。

影响贸易条件变化的因素有：

(1) 进出口商品需求。根据宏观经济学原理，决定一国进口需求的主要因素是该国的经济发展水平，决定一国出口商品需求的主要因素是国外的经济发展水平。对于小国而言，经济的增长并不会导致贸易条件的变化，而对于大国，在超逆贸易增长的情况下，该国的贸易条件在经济增长的同时会不降反升，得到改善，而在其他情况下，该国的贸易条件都会有不同程度的下降或者说恶化。

(2) 进出口商品市场组织。这是通过影响进出口商品的供给情况来影响贸易条件的。当进出口商品的国际市场组织情况发生变化时，如某一种商品的供给厂商减少时，会增加现有厂商的垄断力量，从而在其他情况不变的情况下，会带来商品价格上升的可能，从而有带来贸易条件下降的可能(此时指这种商品对该国而言是进口品)。

(3) 汇率。汇率对贸易条件的影响主要有两个途径，一是通过影响进出口商品的成本从而影响进出口商品的价格来影响贸易条件；二是通过影响进出口商品的名义价格而影响贸易条件。汇率本身是由进出口贸易(和国际资本流动)来决定的，并且汇率的波动从短期来看会影响进出口商品价格，但从长期来看汇率是要回归的，一国的汇率不可能长期偏离其均衡位置，因此从较长期来看，汇率对贸易条件的影响是近似中性的。

(4) 进出口商品构成。由于决定贸易条件的是出口商品加权平均价格和进口商品的加权平均价格，因此当进口商品或出口商品的构成情况发生变化时，即使各种商品本身的价格不发生变化也会改变进口商品或出口商品的加权平均价格从而改变一国的贸易条件。

## 四、计算题(18分)

1. 计算可知各国大米的相对价格为：中国 $9/6=1.5$，美国 $2/0.5=4$，法国 $5/2=2.5$，泰国 $8/8=1$。可见，泰国在大米生产上最具有比较优势，美国在小麦生产上最具有比较优势。

2. 在两种产品多个国家的情况下，一国的比较优势由该国产品的相对成本与国际市场的相对价格相比来确定。如果国际市场上大米的相对价格是3，而中国大米的相对价格是1.5，所以中国也具有出口大米的比较优势。

## 五、论述分析题(每题20分，共40分)

1. 国际行为体之间经济相互依赖的加强会带来行为体之间、地区间乃至世界的和平吗？到目前为止，主要存在着四种观点：经济相互依赖的加深有利于抑制国际冲突，促进国际合作；经济相互依赖的加深容易引发国际冲突，这种现象是无条件的；不均衡的经济相互依赖关系容易引发国际冲突；经济相互依赖与国际冲突之间不存在关系。

第一种观点，即认为经济相互依赖的加深有利于抑制国际冲突，这种观点也被称为“贸易和平论”。支持该观点的人认为：贸易和战争都是增进国家利益的手段，但贸易比战争成本更小，获得的利益也更多；贸易可以实现国家间的互惠，是一种正和博弈，而战争具有太强的破坏性，属于负和博弈；通过贸易，可以加强国家间的联系，增强彼此交流，减少误解，促进政治合作；贸易促进国家或者地区内部贸易利益群体的壮大，他们本身就是反对冲突和战争的。

第二种观点，即认为经济相互依赖的加深不仅不能有效地抑制国际冲突，相反更容易引发国际冲突，这种现象是无条件的。该观点的持有者普遍认为：国际社会无政府结构下，生存和安全是国际社会行为体首先应该考虑的问题，当安全利益与经济利益发生冲突，国家会为了安全利益而放弃经济利益；国际社会行为体在贸易中的收益是不对称的，而这种收益可以用来改善自身的军事实力从而带来收益不对称的扩大化；国际社会行为体之间的不对称性会带来贸易条件的进一步恶化；贸易交往的增多、经济依赖的加深使得摩擦、冲突的机会增加而非减少。

第三种观点，即认为不均衡、不对称的经济相互依赖关系容易引发国际冲突。凯瑟琳·巴比里等认为，贸易是否促进和平与经济(贸易)关系中的依赖类型相关，对称的依赖关系可以促进和平，而不对称的依赖可能产生更多的摩擦和冲突。

第四种观点，即经济依赖和国际冲突之间的关系是模糊的，可能不存在关系，这种观点认为贸易与和平的观点可能取决于其他因素。有学者认为，对未来贸易的预期左右着贸易与和平的关系。如果预期未来贸易将增加，则贸易就会促进彼此间的和平；反之，如果预期未来贸易会减少，则贸易将引发冲突和战争。

综上所述，我们发现：经济相互依赖不是一个单一的概念，意味着相互需求，更意味着权力增长不对称状态下的主导与被主导的关系。我们接受自由贸易的发展有利于双方乃至地区、世界民众生活福利的提高的理论假说。我们看到经济相互依赖对于降低国际冲突的积极意义的同时，也看到了潜在的危机。如何打破无政府状态下的理性悖论，谋求良性的合作与发展就成了问题的关键。

2. 关税结构是指对各类进口商品实行不同税率的关税体系。传统的关税理论对关税保护作用的分析是按关税税则规定的税率，即名义税率来计算的。它将关税的保护作用定义为：一种工业的关税保护，就是对从国外进口的同类产品征收较高的名义税率的关税，用这种手段造成国内价格和国际价格之间的差别，关税结构以此来引导消费，保护国内的工业生产。这一理论隐含了征收关税的对象只是进口的最终产品这一假设，因而，只要对最终产品征收关税，就会发生保护效果，而且关税税率越高，保护效果越大。

关税结构这一理论忽视了这样一个事实：现代工业社会是由许多互相依存的经济活动组成的联合体，某种工业的产品可能会是另一种工业的中间投入品，而它的产品又可能介入另外一种工业的生产，“最终产品”的概念趋于模糊。稍做进一步的分析，不难发现，对一种最终产品征收进口关税，不但保护了该进口竞争商品的生产行业，而且保护了为这个行业提供原材料等投入的其他行业。比如，对小汽车征收进口关税会提高进口小汽车在进口国的售价，它不但能保护国内小汽车行业的生产，而且还保护了为生产小汽车而提供钢铁、机械、橡胶、仪表等行业的生产。它说明进口竞争行业中的企业，关税结构不但受到对进口商品征收关税的影响，而且还要受到对所使用的原材料等中间投入品征收的关税的影响，对后者征税就会增加该产品的成本，从而抵消了一部分其名义税率带来的保护作用，可见仅用其名义税率来衡量保护效果是不全面的，要将全面的关税结构考虑在内来探讨关税的影响效果。于是产生了现代关税结构理论，其核心概念是有效保护率。

有效保护不但注意关税对成品价格的影响，也注意投入品(原材料或中间产品)由于征收关税而增加的价格，因此有效保护率计算的是某项加工工业中受全部关税制度影响而产生的增值比，是对一种产品的国内、外增值差额与其国外增值的百分比。世界各国因其国内经济和进出口商品不同，其关税结构也会各不相同。但一般都表现出生产资料税率较低，消费品税率较高；生活必需品税率较低，奢侈品税率较高；本国不能生产的商品税率较低，本国能够生产的商品税率较高。各国关税结构的一个突出特征是，关税税率从初级产品、半制成品到成品，是随加工程度不断提高而提高的。关税结构的这种现象称为关税升级。

由此可见，在全球分工背景下，不同的跨国贸易企业面临的关税并不一致。基于中间品贸易视角，一国关税调整对生产制成品的企业造成的损失最大，因为其面临的关税更高。

# 山东大学2019年434国际商务专业基础试题

**一、名词解释(每题5分，共30分)**

1. 产业间贸易
2. 从量税
3. 跨国公司的母公司
4. 蒙代尔三角
5. 欧洲货币单位
6. 国际信贷

**二、简答题(每题10分，共60分)**

1. 发展中国家参与国际贸易的意义。
2. 外汇管制有哪几种？它们是怎么限制进口的？
3. 跨国公司母公司的法律特征。
4. 跨国公司的经营特点。
5. 国际银行中长期贷款的特点。
6. 国际债券有哪些分类。

**三、论述题(每题20分，共60分)**

1. 比较分析亚当·斯密和大卫李嘉图的国际贸易理论。
2. 发展中国家对外直接投资的特点。
3. 浮动汇率制的优缺点。

## 山东大学2019年434国际商务专业基础试题解析

**一、名词解释(每题5分，共30分)**

1. 产业间贸易是指一个国家或地区，在一段时间内，同一产业部门产品只出口或只进口的现象。产业间贸易中，同一产业产品基本上是单向流动的。

**【科兴点评】**产业内贸易与产业间贸易的主要区别：

| | 产业内贸易 | 产业间贸易 |
|---|---|---|
| 贸易商品来源国 | 同种或相近经济发展水平的工业国家 | 不同经济发展水平的工业国家 |
| 适用的基础理论 | 现代贸易理论 | 新古典贸易理论 |
| 生产函数特点 | 规模报酬递增 | 规模报酬不变 |
| 消费者偏好 | 异质商品 | 同质商品 |
| 贸易利益来源 | 产品的差异性和规模报酬递增 | 生产要素比较优势的利用 |

2. 从量税是以货物的数量、体积、质量等计量单位为计税标准的一种关税计征方法。其中质量是较为普遍采用的计量单位。从量税的优点是：可以避免物价变动对税收的影响，保持税收的稳定性；有助于宏观部门利用税收杠杆调节资源环境和进出口。其缺点是在物价上涨时期，税收不能和商品销售额同步增加。

3. 母公司是跨国公司在母国登记注册的法人公司，也是跨国公司在母国的发源地和基地组织。母公司通过在各东道国参股和控股活动来实际控制一些子公司，使它们成为母公司的附属公司。各国对母公司控制子公司有不同的法律规定。有些国家规定要达到50%以上的股本，有的国家规定只要达到10%以上的股本。

4. 蒙代尔三角认为，一国的经济目标有三种：①各国货币政策的独立性；②汇率的稳定性；③资本的完全流动性。这三者，一国只能三选其二，而不可能三者兼得。蒙代尔三角是国际经济学中的一个著名论断。但是，该理论是高度抽象的，只考虑了极端的情况，即完全的货币政策独立、完全的固定汇率和完全的资本自由流动，并没有论及中间情况。

5. 欧洲货币单位，又称埃居，是欧洲共同体国家共同用于内部计价结算的一种货币单位，由德国马克、法国法郎、英国英镑、意大利里拉等 12 种货币组成。欧洲货币单位的建立，其主要目的是为了保证欧洲最大限度地避免因汇率突变带来的负面影响，同时保持各成员国经济的趋同性。可以说欧洲货币单位是推行欧元的先导。1999 年 1 月 1 日，埃居以 1 比 1 的兑换汇率全部自动转换为欧元。

6. 国际信贷指一国的金融机构、政府、公司企业以及国际金融机构，在国际市场上向另一国的同类机构借货币资金的一种信用活动。国际信贷的主要形式有国际金融机构贷款、政府贷款和国际银行贷款。

## 二、简答题(每题 10 分，共 60 分)

1. 国际贸易出现后，对经济的发展发生着十分积极的促进作用。主要表现为：①利用国际分工，节约社会劳动，生产更多的使用价值；②利用国际市场，使一部分商品的价值得以实现；③有利于生产要素的充分使用；④有利于发挥规模效益；⑤有利于解决劳动力就业问题；⑥有利于提高国民的多样化消费水平；⑦国际贸易是世界经济变化的重要传递渠道。

国际贸易对发展中国家经济的影响作用，除了上述的一般作用之外，还包括以下几点：①国际贸易是获得外国先进技术的主要渠道；②国际贸易增强了国内企业的竞争压力，能够刺激生产效率的提高；③国际贸易的开展，有利于改善国内落后的产业结构；④国际贸易是保障经济协调发展的重要环节。

2. 外汇管制是指一国政府为平衡国际收支和维持本国货币汇率而对外汇进出实行的限制性措施。外汇管制主要有三种方式：数量性外汇管制、成本性外汇管制和混合性外汇管制。

在外汇管制下，进口商必须在外汇管制机关按官定汇价申请购买外汇，本国货币的携出入国境也受到严格的限制，这样，国家的有关政府机构就可以通过确定官定汇价，集中外汇收入和批汇的方法，控制外汇供应数量，来达到限制进口商品品种、数量和原产国别的目的。

3. 一般来说，跨国公司的母公司是一种混合控股公司，母公司掌握和控制子公司的股权，通过人事参与、战略管理和大政方针的决策，将子公司的生产经营活动纳入母公司经营战略的轨道。母公司的法律特征有：

(1) 母公司通过股权与非股权方式合法拥有子公司全部或部分经营管理权。母公司对子公司的控制可以通过股权，进而影响董事会决策，也可以通过非股权形式，即大量的合同安排，控制企业的业务来源、经营性质与特征，甚至经营方向。

(2) 母公司对子公司承担债务有限责任。母公司的责任仅限于投入的股本金，但实际上，在子公司遭遇困境的情况下母公司为维护公司整体形象，往往伸出援助之手，提供资金、人力等方面的帮助。

4. 跨国公司的经营特点有：

(1) 具有全球经营战略目标，通过对外直接投资，在世界范围内进行生产力配置。在做出经营决策时，考虑的是整个公司的最大利益和整个公司将来的发展，按照最优化的配置，组织跨国界的生产。

(2) 高度集中统一的经营管理体制。最高决策权集中在总公司，由各子公司分散经营，互相配合，互相协作。

(3) 以技术为先导，实行综合性的多种经营。经营的产品范围广，行业跨越生产运输、销售以及其他第三产业。

(4) 实行限制性的商业做法，加强对国外市场的垄断和争夺。跨国公司以限制性商业惯例打击局外企业，取得高额垄断利润。

(5) 越来越多的用非价格竞争作为争夺市场的主要手段，比如提高产品的质量和性能，改进商品规格和包装，改善售后服务，提供优惠支付条件，等等。

(6) 在公司内部实行转移价格，以获取最大的整体利益。

5. 国际银行中长期贷款的特点有：

(1) 国际银行信贷在资金使用上，比较自由，不受贷款银行的任何限制。

（2）国际银行信贷的贷款期限较短，贷款利率较高，信贷条件严格。

（3）国际银行信贷的资金供应充分，借取方便

6. 国际债券是一国政府、金融机构、工商企业或国家组织为筹措和融通资金，在国外金融市场上发行的，以外国货币为面值的债券。按照是否以发行地当地货币为面值划分，国际债券有两种形式：外国债券和欧洲债券。

① 外国债券是在借款者的国外发行并以发行地所在国的货币标价的债券。根据债券发行的市场的和发行币种的不同，外国债券可以分为扬基债券、武士债券和猛犬债券等。

② 欧洲债券通常由国际银团承销，在标价货币国之外的其他国家发行。欧洲债券的发行人、发行地以及面值货币分别属于三个不同的国家。欧洲债券一般由跨国公司、大型的国内公司、享有主权的政府以及国际机构等发行。它们通常在几个国家的资本市场上同时发售，而不是在标价货币国的资本市场上发售，对象也不是标价货币国的投资者。在历史上，欧洲债券的发行量在国际债券市场上占有最大的份额，但这种地位正在被外国债券所取代。

## 三、论述题(每题20分，共60分)

1. 亚当·斯密于《国富论》中最早提出了绝对优势理论，指各国在生产同样产品时，劳动生产率的绝对差异所导致的各国之间生产优势的不同，因此各国专门生产本国劳动生产率较高的产品。比较优势理论最早由英国经济学家大卫李嘉图在《政治经济学及其赋税原理》中提出，是用国与国之间生产同一产品相对劳动生产率优势解释国际贸易原因的理论。两者既有共同之处也有不同之处。

（1）共同点：

① 无论是绝对优势理论还是比较优势理论都属于技术差异论的范畴。技术差异论，是指各国在生产同一产品时劳动生产率不同所造成的国际分工。

② 都采用了比较的方法来阐述原因。

③ 都建立在劳动生产率的差异上，劳动生产率的引进使国际贸易的原因从自然要素领域转到了生产领域，如果没有差异，则没有比较，因此差异是基础。

④ 都有其自身的局限性，并有待于进一步发展。

（2）不同点：

① 假定条件不同：绝对差异论的假定条件是全世界只有两国，都能生产两种产品，一国在一样产品上的生产率高于另一国，另一国在另一产品上的生产率高于此国；而比较优势理论则是一国两件产品的劳动生产率都高于另一国，在此基础上两种理论对国际分工进行解释。

② 比较内容与方法不同：绝对差异论比较是直接在二者中选出谁好谁劣，而比较优势理论则是“两利相权取其重，两弊相权取其轻。”

③ 适用范围不同：绝对差异论只能说明各国分别在某一种或某几种产品的生产上，劳动生产率高于其他国家，分工得以形成，而比较优势理论还可以解释当一国在所有产品的生产上劳动生产率都高于他国时国际贸易得以成立的原因，即考虑到相对技术优势，但同时这也有其自身的局限性，因为这种理论在假定时只考虑生产力的投入，并认为劳动力的转移劳动生产率不变，以及从静态角度考虑国际分工。

④ 有绝对优势一定有比较优势，有比较优势不一定有绝对优势。绝对优势是同一产品一国对另一国的优势，是内生的，而比较优势理论是同一国一产品对另一种产品的优势，是外生性的。

2. 从发展中国家跨国直接投资的历程看，主要有以下特点：

（1）投资规模较小。从投资规模看，许多研究资料表明发展中国家和地区跨国公司对外直接投资的规模一般都较小，特别是在其投资发展初期，对外投资的目标多以中小企业为主，单个项目的平均投资额都比较低。发展中国家对外直接投资规模较小的原因在于：企业规模较小，相对比较灵活，有利于在海外市场上初期熟悉环境和适应当地市场的变化；发展中国家和地区跨国公司多数缺乏跨国经营的经验，还未形成系统的海外投资战略规划，多数投资尚处于试探性质。

（2）投资流向集中。从投资区域看，发展中国家和地区跨国公司的投资流向主要集中在发展中国家和地区(即所谓的平行投资)，而且大多数集中于周边且比母公司所在国经济发展程度更低的国家和地区，从

而构成了低一层次的发展中国家和地区间的纵向直接投资，形成了新的不公平生产分工和价值体系。发展中国家和地区投资流向出现上述特点的主要原因有三点：①发展中国家和地区对外直接投资的目的之一在于巩固和扩大在东道国当地的市场份额，而且由于历史上便利频繁的交往，周边国家和地区通常是其制造业产品的主要市场。因此，对外投资主要流向邻国。②周边国家和地区经过历时上长期、频繁的交流，无论是在生产方式、经济和技术水平上，还是在文化和消费习惯上都较为接近，因此熟悉投资环境也有利于打开市场。③发展中国家和地区跨国企业把资本投向与本国(地区)经济发展水平相当或低于本国(地区)经济发展水平的其他发展中国家和地区，符合全球产业结构梯度转移的规律，能够更充分地体现其自身的相对优势。

(3) 在产权结构上以合资方式为主在产权结构上以合资方式为主。以合资企业为主的组织形式主要是由其投资流向决定的。发展中国家和地区由于自身资本存量少，技术落后，一方面急需引进外国的资本与技术，另一方面又对外资在国民经济中的地位和作用存在颇多考虑，并在政策上加以限制，因此对外来投资的股权比例有较为严格的限制。

(4) 以劳动密集型产业为主以劳动密集型产业为主。从投资的行业来看，发展中国家和地区跨国公司的海外投资一般侧重于劳动密集型产业。因为这一产业领域对劳动力技能要求不高，发展中国家和地区的跨国公司有自己的优势，相对较为熟悉。

(5) 以低价策略开发市场以低价策略开发市场。发展中国家和地区的国外子公司除个别拥有一些专利权和驰名商标外，大多没有什么专有技术，大量采用的是国际通行的标准技术，因此，侧重于采用低价策略来推销其商品，并以此来保持和扩展其市场份额。其产品低价的来源主要是低廉的劳动力成本、较低的广告成本和较低的研发投入。

3. (1) 浮动汇率制度优点

① 防止外汇储备大量流失，节省国际储备。在浮动汇率制度下，各国货币当局没有义务维持货币的固定比价。当本币汇率下跌时，不必动用外汇储备去购进被抛售的本币，这样可以避免国家外汇储备的大量流失。而且，在浮动汇率制度下，汇率随着外汇供求的涨落而自动达到平衡，政府在很大程度上听任汇率由外汇市场支配，减少干预行动，国家需要的外汇储备的需求量自然可以减少。这就有助于节省国际储备，使更多的外汇能用于本国的经济建设。

② 自动调节国际收支。根据市场供求，汇率不断调整，可以使一国的国际收支自动达到均衡，从而免除长期不平衡的严重后果。当一国国际收支逆差，本国通货就会开始贬值，这样就会促进本国产品的出口，从而改善国际收支。

③ 有利于国内经济政策的独立性。浮动汇率制度使各国可以独立地实行货币政策、财政政策和汇率政策。在固定汇率制度下，各国政府为了维持汇率的上下限，必须尽力保持其外部的平衡。如一国的国际收支出现逆差时，往往采取紧缩性政策措施，减少进口和国内开支，使生产下降，失业增加。这样国内经济有时还要服从于国外的平衡。在浮动汇率制度下，通过汇率杠杆对国际收支进行自动调节，在一国发生暂时性或周期性失衡时，一定时期内的汇率波动不会立即影响国内的货币流通，一国政府不必急于使用破坏国内经济平衡的货币政策和财政政策来调节国际收支。

④ 使经济周期和通货膨胀的国际传递减少到最小限度。在浮动汇率制度下，若一国国内物价普遍上升，通货膨胀严重，则会造成该国货币对外币汇率贬值，该国出口商品的本币价格上涨便会被汇率抵消，出口商品折成外币的价格因而变化不大，从而贸易伙伴国就少受国外物价的上涨压力。但在固定汇率制度下，为了维持固定汇率，各国不得不经受相同的通货膨胀。

⑤ 可缓解国际游资的冲击。在固定汇率制度下，由于要维持货币的固定比价，会使汇率与货币币值严重背离，各种国际游资竞相追逐可以用来保值或用来谋求汇率变动利润的硬货币，这会导致国际游资的大规模单方面转移。在浮动汇率制下，汇率因国际收支、币值的变动等频繁调整，不会使币值与汇率严重背离，某些硬通货受到巨大冲击的可能性减少。

(2) 浮动汇率制度缺点

① 浮动汇率制的内在不稳定性将会阻碍国际贸易和国际投资的发展。汇率波动导致国际市场价格波

动，使人们普遍产生不安全感。外贸成本和对外投资损益的不确定性加大，风险加大，使人们不愿意缔结长期贸易契约和进行长期国际投资，使国际商品流通和资金借贷受到严重影响。

② 助长投机，加剧外汇市场的动荡。在浮动汇率制度下，汇率变动频繁且幅度大，为低买高抛的外汇投机提供了可乘之机。不仅一般投机者参与投机活动，连银行和企业也加入了这一行列。为牟取投机暴利而进行的巨额的、频繁的投机活动，加剧了国际金融市场的动荡。

③ 易引发货币战，增加国际协调难度。浮动汇率可能导致竞争性贬值，各国都以货币贬值为手段，输出本国失业，或以他国经济利益为代价扩大本国就业和产出，即采取以邻为壑的政策。一般情况下，实行汇率贬值政策的主要目的是为了刺激出口，减少进口，改善贸易收支，进而扩张国内经济，增加生产和就业。而实行汇率升值政策，则主要是为了减少国际收支顺差，减少国内通货膨胀压力。当然，高汇率也不利于一国的出口，这又迫使该国加强贸易保护措施，使其与其他国家的矛盾和摩擦加剧，引发贸易战、货币战。

④ 具有通货膨胀倾向。浮动汇率有其内在的通货膨胀倾向，可使一国长期推行通货膨胀政策，而不必担心国际收支问题，因为其汇率的贬值可一定程度上自动调节国际收支。

⑤ 对发展中国家不利。当外汇汇率上升时，广大发展中国家进口工业制成品的价格上涨，而这些产品又是发展中国家经济建设所必需，故进口成本上升。当外汇汇率下跌时，出口初级产品的价格下跌，而初级产品需求弹性小，不会在价格下跌时使外贸收入增加，贸易收支得不到改善。浮动汇率还加剧了外债管理的难度，增大了风险。

# 上海财经大学2019年434国际商务专业基础试题

**一、名词解释(每题6分，共30分)**

1. 贸易转移
2. 外国债券
3. 汇率制度
4. 货币危机
5. 非股权安排

**二、简答题(每题10分，共40分)**

1. 简述倾销的三种类型及其目的和特征。
2. 简述金本位制的三种形式，并解释金本位制兴起和衰落的原因。
3. 简述海默垄断优势理论的主要内容。
4. 简述跨国公司市场面选择策略。

**三、论述题(每题20分，共80分)**

1. 试述产业内贸易理论。
2. 试述邓宁的国际生产折衷理论。
3. 论述国际技术转让策略。
4. 什么是汇率？什么是汇率决定理论？请列举三个主要的汇率决定理论。

## 上海财经大学2019年434国际商务专业基础试题解析

**一、名词解释(每题6分，共30分)**

1. 贸易转移是指由于关税同盟对内取消关税，对外实行同一的保护关税，成员国把原来从对非成员国低成本产品的进口转为对成员国高成本产品的进口，从而使贸易方向发生转变。这是一种负效应，降低了资源配置效率和社会福利水平。贸易转移效应常被视为一种负效应。它阻止从外部低成本进口而以高成本供给来源代替，降低了资源配置效率，生产成本提高。

2. 外国债券是指外国借款人(政府、私人公司或国际金融机构)所在国与发行市场所在国具有不同的国籍并以发行市场所在国的货币为面值货币发行的债券。对发行人来说，发行外国债券的关键就是筹资的成本问题，而对购买者来讲，它就涉及发行者的资信程度、偿还期限和方式、付息方式以及和投资收益率相关的如票面利率、发行价格等问题。

3. 汇率制度又称汇率安排，指各国或国际社会对于确定、维持、调整与管理汇率的原则、方法、方式和机构等所做出的系统规定。传统上，按照汇率变动的幅度，汇率制度被分为两大类型：固定汇率制和浮动汇率制。西方各国在20世纪70年代之前实行固定汇制制度。后来由于美元危机，布雷顿森林体系崩溃，各国开始采用浮动汇率制。

4. 货币危机是金融危机的一种，是指对货币的冲击导致该货币大幅度贬值或国际储备大幅下降的情况，它既包括对某种货币的成功冲击(即导致该货币的大幅贬值)，也包括对某种货币的未成功冲击(即只导致该国国际储备大幅下降而未导致该货币大幅贬值)。或者，从另一个通俗的角度说，货币危机，是人们对一国的货币丧失信心，大量抛售该国货币，从而导致该国货币的汇率在短时间内急剧贬值的情形。

5. 非股权安排是20世纪70年代以来逐渐被广泛采用的一种国际市场进入方式，主要是指跨国公司在东道国中不参与股份，而是通过与股权没有直接联系的技术、管理、销售等为东道国提供各种服务，与东道国保持着密切联系，并从中获取各种利益。非股权安排主要有许可证合同、管理合同、产品分成合同、“交钥匙”合同、联合投标合同等形式。

## 二、简答题(每题10分，共40分)

1. 倾销是指在不完全竞争条件下商品以低于本国国内市场价格在国外市场上大量抛售，以占领或巩固国外市场的贸易行为。依据不同的标准可以把倾销分为不同的种类，但最常见的就是依据倾销持续时间及危害程度来划分。一般分为三类：持续性倾销、间歇性倾销、偶然性倾销。

（1）持续性倾销，又称长期倾销，指某一商品的生产商一方面为了实现规模经济效益而大规模地进行生产，另一方面为了维持国内价格结构而将其中一部分商品长期地低价向海外市场销售。这种类型的倾销对进口国工业的“损害”只有一次，即其被迫转产之时，而进口国消费者从中获得的好处却是不断累积的，因而也不应受到反倾销法的抵制。

（2）间歇性倾销，又称掠夺性倾销，指某一商品的生产商为了在某一海外市场上取得垄断地位而以低于边际成本的价格向该市场抛售商品，待将竞争对手驱逐出该市场后再实行垄断高价。这种类型的倾销具有掠夺性意图，其对进口国工业的“损害”超过了进口国消费者获得的好处，因而应受到反倾销法的抵制。

（3）偶然性倾销，又称短期倾销，指某一商品的生产商为防止商品的大量积压危及国内的价格结构，在短期内向海外市场大量地低价抛售该商品。这种类型的倾销对进口国工业的“损害”是暂时的，而进口国消费者却可以从中获取低价消费的好处，因而是无可厚非的。

2.（1）金本位制就是以黄金为本位币的货币制度。在历史上，曾有过三种形式的金本位制：金币本位制、金块本位制、金汇兑本位制。

① 金币本位制以一定量的黄金为货币单位铸造金币，作为本位币；金币可以自由铸造，自由熔化，具有无限法偿能力，同时限制其他铸币的铸造和偿付能力；辅币和银行券可以自由兑换金币或等量黄金；以黄金为唯一准备金。

② 金块本位制是一种以金块办理国际结算的变相金本位制，亦称金条本位制。在该制度下，由国家储存金块，作为储备；流通中各种货币与黄金的兑换关系受到限制，不再实行自由兑换，但在需要时，可按规定的限制数量以纸币向本国中央银行无限制兑换金块。

③ 金汇兑本位制是指银行券在国内不能兑换黄金和金币，只能兑换外汇的金本位制。实行这种制度的国家须把本国货币同另一金本位制国家的货币固定比价，并在该国存放外汇准备金，通过无限制供应外汇来维持本国币值的稳定。

（2）金本位制兴起的原因：在历史上，自从英国于1816年率先实行金本位制以后，到1914年第一次世界大战以前，主要资本主义国家都实行了金本位制，而且是典型的金本位制——金币本位制。金币本位制有利于消除当时复本位制下存在的价格混乱和货币流通不稳的弊病，保证了流通中货币对本位币金属黄金不发生贬值，保证了世界市场的统一和外汇行市的相对稳定，是一种相对稳定的货币制度。

（3）金本位制通行了约100年，其崩溃的主要原因有：①黄金生产量的增长幅度远远低于商品生产增长的幅度，黄金不能满足日益扩大的商品流通需要，这就极大地削弱了金铸币流通的基础。②黄金存量在各国的分配不平衡。1913年末，美、英、德、法、俄五国占有世界黄金存量的三分之二。黄金存量大部分为少数强国所掌握，必然导致金币的自由铸造和自由流通受到破坏，削弱其他国家金币流通的基础。③第一次世界大战爆发，黄金被参战国集中用于购买军火，并停止自由输出和银行券兑现，从而最终导致金本位制的崩溃。

3. 垄断优势理论是关于垄断优势的国际直接投资理论，由美国海默在其1960年的博士论文中提出。该理论认为：

（1）国际直接投资是结构性市场不完全的产物。不完全性产生于四个方面：

① 产品市场不完全。这主要与商品特异、商标、特殊的市场技能或价格联盟等因素有关。

② 生产要素市场的不完全。这主要是特殊的管理技能、在资本市场上的便利及受专利制度保护的技术差异等原因造成的。

③ 规模经济引起的市场不完全。

④ 由于政府的有关税收、关税、利率和汇率等政策原因造成的市场不完全。

（2）企业在不完全竞争条件下获得的各种垄断优势，是该企业从事对外直接投资的决定性因素或主要推动力量。垄断优势主要包括：

① 市场垄断优势。如产品性能差别、特殊销售技巧、控制市场价格的能力等。

② 生产垄断优势。如经营管理技能、融通资金的能力优势、掌握的技术专利与专有技术。

③ 规模经济优势。即通过横向一体化或纵向一体化，在供、产、销各环节的衔接上提高效率。

④ 政府的课税、关税等贸易限制措施产生的市场进入或退出障碍，导致跨国公司通过对外直接投资利用其垄断优势。

⑤ 信息与网络优势。

（3）跨国公司倾向于以对外直接投资的方式来利用其独特的垄断优势。这一理论主要是回答一家外国企业的分支机构为什么能够与当地企业进行有效的竞争，并能长期生存和发展下去。海默认为，一个企业之所以要对外直接投资，是因为它有比东道国同类企业有利的垄断优势，从而在国外进行生产可以赚取更多的利润。

4. 市场面选择策略是指在国际市场划分的基础上，依据企业自身条件、目标、战略等，确定目标市场和用户范围。市场面选得准，对于企业完成销售目标、稳定企业生产、减少销售支出、提高经济效益有很大的作用。

市场面选择策略有如下几种：

（1）产品优先策略。即根据企业的特点和优势扬长避短，先确定企业生产的产品品种，再据品种选择市场面。

（2）用户优先策略。即通过市场调查，根据市场要求先确定用户范围，再确定产品品种。

（3）远近结合策略。市场面选择，既要照顾当前，又要兼顺长远；既要考虑到实现近期的销售目标和计划，又要考虑到企业今后的发展。因此，在努力占领现有市场、扩大市场占有率的同时，应积极开辟新的市场面和培养未来用户。

（4）先多后少策略。当企业实力比较雄厚，或者当产品初次投放市场，对市场的把握性不大时，可将市场面选择得多些，然后逐步收缩，突出重点。

（5）先外地后本地(或先本地后外地)策略。一般来说，本地市场容易占领，外地市场较难占领。是先占领本地市场，还是先占领外地市场，应该充分考虑企业的产品质量、技术水平竞争能力，以及竞争对手的情况和市场要求情况，分析利弊，做出正确决策。

（6）重点突破策略。集中力量开辟选准的少数市场面，牢固地占领“地盘”，扩大影响，扩大市场面。

## 三、论述题(每题 20 分，共 80 分)

1.（1）产业内贸易理论是关于产业内同类产品贸易增长特点和原因的理论。针对发达国家之间的贸易不是工业制成品和初级产品之间的贸易，而是产业内同类产品的相互交换，即产业内贸易这一现象，加拿大格鲁贝尔和澳大利亚劳埃德在 1975 年出版的《产业内贸易：差别化产品国际贸易的理论与度量》中系统提出产业内贸易理论。该理论从不完全竞争、产品差异化和规模经济入手，为同质产品和异质产品的产业内贸易提供了理论基础。

（2）产业内贸易理论的假设前提是：理论分析基本是从静态出发进行分析的；分析不以完全竞争(垄断竞争)市场，而以非完全竞争市场为前提(过去的贸易理论的前提大多为完全竞争市场)；经济中具有规模收益；在分析中要考虑需求不相同与相同的情况。

（3）产业内贸易的产生原因有：

① 同类产品的异质性是产业内贸易的重要基础。许多同类产品有着不同的特性，即同类不同质。由于世界市场上竞争愈来愈激烈，非价格竞争已经取代价格竞争，成为竞争的主要手段。同类的异质性产品可以满足不同消费心理、消费欲望和消费层次的消费需求，从而导致不同国家之间产业内部的分工和产业内部贸易的发生与发展。

② 规模经济收益递增是产业内贸易的重要成因。一国的企业可通过大规模专业化生产，取得规模节约的经济效果，其成本随着产量的增长而递减，使生产成本具有比较优势，打破各生产企业之间原有的比较优势均衡状态，使自己的产品处于相对的竞争优势，在国际市场上具有更强的竞争力，扩大了该产品的出

口。这样，产业内部的分工和贸易也就形成了。

③ 自然条件的差异是造成产业内贸易的直接原因。地球上的不同地区，在同一时期有着季节的差异，导致一些地区在某一个季节出口这一产品，而在另一个季节又进口同种产品。另外，一些国家国土面积比较辽阔，国内贸易运输费用常常比国际贸易的运费要高，因此，

通过国际贸易可以节约运输费用和时间。

④ 经济发展水平的相似性是产业内贸易的重要制约因素。经济发展水平越高，产业部门内部异质性产品的生产规模也就越大，产业部门内部分工就越发达，从而形成异质性产品的供给市场。同时，经济发展水平越高，人均收入水平也越高，较高人均收入层上的消费者的需求会变得更加复杂、更加多样化，呈现出对异质性产品的强烈需求，从而形成异质性产品的需求市场。当两国之间人均收入水平趋于相等时，其需求结构也趋于接近，产业内分工和贸易发展的趋势就越强。

（4）产业内贸易理论是对传统贸易理论的批判。如果产业内贸易的利益能够长期存在，那么其他的厂商就不能自由进入这个行业，这说明不存在自由竞争的市场。另外，产业内贸易理论强调了同时考察供给和需求两个方面。这一理论还认为，产业内贸易的利益来源于规模经济的利益，这种分析比较符合实际。同其他理论一样，产业内贸易理论也有不足之处，它只能说明现实中的部分贸易现象。

2.（1）理论内容

国际生产折衷理论是英国雷丁大学教授邓宁在 1977 年提出来的。邓宁总结出决定国际企业行为和国际直接投资的三个最基本的要素：O. 所有权优势（Ownership）；L. 区位优势（Location），I. 市场内部化优势（Internalization）。这就是所谓的 OLI 模式。

① 所有权优势指跨国公司特有的优势，包括两类，一类是资产优势，指的是公司所拥有的有形投资或无形资产，例如产品的研发创新能力、技术优势、商标、商誉和生产管理优势等；另一类是跨国公司在跨国生产经营中拥有的资源共享和组织协调方面的优势，比如，跨国公司和当地公司相比，在规模经济、专业化生产和资源使用效率方面具有优势。

② 对于跨国公司来说，最具有吸引力的区位优势具有以下特征：规模巨大、正在成长的高收入市场、低成本、具有充裕的投资国稀缺要素、稳定的政治经济环境、对 FDI 持欢迎态度以及文化上和地理上与投资国较为接近。

③ 内部化优势是指和在市场上交易相比，跨国公司的特有优势如产品和工艺等在公司内部能得到更有效的利用，即跨国公司的内部市场比外部市场要更有效率。

（2）理论评价

① 邓宁的国际生产折衷论克服了传统的对外投资理论只注重资本流动方面的研究不足，他将直接投资、国际贸易、区位选择等综合起来加以考虑，使国际投资研究向比较全面和综合的方向发展。

② 国际生产折衷论是在吸收过去国际贸易和投资理论精髓的基础上提出来的，既肯定了绝对优势对国际直接投资的作用，也强调了诱发国际直接投资的相对优势，在一定程度上弥补了发展中国家在对外直接投资理论上的不足。

③ 国际生产折衷理论可以说是几乎集西方直接投资理论之大成，但它毕竟仍是一种静态的、微观的理论。OIL 理论适宜于解释大规模跨国企业，不适宜于解释中小投资厂商。事实上，OIL 理论仍然是以工业发达国家跨国企业为背景，没有充分注意到新兴工业化国家中小投资厂商的情况，这也使其不能成为国际直接投资的一般理论。

3. 跨国公司技术转让策略包括技术转让内容的策略、技术转让方式的策略以及技术转让时间的策略。

（1）跨国公司向海外子公司或其他企业转让的技术，从与母国所使用技术的关系来看，可大体分为四类：尚未使用但准备使用的技术；尚未使用亦不准备使用的技术；正在使用且会继续使用的技术；正在使用但即将放弃使用的技术。

① 转让尚未使用但准备使用的技术。通常的做法是将整套新技术进行分解，各公司研发其中一项或其中几项子技术，然后通过交叉许可相互转让技术，使每个公司能够运用整套新技术。

② 转让尚未使用亦不准备使用的技术。通过提供这些技术，跨国公司的生产经营就有了稳定的原料供

应或稳定的产品销路，从而能进一步发挥其优势，扩大业务规模，获得来自比较优势增长的好处。

③ 转让正在使用且会继续使用的技术。跨国公司向海外其他企业转让的大多为正在使用的技术。因为正在使用的技术，其应用效果已经有实践资料证明，技术受让方容易接受；技术出让方因已取得该技术的收益，技术水平也已得到提高，转让该技术的机会成本和风险较小，因此只要能更多地获得来自该技术的收益，也愿意转让。

④ 转让正在使用但即将放弃使用的技术。按照产品生命周期理论，跨国公司转让其正在使用但即将放弃使用的技术，是伴随产品生命周期临近终点阶段的国际生产行为的一部分。

（2）技术转让方式的策略选择

跨国公司进行国际技术转让的主要目的是尽快收回技术开发中的投资，并以技术换市场，赚取更多的经济利润。因此在进行技术转让策略问题上，跨国公司根据实际情况，通常采用以下三种策略方式：

① 技术转让的优先方案是技术投资和建立子公司。对不同类型的技术转让方式是有区别的。对于拥有全部股权的子公司，实行无偿或低价提供系统性技术，以提高其利润率；对于与东道国合营的公司，所提供的技术往往折算成股权投资，或索取较高的使用费。在一般情况下，母公司拥有合资企业的股份越多，就越愿意转让其先进的、系统的技术。

② 技术转让的区位选择。跨国公司对发达国家主要采取互换许可策略转让先进技术。对于发展中国家，跨国公司则着重转让其成熟的技术或过剩技术。

③ 技术资本密集产业中的技术转让主要采取成套设备转让方式。成套设备的交易不但包括巨额产品的出口，而且包括数额颇丰的技术转让费。

（3）技术转让时间的策略选择

一项技术的产生和发展，有其自身的规律性。一些学者根据产品生命周期的创新、发展、成熟和衰老四个阶段，结合企业在竞争过程中所处的支配、优势、有利、维持、衰弱的五种地位，说明跨国公司技术转让的时间选择策略。

当企业处在创新阶段时，无论是处于支配地位还是处于微弱地位的企业，一般都不转让技术；而对于处在发展阶段的技术，处于支配地位和优势地位的企业原则上不转让，而处在有利地位的企业则考虑转让，处于维持地位和微弱地位的企业则考虑转让；对于成熟阶段的技术，居支配地位的企业考虑有选择地转让，但转让条件苛刻，而居优势地位的企业比较愿意转让，居维持地位和微弱地位的企业则主动寻找转让机会；对于衰老阶段的技术，居支配地位和优势地位的企业分别采取有选择转让和愿意转让的态度，处于有利地位的企业则主动寻找转让机会，处于维持和微弱地位的企业则急于寻找转让机会。

4. 汇率指的是两种货币之间兑换的比率，亦可视为一个国家的货币对另一种货币的价值。具体是指一国货币与另一国货币的比率或比价，或者说是用一国货币表示的另一国货币的价格。汇率决定理论是国际金融理论的核心内容之一，主要分析汇率受什么因素决定和影响。汇率决定理论随经济形势和西方经济学理论的发展而发展，为一国货币局制定汇率政策提供理论依据。汇率决定理论主要有国际借贷学说、购买力平价学说、利率平价学说等。

（1）国际借贷学说

国际借贷说是由英国学者葛逊于 1861 年提出的。该理论认为，汇率是外汇市场上的价格，外汇市场上供给与需求流量的变动对它有着直接的影响，而外汇市场上的交易行为又都是由国际收支引起的。而商品的进出口、债券的买卖、利润、捐赠和旅游收支、资本交易等等，都会引起国际收入和支出。而只有已进入支付阶段的国际收支，才会影响外汇的供求。当一国进入支出阶段的外汇支出大于进入收入阶段的外汇收入时，外汇的需求大于供给，因而本国汇率下降；反之，则本国货币汇率上升。当进入收支阶段的外汇供求相等时，汇率便处于均衡状态。这种进入支出阶段的外汇支出又称为流动债务，进入收入阶段的外汇收入又称为流动债权。

国际借贷说，是国际收支说的早期形式。葛逊的理论实际上就是汇率的供求决定论，但未触及汇率决定的基础，也没有分析影响汇率变动的其他重要因素，这就大大限制了这一理论的应用价值。国际借贷说的这一缺陷在现代国际收支说中得到弥补。

（2）购买力平价说

瑞典经济学家卡塞尔在1922年出版的《1914年以后的货币和外汇》一书中，以较成熟的形式提出了汇率如何决定的购买力平价论：两国货币的购买力之比是决定汇率的基础，汇率的变动是由两国货币购买力之比变化引起的。表现形式上来看，购买力平价说有两种定义，即绝对购买力平价和相对购买力平价。绝对购买力平价是指本国货币与外国货币之间的均衡汇率等于本国与外国货币购买力或物价水平之间的比率。相对购买力平价是指不同国家的货币购买力之间的相对变化，是汇率变动的决定因素。

购买力平价理论产生以来，无论在理论上还是实践上都具有广泛的国际影响。这使它成为现在最重要的汇率理论之一。但是，该理论把汇率的变动完全归之于购买力的变化，忽视了国民收入、贸易条件等因素的影响，客观上具有一定的局限性。

（3）利率平价学说

利率平价学说由凯恩斯和爱因齐格提出。他们认为，两国间相同时期的利率只要有差距存在，投资者即可利用套汇或套利等方式赚取价差，两国货币间的汇率将因为此种套利行为而产生波动，直到套利的空间消失为止。依据利率平价学说，两国间利率的差距会影响两国币值水平及资金的移动，进而影响远期汇率与即期汇率的差价。二者维持均衡时，远期汇率的贴水或升水应与两国利率的差距相等，否则将会有无风险套汇行为存在，使其恢复到均衡的状态。

自20世纪20年代利率平价被首次提出后，利率平价受到西方经济学家的重视。它与购买力平价所不同的是考察资本流动（而不是商品流动）与汇率决定之间的关系，它从一个侧面阐述了汇率变动的原因——资本在国际间的流动，利率平价同样并非是一个完善的汇率决定理论。利率平价的实现依据是国际金融市场上的“一价定律”，但现实中，不仅完善的外汇市场没有普遍存在，而且许多国家实际对外汇实行管制并对资本流动进行限制。

# 浙江财经大学 2019 年 434 国际商务专业基础试题

**一、名词解释(每题 4 分，共 20 分)**

1. 权力距离
2. 绝对优势理论
3. 外汇远期交易
4. 布雷顿森林体系
5. 垂直对外投资

**二、简答题(每题 10 分，共 70 分)**

1. 全球经济一体化有哪些好处?
2. 企业进入国外市场的模式有哪两大类?各包括哪些具体形式?
3. 什么是非关税壁垒?请列举 4 种主要类型并说明。
4. 简要说明邓宁的 OLI 理论。
5. 企业并购的动机有哪些?
6. 一价定律和绝对购买力平价的关系是什么?
7. 弱势人民币的优势和劣势分别是什么?

**三、材料论述题(每题 30 分，共 60 分)**

1. 请阅读以下人民币国际化相关材料并回答问题。

2018 年 10 月 26 日，中国人民银行与日本银行签署了中日双边本币互换协议，协议有效期三年。这是人民币国际化漫长进程中，向前迈进的又一步。回溯这一进程，2009 年是值得铭记的历史节点，称之为“发源点”亦不为过。无论是当下暖意融融的跨境贸易人民币结算和双边本币互换，还是前两年的人民币纳入特别提款权篮子，都于 2009 年开始萌芽。

站在十年这个时点上，人民币国际化正呈现出新的特征，人民币跨境证券投资明显上升。未来伴随着金融市场开放力度增强，过去未充分展现的投融资货币功能将得以发挥，人民币跨境金融交易有望持续增长。过去十年，人民币国际化硕果累累。人民币国际化有多重衡量维度，最为直观的是人民币跨境收付。2009 年，跨境贸易人民币结算刚刚在广东省播下种子；2018 年前 9 个月，以人民币进行结算的跨境货物贸易已经超过 2.6 万亿元。与我国发生人民币跨境收付业务的国家和地区也在不断增加。人民银行披露的数据显示，截至 2018 年 3 月，与我国发生人民币跨境业务的国家和地区达 242 个，发生业务的企业超过 34.9 万家，银行超过 386 家。所有衡量维度中，最具标志意义的是人民币纳入 SDR。2009 年，时任人民银行行长周小川刊发署名文章，提出 SDR 定值的篮子货币范围应扩大到世界主要经济大国，在国际市场投下一颗问路之石；2018 年，人民币已经稳居 SDR 篮子货币权重第三位，探出一条国际化之路。

通过调研发现，2009 年，人民币在国际市场上的使用几乎空白，而到 2016 年，人民币已在全球范围内崭露头角，直接投资、国际信贷、国际债券与票据等国际金融人民币计价交易的综合占比上升势头非常明显。61%的受访境外机构已开始使用人民币，且未来有望提升人民币使用比例，53%的境外主体使用最为频繁的产品是人民币跨境收付。“中国经济稳步增长是人民币国际化最基础、最重要的动力。”由人民银行编写的《2018 人民币国际化报告》总结道。政策也在不断改革，为人民币国际化创造良好的环境。例如，人民币跨境业务政策不断优化，全口径跨境融资宏观审慎管理不断完善，人民币汇率市场化形成机制进一步健全。

在此背景下，人民币成为越来越多的货币当局的选择。据 IMF 统计，截至 2017 年末，官方外汇储备币种构成报送国持有的人民币储备规模为 1226 亿美元，较 2016 年末增加 318.03 亿美元，增长 35%。据不完全统计，已有 60 多个境外央行或货币当局将人民币纳入外汇储备。

请结合上述材料回答以下问题：

（1）什么是人民币国际化？（6 分）

（2）人民币国际化的主要推动力是什么？（6 分）

（3）你认为人民币国际化的前提是什么？（6 分）

（4）人民币离岸市场和人民币国际化是什么关系？（6 分）

（5）人民币国际化对于中国对外贸易和对外投资有何影响？（6 分）

2. 请阅读以下逆全球化材料并回答问题：

本材料节选自《人民日报》2018 年 10 月 17 日文章《逆全球化违背时代潮流》

经济全球化并非一帆风顺，逆全球化总是如影随形。18 世纪以来的世界经济发展史表明，什么时候经济全球化深入推进，世界经济就繁荣发展；什么时候逆全球化抬头，世界经济就低迷不振。作为逆全球化的主要表现形式，贸易保护主义害人害己，没有赢家。1930 年，美国胡佛政府出台了《斯穆特-霍利关税法》，大幅提高超过 2 万种外国商品的进口关税，以期减少进口，出清国内积压产品。然而事与愿违，贸易伙伴国纷纷进行反制，使美国对外出口急剧下降。这一保护主义政策被历史学家认为是使美国深陷大萧条并给全世界带来大灾难的原因之一。当前，美国不顾世界各国反对，大范围挑起贸易战，成为世界经济复苏面临的最大不确定因素。国际货币基金组织预计，美国与其他国家进行贸易战所造成的损失，可能会使全球经济增速连续 3 年降低 0.5%，全球 GDP 将因此损失约 4300 亿美元。美国本是经济全球化的主导者和最大受益者，现在却成为国际经贸规则和经济全球化的破坏者，个中缘由可以概括为三点。

不择手段转移国内矛盾。美国是西方世界最晚建立社会保障制度的国家，强资本弱劳工、收入分配严重不公平、社会严重不平等是美国社会的痼疾。最近几十年来特别是 21 世纪以来，美国社会不平等不断加剧。美国最富有的 1%家庭的收入占全国总收入的比重从 1978 年的 9%上升到近年来的 20%；美国前 10%家庭拥有的财富占全国所有家庭财富的比重超过 75%，后 50%家庭拥有的财富占比仅为 1%。2017 年，非洲裔美国人家庭净资产中位数仅为白人的 10.29%，拉美裔为 12.11%。贫富分化、社会不公等问题在经济繁荣期容易被掩盖，在经济低迷期则会凸显出来。2008 年国际金融危机发生后，美国爆发了“占领华尔街”运动，人们走上街头，强烈要求改变“1%与 99%贫富对立”的不平等现象。然而，美国的收入差距仍在扩大，社会两极分化愈发严重，引起中低收入民众强烈不满。面对棘手的国内矛盾，煽动民粹主义、采取霸凌做法，把责任推卸给他国、挑起贸易争端，既能维护垄断资本利益，又能转移国内公众视线。

最大限度攫取经济利益。近年来，新兴市场国家和发展中国家快速发展，美国在世界经济中的相对地位有所下降。1960 年，美国经济总量占世界经济的比重接近 40%，2016 年下降到 24%左右。1995 年，美国制造业在全球产业价值链中所占比重为 19.9%，2008 年下降到 15.8%。与此同时，新兴市场国家和发展中国家的经济总量占世界经济的比重日益提高，2016 年达到 38.8%。应该看到，新兴市场国家和发展中国家的发展，靠的不是发达国家的恩赐，而是自身流血流汗的苦干实干；不是要动谁的奶酪，而是在努力把世界经济的蛋糕做大。这些国家在价值链中低端从事利润微薄的生产，源源不断地向世界提供物美价廉的商品，促进了世界经济繁荣和平衡发展，提高了人类整体生活水平。占据价值链高端的美国等发达国家从世界市场扩大、国际分工深化中受益匪浅，分享着经济全球化的最大红利，其经济发展水平和人均 GDP 仍然遥遥领先。但是，美国一些人抱持狭隘的零和思维，认为别人发展起来就是自己吃亏了，又是“退群”，又是加征关税，一厢情愿地认为只要胁迫其他国家做出让步，自己就能攫取更多经济利益。

从战略上遏制别国发展。为了维护世界霸权地位，美国一直防范任何可能追赶的国家。有人曾总结，在美国国际交往逻辑里存在一个“60%定律”：当另一个国家经济规模达到美国的 60%，并保持强劲增长势头之时，美国就会将其定位为对手，进而千方百计地遏制其发展。不管是当年的苏联、日本，还是现在的中国，概莫能外。挑起贸易战不仅是美国攫取更多经济利益的手段，也是美国遏制中国发展的重要手段。美国首轮加征关税的 500 亿美元中国出口产品，主要针对的是《中国制造 2025》中包含的高科技领域，反映了美国遏制中国技术追赶的意图。为了打压其他国家，美国罔顾国际规则、破坏世界经济秩序，想要拆经济全球化的台补自家的墙，筑起高高的贸易壁垒。但是，历史总是按照自己的规律向前发展的，经济全球化是不可逆转的时代潮流，想要剥夺一个大国的发展权更是违背历史规律、丧失国际道义之举。如果身体已进入 21 世纪，而脑袋还停留在过去，停留在殖民扩张的旧时代里，停留在冷战思维、零和博弈老框框内，结果必然是损人不利己。

请结合上述材料回答以下问题：

（1）为什么有人支持全球化，有人反对全球化？（7 分）

（2）概述全球化的三个观点。（7 分）

（3）评述当前逆全球化潮流的现象。（8 分）

（4）针对逆全球化应采取什么策略？（8 分）

## 浙江财经大学 2019 年 434 国际商务专业基础试题解析

### 一、名词解释（每题 4 分，共 20 分）

1. 权力距离，指的是社会承认和接受的权力在组织中的不平等分配的程度。一般而言，东方文化影响下的权力距离指数较高，人们对不平等现象通常的反应是漠然视之或忍受。而西方文化影响下产生的权力距离指数较低，“权利意识”深入人心，使得他们对权力分配的不平等现象具有强烈的反抗精神。

2. 绝对优势理论由英国古典经济学家亚当・斯密于 1776 年在其《国民财富的性质与原因的研究》一书中提出。认为国际贸易的原因是国与国之间的绝对成本的差异，如果一国在某一商品的生产上所耗费的成本绝对低于他国，该国就具备该产品的绝对优势，从而可以出口；反之则进口。各国都应按照本国的绝对优势形成国际分工格局，各自提供交换产品。该理论解释了产生国际贸易的部分原因，但不能解释各种产品生产上都具有绝对优势的国家与不具有绝对优势的国家之间的贸易往来。

3. 远期外汇交易是外汇市场上进行远期外汇买卖的一种交易行为，是即期交易的对称。通常也是由经营即期外汇交易的外汇银行与外汇经纪人来经营，远期交易一般是买卖双方先订立买卖合同，规定外汇买卖的数量、期限和汇率等，到约定日期才按合约规定的汇率进行交割。远期外汇交易与即期外汇交易的根本区别在于交割日不同。凡是交割日在成交两个营业日以后的外汇交易均属于远期外汇交易。

4. 布雷顿森林体系是指 1944 年 7 月在美国新罕布什尔州的布雷顿森林由 44 个国家参加会议，并商定建立的以美元为中心的国际货币制度。该会议通过了《国际货币基金组织协定》和《国际复兴开发银行协定》，确立了新的国际货币制度的基本内容。布雷顿森林体系的内容包括：①以黄金为基础，以美元作为最主要的国际储备货币。美元直接与黄金挂钩，其他国家货币与美元挂钩，即以美元为中心的汇兑平价体系，即“双挂钩”体系；②实行可调整的固定汇率制；③国际货币基金组织提供辅助性储备以弥补国际收支赤字；④取消对经常项目的外汇管制；⑤规定“稀缺货币”条款。

5. 垂直型对外直接投资是指一国投资者为了生产过程的不同阶段实行专业化而将生产资本直接输出到另一国进行设厂或建立企业的投资活动，与出口主要体现为互补关系。垂直型对外直接投资分为两种：一种是一国投资者为了在生产过程的不同阶段实行专业化而将生产资本直接输出到另一国进行设厂或建立企业的投资活动；另一种是把劳动密集型产品的某些生产阶段采用投资的方式转移到劳动力成本较低的国家或地区进行。

## 二、简答题(每题10分，共70分)

1. 全球经济一体化的好处有：

① 优化配置和合理利用。经济全球化，可以实现以最有利的条件来进行生产，以最有利的市场来进行销售，达到世界经济发展的最优状态，提高经济效率。

② 促进国际分工。经济全球化促进了世界市场的不断扩大和区域统一，使国际分工更加深化，各国可以充分发挥自身优势，从事能获得最大限度的比较优势的产品的生产，扩大生产规模，实现规模效益。

③ 促进经济结构合理优化。由于经济全球化带来科学技术的世界性流动，使各国，特别是发展中国家可以进口世界上自己需要的先进科学技术，借助“后发优势”，促进科技进步、经济结构的优化和经济发展。

④ 促进经济多极化发展。经济全球化是一个制度变迁的过程，是一个既相互竞争，又相互融合渗透的过程。

⑤ 促进发展模式创新。无论一个国家的发展模式如何调整变化，不考虑全球化因素，不利用全球化机遇，就不可能探索出先进的发展模式。

⑥ 促进国际利益融合。全球经济链条越拧越紧，一国经济发展对全球经济发展的依赖增强。除国家利益外，共同地区利益和全球利益明显增多。利益融合有利于国家关系改善，国家间协调合作增多，出于不同利益而形成的不同“志愿者联盟”不断出现。

⑦ 促进安全内涵扩展。非传统安全问题模糊了安全与发展的界限，增大了国际安全合作的紧迫性，挑战着传统安全的主导地位，缓和了国家间的军事对抗关系。

⑧ 促进国家主权转移。国家仍然是国际社会的主要行为体，国家主权仍然是国家至高无上的权力，但在全球化背景下，一个不争的事实就是国家主权在越来越多地向政府间国际组织转移。

2. 企业进入国际市场的模式有股权投资和非股权投资两大类。

(1) 股权投资是指境外投资主体以直接投资的方法在其海外子公司占有一定的股权比例，以所有权为基础，以决策经营权为途径(持有普通股)，以实现对企业有效控制或影响的直接投资方式。股权投资又细分为新建投资和跨境并购两种具体形式。新建投资指投资主体在国外设立分支机构、附属机构、子公司或与东道国合资创办新企业，也被称为“绿地投资”。跨境并购是跨境兼并和跨境收购的合称。跨境兼并是指一国企业购买另一国企业的全部资产，合并组成另一家企业。跨境收购是指一国企业通过现金或股票等收购另一国企业的资产或股份的方式，取得另一国企业资产和经营的控制权和管理权。

(2) 非股权投资是指投资主体通过与东道国企业签订有关技术、服务或工程承包等方面的合约，以获取利润或取得对该东道国企业的某种管理控制权的投资方式。非股权投资包括许可证模式、特许经营模式、合同制造模式、管理合同模式和工程承包模式、双向贸易等六种。

① 许可证进入模式指企业在一定时期内向国外法人单位转让其工业产权(如专利、商标、配方等无形资产)的使用权，以获得提成或其他补偿。

② 特许经营模式和许可证进入模式很相似，所不同的是，特许方要给予被特许方以生产和管理方面的帮助。

③ 合同制造模式是指企业向国外企业提供零部件由其组装，或向外国企业提供详细的规格标准由其仿制，由企业自身负责营销的一种方式。

④ 管理合同模式是指管理公司以合同形式承担另一公司的一部分或全部管理任务，以提取管理费、一部分利润或以某一特定的价格购买该公司的股票作为报酬。

⑤ 工程承包模式指的是企业通过与国外企业签订合同并完成某一工程项目，然后将该项目交付给对方的方式进入外国市场。

⑥ 双向贸易模式，指在进入一国市场的同时，同意从该国输入其他产品作为补偿。双向贸易通常是贸易、许可协定、直接投资、跨国融资等多种国际经营方式的结合。

3. 非关税壁垒是指一国政府采取的除关税以外的各种对外贸易进行干预的行政性、法规性措施和手段的综合。非关税壁垒又分为直接非关税壁垒和间接非关税壁垒。

（1）直接非关税壁垒主要包括进口配额制和进口许可证制等具体类型。

① 进口配额又称进口限额，是指一国政府在一定时期(一般为一年)内对某些产品的进口数量或金额加以直接限制。在规定的期限里，限额以内的货物允许进口，超过限额则禁止进口，或征收较高的关税甚至罚款后才允许进口。

② 进口许可证是指进口国家规定某些商品进口必须事先领取许可证才可进口，否则一律不准进口。许可证与进口配额制一样，也是一种进口数量限制，是运用行政管理措施直接干预贸易行为的手段。

（2）间接非关税壁垒主要包括技术贸易壁垒和绿色贸易壁垒等具体类型。

① 技术性贸易壁垒是指一国政府通过所规定的复杂苛刻的工业产品的技术标准、卫生检疫规定以及商品包装和标签规定来提高进口产品技术要求，增加进口难度，最终达到限制进口的目的。

② 绿色贸易壁垒，简称环境壁垒，指在国际贸易中一些国家以保护生态资源、环境和人类健康为借口，通过制定苛刻的环境技术标准或采用绿色包装、绿色环境标志、绿色补贴、绿色卫生检疫等手段，对外国商品进口采取的准入限制或禁止措施。

4. 邓宁的国际生产折衷理论认为，公司要到国外进行投资，应当在三个方面具有优势，即所有权优势、区位优势和内部化优势。邓宁认为，在企业具有了所有权特定优势和内部化优势这两个必要条件的前提下，又在某一东道国具有区位优势时，该企业就具备了对外直接投资的必要条件和充分条件，对外直接投资就成为企业的最佳选择。

（1）所有权优势

所有权优势指跨国公司特有的优势，凭借这些优势，跨国公司能够拥有足够的市场影响力以抵消在国外生产的劣势。所有权优势可以是跨国公司特有的产品或生产工艺，比如专利和技术秘密，也可以是商标和商誉等无形资产，还可以是规模经济、专业化生产和资源使用效率方面的优势。它的一个特点是可以在公司内部跨国流动。

（2）区位优势

由于各国资源禀赋存在差别，各国生产要素的边际效率和相对价格也存在差别，地理距离的远近会导致运输成本不同，各国的贸易开放程度也有不同，因此公司在决定设立国外分支机构时要综合权衡各国的区位优势。对于跨国公司来说，最具有吸引力的区位优势具有以下特征：规模巨大、正在成长的高收入市场、低成本、具有充裕的投资国稀缺要素、稳定的政治经济环境、对 FDI 持欢迎态度以及文化上和地理上与投资国较为接近。

（3）内部化优势

在市场不完善或者市场失灵的情况下，和在市场上交易相比，跨国公司的特有优势如产品和工艺等在公司内部能得到更有效的利用，即跨国公司的内部市场比外部市场要更有效率，这称为内部化优势。

5. 企业并购的动机有：

（1）扩大生产经营规模，降低成本费用。通过并购，企业规模得到扩大，能够形成有效的规模效应。规模效应能够带来资源的充分利用，资源的充分整合，降低管理、原料、生产等各个环节的成本，从而降低总成本。

（2）提高市场份额，提升行业战略地位。规模大的企业伴随生产力的提高、销售网络的完善，市场份额将会有比较大的提高，从而确立企业在行业中的领导地位。

（3）取得充足廉价的生产原料和劳动力，增强企业的竞争力。通过并购实现企业的规模扩大，成为原料的主要客户，能够大大增强企业的谈判能力，从而为企业获得廉价的生产资料提供可能。同时，高效的管理、人力资源的充分利用和企业的知名度都有助于企业降低劳动力成本，从而提高企业的整体竞争力。

（4）实施品牌经营战略，提高企业的知名度，以获取超额利润。品牌是价值的动力，同样的产品，甚至是同样的质量，名牌产品的价值远远高于普通产品。并购能够有效提高品牌知名度，提高企业产品的附加值，获得更多的利润。

（5）为实现公司发展的战略，通过并购取得先进的生产技术、管理经验、经营网络、专业人才等各类资源。并购活动收购的不仅是企业的资产，而且获得了被收购企业的人力资源、管理资源、技术资源、销售资源等，这些都有助于企业整体竞争力的根本提高，对公司发展战略的实现有很大帮助。

（6）通过收购跨入新的行业，实施多元化战略，分散投资风险。这种情况出现在混合并购模式中，随着行业竞争的加剧，企业通过对其他行业的投资，不仅能有效扩充企业的经营范围，获取更广泛的市场和利润，而且能够分散因本行业竞争带来的风险。

6.（1）一价定律简而言之就是指在自由贸易条件下，世界上商品无论在什么地方出售，扣除运输费用后，价格都相同。如果不考虑交易成本等因素，则以同一货币衡量的不同国家的某种可贸易商品的价格应是一致的，这就是开放条件下的“一价定律”，用公式可以表示为：

$$p=e\times p^{*}$$

上式中，$p$ 为本国某可贸易产品的价格；$p^{*}$ 为外国某可贸易产品的价格；$e$ 为直接标价的汇率。

在固定汇率制下，套利活动会带来两国物价水平的调整；而在浮动汇率制下，套利活动引起的外汇市场供求变化将迅速引起汇率的调整，从而通过汇率调整而不是价格水平调整实现平衡。

（2）绝对购买力平价说的是某一时点上汇率的决定。应该说购买力平价就是一价定律的国际表现。现在可以通过上面导出的一价定律的国际表现的数学表达式推导出绝对购买力平价：

$$e=\frac{p}{p^{*}}$$

通过上式的推导，我们可以看出，一价定律对于绝对购买力平价理论的作用是非常明显的。绝对购买力平价理论的得出就是根据一价定律推导出来的，因此，没有一价定律就没有绝对购买力平价理论的出现。反之则不然，这是因为一价定律一开始是通过国内一价定律来体现的，一旦贸易的进行超过了一国的范畴，贸易的主体变成了几个国家，这个时候一价定律就可以表现为绝对购买力平价了。

7.（1）弱势人民币的好处包括：

① 推动出口贸易。外国人可以用同样的钱买到更多的东西，能拉动外贸，推动出口。人民币贬值后，出口商品的利润会增加，企业就有了更大的降价空间。因此，人民币汇率持续贬值实质是对出口企业进行补贴，以帮助企业出口，保护落后低端产业。

② 促进国内消费。人们总是会说钱越来越不值钱，其实这就是人民币贬值造成的。人民币贬值后有越来越多的人不愿意继续将钱存在银行，越来越多的人会选择将资金拿出来消费或进行投资。

③ 促进国内旅游。人民币贬值，外国朋友来中国旅游，成本就降低了，这样可以吸引更多的游客来中国消费。

（2）弱势人民币的坏处包括：

① 不利于进口贸易。在进口贸易中，用美元来结算所购买货物的价格，也就是说要通过美元换算成人民币。在人民币贬值后，花同样的人民币，能买到的货物比以前更少了。

② 大量资金外流。人民币贬值后，会吸引大量的投资者前往美国进行投资，因此原本在国内的资金就跑到国外了，这就造成了国内资金的外流。

③ 出国费用上升。人民币贬值，相当于是美元涨价了。那么国内的学生出国留学、旅客出国旅游的费用都将上升。

## 三、材料论述题（每题 30 分，共 60 分）

1.（1）人民币国际化是指人民币能够跨越国界，在境外流通，成为国际上普遍认可的计价、结算及储备货币的过程。人民币国际化的含义包括三个方面：第一，是人民币现金在境外享有一定的流通度；第二，也是最重要的，是以人民币计价的金融产品成为国际各主要金融机构包括中央银行的投资工具，为此，以人民币计价的金融市场规模不断扩大；第三，是国际贸易中以人民币结算的交易要达到一定的比重。

（2）人民币国际化的主要推动力有：

① 跨境贸易人民币结算金额高速增长。

② 货币互换协议规模继续扩大。

③ 资本项目下人民币业务不断突破。

④ 香港人民币离岸市场发展迅速。

⑤ 人民币纳入 SDR 货币篮子。

⑥ 互通互联实现金融市场有序开放。

（3）一国货币成为国际货币必须满足以下条件：

① 这种货币必须是贸易大国的货币，其进出口额占整个世界的比重较高。

② 这种货币的币值必须比较稳定，至少在整个世界的货币币值下降的过程中，其下降速度不超过其他货币，从而使其购买力得到一定程度的保证。

③ 这种货币必须是金融大国的货币，并得到发行国发达的金融体系的支持。

④ 这种货币的发行国必须是政局稳定的国家。

（4）离岸市场是人民币国际化的马前卒。要想成为主要的国际货币，必须发展离岸市场。理由如下：

① 主要国际货币必须 24 小时交易；

② 主要国际货币一定有大量的第三方交易；

③ 大量非居民要求在发行国境外持有该货币的资产；

④ 国际货币的“体外循环”可以减少对发行国货币政策的冲击；

⑤ 离岸市场的体制优势能够提高和帮助货币的国际化。

（5）人民币国际化对于中国对外贸易和对外投资的影响有：

① 人民币国际化有助于我国对外贸易的稳定发展：人民币国际化，生产企业或加工企业在进出口贸易中采用人民币作为计价货币进行贸易结算，可以减轻市场主体对美元货币的过度依赖，使进出口企业在定价权和结算权上掌握主动权，提升国际市场竞争力，避免汇率波动带来的被动影响。国际贸易中使用外币进行结算和定价时，企业都需要承担在结算时产生的结汇费用、购汇费用以及外汇兑换损益，这无形之中增加了进出口企业的财务费用。人民币国际化后，可以让企业有效地减少贸易成本。

② 人民币国际化的迅速推进将影响我国企业对外直接投资决策：由于企业可以通过人民币进行投资和贸易结算，使得对外投资的汇率风险降低，这将吸引更多的企业参与对外直接投资活动；随着人民币离岸市场的不断发展，中国企业通过离岸市场进行人民币融资可以扩大融资范围并降低融资成本，这也将导致企业对外投资规模的扩大。

2.（1）全球化是存在争议的，有人支持，有人反对。

① 就业。批评者认为全球化破坏了富裕发达经济体，降低贸易壁垒使企业把制造活动转移到海外工资率低得多的国家，许多服务活动被外包到劳动成本较低的国家；支持者认为自由贸易的本质是收益大于成本，自由贸易导致了国家针对这些商品和服务的专业化分工，某个公司的工人失去工作换来的是整个经济状况的改善。

② 收入。批评者认为全球劳动力的迅速扩大，伴随着国际贸易扩展，压低了发达国家的工资水平；支持者认为收入增长不公平是劳动力市场争相以高工资吸引有技能的工人和对非熟练工人工资打折的结果。

③ 劳工政策和环境。批评者认为欠发达国家对保护劳工和环境缺少适当的管制，从而使在该地区的企业成本降低，在全球市场上处于竞争优势地位；支持者认为当国家更为富裕时，它们就会制定更为严格的环境和劳动法规，而自由贸易能使发展中国家提高它们的经济增长率并变得更为富裕，这将导致制定更为严格的环境和劳工法。

④ 国家主权。批评者认为在日益相互依存的全球经济中，经济权力正在从各国政府转入超国家的组

织；支持者认为超国家组织的权力是受限制的，它们的存在是为成员国利益服务的。

⑤ 贫富差距。批评者认为自由贸易和投资使世界上的富国和穷国之间的差距拉大了；支持者认为经济停滞的原因为专制政府、贪污腐败、对产权保护的缺失及战争之害等，与自由贸易或全球化没有任何关系。

（2）英国学者戴维·赫尔德等人把现有的全球化理论划分为三大阵营：极端全球主义者、怀疑论者以及全球化论者。

① 极端全球主义者认为，全球化标志着人类历史的一个新时代。在这个时代中，单一民族的国家不再常见。甚至在全球经济中单一的经营单位也变得不可能。包括民族国家在内的各种旧的制度在全球化面前或者完全过时或者正失去存在的基础，市场成为决定和解决所有问题的唯一力量。他们通常把经济逻辑奉为圭臬，而它的进一步发展所形成的新自由主义更是把单一的全球市场的出现以及全球竞争规则赞美为人类进步的标志。

② 怀疑论者则通过历史比较的方法来证明全球化是一个神话。他们认为，当代的经济相互依存绝不是前所未有的。通过主张现在的经济整合水平既不符合理想模式，也没有超过 19 世纪晚期的水平，他们认为当代全球化的程度被完全夸大了。更重要的是，国际化的力量并没有摆脱国家的控制，相反要依靠国家政府的管制权力来确保经济自由化的不断进行。

③ 全球化论者的核心观点是，确信在新的千年到来的时候，全球化是推动社会政治以及经济快速变革的中心力量，这些变革正在重新塑造着现代世界和世界秩序。同时，全球化论者也强调，其变革更新的方向是不确定的，全球化是一个充满矛盾、本质上偶然的历史进程。

（3）当今时代，一场逆全球化浪潮正在全球范围内兴起。逆全球化现象发生的理论根源是世界各国在全面的经济全球化、政治民主制、完全主权三者中无法做到兼顾、达到平衡所致。在当前以民族国家为主组成的国际体系下，全球化在本质上无法完全做到。近年来右翼民粹主义势力的兴起、贸易保护主义政策的抬头以及西方价值理念在全球很多地区受到的质疑，都是逆全球化的具体表现，全球性贫富分化加剧、欧美国家的产业空心化是造成逆全球化现象的深层次原因。解决逆全球化问题，需要世界各国的共同合作，需要各国共同促进世界经济合作的公平，维护国际环境的公平正义，完善和加强国际组织在处理国际问题的能力和水平。

（4）具体应对方案：

① 深入研究逆全球化，认真地分析可能造成逆全球化的因素。

② 大力推动现代化建设，加强我国治理能力建设。这一思潮的兴起是对我国治理能力建设的严峻考验，我国应进一步加强治理能力的建设，用各种正确的方法，去促进政府、市场、社会三者间的良好互动。

③ 大力推动可以促进全球共同发展的适应新时代的新的经济全球化。

④ 积极参加和主导国际规定的修订，努力提升经济全球化的品质。

⑤ 无条件支持经济全球化与自由贸易理念，建设合作共赢的开放式世界经济。

⑥ 大力推进全球的管理变革，引导全球经济管理标准建设。

# 浙江工商大学2019年434国际商务专业基础试题

**一、名词解释(每题5分，共60分)**

1. 自由贸易区(free trade area)
2. 普遍优惠制
3. “自动”出口配额限制
4. 比较优势陷阱
5. 全球价值链
6. 差价税
7. 货币互换
8. 美国次贷危机
9. 离岸人民币
10. 荷兰式拍卖
11. 全球营销战略
12. 差异化营销

**二、问答题(每题15分，共90分)**

1. 分析我国外贸转型升级的理论依据及其主要方向。
2. 我国为什么要不断提升对外开放水平?
3. 对外直接投资会给东道国的经济带来哪些积极效应?
4. “一带一路”倡议将如何改变我国企业的国际商务环境?
5. 请分析国际物流的功能及发展趋势。
6. 布雷顿森林体系为何会解体?

## 浙江工商大学2019年434国际商务专业基础试题解析

**一、名词解释(每题5分，共60分)**

1. 自由贸易区是指两个或两个以上的国家或行政上独立的经济体之间通过达成协议，相互取消进口关税和与关税具有同等效力的其他措施而形成的区域经济一体化组织。

2. 普遍优惠制，是一种关税制度，是指工业发达国家对发展中国家或地区出口的制成品和半制成品给予普遍的、非歧视的、非互惠的关税制度。

3. “自愿”出口配额限制是指出口国家或地区在进口国的要求或压力下，“自愿”规定某一时期内，某些商品对该国出口的数量或金额的限制，在限定的额度内自行控制出口，超过限额即禁止出口。

4. 比较优势陷阱是指一国(尤其是发展中国家)完全按照比较优势，生产并出口初级产品和劳动密集型产品，则在与以技术和资本密集型产品出口为主的经济发达国家的国际贸易中，虽然能获得利益，但贸易结构不稳定，总是处于不利地位。

5. 全球价值链是指为实现商品或服务价值而连接生产、销售、回收处理等过程的全球性跨企业网络组织，涉及从原料采购和运输，半成品和成品的生产和分销，直至最终消费和回收处理的整个过程。

6. 差价税又叫差额税。当某种本国生产的产品国内价格高于同类的进口商品价格时，为了削弱进口商品的竞争能力，保护国内生产和国内市场，按国内价格与进口价格之间的差额征收关税，就叫差价税。

7. 货币互换是指两笔金额相同、期限相同、但货币不同的债务资金之间的调换，同时也进行不同利息额的货币调换。

8. 美国次贷危机，是指一场发生在美国，因次级抵押贷款机构破产、投资基金被迫关闭、股市剧烈震荡引起的金融风暴。它致使全球主要金融市场出现流动性不足危机。

9. 离岸人民币是指在中国境外经营人民币的存放款业务。离岸人民币没有外汇管制，可以自由兑换，汇率完全市场化。香港拥有全球最丰富的离岸人民币产品，是全球最大的人民币离岸业务中心。

10. 荷兰式拍卖亦称“减价式拍卖”。减价式拍卖通常从非常高的价格开始，高得有时没有人竞价，这时，价格就以事先确定的降价阶梯，由高到低递减，直到有竞买人愿意接受为止。如有两个或两个以上竞价人同时应价时，转入增价拍卖形式。

11. 全球营销战略是指企业从世界的角度去考察企业的生产、流通等全部营销活动，按最优化的原则，把不同国家中的不同企业组织起来，以最低成本、最优化的营销方案去满足市场需求。其目的是强调营销的国际比较。全球营销战略突破了国界的概念，从世界市场范围来考虑公司营销战略的发展，以求得企业的综合竞争优势。

12. 差异化营销是指面对已经细分的市场，企业选择两个或者两个以上的子市场作为市场目标，分别对每个子市场提供针对性的产品和服务以及相应的销售措施。企业根据子市场的特点，分别制定产品策略、价格策略、渠道策略以及促销策略并予以实施。

**二、问答题(每题15分，共90分)**

1.（1）我国外贸转型升级的理论依据是波特的国家竞争优势的钻石模型。他认为，国家是企业或者产业参与国际竞争的基础，企业或产业的国际竞争优势是国家竞争优势的体现，或者说，国家竞争优势最终以特定产业作为载体而表现出来。国家竞争优势取决于四个基本因素：生产要素，需求因素，相关和支撑产业因素，企业组织、战略和竞争状态因素，以及两个辅助因素：机遇和政府。这六个因素共同构成一个动态的、激励创新的竞争环境，形成一个类似钻石分子结构的菱形结构。由于钻石结构是一个互相增强的系统，许多因素的相互作用产生互相加强的利益，从而构成一国国际竞争力的来源。

（2）我国外贸转型升级的主要方向有：

① 以发挥比较优势为基础，实现产业结构升级。一般意义上，比较优势只是决定经济发展的必要条件，充分有效地利用地区资源可以为地区经济发展奠定基础。但经济发展仅仅依赖比较优势是不够的，比较优势必须通过竞争优势才能得以实现。现阶段，中国的要素禀赋状况决定了其比较优势在于劳动密集型产品的生产，中国应遵从产业演进的客观规律，在发展经济和对外贸易中遵循而不是脱离比较优势的原则。当前要通过资源转换实现产业结构升级，通过产业结构升级，形成一簇处于较高技术层次的主导产业。要实施“科技兴贸”战略，培植中国出口产业和产品的动态比较优势，在国际分工和国际贸易中争取有利地位，增强抵御各种外部风险与冲击的能力，逐步实现由贸易大国向贸易强国跨越的目标。

② 坚持创新，对传统比较优势产业进行改造，提高劳动密集型产品的技术含量。从长远来看，能否最大程度享受参与国际分工所带来的好处，从根本上取决于中国能否尽快提高对外贸易的科技含量和附加值，从而获取国际交换的最佳效益。要根据竞争优势理论，坚持技术创新是提高传统产业竞争力的关键，对传统劳动密集型产业进行技术改造，把高技术广泛应用于农业、交通运输、水利、电力、煤炭等产业，提高产品技术含量，降低产品成本。

③ 抓住机遇，调整出口商品结构，加快高新技术产业发展。要实现中国外经贸发展从主要依靠规模扩张和数量增长向主要依靠质量和效益提高的根本性转变，努力保持对外经济贸易的可持续发展。从出口商品结构优化角度，要大力发展机电产品出口，特别是成套设备出口，把该类产品作为优化我国出口商品结构的主攻方向来抓，积极发展高新技术产品出口，并使其中一部分产品尽快上升为出口的主导产品，保持外贸出口发展后劲。

④ 政府要转变职能，为企业、产业发展创造一个有利的竞争环境。切实加强政府在发展对外经济贸易中的地位和作用。政府应该担当起完善市场经济体制的职责，为企业提供公平的竞争环境，鼓励企业竞争和创新，建立和完善企业提高产品出口竞争力的政策环境，建立较为完善的政策、法律、知识产权保护、出口促进服务体系。政府要增加科研投入，加强科技推广，提高劳动力素质，建立信息服务体系，提供市场行情和动态，指导企业生产和出口，做好对外贸易规划。同时，政府应积极推行自由贸易，把本国企业推向国际市场，强化企业的竞争意识，在风云变幻的国际市场上锤炼企业的竞争力。

2. 我国不断提升对外开放水平的原因：

（1）当今的世界是开放的世界。20世纪中叶以来，由于科学技术革命的突飞猛进，带动了整个世界和各国产业结构的巨大变动，极大地改变了世界面貌和人类生活状况，现代生产力的社会化、国际化程度更加提高，世界经济一体化的趋势更加明显，各个国家和地区之间的联系更加密切，世界各国之间的互相开放、互相依存程度更加增强。据此，邓小平在 1984 年就指出："现在的世界是开放的世界"。互相开放，不仅是发展中国家的需要，也是世界发展的大趋势。从当代生产力发展水平来看，生产的社会化和国际化程度在近几十年中空前提高，国际分工有了长足发展，许多产品都是国际分工合作的产物；从科学技术的研究、运用和发展来看，国际合作成果与互惠步伐加快，动用世界范围的人力、财力和物力，通力合作，共同攻关，日益明显；从市场经济发展方向来看，开放化与一体化已经成为世界潮流，统一的国内市场已经发展成为世界市场；在当代，任何一个国家要发展，都必须扩大对外开放，加强国际交往。中国的对外开放政策，就是对当代世界经济、科技发展和国际形势发展科学观察和概括的结果。

（2）中国的发展离不开世界。对外开放，是实现我国社会主义现代化的一项长期的基本国策，是邓小平和中国人民建设中国特色社会主义的历史性选择。

① 实行对外开放政策，是科学总结我国历史经验教训的必然结果。我国历史上经济社会长期停滞落后，一个重要的原因就是闭关自守。历史经验教训说明，不开放不行。

② 实行对外开放政策，是追随世界经济发展趋势的客观选择。在当代，世界最新通信技术的运用和现代交通工具的变革，使各种交往手段越来越现代化，国际经济生活的时空大大缩短，使国际交往互惠更加便利；资源、劳力、技术、资金、信息等生产要素普遍纳入经济生活国际化的洪流之中，生产、流通和消费领域的社会化、国际化、一体化普遍要求各国打开国门，采取更加开放的政策。世界市场的扩大，要求各国实行开放政策，既发展自己，也推动全世界的发展。

③ 实行对外开放政策，是加速我国社会主义现代化建设的迫切需要。处于社会主义初级阶段的中国，在推进传统产业革命，赶上世界新技术革命，实现社会主义现代化的过程中，面临着诸如资金短缺、技术落后、管理经验不足、生产效益不佳等困难。这些困难如果得不到克服，已经确定的经济社会发展战略目标就有流产的危险。而要尽快妥善地解决现代化建设中面临的困难和矛盾，一个不可缺少的条件就是实行对外开放，参与国际分工与合作，发展对外贸易和经济技术交流。实行对外开放，是保证中国经济持续、快速、健康发展的一个极其重要的条件。

3. 对东道国来说，外来直接投资主要的收益是资源转移效应、就业效应、国际收支效应以及对竞争和经济增长的影响。

（1）资源转移效应。国际直接投资对东道国的经济有积极的贡献，它可以提供东道国所缺乏的资本、技术和管理经验，从而提高该国的经济增长速度。

（2）就业效应。就业效应是指其能为东道国带来原先没有的就业机会。国际直接投资的就业效应可以是直接的，也可以是间接的。外国跨国公司雇用了一定数量的东道国居民，这就形成了直接效应。而作为这项投资的结果，当地供应商创造的就业机会以及跨国公司员工在当地增加消费所创造的就业机会则是间接效应。当然，对外直接投资也可能导致东道国就业机会的减少。

（3）国际收支效应。如果国际直接投资取代了商品和服务的进口，它就可以改善东道国国际收支的经常项目，使得东道国国际收支的经常项目在一定程度上得到了改善。另外，当跨国公司利用其国外子公司向其他国家出口商品和服务时，也有助于改善东道国国际收支状况。

（4）对竞争和经济增长的影响。当国际直接投资采取新设投资的方式时，市场参与者的数量增加，从而使消费者的选择也增加了。这又转而提高了国内市场的竞争水平，从而降低价格，提高消费者的经济福利。竞争的加剧往往能够刺激企业在工厂、设备以及研发方面加大资本投入，以求在与对手的竞争中占据优势地位。由此导致的长期结果包括劳动生产率的提高、产品和生产过程的革新以及更快的经济增长速度。

4. "一带一路"其实质上就是通过建立灵动的贸易网络，以贸易活动带动经济发展。沿线国家都处于经济发展的上升期，这正为他们提供了良好的发展空间。"一带一路"倡议对我国企业国际商务环境的改善体现在以下几个方面：

（1）有利于营造和平稳定的政治环境。当今世界，地缘政治格局正在经历着深刻变革，亚太地区日益成为全球政治经济博弈的重点和热点地区。客观来看，和平与发展仍然是时代主旋律，现阶段亚太地区爆发大规模对立冲突的可能性不大。特别是，"一带一路"沿线国家多为发展中国家或转型经济体，国情相似，发展阶段相近，经济互补性强，利益交集点多面广，加快经济社会发展、实现民族振兴和国家富强的愿望都十分迫切。因此，通过“一带一路”倡议合作，能够有效推动区域经济合作，促进要素资源优化配置，释放沿线各国巨大的发展潜力，在互利共赢中实现共同发展繁荣，在交流合作中构建命运共同体，进而拴牢利益纽带，深化战略互信，形成和平、稳定、和谐的周边环境。

（2）有利于构建宽松有利的经济环境。经济新常态下保持经济稳定增长，必须优化需求结构、拓展需求空间，促进内外需、进出口、“引进来”和“走出去”的平衡。近年来，我国外贸进出口增速明显回落，增速继续放缓。与此同时，对外直接投资较快增长，对外投资与吸引外资规模已接近平衡。适应新形势，必须持续扩大出口和增加进口，巩固出口市场份额；同时，应改善投资环境，稳定外商投资规模和速度，提高对外投资效率和质量，推动优势产业走出去。通过“一带一路”倡议合作，能够进一步巩固和提升我国与沿线各国的经贸关系，提高贸易自由化、便利化水平，推动我国优势企业走出去开拓市场，在促进沿线国家产业发展的同时，也从要素供给和市场拓展两个方面拓展了我国发展空间，为经济平稳健康发展创造了更加充分的条件。

（3）有利于打造和谐包容的人文环境。不同国家、文明、民族、个体之间深入的沟通交流，对于维系良好的合作关系、增进相互理解信任具有重要意义。历史上，“一带一路”沿线国家曾有过辉煌灿烂的交流历史，近现代以来，亚欧大陆地缘政治复杂多变，不同文明间的冲突与对立屡见不鲜。“一带一路”倡议合作，秉持古老丝绸之路和平、合作、开放、共赢的精神，赋予其平等、包容、互鉴的时代内涵，通过全方位的文化、艺术、旅游、学术、医疗、科技等合作，努力实现民心相通，巩固和扩大与周边国家和睦相处的社会和民意基础，努力促进中华文化与各国优秀文化的互学互鉴，不断增强命运共同体意识，从而为我国企业发展构建和谐包容的人文环境。

5.（1）国际物流的功能包括：

① 运输功能。运输是物流的核心业务之一，也是物流系统的一个重要功能。选择何种运输手段对于物流效率具有十分重要的意义。在决定运输手段时，必须权衡运输系统要求的运输服务和运输成本。

② 仓储功能。仓储功能包括了对进入物流系统的货物进行堆存、管理、保管、保养、维护等一系列活动。

③ 包装功能。为使物流过程中的货物完好地运送到用户手中，并满足用户和服务对象的要求，需要对大多数商品进行不同方式、不同程度的包装。

④ 装卸搬运功能。装卸搬运是随运输和保管而产生的必要物流活动，是对运输、保管、包装、流通加工等物流活动进行衔接的中间环节，以及在保管等活动中为进行检验、维护、保养所进行的装卸活动，如货物的装上卸下、移送、拣选、分类等。

⑤ 流通加工功能。流通加工功能是在物品从生产领域向消费领域流动的过程中，为了促进产品销售、维护产品质量和实现物流效率化，对物品进行加工处理，使物品发生物理或化学性变化的功能。

⑥ 配送功能。配送是物流中一种特殊的、综合的活动形式，是商流与物流的紧密结合。

⑦ 信息服务功能。现代物流是需要依靠信息技术来保证物流体系正常运作的。

（2）国际物流的发展趋势有：

① 系统更加集成化。国际物流的集成化，是将整个物流系统打造成一个高效、通畅、可控制的流通体系，以此来减少流通环节、节约流通费用，达到实现科学的物流管理、提高流通的效率和效益的目的，以适应在经济全球化背景下“物流无国界”的发展趋势。

② 管理更加网络化。在系统工程思想的指导下，以现代信息技术提供的条件，强化资源整合和优化物流过程是当今国际物流发展的最本质特征。信息化与标准化这两大关键技术对当前国际物流的整合与优化起到了革命性的影响。

③ 标准更加统一化。跨国公司的全球化经营，正在极大地影响物流全球性标准化的建立。一些国际物流行业和协会，在国际集装箱和 EDI 技术发展的基础上，开始进一步对物流的交易条件、技术装备规格，特别是单证、法律条件、管理手段等方面推行统一的国际标准，使物流的国际标准更加深入地影响到国内标准，使国内物流日益与国际物流融为一体。

④ 配送更加精细化。随着现代经济的发展，各产业、部门、企业之间的交换关系和依赖程度也愈来愈

错综复杂，物流是联系这些复杂关系的交换纽带，它使经济社会的各部分有机地连接起来。在市场需求瞬息万变和竞争环境日益激烈的情况下，要求物流在企业和整个系统必须具有更快的响应速度和协同配合的能力。

⑤ 园区更加便利化。为了适应国际贸易的急剧扩大，许多发达国家都致力于港口、机场、铁路、高速公路、立体仓库的建设，一些国际物流园区也因此应运而生。这些园区一般选择靠近大型港口和机场兴建，依托重要港口和机场，形成处理国际贸易的物流中心，并根据国际贸易的发展和要求，提供更多的物流服务。

⑥ 运输更加现代化。国际物流的支点离不开运输与仓储。而要适应当今国际竞争快节奏的特点，仓储和运输都要求现代化，要求通过实现高度的机械化、自动化、标准化手段来提高物流的速度和效率。

6. 美元停止兑换黄金和固定汇率制的垮台，标志着战后以美元为中心的布雷顿森林体系瓦解。其崩溃的原因有以下几点：

（1）制度自身的缺陷

以美元为中心的国际货币制度崩溃的根本原因是这个制度本身存在着不可解脱的矛盾。在这种制度下，美元作为国际支付手段与国际储备手段，发挥着世界货币的职能。美元作为国际支付手段与国际储备手段，要求美元币值稳定，才会在国际支付中被其他国家所普遍接受。而美元币值稳定，不仅要求美国有足够的黄金储备，而且要求美国的国际收支必须保持顺差，从而使黄金不断流入美国而增加其黄金储备。否则，人们在国际支付中就不愿接受美元。全世界要获得充足的外汇储备，又要求美国的国际收支保持大量逆差，否则全世界就会面临外汇储备短缺、国际流通渠道出现国际支付手段短缺。但随着美国逆差的增大，美元的黄金保证又会不断减少，美元又将不断贬值。第二次世界大战后从美元短缺到美元泛滥，是这种矛盾发展的必然结果。

（2）美元危机与美国经济危机频繁爆发

资本主义世界经济此消彼长，美元危机是导致布雷顿森林体系崩溃的直接原因。

① 美国黄金储备减少。多次爆发的美元危机使得尼克松总统不得不于 1971 年 8 月 15 日宣布停止承担美元兑换黄金的义务。1973 年美国爆发了最为严重的经济危机，没有充分的黄金储备作基础，严重地动摇了美元的信誉。

② 美国通货膨胀加剧。美国发动侵越战争，财政赤字庞大，不得不依靠发行货币来弥补，造成通货膨胀。加上两次石油危机，石油提价而增加支出；同时，由于失业补贴增加，劳动生产率下降，造成政府支出急剧增加。美国消费物价指数急剧上升给美元的汇价带来了巨大冲击。

③ 美国国际收支持续逆差。二战结束时，美国利用在战争中膨胀起来的经济实力和其他国家被战争削弱的机会，大举向西欧、日本和世界各地输出商品，使美国的国际收支持续出现巨额顺差，其他国家的黄金储备大量流入美国。各国普遍感到“美元荒”。西欧各国经济的增长，出口贸易的扩大，其国际收支由逆差转为顺差，美元和黄金储备增加。美国由于对外扩张和侵略战争，国际收支由顺差转为逆差，美国资金大量外流，形成“美元过剩”。这使美元汇率承受巨大的冲击和压力，不断出现下浮的波动。

# 中国海洋大学2019年434国际商务专业基础试题

**一、名词解释(每题3分，共24分)**

1. 外汇期权
2. J曲线效应
3. 有管理的浮动汇率制
4. 专门贸易
5. 开放型经济
6. 国家经济安全
7. 转移价格
8. 出口导向

**二、简答题(每题8分，共64分)**

1. 什么是购买力平价理论？该理论有何缺陷？
2. 简述汇率的决定因素及其作用机制。
3. 简述绝对贸易理论对当今国际贸易发展的现实影响。
4. WTO的主要原则及其贸易实践作用。
5. 名义保护关税理论的实践意义。
6. 跨国公司形成与发展的主要原因及作用。
7. 内部化理论的基本含义。
8. 跨国公司内部国际贸易的类型对大宗产品贸易的影响。

**三、计算与图示题(每题10分，共20分)**

1. 假设即期美元/日元汇率为153.30/40，银行报出3个月远期的升(贴)水为42/39。假设美元3个月定期同业拆息率为8.3125%，日元3个月定期同业拆息率为7.25%，为方便计算，不考虑拆入价和拆出价的差别。请问：

(1) 某贸易公司要购买3个月远期日元，汇率应当是多少？

(2) 试以利息差的原理，计算以美元购买3个月远期日元的汇率。

2. 用图示描述：关税同盟的贸易创造效应。

**四、论述题(每题14分，共42分)**

1. 与布雷顿森林体系相比，现行国际货币体制有哪些优点和缺点？
2. 中美贸易战的理论视角、缘由、本质以及对我国开放型经济发展的影响。
3. 基于“一带一路”视角，中国企业对外直接投资的动机、方式应有怎么样的转变以及国际化营销战略如何打造？

## 中国海洋大学2019年434国际商务专业基础试题解析

**一、名词解释(每题3分，共24分)**

1. 外汇期权也称为货币期权，指合约购买方在向出售方支付一定期权费后，所获得的在未来约定日期或一定时间内，按照规定汇率买进或者卖出一定数量外汇资产的选择权。

2. J曲线效应表明即使满足了马歇尔-勒纳条件，贬值也不能立即导致贸易差额的改善。在通常情况下，当一国货币贬值后，最初会使贸易收支状况进一步恶化而不是改善，只有经过一段时间以后贸易收支状况的恶化才会得到控制并趋好转，最终使贸易收支状况得到改善。这个过程用曲线描述出来，与英文字母“J”相似，所以贬值对贸易收支改善的时滞效应被称为J曲线效应。

3. 有管理的浮动汇率制是指一国货币当局按照本国经济利益的需要，不时地干预外汇市场，以使本国货币汇率升降朝有利于本国的方向发展的汇率制度。在有管理的浮动汇率制下，汇率在货币当局确定的区间内波动。

4. 专门贸易是“总贸易”的对称，是指以关境为标准划分的进出口贸易。只有从外国进入关境的商品以及从保税仓库存提出进入关境的商品才列为专门进口。当外国商品进入国境后，暂时存放在保税仓库，未进入关境，不列为专门进口。从国内运出关境的本国产品以及进口后未经加工又运出关境的商品，则列为专门出口。

5. 开放型经济是与封闭型经济相对立的概念，是一种经济体制模式。在开放型经济中，要素、商品与服务可以较自由地跨国界流动，从而实现最优资源配置和最高经济效率。一般而言，一国经济发展水平越高，市场化程度越高，越接近于开放型经济。

6. 国家经济安全，是指经济全球化时代一国保持其经济存在和发展所需资源有效供给、经济体系独立稳定运行、整体经济福利不受恶意侵害和非可抗力损害的状态和能力。

7. 转移价格是指跨国公司内部母公司与子公司之间、子公司与子公司之间进行商品和劳务交换时所执行的内部贸易价格。转移价格不受市场一般供求关系影响，是跨国公司借以获取最大限度利润的一种手段。

8. 出口导向是指以生产出口产品来带动本国经济的发展，净出口占本国 GDP 较大比重，经济的发展主要由国际市场来推动。出口导向是着重于利用国外资源与开拓国际市场，以生产出口产品带动本国经济的发展即主要以出口的增长来带动一国经济增长的战略模式。

## 二、简答题(每题 8 分，共 64 分)

1. (1) 购买力平价是指两种货币之间的汇率决定于它们单位货币购买力之间的比例。购买力平价分为绝对购买力平价和相对购买力平价。绝对购买力平价说的是某一时点上汇率的决定，认为两国货币之间的汇率可以表示为两国货币的购买力之比。相对购买力平价说的是两个时点汇率的变动，认为汇率的变动同两国物价水平的相应变动成比例。

(2) 购买力平价说存在的缺陷有：

① 忽略了国际资本流动对汇率的影响。尽管购买力平价理论在揭示汇率长期变动的根本原因和趋势上有其不可替代的优势，但在中短期内，国际资本流动对汇率的影响越来越大；

② 购买力平价忽视了非贸易品因素，也忽视了贸易成本和贸易壁垒对国际商品套购的制约；

③ 计算购买力平价的诸多技术性困难使其具体应用受到了限制。

2. 影响汇率变化的因素有：

(1) 财政经济状况。一国财政经济状况，即财政收支及经济发展状况较以前改善，该国货币就会趋于坚挺或升值；反之，就会贬值。与其他因素相比较，一国经济实力强弱对汇率变化的影响是较长期的，即它影响汇率变化的长期趋势。

(2) 国际收支状况。一国国际收支差额既受汇率变化的影响，又会影响到外汇供求关系和汇率变化，其中，贸易收支差额是影响汇率变化最重要的因素。当一国存在较大的国际收支逆差或贸易逆差时，说明本国外汇收入比外汇支出少，对外汇的需求大于外汇供给，外汇汇率上涨，本币对外贬值；反之，当一国处于国际收支顺差或贸易顺差时，说明本国出口等外汇收入增加，进口等外汇支付较少，外汇供给大于支出，同时外国对本国货币需求增加，从而造成本币对外升值，外汇汇率下跌。

(3) 利率政策与利率水平。一般来说，利率的高低，会使国家间短期资本发生流动，进而影响汇率。如果利率升高，资本流入增加，外汇供给亦增加，本币供给若保持不变，必然使本币升值，而外汇贬值。但长期来看，影响可能正好相反，即高利率货币在期汇市场上趋于贬值，而低利率货币在期汇市场上趋于升值。

(4) 通货膨胀因素。纸币制度的特点决定了货币的实际价值是不稳定的，通货膨胀以及由此造成的纸币实际价值与其名义价值的偏离，而这就必然引起汇率变化。具体地，一国通货膨胀率升高，货币购买力下降，纸币对内贬值，进而对外贬值。

(5) 财政、货币政策。一般来说，扩张性的财政、货币政策造成的巨额财政赤字和通货膨胀，会使本国货币对外贬值；紧缩性的财政、货币政策会减少财政支出，稳定通货，而使本国货币对外升值。

（6）市场预期。人们对市场预期的心理不同，直接导致外汇买卖方向的变化，或外汇投机的变化，从而使外汇的供求发生变化，这种外汇供求的变化直接导致汇率的变化。投资者心理和跟风效应在决定短期汇率波动上起主要作用。

（7）政府的市场干预。当外汇市场汇率波动对一国经济、贸易产生不良影响或政府需要通过汇率调节来达到一定政策目标时，货币当局便可以参与外汇买卖，在市场上大量买进或抛出本币或外汇，以改变外汇供求关系，促使汇率发生变化，这就是作为货币政策之一的“公开市场业务”。它对汇率变化的作用一般是短期的。

3.（1）绝对贸易理论的贡献有：

① 绝对贸易理论是建立在劳动价值论基础上的，是对国际贸易问题的第一次科学的探讨，具有十分重要的历史意义。

② 绝对贸易理论指出国际贸易并不是“零和博弈”，而是双方都能获利的活动，这为自由贸易政策提供了理论基础。从某种意义上说，这种“双赢”理念仍然是当代各国扩大开放，积极参与国际分工贸易的指导思想。

③ 亚当・斯密指出，绝对优势源于先天的自然禀赋或后天的有利条件。

（2）该理论不足之处主要在于：

① 它最大的缺陷是不能解释如果两个国家中有一国在任何商品的生产上都不拥有绝对优势时所进行的分工与交换，条件苛刻，局限性大。

② 虽然它以劳动价值论为基础，但不能说明在国际交换中是否是等价交换。

4.（1）WTO 的主要原则有：

① 非歧视性原则。这一原则包括两个方面，一个是最惠国待遇，另一个是国民待遇。成员一般不能在贸易伙伴之间实行歧视；给予一个成员的优惠，也应同样给予其他成员。这就是最惠国待遇。国民待遇是指对外国的货物、服务以及知识产权应与本地的同等对待。

② 透明度原则。透明度原则是指，世界贸易组织成员方应公布所制定和实施的贸易措施及其变化情况，没有公布的措施不得实施，同时还应将这些贸易措施及其变化情况通知世界贸易组织。

③ 贸易自由化原则。贸易自由化原则指通过限制和取消一切妨碍和阻止国际贸易开展与进行的所有障碍，包括法律、法规、政策和措施等，促进贸易的自由发展。

④ 公平贸易原则。WTO 禁止成员采用倾销或补贴等不公平贸易手段扰乱正常贸易的行为，并允许采取反倾销和反补贴的贸易补救措施，保证国际贸易在公平的基础上进行。

⑤ 市场准入原则。市场准入原则指一国允许外国的货物、劳务与资本参与国内市场的程度。市场准入原则的主要内容包括关税保护与减让、取消数量限制和透明度原则。

⑥ 允许例外和保障措施原则。在特殊条件下，成员方可以不履行已承诺的义务，允许对进口采取一些紧急的保障措施，如提高关税、实施数量限制等。这是 WTO 既强调原则的普遍适用性和非歧视性，又体现灵活性。

（2）WTO 的实践作用有：

① 它提供了一个统一的规则，使不同体制、不同国家的企业能够在共同的规则之下进行竞争。世界贸易组织的规则是各成员国协商的结果，因此在共同的规则下进行贸易和经济活动，可以减少摩擦，有利于世界经济的发展。

② 世界贸易组织的争端解决机制也在一定程度避免了许多“贸易战”，减少了贸易纠纷给各方带来的损失。

③ 有利于资源在世界范围内进行重新配置，从而提高全球的经济福利。

④ WTO 成员国政府的政策受到了限制。这种限制是有利于国家贸易和投资的，它减少了政府政策的变动带来的风险。同时，这种限制也会使得各国企业面对的政策环境会逐步相近，竞争会变得更加公平。

5. 名义保护关税理论的实践意义：

（1）当最终产品名义关税率一定时，对所需的原材料等投入品征收的名义税率越低，则对最终产品名义税率的保护作用越大。

（2）制成品进口税率最高，中间产品税率居中，原材料进口税率最低，甚至完全免税。这种阶梯型关税结构重在提高制成品的有效关税率。

（3）发展中国家为了实现工业化，大多鼓励和保护本国制成品的国内生产和供给。在关税结构的安排下，也应该提高工业制成品的有效关税率为重点，适当降低原材料、半成品等投入品的进口税率，刺激国内加工工业的发展，充分发挥关税对工业制成品的保护作用，推动本国的工业化进程。

6.（1）跨国公司形成与发展的主要原因有：

① 发达国家资本的高度集中垄断和资本过剩是推动跨国公司向外扩张的根本原因。

② 科学技术革命为跨国公司向外扩张提供了有利条件。

③ 各国对国际市场的激烈争夺推动了跨国公司的迅速发展。

④ 国家对国际经济的干预成为跨国公司向外扩张的重要支柱。

（2）跨国公司的作用有：

① 对于跨国公司母国来说，跨国公司进行对外直接投资，在海外建立子公司和分支机构所需要的大量资金，既可在公司内部筹集，也可较为便利地从国际金融市场贷得，亦可以优惠条件吸收东道国市场上的闲散资金。跨国公司的对外直接投资带动和引发了母国大量商品、技术和劳务的输出，增加了国家财富，同时在一定程度上也加强了对投资接受国的影响。

② 对于接受投资的东道国来说，引进外资的同时也引进了发展经济所必需的资本、先进的技术和管理，增加了就业机会，繁荣了经济。而东道国子公司所生产产品的销售也并不完全局限于东道国，而是销往母国或第三国，即在全球范围内销售。当然，跨国公司的进入有时也会产生挤占国内市场、冲击民族经济或威胁国家主权等负面影响。

③ 对于整个世界经济而言，跨国公司的发展推动了各种生产要素在国际间的转移与重新组合配置，扩大了国际直接投资、国际贸易和国际技术转让的规模，促进了世界经济一体化的进程和世界各国之间经济合作活动的开展，使各国经济越来越紧密地结合在一起，促进了世界经济的不断发展和繁荣。

7.（1）内部化理论的核心思想

由于市场的不完全，若将企业所拥有的科技和营销知识等中间产品通过外部市场来组织交易，则难以保证厂商实现利润最大化目标；若企业建立内部市场，可利用企业管理手段协调企业内部资源的配置，避免市场不完全对企业经营效率的影响。企业对外直接投资的实质是基于所有权之上的企业管理与控制权的扩张，而不在于资本的转移。其结果是用企业内部的管理机制代替外部市场机制，以便降低交易成本，拥有跨国经营的内部化优势。

（2）内部化理论的三个基本假设

① 企业在不完全市场竞争中从事生产经营活动的目的是追求利润最大化；

② 中间产品市场的不完全，使企业通过对外直接投资，在组织内部创造市场，以克服外部市场的缺陷；

③ 跨国公司是跨越国界的市场内部化过程的产物。

（3）内部化过程的决定因素

① 行业特定因素。行业特定因素主要包括中间产品的特性、外部市场结构等。

② 国别特定因素。国别特定因素是指东道国政府的政治、法律、经济状况。

③ 地区特定因素。地区特定因素是指地理位置、社会心理、文化差异等。

④ 企业特定因素。企业特定因素是指企业的组织结构、管理经验、控制和协调能力等。

内部化理论认为，上述四组因素中，行业特定因素对市场内部化的影响最重要。当一个行业的产品具有多阶段生产特点时，如果中间产品的供需通过外部市场进行，则供需双方关系既不稳定，也难以协调，企业有必要通过建立内部市场保证中间产品的供需。企业特定因素中的组织管理能力也直接影响市场内部化的效率，因为市场交易内部化也是需要成本的。只有组织能力强、管理水平高的企业才有能力使内部化的成本低于外部市场交易的成本，也只有这样，市场内部化才有意义。

（4）实现条件

只有当内部交易的边际收益大于边际成本时，市场内部化才是确实可行的。

8.（1）跨国公司体系内部的国际化市场包括三种类型的交易：

① 母公司对国外子公司的销售。

② 国外子公司对母公司的销售。

③ 同一跨国体系内子公司之间的交易。

（2）跨国公司内部贸易对大宗产品贸易的影响：

① 降低交易成本。跨国公司内部贸易是在跨国公司内部母公司以及子公司和子公司之间进行的，由母公司统一组织协调和管理，从而可以降低各种交易成本。

② 消除外部市场的不确定性。公司内部贸易经常发生在市场集中程度高的行业或部门。跨国公司通过公司内部贸易不仅可稳定地维持并扩大自己的市场份额，并且使新的公司进入市场参与竞争更为困难。

③ 防止技术优势流失。公司内部贸易为跨国公司内部各部门之间的技术转移和交流提供了有效的通道。这样跨国公司既可以保持技术垄断，又可以实现跨国公司国际化生产和服务体系对新技术和新工艺的需要。

④ 利用转移价格获取额外收益。跨国公司是通过内部转移价格取代了外部市场的公平交易价格。转移定价一方面是跨国公司组织与管理内部市场、实施资源配置的必要工具，另一方面转移定价可以作为逃税和规避风险的手段，母公司可以压低子公司产品的销售价格，使其利润减少到最低限度，而提高在低税率国家的子公司产品的销售价格，从而降低公司的纳税总额，使利润提高到最高限度。

## 三、计算与图示题（每题 10 分，共 20 分）

1. 根据“前小后大往上加，前大后小往下减”的原理，3 个月远期汇率的计算如下：

$$153.30-0.42=152.88 \qquad 153.40-0.39=153.01$$

美元兑日元的汇率为 USD1＝JPY152.88/153.01

根据利息差的原理，计算以美元购买 3 个月远期日元的汇率如下：

$$153.30\times(8.3125\%-7.25\%)\times3/12=0.41 \qquad 153.30-0.41=152.89$$

$$153.40\times(8.3125\%-7.25\%)\times3/12=0.41 \qquad 153.40-0.41=152.99$$

美元兑日元的汇率为 US$1＝JP￥152.89/152.99

2. 贸易创造是指在关税同盟内部取消成员国之间的关税后，国内生产成本高的商品被成员国中生产成本低的商品所取代，来自成员国的低价进口商品替代了昂贵的国内生产的商品，成员国之间的贸易被创造出来。

我们假设世界上有 A、B、C 三个国家，都生产某一种相同产品，但三国的生产成本各不相同。我们以 A 国为讨论对象，图 1 显示了建立关税同盟的贸易创造和贸易转移效应。图中 S 表示 A 国的供给曲线，D 表示 A 国的需求曲线，$P_B$、$P_C$ 两条直线分别表示 B、C 两国的生产成本，其中 C 国成本低于 B 国（即 $P_C<P_B$）。在组成关税同盟以前，由于 B 国的产品价格高于 C 国，故 A 国只从 C 国进口，并对从 C 国进口的产品征收关税 $t$。此时，A 国国内价格为 $P_C+t$，国内供给量为 $OQ_2$，国内消费为 $OQ_3$，从 C 国进口量为 $Q_2Q_3$。假设 A 国与 B 国结成关税同盟，相互之间取消关税，并制定了共同的对外关税。由于 A 国对来自 B 国的进口产品不再征收关税，而对来自 C 国的进口仍然征收关税，因此 B 国产品在 A 国的销售价格 $P_B$ 低于 C 国产品在 A 国的销售价格 $P_C+t$。结果 A 国不再从 C 国进口，而改从 B 国进口，A 国的贸易发生了转移。

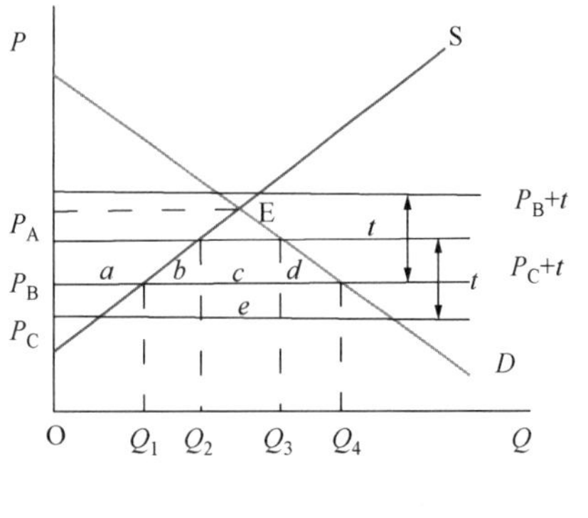


图 1　贸易创造和转移效应

由于价格的下降，A 国的产量下降为 $OQ_1$，消费量上升至 $OQ_4$，贸易规模变为 $Q_1Q_4$，比建立关税同盟前增加了($Q_1Q_2+Q_3Q_4$)，这一部分为贸易创造效应。其中 $Q_1Q_2$ 是 A 国的生产被 B 国的生产替代的部分，此为生产效应。$Q_3Q_4$ 是由于价格下降而引起的 A 国消费的增加，此为消费效应。

在贸易总量 $Q_1Q_4$ 中，除去贸易创造部分，剩下的 $Q_2Q_3$ 是原来从同盟外生产效率更高的 C 国的进口转向从同盟内生产效率较低的 B 国进口的部分，这一部分即贸易转移效应。这意味着同盟内低效率的生产替代了同盟外高效率的生产，是对资源配置的扭曲，因此对 A 国是不利的。

所以加入关税同盟对 A 国的福利效应取决于贸易创造带来的收益是否能够抵消贸易转移导致的福利损失。

## 四、论述题(每题 14 分，共 42 分)

1. 现行的国际货币体系是牙买加体系。牙买加体系的主要特征是储备货币多元化、黄金非货币化和汇率安排多样化。相对于布雷顿森林体系，牙买加体系的优点和缺点分别是：

(1) 优点

① 多元化的储备结构摆脱了布雷顿森林体系下各国货币间的僵硬关系，为国际经济提供了多种清偿货币，在较大程度上解决了储备货币供不应求的矛盾。

② 多样化的汇率安排适应了多样化的、不同发展水平的各国经济，为各国维持经济发展与稳定提供了灵活性与独立性，同时有助于保持国内经济政策的连续性与稳定性。

③ 多种渠道并行，使国际收支的调节更为有效与及时。各国既可动用本国储备，又可借入国外资金或国际货币基金组织的贷款，也可以调整汇率，所以在新的国际货币体系下，会员国具有国际收支调节的较大灵活性。

(2) 缺点

① 在多元化国际储备格局下，储备货币发行国仍享有“铸币税”等多种好处。同时，在多元化国际储备下，缺乏统一的、稳定的货币标准，这本身就可能造成国际金融的不稳定。

② 汇率大起大落，变动不定，汇率体系极不稳定。其消极影响之一是增大了外汇风险，从而在一定程度上抑制了国际贸易与国际投资活动，对发展中国家而言，这种负面影响尤为突出。

③ 国际收支调节机制并不健全，各种现有的渠道都有各自的局限，牙买加体系并没有消除全球性的国际收支失衡问题。

2. (1) 美国对华发动贸易战的理论基础是贸易保护主义理论。贸易保护主义是一种为了保护本国制造业免受国外竞争压力而对进口产品设定极高关税、限定进口配额或其他减少进口额的经济政策。贸易保护主义经常被人们与重商主义和进口替代联系起来。重商主义认为保持一个可观的贸易顺差对一个国家是很有利的。

(2) 中美贸易严重失衡是特朗普挑起贸易战的直接原因，美方要求中国降低美对华贸易赤字 1000 亿美元，进一步开放市场。但是，美国逆差问题不是中美贸易所特有的，目前美国对全球贸易普遍存在逆差。美国贸易逆差的根源在于：

① 美元的“特里芬难题”是导致美国贸易逆差的内在原因。如果美国不放弃美元国际货币功能，仅仅依靠削减从其他国家的进口规模和本国的再工业化战略，美国贸易平衡问题仍然难以从根本上得到化解。

② 美国的贸易赤字与其自身“制造业空心化”密切相关。目前造成中国对美国商品贸易巨大顺差的根源之一在于：中国还处于工业化时期，而美国已经进入后工业化时期。美国经济逐渐向金融和服务业为主转型，制造业岗位不断向海外转移，而美国本土只保留研发与设计等价值链上游产业。

③ 美国贸易逆差是国民低储蓄文化、高消费习惯长期累积的必然结果。美国的消费意愿始终大于储蓄意愿，在世界范围内的贸易赤字已成为常态；而中国的储蓄率常年处于高水平，进一步拉大了两国贸易差额。

④ 全球价值链和产业链的垂直分工和横向转移加大了中国对美国贸易顺差。美国对华逆差实质上反映的是对出口产品整个价值链和产业链相关的所有国家和地区的逆差。

⑤ 现行国际贸易统计制度和中美两国在统计方式上的差异在一定程度上夸大了中国对美贸易顺差。

⑥ 美国对中国实行高新技术产品出口限制也扩大了美国对华贸易逆差。这是长期存在的问题，由全球价值链上两国的分工格局决定，只要分工格局不变，则贸易不平衡的局面不会改变，无法通过单纯的贸易政策调整消除。

（3）从历史上大国之间的战略竞争与博弈来看，今日中美贸易战的实质是作为老牌守成帝国的美国与快速发展的社会主义中国之间的全球战略竞争；从更长远的视角看，是中国模式与华盛顿模式之争，重点在于争夺世界经济的主导权和经济全球化游戏规则的制定权。美国围堵中国，扼制中国的崛起，意在继续主导世界经济的发展，防止中国对美国霸权的染指。为了达到这个目的，美国在挑起贸易战的同时，已在经济、政治、军事、地缘政治和文化上对中国进行了全面施压、围堵和遏制。

（4）面对美国发起的贸易制裁，使中国出口受挫，阻碍经济的发展。举例来说，由于中美贸易战的开始，导致沿海地区的贸易公司的发展举步维进，更有甚者，直接面临着破产的困境。其中对农产品和化工品的反制措施将推升农产品、化工品价格，利好行业企业，但二者作为重要的上游企业之一，将一定程度推升食品 CPI 和中游工业企业成本，进而压缩消费者的利润，影响社会福利。

3. 我国现行的对外投资方式主要有新建投资、海外并购、跨国联盟，在“一带一路”的机遇下，我国企业关注于怎样进行对外投资来走出国门，寻求海外资源，获得自身发展。

（1）直接投资的实施。当企业以寻求市场为动机进行对外投资时，选择新建模式可以更有效地控制自身的优势技术外溢。对外直接投资所带动的产业转移是化解当前我国产能过剩的主要方式，由于生产的不专业化，它所针对的是基础设施的投资。基础设施不仅包括修桥建路，还有油气管道、输电网、跨境光缆建设等。目前，我国基础设施的设计建造水平已跃居世界前列，在“一带一路”倡议背景下，我国将与沿线各国在交通基础设施、能源基础设施和通信干线网络等方面加强合作。亚洲国家和周边地区将成为对外直接投资的重要区域，亚非拉发展中国家将成为资本输出的重点方向，目的是为了得到企业发展所稀缺的能源资源，以形成互利共赢的投资据点。亚洲”一带一路”沿线各国与中国经济发展水平相近，文化接近，一直是中国投资者投资的重点区域。周边的老挝、柬埔寨、越南和缅甸等东盟新成员国，将是中国企业的首选直接投资地。

（2）海外并购的实施。在企业专业化欠缺的情况下，当低技术企业寻求技术为动机进行对外投资时，选择并购模式可以更有效地获取被并购方的优势技术。对于“一带一路”沿线科技较发达的国家，企业通常希望通过海外并购从东道国企业中获得互补性资源，以海外并购的方式直接取得他国企业的经营管控权，以获取关键的核心技术，将之化为己用。“一带一路”倡议的一端连接着高度发达的欧洲经济圈，其高新技术产业发展非常成熟，中国企业在“一带一路”背景下，可充分利用政策优惠，在欧洲寻找海外并购机会。除了获得技术上的优势，海外并购还可以获得被并购企业优秀的管理方法。积极透过企业到海外并购先进国家的企业，不仅可以直接运用被并购企业的先进管理模式与管理方法，来持续提升企业的经营能力，以避免其在资源与人才上的错误配置，将企业优势消耗殆尽；还可以将其先进的管理制度和方法引进国内，提高国内企业整体的经营、管理水准。同时进一步累计国际化的管理经验，增长跨国公司在海外市场的竞争力，为中国企业未来的跨国经营和发展打下良好的基础。

（3）跨国战略联盟的实施。组建跨国战略联盟的企业本身是专业化的生产组织模式，其形成的关系不是一国企业对另一国企业进行控制和支配的纵向对外直接投资式的隶属关系，而是以协商产生的约定或契约为基础的合作关系。合作各方都拥有特定的竞争优势，并愿意与对方分享。由于技术的复杂性，在一些技术密集型行业中，企业无法独立完成领域内重大技术的突破，需要在一定程度上借助其他企业的能力与资源，如通信、计算机、电子、汽车等行业，其研发联盟主要就是为弥补战略上的缺口，通过组建联盟来进行技术和资源的互补，从而获取 1+1>2 的协同效应。

# 中山大学 2019 年 434 国际商务专业基础试题

**一、名词解释(每题 8 分，共 40 分)**

1. 国际创业
2. 国家竞争优势的钻石模型
3. 绿地投资
4. 进口替代战略
5. 国际收支

**二、简答题(每题 26 分，共 78 分)**

1. 你认为 2018 年爆发的“中美贸易战”的经济根源是什么？中国企业应该如何来应对这场贸易战？

2. 近年来，跨境电子商务在我国迅速发展，请问什么是跨境电子商务？与传统的国际商务活动相比，跨境电子商务有哪些特征？当前我国发展跨境电子商务还需要克服哪些障碍？

3. 企业之间发生国际纠纷的原因是什么？解决企业之间的国际商务纠纷的主要途径有哪些？

**三、问答题(32 分)**

自 2014 年以来，我国陆续设立了多个自由贸易试验区，并把自由贸易区建设上升为国家战略。请回答：

(1) 什么是自由贸易区？

(2) 自由贸易区的基本功能有哪些？

(3) 从国际经验来看，自由贸易区的主要局限是什么？如何克服这种局限？

(4) 我国境内现有哪些自由贸易试验区？

(5) 我国设立这些自由贸易试验区的背景和原因是什么？

(6) 我国企业应该如何利用境内设置的这些自由贸易区来开展国际商务活动？

## 中山大学 2019 年 434 国际商务专业基础试题解析

**一、名词解释(每题 8 分，共 40 分)**

1. 国际创业是指跨越国界和国际化的机会识别、资源聚集、商务拓展、规则学习和价值创造的行动。早期学者将国际创业定义为新创企业一开始就利用国际资源进行的国际商业活动，是实现国际化成长的方式，强调的是企业在初创或成长阶段的迅速国际化问题，其研究对象是国际新创企业或从成立之初就致力于国际商务活动的小企业。而后，国际创业学者将大公司的内部创业活动也包含到国际创业的内涵中来。现在，创业机会日益成为创业研究的主线，着重考察什么人通过何种方式去发现、评价和利用机会以创造未来商品和服务。

2. 国家竞争优势的钻石模型认为，国家是企业或者产业参与国际竞争的基础，企业或产业的国际竞争优势是国家竞争优势的体现，或者说，国家竞争优势最终以特定产业作为载体而表现出来。国家竞争优势取决于四个基本因素：生产要素，需求因素，相关和支撑产业因素，企业组织、战略和竞争状态因素，以及两个辅助因素：机遇和政府。这六个因素共同构成一个动态的、激励创新的竞争环境，这形成一个类似钻石分子结构的菱形结构。由于钻石结构是一个互相增强的系统，许多因素的相互作用产生互相加强的利益，从而构成一国国际竞争力的来源。

3. 绿地投资又称新建投资，是指跨国公司等投资主体在东道国境内依照东道国的法律设置的部分或全部资产所有权归外国投资者所有的企业。创建投资会直接导致东道国生产能力、产出和就业的增长。绿地投资作为国际直接投资中获得实物资产的重要方式是源远流长的。早期跨国公司的海外拓展业务基本上都是采用这种方式。绿地投资有两种形式：一是建立国际独资企业，其形式有国外分公司、国外子公司和国外避税地公司；二是建立国际合资企业，其形式有股权式合资企业和契约式合资企业。

4. 进口替代战略，又称进口替代工业化政策，是指一国采取各种措施，限制某些外国工业品进口，促进本国有关工业品的生产，逐渐在本国市场上以本国产品替代进口品，为本国工业发展创造有利条件，实现工业化。一般做法是国家通过给予税收、投资和销售等方面的优惠待遇，鼓励外国私人资本在本国设立合资或合作方式的企业；或通过来料和来件等加工贸易方式，提高工业化的水平。

5. 国际收支是指一个国家(或地区)一定时期内居民和非居民之间所产生的全部国际经济交易的系统的货币记录。它体现的是一国的对外经济交往，是货币、流量的、事后的概念。国际收支状况通常是通过国际收支平衡表来反映，这一统计表是各国全面掌握该国对外经济往来状况的基本资料，是该国政府制定对外经济政策的主要依据，亦是国际营销者制定营销决策必须考虑的经济环境。

**二、简答题(每题 26 分，共 78 分)**

1. (1) 中美贸易严重失衡是特朗普挑起贸易战的直接原因，美方要求中国降低美对华贸易赤字 1000 亿美元，进一步开放市场。但是，美国逆差问题不是中美贸易所特有的，目前美国对全球贸易普遍存在逆差。美国贸易逆差的根源在于：

① 美元的“特里芬难题”是导致美国贸易逆差的内在原因。如果美国不放弃美元国际货币功能，仅仅依靠削减从其他国家的进口规模和本国的再工业化战略，美国贸易平衡问题仍然难以从根本上得到化解。

② 美国的贸易赤字与其自身“制造业空心化”密切相关。目前造成中国对美国商品贸易巨大顺差的根源之一在于：中国还处于工业化时期，而美国已经进入后工业化时期。美国经济逐渐向金融和服务业为主转型，制造业岗位不断向海外转移，而美国本土只保留研发与设计等价值链上游产业。

③ 美国贸易逆差是国民低储蓄文化、高消费习惯长期累积的必然结果。美国的消费意愿始终大于储蓄意愿，在世界范围内的贸易赤字已成为常态；而中国的储蓄率常年处于高水平，进一步拉大了两国贸易差额。

④ 全球价值链和产业链的垂直分工和横向转移加大了中国对美国贸易顺差。美国对华逆差实质上反映的是对出口产品整个价值链和产业链相关的所有国家和地区的逆差。

⑤ 现行国际贸易统计制度和中美两国在统计方式上的差异在一定程度上夸大了中国对美贸易顺差。

⑥ 美国对中国实行高新技术产品出口限制也扩大了美国对华贸易逆差。这是长期存在的问题，由全球价值链上两国的分工格局决定，只要分工格局不变，则贸易不平衡的局面不会改变，无法通过单纯的贸易政策调整消除。

(2) 中美贸易战，对中国而言既是挑战也是机遇。贸易战有助于国内企业深耕中国市场及美国以外市场，提高企业自身竞争力，借此机会把握供给侧改革和消费升级的机会，扩大市场份额。具体的应对对策如下：

① 保持战略定力，辩证看待中美贸易冲突对企业经济的负面效应，努力争取化危为机，实现企业转型升级。

② 坚持审慎原则，根据国家实行的稳定、谨慎的货币政策和汇率政策，稳步推进企业净资产和利润稳定增长。

③ 未雨绸缪，做好应对贸易战的准备工作。其一，准备好反制举措。其二，利用世界贸易组织多边规则，维护企业的合法权益，反对贸易保护。

2. 跨境电子商务是指分属不同关境的交易主体，通过电子商务平台达成交易、进行支付结算，并通过跨境物流送达商品、完成交易的一种国际商业活动。近年来，我国企业的跨境电子商务活动迅速发展。

(1) 跨境电子商务为企业发展提供了以下新机遇：

贸易全球化的浪潮之下，我国的跨境电子商务行业在政策扶持和资本涌入的情况中，将迎来前所未有的机遇：

① 政策推动下跨境进口电商行业自身所具有的机遇。国家政策对跨境电商依旧保持积极的态度，税率调整一方面减少税率的差异，另一方面鼓励传统进口企业的电商转型。

② 传统企业与跨境进口电商结合产生新的合作模式。跨境进口电商和传统消费企业面对的对象高度重合，这决定了传统消费企业对跨境进口电商具有天然的跨界优势，双方可以利用自身独有优势，打造线上线下结合的双管道消费购物模式。

③ 出口外销型企业可以借势自建 B2C 电商平台（B2C 是 Business-to-Customer 的缩写，其中文简称为“商对客”。“商对客”是电子商务的一种模式，也就是常说的直接面向消费者销售产品和服务商业零售模式）。对于传统的出口型企业，可以基于自身业务需求，对跨境出口的物流仓储进行布局，通过现有渠道资源和人才储备，建立自营类出口电商平台。

（2）跨境电子商务面临的问题

① 物流体系建设欠合理，信息化程度不高。通常来讲，跨境电子商务较国内的电子商务，对于物流的要求更高，而我国跨境物流的信息化程度较低，无法满足爆发式增长的跨境电子商务交易需求。众所周知，信息化是发展电子商务物流产业的重要条件，物流信息资源的整合能力已经成为其核心竞争力的关键部分。在这个方面，我国的第三方物流企业的信息处理能力较发达国家来说水平很低。比如配送中心的选址、货物配送方案、最佳送货路线及最优库存控制，基本还处于半人工状态，而信息化的使用不单单是为了保证送货的准确和及时，更关键的还是辅助完成产品的售后服务，比如提供销售报表等。

② 电子支付存在的风险较大。跨境电子支付是跨境电子商务的核心环节。目前，我国跨境电子支付环节还存在诸多风险：第一，跨国之间电子支付风险监管规则可能存在冲突，而且跨境电子商务中适用哪个国家的监管法律体系尚且存在争议和模糊的地方；第二，在跨境电子支付服务中出现的一些新问题，比如发行电子货币的法律界定及范围、电子支付服务主体资格的确定、电子支付服务活动的监管等缺少完善的法律规定。

③ 综合型人才暂缺。与国内电商不同，跨境电商面对的是来自世界各地的顾客，不同的语言、文化、宗教信仰、生活习俗等等，使得跨境电子商务变得复杂很多。加上电子商务本身涉及的在线支付、物流、计算机网络等知识，所以，一个优秀的跨境电商从业者需要了解并掌握的知识技能是相当繁多的。而目前国内这种复合型人才实属不多，要培养一批这样的人才也需要一个相当长的过程。

④ 跨国交易环境复杂，法律制度不健全。跨境电子商务涉及环节复杂，不同国家的政策法律环境、商务环境、资本市场、社会和文化环境、语言环境、消费习惯、消费偏好、支付方式、物流模式、贸易壁垒、汇率制度、税收政策等都存在很大的差别，使得经营成本构成复杂、经营风险大，形成了复杂的跨国交易环境。但是我国跨境电子商务尚处于起步阶段，国家既没有完善的理论依据也没有成熟的实践基础，并且跨境电子商务法律制度不健全，这将会大大加剧跨境交易的风险。

3.（1）国际商务产生纠纷的原因有：

① 过失。过失即合同一方当事人不是出于主观上的恶意，而是由于疏忽大意或自身素质方面的原因，违反了有关合同或协议，造成另一方的经济损失。

② 欺诈。欺诈即合同一方故意采取欺骗手段，造成另一方的损失。从欺诈活动所处的领域可以把国际商务欺诈区分为贸易欺诈、金融欺诈、承包工程欺诈、投资欺诈等。

③ 情境变迁。国际市场环境变化很快，国际商务合同的当事人是根据合同签订当时的情况判断预期的利益和损失并签订合同的。合同利益的变化可以分为几种不同的情况：第一种是合同总利益增加，但在各方之间分配不平均；第二种是合同各方的总利益没有发生变化，但在合同各方当事人之间的分配发生了变化；第三种是合同的总利益减少了，但损失的承担不平均。在上述情况下，合同的一方当事人就可能产生寻求重新确定合同条款或者撕毁合同寻找新的交易对象的动机。不过，一般的情境变迁并不能成为合同当事人违约的正当理由。只要这些变化是预先可以预见和克服的，合同当事人仍然必须履行合同。

④ 不可抗力。不可抗力是指在合同签订以后，不是由于订约者任何一方的过失或疏忽，而是由于发生了当事人既不能预见，又无法避免的意外事件，以致不能履行或不能如期履行合同。不可抗力事件可以分

为社会事件和自然事件两类。前者如战争、禁运、武装叛乱、政府禁令等，后者如地震、水灾、旱灾等。

(2) 解决国际商务纠纷的方法有：

① 协商。协商即国际商务争议的当事人或其代理人通过直接的友好谈判，对所发生的争议达成一致意见，从而使争议得到解决的一种方式。优点：首先，可以保持和增进双方的友好关系，有利于今后的业务往来；其次，可以使问题得到较快的解决；再次，可以节省诉讼费用；最后，有利于协议的执行。所以在国际商务活动中一旦发生争议，当事人都首先考虑采用这种方式加以解决。弱点：首先，当双方当事人分歧比较大时，很难通过协商方式解决争议。其次，双方当事人达成的协议不具备法律效力，当事人在履行过程中可以随时推翻已经达成的协议。

② 调解。调解指国际商务争议双方在第三方的主持下，通过谈判、对话对所发生的争议达成一致意见，从而使争议得到解决的一种方式。调解的主要特点是由第三方充当争议双方的调停人，主持双方的谈判。

③ 仲裁。所谓仲裁，是指买卖双方在争议发生之前或发生之后，签订书面协议，自愿将争议提交双方所同意的第三者予以裁决，以解决争议的一种方式。仲裁决议具有法律约束力。国际商务活动中的仲裁称为国际经济仲裁或国际商事仲裁，就是指国际商事关系的双方当事人在争议发生后，依据仲裁条款或仲裁协议，自愿将争议提交某一临时仲裁机构或某一国际常设仲裁机构审理，由其根据有关法律或公平合理原则作出裁决，从而解决争议。

④ 诉讼。诉讼指争议当事人通过向具有管辖权的法院起诉另一方当事人的形式解决争议。国际商务活动中发生的争议是国际经济争议，所发生的诉讼也属于国际经济诉讼。

## 三、问答题(32分)

(1) 自由贸易试验区(Free Trade Zone，简称FTZ)是指在贸易和投资等方面比世贸组织有关规定更加优惠的贸易安排，在主权国家或地区的关境以内，划出特定的区域，准许外国商品豁免关税自由进出。实质上是采取自由港政策的关税隔离区。

**【科兴提示】**考生应注意区分FTZ(自由贸易试验区)和FTA(自由贸易区)的区别，因为不少教材和试卷中二者都翻译为自由贸易区。

(2) 就功能而言，世界自由贸易区的功能设定是根据区位条件和进出口贸易的流量而确定的，并且随着国内外经济形势的发展而调整和发展。其主要类型有以下几种：

① 转口集散型：这一类自由贸易区利用优越的自然地理环境从事货物转口及分拨、货物储存、商业性加工等。最突出的是巴拿马的科隆自由贸易区。

② 贸工结合、以贸为主型：这类自由贸易区以从事进出口贸易为主，兼搞一些简单的加工和装配制造。在发展中国家最为普遍。例如阿联酋迪拜港自由港区。

③ 出口加工型：这类自由贸易区主要以从事加工为主，以转口贸易、国际贸易、仓储运输服务为辅。例如尼日利亚自由贸易区。

④ 保税仓储型：这类自由贸易区主要以保税为主，免除外国货物进出口手续，较长时间处于保税状态，例如荷兰阿姆斯特丹港自由贸易区。

(3) 自由贸易区的局限在于，它会导致商品流向的扭曲和避税。如果没有其他措施作为补充，第三国很可能将货物先运进一体化组织中实行较低关税或贸易壁垒的成员国，然后再将货物转运到实行高贸易壁垒的成员国。为了避免出现这种商品流向的扭曲，自由贸易区组织均制订“原产地原则”，规定只有自由贸易区成员国的“原产地产品”才享受成员国之间给予的自由贸易待遇。

(4) 我国境内目前有上海、广东、天津、福建、辽宁、浙江、河南、湖北、重庆、四川、陕西、海南、山东、江苏、云南、黑龙江、河北、广西等18个自由贸易区。

(5) 在当前，在全球和区域经济治理格局中，发达经济体试图通过TPP、TTIP和欧日自贸区等自贸区谈判，推进某些大国为主导的经济一体化进程，获得新的全球竞争优势。对中国而言，产生的最大影响将是国内企业对外出口更加困难，如纺织服装贸易、汽车零部件等领域将面临冲击，除了因为关税因素而造成价格上没有优势以外，还会受到更严重的法律和社会歧视，因为TPP不仅仅是贸易关税协定，而是涵盖关税、投资、竞争政策、技术贸易壁垒、食品安全、知识产权、政府采购、绿色增长和劳工保护等多个领域。中国要想更好地维护国家利益、培育新的国际竞争优势，就必须适应经济全球化和区域经济一体化的趋势，加快实施自贸区战略。

（6）我国企业应该：

① 积极开展出口贸易。自贸区的建立扩大了出口企业在成员国的市场份额。在符合原产地要求的原则下，我国与自贸伙伴国的绝大多数产品，在进出口时将彼此实行零关税或优惠关税。于是，我国企业作为出口方，将有机会把产品打入自贸伙伴国市场，从而扩大了市场份额。

② 大力引进国外先进技术和管理经验。贸易自由化促进各国政策法规进一步增加透明度和可预测性，有利于引进外国的长期投资和技术设备。

# 中央财经大学 2019 年 434 国际商务专业基础试题

**一、单项选择题(每题 1 分，共 12 分)**

1. 李嘉图模型表明(　　)。

A. 国家间要素禀赋差异产生国际贸易

B. 国家间偏好差异产生国际贸易

C. 贸易来源于国家间劳动生产率的相对差异

D. 只有具备绝对优势的国家才能从贸易中获利更多

2. 特定要素模型假定(　　)。

A. 特定要素在短期内不能在行业间流动

B. 发生贸易后，特定要素可以在行业间流动

C. 流动要素可以在国家间流动

D. 特定要素可以在国家间流动

3. 以下关于国际税收的表述哪项是错误的？(　　)

A. 国际税收是指各主权国家对跨国纳税人征税所形成的国家之间的税收分配关系

B. 国际税收是由跨国直接投资而引起跨国所得产生的

C. 国际税收侧重于研究一国内部国家与纳税人之间的征纳关系

D. 国际税收的核心问题是研究协调国家间税收权益的划分活动

4. 有效的供应链管理对于降低成本的潜力是巨大的。对于一个全球企业而言，全球供应链管理是最重要的战略部署之一。在进行全球供应链管理的过程中，以下哪一项是没有针对性的措施？(　　)

A. 发挥适时存货系统的作用

B. 重视信息技术的作用

C. 实现全球供应链内部的运营整合与协作

D. 降低原材料的采购价格

5. 下列哪一项不属于政府限制进口的贸易政策？(　　)

A. 自愿出口限额　　B. 出口补贴　　C. 进口关税　　D. 进口配额

6. 假设一商品在甲国生产成本是 100 元，从乙国进口是 60 元，从丙国进口是 80 元。如果甲国原来对进口商品征收 30 元关税，后来和丙国形成了自由贸易区，那么(　　)。

A. 甲国发生贸易创造，国民福利上升　　B. 甲国发生贸易转移，国民福利下降

C. 丙国发生贸易创造，国民福利上升　　D. 丙国发生贸易转移，国民福利上升

7. 在布雷顿森林体系下，汇率制度的类型是(　　)。

A. 联合汇率制度　　B. 固定汇率制度

C. 浮动汇率制度　　D. 联合浮动汇率制度

8. 利率对汇率变动的影响是(　　)。

A. 利率上升，本国汇率上升

B. 利率下降，本国汇率下降

C. 需比较国外利率与本国的通货膨胀率后而定

D. 利率和汇率不存在联动关系

9. 下列属于国际货币市场的是(　　)。

A. 国际股票市场　　B. 外国债券市场

C. 贴现市场　　D. 中长期贷款市场

10. 中间汇率是指(　　)。

A. 银行买入价与卖出价的平均数　　B. 即期汇率与远期汇率的平均数

C. 官定汇率与市场汇率的平均数　　D. 银行买入外币现钞的汇率

11. 汇率变动对以下哪类国家影响程度大?(　　)

A. 开放程度较小　　B. 商品生产结构单一

C. 商品供求弹性大　　D. 该国货币不能完全自由兑换

12. 特里芬难题所指的问题是(　　)。

A. 调整国际收支运用的货币政策和财政政策追求的目的相矛盾

B. 本币贬值以扩大出口与改善本国通货膨胀相矛盾

C. 美元信誉与国际清偿力供应相矛盾

D. 国债规模与经济发展速度相矛盾

**二、名词解释(每题 5 分，共 45 分)**

1. 全球价值链　　2. 特别 301 条款

3. 原产地规则　　4. 里昂惕夫之谜

5. 自由贸易港　　6. 国家竞争优势论

7. 货币危机　　8. 费雪效应

9. 米德冲突

**三、简答题(每题 8 分，共 56 分)**

1. 在要素禀赋理论框架下，请运用斯托尔珀-萨缪尔森定理分析贸易开放对于劳动丰裕国以及资本丰裕国劳动者实际工资的影响。

2. 请简要分析开放条件下技术创新的途径。

3. 简析企业进行水平型 FDI 投资和出口之间的关系以及选择这两种不同国际化路径背后的原因。

4. 请分析产业政策对于一国国际竞争力的影响及其局限性。

5. 在引进外资方面，我国政府提出将不断改善外商来华投资的营商环境。请指出改善外商营商环境的政策举措。

6. 请简述国际储备的来源和作用。

7. 请简述购买力平价理论的主要内容并说明其存在的问题。

**四、计算题(9 分)**

在东京外汇市场上，某日即期汇率报价为 USD1 = JPY158.0155-158.0165，3 个月美元升水为 50~70 点。(计算过程及结果保留四位小数)

(1) 按远期汇率计算，买入 200 万美元需支付多少日元?

(2) 某日本公司需在 3 个月后支付 200 万美元，为规避美元升值风险，公司管理层应该现在将日元兑换为美元进行投资，以便到期支付。已知美元的年化投资收益率为 4%，企业现在需将多少日元兑换为美元才能刚好满足支付需要?

(3) 公司财务部门提出，可以现在进行日元投资，同时利用远期汇率在 3 个月后兑换美元，以便到期支付。已知日元的年化投资收益率为6%，财务部门的这一方案现在需将多少日元用于投资？如果公司账面上可用现金为31200万日元，公司管理层是否需要采用财务部门的方案？

**五、论述题(每题14分，共28分)**

1. 当前逆全球化思潮盛行，贸易摩擦频发。美国自2018年3月以来对中国采取贸易保护措施，中美贸易摩擦不断升级。请分析此轮中美贸易摩擦的原因及我国的对策。

2. 首届中国国际进口博览会于2018年11月5日在中国上海开幕，共有172个国家、地区和国际组织参会，3600多家企业参展，这是迄今为止世界上第一个以进口为主体的国家级展会，是国际贸易史上一大创举。请根据所学知识分析进口对我国经济与贸易的影响以及我国扩大进口的措施。

## 中央财经大学2019年434国际商务专业基础试题解析

**一、单项选择题(每题1分，共12分)**

1. B。李嘉图模型的核心含义是：劳动生产率的差异在国际贸易中占据重要地位；贸易模式取决于比较优势而非绝对优势。

2. A。特定要素模型假定特定要素在短期内不能在行业间流动，流动要素可以在行业间流动。

3. C。国际税收不同于国家税收，前者的核心问题是研究协调国家间税收权益的划分活动，而后者则侧重于研究一国内部国家与纳税人之间的征纳关系。

4. C。选项C是全球供应链管理的一个宏观的目标，并没有明确的针对性措施。

5. B。政府对进口贸易的干预主要采取关税措施和非关税贸易壁垒的措施两种方式。关税措施是通过征收高额的关税来实现的。非关税贸易壁垒措施是指采用关税以外的手段对外国商品进口设置障碍的各种措施，如进口配额制、自愿出口限制、歧视性公共采购、技术标准和卫生检疫标准等。B选项属于政府对出口贸易进行干预的主要手段。

6. B。在和丙国组成自贸区前，甲国从乙国进口该商品。和丙国组成自贸区后，由于内部关税的取缔，甲国向丙国进口该商品。很明显，对于甲国来说发生了贸易转移。从世界范围来看，这种生产转换降低了资源配置效率。

7. B。布雷顿森林体系实际上就是以美元为中心的国际汇率制度，各国的货币与美元有确定的比例关系，各国有义务采取措施维持本国货币与美元的比值，由于可以波动的幅度为1%，幅度不算大，所以，仍然属于固定汇率制度，或称为可调整钉住汇率制度。

8. C。依据利率平价理论，两国间利率的差距会影响两国币值水平及资金的移动，进而影响远期汇率与即期汇率的差价。A和B选项，单单考虑一国利率是没有意义的。

9. C。货币市场是指期限在一年以内的金融资产交易的市场，包括贴现市场、同业拆借市场、国库券市场等。

10. A。中间汇率亦称汇率均价，是银行买入汇率与卖出汇率之间的平均汇率。这种汇率一般适用于报刊上汇率的报道、银行间外汇头寸的结算、外汇银行在年度决算时对各种外汇头寸的估价等。

11. B。制约汇率发挥作用的四大基本条件：①一国对外开放程度，越开放则汇率变动对该国经济的影响越大，反之越少。②一国商品生产是否多样化，生产结构单一的国家供求弹性小，而多样化的国家供求弹性大，因此汇率变动对生产结构单一的国家的影响较大，对多样化的国家影响较小。③与国际金融市场的联系程度，联系越密切的国家汇率波动对经济的影响就较大。④通货的兑换性，可兑换性越大、在国际支付中使用越多则汇率波动对其影响越大。

12. C。特里芬难题，指一种主权货币作为国际储备货币的货币制度的两难处境，即信心和清偿力之间的矛盾。

## 二、名词解释(每题5分，共45分)

1. 全球价值链是指为实现商品或服务价值而连接生产、销售、回收处理等过程的全球性跨企业网络组织，涉及从原料采购和运输，半成品和成品的生产和分销，直至最终消费和回收处理的整个过程。全球价值链包括所有参与者和生产销售等活动的组织及其价值、利润分配，当前散布于全球的处于价值链上的企业进行着从设计、产品开发、生产制造、营销、交货、消费、售后服务、最后循环利用等各种增值活动。

2. 特别301条款是指美国《1974年贸易法》的第182条，《美国法典》编目为第19卷第2242条，其标题是“对否定足够而有效地保护知识产权和否定知识产权市场准入的国家之确定”。特别301条款的主要内容，就是要求贸易代表确定那些未能对美国知识产权实施有效保护的国家以及那些否定依赖于知识产权保护的美国产品公平进入其市场的国家，并对那些在知识产权方面存在严重问题的国家发起调查，直至诉诸贸易制裁。

3. 原产地规则，指一国根据国家法令或国际协定确定的原则制定并实施的，以确定生产或制造货物的国家或地区的具体规定。为了实施关税的优惠或差别待遇、数量限制或与贸易有关的其他措施，海关必须根据原产地规则的标准来确定进口货物的原产国，给以相应的海关待遇。货物的原产地被形象地称为商品的“经济国籍”，原产地规则在国际贸易中具有重要作用。

4. 里昂惕夫之谜是指美国经济学家瓦西里·里昂惕夫针对要素禀赋论而提出的一项反论。根据传统的要素禀赋理论，战后美国出口的应是资本密集型产品，进口劳动密集型产品；但美国经济学家瓦西里·里昂惕夫采用投入产出法对战后美国对外贸易发展状况进行分析后，却发现，美国进口的是资本密集型产品，出口的是劳动密集型产品。这与赫-俄模型刚好相反。里昂惕夫之谜是西方国际贸易理论发展史上的一个重要转折点，它推动了战后国际贸易理论的迅速发展。关于对里昂惕夫之谜的解释，实际上是从不同侧面对要素禀赋理论假定前提的修正，并为以后一系列国际贸易新理论的产生奠定了基础。

5. 自由贸易港是指设在国家与地区境内、海关管理关卡之外的，允许境外货物、资金自由进出的港口区。对进出港区的全部或大部分货物免征关税，并且准许在自由港内，开展货物自由储存、展览、拆散、改装、重新包装、整理、加工和制造等业务活动。

6. 国家竞争优势论认为，国家是企业或者产业参与国际竞争的基础，企业或产业的国际竞争优势是国家竞争优势的体现，或者说，国家竞争优势最终以特定产业作为载体而表现出来。国家竞争优势取决于四个基本因素：生产要素，需求因素，相关和支撑产业因素，企业组织、战略和竞争状态因素，以及两个辅助因素：机遇和政府。这六个因素共同构成一个动态的、激励创新的竞争环境，形成一个类似钻石分子结构的菱形结构。由于钻石结构是一个互相增强的系统，许多因素的相互作用产生互相加强的利益，从而构成一国国际竞争力的来源。

7. 货币危机是金融危机的一种，是指对货币的冲击导致该货币大幅度贬值或国际储备大幅下降的情况，它既包括对某种货币的成功冲击(即导致该货币的大幅贬值)，也包括对某种货币的未成功冲击(即只导致该国国际储备大幅下降而未导致该货币大幅贬值)。或者，从另一个通俗的角度说，货币危机，是人们对一国的货币丧失信心，大量抛售该国货币，从而导致该国货币的汇率在短时间内急剧贬值的情形。

8. 费雪效应是由欧文·费雪提出的名义利率随着预期通胀率一对一调整的经济现象。费雪效应用公式可以表述为：(1+名义利率)=(1+预期通胀率)(1+实际利率)。当预期通胀率较小的时候，该等式可以近似写为：名义利率≈实际利率+预期通胀率。在某种经济制度下，实际利率往往是不变的，名义利率随着预期通胀率作一对一的调整。

9. 米德冲突指在汇率固定不变时，政府只能主要运用影响社会总需求的政策来调节内外均衡，在开放经济运行的特定区间便会出现内外均衡难以兼顾的情形。在米德的分析中，内外均衡的冲突一般是指在固定汇率下，失业增加、经常账户逆差或通货膨胀、经常账户盈余这两种特定的内外经济状况组合。

## 三、简答题(每题8分，共56分)

1. 斯托尔珀-萨缪尔森定理在研究了国际贸易对生产要素收益的影响后，得出结论：国际贸易会使一国出口商品相对价格上升，进口商品相对价格下降。当一种商品的相对价格上升时，相应地会出现该商品中密集使用的生产要素报酬的提高；当一种商品的相对价格下降时，相应地会出现该商品中密集使用的生产要素报酬的降低。所以，斯托尔珀-萨缪尔森定理的结论是：某一商品相对价格的上升，将导致该商品密集使用的生产要素的报酬提高，而另一种生产要素的报酬则下降。

对于劳动丰裕的国家而言，开展贸易后，会使密集使用劳动的劳动者的实际报酬提高，同时会使密集使用资本的劳动者的实际报酬下降。同理，对于资本丰裕的国家，开展贸易后，会使密集使用资本的劳动者的报酬提高，同时会使密集使用劳动的劳动者的实际报酬下降。

在规模收益不变的条件下，边际生产力取决于两要素投入的相对比例(资本、劳动的比率)，与要素投入的绝对量无关。假设资本变得相对越来越昂贵，劳动变得相对越来越便宜，那么每个部门的厂商都会调整其要素使用比例，增加劳动雇用来替代部分资本，进而降低资本、劳动比率。在产量增加的同时，资本、劳动比率却下降，则资本的边际生产力提高，资本的实际报酬上升；劳动的边际生产力降低，劳动的实际报酬下降。

2. 在开放经济中，技术进步的途径主要有三个方面，即技术创新、技术扩散、技术转让。技术创新，是指企业应用创新的知识和新技术、新工艺，采用新的生产方式和经营管理模式，提高产品质量，开发生产新的产品，提供新的服务，占据市场并实现市场价值。技术扩散是技术在空间上的流动和转移，它是由新技术的供方、受方和传递渠道组成。技术转让是指一个国家或企业引进国外的技术知识和经验以及所必须附带的设备、仪器和器材，用来发展本国的经济和推动科学技术的进步。

对于后发国家来说，工业化的赶超就是技术的赶超。根据当前的情况，后发国家技术赶超应该分为三个阶段：第一阶段以自由贸易和技术引进为主，主要通过引进技术，加速自己的技术进步，促进产业结构升级；第二阶段，技术引进与技术开发并重，实施适度的贸易保护，国家对资源进行重新配置，通过有选择的产业政策，打破发达国家的技术垄断，进一步提升产业结构；第三阶段，必须以技术的自主开发为主，面对的是新兴的高技术产业，国家主要通过产业政策，加强与发达国家跨国公司的合作与交流，占领产业制高点，获得先发优势和规模经济，将动态的比较优势与静态的比较优势结合起来。

3. 水平型对外直接投资是指一国的公司或企业作为投资者将生产资本输出到另一国，在投资所在国设立子公司，根据当地情况从事某种产品的设计、规划、生产和销售等全部经营活动。因此，水平对外直接投资与出口的关系主要体现为替代关系。

出口有利于企业摆脱对中间商的依赖，培养自己的国际商务人才，积累国际市场营销的经验，提高产品在国际市场上的知名度。但同时也要承担更多的风险，由于其业务量可能比较小，企业自己处理单证、保险和船务不能达到规模经济，而且企业进退国际市场和改变营销渠道的灵活性不足。

但是，从出口角度看，随着国际经济形势恶化，出口贸易所面临的障碍和壁垒也日益增加，单纯依靠出口并不是企业国际化的最优选择。很多出口企业，一旦遇到出口目的国较高的技术贸易壁垒，就会被迫通过水平型对外投资绕过贸易壁垒。

4. 产业政策的目标是促进经济社会协调发展，增强和维持本国经济的国际竞争力，并在国际分工中争得有利地位。在开放的市场经济运行中，产业政策具有导向作用。这种导向作用主要是：可以调整商品供求结构，有助于实现市场上商品供求的平衡；可以通过差别利率等信贷倾斜政策对资金市场进行调节，有助于资金合理流动和优化配置；可以打破地区封锁和市场分割，促进区域市场和国内统一市场的发育和形成。

产业政策在产业的健康发展和产业规划上有巨大的作用，是地区产业发展的重要支撑。产业政策的局限性直接影响了产业政策作用的发挥，阻碍了政策引导产业的准确性、完善性。产业政策的局限性主要有：就促进产业发展的目标而言，产业政策并非对任何产业都具有同等的作用；产业政策本身并非是万能的魔杖，片面夸大产业政策作用是不可取的；产业政策的实施是需要一定的成本和代价的；产业政策作为政府行为，也存在失败的可能性。

5. 我国改善外商营商环境的政策举措有：

(1) 统一内外资法律法规。细化市场准入和监管、知识产权保护、信用体系建设等方面的法律法规规章条例，加强同国际经贸规则对接，增强透明度，强化产权保护，坚持依法办事，鼓励竞争、反对垄断。

（2）推进金融业对外开放。加快保险行业开放进程，放宽银行、证券、保险行业外资股比限制，放宽外资金融机构设立限制，扩大外资金融机构在华业务范围，拓宽中外金融市场合作领域。学习借鉴国际先进经验，补齐政策制度短板，选择合适地区先行先试，增强事中事后监管能力，加快建立完善有利于防范金融风险的机制。

（3）放宽制造业准入。将自贸试验区外商投资负面清单逐步推广到全国，提升投资便利化水平，全面实行准入前国民待遇加负面清单管理制度。全面放开一般制造业，扩大电信、医疗教育、养老、新能源汽车等领域开放，放宽外资股比限制特别是汽车行业外资限制。

（4）扩大引进外资的地区范围。加大西部地区、内陆地区、沿边地区的开放力度，推动外资企业向中西部地区、东北地区转移，并配套相关的资金、土地优惠政策。

6.（1）国际储备的主要来源有：

① 收购黄金。收购黄金包括两方面：一国从国内收购黄金并集中至中央银行手中；一国中央银行在国际金融市场上购买黄金。

② 国际收支顺差。国际收支顺差包括经常项目的顺差和资本项目的顺差。其中，经常项目顺差是国际储备的主要来源，资本项目顺差是国际储备的重要补充来源。

③ 中央银行干预外汇市场取得的外汇。中央银行干预外汇市场的结果也可取得一定的外汇，从而增加国际储备。当一国的货币汇率受供求的影响而有上升的趋势或已上升时，该国的中央银行往往就会在外汇市场上进行公开市场业务，抛售本币，购进外汇，从而增加本国的国际储备。

（2）国际储备的作用有：

① 清算国际收支差额，维持对外支付能力。当一国发生国际收支困难时，政府需采取措施加以纠正。

② 干预外汇市场，调节本国货币的汇率。当本国货币汇率在外汇市场上发生变动或波动时，尤其是因非稳定性投机因素引起本国货币汇率波动时，政府可动用储备来缓和汇率的波动，甚至改变其波动的方向。

③ 信用保证。国际储备一方面可以作为政府向外借款的保证；另一方面可以用来支持对本国货币价值稳定性的信心。

7.（1）购买力平价是指两种货币之间的汇率决定于它们单位货币购买力之间的比例。购买力平价的表达方式有两种：绝对购买力平价和相对购买力平价。

① 绝对购买力平价反映的是某一时点上汇率的决定，认为两国货币之间的汇率可以表示为两国货币的购买力之比。用公式表述为：

$$e=\frac{P}{P^*}$$

其中，$e$ 表示直接标价法下的汇率；$P$ 表示本国可贸易商品的价格水平；$P^*$ 表示外国可贸易商品的价格水平。

② 相对购买力平价反映的是不同国家的货币购买力之间的相对变化，是汇率变动的决定因素。其计算公式为：

$$e_t=\frac{PI_{d,t}}{PI_{f,t}}\cdot e_0$$

其中，$PI_{d,t}$和$PI_{f,t}$分别是本国和外国在 $t$ 期的物价指数的变动；$e_0$是基期的汇率；$e_t$是计算期的汇率。相对购买力的含义是：尽管汇率水平不一定能反映两国物价绝对水平的对比，但可以反映两国物价的相对变动。物价上升速度较快的国家，其货币就会贬值。

（2）购买力平价的一些局限：

① 由于一价定律很难符合现实，特别是短期来看难以符合现实，所以购买力平价说对短期汇率的变动来说，没有太强的说服力。实际上，购买力平价法没有反映出不同国家中同种商品的质量差异。

② 它没考虑市场结构的差异，这包括经济结构、价格政策等方面因素。

③ 它也没考虑支出结构或消费结构的差异。在现实中，世界各国的支出结构与消费结构的差异是很大的，这都使同样商品的价格产生很大差异。

④ 在估算发展中国家的货币购买力时，购买力平价法大多高估了，而在估算发达国家的购买力时大多低估了，因此，结果是用购买力平价法比较各国经济实力时，富国不显得那么富了，穷国不显得那么贫穷了。

⑤ 它只考虑了可贸易品的价格，没有把非贸易品价格考虑进去，因而不能准确说明不同国家的实际价格及其比价问题。

⑥ 选择基期比较难，选择合适的物价指数也不容易，而且它只是一种静态或比较静态分析，没有对物价如何影响汇率的传导机制进行具体分析，这也是其局限性所在。

**四、计算题(9 分)**

（1）3 个月后远期汇率为 USD1＝JPY158. 0205—158. 0235。则远期的美元的买入价为 158. 0205，故买入 200 万美元应支付 200×158. 0205＝31604. 1 万日元。

（2）假设现在将需要 $x$ 万日元，则有等式 200＝（$x$/158. 0165）×（1＋4%/4），计算得 $x$＝31290. 3960 万日元。

（3）根据财务部分的提议，假设现在需要投入 $x$ 万日元用于投资，则有等式：（1＋6%/4）$x$＝200×158. 0235，计算可得 $x$＝31137. 5355 万日元。如果公司账面上可用现金为 31200 万日元，公司管理层可以采用财务部门的方案。

**五、论述题(每题 14 分，共 28 分)**

1. 贸易摩擦，是指在国际贸易中，国与国之间在进行贸易往来的过程中，在贸易平衡上所产生的摩擦，一般是由于一国的持续顺差、另一国的持续逆差，或一国的贸易活动触及或伤害另一国的产业所引起的。贸易摩擦主要分为显性贸易摩擦和隐性贸易摩擦两类。显性贸易摩擦是指当前呈现出来的贸易摩擦，包括反倾销、反补贴和保障措施引起的贸易摩擦。隐性贸易摩擦是指潜在的可能出现的贸易摩擦，包括由 TBT/SPS、知识产权保护和社会责任要求引起的贸易摩擦。

此轮中美贸易摩擦的表面原因是中国对美国多年来的贸易顺差。从 1985 年开始，美国对中国一直保持贸易逆差，并且逆差额逐年升高。截至 2017 年末，我国的外汇储备余额达到 3. 14 万亿美元。但是，对于美国而言，贸易逆差对国内经济造成了重大影响，其造成本国商品国际竞争力的削弱，引起贸易条件的恶化，同时造成失业率的增加，减少内需，影响经济发展和国际信誉。长达 30 多年的对华贸易逆差被特朗普及其班子认为是美国当今“最大的政治不正确”，认为美国是其他国家不公平和掠夺性贸易的受害者。在 2008 年全球经济危机后，美国经济非常脆弱，目前仍面临着失业率居高不下、国内消费低迷的状态，有效控制进口，保护国内经济体的快速恢复显得尤为迫切。而中国作为美国最大的贸易逆差国，因此，特朗普在就任美国总统几天后，就表达了其对中国政策的核心就是要平衡 30 多年累积的贸易逆差，最终目的是逼使中国“第二次门户开放”。

挑起对华贸易摩擦，贸易逆差并不是最主要的原因。中美两国更深层次表现出来的是隐性贸易摩擦。近年来，美国不断对我国的知识产权保护提出严重质疑，通过对出口到美国产品的专利、版权、技术标准、商标等发难，造成中美贸易摩擦的出现。在 2018 年最近的这次中美贸易摩擦中，美国对中国发起“301”调查以阻止中国通过不合理及歧视性措施获取美国的技术与知识产权。2018 年 4 月 16 日，美国商务部宣布禁止美国公司向中兴通讯销售电子技术或通讯元件，禁令有效期长达 7 年。上述一系列措施背后，是美国对华贸易政策的深层目标：一是美国的技术和知识产权不能流入中国企业手中；二是要保护国内的关键产业。美国发动贸易战的最终目的是保持美国国内产业，尤其是高科技产业的全球领先地位，反映出特朗普政府对中国技术进步和产业升级的忧虑。

面对中美贸易摩擦的不断升级，我国应制定如下应对措施：

（1）降低外贸依存度。我国国内市场庞大，但是需求不足导致我国对海外市场依赖性高，因此，拉动国内消费意义重大。为了实现这一目标，我国应该完善社会保障体系，提高居民可支配收入，引导居民建立正确的消费观。

（2）加快产业结构升级转型。针对美国对高端制造业和高新技术产业的关税政策，我们应该加快知识产权保护等基础设施建设，实施人才引进战略，坚定不移地推进国内产业结构转型，化解过剩产能，提高产业竞争力。

（3）进一步完善我国应对贸易摩擦的法律体系。这主要是指要加快知识产权保护、环境保护等方面的立法，在这些方面，我国虽然颁布了一系列法令，但是保护力度仍比较薄弱，与发达国家仍有很大差距，这就要求我国继续在这些方面加快立法进程。同时，目前我国应对贸易摩擦的法律体系是以《中华人民共和国对外贸易法》为核心的，但我国的《对外贸易法》还有很多不完善的地方，这就需要我们借鉴别国经验使《对外贸易法》突出应对对外贸易摩擦的职能，而且真正具有可操作性。

（4）善于利用WTO框架下的贸易争端解决机制。中国作为WTO的成员，可以积极运用WTO规则，通过磋商谈判和利用争端解决机制，就我国出口产品遭受的不公正待遇开展有理、有利、有节的斗争，以合理、合法地维护自身利益。

2.（1）进口对我国经济与贸易的影响有：

① 扩大消费品供给，促进消费升级。由于全球经济形势以及国内当前经济下行压力现状，拉动内需已经成为经济下行的一个缓冲措施。从国内来看，我国普遍存在有效供给不足以及消费降级的问题，国内生产加上贸易进口将会扩大内需，提升消费规模，降低供给成本，缓解消费降级，促进消费升级，符合供给侧改革的目的，从供给方面培育推动消费升级的动力，创新消费模式，拓宽消费空间。

② 形成竞争压力，推动产品升级。进口的扩大隐含两方面的信息：一是进口性质功能相同但规格、类型等方面存在差异的产品，二是进口国内稀缺甚至未出现的新产品。对于同质产品的进口，有利于对国内生产商形成竞争压力，推动生产商和制造商提高产品质量和服务，在原有产品的基础上推动产品创新，为产品升级提供外在推动力。对于稀缺产品和新产品的进口，对于国内而言，此类产品在市场上没有竞争对手或者少量竞争对手，盈利空间巨大，国内生产者本能的趋利反应形成对该类产品模仿的引导，形成国内关于该类产品的生产力，带动配套产业以及产业链上各企业的发展，推动产业结构的升级。

③ 改善中国对外贸易环境，缓解贸易摩擦。中国从入世后，经济持续高速发展，对外贸易额增长迅速，贸易顺差逐年拉大。就中国的贸易伙伴国而言，为了缩小本国贸易逆差，包括美国、日本、欧盟在内的多个国家和地区都对中国进行了多次立案调查，并且次数总体呈逐年增加的趋势。我国主动扩大进口，努力寻求贸易平衡，有利于优化我国国际贸易环境，减少与贸易伙伴间的逆差，增强我国与世界各国的经贸合作。

④ 推动"一带一路"建设，共享发展机遇，扩大国际"朋友圈"。上海国际进口博览会为"一带一路"沿线各国提供一个互通有无的平台，充分展示各国优势和潜力，除了政府层面的交流，更多的是沿线国家企业与企业之间的互动。对于"一带一路"沿线国家而言，本次开展并非一次国际贸易交流，更多的是对未来"一带一路"发展理念的相互沟通，对推进"一带一路"建设具有重要的战略意义。

（2）我国将采取四方面政策措施扩大进口：

① 优化进口结构，促进生产消费升级。支持关系民生的产品进口，适应消费升级和供给提质需要，支持与人民生活密切相关的日用消费品、医药和康复、养老护理等设备进口。落实降低部分商品进口税率措施，减少中间流通环节，清理不合理加价，切实提高人民生活水平。完善免税店政策，扩大免税品进口。大力发展新兴服务贸易，促进建筑设计、商贸物流、咨询服务、研发设计、节能环保、环境服务等生产性服务进口。增加有助于转型发展的技术装备进口，增加农产品、资源性产品进口。

② 优化国际市场布局。加强"一带一路"国际合作，充分发挥多双边经贸合作机制的作用，将"一带一路"相关国家作为重点开拓的进口来源地。加快实施自贸区战略，积极推进与有关国家和地区的自贸区谈判，加快建设立足周边、辐射"一带一路"、面向全球的高标准自贸区网络。落实自最不发达国家进口货物及服务优惠安排。

③ 积极发挥多渠道促进作用。办好中国国际进口博览会。持续发挥外资对扩大进口的推动作用，完善外商投资相关管理体制，优化境内投资环境。推动对外贸易与对外投资有效互动，加快推进签订高水平的投资协定，提高对外投资便利化水平。创新进口贸易方式，加快复制推广跨境电子商务综合试验区成熟经验做法，加快推进汽车平行进口试点。

④ 改善贸易自由化、便利化条件。大力培育进口促进平台，培育形成一批示范带动作用突出的国家进

口贸易促进创新示范区。优化进口通关流程，提高进口贸易便利化水平。降低进口环节制度性成本，清理进口环节不合理收费。加快改善国内营商环境，加强外贸诚信体系建设和知识产权保护，推进以缺陷进口消费品召回体系为核心的进口消费品质量追溯体系建设，严厉打击假冒伪劣商品，规范和完善国内市场秩序。

**【科兴点评】**2019 年的题目难度很大，尤其是简答题一改往年的识记考查风格，重点考查考生对教材知识点的理解和运用能力。其实，这种风格的命题能很好地区分考生层次，适合中财这个层次学校的定位。

# 复旦大学 2020 年 434 国际商务专业基础试题

**一、问答题(8 题，共 90 分)**

1. (15 分)2018 年美国出口至加拿大最大宗商品为汽车，同年加拿大出口至美国最大宗商品也为汽车。请问比较优势论能否解释这一贸易行为？为什么？

2. (15 分)货币之间汇率波动为国际商务带来了不确定性。请简述购买力平价理论对汇率波动的解释，你认为这种理论能解释过去三个月中英镑与美元之间的汇率变动吗？为什么？

3. (20 分)A 企业的国际商务活动主要是将自己在国内生产的商品出口，卖给海外市场的经销商，其海外销售份额占总销量的 90%以上。B 企业的国际商务活动主要是在海外设立生产基地，组织生产，随后将产品运回国内市场销售，其国内销售份数占总销量的 90%以上。请问，A 公司是跨国公司吗？B 企业呢？为什么？

4. (20 分)投资组合理论论证了理性投资者可以将资产分别投资于不同产品，来降低资产面临的总的风险，基于这一著名投资理论，许多学者认为，跨国企业 FDI 之所以存在，目的是将经营活动分散在世界各地，从而降低自身面临的经营风险。你认同这一观点吗？为什么？

5. (20 分)用国家竞争优势论论述好莱坞是如何成为世界影视中心的？

**二、论述题(每题 30 分，共 60 分)**

1. (30 分)两个学者提出了全球一体化和当地反应化两个概念，之后分别诞生了国际战略、全球战略、多国战略、跨国战略。解释这四种战略的内容、优缺点和适用条件。麦当劳餐饮连锁商店实施的是哪种战略？

2. (30 分)企业的进入方式有绿地投资，还有战略联盟的方式，企业在什么情况下倾向于战略联盟而不是绿地投资？战略联盟还有很多类型，如基于合作企业之间合同的契约型，或基于交叉持股和合资经营的股权型，请论述这两种战略联盟的区别。

## 复旦大学 2020 年 434 国际商务专业基础试题解析

**一、问答题(8 题，共 90 分)**

1. (1) 比较优势理论认为，只要各国之间存在生产技术上的相对差别，就会出现生产成本和产品价格的相对差别，从而使各国在不同的产品上具有比较优势，使国际分工和国际贸易成为可能。比较优势理论可以用来解释发展中国家与发达国家之间的产业间贸易现象，却不能用来解释材料中出现的发达国家之间的产业内贸易现象。

比较优势理论对这一新的现象无法解释是由于其模型的假设条件是局限的。比较优势理论是以规模不变的生产技术和完全竞争的市场结构为特征的，这些假设条件为进行理论分析提供了便利，但随着世纪情况的变化，已经不再适用。二战以后，随着经济的发展，人们发现很多制造业产品如汽车、半导体、计算机等的生产过程存在规模经济现象，即随着产量的扩张，产品的单位生产成本下降，从而规模收益不再是不变的，而是递增的。另外，比较优势理论要求的完全竞争市场在现实中也是很少出现的，绝大多数行业的厂商生产的产品都是有差异的，市场结构也是非完全竞争的，这也限制了比较优势理论的解释能力。

(2) 规模经济理论可以用来解释材料中出现的发达国家之间的产业内贸易现象。加拿大和美国都是资本充裕的国家，都生产资本密集型的工业品汽车，但汽车的种类有很多，至少有卡车和轿车两种。在贸易发生之前，各国各自生产一部分卡车和一部分轿车，如果两国允许贸易，市场就不再局限于本国，产品的生产可以增加从而产生规模经济使成本下降。假如加拿大抢先扩大生产卡车，并降低价格向美国出口，就有可能占领美国市场，并使卡车价格下降。由于汽车的种类很多，美国就没有必要继续生产卡车与加拿大竞争，可以将资源转移到轿车上去，扩大轿车生产，并以较低价格向加拿大出口。这种分工和贸易的结果使两国生产成本都降低，资源利用更加有效，而各国的消费量还有可能都增加。

2.（1）汇率是在外汇市场上一国货币与他国货币相互兑换的比率，是衡量两国货币价格高低的标准。购买力平价是对比国家间综合价格之比，即两种货币在不同国家购买相同数量和质量的商品和服务时的价格比率，衡量对比国家间价格水平的高低。根据20世纪初瑞典经济学家古斯塔夫·卡塞尔提出的购买力平价理论，认为在一个充分开放、充分贸易和市场充分有效的世界经济中，汇率是购买力平价的无偏估计量，即汇率的变动收敛于购买力平价。因此，购买力平价作为均衡汇率，是评价汇率波动正常与否的依据。但是在现实经济中，由于各国存在着大量的非贸易品，且市场经济条件也千差万别，满足购买力平价理论的前提条件并不成立，两者呈现出不同的走势。

（2）通过分析材料发现，英镑对美元近三个月以来一直处于升值状态，与购买力平价出现了一定程度的偏差。因此，不能使用购买力平价理论来解释三个月内英镑与美元间的汇率波动。究其原因，这是由购买力平价理论的缺点造成的。

① 在范围上，购买力平价包含了各国之间国内生产总值所有商品和服务的价格对比关系，而汇率只反映国与国之间贸易品部分的价格比率，没有反映各国建筑品、各种服务项目等非贸易品价格的对比关系。

② 在决定因素上，购买力平价直接受对比国之间实际价格水平的影响，反映某一货币在不同市场上的实际购买力；而汇率除了受各国通货膨胀率变动的影响以外，主要由外汇市场的供需关系所决定，并随本国的国际收支状况、利率、经济增长甚至政策干预、投机炒作、资本流动等诸多因素的变动而波动。

具体来说，本次英镑对美元的汇率表现是由一系列因素综合作用的结果。

① 协议脱欧影响投资者预期。英国脱欧公投后，英镑大幅贬值，这使得外国买家对英国资产的需求显著上升。英国脱欧的进展可能会使英镑从低估的水平上升，并回到脱欧公投前的水平附近。英国官方在2019年8月首次明确表示，将避免“无协议脱欧”，英镑汇率就处于稳定上升趋势中。在与欧盟签署脱欧协议后，涨势明显加速。汇价上涨，证实了投资者对英国经济前景重新树立信心。

② 英镑加息预期。在过去几个月，英国经济出现停滞。英国制造业下滑，工厂自4月份以来持续表现疲弱，抵消了服务业的增长。这可能使英镑再次受到经济基本面的推动。政府通过实施扩张性的财政政策，而不是寄托于英国央行政策宽松来提振经济，市场就会预期英国央行2020年内可能加息，这样就有利英镑走强。

③ 美联储连续降息，美元走弱。在2018年四次升息之后，美联储在2019年共进行了三次降息。这三次连续降息分别发生在7月、9月和10月，联邦基金利率目标区间下调至目前的1.5%～1.75%水平。美元降息，意味着美元资产的收益率下降。投资者会抛售美元资产，转而购买具有升值预期的英镑资产，英镑因此升值。

3. 跨国公司就是指具有全球性经营动机和一体化的经营战略，在多个国家拥有从事生产经营活动的分支机构，并将它们置于统一的全球性经营计划下的大型企业。

关于跨国企业内涵的界定，主要有以下几个标准：

（1）结构标准。在这种标准体系下跨国公司应该满足下面几个条件中的至少一个：在两个以上的国家经营业务；公司的所有权为两个以上国籍的人所拥有；公司的高级经理人员来自两个以上的国家；公司的组织形式以全球性地区和全球性产品为基础。

（2）业绩标准。这种标准是指凡是跨国公司则其在国外的生产值、销售额、利润额、资产额或雇员人数就必须要达到某一个百分比以上。而实践中采用25%作为衡量标准的情况较多。

（3）行为标准。该标准指跨国公司应该具有全球战略目标和动机，以全球范围内的整体利益最大化为原则，用一视同仁的态度对待世界各地的商业机会和分支机构。

题干中，A 企业是跨国企业。从结构标准来看，A 企业的产品国内生产，国外销售为主，显然满足了在两个以上的国家经营业务的标准；从业绩指标来看，A 企业在国外的销售额为 90%，大大高于 25%的标准；从行为标准来看，A 企业具有明显的全球战略动机。

B 企业也是跨国企业。从结构标准来看，B 企业国外生产产品，主要销往国内，显然满足了在两个以上国家经营业务的标准；从业绩标准来看，B 公司在国外的生产值占 90%以上，大大高于 25%的标准；从行为标准来看，B 企业明显具有全球性经营动机和一体化的经营战略。

4.（1）理论基础

马科维茨的现代投资组合理论认为，所有资产都具有风险和收益的两重性，在证券投资中，一般投资者的目的是获得一定的收益。投资者把资金投在几种证券上，建立一个投资组合，通过证券的分散而减少风险。

20 世纪 70 年代发展起来的分散风险理论，从马科维茨的证券组合理论出发，认为对外直接投资多样化是分散风险的结果。其前期代表人物是凯夫斯和斯蒂文斯。凯夫斯认为，直接投资中的“水平投资”通过产品多样化降低市场不确定，减少产品结构单一的风险；而“垂直投资”是为了避免上游产品和原材料供应不确定性风险。斯蒂文斯认为，厂商分散风险的原则和个人一样，总要求在一定的预期报酬下，力求风险最小化。但个人投资条件与企业不一样，个人主要投资于金融资产，厂商则投资于不动产，投资于不同国家和地区的工厂和设备。

该理论的后期代表人物阿格蒙和李沙德还认为，跨国公司对外直接投资是代表其股东作为分散风险的投资，不同国家和地区直接投资收益的不相关性为个人分散风险提供了很好的途径，甚至是证券投资无法提供的途径，因为证券市场，资本移动成本较高且制度不完善。另一学者阿德勒认为，既然跨国公司是直接代表股东作出投资决策的，个人证券投资上的限制不一定会导致对外直接投资，只有当外国证券市场不完善，不能满足个人投资需要时，跨国公司的直接投资才会进行。在这种情况下，跨国公司起到了分散风险的金融中介作用。

（2）具体分析

我认同题干中的观点。实行国际分散化经营，可以减少风险，取得较为稳定的收益。如果把企业用于生产和销售产品的资产看作一项组合，那么将仅仅置于一国之内与分散于多个国家，对于企业的经营风险和收益则大不相同；企业仅在一国经营，无法回避一国经济周期波动以及其他政治经济突发事件的不利影响；企业涉足多个国家，由于各国经济周期不同，经济、政治环境互有差异，就可以分散这类系统性风险，从而使企业全球范围内的净现金流量保持稳定。

5.（1）理论基础

波特的国家竞争优势的钻石模型认为，国家是企业或者产业参与国际竞争的基础，企业或产业的国际竞争优势是国家竞争优势的体现，或者说，国家竞争优势最终以特定产业作为载体而表现出来。国家竞争优势取决于四个基本因素：生产要素（包括人力资源、天然资源、知识资源、资本资源、基础设施等），需求因素（本国市场对该项产业所提供产品或服务的需求如何），相关和支撑产业因素（这些产业的相关产业和上游产业是否具有国际竞争力），企业组织、战略和竞争状态因素（企业在一个国家的基础、组织和管理形态，以及国内市场竞争对手的表现），以及两个辅助因素：机遇和政府。这六个因素共同构成一个动态的、激励创新的竞争环境，形成一个类似钻石分子结构的菱形结构。由于钻石结构是一个互相增强的系统，许多因素的相互作用产生互相加强的利益，从而构成一国国际竞争力的来源。

（2）具体分析

① 好莱坞影视产业集群的要素：区位优势及资本优势。

在好莱坞成为电影中心的初始阶段，区位优势不可不提。地处加利福尼亚州洛杉矶市西北郊的好莱坞，有着得天独厚的自然面貌，这是其他地方难以比拟的。尤其是在电影艺术发展初期，对外景的需求，使得好莱坞跟美国其他地方相比，有着绝对难以超越的地理优势。好莱坞三面环山、一面临海，气候温和宜人，日照时间长，对电影拍摄非常有利。除了自然环境之外，远离美国传统文化中心——以纽约为代表的经济发达、文化繁荣的东海岸，也是好莱坞在当时的历史条件下能够迅速发展起来的优势之一。由于远离了文化中心，好莱坞电影从诞生之日起，就沿着完全商业化的道路前进，并且在百余年的发展过程中，一直保持着其商业本性。好莱坞同其他国家电影行业的不同之处首先在于它的商业规模。

② 好莱坞影视产业发展的必要条件：国内国外的庞大市场。

强大的国内市场需求保证了美国电影产业的持续发展，美国本土的电影市场基本上就可以确保电影投资商收回成本。而海外市场的持续增长更是好莱坞电影发展的另一强劲动力。20 世纪 80 年代以来，伴随着全球一体化进程的加快，好莱坞文化霸权在全球市场急剧扩张。好莱坞电影成为先进文化和潮流时尚的代名词，迅速蔓延到世界各地，受到全球范围内的支持和青睐。全球市场的扩张给好莱坞影视产业提供了强大的票房来源和市场动力。

③ 与好莱坞影视产业集群相关的产业：娱乐经济。

好莱坞所拥有的不仅是影视产业，同时也是全球时尚的发源地，世界上众多商品大多是由于好莱坞影片而成为奢侈品顶级品牌的。好莱坞影片的营销模式带动了广告、时尚、衍生品销售、主题公园等娱乐经济的迅猛发展。好莱坞的相关产业，在电影主体产业的前期、后期均有涉及，使得好莱坞不仅在电影工业，更是在娱乐经济方面占据重要位置。

④ 好莱坞影视产业集群的发展战略：从垄断到分散。

电影产业是以高成本著称的，较高的门槛限制了很大一批中小企业的进驻，尤其是在垂直一体化时期，好莱坞完全由几个大型公司垄断。这种体制给好莱坞带来标准化的生产流程和较高的利润保证，但同时也有潜在的风险和危机。现在，好莱坞的生产和发行活动被两种主要的公司类型——巨型公司和独立公司所主宰，同时有第三种公司类型作补充，即巨型公司的辅助公司。这三种公司类型是根据它们各自在好莱坞集聚体经济中所起的作用，以及在外部营销和发行活动中所扮演的角色来划分的。

⑤ 好莱坞影视产业集群发展的机遇。

除了生产要素、需求条件、相关产业、企业战略等四大要素之外，波特的钻石模型中还包括两个相关要素，即机遇和政府。好莱坞成为全球影视产业的旗帜，绝对不是一件偶然的事情。好莱坞影视产业集群形成的过程中，有几次大的机遇悄然降临并被抓住：世界电影中心从法国转移到美国；美国电影中心从纽约转移到好莱坞；数字化浪潮缔造好莱坞新的神话。

当然，在好莱坞影视产业集群形成和发展的过程中，政府一直是不可或缺的推动力之一。二战结束以后，好莱坞的商业利益和华盛顿政府的目标逐渐一致，尤其是在经济领域。一个显著的例子就是针对欧洲的马歇尔计划，使得好莱坞影片可以大量出口到欧洲。美国政府、商务部和多个美国大使馆也共同努力，采用多项措施刺激贸易，帮助好莱坞建立其内部和外部经济。如今，随着全球化进程的加快，美国政府正在全球范围内不遗余力地推进自由贸易政策，尤其是在文化产品领域，联邦政府经常在各类商业论坛中向其他国家的政府呼吁，要求其对好莱坞影片持更加开放的态度。

## 二、论述题(每题 30 分，共 60 分)

1. (1) 国际市场营销战略是指企业根据国内外市场环境及其内部条件所制定的具有全局性和长远性的营销目标和实现营销目标的途径。全球化背景下的战略可以分为国际战略、多国战略、全球战略和跨国战略等四种模式。每种战略各有其优缺点，各种战略的适用性取决于降低成本和地区调适压力的程度大小。

① 国际战略指跨国企业先为国内市场生产产品，再根据地区情况稍做改变，以将产品销往世界各地。采用这一战略的企业的目的是在世界范围内通过充分利用母公司的创新能力和开发出来的技术获得更多的利润。国际战略的优点在于向国外输出独特的竞争力；其缺点是：当地市场反应差，难以取得区位经济及经验曲线效果。其适用的情形是当企业面对降低成本压力低而其产品可以满足普遍需求且缺少强大竞争对手。追求该战略的企业往往把产品的开发只能集中于母国，母公司雄厚的创新技术是运用该战略的前提条件。

② 多国战略又称本土化战略，该战略把战略重点放在各东道国的差异上，通过提高东道国的经营环境和市场需求的适应能力，扩大在国外市场的占有率和销售收入。企业经营很大程度依赖于东道国子公司自身的适应能力、创新能力以及当地市场的开拓能力。多国战略的优势是可以将公司的竞争策略同东道国的环境匹配起来。多国战略有两个很大的缺陷：很难跨越国家的边境，利用和转移公司的能力和资源；不会

促进建立一致的统一的竞争优势。实行该战略的适用条件是当各国消费者对国际企业所提供的产品或者服务的兴趣差异大，而降低成本压力不高时。

③ 全球战略，又称全球标准化战略。采用这种战略的企业，跨国经营的侧重点在于通过获得全球性经营效率、规模经济、学习效应以及区位经济获得成本优势，提高在全球市场的占有率，以增强企业的盈利能力。全球战略的优点是可以获得经验曲线效果及区位经济效果；缺点在于当地市场反应差。该战略实行的条件是当成本降低压力强烈，而地区调试压力较低时。

④ 跨国战略综合了上述三种战略目标，其侧重点在于同时建立全球效率、经营灵活性和世界范围的学习能力，并且同时兼顾创新能力与效率、成本与收入；该战略的核心内容是确定如何合理配置资源及各种生产、管理和经营能力，同时在适应能力、全球经营效率和创新能力三个方面建立竞争优势。跨国战略可实现区位经济，可实现曲线经验经济，可把核心竞争力转移到国外，可获得全球学习的好处。所以跨国战略的优点最多，其缺点则是由于组织上的问题而不易实行。该战略实行的条件是当企业同时面临着降低成本的压力与很高的地区调试压力时。通过区域市场解决地区差异问题以提高产品差异化能力，且通过公司全球经营网络的子公司之间实现技术流动扩大技术的扩大效应。

（2）我认为麦当劳连锁店在其国际化过程中使用的是全球化战略。

① 麦当劳统一的经营原则。麦当劳著名的经营原则质量（Quality）、服务（Service）、清洁（Cleanliness）和价值（Value），即 Q. S. C& V 原则。

② 统一的品牌形象。麦当劳公司通过其产品、员工、儿童游乐场、麦当劳店的实体设施、口碑、广告展示着麦当劳的品牌形象。在顾客脑海中形成高品质的产品、方便快捷的服务、清洁温馨的进餐环境与氛围的麦当劳形象。

③ 全世界都熟悉的核心菜单。麦当劳在长期以来，依靠大批顾客的信任度——他们热衷于熟悉的核心菜单。在那里的菜单基本是不变的：汉堡包、土豆条、饮料、沙拉。而全球统一标准的汉堡、薯条、可乐正是麦当劳快餐食品的不变象征，随着几十年的全球连锁店的扩张，也将这份核心菜单带入了每个顾客心中，从而也在顾客心中形成了物化的麦当劳概念。

④ 标准化的管理。在用人方面与肯德基不同的是，麦当劳的管理层几乎都是洋面孔，这是因为中国区对麦当劳来说是全球战略的一部分，无论在其他方面还是人才方面，都要保持与全球的一致性。麦当劳公司在全球实行标准化的特许经营，对所有的连锁店麦当劳公司强调本部监控，严格管理。例如麦当劳公司使用一本长达 350 页的员工操作手册用于各连锁店的管理，该手册对有关食品、促销、店址的选择和装潢、各种工作的方法和步骤等方面都详细给出了定性或定量的规定。

当然，麦当劳也在一定程度上实施了本土化策略，比如每个国家的产品都会根据本地人的口味作相应调整，并且营销手段也有很强的本土化色彩。但综合来看，本土化战略只是辅助，全球化战略才是核心。

2.（1）企业在以下情况下倾向于战略联盟而不是绿地投资：

① 有效绕过贸易壁垒，减少贸易摩擦。全球一体化的过程中，区域经济一体化趋势加剧。为保护本国市场，削弱外来竞争，各国在降低关税的同时，采用了大量的非关税壁垒。特别是欧盟建立大市场以来，成员国对汽车和纺织品等采取了统一的贸易保护政策，非成员国与欧盟的贸易摩擦不断出现。为了有效应对欧盟的贸易保护壁垒，美国和日本的跨国公司积极与西欧同行业的大公司结成战略联盟。

② 有利于促进技术创新。先进技术是企业提高竞争力的关键。新技术的突破，往往带动新产品、新工艺、新材料的全面发展，并可为企业开辟新的经营领域，提高企业现有的运营效率和经济效益。随着技术创新和普及速度的不断加快，企业在充分利用和改进原有核心技术的同时，必须不断创新拓展新的技术领域。同时，联盟战略还有利于缩短产品创新的时间。因此，企业之间结成战略联盟促进技术创新已成为一种新的经营模式。特别是在航空、电子、信息、自动化、汽车等高科技产品领域，这种企业战略联盟现象尤为引人注意。

③ 实现资源互补。国际竞争环境的变化对公司的绩效目标造成巨大压力，使它们制定的战略绩效目标同它们依靠自身资源和能力所能达到的目标之间存在一个缺口，这个缺口就是战略缺口。战略缺口在不同程度上限制了公司走一切依靠自身资源和能力而自我发展的道路，在客观上要求跨国公司走战略联盟与合

作的道路。通常认为，资源在企业之间的配置总是不均衡的，在资源方面或拥有优势，或存在某种不足，通过战略联盟便可以达到资源共享、优势互补的效果。

④ 实现强强联合、寻求更高资本收益。随着经济全球化趋势的加强，跨国公司面临的市场都是作为一个整体的全球市场，它们之间演绎的寡头间的竞争变得越来越激烈，企业传统的核心业务领域越来越多地面临着来自企业内外激烈的竞争，技术革新速度的加快使得原来单挑独干的企业越来越感到力不从心。为了分散风险，通过资源和优势的互补来实现强强联合无疑是适应全球化竞争的重要战略。

（2）按照联盟企业之间的相互依存程度来划分，跨国战略联盟可以分为股权式战略联盟和契约式联盟两种。股权式联盟是指涉及股权参与的企业间同盟。通常的情况是联盟成员通过购买彼此少量的股份而结成战略联盟，以巩固良好的合作关系。契约式联盟是指借助契约建立的、不涉及股权参与的合伙形式，如联合研究与开发、产业协调协议等。

相对于股权式战略联盟而言，契约式联盟由于更强调相关企业的协调与默契，从而更具有联盟的本质特征。其在经营的灵活性、自主权和经济效益等方面比股权式战略联盟有更大的优越性：

① 股权式战略联盟要求组成具有法人地位的经济实体，对资源配置、出资比例、管理结构和利益分配均有严格规定；而契约式战略联盟无须组成经济实体和固定的组织机构，结构比较松散，协议本身在某种意义上只是无限制性的“意向备忘录”。

② 股权式战略联盟各方按出资比例有主次之分，且对各方的资金、技术水平、市场规模、人员配备等有明确规定，股权大小决定发言权的大小；而契约式战略联盟各方一般都处于平等和相互依赖的地位，相对保持经营上的独立性。

③ 在利益分配上，股权式战略联盟按出资比例分成，合资各方的利益体现在最后的分配上，而契约式战略联盟中各方可以根据自己的情况，在各自承担的工作环节上进行经营活动，取得自己的利益。

④ 股权式战略联盟的初始投入较大，转置成本较高，难撤离，灵活性差，风险大，政府的政策限制也很严格，而契约式战略联盟则可避开这些问题。

**【科兴点评】**2020 年的试题相比于往年而言，难度有了明显的提升。以前真题多数题目的答案都能从指定参考书目上找到。2020 年的试题明显加大了对教材知识点理解与运用的考查，很难从书上找到现成的答案。只能说，现在复旦的题目出得越来越好了，能很好地区分考生的知识水平和答题能力。

# 暨南大学 2020 年 434 国际商务专业基础试题

**一、单项选择题(每题 2 分，共 10 分)**

1. 购买力平价说是瑞典经济学家(　　)在总结前人研究的基础上提出来的。
   A. 葛森　　B. 卡塞尔　　C. 蒙代尔　　D. 麦金农
2. 所谓空白抬头、空白背书提单是指(　　)。
   A. 提单的收货人一栏什么也不填，也不背书
   B. 提单的收货人一栏内填上“空白”二字，在提单的背面也写上“空白”二字
   C. 提单的收货人一栏填上“TO ORDER”，在提单背面由托运人签字
   D. 提单的收货人一栏填上“TO ORDER”，在提单背面由承运人签字
3. 信用证规定到期日为 2001 年 5 月 31 日，而未规定最迟装运期，则可理解为(　　)。
   A. 最迟装运期为 2001 年 5 月 10 日　　B. 最迟装运期为 2001 年 5 月 16 日
   C. 最迟装运期为 2001 年 5 月 31 日　　D. 该信用证无效
4. 在 CIF 贸易术语下，以(　　)作为划分风险的界限。
   A. 装运港码头　　B. 装运港船舷　　C. 目的港码头　　D. 目的港船上
5. 欧洲货币市场是(　　)。
   A. 经营欧洲货币单位的国家金融市场　　B. 经营欧洲国家货币的国际金融市场
   C. 欧洲国家国际金融市场的总称　　D. 经营境外货币的国际金融市场

**二、名词解释(每题 8 分，共 40 分)**

1. 租赁贸易　　2. 不可抗力
3. 购买力平价　　4.“自动”出口配额制
5. 倾销和反倾销

**三、简答题(每题 14 分，共 42 分)**

1. 请列举鼓励出口的措施。
2. 国际结算方式主要有哪些？
3. 简述进口国征收反倾销税的充要条件以及出口商实施倾销行为的必备条件。

**四、计算题(18 分)**

下表为 2000—2015 年广东省来料加工和进料加工进出口额在加工贸易总额中所占比重。

| | 来料加工<br>进出口总额/亿美元 | 进料加工<br>进出口总额/亿美元 | 加工贸易<br>进出口总额/亿美元 | 来料加工<br>所占比重/% | 进料加工<br>所占比重/% |
|---|---|---|---|---|---|
| 2000 | 444. 89 | 766. 62 | 1211. 51 | 36. 72 | 63. 28 |
| 2005 | 688. 98 | 2232. 10 | 2921. 08 | 23. 59 | 76. 41 |
| 2010 | 845. 32 | 3615. 04 | 4460. 36 | 18. 95 | 81. 05 |
| 2015 | 543. 68 | 3869. 63 | 4403. 31 | 12. 35 | 87. 65 |

数据来源：广东省统计年鉴

请解释来料加工贸易与进料加工贸易的区别。另外，上表数据中所占比重历年的变化能说明些什么，请简述之？

五、论述分析题(每题 20 分，共 40 分)

1. 请论述企业跨国并购(M&A)的基本动机与内外部风险。

2. 请论述外汇(汇率)风险的三种类型及其防范措施。

# 暨南大学 2020 年 434 国际商务专业基础试题解析

一、单项选择题(每题 2 分，共 10 分)

1. B。购买力平价理论最早是由 20 世纪初瑞典经济学家古斯塔夫·卡塞尔提出的。

2. C。提单“收货人”栏，又称提单抬头，表明货物所有权的归属。不记名指示提单仅填写“TO ORDER”(凭指定)，必须由托运人背书后才能转让，又称“空白抬头”。

3. A。装运期或最迟装运期：即卖方将全部货物装上运输工具或交付给承运人的期限或最迟日期。理想的到期日(有效期)= 最迟装船期+交单期，信用证中如有规定，必须在规定的有效期内交单；如没有规定，则最迟于运输单据日期 21 天内交单。

4. B。CIF 到岸价即“成本、保险费加运费”是指在装运港被装上承运人船舶时即完成交货。按 CIF 术语成交，虽然由卖方安排货物运输和办理货运保险，但卖方并不承担保证把货送到约定目的港的义务，因为 CIF 是属于装运交货的术语，而不是目的港交货的术语，也就是说 CIF 不是“到岸价”。

5. D。传统意义上的欧洲货币市场是指非居民间以银行为中介在某种货币发行国国境之外从事该种货币借贷的市场，又可以称为离岸金融市场。现代欧洲货币市场的定义是经营在货币发行国境外被储蓄和借贷的各种货币的市场。

二、名词解释(每题 8 分，共 40 分)

1. 租赁贸易，指出租人提供设备，承租人并不付价款，只按期缴纳租金，协议期满设备另行处理的一种贸易方式。现代经济活动中的租赁贸易，是租赁公司向国内外用户出租动产的一种业务。这些动产的价格一般比较昂贵，如电子计算机、飞机、船只、汽车、采矿设备、纺织机械、农业机械等，近年来又扩大到成套工厂和大型成套设备。租赁贸易下，在租期内，动产的所有权归出租方，使用权归承租方，承租方可以利用动产的收益偿付租金，减少了投资费用。同时承租方可在租赁期内更换设备，经常使用新技术。

2. 不可抗力是指不能预见、不能避免并不能克服的客观情况。不可抗力的来源既有自然现象，如地震、台风，也包括社会现象，如军事行动。作为人力所不可抗拒的强制力，具有客观上的偶然性和不可避免性，主观上的不可预见性以及社会危害性。世界各国均将不可抗力作为免责的条件，中国民法也不例外。《中华人民共和国民法典》第一百八十条规定，因不可抗力不能履行民事义务的，不承担民事责任。法律另有规定的，依照其规定。

3. 购买力平价是根据各国不同的价格水平计算出来的货币之间的等值系数。目的是对各国的国内生产总值进行合理比较。购买力平价汇率与实际汇率可能有很大的差距。在对外贸易平衡的情况下，两国之间的汇率将会趋向于靠拢购买力平价。购买力平价分为绝对购买力平价和相对购买力平价。前者指本国货币与外国货币之间的均衡汇率等于本国与外国货币购买力或物价水平之间的比率；后者指不同国家的货币购买力之间的相对变化，是汇率变动的决定因素。

4. “自动”出口配额制是出口国家或地区在进口国的要求或压力下，“自动”规定某一时期内某些商品对该国的出口限制，在限定的配额内自行控制出口，超过配额即禁止出口。它是在二战后出现的非关税壁垒措施，出口限制实际上是进口配额制的变种，同样起到了限制商品进口的作用。它的重要特点就是带有明显的强制性，“自动”出口限制往往是出口国在面临进口国采取报复性贸易措施的威胁时被迫做出的一种选择。

5. 倾销是产品以低于其正常价值的价格出口到另一国家(地区)的行为。若出口方的经济为市场经济，则可用其国内销售价、向第三方的出口价等为依据确定正常价值；若出口方的经济被认定为非市场经济，则要以替代国价格、相似产品在进口国的销售价格等为依据确定被指控产品的正常价值。反倾销是指对外国商品在本国市场上的倾销所采取的抵制措施。一般是对倾销的外国商品除征收一般进口税外，再增收附加税，使其不能廉价出售，此种附加税称为“反倾销税”。

## 三、简答题(每题14分，共42分)

1. 出口鼓励措施包含：

(1) 鼓励出口的财政政策主要是指各种类型的出口补贴，是指一国政府为了降低本国的出口商品价格，加强其在国外市场上的竞争能力，在出口某种商品时给予出口厂商的现金补贴或财政上的优惠待遇。出口补贴又包括直接补贴和间接补贴两种方式。

(2) 出口信贷是指一个国家的银行为了鼓励本国商品的出口，加强本国出口商品的竞争力，对本国的出口厂商、外国的进口厂商或进口方银行提供的贷款。出口信贷通常是在出口成套设备、船舶、飞机等商品时由出口方银行提供的，因这类商品价格昂贵，进口方难以马上支付，若出口商得不到货款，又无法正常进行资金周转，这就需要有关银行对进口方或出口方提供资金融通，促成生意，扩大本国商品出口。

(3) 商品倾销就是指出口商以低于国内市场价格，甚至低于商品生产成本的价格，集中或持续地大量向国外市场抛售商品的行为。

(4) 资本政策是指出口国政府通过资本输出来带动本国出口贸易的发展。资本输出包括生产资本输出即对外直接投资和借贷资本输出即对外间接投资，包括有价证券投资和直接对外贷款。

(5) 组织政策即设立专门的促进出口的组织机构等。

2. 国际结算，通过国际间的货币收付，对国与国之间由于经济、政治和文化往来而发生的债权债务予以了结清算。国际结算方式是通过货币收付，结清国际贸易和非贸易交易中产生的债权债务的具体方式。国际结算方式共分为三种，即信用证、托收和汇付。

(1) 信用证是一种由银行依照客户的指示和要求开立的有条件承诺付款的书面文件。一般分为不可撤销的跟单信用证和可撤销的跟单信用证。最新的UCP600规定银行不可开立可撤销信用证。信用证业务涉及六个方面的当事人：开证申请人、开证行、通知行、收益人、议付银行、付款银行。

(2) 托收是指出口商开立汇票连同货运单据委托出口地银行通过进口地代收银行向进口企业收款的结算方式。托收也称单托收，根据交单条件不同分为付款交单和承兑交单。

(3) 汇付是指交款人按约定的时间和条件通过银行把款项交收款人的结算方式，汇付分为信汇、电汇和票汇。

3. (1) 反倾销的实施条件：根据WTO的《反倾销协定》的规定，反倾销措施的实施必须具备以下三个基本条件：

① 存在倾销。倾销的确定是实施反倾销措施的首要条件，在确定一个产品是否倾销时，必须比较该产品的出口价格与正常价值。如果出口价格低于正常价值便存在倾销。协定提供了三种计算产品“正常价值”的方法，其一是基于出口国国内的市场价格；其二是基于另一国出口商的价格；其三是考虑出口商生产成本、其他费用和正常利润的综合计算值。

② 存在实质损害。损害应该根据确凿的证据确定，主要有三种表现：一是指对进口国国内产业的实质损害，二是指对进口国产业产生实质威胁，三是指对进口国新建产业产生实质阻碍。

③ 倾销与损害存在因果关系。《反倾销协定》还要求协调其他可能使国内产业受到损害的已知因素。如：需求萎缩或消费模式的改变、技术发展等因素。凡其他因素造成的损害，不能归咎于倾销的进口产品。

(2) 出口商实施倾销行为的必备条件

① 必须是不完全竞争的行业，具有垄断力量的厂商是市场价格的制定者而非市场价格的接受者。

② 本国和外国必须被很好地分隔，使国内居民不能轻易回购出口产品。

③ 出口厂商在国内面临的需求弹性较国外的小。只有具备了这些条件，垄断厂商会发现实施倾销有利可图。由于倾销实施低价策略，虽然可以扩大出口，但是存在利润下降和亏损风险。因此，倾销必须有政府强有力的支持，例如，出口国政府高筑关税和非关税壁垒控制外国商品进入以维持国内垄断高价、弥补出口损失，防止出口商品倒流；出口国政府负担出口亏损，对内高价收购、对外低价倾销；出口商在挤垮竞争对手、垄断国外市场后抬高价格以弥补倾销阶段的损失等等。

**四、计算题（18分）**

进料加工和来料加工有相似的地方，二者均表现为“两头在外”，即原料来自国外，由国内企业加工后，成品又销往国外，但二者有明显的区别：

（1）进料加工业务中，原料进口和成品出口是两笔不同的交易，两笔交易均发生所有权的转移，且原料供应者与成品购买者之间没有必然的联系。而来料加工属于委托加工，原料运进和成品运出属于一笔交易，原料供应者也就是成品的接受者。

（2）进料加工业务中，企业从国外购进原料，经过加工使价值增值，再销往国外市场，全部产品附加值都由加工企业取得。当然，企业也要承担相应的销售风险。而在来料加工业务中，加工企业挣取的仅仅是劳务报酬，商品附加值的相当大部分由委托商获得，与此相应，加工好的产品由委托方自行销售，加工方无须承担销售风险。

（3）上表数据表明加工贸易进口总额不断增加，其中来料加工所占比逐年下降，进料加工所占比逐年增加。说明广东省的产业结构在发生变化，更加注重自有品牌的发展，单纯做中间加工挣取劳工费的企业越来越少。进料加工的好处很多，可以利用国外资源弥补本国资源的不足；对企业经营管理水平要求更高，迫使企业改革企业经营管理机制；可以扩大外贸出口，为国家增加外汇收入；可以充分利用本国的厂房、设备、人力资源；可以产生更大的社会综合效益。

**五、论述分析题（每题20分，共40分）**

1.（1）跨国并购是指跨国兼并和跨国收购的总称，是指一国企业为了达到某种目标，通过一定的渠道和支付手段，将另一国企业的所有资产或足以行使运营活动的股份收买下来，从而对另一国企业的经营管理实施实际的或完全的控制行为。

（2）跨国并购的基本动机如下：

① 扩大市场份额。并购可以使一国企业以最快的速度进入他国市场并扩大市场份额。

② 获取各种现有资源。目标企业在东道国一般都有比较成熟和丰富的资源。这些资源的存在可以使并购方绕开初入他国市场的困难，迅速投入生产，完善和开拓销售渠道，扩大市场份额，减少竞争压力。这些都是其他跨国投资方式难以获得的。

③ 融资便利。一国企业向他国投资常常需要融资，与“绿地投资”相比，并购可以比较容易地获得融资，从而避免现金支付的压力。

④ 其他优势。跨国并购还可以有效降低进入新行业的壁垒，大幅度降低企业发展的风险和成本，充分利用经验曲线效应，获得科学技术上的竞争优势等。

（3）企业跨国并购内部风险包含价值风险和整合风险：

① 价值风险是指并购过程中存在信息不对称的问题，并购企业对目标企业的信息不能够进行充分了解，因而过高估计了被并购企业的价值。

② 整合风险是指在并购活动完成后，对被并购企业的有形资源的重组和无形资源的整合出现的不确定性带来的并购失败的风险。对并购双方资源的重新配置是企业并购后非常重要的内容，也是决定并购最终成功与否的关键。企业文化差异、组织方式不一、管理理念不同都会造成整合的困难与失败。

（4）企业跨国并购外部风险包含政治风险和法律风险：

① 政治风险指在国际经济活动中，投资所在国国内政治环境或东道国与其他国家之间政治关系发生改变而给并购企业或投资者带来经济损失的可能性。东道国与目标企业担心被收购之后，本国资源会被垄断，经济受到损害，甚至危害国家安全。这种政治敌意使海外并购之路困难重重，政府甚至会利用法律或者行政手段对并购项目进行直接干预，使项目失败或者令并购企业蒙受巨大损失。

② 在并购阶段面临的法律风险，主要是很多国家会对并购进行立法规范，包括反垄断法、证券法、公司法等，如果在并购过程中触犯到这些法律，必然会导致失败。而且，在并购中，并购企业会面临很多债权人，只有债权人批准，目标公司才可以出售资产。并购公司不仅要继承目标公司的资产，也要承担目标公司的债务责任和法律责任，风险的隐蔽性更大。

2. 外汇风险又称汇率风险，是指一定时期的国际经济交易当中，以外币计价的资产与负债，由于汇率的波动而引起其价值涨跌的可能性。从国际商务角度来看，外汇风险可以分为：交易风险、折算风险和经济风险。

（1）交易风险是指国际企业在其经营活动中，由于外汇汇率波动引起其拥有的债权或应付的债务价值变化的风险。这种风险从签订交易合同，确定以外币计价的交易金额时就开始产生，直到结算为止。

企业交易风险防范措施有：

① 采用货币保值措施。货币保值措施是指买卖双方在交易谈判时，经协商，在交易合同中订立适当的保值条款，以应对汇率变化的风险。常用的有硬货币保值条款和一揽子货币保值条款。

② 选择有利的计价货币。企业在交易过程中，选择计价货币应遵循以下原则：选择可自由兑换的货币；付汇用软货币，收汇用硬货币。

③ 采用远期外汇交易法。远期外汇交易就是进出口企业把用外币计价结算的应付(收)货款，在合同签订后，同银行办理远期买进(卖出)外币货款的合同，以贸易结算日为合同交割日，合同汇率根据相应期限的远期汇率预先确定。

④ 采用国际借贷法。国际借贷法是指在中长期国际收付中，企业利用国际信贷方式，一方面获得资金融通；另一方面转嫁或抵消外汇风险。主要有出口信贷、福费延、保付代理三种形式。

⑤ 采用提前或延期结汇法。提前或延期结汇法是指在国际收支中，企业通过预测支付货币汇率的变动趋势，提前或延迟收付外汇款项，来达到降低外汇风险的目的。

⑥ 利用衍生金融工具进行套期保值。利用衍生金融工具进行套期保值，主要包括货币期权、货币期货、掉期外汇交易三种形式。

（2）折算风险又称会计风险，是指国际企业在合并财务报表时，由于汇率的变化而引起的以外币计价的资产与负债价值及利润价值发生变动的风险。

企业防范折算风险的方法主要有两种：资产负债表中性化和风险对冲。

① 资产负债表中性化要求企业调整资产和负债，使得以各种功能货币表示的资产和负债的数额相等，从而让受险的资产和负债之差为零。

② 风险对冲法是通过金融市场操作，利用外汇合约的盈亏来冲销折算盈亏。但由于税收差异的存在，风险对冲操作有时难以有效降低企业的实际风险。

（3）经济风险又称经营风险，是指由于意料之外的汇率波动引起公司或企业未来一定期间的收益或现金流量变化的一种潜在风险。

经济风险是衡量企业未来现金流量对潜在汇率变动的敏感性，其防范的主要目标是隔离这种影响。因此，企业可以根据生产经营的特点，选择以下措施降低经济风险。

① 营销战略选择。当本币升值时，国内产品在国际市场上将处于不利的竞争地位，国内市场相对来说潜力较大，企业此时应注重国内市场的开拓。

② 生产调整战略。当外汇汇率波动较为剧烈，以至于上述营销调整无济于事时，企业应把精力转向生产策略调整方面，着手降低生产成本，对经济风险进行有效的控制。

③ 财务战略。财务战略是对企业的债务结构进行重新调整，以便在汇率发生变动时，企业的资产收益的下降会被相应的清偿债务的成本下降所抵消。跨国公司如果预期某子公司所在国货币将发生贬值时，应当通过转移定价及早将子公司以当地货币表示的利润转移到母公司。反之，当预期某子公司所在国货币将升值时，可以延迟将该子公司的利润转移到母公司，甚至可以将其他子公司的利润通过转移定价的方式转移到该子公司。

# 南开大学 2020 年 434 国际商务专业基础试题

**一、名词解释(每题 5 分，共 30 分)**

1. 国民总收入
2. 价值链
3. 经验曲线
4. 外汇掉期
5. 最惠国条款
6. 金本位制度

**二、简答题(每题 10 分，共 80 分)**

1. 简述绝对优势理论和比较优势理论的假设前提。
2. 简述离岸金融中心的概念和主要特征。
3. 简述公司垂直差异化角度下，集权和分权策略选择，以及赞成集权的理由。
4. 简述企业国际扩张的地理分散化策略和集中化策略，以及影响选择的因素。
5. 简述菲利普斯曲线长期失败原因。
6. 结合总供给总需求曲线解释滞胀的原因。
7. 结合消费者剩余解释消费者购买行为的发生。
8. 最低工资政策对有经验的高技能工人和刚入职的低技能工人，哪个影响更大？

**三、论述题(每题 20 分，共 40 分)**

1. 常用的国际定价策略有哪些？并简述歧视性定价策略的适用条件。
2. 结合汇率决定理论和汇率制度的知识，解释影响人民币汇率走势的因素，并且展望人民币的长期发展趋势。

## 南开大学 2020 年 434 国际商务专业基础试题解析

**一、名词解释(每题 5 分，共 30 分)**

1. 国民总收入(GNI)，是指一个国家或地区所有常住单位在一定时期内所获得的初次分配收入总额。它等于国内生产总值加上来自国外的净要素收入。1993 年以前，这一指标被称为国民生产总值(GNP)，由于它是一个总量衡量指标，叫“生产”总值名不符实，所以联合国 1993 年的国民经济核算国际标准将其改为 GNI。

2. 价值链是指企业价值创造过程中一系列不相同但相互联系的价值活动的总和。企业其实是研发、设计、生产、营销和售后服务等一系列价值活动的集合。可见，企业是一条由各项作业链接而成的作业链。

3. 经验曲线是一种表示生产单位时间与连续生产单位之间的关系曲线。横轴表示连续生产单位，纵轴表示生产一单位产品的时间。经验曲线效应认为，随着连续不断地生产，生产一单位产品的时间缩短。

4. 外汇掉期，是交易双方约定以货币 A 交换一定数量的货币 B，并以约定价格在未来的约定日期用货币 B 反向交换同样数量的货币 A。外汇掉期业务结合了外汇市场、货币市场和资本市场的避险操作，为规避中长期的汇率和利率风险提供了有力的工具。

5. 最惠国条款是国际经济贸易关系中常用的一项制度，又称“无歧视待遇”。它通常指的是缔约国双方在通商、航海、关税、公民法律地位等方面相互给予的不低于现时或将来给予任何第三国的优惠、特权或豁免待遇。

6. 金本位制度是以黄金为本位币的货币制度。在金本位制下，每单位的货币价值等同于若干重量的黄金(即货币含金量)；当不同国家使用金本位时，国家之间的汇率由它们各自货币的含金量之比来决定。在历史上，曾有过三种形式的金本位制：金币本位制、金块本位制、金汇兑本位制。其中金币本位制是最典型的形式。

**二、简答题(每题10分，共80分)**

1.(1) 绝对优势理论的假设前提如下：

① 世界上只有两个国家，并且只生产两种商品。

② 劳动是唯一的要素投入，每国的劳动力资源在某一给定时间都是固定不变的，且具有同质性，劳动力市场始终处于充分就业状态。

③ 劳动力要素可以在国内不同部门之间流动但不能在国家之间流动。

④ 两国在不同产品上的生产技术不同，并且，两国的技术水平都保持不变。

⑤ 规模报酬不变。

⑥ 所有市场都是完全竞争的，没有任何一个生产者和消费者有足够的力量对市场施加影响，他们都是价格的接受者；且各国生产的产品价格都等于产品的平均生产成本，没有经济利润。

⑦ 实行自由贸易，不存在政府对贸易的干预或管制。

⑧ 运输费用和其他交易费用为零。

⑨ 两国之间的贸易是平衡的，因此，不用考虑货币在国家间的流动。

(2) 比较优势理论的假设前提如下：

① 假定贸易中只有两个国家和两种商品，这一个假设的目的是用一个二维的平面图来说明这一理论。

② 两国在生产中使用不同的技术。技术的不同导致劳动生产率的不同进而导致成本的不同。

③ 模型只假定在物物交换条件下进行，没有考虑复杂的商品流通。

④ 在两个国家中，商品与要素市场都是完全竞争的。

⑤ 在一国内要素可以自由流动，但是在国际间不流动。

⑥ 分工前后生产成本不变。

⑦ 不考虑交易费用和运输费用，没有关税或影响国际贸易自由进行的其他壁垒。

⑧ 价值规律在市场上得到完全贯彻，自由竞争，自由贸易。

⑨ 假定国际经济处于静态之中，不发生其他影响分工和经济变化的因素。

⑩ 两国资源都得到了充分利用，均不存在未被利用的资源和要素。

2.(1) 国际离岸金融中心是一些国家和地区，特别是加勒比和南太平洋地区资源匮乏的发展中岛国，通过立法手段培育和发展一些特殊的经济区，允许国际自然人或者法人在其领土上从事各种离岸业务，并主要依靠低税或者免税政策大力发展离岸金融业来吸引逃避本国税收和其他目的的国外资本，以发展本国经济。

(2) 其主要特征如下：

① 业务活动很少受法规的管制，手续简便，低税或免税，效率较高。

② 离岸金融市场借贷货币是境外货币，借款人可以自由挑选货币种类。该市场上的借贷关系是外国放款人与外国借款人的关系，这种借贷关系几乎涉及世界上所有国家。

③ 离岸金融市场利率一般来说，其存款利率略高于国内金融市场，利差很小，更富有吸引力和竞争性。

3.(1) 国际企业的组织结构分为水平差异化和垂直差异化。水平差异化即部门划分，实质是部门专业化；垂直差异化即配置权威，也称控制。根据决策权是否下放给低层级管理者分为集权和分权。集权是指决策权在组织系统中较高层级的一定程度的集中。分权是指决策权在组织系统中较低管理层级的一定程度的分散。集权与分权并不是非此即彼的关系，企业的组织原则应体现决策的集中与分散相结合的原则，对集权层面、分权层面及决策的可分散程度，应有较为明确的划分。就组织层级而言，在国外子公司层面上做出的决策应从分权角度考虑，而在总公司层面上做出的决策则应从集权角度考虑；就公司职能而言，有关公司的整个战略、重要的财务支出、财务目标等诸如此类的决策采用集权形式，而经营决策如生产、营销、研发和人力资源管理则更多的是采用分权形式。

（2）赞成集权的理由有：

① 可以政令统一，使标准一致，便于管理者统筹全局，兼顾其他；

② 可以指挥方便，使命令容易贯彻执行；

③ 有利于形成统一的企业形象，形成排山倒海的气势；

④ 可以集中力量应付危局。

4. 国际扩张地理分散化策略是指在多个国家设置生产工厂，并在当地进行国际贸易。国际扩张地理集中化策略是指将生产工厂集中在少数几个国家，并向其他国家进行出口。

企业国际生产布局的影响因素有：

（1）国家因素

① 政治、经济、文化的差别，差别大则集中生产。

② 区位外部性在产业中作用是否重要，重要则集中生产。

③ 是否具有贸易壁垒，贸易壁垒少则集中生产。

④ 运输成本和对外直接投资的规则和管制也会影响生产地点的选择。

⑤ 预期未来的汇率变动，汇率稳定集中生产。

⑥ 要素成本差别，差别多则集中生产。

（2）技术因素

① 固定成本。固定成本高，选择从一个或少数几个产地供应世界市场，即集中生产；固定成本低，应选择分散生产。

② 最小效率规模。大多数工厂规模经济达到极限的产出水平被称为产出的最小效率规模。一家工厂的最小效率规模相对于全球总需求越大，越应该集中在一个地点或少数几个地点生产。反之，当生产的最小效率规模相对于全球需求较小时，在多个地点从事一种产品的生产可能是经济的。

③ 柔性生产与大规模定制。当柔性制造技术对产品可行时，产品的生产地点倾向于集中生产，不可行时，倾向于分散生产。

（3）产品因素

① 产品的价值重量比。影响运输成本，价值重量比高的产品应在最佳区位生产并供应世界。

② 是否服务于共同需要。这种需要在全世界都相同，则应在最佳区位集中生产。

5.（1）短期菲利普斯曲线是用来表示失业与通货膨胀之间交替关系的曲线。其政策含义是，在短期中引起通货膨胀率上升的扩张性财政与货币政策是可以起到减少失业的作用的，换句话说，调节总需求的宏观经济政策是有效的。

长期菲利普斯曲线是指从长期来看，工人将根据实际发生的情况不断调整自己对价格水平的预期，使工人预期的通货膨胀率与实际的通货膨胀率一致，这时工人会要求改变名义工资，以使实际工资不变，导致失业率和通货膨胀率不再存在替代关系。在长期，经济社会能够实现充分就业，经济社会的失业率将处在自然失业率的水平，长期菲利普斯曲线为垂直于潜在国民收入的一条垂线。其政策含义是政府应用扩张性政策不但不能降低失业率，还会使得通货膨胀率上升。

（2）长期菲利普斯曲线是由短期菲利普斯曲线不断移动得到的。货币主义者认为，在工资谈判中，人们关心的是实际工资而不是货币工资。当通货膨胀率不太高、工人还没有形成新的通胀预期的时候，失业和通货膨胀之间的替代关系就被称为短期菲利普斯曲线。随着时间的推移，工人们发现他们的实际工资随着物价的上涨而下降，就会要求雇主相应地增加货币工资，以补偿通货膨胀给自己造成的损失。由于工人不断地形成新的通货膨胀预期，使换取一定失业率的通货膨胀率越来越高，菲利普斯曲线不断向右上方移动，最终演变为垂直的菲利普斯曲线。此时，失业与通货膨胀之间交替关系失效。

6. 滞胀是指经济发展缓慢甚至萎缩，而失业率和通货膨胀率又比较高的一种现象。总供给–总需求模型中总供给曲线的移动可以解释滞胀，如果某一冲击（如原材料价格上涨）使总供给曲线向左移动而总需求曲线位置不变，在新的均衡点，就会带来物价水平的上涨和总产量的下降，这就是滞胀现象。在图 1 中，*AD* 是总

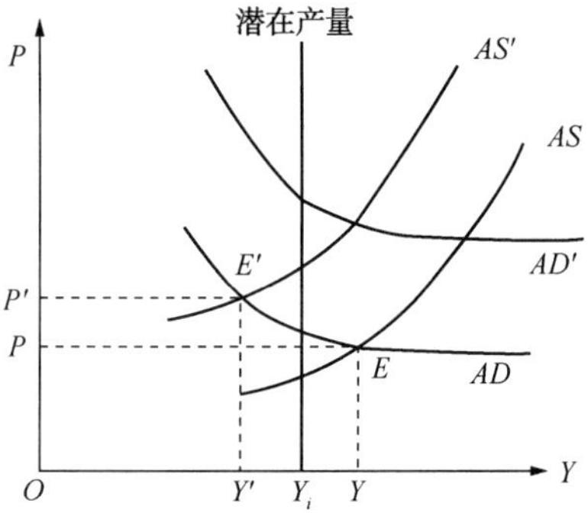


图 1　滞胀的形成

需求曲线，*AS* 是短期总供给曲线，二者交点 *E* 决定的产量或收入为 *Y*，价格水平为 *P*。现在出现供给冲击，*AS* 左移到 *AS'*，与总需求曲线 *AD* 交于 *E'*，*E'* 点所决定的产量为 *Y'*，价格水平为 *P'*。这个产量低于原来的产量，而价格水平却高于原来的价格水平，这种情况表示经济处于滞胀状态，即经济停滞和通货膨胀结合在一起的状态。

7.（1）消费者剩余是指消费者消费一定数量的某种商品愿意支付的最高价格与这些商品的实际市场价格之间的差额。商家让利给消费者的部分利润就是消费者剩余。消费者购买行为是消费者围绕购买生活资料所发生的一切与消费相关的个人行为，包括从需求动机的形成到购买行为的发生直至购后感受总结这一购买或消费过程中所展示的心理活动、生理活动及其他实质活动。

（2）消费者剩余是影响消费者购买行为发生的一个非常重要的因素，消费者剩余为零是产品定价的一个分界点。若产品定价超过了消费者愿意支付的价格，也就是说产品定价使消费者剩余为负，消费者在主观上感觉消费此产品物所不值，消费者将不会接受此价格，从而会影响消费者购买行为的发生，影响产品的销售。若产品定价低于消费者愿意支付的价格，则产品经营者的收益不会是最大。只有当产品的价格和消费者愿意支付的价格相等，即消费者剩余为零时，这样的价格对产品经营者和消费者来讲都是可以接受的，对于产品经营者来讲也是最佳的。

8.（1）当有最低工资的限制时，许多人冲着最低工资的政策加入劳动力市场，劳动力的供给量将会增加。与此同时，一些企业由于工资会增加支出而减少工作岗位数量（如图 2），此时，供给量大于需求量。在这种情况下，可能会造成失业的现象。

（2）对大多数工人来说，最低工资约束不起作用，因为他们赚到的工资远高于最低水平。但对一些工人，特别是对不熟练的工人和缺乏经验的工人来说，最低工资将他们的工资提高到均衡水平之上。最低工资使企业不能降低工资，减少了企业对劳动的需求，使得非熟练工人特别是青年工人的失业率增加。因此，最低工资政策对刚入职的低技能工人影响更大。

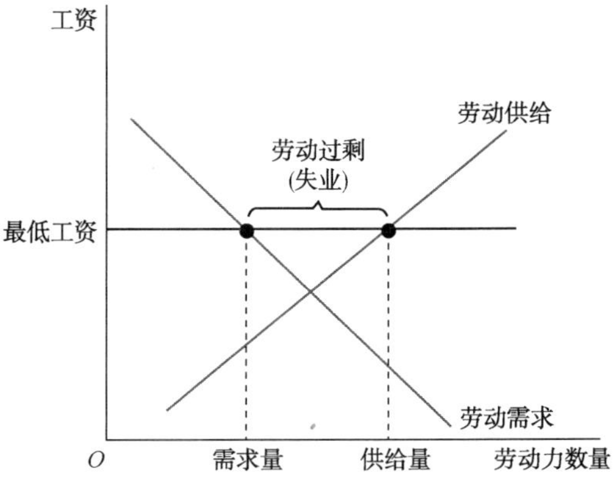


图 2　存在最低工资的劳动力市场

## 三、论述题（每题 20 分，共 40 分）

1.（1）在激烈的国际市场竞争中，定价策略是企业争夺市场的重要武器，是企业营销组合策略的重要组成部分。企业必须善于根据市场环境、产品特点、产品生命周期、消费心理和需求特点等因素，同时结合企业的定价目标，正确选择定价策略，争取实现营销目标。

常见的国际营销定价策略有：

① 产品生命周期定价策略：根据产品从投入市场到退出市场的不同阶段而采取的相应定价策略。该策略在对商品经济生命周期分析的基础上，依据商品生命周期不同阶段的特点而制定和调整价格。

② 折扣定价策略：企业为了鼓励顾客及早付清货款、大量购买、淡季购买，可以酌情降低其基本价格，按照原定的价格少收一定比例或者一定数量的货款。

③ 心理定价策略：指企业在定价时，考虑消费者购买时的心理因素，有意地将产品价格定得高些或低些，以诱导消费者的购买来扩大市场销售量的一种定价策略。

④ 差别定价策略：也称为歧视性定价，是对企业生产的同一种产品根据市场的不同、顾客的不同而采用不同的价格。实行差别定价，前提是市场能够细分，而且细分后的市场对同一类产品的需求程度不同。

⑤ 调价策略：当企业的内部环境或外部环境发生变化时，企业必须调整价格，以适应激烈的市场竞争。

（2）歧视性定价适用条件有：

① 实施价格歧视的厂商必须具有一定的市场力量。在竞争市场中，价格歧视是不可能的。在竞争市场上，有许多以市场价格出售同一种物品的企业，没有一个企业愿意向任何一个顾客收取低价格，因为企业可以以市场价格出售它想出售的所有物品；而如果任何一个企业想向顾客收取高价格，顾客就会向另一个企业购买。对于一个价格歧视的企业来说，它应该有某种市场力量，价格歧视通常都是发生在垄断市场或者是寡头垄断市场中。

② 价格歧视要求厂商能根据消费者的支付意愿划分顾客。这个支付意愿包括不同消费者的支付意愿，以及同一消费者在不同购买量下的支付意愿。厂商可以从地域、年龄、收入、消费习惯等多个方面来划分顾客。但是隐蔽信息的存在一定程度上却制约了价格歧视的实行。

③ 厂商必须能够阻止转售的发生。如果被厂商索取低价的消费者群体 A 能够转售产品给被索取高价的消费者群体 B，所开出的价格低于垄断厂商向 B 索取的价格，但高于 A 自己购买的价格，那么 A 群体就能够从转售中获利，而 B 群体中的任一成员都不会直接向垄断厂商购买了。限制转卖是使所有类型的价格歧视成立的必要条件。

2.（1）人民币汇率的影响因素多种多样，共同作用，才形成了如今的汇率体系，其中，较为重要的影响因素有：国际收支差额、利率、通货膨胀、外汇储备、中国经济实力、公众预期、美元币值变化。在下文中，将会以人民币对美元汇率为例，对这七个因素影响方式进一步说明。

① 国际收支差额。国际收支是影响人民币汇率的一个重要因素，当我国对美国存在较大的国际收支逆差或贸易逆差时，即本国美元收入小于美元支出，对美元的需求较大，美元汇率上涨，相应地，人民币对美元贬值；反之，当我国对美国存在较大的国际收支顺差或贸易顺差时，说明我国出口等外汇收入增加，进口等外汇支付较少，美元收入大于支出，同时美国对人民币货币需求增加，从而造成人民币对美元升值，外汇汇率下跌。

② 利率。利率是货币的一种特殊价格，是借贷的成本和利润。当我国提高利率水平，或者我国利率高于美国利率时，会引起美国资本流入，由此对人民币的需求增大，使得人民币升值，美元贬值。

③ 通货膨胀。货币购买力是汇率决定的基础，当我国通货膨胀率升高，货币购买力下降，人民币对内贬值，进而造成对外贬值。当中美两国都发生货膨胀，则汇率的变化取决于两国通货膨胀程度之比较，若中国通货膨胀程度高于美国通货膨胀，则人民币对美元贬值；反之，若美国通货膨胀程度高于中国通货膨胀，则美元对人民币贬值，人民币对美元升值。

④ 外汇储备。是否有充足的外汇储备在一定程度上决定了央行能否对外汇市场进行干预。当美元市场汇率对我国经济、贸易产生不良影响或中央需要通过汇率调节来达到一定的政策目标时，央行若拥有足够美元储备，便可通过参与美元买卖，在市场上大量买进或抛出人民币或美元，以改变美元的供求关系，促使汇率发生变化。往往是在特殊情况或为了特殊目标，央行才会对市场进行干预，干预手段对汇率的作用往往是短期的。

⑤ 中国经济实力。一国经济实力的强弱是奠定其货币汇率高低的基础。中国强大的经济实力，是人民币币值稳定和坚挺的物质基础，使得外汇市场对人民币有一定信心。反之，若我国经济实力弱，人们对人民币失去信心，则人民币将会对外不断贬值。

⑥ 公众预期。若公众预期人民币汇率继续升值，公众会少持有美元，尽快结汇以减少人民币升值带来的损失，人民币升值的压力会加大，升值步伐也会加快。若公众预期人民币汇率会贬值，则更愿意持有外汇形成外汇存款。

⑦ 美元币值的变化。人民币汇率的定义是人民币对外币的比价，反映了当前人民币和美元购买力之比。前六个影响因素都是从中国的角度出发，但美元的币值变化也会对人民币汇率产生一定影响。在一定的名义汇率水平下，若美元币值下降，人民币币值就相对上升，人民币升值压力就大；若美元币值上升，人民币币值就相对下降，人民币升值压力将下降。

（2）近年来，人民币汇率双向波动增强，主要受国际金融市场条件、境内外汇供求等多种因素共同影响。但是，汇率的长期趋势主要由国内基本面决定，我国经济实力逐步增强，对全球经济的贡献稳步提升，作为世界第二大经济体，未来中国经济发展的巨大潜力将继续为人民币汇率提供根本支撑。

# 宁波大学 2020 年 434 国际商务专业基础试题

**一、名词解释(每题 5 分，共 35 分)**

1. 外包(outsourcing)
2. 价格歧视
3. 绿地投资
4. 套期保值
5. 所有权优势
6. 外汇倾销
7. 内部规模经济

**二、简答题(5 题，共 55 分)**

1. 小岛清边际产业扩张理论的基本内容是什么？根据该理论，美国与日本两种不同类型的对外投资对本国经济和进出口贸易产生的影响有什么不同？(12 分)

2. 什么是要素价格均等化理论？为什么在现实中发达国家与发展中国家工人工资差距那么大？(12 分)

3. 跨文化冲突产生的主要原因是什么？(10 分)

4. 虽然自由贸易已是众所周知的使世界福利最大化的最优选择，但几乎所有国家都实行某种程度的贸易保护主义政策。这是为什么呢？(12 分)

5. 新产品的开发对于企业有哪些重要意义？(9 分)

**三、案例分析题(每题 15 分，共 30 分)**

1. 据新华社消息，中国国务院总理李克强当地时间 11 月 4 日上午在泰国曼谷出席第 22 次东盟与中日韩(10+3)领导人会议时指出，区域全面经济伙伴关系协定(RCEP)15 个成员国已结束全部文本谈判以及实质上所有市场准入谈判。这是世界上人口数量最多、成员结构最多元、发展潜力最大的东亚自贸区建设取得的重大突破，必将有力推动区域经济一体化进程，维护自由贸易，提振市场信心。

据悉，RCEP 由东盟十国发起，并邀请中国、日本、韩国、澳大利亚、新西兰、印度共同参加，旨在通过削减关税及非关税壁垒，建立 16 国统一市场的自由贸易协定。若 RCEP 成功，将涵盖约 35 亿人口，GDP 总和达 23 万亿美元，占全球总量的 1/3，所涵盖区域也将成为世界最大的自贸区。

11 月 4 日，商务部研究院国际市场研究所副所长白明告诉 21 世纪经济报道记者，RCEP 完成谈判的时间节点已经数次后延，其中印度是 RCEP 谈判中的难点。

白明介绍，印度的开放程度相对较低，整体关税水平偏高。印度认为其国内产业发展比较脆弱，其钢铁、汽车等多个行业大多是在政府的保护下发展的，担心开放后对本国冲击比较大。不过，近年来其对开放的态度正在转暖，印度在积极推进南亚合作联盟，同这一区域的国家共同推动降低关税。他认为，随着谈判的推进，一个囊括全球 1/2 的人口、1/3 的 GDP、1/4 的贸易额、1/5 的外资的多边自由贸易协定正在呼之欲出。

根据以上材料，试回答：

(1) RCEP 的签署对东亚地区的意义。(6 分)

(2) RCEP 的签署对中国的意义。(5 分)

(3) 为什么印度没有加入？未加入对印度有什么不利影响？(4 分)

2. 意大利 W 公司与中国 C 公司谈判出售某项技术。由于谈判已进行了一周，但仍进展不快，于是意方代表罗尼先生在前一天做了一次发问后告诉中方代表李先生：“我还有两天时间可谈判，希望中方配合，在次日拿出新的方案来。”次日上午中方李先生在分析的基础上拿了一方案，比中方原要求(意方降价 40%)改善 5%(要求意方降价 35%)。意方罗尼先生讲：“李先生，我已降了两次价，计 15%，还要再降 35%，实在困难。”双方相互评论，解释一阵后，建议休会下午 2∶00 再谈。

下午复会后，意方先要中方报新的条件，李先生将其定价的基础和理由向意方做了解释并再次要求意方考虑其要求。罗尼先生又讲了一遍其努力，讲中方要求太高。谈判到下午 4∶00 时，罗尼先生说：“我为表示诚意向中方拿出最后的价格，请中方考虑，最迟明天 12∶00 以前告诉我是否接受。若不接受我就乘下午 2∶30 的飞机回国。”说着把机票从包里抽出在李先生面前显了一下。中方把意方的条件理清后，要求再降 30%，意方表示仍有困难，但可以研究。谈判即结束。

中方研究意方价格后认为还差 15%，但能不能再压价呢？明天怎么答？李先生一方面与领导汇报，与助手、项目单位商量对策，另一方面派人调查第二天下午 2∶30 的航班是否有。结果了解到该日下午 2∶30 没有去欧洲的飞机，李先生认为意方的最后还价、机票是演戏，判定意方可能还有降价空间。于是在次日 10∶00 给意方去了电话，表示：“意方的努力，中方很赞赏，但双方距离仍存在，需要双方进一步努力。作为响应，中方可以在意方改善的基础上，再降 5%，即从 30%降到 25%。”意方听到中方有改进的意见后，没有走。

基于上述案例材料，试回答：

(1) 意方的戏做得如何？效果如何？(4 分)

(2) 意方还有别的方式做戏吗？(4 分)

(3) 中方破戏的戏如何评价？(3 分)

(4) 意方和中方在谈判的进取性上各表现如何？(4 分)

**四、论述题(30 分)**

谈谈你对人民币国际化的认识。

## 宁波大学 2020 年 434 国际商务专业基础试题解析

**一、名词解释(每题 5 分，共 35 分)**

1. 外包(outsourcing)是指企业动态地配置自身和其他企业的功能和服务，并利用企业外部的资源为企业内部的生产和经营服务。其方式是将非核心业务下放给专门营运该项运作的外间第三方，原因是为了节省成本、集中精神于核心业务、善用资源、获得独立及专业人士服务等。

2. 价格歧视实质上是一种价格差异，通常是指商品或服务的供给方在向不同消费者提供相同的商品或服务时，收取不同价格的现象。价格歧视理论有几个基本假设：①该产品必须有向下倾斜的需求曲线，即产品的需求与价格成反比；②不同消费者有不同的需求价格弹性，即消费者对于价格的敏感程度不同；③消费者之间无法进行完全有效的信息沟通，高价承受者无法购买低价产品。满足以上三个条件的垄断厂商可以通过价格歧视获取更高利润。

3. 绿地投资又称新建投资，是指跨国公司等投资主体在东道国境内依照东道国的法律设置的部分或全部资产所有权归外国投资者所有的企业。绿地投资有两种形式：一是建立国际独资企业，其形式有国外分公司、国外子公司和国外避税地公司；二是建立国际合资企业，其形式有股权式合资企业和契约式合资企业。

4. 套期保值又称对冲贸易，是指交易人在买进(或卖出)实际货物的同时，在期货交易所卖出(或买进）同等数量的期货交易合同作为保值。它是一种为避免或减少价格发生不利变动的损失，而以期货交易临时替代实物交易的一种行为。

5. 所有权优势指跨国公司特有的优势，凭借这些优势，跨国公司能够拥有足够的市场影响力以抵消在国外生产的劣势。所有权优势可以是跨国公司特有的产品或生产工艺，比如专利和技术秘密，也可以是商标和商誉等无形资产，还可以是规模经济、专业化生产和资源使用效率方面的优势。它的一个特点是可以在公司内部跨国流动。

6. 外汇倾销指的是利用本国货币对外贬值的机会，向外倾销商品和争夺市场的行为。这是因为本国货币贬值后，出口商品用外国货币表示价格降低，提高了该国商品在国际市场上的竞争力，有利于扩大出口；而因本国货币贬值，进口商品的价格上涨，削弱了进口商品的竞争力，限制了进口。外汇倾销需要一定的条件，主要是本国货币对外贬值速度要快于对内贬值以及对方不进行报复等。

7. 内部规模经济指的是单位产品成本取决于单个厂商的规模而不是其所在的行业规模。内部规模经济主要来源于企业本身生产规模的扩大。由于生产规模扩大和产量增加，分摊到每个产品上的固定成本（管理成本、信息成本、设计成本、科研与发展成本等）会越来越少，从而使产品的平均成本下降。

## 二、简答题（5 题，共 55 分）

1. (1) 边际产业扩张理论也称动态比较优势投资理论，是日本一桥大学教授小岛清于 20 世纪 70 年代中期研究发展的。该理论认为，对外直接投资应从对外投资的产业、对外投资的主体、投资国与东道国在投资产业上的技术差距、对外直接投资的企业形式等方面进行研究，选择有符合比较成本与比较利润率相对应的原则的产业、主体、技术、企业形式进行投资。因此，按照边际产业依次进行对外投资，所带来的结果是：东道国乐于接受外来投资，因为由中小企业转移到国外东道国的技术更适合当地的生产要素结构，为东道国创造了大量就业机会，对东道国的劳动力进行了有效的培训，因而有利于东道国建立新的出口工业基地。与此同时，投资国可以集中发展那些它具有比较优势的产业，结果，直接投资的输出输入国的产业结构均更趋合理，促进了国际贸易的发展。

(2) 小岛清认为，美国对外直接投资主要分布于拥有比较优势的制造业，这不符合国际分工原则，而且会引起国际收支不平衡和贸易条件恶化。这是因为，拥有比较优势的产业部门应该把生产基地设在国内，通过产品出口进入国际市场。如果它通过对外直接投资把生产制造活动转移到国外，就会减少本国同类产品的出口量，使本国可以通过出口而保持的巨额贸易顺差丧失殆尽。这种贸易替代型的投资不利于促使国际收支平衡和改善贸易条件。

与美国不同，日本的对外直接投资是偏重于贸易创造型的，即对外直接投资不仅没有替代同类产品的出口，而是带动了本国产品的出口。这主要是因为日本企业能够遵循国际分工原则，充分发挥自己的比较优势。日本到海外投资建厂的企业，一般都是国内已失去比较优势的产业部门。为维持或扩大原有的生产规模，它们就向具有比较优势的国家和地区投资，在那里建立新的生产和出口基地。而在本国组织生产的企业，则是在国内拥有比较优势的产业部门，它们可以利用自己的优势扩大产品的出口。这种贸易创造型投资使日本在扩大对外直接投资的同时，保持了巨额国际贸易收支顺差。

2. (1) 要素价格均等化理论认为，国际贸易会最终使得生产要素价格在不同国家趋于一致，不仅使得生产要素价格在不同国家的相对价格相等，而且绝对价格也相等。也就是说，发达国家劳动者的工资与发展中国家劳动者的工资不仅是相对的相等，而且是绝对的相等。

(2) 但现实世界中，发达国家和发展中国家的劳动者的工资差距却很大。那是因为该理论的存在基于一系列苛刻的假设，我们不难发现有些假设在现实中是无法实现的，也不存在。首先，国际贸易并不完全自由。各国为了实现其经济政治目标，往往会设置一些贸易壁垒，使贸易并不能完全自由。其次，生产要素在各国国内也达不到自由流动。一国国内同一生产要素在不同产业的收益也无法达到一致。最后，各国生产技术也不是固定不变的，不同国家间的生产技术也不是完全相同的。

虽然，不像要素价格均等化理论表明的那样生产要素价格在国际间趋于一致，但就某一个领域或者某个行业而言，生产要素价格的差距确实在明显缩小。因此，从这个角度而言，该理论仍有重要的现实意义。

3. 跨文化冲突产生的主要原因有：

（1）信息理解的差异。不同国家语言不同、文化背景不同对同一信息的翻译理解会产生差异，甚至会得出截然不同的结论。

（2）沟通形式不同。沟通是人际或群体之间交流信息的过程。不同的文化模式有不同的沟通方式，如果沟通双方来自不同的文化便会存在沟通障碍。

（3）管理风格不同。一个精明的跨国公司的管理者不仅要具备在本土经营和管理公司的能力，更应具备在不同文化环境中从事综合管理的能力。如果片面地以自我为中心进行管理，死守教条，不知变通，势必导致管理上的失败。

（4）法律和政策意识。在跨国经营中，许多发达国家法律政策比较完善，如合资企业的经理享有较多的权利。相比之下，有些国家的法律政策不完善，这种情况也容易导致双方的摩擦与冲突。

（5）民族个性差异。处于不同民族之中的群体及其成员有着特定的价值取向，遵循着特定的风俗习惯和文化规范。人们往往习惯于"自我参照"，根据自身文化的个性和价值观念去解释或判断其他一切群体的行为，因而产生了对异文化的偏见，导致文化冲突。

（6）思维方式上的差异。不同文化、个人知识背景等因素会形成不同的思维方式，而思维模式的不同使得针对同一问题的看法不同，引发跨文化冲突。

4.（1）从理论和实践两个角度说，全球贸易自由化是发展的方向，也是大势所趋。理论上，自由贸易是成本最小、收益最大的方式。就国际贸易理论而言，贸易自由化或自由贸易永远都是福利最大化的，任何限制贸易的措施和政策都有损于本国，也有损于他国的福利最大化。然而，现实中几乎并不存在自由贸易，只有极少数国家和地区接近于自由贸易。换言之，绝大多数国家和地区都对国际贸易进行某种程度的干预，而只要干预就必然扭曲商品价格，从而破坏公平贸易的原则。

（2）这就需要从生产者和消费者两个角度进行解释，消费者会从自由贸易中获利，而国内的生产者由于受到进口商品的冲击，可能会破产。这就出现了一个悖论，即如果按照比较优势进行国际分工，各国只能生产具有比较优势的商品，进口没有比较优势的商品。但是，这样分工的结果会出现两个现象：一个是按成本递增的原理，各国不可能实现完全分工，因此必然存在某些不具有比较优势的部门；另一个是，即使能够实现完全分工，各国都将成为严重依赖他国的国家。因为任何国家都不可能在所有领域均具有比较优势，这是很多国家无法接受的，特别是大国。既然各国需要不具有比较优势商品的行业，就只能通过保护来实现其存在和发展，这就是保护主义的理论依据，其也有合理的一面，它在保护本国生产者的同时也保护了消费者。因为如果完全按照比较优势进行分工，很多行业和企业都要倒闭，工人都要失业，工人没有了收入，也就谈不上消费了，进口也就不会增加。

5. 当今时代，市场竞争日趋激烈，消费者需求不断变化，科学技术迅速发展，产品生命周期日益缩短，没有哪一种产品能永久占领市场。企业要想持久地占领市场，就必须根据消费者变化的需求，不断进行产品创新，开发出适应消费需求的新产品。对企业而言，开发新产品主要有以下几方面意义：

（1）新产品开发可以成为竞争优势的源泉。

（2）新产品开发可以加强战略优势。

（3）新产品开发能够增强企业形象。

（4）新产品开发有利于保持企业研究开发能力。

（5）新产品开发可以充分利用生产和经营资源。

（6）新产品开发可以提高品牌权益。

（7）新产品开发可以影响人力资源。

### 三、案例分析题（每题 15 分，共 30 分）

1.（1）RCEP 的签署对东亚地区的意义如下：

① RCEP 将有力提振各方对经济增长的信心。在当前全球经济面临困难的背景下，RCEP 自贸区的建成发出了反对单边主义和贸易保护主义、支持自由贸易和维护多边贸易体制的强烈信号，必将有力提振各方对经济增长的信心。

② RCEP 将显著提升东亚区域经济一体化水平。RCEP 自贸区的建成是东亚区域经济一体化新的里程

碑，将显著优化域内整体营商环境，大幅降低企业利用自贸协定的制度性成本，进一步提升自贸协定带来的贸易创造效应。RCEP还将通过加大对发展中和最不发达经济体的经济和技术援助，逐步弥合成员间发展水平差异，有力促进区域协调均衡发展，推动建立开放型区域经济一体化发展新格局。

③ RCEP将促进区域产业链、供应链和价值链的融合。RCEP成员之间经济结构高度互补，域内资本要素、技术要素、劳动力要素齐全。RCEP使成员国间货物、服务、投资等领域市场准入进一步放宽，原产地规则、海关程序、检验检疫、技术标准等逐步统一，将促进域内经济要素自由流动，强化成员间生产分工合作，拉动区域内消费市场扩容升级，推动区域内产业链、供应链和价值链进一步发展。

（2）RCEP的签署对中国的意义如下：

① RCEP将成为新时期我国扩大对外开放的重要平台。RCEP一体化大市场的形成将释放巨大的市场潜力，进一步促进区域内贸易和投资往来，这将有助于我国通过更全面、更深入、更多元的对外开放，进一步优化对外贸易和投资布局，不断与国际高标准贸易投资规则接轨，构建更高水平的开放型经济新体制。

② RCEP将助力我国形成国内国际双循环新发展格局。RCEP将促进我国各产业更充分地参与市场竞争，提升在国际国内两个市场配置资源的能力。这将有利于我国以扩大开放带动国内创新、推动改革、促进发展，不断实现产业转型升级，巩固我国在区域产业链供应链中的地位，为国民经济良性循环提供有效支撑，加快形成国际经济竞争合作新优势，推动经济高质量发展。

③ RCEP将显著提升我国自由贸易区网络"含金量"。RCEP签署后，我国对外签署的自贸协定，将达到19个，自贸伙伴将达到26个。通过RCEP，我国与日本建立了自贸关系，这是我国首次与世界前十的经济体签署自贸协定，是我国实施自由贸易区战略取得的重大突破，使我国与自贸伙伴贸易覆盖率增加至35%左右，大大提升我国自贸区网络的"含金量"。

（3）① 印度不加入RCEP的具体原因包括以下几个方面：

首先，担心经济受冲击。目前，印度同RECP十五个成员国中的十一个国家都有贸易赤字，原因是印度制造业薄弱，生产规模小、分散，产品价格高，没有国际竞争力。

其次，担心中国主导RCEP。在RCEP成员国中，中国是最大的经济体。印度有关人士都认为，RCEP会被中国主导，或者担心中国借RCEP进一步扩大地区影响力。

第三，印度是选举政治，也是利益博弈的政治，其对外政策受多重因素的影响。目前，印度国内不仅政治分裂严重，而且经济没有形成统一的市场，要与中日韩等国竞争信心不足。在是否加入RCEP问题上，其国内一直有不同声音。

第四，经济增速下降。目前，印度经济下滑严重，国内保护主义呼声高涨。2020年，受疫情影响，印度经济增长率创下几十年以来的新低。

第五，为追随"印太战略"留下空间。目前，在地区合作框架中，除RCEP外，美国等国家积极拉拢印度加入"印太战略"，脱欧的英国也希望与印度签署自贸协定。

② 未加入RCEP对印度的不利影响

首先，不加入RCEP不利于印度经济发展。

其次，不利于印度"东进"战略的深化。

第三，不利于亚太地区的团协作和互利共赢。

第四，增加印太地区的不确定性。

2.（1）意方的戏做得不好，威胁战略失败后，意方采用的谈判策略是最后通牒策略，该例反映意方通过"最后通牒"策略压制中方价格欲望，使自己仍在不错的条件下拿到合同。但意方也有缺陷，"机票"显示的航班不实，被中方抓住了破绽，又失去了部分策略效力。意方的戏做得不好，效果也没达到。

（2）若仍以机票为道具，则应把时机改成确有回意大利航班的时间，至少有顺路航班的时间。若为表示"最后通牒"，可以把包合上，丢下一句："等贵方的回话"。即结束谈判，效果会更好。或仍用原话但不讲"若不接受，我就乘下午2：30的飞机回国"的话。

（3）中方破戏的方法不错。中方通过实际调查得知无返回欧洲航班，这一做法是明智的，没有被对方的做法吓到，这么做，可以增加谈判信心，觉得有机会再降价，避免因高价买入，造成公司财务损失，有助于以后对立场进行阐述，增加议价空间。中方通过成功调查，破解了意方的威胁战术，有助于取得满意的价格，增强了谈判信心，也激发了中方进行讨价还价的欲望。

（4）双方均有进取性，但中方表现更好。中方在让步及目标的调整上紧紧抓住对方“最后通牒”的虚伪性，从心理上，做法上具有针对性。中方与意方开始谈判时，价格差距较大，但是，中方不气馁，不浮躁，没有被对方的威胁所吓倒，并且，通过调查，识破了对方的骗局；最后，意方在无计可施的情况下，陷入被动，中方也出于友好合作原则，对前期报价有所改进，没有使对方感到难堪。以至于对以后的成功成交埋下了伏笔。双方通过不断磨合最终取得了理想方案。

**四、论述题(30分)**

（1）人民币国际化是指人民币能够跨越国界，在境外流通，成为国际上普遍认可的计价、结算及储备货币的过程。尽管目前人民币境外的流通并不等于人民币已经国际化了，但人民币境外流通的扩大最终必然导致人民币的国际化，使其成为世界货币。

（2）人民币国际化对我国的正面效应包括：

① 提升中国国际地位，增强中国对世界经济的影响力。美元、欧元、日元等货币之所以能够充当国际货币，是美国、欧盟、日本经济实力强大和国际信用地位较高的充分体现。人民币实现国际化后，中国就更强，拥有了一种世界货币的发行和调节权，对全球经济活动的影响和发言权也将随之增加。同时，人民币在国际货币体系中占有一席之地，可以改变目前处于被支配的地位，减少国际货币体制对中国的不利影响。

② 减少汇价风险，促进中国国际贸易和投资的发展。对外贸易的快速发展使外贸企业持有大量外币债权和债务。由于货币敞口风险较大，汇价波动会对企业经营产生一定影响。人民币国际化后，对外贸易和投资可以使用本国货币计价和结算，企业所面临的汇率风险也将随之减小，这可以进一步促进中国对外贸易和投资的发展。同时，也会促进人民币计价的债券等金融市场的发展。

③ 进一步促进中国边境贸易的发展。边境贸易和旅游等实体经济发生的人民币现金的跨境流动，在一定程度上缓解了双边交往中结算手段的不足，推动和扩大了双边经贸往来，加快了边境少数民族地区经济发展。另外，不少周边国家是自然资源丰富、市场供应短缺的国家，与中国情况形成鲜明对照。人民币流出境外，这对于缓解中国自然资源短缺、市场供应过剩有利。

④ 获得国际铸币税收入。实现人民币国际化后最直接、最大的收益就是获得国际铸币税收入。铸币税是指发行者凭借发行货币的特权所获得的纸币发行面额与纸币发行成本之间的差额。在本国发行纸币，取之于本国用之于本国。而发行世界货币则相当于从别国征收铸币税，这种收益基本是无成本的。

（3）人民币国际化对我国的挑战：

① 对中国经济金融稳定产生一定影响。人民币国际化使中国国内经济与世界经济紧密相连，国际金融市场的任何风吹草动都会对中国经济金融产生一定影响。特别是货币国际化后，如果本币的实际汇率与名义汇率出现偏离，或是即期汇率、利率与预期汇率、利率出现偏离，都将给国际投资者以套利的机会，刺激短期投机性资本的流动，并可能出现像1997年亚洲金融危机时产生的“群羊效应”，对中国经济金融稳定产生一定影响。

② 增加宏观调控的难度。人民币国际化后，国际金融市场上将流通一定量的人民币，其在国际间的流动可能会削弱中央银行对国内人民币的控制能力，影响国内宏观调控政策实施的效果。

③ 加大人民币现金管理和监测的难度。人民币国际化后，由于对境外人民币现金需求和流通的监测难度较大，将会加大中央银行对人民币现金管理的难度。同时人民币现金的跨境流动可能会加大一些非法活动如走私、赌博、贩毒的出现。

# 上海财经大学2020年434国际商务专业基础试题

一、名词解释(每题6分，共30分)

1. 转口贸易
2. 比较优势
3. 绿地投资
4. 特别提款权
5. 公司核心竞争力

二、简答题(每题10分，共40分)

1. 最惠国待遇和国民待遇的异同。
2. 简述中国出口企业对外投资的优势。
3. 简述绝对购买力平价理论和相对购买力平价理论。
4. 简述政治风险及其主要种类和管理策略。

三、论述题(每题20分，共80分)

1. 阐述出口补贴型的战略性贸易政策理论。
2. 结合实际分析改革开放40周年以来中国引进外商投资的正负效应。
3. 2017年，中美贸易逆差有三千多亿，分析长期的贸易逆差形成的原因，以及分析逆差下降是否会给美国整体以及相关经济部门带来福利。
4. 论述跨国公司内部贸易的特征、种类和影响。

## 上海财经大学2020年434国际商务专业基础试题解析

一、名词解释(每题6分，共30分)

1. 转口贸易又称中转贸易，指国际贸易中进出口货品的生意，不是在生产国与消费国之间直接进行，而是通过第三国易手进行的买卖。这种贸易对中转国来说即是转口贸易。贸易的货品能够由出口国运往第三国，在第三国不通过加工再销往消费国；也能够不通过第三国而直接由生产国运往消费国，但生产国与消费国之间并不发生贸易联系，而是由中转国分别同生产国和消费国发生贸易。由于中国是世界上遭遇反倾销最多的国家，所以这种贸易形式，也几乎变成躲避贸易制裁的专用方式之一。

2. 比较优势是指，如果一个国家在本国生产一种产品的机会成本(用其他产品来衡量)低于在其他国家生产该产品的机会成本的话，则这个国家在生产该种产品上就拥有比较优势。各生产单位对资源的占有、分配和利用等情况的差别，导致了比较优势的产生。而比较优势造成的差别直接导致了生产产品的专业化和贸易的产生。这种专业化的结果是，当每个人都能够专门地从事自己最擅长的事情时，生产就会变得更加有效率，从而整个社会可创造的物质财富总量与其整体的经济福利便会有所增加。专业化所带来的总产量增量，就是贸易的好处，那么，贸易的进行，也就由此变得顺理成章。

3. 绿地投资又称创建投资，是指跨国公司等投资主体在东道国境内依照东道国的法律设置的部分或全部资产所有权归外国投资者所有的企业。创建投资会直接导致东道国生产能力、产出和就业的增长。绿地投资作为国际直接投资中获得实物资产的重要方式是源远流长的。早期跨国公司的海外拓展业务基本上都是采用这种方式。绿地投资有两种形式：一是建立国际独资企业，其形式有国外分公司、国外子公司和国外避税地公司；二是建立国际合资企业，其形式有股权式合资企业和契约式合资企业。

4. 特别提款权(special drawing rights，SDRs)是国际货币基金组织创立的用于进行国际支付的特殊手段，它是一种储备资产和记账单位。特别提款权目前主要用美元、欧元、英镑、日元和人民币等5种货币定值。它作为会员国原有普通提款权以外的一种使用资金的特别权力，以补充储备资产的不足。特别提款权可用于政府间的结算，或向其他成员国换取外汇，弥补国际收支逆差，偿还向国际货币基金组织借的贷款和利息，但不能兑换黄金或直接用于贸易或非贸易支付。

5. 公司核心竞争力是一个企业能够长期获得竞争优势的能力。在美国学者普拉哈拉德和海默看来，核心竞争力首先应该有助于公司进入不同的市场，它应成为公司扩大经营的能力基础。其次，核心竞争力对创造公司最终产品和服务的顾客价值贡献巨大，它的贡献在于实现顾客最为关注的、核心的、根本的利益，而不仅仅是一些普通的、短期的好处。最后，公司的核心竞争力应该是难以被竞争对手所复制和模仿的。

## 二、简答题(每题 10 分，共 40 分)

1.（1）最惠国待遇，是国际经济贸易关系中常用的一项制度，是国与国之间根据某些条约规定的条文，在进出口贸易、税收、通航等方面互相给予优惠利益、提供必要的方便、享受某些特权等方面的一项制度，又称“无歧视待遇”。国民待遇原则指在民事权利方面一个国家给予在其国境内的外国公民和企业与其国内公民、企业同等待遇，而非政治方面的待遇。

（2）最惠国待遇与国民待遇原则的区别表现在：

① 最惠国待遇必须由条约规定，不能由国内立法规定。而国民待遇既可以在国内立法中也可以在国际条约中规定。

② 最惠国待遇的受惠国可以根据最惠国条款的规定，自动取得与第三国同等的待遇，无须再与施惠国订立新条约或再作请求。而国民待遇不涉及第三方，而且需要在法律或条约中明确规定。

③ 最惠国待遇的适用范围一般限制在经济贸易领域，通过自然人、法人、货物、商船等所享受的待遇表现出来。而国民待遇的适用范围一般是在物权、债权、婚姻家庭、财产继承等民事关系方面。

④ 最惠国待遇的作用是保证在国内的有关各外国公民和法人的民事权利地位平等，从而排除或防止某一外国的公民和法人的权利地位低于第三国公民或法人。而国民待遇是以国人的待遇为标准，作用是使在国内的外国人在某些领域与国人的民事法律地位相同。

2. 中国出口企业对外投资的优势有：

（1）现阶段国内外经济发展形势有利于中国企业开展对外直接投资

① 中国当前的对外开放，从靠贸易量的提高、进出口促进 GDP，转向参与国际分工，通过国际市场配置经济资源。

② 政治环境相对稳定，政府鼓励企业走出国门。

③ 经济全球化，中国加入 WTO 以及国际间产业转移，对外直接投资适应中国对外开放的发展要求。

（2）中国企业的竞争优势

① 我国大型企业的优势。改革开放以来，国内一批大型公司凸显，多年的生存发展，这些企业具有了相对雄厚的技术资金实力，不断吸收高水平管理人才和高科技人才、先进理念；另一方面，中国大型企业踊跃进入部分发达国家和发展中国家，寻求更广泛的市场或资源进行投资。某种程度上来说，这些大型企业已具备了国际生产折衷理论所阐述的所有权和区位优势。

② 中国中小型企业的优势。中国大量中小型企业从事于劳动密集型生产，逐渐掌握和积累了一系列生产技术和方法，可凭借低成本优势实行产品低价营销策略。

3. 购买力平价是指两种货币之间的汇率决定于它们单位货币购买力之间的比例。购买力平价的表达方式有两种：绝对购买力平价和相对购买力平价。

（1）绝对购买力平价反映的是某一时点上汇率的决定，认为两国货币之间的汇率可以表示为两国货币的购买力之比。用公式表述为：

$$e=\frac{P}{P^{*}}$$

其中，$e$ 表示直接标价法下的汇率；$P$ 表示本国可贸易商品的价格水平；$P^{*}$ 表示外国可贸易商品的价格水平。

（2）相对购买力平价反映的是不同国家的货币购买力之间的相对变化，是汇率变动的决定因素。其计算公式为：

$$e_t = \frac{PI_{d,\ t}}{PI_{f,\ t}} \cdot e_0$$

其中，$PI_{d,\ t}$ 和$PI_{f,\ t}$ 分别是本国和外国在 $t$ 期的物价指数的变动；$e_0$ 是基期的汇率；$e_t$ 是计算期的汇率。相对购买力的含义是：尽管汇率水平不一定能反映两国物价绝对水平的对比，但可以反映两国物价的相对变动。物价上升速度较快的国家，其货币就会贬值。

4.（1）政治风险是东道国的政治环境或东道国与其他国家之间政治关系发生改变而给外国投资企业的经济利益带来的不确定性。政治风险主要包括：

① 征收风险。这是指东道国政府对外资企业实行征用、没收或国有化的风险。东道国中央、地方政府不公开宣布直接征用企业的有形财产，而是以种种措施阻碍外国投资者有效控制、使用和处置本企业的财产，使得外国投资者的股东权利受到限制等而构成事实上的征用行为。

② 汇兑限制风险。这是由于东道国国际收支困难而实行外汇管制，禁止或限制外商、外国投资者将本金、利润和其他合法收入转移到东道国境外。

③ 战争和内乱风险。这类风险指东道国发生革命、战争和内乱，致使外商及其财产蒙受重大损失，直至无法继续经营。

④ 政府违约风险。这是指东道国政府非法解除与投资项目相关的协议或者非法违反或不履行与投资者签订的合同项下的义务。

（2）政治风险的管理策略有：

① 正确评估东道国的政治环境。政治风险可能对于投资造成重大损害，跨国企业因海外投资金额与分布点遍及各地，在运作上对政治风险考量格外注重，经常由专家小组进行风险分析，并找出避险方案以为对应。

② 采取风险分散化的方法：

（a）风险转移。风险转移是将风险转移到企业外部或将风险外部化，企业可以通过合营、许可贸易、分包、租赁等方法，让更多的本土企业参与到企业的经营活动中来，不仅可以在发生政治风险时将风险转移，而且有助于减小来自经济、民族主义方面的风险。

（b）本地融资。在东道国内寻求股票和债务融资渠道。这样做既可以使东道国的相关部门受益，又使东道国政府不情愿做出对公司不利的行为，因为东道国对外国公司的干预将会使东道国政府或其金融机构遭受经济上的损失。

（c）员工本土化。每一个国家和地区都有自己的文化特性，善用当地的员工并提升当地员工为管理人员可以更好地使公司尊重当地的风俗习惯，融入当地的社会生活。而当企业遭到政治风险时，很有可能造成当地的员工失去工作机会，这会迫使当地的劳工组织同政府交涉，让当地政府不得不重新考虑自己的政策。

③ 购买保险。把被保险人的政治风险转移给保险人，从而减小损失。随着产品市场和单个国家经济全球化进程的发展，要求提供减少政治风险机制的需求日益增强，一些国际组织，单个国家政府以及私营保险公司现在都可以提供政治风险的承保业务。

## 三、论述题（每题 20 分，共 80 分）

1. 加拿大经济学家布兰德和斯宾塞认为：在不完全竞争条件下，出口补贴的效应不同于在完全竞争条件下所考察的出口补贴效应。如果市场结构是寡头垄断的，那么出口补贴可提高本国企业在国际市场上的市场占有率，从而使本国企业获得更多的超额利润。若新增的利润能够抵消出口补贴的成本，那么实行出口补贴就可提高本国福利。

我们把考察对象分别称为 H 国和 F 国，假设世界市场（不包括 H 和 F 两国国内市场）上只有分别来自 H 国和 F 国的两个厂商，即世界市场是双寡头结构。另外假设两个厂商的决策变量为产量或销售量，这样问题就变成了古诺模型所讨论的问题。在寡头市场条件下，每个厂商的决策都取决于其对竞争对手情况的判断。这里我们采用厂商的反映曲线来说明寡头市场均衡的决定。在图 1 中，横轴表示 H 国厂商在世界市场的销售量，纵轴表示 F 国厂商在世界市场的销售量；曲线 HH′与 FF′分别表示 H 国和 F 国厂商的反映曲线。HH′与 FF′两条曲线的交点 $E$ 是古诺均衡点。对应于 $E$ 点，H 国和 F 国都厂商的均衡销售量分别是 $q_H{}^0$、$q_F{}^0$。也就是说，在这一点上，每个厂商都不愿再改变其选择。均衡时，每个厂商都获得一部分超额利润，至于所得利润的多寡则取决于每个厂商的市场份额。销售量越大或市场份额越高，则厂商获得的利润就越多。

现在假设 H 国的厂商为了提高利润，向政府求助。假设 H 国政府对本国出口商提供补贴，则本国厂商的实际边际成本将低于其生产中的边际成本，两者之间的差额等于单位补贴金额。此时，H 国厂商再增加产出与销售量，虽然价格下降导致其边际收益降低，但由于边际成本也下降了，所以增加出口可使 H 国厂商获得更多的利润。与此同时，F 国厂商的利润也将受到影响，为了抵消因价格下降而导致的利润下降，F 国厂商不得不减少产量与销售量，以促使价格有所回升，减少其利润损失。

如图 1 所示，政府提供出口补贴后，H 国厂商的反映曲线将向右移，新的反映曲线与 F 国厂商的反映曲线相交于 $E'$点。对应于新的均衡点，H 国厂商的产出与销售量扩大到 $q_H{}^1$，而 F 国厂商的产出与销售量减少到 $q_F{}^1$。补贴后，H 国厂商的利润比之前增加了，但 F 国厂商的利润则下降了。因此，在这种情况下，H 国厂商利润的增加是以 F 国厂商利润的损失为代价的，所以这也属于一种“利润转移”或“抽取租金”的行为。

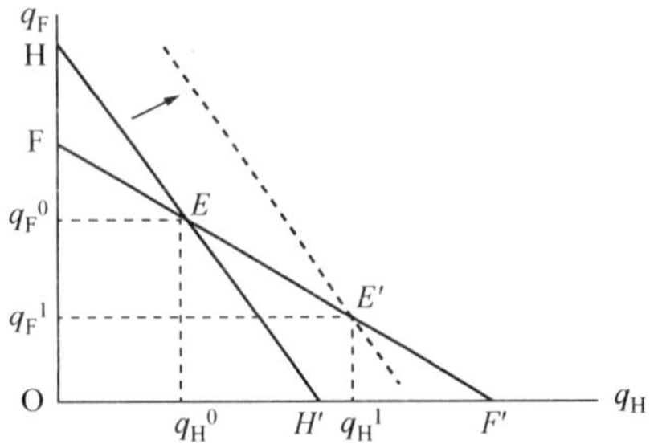

图 1　出口补贴促进出口模型

出口补贴对 H 国的福利影响有两方面：一是增加本国厂商的利润；二是增加了政府支出。由于不考虑国内市场，所以出口补贴对国内消费者福利没有直接的影响。如果本国厂商利润的增加超出政府补贴，那么本国福利将会改善。也就是说，在这种情况下，本国实行贸易保护要优于自由贸易。

2. 自从改革开放以来，我国利用外资取得了长足稳健的发展。随着近几年我国的投资环境和市场运行环境日益改善，吸引了越来越多的外商来我国投资。我国改革开放以来引进外资的正负效应如下：

（1）引进外资的正效应

① 弥补了建设资金之不足。外资已成为我国经济繁荣和发展的重要源泉之一。

② 推动了产业升级和产品换代。国际直接投资带来的先进实用技术，填补了国内不少产业和产品的空白，使一大批老企业的技术装备得到改善，产品实现了升级换代，缩小了与世界水平的差距。

③ 引进了国际先进的管理经验。外商的直接投资，尤其是国际知名跨国公司的在华投资，带来了生产管理、人事管理、财务管理以及经营销售等各方面比较先进的管理经验，为国内其他企业提供了可资借鉴的范例。

④ 增加了就业机会和财政收入。据不完全统计，截至 2000 年 8 月底，在外商投资企业中就业的中国员工达 2300 万人，占到全国城镇职工人数的 15%。中国 GNP 的年增长率中，有 2 至 3 个百分点源于外资。

⑤ 推动了中国经济的国际化进程。外资企业进入中国，带来了他们在资本市场、技术开发、营销网络、管理人才与管理经验等方面的国际联系，开拓了外贸产品的出口渠道，提高了中国商品的国际竞争能力。

⑥ 有助于中国建立和完善社会主义市场经济体制。外资企业采用国际通行的组织形式，导入了市场竞争机制。大量外资企业的出现，要求政府管理部门建立起一整套运用利率、税收、汇率与法律规范调控经济的新型管理机制和协调体系，促进了政府职能的转变。

（2）引进外资的负效应

① 对国内民间资本的挤出效应。首先，外商投资将导致对国内资本和其他生产要素的占用、对国内市场的垄断，进而阻碍国内投资的可持续增加，这是外商投资产生挤出效应的根本原因。其次，流入外资的投向、来源与技术特征等是外商投资产生挤出效应的直接原因。

② 超国民待遇的不平等竞争问题。长期以来，中国对外资企业贯彻“税负从轻、优惠从宽、手续从简”

的原则，普遍地给予外资企业税收优惠待遇。外资企业在职工工资的税收抵扣方面也享受了特殊的优惠，内资企业则要同时缴纳个人所得税和企业所得税。超国民待遇引起的不公平竞争对内资企业产生了很大冲击，对外资进入也起到了不合理的引导作用。

③ 影响国际收支，加剧通货膨胀。外资的大量流入将导致国际收支的不平衡，并可能导致通货膨胀。

④ 技术水平低、环境污染问题突出。在外资流入拉动中国经济增长的同时，一些高污染产业也纷纷转移过来，造成局部地区的环境恶化和经济的不可持续增长。

⑤ 导致国民财富流失与财政收入减少。在利用外资的过程中，过多的政策优惠以及管理和制度上的缺陷，导致国民财富流失和财政收入减少现象十分严重。

3.（1）中美贸易逆差的原因是：

① 美元的“特里芬难题”是导致美国贸易逆差的内在原因。如果美国不放弃美元国际货币功能，仅仅依靠削减从其他国家的进口规模和本国的再工业化战略，美国贸易平衡问题仍然难以从根本上得到化解。

② 美国的贸易赤字与其自身“制造业空心化”密切相关。目前造成中国对美国商品贸易巨大顺差的根源之一在于：中国还处于工业化时期，而美国已经进入后工业化时期。美国经济逐渐向金融和服务业为主转型，制造业岗位不断向海外转移，而美国本土只保留研发与设计等价值链上游产业。

③ 美国贸易逆差是国民低储蓄文化、高消费习惯长期累积的必然结果。美国的消费意愿始终大于储蓄意愿，在世界范围内的贸易赤字已成为常态；而中国的储蓄率常年处于高水平，进一步拉大了两国贸易差额。

④ 全球价值链和产业链的垂直分工和横向转移加大了中国对美国贸易顺差。美国对华逆差实质上反映的是对出口产品整个价值链和产业链相关的所有国家和地区的逆差。

⑤ 现行国际贸易统计制度和中美两国在统计方式上的差异在一定程度上夸大了中国对美贸易顺差。

⑥ 美国对中国实行高新技术产品出口限制也扩大了美国对华贸易逆差。这是长期存在的问题，由全球价值链上两国的分工格局决定，只要分工格局不变，则贸易不平衡的局面不会改变，无法通过单纯的贸易政策调整消除。

（2）贸易逆差减少并不等同于贸易福利增加，同时减少对中国的贸易逆差不会改变美国总体贸易收支状况。双边贸易结构反映基于各国比较优势的国际劳动分工，一国从贸易中获得的收益并非只来源于顺差。例如，美国进口铝产品导致了贸易逆差，但更便宜的进口铝材料会促进美国飞机出口。因此，限制铝产品进口不仅会伤害美国飞机出口，也会降低国际劳动分工的效率。

4.（1）跨国公司体系内部的国际化市场包括三种类型的交易：

① 母公司对国外子公司的销售。

② 国外子公司对母公司的销售。

③ 同一跨国体系内子公司之间的交易。

（2）跨国公司内部贸易是一种特殊形式的国际贸易，其核心特点有两个：

① 实行计划性管理。公司内部贸易的计划性主要是指内部贸易的商品数量、商品结构以及地理流向等要受公司长远发展战略计划、生产投资计划、市场营销计划和利润分配计划的控制和调节。跨国公司实施内部贸易计划管理的目的是，调节公司内部的资源配置，使之不断适应公司发展战略和外部环境变化的要求，在激烈竞争环境中立于不败之地。

② 实行转移价格。实行转移价格有助于克服公司内部分工的统一性与各部门利益不一致性的矛盾。海外子公司采取的是多样化股权形式，使得母公司与各子公司之间形成多样化、多层次的经济关系。这种经济利益的差异性必然导致跨国公司的总体利益与各子公司的局部利益之间的矛盾和冲突。跨国公司实行转移价格是克服这一矛盾的有效方法。转移价格使整个公司的经营活动在全球战略目标指导下实现内部交换，并在协调的基础上使各自的利益得到满足。以上两个特点决定了跨国公司内部贸易运作的核心是投资决策和转移价格的制定。

（3）跨国公司内部贸易对国际贸易的影响：

① 降低交易成本。跨国公司内部贸易是在跨国公司内部母公司以及子公司和子公司之间进行的，由母

公司统一组织协调和管理，从而可以降低各种交易成本。

② 消除外部市场的不确定性。公司内部贸易经常发生在市场集中程度高的行业或部门。跨国公司通过公司内部贸易不仅可稳定地维持并扩大自己的市场份额，并且使新的公司进入市场参与竞争更为困难。

③ 防止技术优势流失。公司内部贸易为跨国公司内部各部门之间的技术转移和交流提供了有效的通道。这样跨国公司既可以保持技术垄断，又可以实现跨国公司国际化生产和服务体系对新技术和新工艺的需要。

④ 利用转移价格获取额外收益。跨国公司是通过内部转移价格取代了外部市场的公平交易价格。转移定价一方面是跨国公司组织与管理内部市场、实施资源配置的必要工具，另一方面转移定价可以作为逃税和规避风险的手段，母公司可以压低子公司产品的销售价格，使其利润减少到最低限度，而提高在低税率国家的子公司产品的销售价格，从而降低公司的纳税总额，使利润提高到最高限度。

# 西南财经大学 2020 年 434 国际商务专业基础试题

**一、简答题(每题 10 分，共 20 分)**

1. 简述非股权投资的定义及类型。

2. 简述国际货币体系的内涵及类型。

**二、简述题(每题 15 分，共 105 分)**

1. 简述小国和大国的关税福利效应。

2. 简述影响国际营销的社会文化因素。

3. 简述交易风险和折算风险的内涵，以及规避这两类风险的主要手段。

4. 简述外汇市场的作用及主要特征。

5. 简述电子商务带来的国际贸易的创新方式。

6. 简述跨国并购相较于绿地投资的主要优势。

7. 简述内部化理论的假设及其核心内容。

**三、论述题(25 分)**

论述金融开放对我国金融业产生的积极和消极影响，以及应对消极影响所采取的措施。

## 西南财经大学 2020 年 434 国际商务专业基础试题解析

**一、简答题(每题 10 分，共 20 分)**

1. 非股权安排是 20 世纪 70 年代以来逐渐被广泛采用的一种国际市场进入方式，主要是指跨国公司在东道国中不参与股份，而是通过与股权没有直接联系的技术、管理、销售等为东道国提供各种服务，与东道国保持着密切联系，并从中获取各种利益。非股权安排主要有许可证合同、管理合同、产品分成合同、“交钥匙”工程、咨询服务合同等常用形式。

(1) 许可证合同：是指跨国公司与东道国公司就技术转让和使用问题所签订的合同。许可证合同具体可分为独占许可证合同、普通许可证合同、排他许可证合同、从属许可证合同等。

(2) 管理合同：是指跨国公司通过合同在不涉及股权参与情况下，向东道国企业提供综合性服务，在合同有效期内按规定提供各项服务和收取相应的报酬。

(3) 产品分成合同：签订这种合同的跨国公司起着一个承包商的作用，即东道国出钱，跨国公司替东道国公司购买设备和进行投资，并实施管理，跨国公司不占股权，但要与东道国在一个预先商定的分配方案的基础上分享公司的产品，以作为这种非股权安排的报酬。

(4) 交钥匙工程：指跨国公司为外国企业或外国政府从事工程建设，在工程完工后，跨国企业负责试生产，在保证工程开工后的产品产量、质量等指标达到合同规定标准后，才将工程移交给工程的主人。

(5) 咨询服务合同：由跨国公司与东道国企业相互签订。合同中规定，跨国公司负责解决东道国企业提出的技术课题，或提供各种技术服务，并以此获取技术咨询费作为技术投资的报酬。

2. 国际货币体系也称作国际货币制度，指在国际经济关系中，为满足国际间各类交易的需要，各国政府对货币在国际间的职能作用及其他相关国际货币金融问题所指定的协定、规则和建立的相关组织机构的总和。国际货币体系可划分为三种类型：国际金本位制度、布雷顿森林体系和牙买加体系。

(1) 国际金本位制度是以黄金作为国际储备货币或国际本位货币的国际货币制度，它大约形成于 1880 年末，到 1914 年第一次世界大战爆发时结束。其特点是各国货币之间的汇率由各自的含金量比例决定，黄金可以在各国间自由输出输入，国际收支具有自动调节机制。

(2) 布雷顿森林体系是二战结束至 1973 年间的国际货币体系，其实质是建立一种以美元为中心的国际货币体系，基本内容包括美元与黄金挂钩、国际货币基金会员国的货币与美元保持固定汇率。

(3) 牙买加体系是 1974 年以来的国际货币体系，其主要内容包括黄金非货币化、浮动汇率制度、国际储备多元化。

## 二、简述题(每题 15 分，共 105 分)

1. (1) 小国征收关税的经济效应

如果一国某商品的进口额占世界总额的比重很小，其进口量的改变不足以影响世界市场价格，这个国家就只能是世界价格的接受者，就称该国为贸易小国。这样的贸易小国在征收关税后，进口商品国内价格上涨的幅度将等于关税税率，关税全部由进口国消费者负担。贸易小国的关税经济效应如图 1 所示。图 1 中 $D$ 为国内需求曲线，$S$ 为国内供给曲线。$P_{w(free)}$ 为自由贸易条件下的国际价格，$Q_1Q_2$ 为此条件下的进口；$P_t$ 为征收关税时的国内价格，$Q_3Q_4$ 为征收关税后的进口。

贸易小国的经济效应如下：

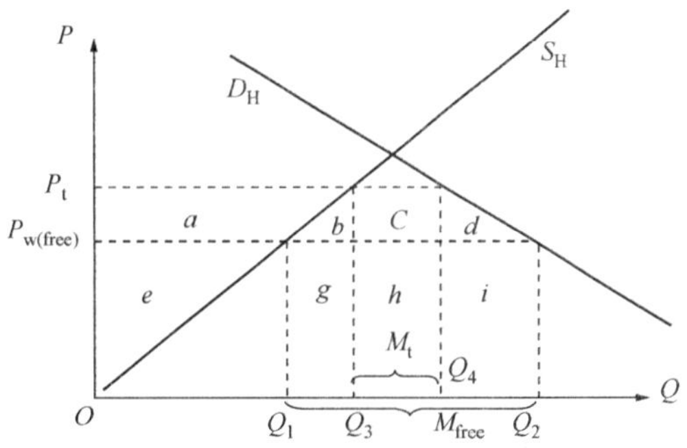


图 1 贸易小国的关税经济效应

① 价格效应。进口国的价格由 $P_w$ 上升为 $P_t$。

② 消费效应。国内的消费量降低，需求由 $Q_2$ 降到 $Q_4$，关税给消费者带来损失，损失为 $a+b+c+d$ 的面积。由于关税，国内消费者减少消费，降低了物资福利水平。

③ 生产效应。国内价格上升，供给由 $Q_1$ 增到 $Q_3$。关税给生产者带来好处，其好处为 $a$ 的面积。征收关税，使国内一部分资源从生产有优势的出口部门，转移到相对劣势的进口部门，造成资源配置效率的下降。

④ 贸易效应。商品进口由 $Q_1Q_2$ 减少为 $Q_3Q_4$，这就是征收关税的贸易效应。

⑤ 财政收入效应。征收关税给国家带来了财政收入，只要关税没有提高到禁止关税的水平，就会给进口国带来关税收入，用 $c$ 的面积表示。

⑥ 收入再分配效应。征收关税使消费者的收入再分配，生产者利益的增加是由消费者收入的减少转化而来的。国家税收也增加了。

⑦ 净福利效应。福利效应的净值为 $-(b+d)$，说明小国征税使福利水平降低。这部分损失也称为保护成本，其中 $b$ 为生产扭曲，是因为资源配置效率下降引起的损失；$d$ 为消费扭曲，是消费者剩余的净损。

综上可见，对小国而言，最优的贸易政策是不征收关税，自由贸易是最好的贸易政策。

(2) 大国征收关税的经济效应

如果一个国家是某种商品的贸易大国，即其进口量的变化会引起国际价格的改变。贸易大国对某种商品征收关税后，其经济效应如图 2 所示。

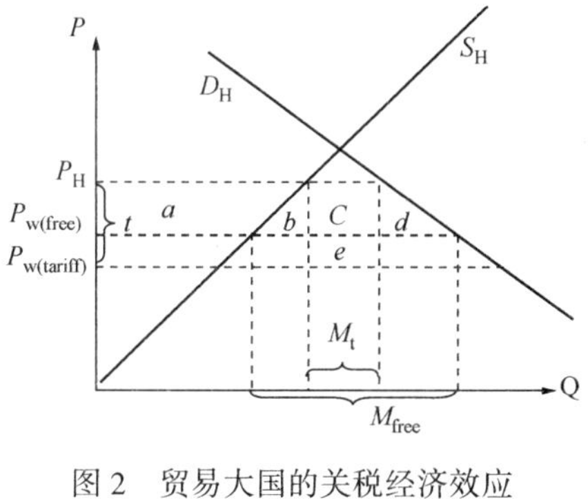


图 2 贸易大国的关税经济效应

图中 $D_H$ 为国内需求曲线，$S_H$ 为国内供给曲线。$P_{w(free)}$ 为自由贸易条件下的国际价格，$M_{free}$ 为此条件下的进口；$P_{w(tariff)}$ 为征收关税时的国际价格，$M_t$ 为征收关税后的进口量。

① 价格效应。国内价格从 $P_{w(free)}$ 上升到 $P_H$。价格的上升导致国内生产扩大，消费减少。导致该大国减少对该商品的购买，该商品的国际价格从 $P_{w(free)}$ 降到 $P_{w(tariff)}$。大国的进口商在进口商品时支付的关税不是由进口国的消费者单独承担的，而是由进口国消费者和出口国生产者共同负担。大国向出口国转嫁了部分关税。

② 贸易条件效应。进口价格降低，贸易条件改善，其利益为 $e$ 的面积。相对小国而言，其关税对生产者的保护作用

比较小，因为其关税的上升被进口价格的下降抵消了一部分。

③ 消费效应。消费者的损失为 $a+b+c+d$，此时这部分面积比小国的情况小。

④ 生产效应。给生产者带来利益 $a$。

⑤ 财政收入效应。财政收复为 $c+e$。

⑥ 福利效应。关税的净福利效应=生产者福利增加-消费者福利损失+政府财政收入 $=a-(a+b+c+d)+(c+e)=e-(b+d)$。所以，大国征收关税，福利增加还是减少是不确定的。取决于贸易条件效应、生产扭曲和消费扭曲效应之和。

2. 影响国际营销的社会文化因素有：

(1) 语言文字。语言是文化的镜子，是文化的核心组成部分，折射出民族的价值观和世界观，反映某一文化的本质特性，也是经济活动沟通的桥梁和表达思想、传递感情的工具，需要适时、适地而用。

(2) 教育水平。教育是技能、思想、态度的传授和专门知识的学习和培训，与经济发展水平密切相关，越是经济发达的地区和国家，教育越受重视、教育水平也越高。教育状况影响国际营销表现在这样几个方面：其一，受教育水平影响人们的消费行为；其二，受教育水平制约国际市场营销活动；其三，教育状况影响当地市场的商品构成；其四，受教育水平影响国际营销活动在当地可利用的人力资源状况。

(3) 宗教信仰。宗教对很多国家和地区的国际市场营销活动的影响很大。宗教信仰影响了人们的消费行为、社交方式、穿着举止、经商风格、价值观、在社会中处理和谐与冲突的方式，以及人们对时间、财富、变化、风险的态度。企业要在其国际营销活动中充分认识到宗教信仰对企业营销的影响，尊重目标市场各方的宗教信仰和观念，充分利用营销契机、巧妙规避风险。

(4) 社会组织。在对社会组织的考察中，分析社会阶层、家庭规模和特点、妇女的角色和地位、群体行为等对国际市场营销活动的开展很有意义。

(5) 价值观念。价值观念主要体现为：对待时间的态度、对待变革的态度、对待金钱的态度、对待风险的态度和对待权力的态度。

(6) 风俗习惯。风俗习惯主要包括节日习俗、婚丧习俗、饮食习俗和交往习俗，其对国际营销的影响主要表现在商务谈判、消费方式、新产品开发和包装等方面。

(7) 审美意识。美是一种高层次的人类心理需求，是关于美、审美认识的观念，是文化的重要组成部分，在不同的文化环境中，美有不同的评价标准。

3. (1) 交易风险及其管理

交易风险是指在运用外币进行计价收付的交易中，经济主体因外汇汇率变动而蒙受损失的可能性，是一种流量风险。对交易风险的管理方法可以分为三类：

① 可供签订合同时选择的防范措施，包括选择好合同货币、加列合同条款、调整价格或利率。

② 金融市场操作。在交易合同签订后，涉外经济实体可以利用外汇市场和货币市场来规避外汇风险。主要方法有：现汇交易、期汇交易、期货交易、期权交易、借款与投资、借款-现汇交易投资、外币票据贴现、利率和货币互换等。

③ 除上述签订合同的方法、借助金融操作的方法外，还有一些方法，如提前或错后收付外汇、配对、保险等。

(2) 折算风险及其管理

折算风险有时又称为"转换风险"或"会计性风险"，是指汇率变动对企业财务账户的影响。国际商务企业对折算风险的管理，通常是实行资产负债表保值。这种方法要求在资产负债表上以各种功能货币表示的受险资产与受险负债的数额相等，以使其折算风险头寸(受险资产与受险负债之间的差额)为零。只有这样，汇率变动才不致带来任何折算上的损失。实行资产负债表保值，一般要做到以下几点：

① 弄清资产负债表中各账户、各科目上各种外币的规模，并明确综合折算风险头寸的大小。

② 根据风险头寸的性质确定受险资产或受险负债的调整方向，如果以某种外币表示的受险资产大于受险负债，就需要减少受险资产，或增加受险负债，或者双管齐下。

③ 在明确调整方向和规模后，要进一步确定对哪些账户、哪些科目进行调整。这正是实施资产负债表

保值的困难所在，因为有些账户或科目的调整可能会带来相对于其他账户、科目调整更大的收益性、流动性损失，或造成新的其他性质的风险(如信用风险、市场风险等)。从这一意义上说，通过资产负债表保值获得折算风险的消除或减轻，是以经营效益的牺牲为代价的。因此，需要认真对具体情况进行分析和权衡，决定科目调整的种类和数额，使调整的综合成本最小。

4.(1) 外汇市场的功能主要表现为：

① 实现购买力的国际转移。国际贸易和国际资金融通至少涉及两种货币，而不同的货币对不同的国家形成购买力，这就要求将该国货币兑换成外币来清理债权债务关系，使购买行为得以实现。而这种兑换就是在外汇市场上进行的。外汇市场所提供的就是这种购买力转移交易得以顺利进行的经济机制，它的存在使各种潜在的外汇售出者和外汇购买者的意愿能联系起来。当外汇市场汇率变动使外汇供应量正好等于外汇需求量时，所有潜在的出售和购买愿望都得到了满足，外汇市场处于平衡状态之中。这样，外汇市场提供了一种购买力国际转移机制。同时，由于发达的通信工具已将外汇市场在世界范围内联成一个整体，使得货币兑换和资金汇付能够在极短时间内完成，购买力的这种转移变得迅速和方便。

② 提供资金融通。外汇市场向国际间的交易者提供了资金融通的便利。外汇的存贷款业务集中了各国的社会闲置资金，从而能够调剂余缺，加快资本周转。外汇市场为国际贸易的顺利提供了保证，当进口商没有足够的现款提货时，出口商可以向进口商开出汇票，允许延期付款，同时以贴现票据的方式将汇票出售，拿回货款。外汇市场便利的资金融通功能也促进了国际借贷和国际投资活动的顺利进行。

③ 提供外汇保值和投机的机制。在以外汇计价成交的国际经济交易中，交易双方都面临着外汇风险。由于市场参与者对外汇风险的判断和偏好的不同，有的参与者宁可花费一定的成本来转移风险，而有的参与者则愿意承担风险以实现预期利润。由此产生了外汇保值和外汇投机两种不同的行为。在金本位和固定汇率制下，外汇汇率基本上是平稳的，因而就不会形成外汇保值和投机的需要及可能。而浮动汇率下，外汇市场的功能得到了进一步的发展，外汇市场的存在既为套期保值者提供了规避外汇风险的场所，又为投机者提供了承担风险、获取利润的机会。

(2) 外汇市场的特征有：

① 交易“场所”特殊。外汇市场交易场所的“场所”既可以指一个地方，也可以指一个交易网络，或者一种交易机制。外汇市场不像其他市场必须具备交易场所，这个场所可以是有形的，也可以是无形的——由电话、电传、计算机终端、通信线路等组成的网络，通过交易指令实现外汇的买卖、资金的交割和资金的转移。一般来说，外汇买卖业务并不在某个具体的地方开展。

② 高度一体化的市场。在外汇市场上交易的货币在世界各地都是相同的，具有很大的同质性，而且由于货币的频繁流动所进行的套汇行为，消除了汇价的波动，最终出现价格的均等化。

③ 24 小时交易。在全球范围内，由于时差的存在，各国外汇市场开闭时间也不同，由此形成了一个在时间上和空间上都连续不断的市场。

④ 交易币种集中，便于操作。外汇市场上交易的币种相对集中，相对而言，主要集中于美元、欧元、日元、英镑、瑞郎、澳元等，便于操作。

⑤ 成交量大，不易被操纵。外汇市场是全球最大的市场，参与者众多，包括商业银行、外汇经纪人、中央银行、企业、个人等。无论参与者规模的大小，都很难对外汇市场造成持续的影响。

5. 电子商务带来的国际贸易的创新方式主要表现为：

(1) 国际贸易理论创新。传统的比较优势理论认为，各国比较优势的形成基础是自然资源、资本、劳动力和人力资源等方面的差异；而在电子商务模式下，信息成为最重要的生产要素和资源，即国与国之间对信息的生产、反馈与使用能力上的差异——信息比较优势，在国际贸易中的地位越来越重。“虚拟经营”这一跨国公司新型合作竞争方式，是信息社会公司组织及运作方式变革的序幕，打破了传统公司组织机构的层次和界限，使跨国公司成为一个开放系统。

(2) 国际贸易宏观管理创新。电子商务的发展必然会给国家对国际贸易监管带来新的挑战，但同时也为国际贸易宏观管理方式的创新带来新的机遇。我国政府有关部门在运用电子商务开展国际贸易宏观管理，积极推行电子商务方面已取得了一定成效。这些创新使国际贸易的监管变得更加公开和透明，而更加公开和透明的监管环境也必将进一步推动国际贸易的发展。

（3）国际贸易政策创新。目前，电子商务环境中的国际贸易政策创新主要体现在世贸组织（WTO）通过了电子商务免、禁征关税协议。该协议的达成将对永久性禁止征收电子商务关税产生推动作用，在电子商务的发展史上树起了一个重要的里程碑。从全球范围来看，电子商务是未来世界经济发展的最重要的驱动力之一，世界各国都十分重视信息产业和电子商务的发展。在当前电子商务发展的摇篮时期，各国给予免关税扶持，有利于电子商务的普及和成熟。

（4）国际贸易运行机制创新。电子商务创造了一个网上虚拟市场，形成新的国际贸易运行机制，促进以信息网络为纽带的世界市场信息一体化进程。在这种网络贸易的环境下，各国间的经济贸易联系进一步加强，这为进一步促进国际贸易创新奠定了基础。

（5）国际贸易交易方式创新。电子商务的发展和应用推动了国际贸易方式的创新，实现对以纸面贸易单据的流转为主体的传统国际贸易流程和交易方式的变革。在信息产业向纵深发展的同时，发展迅速的国际贸易迫切要求实现全球贸易运作的信息化，节约社会成本和贸易成本，电子商务的发展正好满足了这种需求。

（6）国际贸易营销创新。网络贸易引起市场营销的巨变，促进国际贸易营销创新，产生了新的市场营销形式——电子营销。企业通过电子营销，借助互联网，可以进行生产、信息传递、广告、购物、支付和信息化产品等业务，双向交互信息可以交换资料文件、影像、声音等，可以进行一对一双向交互，甚至可以是一对无数和无数对无数的交互。它可以将实体市场转移到最广大的人们均可以参与的虚拟市场上。

（7）国际贸易运输方式创新。在 EDI 普及的情况下，国际贸易运输不仅仅是单一方式的运输，而是必须将仓储、运输、交通等密切结合起来，形成电子商务下的国际贸易综合物流。运用信息网络对整个国际贸易运输过程进行综合管理，提高综合物流的每一个环节链的效率和服务水平，降低库存、联运等综合物流的各环节的成本。

6. 跨国并购相较于绿地投资的主要优势为：

（1）便于迅速营运。通过并购现有的企业，可以快速建立起自己在外国目标市场的运营设施。企业之所以实施并购，是因为它们知道这是在目标市场建立大规模设施的最快途径。

（2）迅速获取市场份额。在许多情况下，企业实施并购是为了在竞争对手之前抢占先机。在快速全球化市场先发制人，如电子通信行业，企业相互竞争试图争夺全球领先地位，因此这些市场呈现出集中的并购浪潮。

（3）获取战略资产。战略资产，如研发或技术诀窍、专利、商标、当地特许权以及供应与分销网络等无法在其他市场上获得，而自己开发又需要时间。

（4）融资便利。与“绿地投资”相比，并购可以比较容易地获得融资。具体说来，跨国并购完成后，并购方可以通过以下途径获得资金：①用目标企业的实有资产和未来收益作抵押，通过发行债券获得融资；②用目标企业的实有资产和未来收益作抵押，直接从金融机构获得贷款；③并购方通过与被并购方互相交换股票的方式控制目标企业，从而避免现金支付的压力。

（5）并购比新建企业风险要小。当企业实施并购时，它买下的是一种能生产出收入和利润流的资产。当企业在国外市场实施一项并购，不仅获得一系列有形资产，如工厂、物流系统、顾客服务系统等等，而且也获得了有价值的无形资产，包括全球品牌和管理人员对那个国家商务环境的知识。这些知识可以降低由于不了解该国的文化而导致错误的风险。

7.（1）内部化理论的假设有：

① 企业面对的是不完全的市场，且企业的目标是利润最大化。

② 当中间品市场不完全时，企业创建内部市场的动力就会产生。

③ 企业市场内部化的界限超越国界时就产生了跨国公司。

（2）内部化理论的核心内容为：

内部化理论强调企业通过内部组织体系以较低成本，在内部转移该优势的能力，并把这种能力当作企业对外直接投资的真正动因。在市场不完全的情况下，企业为了谋求整体利润的最大化，倾向于将中间产品、特别是知识产品在企业内部转让，以内部市场来代替外部市场。由于市场的不完全，若将企业所拥有的科技和营销知识等中间产品通过外部市场来组织交易，则难以保证厂商实现利润最大化目标；若企业建立内部市场，可利用企业管理手段协调企业内部资源的配置，避免市场不完全对企业经营效率的影响。企业对外直接投资的实质是基于所有权之上的企业管理与控制权的扩张，而不在于资本的转移。其结果是用企业内部的管理机制代替外部市场机制，以便降低交易成本，拥有跨国经营的内部化优势。

## 三、论述题（25 分）

（1）金融开放对我国金融业的正面影响

① 有助于改善公司治理结构，加快金融机构的经营转型。新一轮金融开放对外资准入限制的进一步放开，以及外资机构业务范围的不断扩大，有助于国内金融机构吸取国际金融机构先进的风控和经营管理经验，竞争的加剧也将倒逼国内金融机构提升公司治理水平、完善内控机制。与中国本土金融机构相比，外资企业具有更加成熟的经营管理文化以及更加丰富灵活的业务创新机制。此外，新一轮的金融开放可以促进中外金融机构在人才、技术、信息等资源上充分交流共享，进一步优化中资金融机构的组织管理架构和人才梯队建设，实现管理机制的改进、运营流程的畅通、经营体制的转型。

② 提高金融服务水平，助力实体经济转型。引导金融回归本源、服务实体经济是当前我国金融工作的主要任务。新一轮金融开放全面覆盖了银行、证券、保险、基金等各行业，引入外资金融机构的产品技术体系、风控体系，从根本上丰富我国金融机构的产品种类，增强市场的活力，提升整体的资源配置效率。另外，与外资金融机构同处一个竞争平台，可以激发中资金融机构树立先进的服务意识，为扩大自身的品牌效应，不断推陈出新，为客户提供质量上乘的服务，推动金融业长期健康发展，进而为实体经济转型升级提供更有效率的金融服务。

③ 引入先进“走出去”经验，进一步提升国际竞争实力。目前，中美贸易摩擦不断，用先进的理念、技术武装自己，提升国际综合竞争实力愈显重要。然而，中资企业“走出去”的国际经验积累还存在较大提升空间，在海外业务拓展、风险防控以及盈利等方面的能力都有待增强。新一轮金融开放将进一步引入外资金融机构在国际市场上的相关管理和业务优势，为中资企业拓宽视野、提升国际化发展能力提供有效途径，在新形势下，进一步提升国际综合竞争实力。

（2）金融开放对我国金融业的负面影响

① 加剧金融机构竞争。从增加金融机构风险的角度来看，扩大金融业对外开放将使中国金融行业竞争加剧，增加金融市场的流动性风险。由于外资金融机构的待遇与服务较好，将使中资金融机构的人才流失加速，增加客户流失风险。扩大金融业对外开放格局进入之后与我国金融机构之间的竞争造成了人才的流动。

② 引起金融制度的冲击。我国的金融制度面对西方市场金融制度的冲击，可能会引起国内金融制度的急剧变革。其中冲击最为集中的，一是我国的金融分业经营、分业管理制度；二是利率管制和汇率管制制度；三是国有金融机构产权制度。

③ 降低货币政策的有效性。由于外资金融机构的进入将使货币政策传导机制发生变化，货币政策控制力减弱，当国内货币政策的意图发生变动时，它们会通过转向国外市场加以规避。这必然会弱化货币政策效应。货币政策中间目标 $M_1$、$M_2$失真，部分货币政策工具的调控效应也将随之减弱。

（3）应对消极影响的措施：

① 制定完整监管体系并维护国家金融安全。监管部门需加强立法，完善金融开放过程中的监管法律体系，使其不仅能够有效地规制外资金融机构在中国的经营行为，而且还能有效地规范中资及合资金融机构的经营行为。

② 建立合理的外资金融机构税收制度。目前，我国税收制度中对引进外资还存在多重税收优惠，中、

外资金融机构的税收差异影响着中资金融机构的盈利能力。特别是营改增以后，中资金融机构在税收筹划方面仍需加强学习，有可能导致金融机构在中国获取的企业利润向海外转移。

③ 增强中资金融机构的市场竞争力。此次扩大金融业对外开放，将增加中、外资金融机构与业务的竞争，必须尽快激励国有金融机构的改革意识，提高其金融业务的核心竞争能力。同时也应鼓励外资金融机构提供附加值较高的新金融产品业务和服务，与中资金融机构展开竞争，实现金融服务业的充分发展与普惠使命。

④ 加强对外资金融机构母国和母公司风险的监管。根据不同国家的风险情况，在外资金融机构市场准入一般标准的基础上设置附属条款，包括对高风险机构各类申请提出附加申请材料、设置附加准入条件以及采取特别监管措施和必要的行政处罚手段等，限制高风险机构的进入以及业务活动。

# 浙江工商大学 2020 年 434 国际商务专业基础试题

## 一、名词解释(每题 5 分，共 60 分)

1. 公司内部转移定价
2. 关税同盟
3. 海外仓
4. 外汇期权
5. 购买力平价
6. 欧洲货币市场
7. 内部化理论
8. 服务外包
9. BOT 投资
10. 垄断优势理论
11. 反倾销
12. 撇脂定价策略

## 二、问答题(每题 15 分，共 90 分)

1. 阐述近年来中美贸易摩擦的原因和我国企业的应对策略。
2. 区域经济一体化的贸易效应有哪些?
3. 利用产品小规模技术理论分析中国民营企业的对外直接投资现象。
4. 跨国公司 M 型组织结构的特征是什么? 其对我国企业的适用性如何?
5. 分析国际商务文化环境的霍夫斯泰德模型的几个文化维度。
6. 目标市场选择策略有哪几种?

# 浙江工商大学 2020 年 434 国际商务专业基础试题解析

## 一、名词解释(每题 5 分，共 60 分)

1. 公司内部转移定价，又称调拨价格，是指跨国公司内部母公司与子公司之间，或子公司与子公司之间进行交易时所执行的价格，包括货物价格、劳务费、贷款利息、租金费、专利或其他知识产权的使用费及其支付方法。

2. 关税同盟是指两个或两个以上国家缔结协定，建立统一的关境，在统一关境内缔约国相互间减让或取消关税，对从关境以外的国家或地区的商品进口则实行共同的关税税率和外贸政策。

3. 海外仓是指建立在海外的仓储设施。在跨境贸易电子商务中，国内企业将商品通过大宗运输的形式运往目标市场国家，在当地建立仓库、储存商品，然后再根据当地的销售订单，第一时间作出响应，及时从当地仓库直接进行分拣、包装和配送。

4. 外汇期权也称为货币期权，指合约购买方在向出售方支付一定期权费后，所获得的在未来约定日期或一定时间内，按照规定汇率买进或者卖出一定数量外汇资产的选择权。

5. 购买力平价是指两种货币之间的汇率决定于它们单位货币购买力之间的比例。购买力平价分为绝对购买力平价和相对购买力平价。绝对购买力平价阐述的是某一时点上汇率的决定，认为两国货币之间的汇率可以表示为两国货币的购买力之比。相对购买力平价阐述的是两个时点汇率的变动，认为汇率的变动同两国物价水平的相应变动成比例。

6. 欧洲货币市场是非居民间以银行为中介在某种货币发行国国境之外从事该种货币借贷的市场。其特点是：经营自由，资金规模庞大，资金周转极快，调度灵便，有独特的利率体系，其经营以银行间交易为主。

7. 内部化理论的主要观点可概括为：由于市场的不完全，若将企业所拥有的科技和营销知识等中间产品通过外部市场来组织交易，则难以保证厂商实现利润最大化目标；若企业建立内部市场，可利用企业管理手段协调企业内部资源的配置，避免市场不完全对企业经营效率的影响。企业对外直接投资的实质是基于所有权之上的企业管理与控制权的扩张，而不在于资本的转移。其结果是用企业内部的管理机制代替外部市场机制，以便降低交易成本，拥有跨国经营的内部化优势。

8. 服务外包是指企业将价值链中原本由自身提供的具有基础性的、共性的、非核心的IT业务和基于IT的业务流程剥离出来后，外包给企业外部专业服务提供商来完成的经济活动。因此，服务外包应该是基于信息网络技术的，其服务性工作通过计算机操作完成，并采用现代通信手段进行交付，使企业通过重组价值链、优化资源配置，降低了成本并增强了企业核心竞争力。

9. BOT(build-operate-transfer)即建设-经营-转让，是私营企业参与基础设施建设，向社会提供公共服务的一种方式。中国一般称之为"特许权"，是指政府部门就某个基础设施项目与私人企业签订特许权协议，授予签约方的私人企业来承担该项目的投资、融资、建设和维护，在协议规定的特许期限内，许可其融资建设和经营特定的公用基础设施，并准许其通过向用户收取费用或出售产品以清偿贷款，回收投资并赚取利润。

10. 垄断优势理论是关于垄断优势的国际直接投资理论，由美国海默在其1960年的博士论文中提出。该理论认为：国际直接投资是结构性市场不完全尤其是技术和知识市场不完全的产物；企业在不完全竞争条件下获得的各种垄断优势，如技术优势、规模经济优势、资金和货币优势、组织管理能力的优势，是该企业从事对外直接投资的决定性因素或主要推动力量；跨国公司倾向于以对外直接投资的方式来利用其独特的垄断优势。

11. 反倾销是一个金融术语，是指对外国商品在本国市场上的倾销所采取的抵制措施。一般是对倾销的外国商品除征收一般进口税外，再增收附加税，使其不能廉价出售。世贸组织的《反倾销协议》规定，一成员要实施反倾销措施，必须遵守三个条件：第一，确定存在倾销的事实；第二，确定对国内产业造成了实质损害或威胁，或对相关产业造成实质阻碍；第三，确定倾销和损害之间存在因果关系。

12. 撇脂定价策略是指新产品上市之初，将新产品价格定得较高，在短期内获取厚利，尽快收回投资。这一定价策略就像从牛奶中撇取其中所含的奶油一样，取其精华，所以称为撇脂定价策略。一般而言，对于全新产品、受专利保护的产品、需求的价格弹性小的产品、流行产品、未来市场形势难以测定的产品等，可以采用撇脂定价策略。

## 二、问答题(每题15分，共90分)

1. 贸易摩擦，是指在国际贸易中，国与国之间在进行贸易往来的过程中，在贸易平衡上所产生的摩擦，一般是由于一国的持续顺差、另一国的持续逆差，或一国的贸易活动触及或伤害另一国的产业所引起的。贸易摩擦主要分为显性贸易摩擦和隐性贸易摩擦两类。显性贸易摩擦是指当前呈现出来的贸易摩擦，包括反倾销、反补贴和保障措施引起的贸易摩擦。隐性贸易摩擦是指潜在的可能出现的贸易摩擦，包括由TBT/SPS、知识产权保护和社会责任要求引起的贸易摩擦。

此轮中美贸易摩擦的表面原因是中国对美国多年来的贸易顺差。从1985年开始，美国对中国一直保持贸易逆差，并且逆差额逐年升高。截至2017年末，我国的外汇储备余额达到3.14万亿美元。但是，对于美国而言，贸易逆差对国内经济造成了重大影响，其造成本国商品国际竞争力的削弱，引起贸易条件的恶化，同时造成失业率的增加，减少内需，影响经济发展和国际信誉。长达30多年的对华贸易逆差被特朗普及其班子认为是美国当今"最大的政治不正确"，认为美国是其他国家不公平和掠夺性贸易的受害者。在2008年全球经济危机后，美国经济非常脆弱，目前仍面临着失业率居高不下、国内消费低迷的状态，有效控制进口，保护国内经济体的快速恢复显得尤为迫切。而中国作为美国最大的贸易逆差国，因此，特朗普在就任美国总统几天后，就表达了其对中国政策的核心就是要平衡30多年累积的贸易逆差，最终目的是逼使中国"第二次门户开放"。

挑起对华贸易摩擦，贸易逆差并不是最主要的原因。中美两国更深层次表现出来的是隐性贸易摩擦。近年来，美国不断对我国的知识产权保护提出严重质疑，通过对出口到美国产品的专利、版权、技术标准、商标等发难，造成中美贸易摩擦的出现。在2018年最近的这次中美贸易摩擦中，美国对中国发起"301"调查以阻止中国通过不合理及歧视性措施获取美国的技术与知识产权。2018年4月16日，美国商务部宣布禁止美国公司向中兴通讯销售电子技术或通讯元件，禁令有效期长达7年。上述一系列措施背后，是美国对华贸易政策的深层目标：一是美国的技术和知识产权不能流入中国企业手中；二是要保护国内的关键产业。美国发动贸易战的最终目的是保持美国国内产业，尤其是高科技产业的全球领先地位，反映出特朗普政府对中国技术进步和产业升级的忧虑。

面对中美贸易摩擦的不断升级，我国应制定如下应对措施：

（1）降低外贸依存度。我国国内市场庞大，但是需求不足导致我国对海外市场依赖性高，因此，拉动国内消费意义重大。为了实现这一目标，我国应该完善社会保障体系，提高居民可支配收入，引导居民建立正确的消费观。

（2）加快产业结构升级转型。针对美国对高端制造业和高新技术产业的关税政策，我们应该加快知识产权保护等基础设施建设，实施人才引进战略，坚定不移地推进国内产业结构转型，化解过剩产能，提高产业竞争力。

（3）进一步完善我国应对贸易摩擦的法律体系。这主要是指要加快知识产权保护、环境保护等方面的立法，在这些方面，我国虽然颁布了一系列法令，但是保护力度仍比较薄弱，与发达国家仍有很大差距，这就要求我国继续在这些方面加快立法进程。同时，目前我国应对贸易摩擦的法律体系是以《中华人民共和国对外贸易法》为核心的，但我国的《对外贸易法》还有很多不完善的地方，这就需要我们借鉴别国经验使《对外贸易法》突出应对对外贸易摩擦的职能，而且真正具有可操作性。

（4）善于利用WTO框架下的贸易争端解决机制。中国作为WTO的成员，可以积极运用WTO规则，通过磋商谈判和利用争端解决机制，就我国出口产品遭受的不公正待遇开展有理、有利、有节的斗争，以合理、合法地维护自身利益。

2.（1）区域经济一体化的静态效应

① 贸易创造效应。所谓贸易创造是指由于取消了同盟内的关税壁垒，使生产转向同盟内最有效率的供应者所产生的净利益。

② 贸易转向是指由于关税同盟对外设置统一的关税壁垒，是一些成员国的消费者不得以低价购买非同盟国生产的更低廉的商品，只能转向同盟内的高价产品并由此产生经济损失。

（2）区域经济一体化的动态效应

① 规模经济效应。建立区域经济一体化的组织成员国市场连成一体，自由市场的规模可以扩大，产品成本趋向于下降，企业可以获得规模经济的利益。

② 竞争加强效应。区域经济一体化组织的建立，摧毁了原来各国受保护的市场，使各国生产的专业化提高，资源使用效率提高，从而提高市场的竞争性。

③ 投资刺激效应。实行经济一体化的区域内，随着市场的扩大，风险与不稳定性降低，会吸收成员国的厂商增加新的投资；另外，为了提高竞争能力，原有的厂商也会增加投资，改进产品质量，降低生产成本。

④ 生产要素自由流动的经济效应。区域经济一体化的建立，推动了区域内商品的自由流通，资本和劳动力从边际能力生产力低的地区流向边际能力生产力高的地区，使生产要素配置更加合理，降低了要素闲置的可能性，从而使产量增加，提高了经济效益。

⑤ 加速经济增长效应。加速经济增长效应是建立在以上四点都能成立的前提下。也就是说，区域经济一体化，促进了商品和生产要素的自由流动，刺激了投资增加，厂商面临更加激烈的竞争并能实现规模经济，那么，大规模的厂商能提供充裕的资金用于研究与开发，更激烈的竞争环境使厂商致力于更多的创新活动，从而促进区域内各成员国的经济加速成长。

3.（1）小规模技术理论，是指发展中国家企业可以利用其小规模生产技术在竞争中获得优势。发展中国家的企业拥有为小市场服务的生产技术，这些技术具有劳动密集型的特征，成本较低，灵活性较高，特别适合小批量生产，能够满足低收入国家制成品市场的需要。而发达国家跨国公司拥有的大规模生产技术在这种市场无法获得规模效益。

（2）下面我们用小规模技术理论来分析我国民营企业的竞争优势。

① 尽管我国民营企业不能像发达国家跨国公司那样，利用垄断技术，获取高额利润，但是却能在需求

多元化、多层次化的市场结构中，拥有大公司无法替代的技术优势。在经历了改革开放以来的近20年的高速发展之后，一些经营状况较好，发展较快的企业在技术上已经有了相当的知识积累，也有了向外实行技术转移，在全球范围内追求要素边际效益最大化的可能。虽然相对发达国家来说，我国民营企业的技术水平不能说拥有多大的优势，但相对一般发展中国家和市场经济转轨国家来说，仍会拥有比较优势的落差，特别是在劳动密集型产业部门，经过多年的发展，这一产业已经成为我国的优势产业。

② 产业优势。我国的优势产业是一些劳动密集型产业，如中低档的纺织、服装、皮革、化纤、普通机械等。我国在这些产业上已经有了较为充分的技术积累，具有一定的国际竞争力，同时在产业上和发达国家差别较大，有利于在全球化产业细分中占据一定地位。

③ 低管理成本和低价营销优势。“小、快、活”是我国民营企业在经营管理上的优势。民营企业反应敏捷，经营灵活，能随时根据市场需求变化，迅速组织生产，准备期短，适应性快，灵活性强。我国民营企业还具有灵巧的组织结构，在海外设立企业不必像发达国家跨国公司那样在公司体系内部有复杂、多样、紧密交织的组织管理结构，因此具有较低的管理成本。同时，民营企业一般都有较大的经营自主权，能充分发挥自身机动灵活的特性，风险意识较强，市场经验丰富。

4. 跨国公司M型组织结构，又称事业部制组织结构，是由美国的斯隆在20年代初，担任美国通用汽车公司副总经理时研究和设计出来的。它是一种按照组织所经营的事业，包括按产品、按地区、按顾客(市场)等划分部门，设立若干事业部的组织结构类型。事业部是在组织的统一领导下，拥有自己的产品和独立的市场，拥有一定的经营自主权，实行独立经营、独立核算的部门，既是受公司控制的利润中心，具有利润生产和管理的职能，又是产品责任单位或市场责任单位，对产品设计、生产制造及销售活动负有统一领导的职责。

(1) 跨国公司M型组织结构的特征是：

① 专业化管理部门。按企业的产出将业务活动组合起来，成立专业化的生产经营管理部门，即事业部。如产品品种较多，每种产品都能形成各自市场的大企业，可按产品设置若干事业部，凡与该产品有关的设计、生产、技术、销售、服务等业务活动，均组织在这个产品事业部之中，由该事业部总管；在销售地区广、工厂分散的情况下，企业可按地区划分事业部；如果顾客类型和市场不同，还可按顾客(市场)成立事业部。这样，每个事业部都有自己的产品或服务的生产经营全过程，为企业贡献出一份利润。

② 政策与经营不同。在纵向关系上，按照“集中政策，分散经营”的原则，处理企业高层领导与事业部之间的关系。实行事业部制之间的关系。实行事业部制，企业最高领导层要摆脱日常的行政事务，集中力量研究和制定企业发展的各种经营战略和经营方针，而把最大限度的管理权限下放到各事业部，使他们能够依据企业的经营目标、政策和制度，完全自主经营，充分发挥各自的积极性和主动性。

③ 利润独立核算。在横向关系方面，各事业部均为利润中心，实行独立核算。这就是说，实行事业部制，则意味着把市场机制引入到企业内部，各事业部间的经济往来将遵循等价交换原则，结成商品货币关系。

④ 职能制结构组织。企业高层和事业部内部，仍然按照职能制结构进行组织设计。从企业高层组织来说，为了实现集中控制下的分权，提高整个企业管理工作的经济性，要根据具体情况设置一些职能部门，如资金供应和管理、科研、法律咨询、公共关系、物资采购等部门。从事业部来说，为了经营自己的事业，也要建立管理机构。因事业部规模小，产品单一，故一般采用职能制结构。

(2) 事业部制组织结构适用于规模庞大、品种繁多、技术复杂的大型企业，是国外较大的联合公司所采用的一种组织形式，近几年我国一些大型企业集团或公司也引进了这种组织结构形式。我们必须承认，事业部制反映了平台决策者的集团化意愿，但是事业部制并非简单的集团化企业所能应用，尤其是对资产属性不清、盈利能力薄弱、产业实力不强的平台类集团企业。

5. 文化四因素理论是荷兰教授霍夫斯泰德提出来的，又称霍夫斯泰德模型。他认为：文化是在一个环境中的人们共同的心理程序，不是一种个体特征，而是具有相同的教育和生活经验的许多人所共有的心理程序。不同的群体、区域或国家的这种程序互有差异。这种文化差异分为四个维度：权力距离，不确定性避免，个人主义与集体主义以及男性度与女性度。

① 权力距离。权力距离即在一个组织当中，权力的集中程度和领导的独裁程度，以及一个社会在多大的程度上可以接受组织当中这种权力分配的不平等，在企业当中可以理解为员工和管理者之间的社会距离。一种文化究竟是大的权力距离还是小的权力距离，必然会从该社会内权力大小不等的成员的价值观中反映出来。因此研究社会成员的价值观，就可以判定一个社会对权力差距的接受程度。

② 不确定性避免。在任何一个社会中，人们对于不确定的、含糊的、前途未卜的情境，都会感到面对的是一种威胁，从而总是试图加以防止。防止的方法很多，例如提供更大的职业稳定性，订立更多的正规条令，不允许出现越轨的思想和行为，追求绝对真实的东西，努力获得专门的知识等等。不同民族、国家或地区，防止不确定性的迫切程度是不一样的。相对而言，在不确定性避免程度低的社会当中，人们普遍有一种安全感，倾向于放松的生活态度和鼓励冒险的倾向。而在不确定性避免程度高的社会当中，人们则普遍有一种高度的紧迫感和进取心，因而易形成一种努力工作的内心冲动。

③ 个人主义与集体主义。"个人主义"是指一种结合松散的社会组织结构，其中每个人重视自身的价值与需要，依靠个人的努力来为自己谋取利益。"集体主义"则指一种结合紧密的社会组织，其中的人往往以"在群体之内"和"在群体之外"来区分，他们期望得到"群体之内"的人员的照顾，但同时也以对该群体保持绝对的忠诚作为回报。美国是崇尚个人主义的社会，强调个性自由及个人的成就，因而开展员工之间个人竞争，并对个人表现进行奖励，是有效的人本主义激励政策。中国和日本都是崇尚集体主义的社会，员工对组织有一种感情依赖，应该容易构建员工和管理者之间和谐的关系。

④ 男性度与女性度。男性度与女性度即社会上居于统治地位的价值标准。对于男性社会而言，居于统治地位的是男性气概，如自信武断，进取好胜，对于金钱的索取，执着而坦然；而女性社会则完全与之相反。有趣的是，一个社会对"男子气概"的评价越高，其男子与女子之间的价值观差异也就越大。美国是男性度较强的国家，企业当中重大决策通常由高层做出，员工由于频繁地变换工作，对企业缺乏认同感，因而员工通常不会积极地参与管理。中国是一个女性度的社会，注重和谐和道德伦理，崇尚积极入世的精神。

6. 目标市场选择策略是指企业决定选择哪些细分市场为目标市场，然后据以制定企业营销策略。常见的目标市场选择策略有：无差别性市场策略、差别性市场策略和集中性市场策略。

（1）无差别市场策略。无差别市场策略就是企业把整个市场作为自己的目标市场，只考虑市场需求的共性，而不考虑其差异，运用一种产品、一种价格、一种推销方法，吸引可能多的消费者。这种策略的优点是产品单一，容易保证质量，能大批量生产，降低生产和销售成本。但如果同类企业也采用这种策略时，必然要形成激烈竞争。

（2）差别性市场策略就是把整个市场细分为若干子市场，针对不同的子市场，设计不同的产品，制定不同的营销策略，满足不同的消费需求。这种策略的优点是能满足不同消费者的不同要求，有利于扩大销售、占领市场、提高企业声誉。其缺点是由于产品差异化、促销方式差异化，增加了管理难度，提高了生产和销售费用。目前只有力量雄厚的大公司采用这种策略。

（3）集中性市场策略就是在细分后的市场上，选择二个或少数几个细分市场作为目标市场，实行专业化生产和销售。在个别少数市场上发挥优势，提高市场占有率。采用这种策略的企业对目标市场有较深的了解，这是大部分中小型企业应当采用的策略。采用集中性市场策略，能集中优势力量，有利于产品适销对路，降低成本，提高企业和产品的知名度。但有较大的经营风险，因为它的目标市场范围小，品种单一。如果目标市场的消费者需求和爱好发生变化，企业就可能因应变不及时而陷入困境。同时，当强有力的竞争者打入目标市场时，企业就要受到严重影响。

三种目标市场策略各有利弊。选择目标市场时，必须考虑企业面临的各种因素和条件，如企业规模和原料的供应、产品类似性、市场类似性、产品寿命周期、竞争的目标市场等。选择适合本企业的目标市场策略是一个复杂多变的工作。企业内部条件和外部环境在不断发展变化，经营者要不断通过市场调查和预测，掌握和分析市场变化趋势与竞争对手的条件，扬长避短，发挥优势，把握时机，采取灵活的适应市场态势的策略，去争取较大的利益。

# 中国人民大学 2020 年 434 国际商务专业基础试题

一、简答题(每题 10 分，共 50 分)

1. 运用国际贸易理论解释美国对中国的贸易逆差。

2. 如何看待中国企业在全球价值链中的国际分工地位?

3. 请说明反对自由贸易的经济学依据。

4. 简述以产业内贸易为主要内容的新贸易理论与传统贸易理论的异同。

5. 说明强美元的利弊?

二、论述及计算题(每题 20 分，共 60 分)

1. 某产品原价为 10 万元(不含税)，征收 20%的关税；产品原材料价格为 6 万元(不含税)，征收 10%的关税。请计算名义关税保护率和有效保护率，并说明二者产生差异的原因。

2. 本国中央银行突然增加货币供给，外国银行货币供给不变，本国货币是会增值还是贬值，为什么?(10 分)什么是汇率超调，为什么会发生汇率超调?(10 分)

3. 随着“温室气体”的排放量不断增多以及传统人工合成制冷剂对大气层的损害作用，利用二氧化碳进行节能减排已成为世界各国政府和企业努力研究的方向。二氧化碳，是天然的制冷剂之一，具有高密度和低黏度，其流动损失小、传热效果良好，并且通过对传热作用的强化，可以弥补其循环不高的缺点。同时二氧化碳环境表现优良、费用低、易获取、稳定性好、有利于减小装置体积。在应对全球气候变暖的历史性时刻，节能减排，不仅仅是各国政府协调一致的行动共识，也是各国企业实现企业发展，履行社会责任的重大举措。而二氧化碳在制冷行业的广泛使用，恰恰能减少温室效应。利用二氧化碳进行节能减排，较为深刻地体现出了中国企业在全球性问题的责任和担当。中国是世界上最大的发展中国家，在深度落实绿色发展和可持续发展的路上，需要企业的实际行动。中科院院士团队研发了一款二氧化碳制冷设备，获得了技术专利，系列产品可用于冰箱冷库等设备，可代替氟利昂，有利于保护臭氧层，制冷效果好，安全性有保障，热量传导速度快，排放全球变暖气体少。可广泛应用于石化、医疗、制药、生化、冻干、军工等行业。其温度范围为-80～-30℃，制冷量(Al-60′C，180kW)可达 154800kcal/h，循环泵($50m^3/h$)2. 5bar max，噪音可控制在 90 分贝以内。国家支持该科研团队成立公司开发系列产品，现向资本市场进行天使轮投资。请写一份商业计划书的大纲，并列举搜集哪方面的数据和资料会引起投资人兴趣。

三、案例题(每题 20 分，共 40 分)

1. 一家中国机电企业以直接出口、间接出口等渠道进入国际市场，产品又以经销/代理等方式进入国际市场，在美国销售情况较好。目前，由于中美贸易摩擦，美国对其加征关税，该机电企业销量受到极大冲击。

(1) 简述企业进入国际市场的方式和内涵。(5 分)

(2) 简述商品进入国际市场的渠道，经销和代理有什么不同?(5 分)

(3) 该机电企业该采取什么措施应对中美贸易摩擦带来的冲击?(10 分)

2. 传音控股有限公司于 2006 年 7 月成立于香港，是一家从事移动通信产品研发、生产、销售和服务的高新技术企业。自成立始，传音手机的销售就主要面向非洲市场，经过

10余年的发展，现已成为非洲市场主要手机供应商之一。目前传音手机的非洲市场占有率高达46%，在非洲的市场份额排名第一，超过苹果、三星等国际知名品牌。传音拥有TECNO、Itel、Infinix等手机品牌，均进入最受非洲消费者喜爱的百强品牌，其中TECNO排名第14位，Itel排名第25位，Infinix排名第37位。传音开发出适合非洲人的多卡多待、美黑科技、媲美音响的手机，深受非洲消费者欢迎。

一、传音手机对非洲出口的发展

非洲人口数量仅次于中国、印度，但是由于经济发展水平、购买力等方面的限制，非洲市场手机普及率很低。在2005年前后，非洲大陆的手机普及率仅仅为6%。根据国际电信联盟的统计数据，到2008年年初，全球手机普及率达到50%，中国的手机普及率达到了60%—70%，非洲的手机普及率大约只有30%，非洲手机市场待开发空间巨大。传音正是发现了非洲的巨大商机，在非洲市场的发展历程可分为四大阶段。

（一）第一阶段(2006—2008年)，明确非洲市场，打造专属品牌

经过短暂的贴牌代工时期，传音手机在2008年策划全球营销网络和适合各区域市场的手机产品，最终决定进入手机巨头们不愿意进入的非洲市场，创建自己的品牌。2008年初推出旗下两大品牌TECNO、Itel，聚焦非洲的品牌策划全面启动。2008年TECNO T570上市，成为非洲市场的代表机型之一。

（二）第二阶段(2009—2011年)，产品本土化，逐渐增加非洲市场份额

传音针对非洲市场开发出系列产品，较好满足了当地消费者的需求，关注手机细节功能的开发，在非洲市场逐渐站稳脚跟。TECNO连续推出多款手机，包括商务手机、电视手机、高清手机、音乐手机，同时，开始成立售后服务品牌Carlcare，并于2010年在尼日利亚开业。2010年，TECNO品牌销量跻身非洲手机市场前三。2011年，开始在埃塞俄比亚建立生产设施，进行本地化生产，在非洲本地雇用了1万名员工，其中当地人的比例超过了90%现已经成为传音在全球的主要生产基地之一。

（三）第三阶段(2012—2015年)，紧随非洲市场趋势发展智能机，提高市场占有率

传音手机根据市场变化调整策略，推出系列性价比高的智能手机，并实施多品牌策略，针对不同的消费群体开发的主要智能机品牌有TECNO，intel和infinix三个品牌，满足不同收入水平和不同喜好消费者的需求。同时，2014年创建配件品牌oraimo，售后服务体系更加完善，在尼日利亚、肯尼亚、南非、埃塞俄比亚等地的市场地位更加稳固。

（四）第四阶段(2016年至今)巩固非洲市场地位，向其他低收入地区进军

该阶段的传音手机以巩固自身品牌在非洲市场的地位为主。除了东部和西部非洲，开始进入乌干达、埃及等北非市场，坦桑尼亚、莫桑比克等东非市场。在营销网络的建设方面，传音手机在推广方面采用了全渠道推广，全方位渗透的方式，建立了庞大而忠诚的经销商网络。营销方式上，传音借助传统的“涂墙”方式的平面广告，以及电视广告大范围营销，蓝底白字的TECNO logo无处不在。营销渠道方面，传音手机和当地的电信运营商合作，同时大量发展经销商。通过和经销商的合作，传音在尼日利亚、肯尼亚、坦桑尼亚、加纳、刚果等30多个国家设有分支机构，在30多个国家内建立了零售分销网络，目前非洲各国的购物中心、通信市场遍布传音的经销商。在售后服务方面，传音手机完善的服务提高了传音手机的品牌影响力。几年来，传音手机投资数亿人民币，在非洲建立了86个世界级售后服务中心和超过1000个售后维修收集点，目前已经成为非洲最大的用户服务网络。2016年传音手机销售量为8000万台，同比增长54%，2017年，传音手机销量全球排名第四(根据IDC数

据)，2018 年，传音被 Facebook 和毕马威评为“中国出海领先品牌 50 强”之一。在非洲大陆站稳脚跟以后，传音于 2016 年进军印度市场，并开始向东南亚、中东和拉丁美洲地区扩张。大量在温饱线挣扎的人口对价格低廉的功能机依然有很大的需求。而在非洲的成功，可以帮助传音进军这些第三世界国家的低收入人群市场。

二、传音手机在非洲发展的现状

（一）传音手机对非洲出口的规模较大，增长较快

从近几年的销售量来看，传音手机在非洲市场发展十分迅速。2013 年，传音手机在非洲市场手机销售量为 3700 万部，2017 年突破 1.2 亿部，年均增长超过 30%。根据 IDC 数据显示，传音旗下 Itel、TECNO、Infinix 三个品牌手机在非洲总的市场份额排名第一，超越三星、苹果等品牌。2018 年，非洲手机市场整体出货量为 2.153 亿台，传音手机占据 58.7% 的市场份额。

（二）传音手机对非洲出口的产品以功能机为主，并向智能机转变

传音主推的三大手机品牌 Itel、TECNO 和 Infinix 中，价格较为低廉的功能机 Itel 最为畅销，而后两款则是智能手机，其销售的占比也在逐渐提升。从销售数量来看，据 IDC 近几年的数据，2016 到 2018 年，非洲功能手机的销售占比约为 55%—60%，而智能手机占比在逐渐增加，年均增长 2%左右。2016 年传音手机销售量近 8100 万部，约占非洲市场 40%的市场份额，当然也以功能机为主，智能手机的比例约为 25%。到了 2017 年，传音手机出货量超过 1.2 亿台，在非洲手机市场已经占据 46%的市场份额，其中约 9000 万台功能机，智能机超过 3500 万台，智能手机的比例大约占比 30%，超越三星智能手机排名第一，智能机比例进一步上升。2018 年，传音品牌(TECNO、Infinix 和 ltel)以 58.7%的市场份额占据非洲功能机市场的首位，智能手机的出货量比例约为 34.3%。从非洲手机排行榜来看，在 2017 年 8 月的手机畅销排行中，排名前 10 的传音手机品牌占据 8 个，其中智能机 TECNO 和 Infinix，占据了 6 个席位。而功能机品牌 Itel 只占了 2 个席位。传音手机在市场格局发生变化，不过仍然保持了其领先地位。

（三）传音手机出口非洲的产品价格较低

传音手机出口非洲的产品价格都比较低。根据旭日大数据的资料，2017 年出口量位居前十名的手机品牌中，均价 100 美元以上的品牌有 5 个，分别是苹果、华为、小米、摩托罗拉和 OPPO，70 美元以上的有联想、中兴等品牌，出口印度低端市场的 micromax 和 LAVA 的均价在 20 美元左右，而传音出口的手机价格更为低廉，只有区区 19 美元。传音智能手机的价格也比较低，大约 95%的智能手机价格都在 200 美元以下，而非洲市场其他智能手机如一部 iPhone 7 售价为 900 美元左右，一部三星 Galaxy J7 售价约为 360 美元。

（1）为什么传音手机选择进入非洲市场？（5 分）

（2）为什么传音手机在非洲市场能获得巨大的成功？（5 分）

（3）传音手机日后在非洲的经营会遇到哪些风险，又该如何解决？（10 分）

## 中国人民大学 2020 年 434 国际商务专业基础试题解析

### 一、简答题(每题 10 分，共 50 分)

1. 根据国民收入恒等式，GDP 的支出形式为：GDP=C+I+G+(X−M)，其中：C 为消费，I 为投资，G 为政府购买，(X−M)为净出口。GDP 的收入形式为：GDP=C+S+T，S 为储蓄，T 为税收。两式联立可得：

$S-I=(G-T)+(X-M)$。美国是一个储蓄率低的国家，等式左边是负。财政赤字再加上经常项目赤字，美国经济形成了“双赤字”现象。其形成原因有：

(1) 经济危机让美国的经济一度衰退，导致国民收入这一税收基数增长缓慢。在支出这一方，美国政府财政压力空前之大。美国政府不得不为无业大军的福利保障买单，同时，巨额的军事支出，以及庞大的社会福利支出(包括社会保障、医疗保险、公共医疗补助等)，大量的外债产生的净国债利息等，使得美国的财政支出大大增加，造成了严重的财政赤字。

(2) 从国际贸易角度来看，美国的商品相对于其他国家的商品成本居高不下，价格就比较高，出口就相对较小。此外，美国是一个石油进口量巨大的国家，石油价格上升，使得美国的进口成本增加，直接导致了逆差的扩大。

(3) 贸易赤字也是弥补国内财政赤字的重要手段，贸易逆差一方面是国外资源的流入，另一方面是美元的流出，作为贸易盈余方的其他国家大量购买美国政府债券，为美国财政赤字的减少做出了“隐性贡献”。

2. 全球价值链作为一个提升实力的重要机遇，中国积极参与到全球价值链中，充分发挥了中国的优势，国际分工地位有所提高，但是，随着全球价值链的不断深入，中国处于全球价值链中的劣势不断显现，以下将从制造业和服务业两方面分析中国在全球价值链下参与国际分工的地位。

(1) 中国制造业目前仍处于全球价值链分工的中低端。从改革开放之后，中国走出国门，参与到国际分工中，但中国长期以来依靠的是国内的劳动力成本优势，推动国内相关制造业发展，促进出口产品的增加。目前，中国已是世界第二大经济体，中国制造的产品随处可见。但是，中国制造业“大而不强”，从事的主要为全球价值链中附加值低的加工制造环节，要素收益较低。中国主要通过进口中间产品和零部件，经过中国工厂的制造加工为成品后再出口到其他国家，中国有很多像富士康这样的加工制造厂，这些工厂虽出口贸易额增加，但实际利润率低。目前，中国的高等教育普及，劳动力素质提高，中国的劳动力成本优势丧失，但是像品牌、专利等高端生产要素尚未形成，中国制造业面临着向高端制造业转型的压力，造成中国制造业在全球价值链中“低端锁定”的局面。

(2) 中国服务业融入全球价值链的程度亟待提高。微笑曲线中，位于两端的分别是研发和售后服务，都是属于附加值高、获利空间大的行业，在全球价值链中，发达国家主要扮演着这种角色。之前的发展中低估了服务业的作用，随着逐步发展，中国的服务业参与国际地位逐渐提高。从 2019 年 1—9 月中国服务出口类别数据中看出，传统服务业如运输业、旅游业和建筑业分别占服务业总出口的 16.3%、12.1% 和 9.7%，这三大行业占服务业总出口的 38.1%，占比较高；新兴服务贸易行业如金融服务和保险服务分别占比 1.3% 和 1.5%，占比较低，而金融服务中的衍生品开发和保险服务中的需求分析等行业处于服务价值链的上游，附加值高，从新兴服务贸易行业占服务业总出口的比例看出，目前中国对此类行业的开放力度不足，服务业又是国家重点发展产业，可以创造出更多的获利空间，也是产业结构变革的最后方向，所以中国服务业融入全球价值链的发展潜力巨大，仍是未来发展的重点方向。

3. (1) 斯托尔珀-萨缪尔森理论认为，国际贸易会使一国出口商品相对价格上升，进口商品相对价格下降。当一种商品的相对价格上升时，相应地会出现该商品中密集使用的生产要素报酬的提高；当一种商品的相对价格下降时，相应地会出现该商品中密集使用的生产要素报酬的下降。所以，自由贸易的结果是：在出口产品生产中密集使用的生产要素(本国丰裕生产要素)的报酬提高；在进口产品生产中密集使用的生产要素(本国稀缺生产要素)的报酬降低。

这一结论表明，国际贸易虽然能提高整个国家的福利水平，但是并不对每一个人有利，一部分人在收入增加的同时，另一部分人的收入却减少了。国际贸易会对一国要素收入分配格局产生实质性的影响。这也恰恰是为什么有人反对自由贸易的原因。在发达国家，劳动是稀缺要素，资本是丰裕要素。自由贸易使得劳动的价格(工人工资)下降；资本的价格上升，所以发达国家劳动者反对自由贸易。同理，在发展中国家，劳动是丰裕要素，资本是稀缺要素，自由贸易使得劳动的价格上升，资本的价格降低，因此，发展中国家的劳动者欢迎自由贸易。

如果国际贸易引起分配格局的变化过于剧烈，引起很多社会问题，政府就必须采取关税、配额、补贴等政策和措施，来调节收入分配，使任何个人或阶层都不因对外开放而蒙受收入水平绝对下降的痛苦。例如，发达国家为了保护就业，会提高劳动密集型产品关税；而发展中国家为了发展民族产业，会提高资本密集型产品的关税。

4.（1）传统贸易理论与新贸易理论的联系

① 传统贸易理论与新贸易理论都是用于解释为何一国从事国际贸易是有利的这一观点。

② 二者都不涉及企业的边界问题，仅限于部分均衡分析而没有考虑公司内贸易的国际维度。

（2）传统贸易理论与新贸易理论的区别

① 贸易政策不同

传统的贸易理论是建立在完全竞争的市场结构框架下，完全竞争市场是最具效率的市场，任何干预只会带来效率损失。因此传统贸易理论强调自由贸易的重要性。

新贸易理论则认为现实中市场的有效性值得怀疑。因此提出了两个干预贸易的论点：利润转移论和外部经济论，在此基础上提出战略性贸易政策理论，即政府为支持发展某出口导向型产业，应采取一些有限的、有选择性的干预措施。

② 研究对象不同

传统国际贸易理论主要研究的是产业间贸易。大多数研究都假定规模报酬不变，市场是完全竞争的，并且传统的国际贸易理论将贸易与投资问题孤立地进行研究。

新贸易理论主要研究的是规模报酬递增和不完全竞争条件下的产业内贸易，并且开始注重国际贸易理论与国际直接投资理论的融合。

③ 贸易的福利效应不同

传统贸易理论并未对国际贸易的福利效应作专门分析，因为其理论的结论是按比较优势进行分工对各国都有利益，贸易利益来源于专业化生产效率的提高。

新贸易理论认为贸易利益不仅来自比较优势，还来自规模经济性、增加了不完全竞争产业的竞争程度、增加了产品的差异性等。同时，新贸易理论指出，尽管存在着潜在贸易得益，但不完全竞争市场同时也产生了风险，使一国经济有可能不仅无法利用潜在的贸易得益而且实际上遭受损失。当贸易使得本国以递增规模生产的行业和高度垄断的行业收缩，而带来的其他利益不足以弥补这种收缩带来的损失时，贸易使本国受损，这说明，参加贸易并不是总能得到利益。

5.（1）强美元的好处有：

① 降低美国通胀压力。目前美联储最迫切的任务是尽快将通胀恢复至目标水平。为了实现这一目标美联储不惜冒着经济衰退的风险快速收紧货币政策。美元走强有助于缓解美国通胀压力。一方面，由于全球大宗商品多数以美元计价，美元走强有助于抑制石油等大宗商品价格上涨；另一方面，从其他国家进口的消费品价格也会相对下降，以上都有助于降低输入性通胀压力。

② 减轻美联储紧缩对利率上行的影响。美元强势有助于吸引国际资本流入美国，境外投资者购买美债将会增加。不仅有助于抑制美债收益率快速上行，而且可以避免金融条件过快收紧。

③ 延缓美国经济衰退的时间。通胀压力减轻有助于改善消费者预期，提高消费者信心，金融条件边际宽松也有助于美国经济复苏延续更长时间。

（2）美元强势对其他国家较为不利，主要体现在以下几个方面：

① 加大其他国家货币贬值的压力。美元走强对新兴经济体影响较为明显，一般情况下都会导致新兴经济体货币出现下跌。另外，由于美国经济复苏好于其他发达经济体，美元走强也会给其他发达经济体货币带来贬值压力。

② 其他国家输入性通胀压力加大。其他国家货币贬值后，不论是大宗商品还是其他商品和服务进口成本都会上升，进而加大输入性通胀压力。

③ 资本市场将加剧动荡。美元走强将吸引全球资本流入美国，新兴经济体将会出现资本流出，进而加大资本市场波动。

④ 外债风险。由于新兴经济体外债较多，本币贬值后将导致外债偿付压力上升。尤其是在当前新兴经

济体经济复苏较为脆弱的情况下，一旦出现外债大量违约，可能引发金融风险由外向内传染。总之，美元强势持续时间越长，对其他国家的负面影响也就越大。

## 二、论述及计算题（每题 20 分，共 60 分）

1.（1）关税名义保护率（NPR）是指对一商品由于实行关税保护而引起的国内市场价格超过国际市场价格的部分与国际市场价格的百分比。用代入公式可得：

$$NPR=\frac{P^{*}-P}{P}\times 100\%$$

其中，$P^{*}$ 表示进口商品的国内市场价格，$P$ 为进口商品的国际市场价格。代入数字可得：

$$NPR=\frac{12-10}{10}\times 100\%=20\%$$

（2）有效保护率是指一种加工产品在关税结构作用下带来的增加值的增量与其在自由贸易条件下加工增加值的百分比，即：

$$ERP=\frac{V^{*}-V}{V}\times 100\%$$

其中，$V$ 表示自由贸易条件下某一产品生产过程的增值，$V^{*}$ 表示在各种关税保护措施作用下该产品生产过程中的增值。代入数字可得：

$$ERP=\frac{(10\times 1.2-6\times 1.1)-(10-6)}{10-6}\times 100\%=35\%$$

（3）通过计算的过程，可以发现二者的结果不同。其原因在于，有效保护率关注的是在产品生产增值过程中，考察关税对被保护行业的生产过程所产生的影响。名义保护率关注的是被保护产品的市场价格差异。

2.（1）弹性价格货币分析法假定本国债券与外国债券之间可完全替代，商品价格在短期内具有完全弹性，因此货币市场的平衡情况决定了汇率的变动，这样弹性货币分析法就将货币市场上的一系列因素引进了汇率水平的决定之中。它的基本模型得出的结论是：本国与外国之间的实际国民收入水平，利率水平以及货币供给水平通过对各自物价水平的影响而决定了汇率水平。具体公式可以表示为：

$$e=-\alpha(Y-Y^{*})+\beta(r-r^{*})+(M_S-M_S^{*})$$

其中，$e$ 为直接标价法下的汇率，$\alpha(Y^{*}-Y)$ 表示本国与外国实际国民收入变动的差额，$\beta(r-r^{*})$ 表示本国与外国利率变动的差异，$M_S-M_S^{*}$ 表示本国与外国货币供给变动的差异。

根据弹性货币表达式，本国中央银行突然增加货币供给，外国银行货币供给不变，即 $M_S-M_S^{*}$ 增大，汇率 $e$ 变大，在直接标价法下本币贬值。

（2）汇率超调（即黏性价格货币分析法），是指汇率对货币供给变动的短期反应超过其长期应有的反应水平的现象。在国内产出水平不变的情况下，一国货币供给的永久性增加将导致该国货币的贬值，并且短期贬值的幅度大于它在长期应该贬值的幅度。随后，随着该国价格水平的逐渐上升和货币供给增加对国内利率水平影响的消除，该国的货币将逐渐向长期汇率水平升值，并最终稳定在长期均衡的汇率水平上。

汇率超调发生的原因在于：它认为商品市场价格和资产市场价格的调整速度是不同的，商品市场上的价格水平是具有黏性的特点，而资产市场的价格则没有黏性，这就使得购买力平价在短期内不能成立，在货币供给的冲击下，经济存在着由短期不平衡向长期平衡的过程。由于一段时间后商品价格开始调整，所以长期平衡就是商品价格充分调整后的经济平衡。

3.（1）商业计划书大纲

第一节：公司基本情况及未来发展战略

①公司基本情况。②创业人员的背景及素质。③公司的发展规划。

第二节：公司产品及市场分析

①公司产品、特点及优势。②行业和市场。③公司的独特性和市场竞争力。④竞争对手的优势和劣势。

第三节：融资需求和财务预测

①公司目前的财务状况和资本结构。②融资需求。③财务分析汇总表。④财务分析。

第四节：公司运营和管理

①公司发展战略。②公司的组织结构和管理模式。③人力资源规划。④软件开发管理。⑤市场策略。⑥外部支持。⑦资本运营。

第五节：投资方的介入和退出

①投资建议。②投资方在公司经营管理中的地位和作用。③资本退出。

第六节：风险及对策

①风险。②对策

(2) 创业团队可以从以下几方面收集资料以吸引投资者：

① 宏观经济分析。它是指分析一般经济环境及影响未来供需平衡的因素，如产业范围、经济增长率、产业政策及发展方向、行业设施利用率、货币汇率及利率、税收政策与税率、政府体制结构与政治环境、关税政策与进出口限制、人工成本、通货膨胀、消费价格指数、订购状况等因素。

② 中观经济分析。它集中于研究特定的工业部门，并且在这个层次，很多信息都可以从国家的中央统计部门和工业机构中获得。它们有关于营利性、技术发展的劳动成本、间接成本、资本利用、订购状况、能源消耗等具体信息。这个层次主要包括以下信息：供求分析、行业效率、行业增长状态、行业生产与库存量、市场供应结构、供应商的数量与分布等。

③ 微观经济分析。它集中于评估个别产业供应和产品的优势与劣势，如供应商财务审计、组织架构、质量体系与水平、产品开发能力、工艺水平、生产能力与产量、交货周期及准时率、服务质量、成本结构与价格水平，以及作为供应商认证程序一部分的质量审计等。它的目标是对于供应商的特定能力和其长期市场地位进行透彻地理解。

## 三、案例题(每题 20 分，共 40 分)

1. (1) 企业通常运用六种不同的模式进入外国市场：出口、交钥匙工程、技术授权、特许经营、与东道国企业成立合资企业以及在东道国成立全资子公司。

① 出口，即在国内进行生产然后再把产品运往海外市场进行销售。

② 交钥匙工程是指承包商同意代理外国客户处理工程所有的细节，其中包括对经营人员的培训。

③ 技术授权指在某一特定时间内，许可方把无形资产授予另一个实体(接受方)，并向接受方收取一定的许可使用费。

④ 特许经营本质上是技术授权的一种特殊形式，特许人向被特许人出售无形资产(通常为商标)，而且坚持要求被特许人同意遵守严格的有关如何经营企业的规则，特许人收取特许使用费。

⑤ 合资企业是指由两个或两个以上的独立企业共同出资而成立的企业。

⑥ 全资子公司，即在一个外国市场中建立一家企业拥有 100%的股权的子公司。

(2) 经销一般是指经销商与生产厂家或供货商达成协议，在规定的期限和地域内购销指定的商品。在经销情形，供货商和经销商之间是一种买卖关系。经销商是以自己的名义购进货物，在规定的区域内转售时，也是以自己的名义进行，货价涨落等经营风险要由经销商自己承担。

代理，是指被代理人或委托人授予代理商以“销售商品的代理权”，在销售代理权限内代理商代理委托人搜集订单、销售以及办理销售有关事务。代理与经销在合同关系的连续性和长期性、销售区域的固定性、交易量限制、对不正当竞争的限制等方面均有相同之处，所以在实际业务中，有的人会错误地将代理与经销混为一谈。具体来说，代理与经销主要有以下几点区别：

① 代理的双方是一种代理关系，而经销双方则是一种买卖关系。

② 代理是以委托人即厂商的名义销售，签订销售合同，而经销商则以自己的名义从事销售。

③ 代理商的收入是佣金收入，而经销商的收入则是商品买卖的差价收入。

④ 从法律关系上讲，代理行为即委托人行为，代理商与第三人之间在授权范围内发生的民事行为的法律后果归于委托人(供货商)，而经销商与用户之间发生的民事行为的法律后果须由其自己承担。

（3）机电企业应对中美贸易战的策略：

① 开拓多元化市场。第一，努力改变我国进出口贸易结构，努力提高非洲、拉美、中东、东南亚等国，特别是邻国的进出口比重；第二，在努力开拓我国国外市场的同时也急需开拓更广阔的营销渠道，建立系统健康的营销网络；第三，在新开拓的市场上，大力进行机电产品的投资。

② 规避贸易壁垒。第一，要正面积极地应对技术贸易壁垒对中国机电产品的影响。使得技术贸易壁垒的伤害实现最小化；第二，我国机电产业要充分地了解和掌握有关出口的质量、卫生、安全、技术、销售的一些规则，还要对出口的有关合格评定程序和认证制度非常熟悉及了解；第三，总结我国历来遭受贸易壁垒的企业的经验和教训，并形成企业出口的教科书。要机智地运用国际、机制律例，来维护好我国的利益；第四，积极关注国际市场产品质量的标准，生产适销对路的高质量产品；第五，实现企业投资的多元化，以贸易为主，投资为辅，机制地避开贸易壁垒。

③ 创造良好的科研氛围，加大社会资本的投入。企业要加大科技人才的引入，建立相关激励机制促进科研人员的积极性。机电设备的种类也要实现多样化，在具体的操作中其内容也越来越庞大，因此增强管理和控制更是必要，使得机电工程在一定意义上能够获得有效应用。

2.（1）传音公司主攻非洲市场的原因是非洲市场潜力巨大。在传音创立初期，中国手机市场一片红海，国产品牌的生存空间十分有限。而非洲市场却因较低的市场渗透率，遭到各大品牌的忽视。因此，传音将目光锁定在了“最后一个超过 10 亿人口的蓝海市场”——非洲。

（2）传音手机之所以在非洲如此深受欢迎，其原因有：

① 价格低。与其他地区相比，非洲经济较为落后，人们的消费者水平也不高。因此，传音手机的售价非常低，一部智能机的售价平均在 200 美元上下，远低于非常市场的其他手机品牌。传音手机也因此成为非洲消费者的首选。

② 人性化。为了迎合非洲消费者的需求，传音推出一系列本土化产品。例如专门研制了针对非洲黑人肤色的摄像技术、夜间拍照捕捉等。而且，由于非洲经常停电，昼夜温差大，还专门研发了超长待机、快充以及温度检测等技术。

③ 广告营销。传音手机采取广告和代理商销售。用“刷墙”方式进行品牌推广，大街小巷都充斥着传音手机的广告，通过大规模涂墙广告建立市场依赖。

（3）传音手机未来面临的挑战有：

① 中低端形象固化。目前传音手机在非洲市场主打功能机型和低端智能机型，以低廉的价格、高品质的质量在非洲中低端市场占据极大市场，但竞争也更激烈，价格战使手机盈利空间非常小。高端手机市场正主导着手机市场的盈利空间。然而，传音手机形象固化在低中端市场，不利于未来高端市场开拓。

② 技术更新慢，产品同质性高。传音手机与知名厂商相比，在产品更新和技术革新方面滞后，市场很易被挤占。传音主打功能机型和低端智能机，技术方面不存在壁垒，大多厂商均使用 Android 系统，各类厂家可产出类似质量和外观的机型。传音手机缺乏核心技术，产品技术更新慢且同质性高。长此以往，价格战将导致无利可图。

③ 销售渠道单一。传音手机采取广告和代理商销售。但随着非洲电子商务平台日益发展普及，越来越多消费者会选择电商平台购物。传音销售渠道虽短期效果不错，但长远来看销售渠道过于单一。传音对互联网销售平台重视程度过低，将会对日后发展线上渠道造成不良影响。

④ 受到山寨手机的严重冲击。非洲市场中充斥着大量仿照传音手机造型和商标的山寨手机，山寨手机不需要承担产品研发、广告、促销等费用，以远低于正牌手机的价格在手机市场中疯狂销售，但品质得不到保障。其低劣的产品质量对消费者造成恶性影响，并对传音手机的品牌造成极大破坏。传音手机通过法律手段对有害自身权益的山寨手机进行有效维权难度较大。

传音手机出口非洲市场存在问题的对策建议有：

① 提升品牌形象，深耕高端手机市场。传音手机要挖掘高端机型市场，可着力于高端子品牌，研发旗舰高端机型。要想占领高端目标市场，可通过有选择地与某些高端国际知名品牌联合，以此来努力提升企业的品牌形象。

② 专注核心技术研发，提升产品国际竞争力。应注重弥补产业核心技术差距，加快核心技术研发。与元器件提供商合作，加强协同研发，紧随非洲手机市场的前进脚步，重点致力于芯片研发等核心技术，多渠道开发和引进软件等核心技术。

③ 多样化销售渠道。伴随"一带一路"政策，中国媒体公司进入非洲市场，打破了西方企业贸易壁垒，数字电视也成为中非人文交流的重要载体。传音手机可利用电视购物拓展销售渠道。

④ 注重专利保护，通过专利手段维护自身权益。传音应重视专利申请并通过多方渠道积极打击各种山寨手机，向相关部门申诉，因为劣质的山寨机对传音手机在大众面前的良好形象起着很大的破坏作用。采取交叉许可及专利授权等方法来抵御和削弱山寨机的影响，积极主动利用法律来保护本企业专利权，对冒用传音专利或商标的山寨手机企业进行诉讼，维护传音自身权益。

# 暨南大学 2021 年 434 国际商务专业基础试题

**一、单项选择题(每题 2 分，共 10 分)**

1. 进口替代是这样一项政策(　　)。

A. 以进口品替代出口品　　B. 以国内生产的产品替代进口品

C. 以进口的资本品替代进口的消费品　　D. 以进口品替代国内生产的产品

E. 以出口品替代进口品

2. “贫困化增长”的一个必要条件为(　　)。

A. 国家的增长偏向于出口产业

B. 外国对该国的出口需求具有价格弹性

C. 国家的消费偏好高度偏向于出口商品

D. 贸易在国民经济中比重不大

3. 根据国际生产折中理论，一企业具有所有权优势和内部化优势，应选择(　　)。

A. 技术转让　　B. 出口　　C. 独资　　D. 合资

4. 对进口国而言，对进口竞争厂商的直接生产补贴(　　)。

A. 保护效果不如关税　　B. 福利效果优于关税

C. 国际收支效果优于关税

5. 所谓要素密集度是指(　　)。

A. 一国所拥有的要素的密集程度　　B. 一国某种要素被密集使用的程度

C. 生产某种商品使用某种要素的程度　　D. 生产某种商品所投入的要素比例

**二、名词解释(每题 8 分，共 40 分)**

1. 对外贸易依存度　　2. 保护幼稚工业论

3. 产业内贸易　　4. 要素禀赋理论

5. 战略性贸易政策

**三、简答题(每题 14 分，共 42 分)**

1. 简述汇率变动对物价的影响。

2. 鼓励出口措施中的生产补贴可以有哪些直接及间接形式。

3. 请解释产业内贸易与产业间贸易的不同。

**四、计算题(18 分)**

某小国的国内手机的生产曲线为$Q^S=50+5P$，需求曲线为$Q^D=400-10P$。而世界其他地方的手机价格为 10 元/台。在此，我们额外假设国内厂商每生产一台手机能产生 10 元的边际社会效益(marginal social benefit)。试回答下面问题：

(1) 若小国对国外手机课征 5 元/台的进口关税，请计算对社会福利的总效益影响。

(2) 若小国给予该国国内厂商 5 元/台的生产补贴(production subsidy)，请计算对社会福利的总效益影响。

(3) 上述两种政策(课征进口关税与生产补贴)，哪一政策对社会福利增益较大？为什么？

**五、论述分析题(每题 20 分，共 40 分)**

1. 何谓里昂惕夫之谜(Leontief paradox)？请列出至少三个理论对里昂惕夫之谜的解释。

2. 当前国际形势复杂，一国基于安全和战略考虑会选择对另外一国(或企业主体)进行贸易制裁，请结合现实讨论贸易制裁存在哪些手段以及产生的福利影响。

## 暨南大学 2021 年 434 国际商务专业基础试题解析

**一、单项选择题(每题 2 分，共 10 分)**

1. B。进口替代政策是指一国采取各种措施，限制某些外国工业品进口，促进国内有关工业品的生产，逐渐在国内市场上以本国产品替代进口产品，为本国工业发展创造有利条件，实现工业化。

2. A。贫困化增长发生的前提有三：一是该国的商品出口在世界市场上占有较大份额；二是该国生产能力的增长主要集中在出口部门；三是国际市场对这种商品的需求弹性较低。显然，对于一个发展中大国的开放经济来说，这三个条件是基本符合的，因而更加需要警惕出现经济的贫困化增长。

3. B。根据国际生产折中理论，若企业仅拥有所有权优势，则应该选择许可证方式进行技术转移；若企业具有所有权优势和内部化优势，则应该选择国内生产再出口的方式；企业只有在同时拥有所有权、内部化、区位优势时，才会选择对外直接投资。

4. B。关税是自由贸易价格基础上的加价。征收进口关税会损害消费者的利益。关税作为一种间接税，会加到商品的价格之上。商品价格的提高将使消费者的需求量减少，进而减少消费者剩余。因此进口关税的征收会损害进口国消费者的利益，同时会减少进口竞争厂商的生产者剩余。

5. D。要素密集度是一个相对概念，即使生产两种产品时各投入的要素数量不同，但只要所投入的各种要素的相对比率相同，那么这两种产品的要素密集度就是相同的。两种产品的要素比例和要素价格之间的关系是可以比较的，相应于某种价格水平上的相对要素密集度也就可以确定。

**二、名词解释(每题 8 分，共 40 分)**

1. 对外贸易依存度是指一国的进出口总额占该国国民生产总值或国内生产总值的比重。其中，进口总额占 GNP 或 GDP 的比重称为进口依存度，出口总额占 GNP 或 GDP 的比重称为出口依存度。对外贸易依存度反映一国对国际市场的依赖程度，是衡量一国对外开放程度的重要指标。

2. 保护幼稚工业论是一种对某些产业采取过渡性的保护、扶植措施的理论，是国际贸易中贸易保护主义的基本理论。其基本内容是：某个国家的一个新兴产业，当其还处于最适度规模的初创时期时，可能经不起外国的竞争。如果通过对该产业采取适当的保护政策，提高其竞争能力，将来可以具有比较优势，能够出口并对国民经济发展做出贡献的，就应当采取过渡性的保护、扶植政策。保护幼稚工业论主要运用关税保护之类的手段来实现。

3. 产业内贸易是指一个国家或地区，在一段时间内，同一产业部门既进口又出口的现象。出现产业内贸易的原因是：同类产品的异质性是产业内贸易的重要基础；自然条件的差异是造成产业内贸易的直接原因；获得规模效益是产业内贸易的重要原因；经济发展水平的相似性是产业内贸易的重要制约因素。

4. 要素禀赋论指狭义的赫克歇尔-俄林理论。它主要通过对相互依存的价格体系的分析，用生产要素的丰缺来解释国际贸易的产生和一国的进出口贸易类型。根据要素禀赋论，一国的比较优势产品是应出口的产品，是它需在生产上密集使用该国相对充裕而便宜的生产要素生产的产品，而进口的产品是它需在生产上密集使用该国相对稀缺而昂贵的生产要素生产的产品。

5. 战略性贸易政策，是指在“不完全竞争”市场中，政府积极运用补贴或出口鼓励等措施对那些被认为存在着规模经济、外部经济的产业予以扶持，扩大本国厂商在国际市场上所占的市场份额，把超额利润从外国厂商转移给本国厂商，以增加本国经济福利和加强在有外国竞争对手的国际市场上的战略地位。战略性贸易政策手段包括生产补贴、出口补贴或保护国内市场等。

## 三、简答题(每题 14 分，共 42 分)

1. 汇率变动是指货币对外价值的上下波动，包括货币贬值和货币升值。汇率变动影响一个国家的购买力，而两国产品的相对价格会受到汇率波动的影响，从而影响本国产品在国际市场上的竞争力。汇率变动对国内的物价水平有一定的调节作用。

(1) 汇率变动后，立即对进口商品的价格产生影响。首先是进口的消费品和原材料价格变动，进而以进口原料加工的商品或与进口商品相类似的国内商品价格也发生变动。当本币升值时，以本币表示的进口商品价格便会下降，进而带动国内同类产品价格的下降。

(2) 汇率变动后，出口商品的国内价格也发生变动。如本币汇率下降，则外币购买力提高，国外进口商就会增加对本国出口商品的需求。在出口商品供应数量不能相应增长的情况下，出口商品的国内价格必然上涨。在初级产品的出口贸易中，汇率变化对价格的影响特别明显。当本币升值时，以外币表示的本国出口商品价格会上升，出口难度加大，部分商品则会转为内销，国内同类产品供给增加，则会促使国内物价水平的降低。

2. 出口补贴是指一国政府为了降低本国的出口商品价格，加强其在国外市场上的竞争能力，在出口某种商品时给予出口厂商的现金补贴或财政上的优惠待遇。出口补贴包括直接补贴和间接补贴两种方式。

(1) 直接补贴，指政府在商品出口时直接付给出口商的现金补贴，其目的是弥补出口商品的国际市场价格低于国内市场价格所带来的损失。

(2) 间接补贴，指政府对部分商品的出口给予财政上的优惠，其目的在于降低商品的成本以及提高商品的国际竞争力。间接补贴主要有以下几种：

① 出口退税。出口退税是指政府对出口商品的原料进口税和其在国内生产及流转过程中已缴的国内税款全部或部分地退还给出口商。

② 出口减税。出口减税是指政府对出口商品的生产和经营减免各种国内税和出口税。

③ 出口奖励。出口奖励是指政府对出口商按其出口业绩给予各种形式的奖励。

④ 其他形式。间接的出口补贴目前发展得更为隐蔽和多样化。例如，政府对出口商品的国内运输减免收费或提供低价运输工具，通过允许加速折旧等措施来减税、免税等。

3. 产业内贸易指一国在出口的同时又进口某些同类产品，它是相对于产业间贸易而言的。产业间贸易是指一国进口与出口的产品属于不同的产业部门。美国和日本相互进口对方的电脑就属于产业内贸易，而美国进口日本的汽车，日本进口美国的钢铁则属于产业间贸易。

二者的不同点在于：

(1) 流向性不同：产业间贸易中，同一产业产品基本上是单向流动，即要么进口，要么出口；而产业内贸易是双向流动的，因此产业内贸易又叫双向贸易。

(2) 交易对象不同：产业间贸易是不同产业间产品的贸易，如一国生产的工业品和另外国家生产的农产品进行交易，而产业内贸易则主要是工业产品中的某一类产品间的贸易。

(3) 特点不同：产业内贸易的产品具有多样化的特点，这些产品中，既有劳动密集型产品也有资本密集型产品，既有标准技术产品，也有高技术产品。产业间贸易则不是。

## 四、计算题(18 分)

在没有关税的情况下，一国生产的产品等于 $S=50+5\times10=100$ 单位，消费的产品 $D=400-10\times10=300$ 单位，因此进口 200 单位产品。

(1) 对每单位产品征收 5 个单位的进口税会导致产量 $S=50+5\times(10+5)=125$ 单位，消费为 $D=400-10\times(10+5)=250$ 单位。增加的福利等于增加的社会效益减去生产扭曲的损失和消费扭曲的损失，即 $25\times10-(25\times5)/2-(50\times5)/2=62.5$ 单位。

(2) 数量为 5 个单位的生产补贴导致的新的供给曲线为 $S=50+5\times(P+5)$，当消费量保持在 300 单位，生产上升为 125 单位时，增加的福利等于更高产量而增加的收益，减去生产扭曲的成本，最终得到的收益是 $25\times10-(25\times5)/2=187.5$ 单位。

(3) 与进口关税相比，生产补贴目标比较明确，因为它直接影响决策，而这个决策在反映社会成本与私人成本差异的同时，不会影响其他决策。关税具有双重的功能，既可以充当生产补贴，也是消费税。

**五、论述分析题(每题 20 分，共 40 分)**

1.（1）里昂惕夫之谜是指美国经济学家瓦西里・里昂惕夫针对要素禀赋论而提出的一项反论。根据传统的要素禀赋理论，战后美国出口的应是资本密集型产品，进口劳动密集型产品；但美国经济学家华西里．里昂惕夫采用投入产出法对战后美国对外贸易发展状况进行分析后，却发现，美国进口的是资本密集型产品，出口的是劳动密集型产品。这与赫-俄模型刚好相反。里昂惕夫之谜是西方国际贸易理论发展史上的一个重要转折点，它推动了战后国际贸易理论的迅速发展。关于对里昂惕夫之谜的解释，实际上是从不同侧面对要素禀赋理论假定前提的修正，并为以后一系列国际贸易新理论的产生奠定了基础。

（2）为解开里昂惕夫反论，西方学术界提出了一些解释，但截至 90 年代初仍未找到一个能为经济学界共同接受的解释。

① 人力资本。里昂惕夫本人提出了劳动力非同质的结论，即复杂劳动是简单劳动的倍加，从而指出了 H-O 模型前提中的缺陷。里昂惕夫认为，美国工人的劳动生产率比其他国家高 3 倍，因此，美国的劳动存量应是劳动人数乘以 3，这样美国出口的就是劳动密集型产品了。在此基础上，美国经济学家基辛对这个问题进一步加以研究。他将美国企业职工区分为熟练劳动和非熟练劳动。他根据这两大分类对 14 个国家的进出口商品结构进行了分析，得出了以下结论：资本较丰裕的国家倾向于出口熟练劳动密集型商品，资本较缺乏的国家倾向于出口非熟练劳动密集型商品。美国经济学家凯恩发现美国的出口以物质资本加人力资本密集型商品为主，该发现支持了 H-O 定理。

② 自然资源。该解释认为，一些自然资源密集型的产品，如能源，往往也是资本密集型的。考虑到美国的某些自然资源如石油是相对稀缺的，从自然资源角度看，如果考虑美国进口的稀缺自然资源，就可以解释美国为什么进口的是资本密集型商品。

③ 要素密度逆转。要素密度逆转是指同一种产品中要素的比例在不同的国家会有重大不同，如某些产品在劳动力相对丰裕的国家中属于劳动密集型产品，但在资本相对丰裕的国家中则属于资本密集型产品。要素密集度逆转是由于各国的生产要素赋予程度和要素价格不同，它们在生产同一种商品时可能会采用不同的方法，因而投入的要素比例也就不同。

④ 需求逆转。在要素禀赋理论中，两国消费者偏好被假设完全相同。事实上，两国消费者偏好是不可能完全相同的，存在一定的需求差异。基于需求逆转，里昂惕夫之谜可以这样解释：虽然美国的资本比较充裕，但如果美国消费者的消费结构中资本密集型商品(以制成品为主)占据绝大部分比重，那么美国则有可能出口劳动密集型产品，进口资本密集型产品。

2.（1）贸易制裁是一国或数国政府通过法令对另一国采取强硬措施，以断绝相互之间的经济和贸易关系的行为。最典型的做法是出口禁运和进口抵制。

（2）近年来我国贸易顺差持续加大，引发了与其他国家的诸多贸易摩擦，甚至招致贸易制裁。尤其是美国，直接对我国发动贸易战。下面我们从出口禁运和进口抵制两个角度分析贸易制裁的福利影响。

① 出口禁运。为了分析的方便，我们假设制裁国是美国，被制裁国是中国，不参与制裁的是欧盟。在美国和欧盟的市场图中，$S$、$D$ 分别表示本国工业品的供、求曲线。在中国的图中显示的是中国对进口工业产品的需求曲线和外国出口中国的产品供给曲线。在没有贸易制裁的情况下，美国和欧盟都向中国出口(图 1 中把美国的出口记为 $S_e$，欧盟的出口记为 $S_n$)，在中国市场上，总的供给曲线是 $S_e+S_n$，在供求均衡时，价格是 $P_0$，在此价格下，美国和欧盟共向中国出口 20 个单位的商品，其中美国出口 10，欧盟也出口 10，美国向中国出口所得的利益是三角形面积 $a$，欧盟所得是 $b$。

实行贸易制裁，美国不再向中国出口，中国的外国商品供给曲线中的 $S_e$ 部分消失了，但欧盟没有加入制裁，$S_n$ 还存在。由于供给减少，造成中国的进口工业品价格上涨，其结果是一方面减少了中国对进口工业品的消费，另一方面刺激了欧盟向中国的出口。在新的价格上，欧盟向中国出口了 15 个单位的工业品，比以前增加了 5 个单位。中国仍然能进口 15 个单位的工业品，但必须支付比以前更高的价钱。

在这场贸易制裁中，中国自然受到了一定的打击，表现在消费者剩余减少了 $c+d$ 部分，这是美国所希望看到的。但是美国也失去了在中国的市场，其损失是 $a$。欧盟作为非制裁国却从中捞到了便宜：通过扩

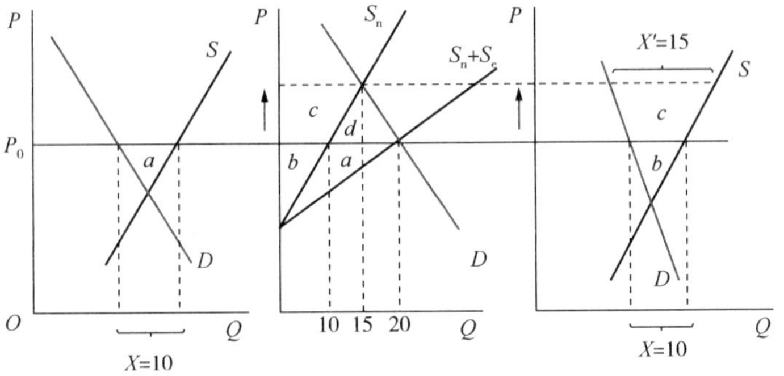


(a)制裁国(美国)　(b)被制裁国(中国)　(c)非制裁国(欧盟)

图 1　出品禁运的福利变动

大出口和提高价格，增加了收益 $c$。从整个世界角度看，出口禁运仍然带来了净损失 $a+d$，而这一损失除了被制裁国的损失，也包括制裁国的损失。

②进口抵制。如图 2 所示，我们假设美国对中国发起了贸易制裁，禁止从中国进口大豆。在进口抵制前，美国和欧盟都从中国进口大豆，欧盟的进口需求曲线是 $D_n$，美国的进口需求曲线是 $D_e$，在中国大豆市场上的总需求曲线是 $D_n+D_e$。

在三个经济体大豆供求均衡时价格为 $P_0$，美国进口 10，欧盟进口 10，总量为 20。假设现在美国现在决定对中国进行贸易制裁，停止从中国进口大豆，但欧盟未参与进口抵制，仍然存在对中国大豆的需求曲线 $D_n$。

中国大豆的价格由于美国的抵制而下降，而欧盟趁着低价增加了对大豆的进口。进口抵制的结果是，中国大豆价格下跌，出口量减少，生产者损失 $c+d$。美国停止从中国进口低价大豆，其损失为 $a$。欧盟没有参与制裁，却付更少的钱进口了更多的大豆，其收益为 $c$。与出口禁运一样，制裁和被制裁双方都在进口抵制中受到了伤害，唯有不参与制裁者从中渔利，得到了好处。

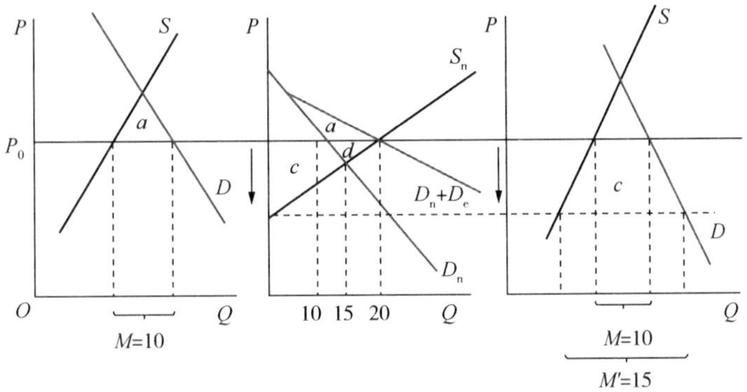


(a)制裁国(美国)　(b)被制裁国(中国)　(c)非制裁国(欧盟)

图 2　进口抵制的福利变动

# 南开大学 2021 年 434 国际商务专业基础试题

**一、名词解释(每题 5 分，共 30 分)**

1. 国际费雪效应
2. 折算风险
3. 本土化战略
4. 痛苦指数
5. 对销贸易
6. 区域经济一体化的静态效应

**二、简答题(每题 10 分，共 80 分)**

1. 什么是欧洲债券？什么是外国债券？为什么欧洲债券比外国债券融资更具有吸引力？

2. 跨国企业进入海外市场策略中，选择全资子公司或者合资企业有什么优劣？如果跨国企业有技术优势选哪个最优？

3. 简述福利经济学第一定律和第二定律，并以此来分析效率和公平能否兼得？

4. 什么是转移价格？转移价格有什么作用？

5. 什么是占优均衡？什么是纳什均衡？二者有何区别？

6. 附加预期的菲利普斯曲线在短期和长期分别是什么特征？

7. 在内部化理论下，解释为什么国际直接投资比技术授权更有利？

8. 为什么消费物价指数不是衡量生活费用的最优指数？

**三、论述题(每题 20 分，共 40 分)**

1. 在企业进行国别风险分析时，要考虑哪些因素？需要利用哪些国别风险的分析方法和工具？

2. 生产活动究竟应该在什么地方进行？各国在要素成本、关税壁垒、政治风险等方面存在差异，在这种情况下，为实现成本最小和增值最大化，生产应该集中到一个国家还是分散到世界各地？结合 2020 年新冠疫情后的全球经济情况，给中国芯片制造企业全球供应链管理提出建议。

## 南开大学 2021 年 434 国际商务专业基础试题解析

**一、名词解释(每题 5 分，共 30 分)**

1. 国际费雪效应所表达的是两国货币的汇率与两国资本市场利率之间的关系。它认为，即期汇率的变动幅度与两国利率之差相等，但方向相反。国家间的利率差异为即期汇率的未来变化提供了一个无偏预测。拥有相对较高利率国家的货币将相对于具有较低利率国家的货币贬值。假设资本可以自由流动，则各国实际利率最终会相等。因此两国名义利率之差就等于两国通货膨胀率之差，再结合购买力平价理论，即可得到国际费雪效应。

2. 转换风险，是指由于外汇汇率的变动而引起的企业资产负债表中某些外汇资金项目金额变动的可能性。在实际操作中，一般应根据财务报表的分类，将折算风险分为损益表风险和资产负债表风险。企业的现金流量表是在以上两表的基础上编制而成，因而不需要单独考虑其折算风险。

3. 本土化战略，是跨国公司力图融入目标市场，努力成为目标市场中的一员所采取的策略。其实质是跨国公司将生产、营销、管理、人事等全方位融入东道国经济中的过程。这样一方面有利于外来跨国公司生产出来的产品，能更好地满足本土消费者的需要，同时也节省了国外企业海外派遣人员和跨国经营的高昂费用、与当地社会文化融合、减少当地社会对外来资本的危机情绪。

4. 痛苦指数是美国经济学家奥肯在20世纪70年代提出的一种经济指数。该指数认为，失业与通货膨胀给人们带来的痛苦是相同的，失业率上升1%与通胀率上升1%对人们构成同样程度的痛苦。用公式可以简单表达为：痛苦指数=失业率+通胀率，数字越高，表示痛苦程度越高。

5. 对销贸易，是一种以货物或劳务(包括工业产权和专有技术等无形财产)作为偿付货款手段的一种贸易方式。它把进口和出口结合起来，组成相互联系的整体交易，交易双方都有进有出，并求得各自的收支基本平衡。对等贸易的基本形式有：易货贸易、互购和补偿贸易。

6. 区域经济一体化的静态效应包括贸易创造效果和贸易转移效果。贸易创造是指由于取消了同盟内的关税壁垒，使生产转向同盟内最有效率的供应者所产生的净利益。贸易转向是指由于关税同盟对外设置统一的关税壁垒，使一些成员国的消费者不得以低价购买非同盟国生产的更低廉的商品，只能转向同盟内的高价产品并由此产生的经济损失。

## 二、简答题(每题10分，共80分)

1. (1) 外国债券是某一国借款人在本国以外的某一国家发行的以该国货币为面值的债券。欧洲债券是借款人在本国以外市场发行的，以第三国的货币为面值的国际债券。

(2) 欧洲债券对投资者和发行者具备着巨大的魅力，其优势主要有以下几方面：

① 发行市场自由。欧洲债券市场是一个完全自由的市场，债券发行较为自由灵活，既不需要向任何监督机关登记注册，又无利率管制和发行数额限制，还可以选择多种计值货币。

② 方便筹资者筹集资金。发行欧洲债券筹集的资金数额大、期限长，而且对财务公开的要求不高，方便筹资者筹集资金。

③ 发行面广、发行费用低。欧洲债券通常由几家大的跨国金融机构办理发行，发行面广，手续简便，发行费用较低。

④ 利息免税。欧洲债券的利息收入通常免交所得税。

⑤ 不记名发行。欧洲债券以不记名方式发行，并可以保存在国外，满足一些希望保密的投资者需要。

⑥ 安全性、收益率高。欧洲债券发行者多为大公司、各国政府和国际组织，他们一般都有很高的信誉，对投资者来说是比较可靠的。同时，欧洲债券的收益率也较高。

2. (1) 合资经营的优点和缺点

① 优点：首先，企业可以通过从当地合资者处获得有关东道国竞争状况、文化、语言、政治体制和经营体制等知识而受益。其次，与当地合作伙伴共担投资成本和损失风险，并共享利润，学习对方先进的技术和管理。最后，在许多国家，出于政治上的考虑，合资企业往往是唯一的可行的进入模式。与当地合资者建立合资企业将在国有化或政府采取其他形式的干预时面临较低的风险。

② 缺点：首先，存在将其技术控制权让给其合伙人的风险。其次，合资企业不能使企业为实现经验曲线和区位经济而给予其分支机构可能需要的严密控制，它不能使企业为对竞争对手进行协调性的全球进攻而给予外国的分支机构可能需要的严密控制。最后，当投资企业各自的目标与目的发生了变化与冲突，或者实施的战略不同时，这种共同拥有股权的安排往往会导致在控制权上的矛盾。

(2) 全资子公司的优点和缺点

① 优点：首先，当一家企业的竞争优势建立在技术能力基础上时，全资子公司常常是最合适的进入模式，因为它可以降低对这种能力失去控制的风险。其次，如果企业想要实现区位经济和经验曲线经济时，就必须设立全资子公司。

② 缺点：设立全资子公司的企业必须承担进行海外经营的全部成本和风险。如果企业并购一家东道国的现有企业，那么在全新的文化中学习经营的风险相对要小一些。但是，并购也会引起其他的问题，包括试图融合不同的公司文化而产生的问题。

(3) 如果跨国企业拥有技术优势，应优先选择全资子公司，因为进行合资经营很容易将技术优势转让给合伙人，而全资子公司拥有百分百的股权，有利于对技术进行保护。

3. (1) 福利经济学第一定理认为，在完全竞争的条件下，市场竞争能够通过价格机制有效调节经济活动，从而达到帕累托最优的资源配置。福利经济学第二定理认为，在完全竞争的市场条件下，自由竞争市场可以使资源配置达到帕累托最优状态。每个人的福利状态取决于他初始资源拥有状态。政府要想调节社会间的福利水平，应该对每个人的原始资源配置状态进行干预和调整。

（2）福利经济学第一定理认为，市场机制能够解决效率问题。但是，有效率并不意味着公平，比如在一个贫富悬殊的社会也可能是帕累托最优的。福利经济学第二定理告诉我们，满足一定条件，在给定某种禀赋配置下，帕累托有效配置可以通过竞争性市场均衡来实现，换句话说，要实现公平目标，只要对初始禀赋进行调整，剩下的交给市场即可，这也说明公平和效率是可以兼顾的。

4.（1）转移定价是跨国公司的一种经营策略，它是指集团内关联企业之间进行商品和服务的内部交易价格，这种定价服从于跨国公司的全球战略目标和谋求最大限度利润的需要，不受市场正常供求关系的约束。

（2）转移定价的作用有：

① 减轻税负。一方面是利用不同企业、不同地区税率及免税条件的差异，将利润转移到税率低或可以免税的关联企业；另一方面是将盈利企业的利润转移到亏损企业，从而实现整个集团的税负最小化。

② 调节利润以树立新建公司在当时的形象。关联企业间的母公司为使其控股的新建公司占有市场，往往通过低价向新建公司提供原材料、零部件或劳务，而高价购买其产品的做法，提高新建公司的利润率和竞争力，使其在市场竞争中站稳脚跟。

③ 将企业资产和利润转移到主要投资者、关键管理人员及其家属所控制或有重大影响的企业，从而达到为少数人谋取私利的目的。

④ 转移资金。许多国家在国内资金和外汇相对短缺的情况下，大都采取一些限制资金转移的措施。此时，跨国公司往往通过转移定价以高价向处于该国的子公司发运货物或提供劳务等方法，实现资金的转移。

⑤ 规避风险。跨国公司通过转移价格，可将利润转出，以降低预期的外汇风险，减少通货膨胀损失，躲避政治风险。

5.（1）占优策略均衡，是由博弈中的所有参与者的占优策略组合所构成的均衡。因为在一个博弈里，如果所有参与人都有占优策略存在，那么，占优策略均衡是可以预测到的唯一均衡。应该指出的是，占优策略均衡只要求每个参与人是理性的，并不要求每个参与人知道其他参与人是理性的，这是因为不论其他参与人是否理性，占优策略总是理性参与人的最优选择。

纳什均衡是这样一种策略集，在这一策略集中，每一个博弈者都确信，在给定竞争对手策略决定的情况下，他选择了最好的策略。纳什均衡是所有参与人的最优策略所组成的一个策略组合。也就是说，给定其他人的策略，任何人都没有积极性选择其他策略，从而这个均衡没有人有积极性去打破。

（2）二者的区别在于：占优策略均衡是比纳什均衡更强的一个博弈均衡概念。占优策略均衡要求任何一个参与者对于其他参与者的任何策略选择来说，其最优策略都是唯一的。而纳什均衡只要求任何一个参与者在其他参与者的最优策略选择给定的条件下，其选择的策略也是最优的。所以，占优策略均衡一定是纳什均衡，而纳什均衡不一定就是占优策略均衡。

6.（1）20世纪60年代末美国经济学家弗里德曼等人认为，标准的菲利普斯曲线表示了货币工资增长率或通货膨胀率与失业率之间的交替关系，但忽略了通货膨胀预期对货币工资增长率和通货膨胀率的影响。因此在标准的菲利普斯曲线的基础上，加入了通货膨胀预期的因素，提出了附加预期的菲利普斯曲线。

附加预期的菲利普斯曲线的表达式为：

$$\pi-\pi^{e}=-\varepsilon(u-u^{*})$$

其中，$\pi^{e}$为预期的通货膨胀率。

很明显，附加预期的菲利普斯曲线相对于标准的菲利普斯曲线，整体上发生了右移。在短期里，菲利普斯曲线仍然是一条斜率为负的直线，表达了失业率与通货膨胀率之间交替关系。

（2）长期来看，工人将根据实际发生的情况不断调整自己对价格水平的预期，使工人预期的通货膨胀率与实际的通货膨胀率一致，即 $\pi=\pi^{e}$，此时 $u=u^{*}$，即失业率处在自然失业率水平。长期中菲利普斯曲线是一条垂直线，表明失业率与通货膨胀率之间不存在替换关系。且长期中经济社会能够实现充分就业，失业率处在自然失业率水平。其政策含义表明，长期中，政府运用扩张性政策不但不能降低失业率还会使通货膨胀率不断上升。

7.（1）内部化理论从外部市场不完全与企业内部资源配置的关系来说明对外直接投资的动因。该理论认为，跨国公司生产以外的活动如研究与开发、培训等，与中间产品（半成品和原材料，结合在专利权、人力资本中的各种知识）密切相关。中间产品市场尤其是知识产品市场的不完全，使企业不能有效利用外部市场来协调其经营活动，这是构成内部化的关键前提。当内部化过程超越国界，跨国公司便应运而生。跨国公司国际直接投资是为了避免因交易不确定性而导致的高交易成本。

（2）内部化理论解释了企业为何偏好国际直接投资而不是技术授权来进入外国市场。根据内部化理论，以技术授权作为利用外国市场的战略具有三个主要缺陷：

① 技术授权可能导致一家公司将宝贵的技术和技能转让给潜在的外国竞争对手。

② 技术授权并不能使企业牢牢掌握利润最大化所需要的在国外的制造、营销和战略控制权。

③ 如果企业的比较优势并非在于产品，而是在于这些产品的管理、营销和制造能力，这种能力并不是单靠技术授权所能拥有的。

8. 消费者物价指数（CPI），是反映与居民生活有关的商品及劳务价格统计出来的物价变动指标。但它并不能完美衡量居民的生活费用，原因有：

（1）CPI 的计算是固定的一篮子物品，但是事实上，只要物品价格发生变化，居民对一些价格过高的产品就会选择替代物进行更换，这样那些价格上涨较高的物品，实际的购买量并没有最初设定的那么多，所以，CPI 可能会高估了居民的生活费用。

（2）其次，新物品的引进会造成货币价值的变化。如果有新的物品引进，那么同样的货币就可以有更多的选择，这可以说是变相地增加了社会福利。比如同样 998 元的手机，智能手机和传统手机相比，明显前者更能增加幸福感，所以新物品的引进会导致维持同样社会福利水平的费用降低。

（3）产品质量的变动。产品质量的变动同样会导致货币价值的变化。比如同样 10 块钱包邮的粽子，但是质量不同，货币的价值就会不同。

实际上，上述任何一条，都会引起消费者需求的变动，所以，固定的一篮子物品，必然有它不适应的时候。

## 三、论述题（每题 20 分，共 40 分）

1.（1）国别风险是指由于某一国家或地区经济、政治、社会变化及突发事件，导致该国家或地区债务人没有能力或者拒绝偿付金融机构债务，使金融机构在该国家或地区的商业存在遭受损失，或使银行业金融机构遭受其他损失的风险。

国别风险评估因素包括政治外交环境、经济金融环境、制度运营环境、社会安全环境。

① 政治外交环境因素细分为：政治稳定性、政治力量平衡性、政体成熟程度、地缘政治与外交关系状况。

② 经济金融环境因素细分为：宏观经济运行状况，国际收支状况，金融指标表现，外债结构、规模和偿债能力，政府财政状况，经济受其他国家和地区的影响程度，是否为国际金融中心。

③ 制度运营环境细分为金融体系、法律体系、投资政策、会计和金融监管标准、政府纠正经济及预算问题的意愿和能力。

④ 社会安全环境因素细分为：社会文明程度和文化传统、宗教民族矛盾、恐怖主义活动和社会治安等其他社会问题。

（2）国别风险的评估方法有很多，各个行业、各个公司所采用的评估方法也不尽相同。这里列举几种国际企业常用的、比较典型的评估方法。

① 国别冷热比较法。这种方法把一国的生产经营环境归结为七大因素，并对其效果的“冷”与“热”作出分析，然后进行综合评价。这七个因素是：政治稳定性、市场机会、经济发展和成就、文化一元性、法令障碍、实质障碍、地理文化差距。在这七个因素中，前四种程度高，即具有“热效果”，程度低则具有“冷效果”；后三种则相反。如果某一因素存在的程度不高也不低，其效果则为中，即“不冷也不热”。把对各国的这些因素的评价填制在同一张表中，进行比较，就可以选出最佳经营环境的国家。经营、投资环境

越好的国家，即为“热国”，经营环境越差的国家则为“冷国”。

② 经营环境等级评分法。这种方法认为，经营环境中各因素对国际商务活动，特别是对企业投资的作用和影响是不同的，不能同等看待。该方法首先根据不同因素的作用效果，确定其等级评分，然后再按每一个因素的有利和不利程度给予不同的分值，最后把所有因素的等级评分值加总，作为对当地跨国经营环境的总体评价。该方法主要从东道国政府对外国直接投资者的政策着眼，在影响国际经营的各种因素中挑选了八个主要的因素进行评价：资本抽回限制、外商股权比例、对外商的管制和歧视程度、货币稳定性、政治稳定性、给予关税保护的意愿、当地奖金的可供程度、近五年的通货膨胀率。这种评分法的优点在于：每一因素的分值是依各自在经营、投资环境中的作用大小来评定的，从而避免了对不同因素平等看待的缺点。根据这种方法，总分越高，跨国经营的环境越好，反之则表示跨国经营环境越差。

③ 机会-威胁分析法。这是从企业自身的角度来分析评定其国际经营环境的一种方法。环境变化给公司带来的影响基本上可以分为两大类：一类是环境威胁，另一类是环境机会。首先，根据不同时期的形势，从公司的内部条件和外部环境中归纳出若干基本因素；然后，对每一个基本因素出现的概率大小给公司带来的影响分别进行判断，绘制出威胁矩阵图和机会矩阵图；最后，把上述因素的两个综合性指标进行汇总编制，由此可以得出公司所面临的威胁和机会的整个状况的综合特征。

2.（1）跨国公司面临的一个基本决策是在哪里从事生产活动，以最好地实现成本最小化和提高产品质量的双重目标。考虑的因素可分为国家因素、技术因素和产品因素。

① 国家因素

政治经济、文化和相对要素成本在国与国之间是不同的。在其他条件相同的情况下，一家公司应该把它不同的生产活动置于经济、政治和文化条件(包括相对要素成本)对这些活动的绩效最有利的地方。这种战略中获得的利益称为区位经济。对于有些产业，在特定地方进行全球性集中生产也是重要的。区位外部性在决定到哪里从事生产活动时会起到重要作用。外部性包括具有适当技能的劳动力资源和辅助产业的存在。此外，正式和非正式贸易壁垒会明显影响有关生产地点的决策，运输成本和对外直接投资的规则和管制，也会影响生产地点的选择。另一个国家因素是预期未来的汇率变动。

② 技术因素

企业在从事特定制造活动中所采用的技术对于生产选址的作用可能是关键性的。一项制造技术的三个特点值得注意：固定成本水平、最小效率规模及技术柔性。

（a）固定成本。在某些情况下建立制造工厂的固定成本太高，以致一家公司必须仅从一个产地或少数几个产地供应世界市场。给定这样的前提而且其他条件相同，那么以一个(最理想的)地点的一家工厂生产的产品服务于世界市场就很有意义了。相反，相对低水平的固定成本能使在不同地点同时从事一项生产活动变得经济。这样做的优势之一就是公司能更好地适应当地的需要。在多个地点生产也有助于避免公司对一个产地的过度依赖。

（b）最小效率规模。大多数工厂规模经济达到极限的产出水平被称为产出的最小效率规模。一家工厂的最小效率规模相对于全球总需求越大，越应该集中在一个地点或少数几个地点生产。反之，当生产的最小效率规模相对于全球需求较小时，在多个地点从事一种产品的生产可能是经济的。

（c）柔性制造技术。与大批量生产标准化产品相比，采用柔性制造技术更能提高效率和降低单位成本，同时使公司比以前在更大程度上满足客户的不同需要。对国际商务来说最重要的是，柔性制造技术能够使公司为不同国家的市场定制产品。可以采用柔性制造技术时，公司可在最佳地点的单独一家工厂为不同国家的市场定制产品，而且不必承担很大的成本。因而，公司再也不必在每个主要国家市场建厂生产，以满足特定客户的偏好和需求，这也就是实施本土化战略的部分原理。

③ 产品因素

产品的两个特点影响选址决策。首先是产品的价值重量比。因为它影响运输成本。对价值重量比高的产品，若其他条件相同，那么应在最佳区位生产这些产品并从那里供应全世界。其次，该产品是否服务于共同的需要，即这种需要在全世界都相同。若几乎相同，则增加了在一个最佳区位集中生产的吸引力。

（2）2020 年新冠疫情的暴发，再加上美国贸易战对华为的制裁，给中国芯片供应链带来沉重打击，当不确定性成为常态，暴露出中国甚至全球范围芯片供应链的脆弱性。在此，我认为应该从以下几个方面着手改善芯片制造企业的供应链管理：

① 补齐制造环节短板，推动全产业链协同发展。当前芯片制造产业进入“全产业链竞争”时代，提升全产业链协同发展能力是我国产业提升芯片制造产业整体实力的必然选择。着力引进一批先进制程、先进工艺的大尺寸、高水平项目，推动制造环节取得重大突破。加快推动具有自主知识产权的新型封装技术规模量化，增强与国内外设计企业的配套能力。加强产业链对接合作，加快集成电路设计业、制造业、封装测试业及终端应用商等多环节协同合作发展。

② 深耕核心关键技术研发，更加重视标准制订工作。积极主动对接国家对芯片制造产业的战略布局，围绕产业链部署创新链，围绕创新链配置资源链。充分利用国际创新资源，坚持开放合作创新，大力吸引芯片领域跨国公司研发中心、高端研究机构等进入中国。

③ 引进与培养并重，以全球视野集聚国际高端人才。当前，我国芯片产业人才及原创人员尤为缺乏，产学研缺乏深度融合，人才引进、人才储备、人才培养方式有待改革创新。要更加注重引进海外人才，解决高端人才培养周期和短期高端人才不足问题。

# 宁波大学2021年434国际商务专业基础试题

**一、名词解释(每题5分，共35分)**

1. 外部规模经济
2. 最优关税
3. 内部化优势
4. 铸币平价
5. 市场挑战者战略
6. 品牌管理
7. 虚拟经营

**二、简答题(5题，共55分)**

1. 加入SA8000对中国企业有何影响?(9分)

2. 利用国家竞争优势理论，分析我国加工贸易型外贸发展模式对我国国家竞争优势培育的不利影响?(12分)

3. 何为战略性贸易政策?试述战略性贸易政策理论的基本内容并进行评价。(12分)

4. 跨国公司之间的战略竞争中，获得成本领先优势的方法有哪些?成本领先战略的适用条件是什么?(12分)

5. 试述企业开展国际市场营销面临的机遇与挑战?(10分)

**三、案例分析题(每题15分，共30分)**

1. 丰田公司认识到全世界有大量的消费者希望得到和承担一辆昂贵的汽车。在这群人中，许多消费者愿意买奔驰，但又认为价格过高。他们希望购买像奔驰同样性能的车，并且价格要合理。这给了丰田一个想法，开发一辆能与奔驰竞争，甚至定位于更高价值的轿车，一个“聪明”的购买者欲获得身价但不会浪费钱。丰田的设计者和工程师开发了凌志汽车并开展多方位的进攻。新汽车安装精良，内部装饰豪华。丰田的广告画面旁边显示的是奔驰，并写上标语:“这也许是历史上第一次，只需花36000美元就能买到值73000美元的高级轿车。”丰田努力挑选能高度胜任的经销商和精心设计陈列室，并把销售作为汽车设计的工作之一，陈列室有宽敞的空间，布置了鲜花和观赏植物，免费提供咖啡，备有专业的销售员。经销商开列了潜在客户的名单，向他们寄发手册，内含12分钟戏剧性体现凌志绩效功能的录像带。例如，录像带显示工程师把一杯水放在引擎上，当奔驰引擎发动时，水发生抖动，而凌志却没有，这说明凌志有更平稳的引擎和提供更稳定的驾驶。录像带更戏剧性地展示，把一杯水放在操纵盘旁，当凌志急转弯时水不溢出来，真令人兴奋。购买者向他们的朋友到处介绍，成了新凌志最好的销售员(免费的)。

针对凌志的挑战，你认为奔驰应该如何应对?(15分)

2. 2020年11月10日晚，中国国际进口博览局对外发布第三届进博会闭幕信息。数据显示，虽然目前全球新冠肺炎疫情仍在蔓延，但第三届进博会各方合作意愿热度不减，按一年计，累计意向成交726.2亿美元，比上届增长2.1%。

进博会期间，包括中核集团、航天科技在内的55家中央企业与几十个国家和地区的企业签署意向采购协议，技术装备类、医疗健康类、服务贸易类比第二届有所增加，特别值得一提的是，向亚洲、非洲、南美洲发展中国家意向采购金额增长一倍以上。

中国国际进口博览局副局长孔福安介绍说，本届进博会上进行的全球首发、亚洲首秀、中国首展的产品数量占比达一半以上。日本参展企业数量最多，美国企业展览总面积最大。

而意大利、葡萄牙、巴基斯坦、斐济和匈牙利等国则通过进博会官网，以图片和视频形式线上展示本国风土人情和发展投资机遇，吸引网友关注。

今年受疫情影响较大的中国航空企业，率先在全球航空业“寒冬”喊出了“回暖”的口号。东航集团与CFM（GE通用电气公司与赛峰飞机发动机公司50/50的平股合资公司）、霍尼韦尔分别签署了LEAP-1A航空发动机小时包修协议及6台备用航空发动机的采购协议和131-9A型辅助动力装置（APU）的采购协议；南航集团分别与14家全球航空服务领域的大型国际厂商、供应商签署了采购协议。

全球著名的酵母生产企业、法国乐斯福大中华区总裁浦建菲则透过进博会看到了“中国税收营商环境的改变”，他成为第一批预订明年展位的参展商之一，“过去对外支付模式中，企业要分别到税务、银行窗口交相关资料，办理成本较大；今年，企业可以通过上海电子税务局进行对外支付备案的全流程电子化办理。”“在全球经济受到新冠肺炎疫情深刻影响的情况下，第三届进博会如期举行，无疑会对集团发展产生极大推动作用。”进博会期间，浦建菲接待了包括良品铺子等众多热情的考察团体，“感受到巨大的活力和信心，我们会扎根中国，在这里继续发展下一个30年。”

结合上述材料回答如下问题：

（1）进口贸易对中国经济发展有哪些作用？（7分）

（2）第三届进博会如期举行有哪些重大意义？（8分）

**四、论述题（30分）**

试分析中国利用外资的主要特点和存在的主要问题。

## 宁波大学2021年434国际商务专业基础试题解析

### 一、名词解释（每题5分，共35分）

1. 外部规模经济是指当整个产业的产量（因企业数量的增加）扩大时（企业外部的因素），该产业各个企业的平均生产成本下降，因而有时也称为外部经济或范围经济。其产生的源泉有很多，具体来说，其包括：①行业地理位置的集中带来的外部规模经济效应。②行业内每个企业从整个行业的规模扩大中获得更多的知识积累。

2. 最优关税是指使本国福利达到最大的关税水平。在小国情形下，由于关税全部由国内消费者承担，所以最优关税就是零关税。然而在大国情形下，由于征收关税，一方面贸易条件得益，但又因为生产扭曲和消费扭曲而导致损失。因此大国的最优关税将取决于两者的比较。确定最优关税的条件是进口国由征收关税所引起的额外损失与额外收益相等。

3. 内部化优势是指拥有所有权优势的企业为避免市场不完善，而将所有权优势加以内部利用所获得的优势。由于某些产品或技术通过外部市场转移时会增加交易费用，跨国公司通过对外直接投资，在母公司与子公司或子公司之间进行中间产品的转移，尽可能地减少交易成本，获取高额利润。

4. 铸币平价是在金本位制度下，两国货币的价值量之比表现为含金量之比。金铸币本位制度下，汇率的波动界限是黄金输送点，汇率比较稳定。这种金本位制下，各国货币的自动调节机制使得汇率保持了比较稳定的状态。

5. 市场挑战者指在行业中占据第二位及以后次位，有能力对市场竞争者和其他竞争者采取攻击行动，希望夺取市场领导者地位的公司，如美国汽车市场的福特公司、软饮料市场的百事可乐公司。这些竞争者可以采用两种战略：一是争取市场领先地位，向比自己强大的竞争者发起挑战；二是安于次要地位，在共处的状态下求得尽可能多的收益。

6. 品牌管理是指针对企业产品和服务的品牌，综合地运用企业资源，通过计划、组织、实施、控制来实现企业品牌战略目标的经营管理过程。品牌管理贯穿于品牌的塑造、应用、维护和提升的全部过程中，包括了品牌的定位、策略、形象设计、传播和市场监测等。

7. 虚拟化经营是指企业在组织上突破有形的界限，虽有生产、行销、设计、财务等功能，但企业体内却没有完整地执行这些功能的组织。就是说企业在有限的资源下，为了取得竞争中的最大优势，仅保留企业中最关键的职能，而将其他的功能虚拟化，通过各种外力进行整合互补，其目的是在竞争中最大效率地利用企业有限的资源。

## 二、简答题(5题，共55分)

1. 社会责任标准"SA8000"，是Social Accoutability 8000的英文简称，是全球首个道德规范国际标准。其宗旨是确保供应商所供应的产品，皆符合社会责任标准的要求。

（1）从长期看，SA8000标准对我国企业的发展是有好处的，具体表现在：

① 实施SA8000标准，有利于保护劳工权益、激励员工积极性，进而提高生产效率，增加企业的盈利。企业树立了一个良好的社会形象，便能更有效地吸引人才和激励员工的积极性，从而提高其生产效率。

② 实施SA8000标准，有助于改善企业的形象和声誉，从而提升企业的国际竞争力。一个有社会责任感的企业，消费者对其产品也就更加信赖，从而提高了企业的销售额和客户的回头率，赢得了市场。

③ 实施SA8000标准，有利于改善企业与公众、政府及民间组织的关系，从而为企业的可持续发展创造有利条件。企业造福于所在地区，而所在地区的发展又为企业提供了新的机遇，最终实现了企业和社会的同步发展。

（2）SA8000标准是一把"双刃剑"。在推动企业发展的同时，目前它对我国企业的负面影响也是不可忽视的。

① 会损害一些企业利益。会迫使我国大部分企业尤其是劳动力密集型企业通过降低劳动成本来获取利润。跨国公司的双重要求使我国企业在极其有限的空间难以改善劳工状况，甚至使一些劳工状况更加恶化。

② 会导致一些企业经营困难。我国的很多企业为了达到这个标准，必然会增加成本，结果就导致一些企业经营困难，甚至破产、关闭。

③ 会影响部分企业的国际竞争力。未通过认证企业的产品将被贴上压榨工人、剥削童工、不人道等耻辱的标签。在市场竞争中，显然会处于不利地位。SA8000标准认证会增加产品成本，将降低我国企业在成本优势上的竞争力。

④ 会影响一些企业产品的出口。SA8000标准已经越来越多地出现在许多跨国公司订单的附加条件中，对我国企业出口造成很大影响，正在形成一道劳工贸易壁垒。

⑤ 会影响跨国公司与我国企业建立合作伙伴关系。跨国公司在选择我国的合作伙伴时，也往往将社会责任标准作为一个重要的选择依据。只有通过审核与评估，才能建立合作伙伴关系。

2.（1）国家竞争优势理论认为一国兴衰的根本在于能否在国际竞争中赢得优势，而取得国家竞争优势的关键在于国家是否有合适的创新机制和充分的创新能力。而这又主要决定于四组基本因素，即要素条件，国内需求条件，相关产业与支撑产业，公司的战略、结构和竞争。这四组因素中的每一个都可单独发生作用，并同时作用于其他因素。四者组成一个系统，共同决定国家竞争优势。另外，国家竞争优势还受到机遇和政府作用的影响，但由于两者要通过四组基本因素影响国家竞争优势，所以属于辅助因素。

（2）加工贸易型外贸发展模式对我国国家竞争优势培育的不利影响

① 技术创新落后是创造竞争优势的重要制约因素。加工贸易只是一种初级阶段的劳务贸易，加工方只能赚取加工费，产品从原料转化为成品过程中的附加价值，基本被对方占有，进行技术创新的空间较少。

② 生产要素受限。我国许多优质资源属于不可再生资源，难以维持经济的持续发展需求，被赶超的可能性非常大。加工贸易型外贸发展模式方式单一，难以解决对外贸易的长期、可持续发展的问题。

③ 公司的战略、结构和竞争受阻。我国大多数外资企业与资方国家存在千丝万缕的关系，容易受到国际经济和政治局势变化的影响，对外依赖性强，缺乏自主性和灵活性。

3.（1）战略性贸易政策理论认为：在规模经济和不完全竞争的市场条件下，一国政府可以通过政策干预的方式创造新的竞争优势，从而增强本国产业企业在国际市场上的竞争力，同时提高本国福利水平。战略性贸易政策理论的主要内容包含利润转移理论和外部经济理论。

① 利润转移理论认为，许多国际贸易的商品是由不完全竞争产业——寡头竞争产业生产的，其重要特征是产品价格高于边际成本，通过政府政策扶持这类产业出口，剥夺外国厂商的出口利润，从而实现超额利润由外国厂商向本国转移。

② 外部经济理论认为，某些产业或厂商能产生巨大的外部经济效应，从而促进相关产业或同一产业其他厂商的发展或出口扩张，而政府提供适当的保护和扶持便能使得这些外部经济效应被相关产业和企业充分吸收，从而提高其国际竞争力，获得长远的战略利益。

（2）战略性贸易政策理论动摇了在规模经济和不完全竞争条件下自由贸易政策的最优性，证明了政府干预的合理性，提出了适当运用关税、补贴等战略性贸易政策，将有助于提高一国贸易福利的主张。这一核心结论正好与传统贸易理论相悖。战略性贸易政策理论因其在理论的独创性、分析方法的独到性及其解释现实的能力等方面取得重大的突破而日益为人们所重视。

4.（1）成本领先战略是指企业通过降低自己的生产和经营成本，以低于竞争对手的产品价格，获得市场占有率，并获得同行业平均水平以上的利润。

（2）实施成本领先战略获取成本优势的途径包括：①改变流程，减少或简化多余的环节；②经营过程的部分环节实现自动化；③更大范围地寻找便宜的进货渠道；④规模化采购；⑤采用有效的广告、促销方式；⑥产地销，以减少运输费用；⑦把不擅长的业务活动外包；⑧前向或后向一体化；⑨技术优势，以特殊专利或技术节省成本等。

（3）成本领先战略的适用条件如下：①现有竞争企业之间的价格竞争非常激烈；②企业所处产业的产品基本上是标准化或者同质化的；③实现产品差异化的途径很少；④多数顾客使用产品的方式相同；⑤消费者的转换成本很低；⑥消费者具有较大的降价谈判能力。

企业实施成本领先战略，除具备上述外部条件之外，企业本身还必须具备如下技能和资源：①持续的资本投资和获得资本的途径；②生产加工工艺技能；③认真的劳动监督；④设计容易制造的产品；⑤低成本的分销系统。

5.（1）企业开展国际市场营销面临的机遇

① 经济全球化。经济全球化是指生产要素在全球范围内流动，世界资源在全球范围内配置，世界各国经济在全球范围内相互交融，从而形成有机整体。经济全球化是资源在全球范围内的配置过程和结果，经济全球化伴随着投资全球化、生产全球化、贸易全球化，促使国际贸易和国际投资快速发展。

② 跨国公司的榜样力量。跨国公司是经济全球化的中坚力量，也是促使世界经济发展的中坚力量。随着经济全球化不断深化，跨国公司的数量急剧增加，并在世界经济中处于举足轻重的地位。

③ 通信技术和互联网的发展。电子技术和通信网络的发展，为各国经济交流架起了一座桥梁，大大缩短了各国的时空距离，既方便了人们及时跨越国界的沟通，也方便了人们跨越国界的贸易和投资，因而它是企业快速涉足国际市场，从事国际市场营销的有效途径和工具。

④ 世界经济和国际贸易快速发展。世界经济和国际贸易的快速发展趋势，为开展国际市场营销提供了有利的市场条件。

（2）企业开展国际市场营销面临的挑战

① 经济全球化带来的挑战。经济全球化是一把双刃剑，既为企业走向国际市场带来机遇，也为其带来了挑战。面对强大的跨国公司及外商投资企业，面对众多世界名牌，当地企业如何通过有效的营销在市场争得一席之地，关乎企业的生死存亡。

② 新贸易保护主义的挑战。20 世纪 90 年代，国际竞争进一步加剧，新贸易保护主义逐渐盛行，大体上包括：从关税壁垒转向非关税壁垒，非关税壁垒实行的范围逐渐扩大，对发展中国家的歧视性非关税壁垒的措施也在逐渐加强。同时，贸易集团化进一步加强，随着世界经济发展的不平衡性加强，区域经济一体化现象进一步加剧，形成了东盟、欧盟、北美自由贸易区等区域经济体，但是对于非集团成员的国家来说，则设置了更多的进入障碍和贸易壁垒。

## 三、案例分析题(每题15分，共30分)

1. 针对凌志的挑战，奔驰不应该降价，而应该保持原价，甚至应该提高产品的价格，同时要采取相应的营销组合策略来支持其高价格策略。

(1) 奔驰采用的是高质量-高价格的溢价策略，而凌志采用的是高质量-中等价格的优良价值策略来发动对奔驰的攻击。在这种情况下奔驰不能降价，因为一旦降价意味着它以前所采取的策略是对顾客的一种欺骗。

(2) 凌志的目标顾客群和奔驰的目标顾客群也不相同。凌志的目标顾客群是那些希望能够得到像奔驰一样的性能的车，同时又要求合理价格的人。顾客在购买产品时，不仅关注产品质量和价格，同时还关注品牌内涵。对于其目标顾客群来说，奔驰不仅代表着高质量，而且也是身份和地位的象征，有着丰富的品牌内涵，这一点凌志是无法与之抗衡的。

(3) 在这种情况下，奔驰绝不能降价来与凌志打价格战。但是奔驰应该采取相应的营销组合策略来应对凌志的挑战。在产品方面，奔驰应该致力于提高产品质量，使得在质量上超越凌志车，更加完美，使凌志无法攻击其产品质量。在渠道方面，应该选择优秀的中间商，为顾客提供高附加值的服务，通过服务塑造差异，提高价值。在促销沟通方面，致力于打造丰厚的品牌内涵，提高顾客的忠诚度。

总之，面对凌志的挑战，奔驰应该继续完善产品质量的同时，突出品牌个性和内涵，牢牢抓住自己的目标顾客群，不能陷入价格战的泥潭中。

2. (1) 进口贸易对中国经济发展的作用如下：

① 弥补供给缺口。我国经济高速增长的同时，国内投资和消费需求的扩张，或超出了国内既有的生产供给能力，或国内现有供给水平不能满足先进科技的需求。通过进口国内短缺资源、关键设备和先进技术来打通国内经济发展的供给瓶颈，是中国实行从封闭型向开放型经济转型，推动国内经济稳步持续发展的主要手段。

② 缓和贸易摩擦。近几年来，我国进出口规模不断扩大，贸易顺差增加很快，但过大的贸易顺差并不是好事。一方面，贸易顺差过大会带来货币政策的被动性；另一方面，贸易顺差过大增加了我国与其他贸易伙伴之间的摩擦。目前我国已成为世界上反倾销和贸易保护措施的最大受害国，出口贸易环境严重恶化。因此，适度扩大进口有利于缓和我国与一些主要贸易伙伴的矛盾，为我国产品进入国际市场创造条件。

③ 诱导国内需求。进口商品的冲击将刺激国内企业提高技术与管理水平，提高产品质量，降低成本，巩固和扩大自己的市场份额。激烈的竞争加速低效率的企业退出市场，促使高效率的企业达到合理的规模，从而提高我国企业的生产效率和产品质量，促进国内产品的升级换代，带来经济的动态增长。

④ 激发技术创新。改革开放以来，我国走产品引进→技术引进→技术创新之路，以产品引进带动技术创新，不仅使居民的生活水平得到快速提高，也为技术创新提供了重要条件。进口节省了创新的成本，促进了国内生产的发展和生产率的提高，并且为发展高科技产业、培育后发优势提供可能。

(2) 全球疫情背景下举办第三届进博会具有特殊意义：

① 进博会的举行有利于促进全球经济恢复。在全球面临前所未有的危机之时，中国更大地张开双臂，愿意与全世界并肩携手，共渡难关，共创共享美好的未来，充分反映出中国推动开放进取、共建人类命运共同体的美好愿望。这对于当前深处多重危机中的世界而言，至关重要。

② 进博会的举行有利于促进形成双循环新发展格局。2020年5月，中共中央政治局常委会会议首次提出"要深化供给侧结构性改革，充分发挥我国超大规模市场优势和内需潜力，构建国内国际双循环相互促进的新发展格局"。此后新发展格局在多次重要会议中被提及。新发展格局是我国基于目前国内外经济形势作出的一个战略决策，第三届进博会的举行有利于促进国内产业链的加速构建和新发展格局的加快完善。

③ 进博会有利于借助全世界优质资源加速促进国内大循环的完善。当前国际上疫情严重，需求不足，买方市场格局明显，进博会的召开有利于以较为优惠的条件扩大进口，提升中国的综合生产能力，有利于世界，也有利于中国。

④ 进博会有利于加强国内国际双循环的联动协同发展。当前，中国已成为全球最具潜力的市场，中国制造已经成为全球产业链和供应链的重要组成部分，为世界经济发展作出了积极贡献。中国市场是世界的

市场、共享的市场、大家的市场，中国提出的国内国际双循环之间不是隔离孤立的，而是协同并进、共同发展的，强大的国内市场与高水平的对外开放互为基础、互相促进，两者缺一不可。

**四、论述题(30分)**

(1) 我国利用外资的主要特点有：

① 地区分布的特点。我国利用外资主要集中在东部地区，但正在逐步向中西部发展。改革开放以来，由于地理位置的优势以及国家政策的大力支持，东部地区收到了良好的利用外资的效果，投资总额占到全国外商投资总额的80%以上，成为我国利用外资的主要地区。近些年，随着国家"西部大开发""振兴东北老工业基地"和"中部崛起"战略的逐步实施，东部与中西部地区的差距开始逐渐缩小，但我国利用外资的上述总体格局仍将保持一个长期的稳定局面。

② 产业分布的特点。我国利用外资的产业分布特点表现为第一产业分布较少，主要集中在第二产业，但近年来重心向第三产业倾斜。一直以来，我国利用外资的重心都在第二产业即制造业。由于改革开放前我国经济发展水平、科学技术等都处于落后地位，因此，我们以使用大量廉价劳动力以及牺牲国内资源为代价，发展简单的加工制造业，借此同外资企业建立合作关系。中国加入世界贸易组织之后，服务业利用外资的比例不断增加，成为我国新的经济增长点。

③ 来源地的特点。我国利用外资的来源地以亚洲为主，欧美等国家所占比例并不大，但仍起到不可忽视的作用。就地理位置而言，亚洲国家距离我国较近；从文化角度来看，亚洲国家与我国文化差异相对较小；而运输方面，亚洲国家与我国具有更加便利、成本更低的交通条件，因此亚洲国家更加倾向于来我国进行投资。但由于近年来我国对外开放程度不断加深，越来越多的发达国家愿意来我国进行投资。

(2) 当前我国外资利用中存在的主要问题

① 引进外资的质量偏低。我国存在盲目引进和重复引进外资，一味追求外资利用的规模和数量，在引进外资的过程中往往缺乏长远的目标和规划，只注重眼前利益，导致带来能源消耗、环境污染、国土资源流失等一系列问题，同时还造成了许多低水平的外资重复引进，大大浪费了有限的资源。

② 利用外资的结构有待优化。从外资利用的产业结构来看，由于第一产业具有生产周期长、投资收益见效慢的特点，使得目前我国农业领域利用外资所占的比例最低，外资利用产业结构的倾斜加大了我国三次产业结构的偏差，使得三次产业之间的发展水平与国际竞争能力的距离扩大，对我国产业结构的进一步升级产生了负面影响。

我国外资利用过度集中在某些亚洲国家或地区，本身不利于我国外资利用水平和质量的进一步提升。我国吸引来的外资多投向于东部沿海经济发达的地区。这样的区域失衡状况将加剧我国东、中、西部地区的发展差距，造成更大的不平衡，不利于我国区域经济的协调。

③ 外资"超国民待遇"现象依然存在。长期以来，为了充分地利用国外资源促进国内经济的发展，我国政府在引进外资上出台了许多优惠政策，通过对外国资本实施"超国民待遇"，吸引外商来华投资，但带来了一系列的负面效应。

④ 外资进入挤压国内企业空间并进入敏感性行业。外国资本通常会投资于我国的劳动密集型和资源密集型产业，与国内企业争夺劳动力和自然资源，同时外国资本依靠技术优势逐步扩大相关产品的市场份额，从而使得国内企业的发展空间变得越来越小。并且，随着我国对外开放程度的不断提高，外资进入的广度和深度也在不断增强，一些外资进入了可能涉及我国经济安全的制造业、流通业以及高科技等敏感性行业，从而使得我国的国家安全受到较大的威胁。

⑤ 引进外资的软环境有待进一步完善。我国正处在经济全面转型时期，有些法律法规还不完善，使得外商投资企业担心来华的利益受损，也不利于我国对外资进行有效监管；外资进入的审批环节过于复杂，手续烦琐，降低了外资进入的效率；国内的知识产权保护意识较为薄弱，外商企业对技术研发创新心存顾虑，减缓了外商投资的技术溢出速率。

# 上海外国语大学 2021 年 434 国际商务专业基础试题

**一、名词解释(每题 5 分，共 30 分)**

1. 提供曲线
2. 技术性贸易壁垒
3. 关税有效保护率
4. 国民待遇原则
5. 汇率超调
6. 马歇尔-勒纳条件

**二、简答题(每题 16 分，共 80 分)**

1. 根据产品生命周期理论分析不同阶段对应的贸易或跨国投资特征。
2. 经常账户逆差的原因及影响，消除经常账户逆差的政策措施。
3. 推导对外贸易乘数。
4. 跨国并购、绿地投资适用条件，比较分析各自优缺点。
5. 国际商务经营方式及适用条件。

**三、论述题(每题 20 分，共 40 分)**

1. 从贸易商的视角出发，分析国际贸易存在的风险，规避风险的手段。

2. 作为发展中国家，解释中国的跨国公司对外投资现象。中国的跨国公司对外投资有哪些特点？

## 上海外国语大学 2021 年 434 国际商务专业基础试题解析

**一、名词解释(每题 5 分，共 30 分)**

1. 提供曲线表示的是一国为了进口其某一数量的商品而愿意出口的商品数量。提供曲线包含了供给和需求两方面因素，反映了一个国家在不同的相对价格水平下所愿意进口和出口的商品数量。曲线本身是由一个国家的供给(出口)、需求(进口)曲线合成的。

2. 技术性贸易壁垒，是指为了限制进口所规定的复杂苛刻的技术法规、标准与合格评定程序，以及烦琐复杂的申报与检验检疫手续等所形成的贸易障碍。一般通过颁布法律、法令、条例、规定、建立技术标准、认证制度、检验检疫制度等方式，提高对进口产品要求，增加进口难度，最终达到限制其他国家商品自由进入本国市场的目的。

3. 关税有效保护率，指各种保护措施对某类产品在生产过程中的净增加值所产生的影响。用公式表示，对行业 $j$ 的有效保护率 $e_j$ 为：

$$e_j = \frac{V'_j - V_j}{V_j}$$

其中，$V_j$ 为自由贸易时 $j$ 行业单位产品的增加值，$V'_j$ 为有关税或非关税壁垒保护下的 $j$ 行业单位产品的增加值。

4. 国民待遇原则是 WTO 的基本法律原则之一。所谓国民待遇，指的是一国给予所有成员国的公民和企业在经济上的待遇不低于给予本国公民和企业的待遇，这种待遇主要包括税收、知识产权的保护、市场的开放等，以保证成员国产品与本国产品以同样的条件竞争。例如，中国政府对本国生产的商品不征销售税，那么对外国商品在支付了进口关税后也不能征收销售税。

5. 汇率超调，是指汇率对货币供给变动的短期反应超过其长期应有的反应水平的现象。在国内产出水平不变的情况下，一国货币供给的永久性增加将导致该国货币的贬值，并且短期贬值的幅度大于它在长期应该贬值的幅度。随后，随着该国价格水平的逐渐上升和货币供给增加对国内利率水平影响的消除，该国的货币将逐渐向长期汇率水平升值，并最终稳定在长期均衡的汇率水平上。汇率超调现象是短期价格刚性和利率平价条件共同作用的结果。

6. 马歇尔-勒纳条件是由英国经济学家马歇尔和美国经济学家勒纳揭示的关于一国货币的贬值与该国贸易收支改善程度的关系。一国货币相对于他国货币贬值，能否改善该国的贸易收支状况，主要取决于贸易商品的需求和供给弹性。只有当一国进出口需求弹性之和大于1时，本币贬值才能改善国际收支。

## 二、简答题(每题16分，共80分)

1. 产品生命周期指一种新产品从开始进入市场到被市场淘汰的整个过程，要经历创新、成长、成熟、标准化、衰落五个阶段。不同阶段对应的贸易或跨国投资特征如下：

(1) 创新阶段：产品仍属新颖，是新发明。需求主要来自本国市场，生产也主要是针对本国需求。此时贸易主要在国内进行，也没有对外直接投资。

(2) 成长阶段：需要大量的R&D投资；需要有利于R&D的环境；需要进行R&D的人才；需要较有利的市场环境；因此，生产会集中在少数最富裕的国家，并且可能开始向其他富裕国家出口。

(3) 成熟阶段：技术已经成熟，大批量生产，创新国国内市场饱和，国外的需求不断扩大，此时进行对外直接投资，突破贸易壁垒，发明国开始大量生产并向其他国家出口，出口达到最大。进口国能够迅速地模仿并掌握技术并开始在本国生产，生产就会先转移到其他发达国家，并且其他发达国家的进口就会减少，向发展中国家的出口开始出现并增加。

(4) 标准化阶段：技术已不再是秘密，生产可以用无技能的工人在流水线上大规模进行，成本大幅度降低，创新国通过对外直接投资将生产转移到发展中国家，并向发达国家出口。

(5) 衰落阶段：产品进入了淘汰阶段，创新国优势完全丧失，依赖进口满足国内需求。又由于产品在市场上已经老化，不能适应市场需求，市场上已经有其他性能更好、价格更低的新产品，足以满足消费者的需求。此时成本较高的企业就会由于无利可图而陆续停止生产，该类产品的生命周期也就陆续结束，以致最后完全撤出市场。

2. (1) 以美国为例，经常账户逆差的原因：①巨额财政赤字。财政赤字会导致利率升高、外资流入、美元升值，从而产生了经常账户逆差。②储蓄过低。美国向消费型社会蜕变的进程加快，导致国内储蓄日益不足，从而不得不从国外输入巨额资本，以弥补国内储蓄与总投资之间的缺口。③美元特权。其使美国向世界直接发行和供给美元，放任经常账户巨额逆差而不受外汇储备短缺的制约。推动经常账户逆差和软约束借贷的膨胀而不受金融危机威胁。④全球储蓄过剩。全球储蓄过剩压低了美国的利率，使得联邦政府的预算赤字扩大，消费者愿意花费更多的钱。⑤世界经济增长不平衡。美国在经济增长率明显高于其主要贸易伙伴国的情况下，出口需求就不如进口需求强劲，经常账户逆差随之加大。

(2) 造成的影响如下：①全球性的流动性过剩和通货膨胀。因为不断扩大的美国经常账户逆差，对应的是全球美元资产或外汇储备资产的持续增加。②全球金融货币体系动荡。大量全球美元资产催生了“海量式”的外汇投机交易、数之不尽的金融衍生产品和眼花缭乱的金融创新，导致全球资产价格急剧动荡，蕴涵着无法监管的巨大金融风险，随时有可能对各国金融体系造成巨大冲击。③中央银行陷入无所适从的“监管悖论”。中央银行几乎无法监管金融机构的全球性活动，它们甚至无法理解各种稀奇古怪的金融创新。④影响人民币升值。美国政府强压人民币升值的主要理由，就是要纠正美国的经常账户逆差。

(3) 消除经常账户逆差的政策措施包括：①改革现行的国际货币体制。②把注意力从萎缩的制造业转移到服务产业的贸易上来。③推动服务业的自由贸易。

3. 对外贸易乘数，是一国在既定的边际消费倾向作用下，由于对外贸易收入而增加的该部门消费会通过国民经济的产业链增加相关部门的收入和消费，最终对国民经济增长和国民收入产生倍加效果。

推导过程如下：

四部门经济，即开放经济，在三部门经济基础上加上国外部门，在小国假定下，出口为$\bar{x}$(给定的外生变量)，进口为$m=m_0+\gamma y$，$m_0$为自发性进口，$\gamma$为边际进口倾向，即收入增加1单位时进口会增加多少。

有了净出口后，国民收入决定的模型可以表示为：

$$y=c+i+g+x-m$$

$$c=\alpha+\beta y_d$$
$$y_d=y-t+t_r$$
$$t=\bar{t}$$
$$i=\bar{i}$$
$$g=\bar{g}$$
$$t_r=\bar{t_r}$$
$$x=\bar{x}$$
$$m=m_0+\gamma y$$

计算可得四部门经济条件下的国民收入恒等式：

$$y=\frac{1}{1-\beta+\gamma}(\alpha+\bar{i}+\bar{g}-\beta\bar{t}+\beta\bar{t_r}+\bar{x}-m_0)$$

对上面的恒等式求导可得对外贸易乘数：

$$\frac{\mathrm{d}y}{\mathrm{d}\bar{x}}=\frac{1}{1-\beta+\gamma}$$

4.（1）跨国并购包括跨国兼并和跨国收购两种。跨国兼并是指原来两个不同国家企业的资产和经营结合成一个新的法人实体。跨国收购是指东道国当地企业资产和经营的控制权从当地企业转移到外国企业。跨国并购的适用条件：在经营状况好，竞争力相对较大的市场，采取跨国并购。

绿地投资，是指跨国公司等投资主体在东道国境内依照东道国的法律设置，部分或全部资产所有权归外国投资者所有的企业。绿地投资的适用条件：在不存在可以被并购的企业，或核心竞争力为企业技术时，采取绿地投资。

（2）绿地投资和跨国并购两种模式的优缺点可用下表表示：

| 模　　式 | 优　　点 | 缺　　点 |
|---|---|---|
| 绿地投资 | 没有旧企业遗留问题；<br>没有资产高估风险；<br>技术不易泄露 | 投资大，建设时间长；<br>市场不确定性大 |
| 跨国并购 | 可以迅速切入目标市场；<br>获取自然资源；<br>减少竞争，增强核心竞争力；<br>在某些情况下，可以实现低成本的并购 | 信息不对称导致估价过高；<br>整合困难；<br>失败率高 |

5. 国际商务经营方式主要包括商品出口、技术授权、合同安排、对外直接投资。

（1）出口，指任何实物货品或消费品等，以船运、陆路运输或空运方式离开生产地。适用条件为：目标国家的市场规模较小，市场竞争结构较为分散，当地生产成本较高，市场基础较为完善，政策上限制外国投资或限制进口，地理距离成本较低，政治风险较高；产品差异性较大，本企业缺乏国际经营经验。

（2）技术授权，指技术许可企业通过签订合同的方式，向技术受许可企业提供所必需的专利、商标或专有技术的使用权以及产品的制造权和销售权。适用条件为：当本企业的产品技术较为一般，并不是核心竞争优势；本企业缺乏向海外市场发展的资金；目标国政局动荡；被政策壁垒限制。

（3）合同安排，指双方或多方共同协议订立的有关买卖、抵押、租赁等关系。适用条件为：目标国家的市场规模较小，当地生产成本较高，政策上限制外国投资，地理距离成本较高，与本国环境差异较大，政治风险较高；产品差异性较大，政治风险较高，本企业缺乏国际经营经验。

（4）对外直接投资，指投资者直接在外国举办并经营企业而进行的投资。适用条件为：目标国家的市场规模较大，当地生产成本较低，市场基础较为完善，政策上鼓励外国投资，政治风险较低；产品差异性较小，产品技术水平较高，本企业国际经营经验丰富。

## 三、论述题(每题20分，共40分)

1.(1) 经济全球化给国际贸易的发展带来了众多的机遇，但同时新形势下逆全球化的爆发、国际金融市场的大幅波动和国际的频繁变化，这些都给国际贸易活动带来更多的风险和挑战。常见的国际贸易风险包括：

① 国际贸易中的汇率风险。汇率风险，是指在国际贸易过程中，由于本币与外币之间的汇率发生不可预测的波动，给交易双方所带来的经济风险。对于国际贸易合同，在贸易结算时，一般是按照当时本币与外币之间的汇率进行结算。本币与外币之间的汇率并非固定不变，而是随着国际外汇市场的波动而不断变化。国际外汇市场本身极易受到国家政策和国际整体经济形势等因素的影响，从而引发国际外汇市场的波动。

② 国际贸易实务操作中的风险。国际贸易实务操作中的风险主要包含专业合同条款风险和付款方式的风险。其中专业合同条款风险是指在交易双方签订的贸易合同中，包含很多国际贸易专业术语，其对交易双方的权利和义务进行了严格界定。如果在国际贸易中合同约定不当，专业术语使用不当，则存在侵害交易双方权利的风险。

③ 国际贸易中国家政策的风险。经济全球化推动跨国商品与服务贸易及资本流动规模和形式的增加，促进先进技术的迅速传播，同时使世界各国经济的相互依赖性增强，国际贸易取得了快速发展，为世界各国经济发展注入了强劲的动力。然而，近些年来新兴贸易保护主义抬头，逆全球化风潮愈演愈烈，一些国家采取贸易保护政策，严重影响了国际贸易活动，也给国际贸易中的交易双方带来风险。

(2) 国际贸易活动中存在众多潜在的风险，如何采取有效的措施防范风险，已经成为企业参与国际贸易过程的必修课。主要防范措施有：

① 汇率风险的防范措施。针对国际贸易中可能存在的汇率风险，一是可以利用业务银行提供的金融工具，如即期购汇、锁定远期汇率和套期保值等一系列手段进行宏观金融调控；二是在合同签约时慎重选择计价货币，如果当期外汇汇率波动过大，可以采取以人民币本币签约的方式予以防范；三是企业要保持敏锐的嗅觉，一些重要或突发的事件往往会对国际外汇市场产生重大的影响。

② 实务操作中的风险防范措施。针对国际贸易实务操作中的合同条款风险，企业在签订进出口贸易合同之前，一是要充分了解本国和交易方国家有关进出口贸易的法律法规，以及相关的国际惯例，熟练掌握并使用各种国际贸易专业术语；二是要制定并尽量采用本企业的标准合同文本，尽量避免合同中出现不利于本企业的合同条款。

③ 国家政策风险的防范措施。在国际贸易中，交易双方国家层面的政策等对国际贸易有着直接影响，在某些特定情况下会转变成国际贸易中的风险。例如美国等西方国家施行的贸易保护政策、贸易战等，都会严重影响正常的国际贸易，进而对国际贸易中的交易双方带来风险。企业应随时关注贸易国相关政策的动态，充分掌握贸易国的经济政策，尽可能降低潜在的风险。

2.(1) 我国企业对外投资的现状

① 投资合作地区分布越来越广。随着我国“走出去”战略的广泛实施，我国企业参与世界经济活动越来越频繁，对外直接投资的区域分布越来越广。但是由于多种因素，发展中国家依然是我国企业对外直接投资的主要对象。

② 投资模式出现多样化。我国企业对外直接投资起步较晚，国际化发展的经验相对缺乏。因此，为了更快更好地开辟和适应东道国市场，初期投资多以试探为主，通常采取合资方式。但是近几年的投资模式不断创新，投资办厂、兴建生产基地、国内销售、跨国并购、参股控股等方式逐渐开始兴盛。

③ 投资规模不断扩大。随着我国对外开放程度不断提高，特别是加入世贸组织后，企业对外直接投资总量不断增加、增速不断加快。

④ 行业领域不断扩大。随着我国参与国际经济活动的程度不断加深，我国企业对外投资的行业领域不断扩展。从流量看，涉足行业不断增多。

(2) 我国企业海外投资的方式

自20世纪80年代以来，邓宁把决定跨国公司海外投资的因素归结为三种优势：一是所有权优势；二是内部化优势；三是区位优势。邓宁的理论说明跨国公司只有同时具备这三种优势时才能选择海外直接投资，否则企业会选择其他跨国经营方式，如出口贸易、合约型无形资产转让等。邓宁强调新建投资方式，及跨国公司在进行海外投资前已经具备某种垄断优势，进而通过建造新工厂使其垄断优势内部化，而不是通过收购和兼并来整合并购企业双方的资源以提升原有优势和创造新的优势，以达到增强竞争力的目的。目前，我国企业进行海外投资也是基于上述优势之一，投资方式归结起来主要有四种类型：

① 绿地投资型。即新建投资，这是海外投资早期的最直接的形式，包括新业务实体的创立，增添新的生产能力、分销渠道等。我国企业利用垄断优势投入资金在海外设立独资或合资子公司，重点在家电、电子、轻纺领域。

② 跨国并购型。这是近十年来发达国家的跨国公司常用的投资方式，也是推动海外投资增长的主要动力源，而我国起步较晚。其投资目标是为了获得资源，扩大市场，降低成本，追求技术。

③ 研究开发型。我国企业通过与跨国公司在技术方面的联合，达到优势组合和跨国发展的目的。典型的事例是深圳华为公司，华为的海外研究开发机构遍及全球，在美国硅谷设立了研究所，同摩托罗拉等公司成立了联合实验室。

④ 战略联盟型。战略联盟是两个或两个以上经营实体之间为达到某种战略目的而在资源、能力和核心竞争力方面建立一种合作关系。具体指通过国内外两个企业在研究开发、生产、营销、采购等各个领域或某一领域的合作，是国内外两个企业达到优势互补。

（3）我国企业进行海外投资特征

① 投资规模小。我国企业进行海外投资缺乏长期战略性，仅把东道国视为其生产基地过国内市场的延伸，加之企业资金和实力有限，结果导致投资规模偏小，投资项目技术含量低。

② 投资主体由单一趋势向多元化。经过 20 多年发展，我国企业海外投资主体有两方面变化，即从单一的国有企业向多种所有制经济主体转变；从以外贸企业为主向以生产型企业为主转变。形成四大投资主体：国企仍然是海外投资经营的先锋和主力；大型生产性企业集团和新兴高科技公司；大型金融保险公司；民营企业成为“走出去的后起之秀”。

③ 行业选择面拓宽。过去我国海外企业经营以贸易型和资源主导型为主，占我国对外投资总额的 60% 以上，生产型境外企业、高科技型境外企业仅占对外投资总额的 30% 多。而目前我国企业海外投资已扩展到农业及农产品开发、旅游、交通运输、对外承包劳务、研究开发等领域。

④ 投资方式以新建企业为主。由于我国中、小企业资金较短缺，对兼并、收购方式不熟悉，缺乏处理国际并购的经验和人才，因此，进行海外投资的中、小企业大多采用传统的新建独资或合资的方式，而对兼并、收购方式运用较少，只有少数大型企业尝试。

# 浙江财经大学 2021 年 434 国际商务专业基础试题

**一、简答题(每题 15 分，共 90 分)**

1. 简述战略性贸易理论与国家产业竞争优势理论的主要观点。

2. 简述企业进入国际市场的先动优势与后动优势。

3. 在公司社会责任研究领域里，首要利益相关者群体和次要利益相关者群体分别指的是什么？请举例。

4. 邓宁的 OLI 理论一直被用于解释跨国公司为什么要通过对外直接投资而成为跨国企业，对于新兴的跨国公司而言，这一理论是否同样适用？我们可以用什么样的理论框架来分析新兴跨国公司的对外投资行为？

5. 简述三种主要的外汇交易。

6. 简述制度的关键作用。

**二、材料分析题(每题 30 分，共 60 分)**

1. 材料一：

印度企业在非洲找到新机遇面对国内日益加剧的竞争和官僚主义带来的障碍，越来越多的印度公司开始走出国门，去非洲寻求发展。根据彭博的数据，从 2005 年起，它们已经在非洲大陆投资了至少 160 亿美元。2010 年 6 月，印度最大的移动运营商巴蒂电信为收购科威特 Zain 公司的非洲事业部花费了 90 亿美元；2008 年，印度 Videocon Industries 公司则花费 3.3 亿美元收购了位于莫桑比克的两个煤矿；印度的国有化肥制造商以 7.21 亿美元收购了塞内加尔一家闲置的磷生产公司。

除了这些大型的交易，印度公司还有为数众多的小型并购和投资。“与印度相比，非洲的估值很吸引人，”伦敦致同会计师事务所的南亚小组领导人 Anuj Chande 说道，“我们预期，未来将有很多中等规模的设计不同产业的并购交易。”印度人把非洲视作一个可以让他们复制国内的低成本、高效率商业模式的地方。与印度一样，非洲也有着数以百万计的未被满足的消费者，希望消费符合他们需求的商品。到 2020 年，其指出有望翻番，达到 1.8 万亿。麦肯锡公司预测，非洲的需求增长将相当于整个巴西市场，这是非常有吸引力的。

印度公司还把非洲视为一个很好的对冲地，以应对国内可能面临的经济增速放缓。

“如果明天印度经济呈 U 形曲线，你至少拥有其他还在增长的市场。”印度第二大轮胎生产商阿波罗轮胎的董事总经理 Neeraj Kanwar 如是说。他的公司在 2006 年以 6200 万美元收购了南非的邓禄普轮胎。这样一来，阿波罗在非洲大陆上就有了两个制造厂，并在 32 个国家拥有商标权。阿波罗 2015 年的销量扩大了 3 倍，其中 60%的利润来自国外。

总部位于班加罗尔的 Karuturi Global 公司是世界最大的玫瑰花提供商，其在印度无法得到足够的土地以便与来自欧洲、非洲的对手竞争。很多次，由于货运航班延误，鲜花只能在停机坪上枯萎，其中甚至包括一次情人节的大型运输。所以，2004 年，Karuturi 就在埃塞俄比亚购买了一小块地皮。此后，公司的销售额增长了 11 倍，于 2010 年 3 月 31 日达到 1.13 亿美元。Karuturi 现在在埃塞俄比亚租赁了 1200 平方英里的土地，每年销售超过 5 亿美元的玫瑰花。“非洲为我们提供了在印度永远不可能达到的规模。”

请根据上述材料回答以下问题：

（1）跨国企业进入新市场可以选择哪些主要的方式？（2分）在案例中，印度企业普遍选择的是哪一种方式，其理由是什么？（8分）

（2）企业对外直接投资的动机有几类？（4分）案例中的印度企业对非洲投资的动机是什么，它们更关注东道国的哪些因素？请结合案例作出分析。（6分）

（3）为什么印度企业普遍会考虑去非洲发展，跨国企业在区位选择过程中考虑的主要因素有哪些？（10分）

2. 材料二：关于贸易顺差与贸易逆差的争论

2006年，美国的贸易逆差创纪录地达到7600亿美元，2011年为5600亿美元，2018年为6210亿美元。那么，贸易逆差值得担忧吗？

自由贸易者认为这不是什么大不了的事。他们建议美国和其贸易伙伴基于各自的比较优势进行更深入的劳动分工，从而实现互惠。美国前财政部长保罗·奥尼尔甚至放话说贸易逆差已经是“一个过时的理论概念”了。2008年诺贝尔经济学奖获得者保罗．克鲁格曼认为：“国际贸易无关竞争，而是相互受益的交易，进口才是贸易的目的，而不是出口。也就是说，一个国家从贸易中所得到的收益是它进口所需物品的能力。出口本身并不是目的；出口需求是一个国家必须承受的负担，因为它的进口供应商强烈地要求回报。”

批评家们对此持有强烈的异议。他们认为国际贸易与竞争有关，市场、工作岗位和收入的竞争。2009年，总统奥巴马宣布要让美国出口在接下来的五年内翻一番。波音的CEO吉姆·麦克纳尼也强调了出口的重要性，并说“每当一架波音777在中国降落时，它带去的是大约11000家大中小型供应商所提供的400万个零部件。”美国总统特朗普上任以来也一直鼓励制造业回归美国。

对此争论，请谈谈你的看法。（30分）

## 浙江财经大学2021年434国际商务专业基础试题解析

### 一、简答题（每题15分，共90分）

1.（1）战略性贸易政策，是指在“不完全竞争”市场中，政府积极运用补贴或出口鼓励等措施对那些被认为存在着规模经济、外部经济或大量“租”（某种要素所得到的高于该要素用于其他用途所获得的收益）的产业予以扶持，扩大本国厂商在国际市场上所占的市场份额，把超额利润从外国厂商转移给本国厂商，以增加本国经济福利和加强在有外国竞争对手的国际市场上的战略地位。

战略性贸易政策的理论由两种理论构成：利润转移理论和外部经济理论。利润转移理论认为，政府干预性的政策可以将利润从他国转移到本国来。外部经济理论认为，政府应该对那些能够产生巨大外部规模经济的产业进行扶植与保护。企业具有外部性，而这个外部性不能被企业所享有，故单凭企业自己并不能使社会福利最大化，因此需要政府来辅助。

（2）国家竞争优势理论既是基于国家的理论，也是基于公司的理论。国家竞争优势理论试图解释如何才能造就并保持可持续的相对优势。它认为，一国兴衰的根本在于能否在国际竞争中赢得优势，而取得国家竞争优势的关键在于国家是否有合适的创新机制和充分的创新能力。最终以特定产业作为载体而表现出来，一国在某个行业取得成功的关键取决于一系列相互关联和相互作用的因素的共同影响。国家竞争优势取决于四个基本因素：生产要素，需求因素，相关和支撑产业因素，企业组织、战略和竞争状态因素，以及两个辅助因素：机遇和政府。波特认为这六个因素共同构成一个动态的、激励创新的竞争环境，这形成一个类似钻石分子结构的菱形结构。由于钻石结构是一个互相增强的系统，许多因素的相互作用产生互相加强的利益，从而构成一国国际竞争力的来源。

（3）在有关政府作用的定位上，战略性贸易政策理论和国家竞争优势理论虽然有一些相似点，但是总的来说存在较大的差异。相比较而言，战略性贸易政策理论更强调政府的作用，认为政府在一国竞争力的创造和培养上处于主导地位；而国家竞争优势理论更强调企业和市场的作用，认为政府作用的只是辅助性的。

2.（1）企业进入国际市场的先动优势主要有：

① 进入壁垒与先动者优势。先动者一旦进入市场，便可以通过产品差异化、绝对成本、经济规模建立进入壁垒，建立一个强大的品牌形象阻止竞争对手和赢得需求的能力。

② 抢先与先动者优势。抢先可以使企业获得空间定位、技术和资源方面的优势。

（a）空间定位抢先。先动者在空间竞争中可以占领更佳的位置并获得更高的利润，先动者通过产品性能设计即产品定位满足差异化的消费者偏好。

（b）研发与技术抢先。一般来讲，创新的收益使先动者总是力图首先完成创新。为了保持垄断定位，先动者即使暂时不采用创新技术，也要抢先完成创新获得专利技术所有权，当潜在的进入者真正实施进入时采用新技术。

（c）资源抢先。先动者能够在某些资源新的利用价值被普及之前抢先获得资源，而先动者最直接获得的资源就是领导时间，时间赋予先动者获得竞争优势更多的机会。

③ 消费者认知和偏好与先动者优势。先动者可以通过将消费者偏好引导转移向自己的产品定位，影响消费者对产品的权重，以及在消费者心中建立新产品的标准和产品信誉来成功塑造消费者偏好。

④ 消费者转换成本与先动者优势。由于在对某产品的使用过程中，消费者掌握了产品特性并积累了使用经验和技巧，形成固定的习惯，因此放弃使用该产品是有成本的。

（2）企业进入国际市场的后动优势主要存在于三个方面：

① 后动者的"免费搭乘"效应。后动者可能会在产品和工艺研究、开发、顾客教育、员工培训、政府审批、基础投资等很多方面比先动者节省大量的投资，并从中获益。

② 先动者锁定了错误的技术和营销战略。由于市场初期，技术和顾客需求的不确定性和"非连续性"，往往会导致先动者的错误决策，而后动者可以从先动者的错误中吸取这些教训，不再犯先动者曾犯过的错误。

③ 在位者惯性。由于沉没成本的存在，组织僵化，先动者不愿意引进新产品或改进产品，不愿改革。而后动者作为一个追赶者，时刻都想抓住机遇从而取代先动者的地位，因而对企业的组织结构、技术、产品等都进行大量的革新，从而在与先动者的竞争中占据优势。

3. 企业利益相关者可以分为：首要的利益相关者和次要的利益相关者。

（1）首要的利益相关者也就是能够影响企业为社会提供产品和服务能力的相关群体，包括投资者（股东）、债权人、员工、供应商、经销商和顾客等，他们与企业的关系如图 1 所示。首要利益相关者与企业不但在经济上有相互依赖关系，他们还对企业的发展影响力最大，同时首要利益相关者也直接在企业运行过程中承担了更多风险。所以企业满足这些利益相关者群体的利益需求便成了首要选择。

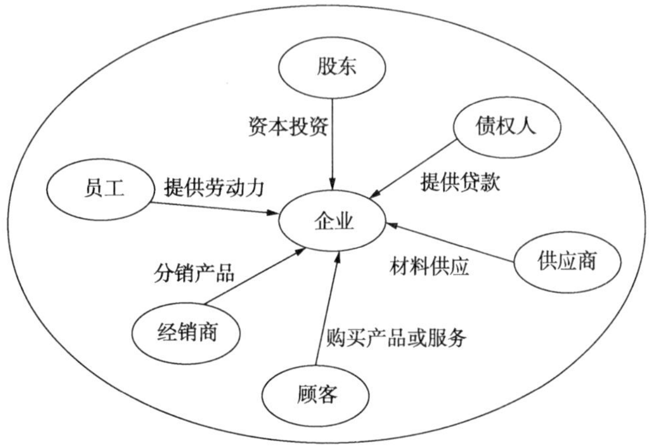


图 1　企业与首要利益相关者的关系

（2）企业的次要利益相关者即社会中与企业基本行为和重要决定有直接或间接影响的个人和组织群体，包括社会公众、各级政府、社会团体组织(政府的和非政府的)、媒体、所在社区和其他群体等，他们与企业的关系如图2所示。次要利益相关者群体虽然在经济上与企业没有直接的依赖关系，也不承担企业运行风险，但在企业的发展过程中，企业也要受到他们的影响，比如企业的声誉和社会地位等方面，如企业不充分考虑和正确处理他们的利益需求，次要利益相关者的影响也会成为企业发展过程中的压力因素。

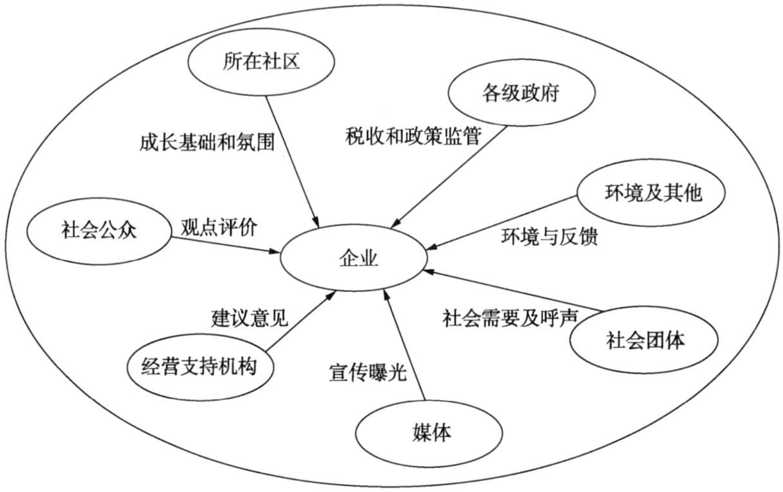


图2　企业与次要利益相关者的关系

4.（1）邓宁的OLI理论抽象出三个最基本的决定跨国公司行为和外国直接投资的因素是：所有权优势、区位优势和市场内部化优势。即一国企业是否应从事国际生产和对外直接投资，应当全面研究和评价它是否具备企业优势、内部优势和区位优势。邓宁认为，上述三个因素各有各的重要性，又相互结合，形成企业对外经营的整体优势。所有权优势是基础，是企业对外直接投资的必要条件；内部化优势是实现这两种优势的载体，所有权优势越大，实现内部化的可能性也就越大；区位优势是实现上述两个优势的充分条件。企业在拥有所有权和内部优势的基础上，可以根据区位优势决定选择参加国际经济活动的方式。总之，任何一类优势都不能单独用来解释国际生产和对外直接投资的倾向，只有同时具备这三类优势时才可以进行对外直接投资。

OIL理论并未做到真正意义上的折中主义，它在所选取的三个决定变量中仍有所侧重，主要偏重于内部化优势的核心作用，这使得该理论更适宜于解释大规模跨国企业的国际直接投资，而不适宜于解释新兴国家中小投资厂商的投资行为，因而该理论不能成为一般理论。

（2）我们可以用以下理论框架来分析新兴跨国公司的对外投资行为：

① 威尔斯的小规模技术理论：该理论认为发展中国家跨国公司的竞争优势来自低生产成本，这种低生产成本与其母国的市场特征相关。发展中国家跨国公司的竞争优势主要表现在：拥有为小市场需要服务的小规模生产技术；就地取材和同种族的优势(服务于国外同一种族团体)；接近市场优势和低价产品营销战略。

② 拉奥的技术地方化理论：该理论强调企业技术引进的再生过程，即欠发达国家的对外国技术的改进、消化和吸收不是一种被动的模仿和复制，而是对技术的消化、引进和创新。正是这种创新活动给企业带来新的竞争优势。虽然拉奥的技术地方化理论对企业技术创新活动的描述是粗线条的，但它把发展中国家跨国公司研究的注意力引向微观层次，以证明落后国家企业以比较优势参与国际生产和经营活动的可能性。

③ 投资发展周期理论：是折中理论的动态发展，其中心命题是发展中国家对外直接投资倾向，取决于经济发展阶段以及该国所拥有的所有权优势、内部化优势和区域优势。并将一国吸引外资和对外投资能力与经济发展水平结合起来，认为一国的国际投资地位与人均国民生产总值成正比关系。

5. 外汇交易主要包含即期外汇交易、远期外汇交易和掉期外汇交易三种。

（1）即期外汇交易也称现汇交易，指的是外汇市场上买卖双方成交后，在当天或第二个营业日办理交割的外汇交易形式。即期外汇交易是国际外汇市场上最普遍的一种交易形式，其基本功能是完成货币的调换。其作用是：满足临时性的付款需要，实现货币购买力国际转移；通过即期外汇交易调整多种外汇的头寸比例，保持外汇头寸平衡，以避免经济波动的风险；利用即期外汇交易与远期交易的配合，进行外汇投机，谋取投机利润。

（2）远期外汇交易，是外汇市场上进行远期外汇买卖的一种交易行为，即期交易的对称。远期外汇交易是外汇市场上重要的交易形式之一。通常也是由经营即期外汇交易的外汇银行与外汇经纪人来经营，远期交易一般是买卖双方先订立买卖合同，规定外汇买卖的数量、期限和汇率等，到约定日期才按合约规定的汇率进行交割。远期交易的交割期限一般为 1 个月、3 个月、6 个月，个别可到 1 年。这种交易的目的在于避免或尽量减少汇率变动可能带来的损失。投机商也经常利用远期交易牟取利益。因而许多国家对远期交易有一定的限制性措施。

（3）掉期外汇交易，是指外汇交易者在买进或卖出一种期限、一定数额的某种货币的同时，卖出或买进另一种期限、相同数额的同种货币的外汇交易。其功能是可以调整起息日、防范汇率风险。掉期交易根据交割日不同可分三类：即期对远期掉期交易、即期对即期的掉期交易、远期对远期的掉期交易。

6. 制度是一系列被制定出来的规则、守法程序和行为的道德伦理规范，它旨在约束追求主体福利或效用最大化利益的个人行为。制度还体现为某种结构性的安排，如组织。制度的关键作用主要体现在以下几个方面：

① 指导性和约束性。制度对相关人员做些什么工作、如何开展工作都有一定的提示和指导，同时也明确相关人员不得做些什么，以及违背了会受到什么样的惩罚。因此，制度有指导性和约束性的特点。

② 鞭策性和激励性。制度有时就张贴或悬挂在工作现场，随时鞭策和激励着人员遵守纪律、努力学习、勤奋工作。

③ 规范性和程序性。制度对实现工作程序的规范化，岗位责任的法规化，管理方法的科学化，起着重大作用。制度的制定必须以有关政策、法律、法令为依据。制度本身要有程序性，为人们的工作和活动提供可供遵循的依据。

## 二、材料分析题（每题 30 分，共 60 分）

1. 材料一：

（1）① 跨国企业通常运用六种不同的模式进入海外市场：出口、交钥匙工程、技术授权、特许经营、与东道国企业成立合资企业以及在东道国成立全资子公司。

② 印度企业普遍选择的是并购。理由如下：①便于迅速营运。通过收购或并购现有的企业，可以快速建立起自己在外国目标市场的运营设施。印度企业之所以实施并购，是因为它们知道这是在非洲市场建立大规模设施的最快途径。②企业实施并购可以在竞争对手之前抢占先机，再快速全球化市场先发制人。③并购比新建企业风险要小。当企业实施并购时，它买下的是一种能生产出收入和利润流的资产。当企业在国外市场实施并购，不仅获得一系列有形资产，如工厂、物流系统、顾客服务系统等，而且也获得了有价值的无形资产，包括全球品牌和管理人员对那个国家商务环境的知识。这些知识可以降低由于不了解该国的文化而导致错误的风险。同时非洲市场可以对冲印度市场的经济风险。

（2）邓宁把对外直接投资动因归结为四种：

① 资源寻求型动机，即企业为寻求稳定的资源供应和利用廉价资源进行的对外直接投资。

② 市场寻求型动机，可进一步划分为防御型市场寻求动机和进攻型市场寻求型动机。防御型市场寻求动机是指企业为了保持已经建立的海外市场地位，通常是跟随已有的海外客户，在客户所在地投资以规避贸易壁垒，或者贴近客户并为其提供更好的产品和服务；进攻型市场寻求型动机是指企业在海外与当地企业拥有平等的市场地位，为当地客户提供产品和服务，在这种情况下，企业可以获得运输成本及市场信息获取方面的优势，并加强对自主品牌和其他无形资产的控制。

③ 效率寻求型动机，即企业为降低成本和提高生产率而进行的对外直接投资。

④ 战略资产寻求型动机，即企业为获取和利用国外先进生产技术、生产工艺和先进的管理经验等进行的对外直接投资。

印度企业对非洲投资的动机主要在于：

① 想要获得高额利润，体现在对非洲具有吸引力的估值上，以及印度多家企业对外投资并购，抢占市场先机。

② 想要获取生产资源，体现在玫瑰花案例中印度由于缺少土地导致的竞争力不强，因此需要更多的土地等资源，除了稳定的自然资源，还有人力资源，利用非洲市场廉价的劳动力。

③ 想要开拓新市场，体现在案例中提到非洲有数以百万计的潜在消费者，这里面可以获得巨大的利润并进一步扩大市场，此外印度可以通过在当地投资建厂，带动出口，继续控制已取得的市场。

④ 分散风险，体现在案例中将非洲作为另一个对冲风险的市场，企业主要采用多样化投资来分散或减少风险。

(3) 跨国企业在区位选择过程中考虑的主要因素主要包括以下几种：

① 市场因素。即市场的规模、市场增长潜力、市场格局是否有利于本公司的发展以及市场内顾客的类型是否是本公司的目标顾客群体。跨国公司国际直接投资需要通过进入国外新市场增加现有的市场份额，从而提高或保持竞争优势。因此，东道国的市场规模对对外直接投资的区位决策具有重要影响。

② 东道国的资源禀赋。决定对外直接投资区位选择的一个重要的东道国因素是自然资源的可获得性。一般而言，自然资源丰裕且廉价的地区，往往为吸引投资提供重要的可能性。

③ 创造性资产。随着全球经济竞争的加剧，跨国公司日益注重其核心竞争力的培养、维持和动态发展，因此，作为竞争优势的最重要的工具之一，技术和持续创新的能力已经成为跨国公司想要在东道区位获取的关键性的创造性资产。

④ 东道国的宏观经济政策。宏观经济政策主要是货币和财政政策，包括那些影响税收和汇率的政策。

⑤ 集聚经济因素。所谓聚集经济，是指一种空间上的外部规模经济。跨国公司的区位决策必须考量备选东道区位各种因素，即区位定位必须使其能够发挥其内部技术经济规模效益，这就要以周围众多的与之相联系的企业的存在为前提条件，这些企业为其提供各种要素投入、公共设施、交通运输、产业服务等。

⑥ 东道国政府对外直接投资的政策。一般而言，东道国政府对外直接投资政策的核心政策由以下三方面组成：即约束外国投资者进入和经营的规则和法规、给予外国投资者的待遇标准，以及它们在其中运作的市场的功能。

⑦ 与跨国企业产业选择相结合。因为不同产业的投资有不同的要求，因此，应根据这些需要在不同的区域进行投资。

⑧ 国际协定的影响。在各国努力吸引对外直接投资和影响对外直接投资质量的过程中，它们日益签订旨在解决广泛争议的国际协定。备选东道区位是否加入或签订这些协定，可能成为跨国公司对外直接投资区位决策程序中的考量之一。

印度普遍会去非洲发展也是考虑到上述因素，非洲潜在市场很大，有许多有待满足的消费者，可以形成规模经济，且劳动力较为廉价，投入成本较低；非洲是一个可以让他们复制国内的低成本、高效率商业模式的地方；非洲也需要大量资金进入来获取进一步的发展。

2. 材料二：

(1) 在一个国家的对外贸易中，出口总额大于进口总额，称为贸易顺差；而进口总额大于出口总额，称为贸易逆差。贸易顺差不见得是好事，贸易逆差不见得是坏事。特别是对美国而言，贸易逆差绝对不是坏事。事实上，贸易逆差体现了世界其他国家对美国的信心，或者至少体现了对美国资产求偿权的信心。

① 美元的国际货币地位形成了一种自然垄断。这种地位使美国的银行及非银行金融机构能够规避大量的货币风险，并使得政府在采取货币政策时可以不考虑汇率的因素，将焦点集中在国内经济目标上。同时，美元还是世界上大多数国家的外汇储备，因此如果逆差的持续扩大导致美元大幅贬值时，其他国家也会动用手上的外汇储备来干预美元的下跌，以维持本国商品在国际市场上的竞争力。

② 美国不仅具有强势美元优势，也具有资本市场优势，所以它可以从“外围国”吸收短期资本，同时输

出长期资本(对外直接投资)。第一，美国固定收入投资的风险比新兴市场经济小。第二，股票收益比其他发达国家更高也更可靠。第三，美国资本、债券市场比其他国家更具流动性、更透明，并对投资者权利提供更大的保护。

(2) 贸易保护政策不是解决贸易逆差的有效途径，美国只有正确认识逆差产生的根本原因，才能对症下药。造成美国贸易逆差的根本原因还在于其自身。

① 美元的“特里芬难题”是导致美国贸易逆差的内在原因。如果美国不放弃美元国际货币功能，仅仅依靠削减从其他国家的进口规模和本国的再工业化战略，美国贸易平衡问题仍然难以从根本上得到化解。

② 美国的贸易赤字与其自身“制造业空心化”密切相关。目前造成中国对美国商品贸易巨大顺差的根源之一在于：中国还处于工业化时期，而美国已经进入后工业化时期。美国经济逐渐向金融和服务业为主转型，制造业岗位不断向海外转移，而美国本土只保留研发与设计等价值链上游产业。

③ 美国贸易逆差是国民低储蓄文化、高消费习惯长期累积的必然结果。美国的消费意愿始终大于储蓄意愿，在世界范围内的贸易赤字已成为常态；而中国的储蓄率常年处于高水平，进一步拉大了两国贸易差额。

④ 全球价值链和产业链的垂直分工和横向转移加大了中国对美国贸易顺差。美国对华逆差实质上反映的是对出口产品整个价值链和产业链相关的所有国家和地区的逆差。

⑤ 现行国际贸易统计制度和中美两国在统计方式上的差异在一定程度上夸大了中国对美贸易顺差。

⑥ 美国对中国实行高新技术产品出口限制也扩大了美国对华贸易逆差。这是长期存在的问题，由全球价值链上两国的分工格局决定，只要分工格局不变，则贸易不平衡的局面不会改变，无法通过单纯的贸易政策调整消除。

# 浙江工商大学 2021 年 434 国际商务专业基础试题

一、名词解释(每题 5 分，共 60 分)

1. 产业间贸易
2. 幼稚产业保护论
3. 进口配额
4. 里昂惕夫悖论
5. 贸易条件恶化
6. 一价定律
7. 钉住汇率制
8. 欧洲货币市场
9. 柔性制造技术
10. 国际税收抵免
11. M 型组织结构
12. 渗透定价策略

二、问答题(每题 15 分，共 90 分)

1. 请分析欧洲经济一体化进程和英国脱欧给其带来的影响。
2. 请用国家竞争优势理论分析我国的芯片产业发展态势。
3. 请分析跨国战略联盟的形式和特点。
4. 试述外汇风险的主要类型和规避方法。
5. 试用国际生产折中理论分析我国企业对外投资的优势。
6. 试述全球市场细分的主要依据和目标市场选择策略。

## 浙江工商大学 2021 年 434 国际商务专业基础试题解析

一、名词解释(每题 5 分，共 60 分)

1. 产业间贸易是指在国际贸易活动中，各国在不同产业之间进行的贸易。产业之间发生的贸易活动，主要基于不同国家各自具有的比较优势。如果甲国的资本相对充裕，乙国的劳动力相对充裕，那么甲国将集中生产资本密集型的产品，乙国将集中生产劳动密集型的产品，然后把这两种不同产业的产品进行交换，通过国际贸易互通有无，增进两国福利。

2. 幼稚产业保护论是一种对某些产业采取过渡性的保护、扶植措施的理论，是国际贸易中贸易保护主义的基本理论。其基本内容是：某个国家的一个新兴产业，当其还处于最适度规模的初创时期时，可能经不起外国的竞争。如果通过对该产业采取适当的保护政策，提高其竞争能力，将来可以具有比较优势，能够出口并对国民经济发展做出贡献的，就应当采取过渡性的保护、扶植政策。幼稚产业保护论主要运用关税保护之类的手段来实现。

3. 进口配额是指一国政府为保护本国工业，规定在一定时期内对某种商品的进口数量，或对进口金额加以限制。进口配额按分配方法可分为两种：一是全球配额。它规定该国对某种商品在一定时间内的进口数量或金额，它适用于来自任何一国的商品进口。主管机关按本国进口商的申请次序批给一定的允许进口的数量或金额，直至发放完规定的全部限额为止。二是国别配额。它是进口国对来自不同国家的进口商品，规定不同的进口限额。

4. 里昂惕夫之谜是指美国经济学家瓦西里・里昂惕夫针对要素禀赋论而提出的一项反论。根据传统的要素禀赋理论，战后美国出口的应是资本密集型产品，进口劳动密集型产品；但美国经济学家华西里・列昂惕夫采用投入产出法对战后美国对外贸易发展状况进行分析后，却发现，美国进口的是资本密集型产品，出口的是劳动密集型产品。这与赫-俄模型刚好相反。关于对里昂惕夫之谜的解释，实际上是从不同侧面对要素禀赋理论假定前提的修正，并为以后一系列国际贸易新理论的产生奠定了基础。

5. 贸易条件，即出口价格与进口价格之间的比率，就是说一个单位的出口商品可以换回多少进口商品。它是用出口价格指数与进口价格指数来计算的。如果进口商品价格指数提高快于出口商品，甚至出口商品价格指数不变或下降，则贸易条件指数较基期低，意味着一国要出口更多商品才能换回与原来相同的进口商品，显然这对该国是不利的，即贸易条件恶化。

6. 一价定律是关于在自由贸易条件下国际商品价格定价规律的一种理论。该理论认为，在自由贸易条件下，贸易者的套利行为会使得同一种可贸易商品无论在什么地方出售，扣除运输费用外，其价格都是相同的。所谓可贸易商品是指套利活动能使其地区间的价格差异保持在较小范围内的商品。根据此定律，由于各国所采用的货币单位不同，同一可贸易商品以不同货币表示的价格经过均衡汇率的折算，在数值上相等。

7. 钉住汇率制指一国使本币同某外国货币或一篮子货币保持固定比价的汇率制度。在钉住汇率制，一国货币与其他某一种或某一篮子货币之间保持比较稳定的比价，即钉住所选择的货币。本国货币随所选货币的波动而波动，但相互之间的比价相对固定或只在小范围内浮动，一般幅度不超过1%。被钉住的一般是主要工业国家的货币或IMF的特别提款权。

8. 欧洲货币市场是非居民间以银行为中介在某种货币发行国国境之外从事该种货币借贷的市场。其特点是：经营自由，资金规模庞大，资金周转极快，调度灵便，有独特的利率体系，其经营以银行间交易为主。欧洲货币市场使得国际金融市场的联系更加密切，促进了一些国家的经济发展，加速了国际贸易的发展，帮助一些国家解决了国际收支逆差问题。但是，欧洲货币市场也给世界经济带来了不可低估的不稳定性，经营欧洲货币业务的银行风险增大，影响各国金融政策的实施，加剧外汇证券市场的动荡，加剧国家的通货膨胀。

9. 柔性制造技术也称柔性集成制造技术，是现代先进制造技术的统称。柔性制造技术集自动化技术、信息技术和制作加工技术于一体，把以往工厂企业中相互孤立的工程设计、制造、经营管理等过程，在计算机及其软件和数据库的支持下，构成一个覆盖整个企业的有机系统

10. 国际税收抵免是指本国的企业、公民或居民，在外国缴纳了所得税回到本国缴纳所得税时，将在外国缴纳的所得税款加以扣除。它是现代税收制度中避免国家间双重征税的一种主要方式。采用税收抵免方式的国家是以纳税人的居住地而不是以收入来源地为根据行使税收管辖权的，所以这些国家的所得税法都规定，对本国居民来自国内外的全部收入所得进行征税。但同时又规定，对来自国外的收入所得，如果在收入来源国已缴纳所得税款的，允许在支付给本国政府的应纳所得额中加以抵免。

11. M型组织结构，亦称事业部制。这种结构的基本特征是，战略决策和经营决策分离。根据业务按产品、服务、客户、地区等设立半自主性的经营事业部，公司的战略决策和经营决策由不同的部门和人员负责，使高层领导从繁重的日常经营业务中解脱出来，集中精力致力于企业的长期经营决策，并监督、协调各事业部的活动和评价各部门的绩效。

12. 渗透定价策略是指企业把新产品投入市场时价格定得相对较低，以吸引大量顾客及迅速打开市场，短期内获得比较高的市场占有率，同时通过接近成本的定价，吓退其他打算进入该领域的竞争者的一种定价策略。采用渗透定价策略前提有：第一，市场需求对价格极其敏感，低价会刺激市场需求的快速增长；第二，企业的生产成本和经营费用会随着生产经营经验的增加而降低；第三，低价不会引起实际和潜在的竞争。

## 二、问答题(每题15分，共90分)

1.(1) 欧洲经济一体化进程如下：

① 1951年4月，法国、联邦德国、意大利、荷兰、比利时和卢森堡6国在法国首都巴黎签署关于建立欧洲煤钢共同体条约，1952年7月25日，欧洲煤钢共同体正式成立。

② 1957年3月，法国、联邦德国、意大利、荷兰、比利时和卢森堡6国在意大利首都罗马签署旨在建立欧洲经济共同体和欧洲原子能共同体的条约。1958年1月1日，欧洲经济共同体和欧洲原子能共同体正式组建。

③ 1965年4月，法国、联邦德国、意大利、荷兰、比利时和卢森堡6国在比利时首都布鲁塞尔又签署《布鲁塞尔条约》，决定将欧洲煤钢共同体、欧洲经济共同体和欧洲原子能共同体合并，统称“欧洲共同

体”。1967 年 7 月 1 日,《布鲁塞尔条约》生效，欧共体正式诞生。

④ 1991 年 12 月，欧洲共同体马斯特里赫特首脑会议通过《欧洲联盟条约》，通称《马斯特里赫特条约》(简称《马约》)。1993 年 11 月 1 日,《马约》正式生效，欧盟正式诞生。

⑤ 1999 年 1 月 1 日欧元诞生。2002 年 1 月 1 日，欧元开始正式流通，欧洲中央银行发行统一货币的纸币和硬币。

(2) 英国于 1973 年加入欧洲经济一体化，2016 年 6 月全民公投宣布脱离欧盟。英国脱欧对欧洲经济一体化进程产生了深远的影响：

① 欧洲一体化遭遇严重挫折。英国脱欧使欧盟失去了一个重要伙伴，欧洲一体化“三驾马车”解体，这对依然困于低潮甚至停滞状态的欧洲一体化合作无疑是雪上加霜。它极大地打击了成员国深化一体化的士气和凝聚力，动摇了后入盟国家和弱势边缘国家的信心，也挫伤了候选国加入欧盟的期盼和积极性。

② 英国脱欧可能会延缓欧盟经济一体化的进程。英国脱欧可能延缓欧盟自由贸易和单一市场的推进，给英国和欧洲的劳动力市场管理、对外贸易、金融监管和国际资本流动机制带来更多不确定性。

③ 加剧欧盟内部的力量失衡。英国脱欧也可能导致欧盟内部力量的失衡，英国脱欧将使得欧盟减少 1/6 的 GDP，在世界经济格局中地位下降，而长期所形成的内部力量平衡格局也将被打破。因为欧盟失去英国这个重要的平衡砝码，缺少英国制约的德法主导力量得到进一步加强。

2. (1) 波特的钻石模型认为，国家是企业或者产业参与国际竞争的基础，企业或产业的国际竞争优势是国家竞争优势的体现，或者说，国家竞争优势最终以特定产业作为载体而表现出来。国家竞争优势取决于四个基本因素：生产要素，需求因素，相关和支撑产业因素，企业组织、战略和竞争状态因素，以及两个辅助因素：机遇和政府。波特认为这六个因素共同构成一个动态的、激励创新的竞争环境，这形成一个类似钻石分子结构的菱形结构。由于钻石结构是一个互相增强的系统，许多因素的相互作用产生互相加强的利益，从而构成一国国际竞争力的来源。

① 生产要素。生产要素是企业生存和发展的基本要素。波特将生产要素划分为初级生产要素和高级生产要素，初级生产要素是指天然资源、气候、地理位置、非技术工人、资金等，高级生产要素则是指现代通讯、信息、交通等基础设施，受过高等教育的人力、研究机构等。波特认为，初级生产要素重要性越来越低，因为对它的需求在减少，而跨国公司可以通过全球的市场网络来取得。高级生产要素对获得竞争优势具有不容置疑的重要性。

② 需求条件。国内需求对竞争优势的形成主要体现在以下三个方面：

第一，需求特征。若本国消费者老练、挑剔、需求层次高，则有助于相关产业改进产品质量、性能、服务，以取得国际竞争优势。

第二，需求规模与需求拉动方式。一个市场需求若相对较大，使得企业足以发挥规模经济，则有利于该国建立该产业的国际竞争优势。

第三，本国消费者需求具有超前性，那么为其服务的厂商就会相应地走在世界其他厂商的前面。

③ 相关和支持产业。一个国家要想获得持久的竞争优势，就必须在国内获得有竞争力的供应商和相关产业的支持。相关和支持性产业往往会为企业带来新的资源、技术、与竞争方法，从而促进企业的创新升级。各支持性相关产业之间密切合作，会形成一国的竞争优势。

④ 企业战略、组织和竞争状态。各个国家由于环境不同，需要采用的管理体系也就不同，适合一国环境的管理方式能够提高该国的国家竞争优势。国际竞争说到底是人才的竞争和对稀缺人才的占有量，企业组织形式是企业战略实施的载体和竞争能力集成的具体方式。激烈的国内竞争是创造和保持竞争优势的最有力的刺激因素，其将迫使国内企业更新产品、提高生产效率，以取得持久、独特的优势地位，从而有利于该国国际竞争优势地位的确立。

⑤ 机遇。机遇包括重大新发明，技术革新，投入成本的剧变、外汇汇率的突然变化、突发的世界性或地区性需求、战争等。机遇或偶然会造成非连续性，使竞争地位发生了变化，使以前的竞争优势失效，而为能够适应新形势的国家中的企业获得竞争优势提供了机会。

⑥ 政府。政府对国家竞争优势的作用主要在对四种主要因素的引导和促进，从而对国家的竞争优势产

生影响。政府可以通过补贴、对市场加以干预、制定教育方针等以影响要素条件；通过确定地方产品标准、制定规则等影响需求条件；政府也能以各种方式决定相关产业和影响产业的环境，并影响企业的竞争战略、组织和竞争状况等。

（2）我们运用国家竞争优势理论分析我国的芯片产业发展态势。当前我国的劳动力成本仍相对较低；从需求条件来看，我国的消费市场空间体量较大。而从产业生态群来看，已经有长三角、环渤海、珠三角三大集成电路产业聚集区域。从公司战略来看，芯片产业也是政策高度重视与支持的产业。因此，一方面未来国内厂商首先可以通过海外收购提高核心技术；另一方面则可以依靠国内的天时地利的条件对内加速整合，扩大产业链地位。在当前物联网技术不断落地，可穿戴设备、VR 头盔/眼镜、无人机等智能硬件芯片的应用不断扩大的市场条件下，国内的芯片产业有着巨大的发展潜力。

3. 我们可以将国际战略联盟的定义概括如下：两个以上的企业为了实现优势互补、提高竞争力及扩大国际市场的共同目标而制定的双边或多边的长期或短期的合作协议。

（1）跨国公司战略联盟主要有三种形式：

① 股权式联盟。该联盟是由各成员作为股东共同创立的，其拥有独立的资产、人事和管理权限。股权式联盟中一般不包括各成员的核心业务，具体又可分为对等占有型战略联盟和相互持股型战略联盟。对等占有型战略联盟，是指合资生产和经营的项目分属联盟成员的局部功能，双方母公司各拥有 50% 的股权，以保持相对独立性。相互持股型战略联盟中，联盟成员为巩固良好的合作关系，长期相互持有对方少量的股份。与合资、合作或兼并不同的是，相互持股型战略联盟不涉及设备和人员等要素的合并。

② 契约式联盟。该联盟主要以联合研究开发与市场销售合作为主，是一种协议型联盟方式。它的特征是，联合是自发的、非强制的，联合各方仍保持着本公司经营管理的独立性和自主经营权，彼此依靠相互间达成的协议联结成松散性的整体。最常见的形式包括技术性协议、研究开发合作协议、生产营销协议、产业协调协议。

③ 资源补缺型联盟。即以上游活动与对方的下游活动结成的战略联盟。这种战略联盟有两种形态：一是拥有独特技术的跨国公司，为了接近海外市场或利用对方的销售网络而结成的联盟；另一种情形是厂家与用户的联合型战略联盟，即厂家之间把生产与消费、供给与需求直接联系起来。

（2）跨国战略联盟的特点如下：

① 跨国性。跨国战略联盟的跨国特征体现在两个方面：第一，构成跨国战略联盟的企业来自不同国家；第二，跨国战略联盟的活动是企业间资源的跨国整合。这是跨国战略联盟与国内战略联盟不同的根本标志。

② 战略性。跨国战略联盟的战略性体现在两个方面：第一，企业间合作的长期性。跨国战略联盟关注战略层面与企业整体发展的战略关系。合作期一般很长，从 3—5 年到数十年不等。第二，跨国战略联盟的结果对公司未来发展的长期影响。

③ 独立性。构成跨国战略联盟的企业是相互独立的。他们是独立的法律实体，有自己的事业，自己的产品，自己的市场和自己的利益。他们总是有独立地进行业务运营、独立地实施决策权，而不受联盟伙伴的决策权影响。

④ 平等性。由于跨国战略联盟伙伴彼此独立，他们在合作中的关系也应该是平等的。跨国战略联盟伙伴关系既不是组织内部的行政隶属关系，也不是组织与组织之间的市场交易关系，而是合作伙伴之间的平等互利关系。

⑤ 复杂性。跨国战略联盟的复杂性主要体现在两个方面：一是战略联盟组织形式的多样性；另一个是跨国战略联盟伙伴之间的差异。

4.（1）外汇风险又称汇率风险，是指一定时期的国际经济交易当中，以外币计价的资产（或债权）与负债（或债务），由于汇率的波动而引起其价值涨跌的可能性。从国际商务企业的角度来看，外汇风险分为：交易风险、折算风险和经济风险。

① 交易风险也称交易结算风险，是指运用外币进行计价收付的交易中，经济主体因外汇汇率变动而蒙受损失的可能性。它是一种流量风险。

② 折算风险又称会计风险，是指经济主体对资产负债表进行会计处理的过程中，因汇率变动而引起海外资产和负债价值的变化而产生的风险。它是一种存量风险。

③ 经济风险又称经营风险，是指意料之外的汇率波动引起公司或企业未来一定期间的收益或现金流量变化的一种潜在风险。经济风险可包括真实资产风险、金融资产风险和营业收入风险三方面，其大小主要取决于汇率变动对生产成本、销售价格以及产销数量的影响程度。

（2）企业规避外汇风险的方法如下：

① 选择适当的合同货币。在对外贸易、借贷等经济交易之中，货币作为计价货币的选择直接关系到交易主体是否承担汇率风险。为了规避汇率风险，企业应努力使用本国货币作为合同货币，在生产和资本出口之中使用硬通货，在进口和资本进口之中使用软通货。同时在合同之中增加套期保值条款和其他措施。

② 通过金融市场进行保值操作。主要方法包括汇交易、期货交易、期汇交易、期权交易、借款与投资、利率、货币互换和外币票据贴现等。

③ 对于经济实体在资产负债表会计处理过程之中产生的转换风险，通常通过保持资产负债表的价值来解决。该方法要求资产负债表之上以各种功能货币表示的被保险资产的金额等于被保险负债的金额，因此折算风险头寸为零。只有这样，汇率的变化才不会带来折算损失。

④ 经营多元化。即将其销售、生产场所和原材料来源分散到国际范围内。通过国际经营的多元化，当汇率发生变化时，管理部门可以通过比较不同地区的生产、销售和成本变化，趋利避害，增加汇率变动有利分支的产量，减少汇率变动不利分支的产量。

⑤ 财务多元化。即在多个金融市场之中寻找多种货币资金的来源和目的地，实现融资和投资的多元化。这样，当一些外币贬值，一些外币升值时，公司可以抵消大部分外汇风险，从而达到风险防范的目的。

5. 邓宁的国际生产折中理论认为，企业从事国际直接投资由该企业本身所拥有的所有权优势、内部化优势和区位优势三大基本因素共同决定。企业若仅拥有所有权优势，则选择技术授权；企业若具有区位优势和内部化优势，则选择出口；企业若同时具备三种优势，才会选择国际直接投资。

我们下面用国际生产折中理论分析我国企业对外投资的优势。

（1）所有权优势

中国企业经过几十年的发展，规模、技术、产品已日益成熟，已具有了一定的比较竞争优势，相对于发展中国家而言，我国跨国公司的所有权优势、内部化优势显现出来。虽然我们的总体实力比不上发达国家，但在某些高新科技领域中国企业也具有领先水平。

① 相对于发展中国家而言，中国在生产技术、经营管理、人员素质等方面具有明显的竞争优势。迄今为止，我国已建立了较为完整的工业体系，工业制成品在我国出口中占据绝对主导地位。虽然我国的工业制造业发展水平同发达国家相比尚有较大差距，但同一些发展中国家相比，我国在纺织、食品、冶炼、化工、医药、电子等产业上形成了一定的比较优势。此外，我国还拥有大量成熟的适用技术，如家用电器、电子、轻型交通设备制造技术、小规模生产技术以及劳动密集型的生产技术已趋于标准化，并且与其他发展中国家的技术阶梯度较小，易于为它们所接受。

② 相对于发达国家而言，我国长期形成的某些传统技术、民间工艺等产业是人无我有的产业，在发达国家市场上拥有所有权优势，如中药、园林、烹调等；某些已趋成熟和稳定的大量中间技术和加工制造业，如机电、轻纺、食品加工等；某些已赶上和超过世界先进水平的高精尖领域，如计算机硬件、生物工程、光纤、航天等都可以在中国转移优势中大显身手，有很大发展前途。

（2）内在化优势

产品、商标、销量、价格的差别会引起产品市场的不完全性，专利、技术、融资的差别会引起生产要素市场的不完全性，内外部规模经济和市场交易方式的差别会引起市场交易的不完全性。中国母公司把产品、价格等向子公司转让，或者在母公司所属子公司之间转让，这种内部转让既可避免国际市场企业间交易带来的缺陷，保证中国公司获得最大利益，又保护了跨国企业的财产权和无形资产。中国当前跨国企业大多数是国有企业，可以利用转移价格，作为在国际市场上竞争战略的手段。

(3) 区位优势

按照国际生产折中理论分析，企业具备了上述两种优势后，要将这些优势与东道国的要素资源结合起来，保证投资企业获利。区位优势包括直接区位优势和间接区位优势两种，前者是指东道国的某些有利因素形成的优势。如东道国的某种资源禀赋优越等。间接区位优势是指因东道国的某些不利因素形成的区位优势。如因东道国的贸易壁垒而给投资所带来的间接优势。随着我国对外贸易的迅速发展，贸易摩擦频繁发生，贸易障碍不断。更令人关注的是发展中国家也开始为中国商品设置重重障碍。在这样的条件下，中国企业走出去就可获得区位优势的间接优势。当前，东亚国家的投资环境进一步优化，国内经济发展很快。加之中国正加盟东盟自由区，在投资贸易方面可以利用达成的框架协议加以协调，能有效保证中国企业到东亚投资的健康发展。从东盟成员国政府的态度来看，他们普遍欢迎中国企业对东盟各国进行投资，符合东道国家的意愿。由此可见，我国企业境外投资的主要区位应该选择在东亚国家，它符合当前我国的实际情况。

6. (1) 国际市场细分是市场细分概念在国际营销中的运用，指企业按照一定标准，把整个国际市场细分为若干个需要不同的产品和营销组合的子市场，其中任何一个子市场中的消费者都具有相同或相似的需求特征，企业这种划分市场的过程即为市场细分，而企业可以在这些子市场中选择一个或多个作为其国际目标市场。细分消费者市场的变量主要有四类，即地理变量、人口变量，心理变量、行为变量。以这些变量为依据来细分市场就产生出地理细分、人口细分、心理细分和行为细分四种市场细分的基本形式。

① 按地理变量细分市场按照消费者所处的地理位置、自然环境来细分市场，比如，根据国家、地区、城市规模、气候、人口密度、地形地貌等方面的差异将整体市场分为不同的小市场。

② 按人口变量细分市场按人口统计变量，如年龄、性别、家庭规模、家庭生命周期、收入、职业、教育程度、宗教、种族、国籍等为基础细分市场。消费者需求，偏好与人口统计变量有着很密切的关系。

③ 按心理变量细分市场根据购买者所处的社会阶层、生活方式，个性特点等心理因素细分市场就叫心理细分。

④ 按消费者行为细分市场主要是按照消费者行为方式的差异来细分市场，考虑的因素包括消费者对产品的了解程度、态度、使用频率以及反应等。

(2) 目标市场选择策略如下：

① 无差异性目标市场策略。该策略是把整个市场作为一个大目标开展营销，它们强调消费者的共同需要，忽视其差异性。采用这一策略的企业，一般都是实力强大进行大规模生产方式，又有广泛而可靠的分销渠道，以及统一的广告宣传方式和内容。

② 差异性目标市场策略。该策略通常是把整体市场划分为若干细分市场作为其目标市场。针对不同目标市场的特点，分别制定出不同的营销计划，按计划生产目标市场所需要的商品，满足不同消费者的需要。

③ 集中性目标市场策略。该策略是选择一个或几个细分化的专门市场作为营销目标，集中企业的优势力量，对某细分市场采取攻势营销战略，以取得市场上的优势地位。

# 中国海洋大学2021年434国际商务专业基础试题

**一、名词解释(每题3分，共27分)**

1. 李嘉图模型
2. 特定要素模型
3. 幼稚工业论
4. 配额租金
5. 出口补贴
6. 美联储
7. 升水和贴水
8. 加密货币
9. 最惠国待遇

**二、简答题(每题7分，共56分)**

1. 简述国际收支经常账户的主要内容。
2. 如何解释J曲线效应?
3. 影响一国汇率制度选择的因素。
4. 什么是牙买加协议?
5. 跨国公司组织的外部选择机制。
6. 全球生产的模式选择。
7. 全球化下，现行国际货币体系的主要缺陷?
8. 跨国公司全球知识管理战略的特点。

**三、计算题(第1—2题每题2分，第3—5题每题3分，第6题4分，共17分)**

本国对小麦的需求曲线为 $D=100-20P$，供给曲线为 $S=20+20P$；外国的需求曲线为 $D^*=80-20P^*$，供给曲线为 $S^*=40+20P^*$：

1. 推导并绘制出本国的进口需求曲线。在没有贸易时，小麦的价格是多少?

2. 推导并绘制出外国的出口供给曲线，同时计算没有贸易时外国的小麦价格。

3. 现在允许本国和外国进行贸易，且运输成本为零。试述并绘出自由贸易时的均衡点，与之对应的世界价格是多少? 贸易量又是多大?

4. 假设本国对进口小麦征收0.5的从量税，确定并绘出关税对以下几项的影响：

①各国的小麦价格；②各国对小麦的需求量与供给量；③贸易总量。

5. 确定关税对以下各社会集团的福利影响：

①与进口商品竞争的国内生产者；②本国消费者；③本国政府。

6. 画图说明并计算贸易条件改善所得、效率损失和关税对社会福利的总影响。

**四、论述题(第1—2题每题10分，第3—4题每题15分，共50分)**

1. 试析新冠肺炎疫情对中国进出口贸易的主要影响。

2. 2020年11月区域全面经济伙伴关系协定(RCEP)正式签署，世界上最大的自贸区正式启航。试介绍区域经济一体化的形式及其对中国经济发展的利弊分析。

3. 新冠疫情防控常态化下，试从国家层面和企业层面。陈述应持怎样的相关定位来扩大利用外资。

4. 2020年8月14日，中国商务部印发了《全面深化服务贸易创新发展试点总体方案》，在“全面深化服务贸易创新发展试点任务、具体举措及责任分工”部分提出：在京津冀、长三角、粤港澳大湾区及中西部具备条件的试点地区开展数字人民币试点。人民银行制定政策保障措施：先由深圳、成都，苏州、雄安新区等地及未来冬奥场景相关部门协助推进，后续视情扩大到其他地区。这无疑标志着我国真正意义上“数字人民币”正式登上了舞台。试回答：数字化人民币有何特点？中国推出数字化人民币有何意义？

## 中国海洋大学 2021 年 434 国际商务专业基础试题解析

### 一、名词解释(每题 3 分，共 27 分)

1. 李嘉图模型由英国古典政治经济学家大卫．李嘉图提出，是以各国之间劳动生产率的不同来解释国际贸易现象的贸易理论模型。它的核心含义是：劳动生产率的差异在国际贸易中占据重要地位，贸易模式取决于比较优势而非绝对优势。

2. 特定要素模型假定在短期内，适用于生产一种产品的要素无法转换为适用于生产另一产品的要素。该模型认为贸易不能使要素价格均等化，因为模型中有两种产品和三种要素，因此即使两国都生产两种产品，均等化的产品价格也未必意味着要素收益的均等化。

3. 幼稚产业保护论，主张对本国具有潜在比较优势和发展前途的幼稚产业实行保护，以逐步扶植其国际竞争能力的理论。

4. 配额租金，是指在采用进口配额以限制产品进口的情况下，配额许可证的拥有者因能够在国内以高价销售该产品而获得的超额利润。

5. 出口补贴，是指一国政府为了鼓励出口，在出口商品时给予本国出口厂商以现金津贴或财政上的优惠，从而降低出口商品的价格，提高出口商品的国际竞争能力。

6. 美联储的全名是美国联邦储备系统，是美国的中央银行体系。美国联邦储备系统由联邦储备委员会和 12 家地区性的联邦储备银行组成，具有行使制定货币政策和对美国金融机构进行监管等职责。

7. 升贴水，是指在确定远期汇率时，通过对汇率走势的分析确定其上升还是下跌。如果远期汇率比即期汇率贵则为升水，反之，则为贴水。

**【科兴提示】**升水和贴水都是针对基准货币，直接标价法下，外币是基准货币，升水就是指外币升值。间接标价法下，本币是基准货币，升水就是本币升值。

8. 加密货币是一种使用密码学原理来确保交易安全及控制交易单位创造的交易媒介。加密货币是虚拟货币的一种，它不依靠法定货币机构发行，也不受中央银行管控。

9. 最惠国待遇，指的是缔约国双方在通商、航海、关税、公民法律地位等方面相互给予的不低于现时或将来给予任何第三国的优惠、特权或豁免待遇。

### 二、简答题(每题 7 分，共 56 分)

1. 经常账户是国际收支平衡表中最基本和最重要的往来项目，它反映一国在一定时期内真实资源(包括产品和资本品)的转移。经常账户细分为以下三个子项目：

(1) 货物和服务：包括货物和服务两部分。

货物，又称有形贸易收支，指商品货物的进出口。服务，又称无形贸易收支，包括运输、旅游以及在国际贸易中越来越重要的其他项目(如通信、金融、计算机服务等)。

(2) 初次收入：指由于提供劳务、金融资产和出租自然资源而获得的回报，包括雇员报酬、投资收益和其他初次收入三部分。雇员报酬，指根据企业与雇员的雇佣关系，因雇员在生产过程中的劳务投入而获得的酬金回报。投资收益，指因金融资产投资而获得的利润、股息(红利)、再投资收益和利息，但金融资产投资的资本利得或损失不是投资收益，而是金融账户统计范畴。其他初次收入，指将自然资源让渡给另一主体使用而获得的租金收入，以及跨境产品和生产的征税和补贴。

(3) 二次收入：指居民与非居民之间的经常转移，包括现金和实物。民间方面，经常转移包括侨民汇款，养老金，宗教团体、教育机构、财团法人捐赠钱款物资，各种资金及奖学金等；在政府方面，包括对外经济和军事援助，战争赔款，没收走私商品，政府间的赠予、捐款及税款等。

2.（1）J 曲线效应主要描述的是货币贬值的时滞效应。本币贬值也不会立即改善国际收支，反而可能导致其恶化，往往要经过几个月之后这种状况才开始好转。这就是贬值的时滞反映其路径曲线的最初部分类似英文字母 J，后来学者就将这一现象称为 J 曲线效应。

（2）本币贬值对贸易收支之所以存在 J 曲线效应是因为贬值对国际收支状况的影响存在时滞。西方经济学家认为，本币贬值对贸易收支状况产生影响的时间可划分为三个阶段：货币合同阶段、传导阶段、数量调整阶段。在货币合同阶段，进出口商品的价格和数量不会因贬值而发生改变，以外币表示的贸易差额就取决于进出口合同所使用的计价货币。如果进口合同以外币计值，出口合同以本币计值，那么本币贬值会恶化贸易收支。在传导阶段，由于存在种种原因，进出口商品的价格开始发生变化，但数量仍没有大的变化，国际收支状况继续恶化。在数量的调整阶段，价格和数量同时变化，且数量变化远大于价格变化，国际收支状况开始改善，最终形成顺差。因此，J 曲线效应产生原因在于在短期内进出口需求弹性 $\eta_x+\eta_m<1$，本币贬值恶化贸易收支，而在中长期，$\eta_x+\eta_m>1$，本币贬值能使一国国际收支状况得到改善。

3. 影响一国汇率制度选择的因素有：

（1）本国经济的结构性特征。如果一国是小国，那么它就较适宜采用固定性较高的汇率制度，因为这种国家一般与少数几个大国的贸易依存度较高，汇率的浮动会给它的国际贸易带来不便；同时，小国经济内部价格调整的成本较低。相反，如果一国是大国，则一般以实行浮动性较强的汇率制度为宜，因为大国的对外贸易多元化，很难选择一种基准货币实施固定汇率；同时，大国经济内部调整的成本较高，并倾向于追求独立的经济政策。

（2）特定的政策目的。这方面最突出的例子之一就是固定汇率有利于控制国内的通货膨胀。在政府面临着高通胀问题时，如果采用浮动汇率制往往会产生恶性循环。例如，本国高通胀使本国货币不断贬值，本国货币贬值通过成本机制、收入工资机制等因素反过来进一步加剧了本国的通货膨胀。而在固定汇率制下，政府政策的可信性增强，在此基础上的宏观政策调整比较容易收到效果。又如，一国为防止从外国输入通货膨胀而往往选择浮动汇率政策，因为浮动汇率制下一国的货币政策自主权较强，从而赋予了一国抵御通货膨胀于国门之外、同时选择适合本国的通胀率的权利。可见，政策意图在汇率制度选择上也发挥着重要的作用。再例如，出口导向型与进口替代型国家对汇率制度的选择也是不一样的。

（3）地区性经济合作情况。一国与其他国家的经济合作情况也对汇率制度的选择有着重要影响。例如，当两国存在非常密切的贸易往来时，两国间货币保持固定汇率比较有利于相互间经济关系的发展，尤其是在区域内的各个同家，其经济往来的特点往往对它们的汇率制度选择有着非常重要的影响。

（4）国际国内经济条件的制约。一国在选择汇率制度时还必须考虑国际条件的制约。例如，在国际资金流动数量非常庞大的背景下，对于一国内部金融市场与外界联系非常紧密的国家来说，如果本国对汇率市场干预的实力因各种条件限制而不是非常强的话，那么采用固定性较强的汇率制度的难度无疑是相当大的。

4.（1）牙买加协议的主要内容包括以下几个方面：

① 承认浮动汇率制度的合法化。《牙买加协定》国际货币基金组织同意固定汇率和浮动汇率的暂时并存，但成员国必须接受基金组织的监督，以防止出现各国货币竞相贬值的现象。

② 宣布黄金非货币化。《牙买加协定》宣布黄金与货币彻底脱钩，不再作为各国货币的定值标准，废除黄金官价，允许可以按市价在市场上买卖黄金。取消会员国之间、会员国与基金组织之间以黄金清偿债权债务的义务，降低黄金的货币作用；逐步处理基金组织持有的黄金。

③ 增加会员国的基金份额。《牙买加协定》增加各会员国应缴纳的基金份额，由原来的 292 亿特别提款权增加到 390 亿特别提款权，增加会员国从世界银行融资的能力。

④ 突出特别提款权的作用。特别提款权取代黄金成为主要储备资产且扩大其适用范围，可使用特别提款权进行借贷以及偿还基金组织的债务。

⑤ 扩大对发展中国家的资金融通。国际货币基金组织用出售黄金所得收益建立信托基金，以优惠条件向最贫穷的发展中国家提供贷款；将基金组织的贷款额度从各会员国份额的 100%提高到 145%，并提高基金组织“出口波动补偿贷款”在份额中的比重，由占会员国份额的 50%增加到 75%。

（2）但是牙买加体系下，主要工业国家全都采用浮动汇率制，汇率波动频繁而剧烈。多元国际货币缺乏统一的稳定的货币标准，这本身便是一种不稳定的因素，同时国际收支调节机制仍不健全。所以当今世界各国也都在致力于改革国际货币体系，主张建立新的国际货币体系。

5. IR框架将外部环境作为跨国公司演进的一种选择机制。IR框架能够反映行业情况，因此可以表明一家企业应当追求什么样的战略。根据全球整合压力和当地响应压力之间的强度差异，可供选择的战略有：国际战略、全球标准化战略、本土化战略、跨国战略。

① 国际战略。采取国际战略的企业往往面临着较低的全球整合压力和较低的当地响应压力，它们先为国内市场生产产品，再根据其他地区情况稍作改变，将产品销往世界各地。这些企业往往提供满足普遍需求的产品，却没有强大的竞争者，因此没有较大的降低成本压力。

② 全球标准化战略。采取全球标准化战略的企业强调通过规模经济、学习效应以及区位经济实现成本的降低，以提高赢利能力和赢利的增长。其实质是全球范围的低成本战略。这种战略适合全球整合压力很大，而当地响应压力不大的企业。

③ 本土化战略。本土化战略强调的是通过改变企业的产品或服务来增加利润，所以企业在不同国家的市场上提供与消费者品位和偏好相适应的产品。当各国市场的消费者偏好差异很大，而降低成本压力不大时，企业可以考虑采取这种战略。

④ 跨国战略。企业采取跨国战略是试图取得低成本优势、产品差异化优势和转移核心能力。通过区位经济、规模经济和学习效应获得低成本；通过为不同市场提供差异化产品来应对当地差异；在公司的全球营运网络中，通过子公司之间创新流动来实现核心能力的转移。

6. 根据价值链各环节之间的关系，特别是主导企业与供应商之间的关系，全球化生产可以分成四种基本方式，即加工外包、原始设备制造、原始设计制造和原始品牌制造。

（1）加工外包，即加工制造企业利用采购者提供的原材料从事加工生产，在我国被称作来料加工。加工外包又分为两种形式：第一种是原料和成品不计价，加工制造企业收取约定的加工费；另一种是原料和成品分别计价，加工制造企业通过对开信用证或付款交单的方式收取费用。加工外包是全球化生产比较原始的方式。

（2）原始设备制造简称代工生产（OEM），指加工制造企业按照采购者提供的设计方案生产并以采购者的品牌销售产品。OEM可以分为两种类型：一种是购买者驱动型，即指由零售商和品牌企业来组织，零售商和品牌企业居于主导地位。另一种是生产者驱动型，主要体现在机械设备、汽车、电子产品这些高技术产业。因为其设计、开发较为复杂、技术水平较为特殊，生产企业、品牌企业和供应商在技术上和管理上的关系较为密切，所以他们由生产者来决定。

（3）原始设计制造简称设计外包（ODM），指的是委托企业（品牌企业）提出产品的大致要求后，受委托企业通过自己后期的研究开发，并最终生产出成品，该受委托企业被称作原始设计制造商。OEM和ODM两者的相同点在于，它们都是贴牌生产，即加工制造出来的产品贴的是委托企业的品牌，不同点在于，原始设备制造商完全只是按单生产，而原始设计制造商则加入了自己的设计开发。

（4）原始品牌制造，指加工制造企业在具备生产能力之后，生产自有品牌的产品，该企业被称为原始品牌制造商。目前，不少原始品牌制造商同时也从事OEM业务。

7. 现行国际货币体系的最大优点就是它具有较强的适应性，但这种适应性从另一个角度看也是目前货币制度的一个最大缺陷，即不稳定性。具体而言，全球化下现有的国际货币体系的缺陷主要体现为：

（1）多元化储备体系的不稳定性。在多元化储备体系下，各储备货币发行国，尤其是美国仍然享受着向其他国家征收"铸币税"的特权，并且国际清偿力的增长仍不能完全符合世界经济均衡增长的形势，它不仅丧失了金本位条件下的自发调节机制，而且也没有形成国际货币基金组织对国际清偿力增长的全面控制，因此容易引发或加剧世界性通货膨胀。另外，多元化储备体系缺乏稳定的货币标准，只要对其中某一种货币的信心稍有动摇，其持有者便欲抛出该货币，兑换成别的国际储备货币，国际储备货币间的投机不可避免，这种投机会加剧外汇市场的动荡。

（2）汇率的不稳定。实际情况表明，浮动汇率不仅在短期内经常波动，而且长期看也是大起大落，增加了汇率风险，对国际贸易和国际资本流动都会产生消极影响，尤其对发展中国家更是产生不利影响。

（3）国内经济仍受外部冲击。各主要国家仍然对市场汇率进行干预，即所谓的“肮脏浮动”。这种干预并不能完全隔绝外部经济的冲击，国内经济仍受外部冲击。

（4）国际收支失衡严重，国际收支调节机制仍不健全。各种调节机制都有局限性，IMF 的援助和监督能力有限。国际收支失衡的局面日趋严重，一些赤字国长期赤字，盈余国长期盈余的局势没有改变，而且数字还越来越大，世界经济增长仍远离协调和均衡的增长路径。

8. 跨国公司全球知识管理战略的特点：

（1）将知识管理提升到战略的高度。跨国公司把知识管理作为公司战略的一部分，通过设立知识总监职位，将知识管理纳入到组织整体的综合性战略计划之中，以制度化方式推行知识管理战略计划。

（2）实行以客户为重点的知识战略。跨国公司在起始阶段就注重对客户端的知识管理，通过获取、开发和转移客户的内在需求、偏好和业务情况等方面的知识，提高企业的竞争能力。

（3）力图使知识的转移达到最优化。跨国公司通过建立知识库，储存和整合获取的相关知识，并使员工容易从中获取。在跨国公司生产的产品和服务中，融入知识，以求缩短生产周期，降低成本。跨国公司一般依靠团队精神、客户关系和网络设施等达到知识的有效转移，并且还采取多种鼓励手段促进知识转移活动。

（4）形成企业员工知识共享的文化。企业使每个员工认识到知识对他们工作的重要价值，使员工建立起对识别、保持和扩展自身知识、知识创新和知识共享的责任感。一些跨国公司把员工之间的知识共享与个人业绩评估体系结合起来。

（5）强调从知识创新开始变革。企业的技术创新和知识创新是企业竞争优势的现实基础。不同的企业都有其不同的进入知识管理的初始领域，结合自己的经营管理状况开始变革是企业的最佳选择。

## 三、计算题（第 1—2 题每题 2 分，第 3—5 题每题 3 分，第 6 题 4 分，共 17 分）

1. 没有贸易时，国内小麦价格：$D=S$，即 $100-20P=20+20P$，计算可得 $P=2$。

2. 没有贸易时，国外小麦价格：$D^*=S^*$，即 $80-20P^*=40+20P^*$，计算可得 $P^*=1$。

3. 自由贸易时，本国与外国进行贸易且运输成本为零时，本国进口需求曲线和外国出口供给曲线相等。本国过剩需求：$Q=D-S=80-40P$，外国过剩供给：$Q=D^*-S^*=-40+40P$，则 $80-40P=-40+40P$，计算可得 $P=1.5$，$Q=20$。

4. ① 新 $M^D$ 曲线为 $80-40(P+t)$，其中 $t$ 为从量税率，$t=0.5$，外国出口供给曲线不变，则新的供求关系为：$80-40(P+0.5)=-40+40P$，因此世界价格 $P=1.25$ 美元，国内市场价格 $=1.75$ 美元。

② 国内总需求为 $D=100-20P=100-20\times1.75=65$。

无征税时的国内总需求为 $D=100-20P=100-20\times1.5=70$，下降了 5。

国内总供给为 $S=20+20P=20+20\times1.75=55$。

征税后，国外总需求为 $D^*=80-20P=80-20\times1.25=55$。

无征税时的国外总需求为 $D^*=80-20\times1.5=50$，总需求上升了 5。

国外总供给为：$40+20P=40+20\times1.25=65$。

③ 贸易总量为：$M^D=80-40P=80-40\times1.75=10$。

5. 如图 1 所示：

图 1 中梯形 $a$ 的面积为：$(50+55)\times(1.75-1.5)/2=13.125$。

三角形 $b$ 的面积为：$(55-50)\times(1.75-1.5)/2=0.625$。

长方形 $c$ 和 $e$ 的面积为：$(65-55)\times(1.75-1.5)=2.5$。

三角形 $d$ 的面积为：$(70-65)\times(1.75-1.5)/2=0.625$。

则消费者剩余损失：$(a+b+c+d)=16.875$。

生产者剩余增加：$a=13.125$。

政府收益增加：$c+e=5$。

6. 如图 1 所示，效率损失：$b+d=1.25<$ 贸易条件改善所得 $e=2.50$。

社会总福利的变化为 $a-(a+b+c+d)+c+e=e-(b+d)=2.5-0.625-0.625=1.25$。

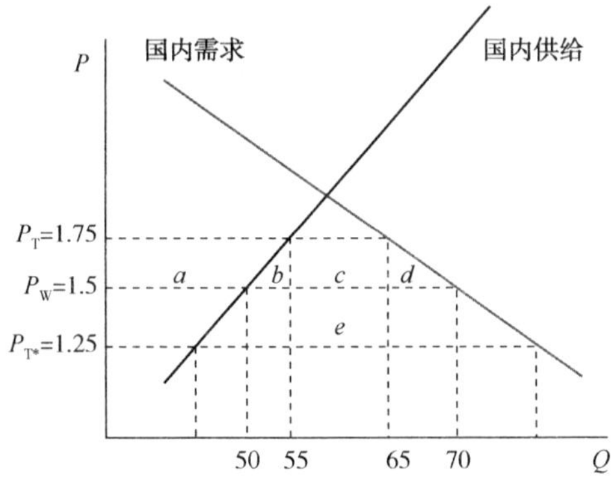


图 1

## 四、论述题(第1—2题每题10分，第3—4题每题15分，共50分)

1. 新冠肺炎疫情对中国进出口贸易的主要影响表现为：

(1) 短期阶段对我国外贸企业产生的负面冲击

疫情暴发以来对我国外贸企业产生的影响已经相当清晰，涉及订单、用工、原材料、物流等上下游各生产环节。总体来说，可以从供给端和需求端两个方面分析，疫情无论是供给端还是需求端均对我国对外贸易企业的生存空间产生挤压。

从供给端来看，一方面，国内疫情防控措施严格，企业复工复产手续烦琐，封城、交通阻断，使得运输渠道不畅，原材料和零部件无法到位，制造企业开工困难，人员跨地区流动停滞，导致部分地区劳动密集型出口企业出现用工荒；另一方面，随着疫情不断在全球蔓延，绝大多数国家采取了企业停工停产的措施，我国中间品和零部件进口供应链断裂，出口加工企业恢复正常生产困难重重。

从需求端来看，第一，疫情加剧了全球经济的低迷，国外市场需求持续萎缩，外贸订单被迫延期履约或取消，导致出口企业的存量订单缩水；第二，随着WHO将这次疫情列入国际突发公共卫生事件，我国主要贸易伙伴如美国、欧洲、日本等国家和地区，先后进入“抗疫”紧急状态，出台了各种限制入境的措施，导致经贸合作人员跨国往来停滞，各类展会、洽谈会推迟或取消，出口企业获取新订单的渠道受阻；第三，全球各地采取“封城、封航、封国”、增强通关检验检疫等防疫措施，使得出口企业物流堵塞，仓储成本高企，交货周期拉长，企业账期增加，造成外贸企业运营困难。

(2) 中长期对全球价值链产生的负面影响

改革开放尤其是加入WTO以来，中国以劳动力和自然资源的禀赋优势顺利加入全球一体化进程中，及时地嵌入了全球价值链，成为全球供应链网络的重要节点，从而实现了长达20年的对外贸易爆炸式增长，享受了巨大的全球化红利。

然而，在当今世界经济增长疲弱的背景下，贸易保护主义抬头，逆经济全球化思潮不断涌现。疫情的爆发更是成为部分国家实施贸易保护的借口和武器，在一定程度上加剧了封闭取向、种族歧视、民粹主义和民族主义的兴起，可能将从根本上动摇经济全球化的政治基础，导致全球贸易摩擦加剧和全球价值链的断裂。再者，疫情之下，我国面临中间产品海外供给链断裂的情况。而在“后疫情”阶段，跨国公司价值链重构过程中，可能不再作为理性经济人只考虑资源配置的效率，可能更加看重价值链的稳定性、安全性和韧性，从而将产业链重新布局在国内或地理位置较近的经济区域内。鉴于大型跨国企业主要集中在欧美发达国家，上述趋势一旦产生，我们将面临全球价值链去中国化的风险，中国可能被全球产业链边缘化。

2. (1) 区域经济一体化的形式有：

① 优惠贸易安排，指在成员国之间，通过协议或其他形式对全部货物或部分货物规定特别的关税优惠或非关税优惠。这是经济一体化的最松散和较低级的一种形式。

② 自由贸易区，是指由签订有自由贸易协定的两个或两个以上的国家或地区组成的贸易区域。自由贸易区内逐渐减免甚至取消关税与进口数量限制，同时，保留成员国各自的原有独立的对区外国家的关税结

构和其他贸易保护措施。

③ 关税同盟，是指两个或两个以上的国家通过签订条约或协定取消区域内关税或其他进口限制，并对非同盟国家实行统一的关税率而缔结的同盟。

④ 共同市场，是指共同市场成员国间除完全废除关税与数量限制，建立非成员国的共同关税外，成员国间的生产要素也实现自由移动。

⑤ 经济同盟，是指不但成员国之间废除贸易壁垒，统一对外贸易政策，允许生产要素的自由流动，而且在协调的基础上，各成员国采取统一的经济政策。

⑥ 完全经济一体化，指各成员国之间在经济贸易和财政金融等政策方面完全协调一致，实行统一的政策，是最高层次的经济一体化。

（2）RCEP 属区域经济一体化中的自由贸易区，RCEP 的签署与生效，对我国的好处有：

① 有利于中国工业品出口及对外贸易。RCEP 有助于看到中国通本地区其他国家的经贸和投资往来，为中国出口和投资打开更大的空间。

② 降低关税，对整个区域内的国家将互利共赢。RCEP 签署后，如果九成以上的产品逐渐零关税，那么会极大促进包括中国在内的十几个成员的经济活力。

③ RCEP 有利于中国进一步扩大进口。RCEP 将进一步扩大中国对 RCEP 伙伴国的进口，提高消费者的福利。

④ RCEP 将进一步便利中国企业对外投资。中国得以将本国具有突出竞争力的制造业产能转移到区域内其他国家，将国内有限的生产资源集中在附加值更高、技术含量更高的产业上，促进国内产业的转型升级。

⑤ RCEP 有利于人民币国际化的深化。目前，东盟已成为人民币国际化的最主要渠道。人民币在东盟各国越来越受欢迎，渗透率不断提高。随着 RCEP 的不断深化，会有更多的东盟国家和地区选择以人民币进行计价交易，人民币作为投资和储备货币的功能也会日益凸显。

（3）当然，RCEP 也给中国带来各种挑战。

① 企业对外直接投资的扩大，将对国内的相关政策和服务体制带来新的要求。

② 进口扩大将改变中国多年贸易顺差国的角色，有可能扩大我国与其他国家的贸易逆差。

③ 人民币国际化的深化，对于国内金融市场稳定也会带来新的问题。

3.（1）随着新冠肺炎疫情暴发，世界经济发展速度减缓，出现了需求萎缩、企业利润大幅减少、消费行业效益急剧下滑等现象，全球经济面临巨大的下行压力。我国新冠肺炎疫情在全国人民几个月的殊死努力下，已得到有效控制，复工复产正在有条不紊地推进中。然而，国外疫情仍不容乐观，很多国家和地区的经济生活仍未开始恢复。近年来随着全球经济一体化的快速发展外资企业在我国经济发展中起着越来越重要的作用，我国企业对外依存度正在逐年提升，因此此次疫情必将会给对我国“稳存量、促增量”的外资引进工作带来巨大的挑战。

（2）国家层面的定位

疫情发生以来，从中央到地方政府都积极行动起来快速出台稳外资政策措施细化外资企业服务，尽最大可能减少外资企业的负面影响稳定利用外资规模。

① 加大财税金融等各类政策支持力度。方政府积极响应出台各类支持政策包括帮助或协助外资企业采购复工复产所需的防疫物资；协调提供餐饮服务；帮助企业员工返岗；协助解决企业用工难题；保障生产物资运输；减免企业相关税费，在一定期限内减免企业物业租金、减免港口堆场费、减免税收。

② 进一步巩固外资综合优势并培育外资竞争新优势。为了防止存量制造业外资向外转移，以及吸引更多高质量的技术先进型跨国公司到华投资，我国需要进一步巩固现有外资综合优势并积极培育外资新优势，以增强跨国公司在华产业黏性。

③ 全面促进国家级经开区创新发展。进一步凸显国家级经开区外向型经济发展功能将其外向型经济作为考核地方政府的重要指标；允许综合排名靠前的国家级经开区率先复制推广自贸试验区各项制度创新改革措施；进一步促进国际级经开区加强国际合作，鼓励建设国家级高水平的国际合作产业园等。

④ 面向高质量利用外资面临的痛点和堵点，有针对性地完善我国营商环境，提高监管环境透明度以及公平性、享受内资企业平等待遇、技术转让、知识产权、合法权益保护等问题，一直是外商投资对我国投资环境的迫切诉求，也是未来我国吸引和利用高质量外资的主要障碍。

(3) 企业层面的定位

① 从生产的角度来看，外贸企业要尽量备足今后一段时间生产所需的上游半成品或原材料，谨防疫情全球暴发，造成供应链的中断。外贸企业必须实时关注自己上游供应链国家的疫情进展情况。当前疫情下的全球产业链已经绷得很紧，而很多与中国产业链密切相关的国家现在还没有采取类似中国的遏制举措。

② 从需求的角度来看，外贸企业要重点做好主要出口国需求下降带来的产成品出口减少以及库存增加的风险准备。此时外贸企业可适当转向国内市场。由于中国疫情控制较好，企业生产和居民需求恢复较快，内需大幅度上升，因此外贸企业将部分外需产品转向国内市场，以内需对冲外需的下降，尽量降低外需大幅度下降给企业带来的冲击。

③ 从管理的角度来看，外贸企业应加强内部风险控制，优化制度体系，强化客户资源的整合与管理，提升组织能力，做好与国外相关利益者及产业生态的沟通、理解和协商。对于大中型企业来说，都有数量众多、分布广泛的供应商和合作伙伴，存在较为复杂的供应链管理问题。要加强和供应链上下游合作伙伴的沟通，协调生产，避免因信息不畅、交通阻断、人员不足、原材料中断等原因造成的供应链中断。

④ 从产业链的角度来看，外贸企业应尽量加强全球生产及供应链的多国布局，对冲高度专业化分工带来的单一国家供应链的生产风险。举个例子，富士康在国内的生产由于疫情受到较大的影响，但由于印度的工厂满负荷的生产，对苹果产品的供应并没有受到太大的影响。

4. 数字人民币，是由中国人民银行发行的数字形式的法定货币，由指定运营机构参与运营并向公众兑换，以广义账户体系为基础，支持银行账户松耦合功能，与纸钞硬币等价，具有价值特征和法偿性，支持可控匿名。

(1) 数字人民币的特点有：

① 数字人民币是央行发行的法定货币。数字人民币是法定货币，具备货币的价值尺度、交易媒介、价值贮藏等基本功能，是央行对公众的负债，以国家信用为支撑，具有法偿性，与实物人民币一样是法定货币。这也是数字人民币同其他数字货币的本质区别，数字人民币有国家信用作支撑。

② 数字人民币采取中心化管理、双层运营。数字人民币发行权属于国家，人民银行在数字人民币运营体系中处于中心地位，负责向作为指定运营机构的商业银行发行数字人民币并进行全生命周期管理，指定运营机构及相关商业机构负责向社会公众提供数字人民币兑换和流通服务。人民银行作为第一层，在数字人民币运营体系中处于中心地位，负责数字人民币额度管理、发行和注销、跨机构互联互通和钱包生态管理，对数字人民币兑换流通服务进行监督管理。商业银行成为指定运营机构，作为第二层，根据客户信息识别强度为用户开立不同类别的数字人民币钱包，牵头提供数字人民币兑换和流通服务。

③ 数字人民币主要定位于现金类支付凭证($M_0$)。公众对现金的依赖度仍然很高，现金管理成本较高，需要数字化改造。数字人民币主要定位于现金类支付凭证，从 $M_0$的收费体系来看，数字人民币将不计付利息，央行不向发行层收取兑换流通服务费用，商业银行也不向个人客户收取数字人民币的兑出、兑回服务费。

④ 数字人民币是一种零售型央行数字货币，主要用于满足国内零售支付需求。数字人民币是一种面向社会公众发行的零售型央行数字货币，其推出将立足国内支付系统的现代化，充分满足公众日常支付需要数字人民币是一种面向社会公众发行的零售型央行数字货币，其推出将立足国内支付系统的现代化，充分满足公众日常支付需要。

(2) 中国推出数字人民币的意义

① 是丰富央行向社会公众提供的现金形态，满足公众对数字形态现金的需求，助力普惠金融。随着数字技术及电子支付发展，现金在零售支付领域使用日益减少，但央行作为公共部门有义务维持公众直接获取法定货币的渠道，并通过现金的数字化来保障数字经济条件下记账单位的统一性。数字人民币体系将进一步降低公众获得金融服务的门槛，保持对广泛群体和各种场景的法定货币供应。

② 是支持零售支付领域的公平、效率和安全。数字人民币将为公众提供一种新的通用支付方式，可提高支付工具多样性，有助于提升支付体系效率与安全。中国一直支持各种支付方式协调发展，数字人民币与一般电子支付工具处于不同维度，既互补也有差异。数字人民币基于 $M_0$定位，主要用于零售支付，以提升金融普惠水平为宗旨，借鉴电子支付技术和经验并对其形成有益补充。

③ 是积极响应国际社会倡议，探索改善跨境支付。社会各界对数字人民币在实现跨境使用、促进人民币国际化等方面较为关注。跨境支付涉及货币主权、外汇管理政策、汇兑制度安排和监管合规要求等众多复杂问题，也是国际社会共同致力推动解决的难题。货币国际化是一个自然的市场选择过程，国际货币地位根本上由经济基本面以及货币金融市场的深度、效率、开放性等因素决定。数字人民币具备跨境使用的技术条件，但当前主要用于满足国内零售支付需要。

④ 法定数字货币的研发和应用，有利于高效地满足公众在数字经济条件下对法定货币的需求，提高零售支付的便捷性、安全性和防伪水平，助推中国数字经济加快发展。

# 上海财经大学 2022 年 434 国际商务专业基础试题

**一、名词解释(每题 6 分，共 24 分)**

1. 贸易创造
2. 名义汇率与实际汇率
3. 技术资本化
4. 三级价格歧视

**二、简答题(每题 10 分，共 40 分)**

1. 什么是对外直接投资？中国企业走出去对我国什么影响？
2. 中国在过去实行固定汇率政策，以及现在实行浮动汇率政策的原因分别是什么？
3. 简述直播营销的优势。
4. 简述产业结构政策，产业结构政策包括哪些方面？

**三、论述题(5 题，共 86 分)**

1. 次贷危机后全球经济进入深度调整期，出现中美贸易摩擦等逆全球化事件。

(1) 运用斯托尔珀-萨缪尔森理论分析贸易对一国收入分配的影响机制；经济全球化对发达经济体和发展中经济体的影响差异。(12 分)

(2) 当前面对逆全球化趋势，中国应该采取哪些措施。(10 分)

2. 回答以下关于国际金融市场的问题。

(1) 国际金融市场有哪三种类型？(8 分)

(2) 国际金融市场一体化的风险和收益分别是什么？(8 分)

(3) 简述人民币国际化和中国开放金融市场的关系。(8 分)

3. (20 分)论述和分析差异化战略在哪些情况下实施，存在的风险是什么？

4. (20 分)你怎么看待经济服务化的现象，你认为制造和服务的关系是怎样的？

## 上海财经大学 2022 年 434 国际商务专业基础试题解析

**一、名词解释(每题 6 分，共 24 分)**

1. 贸易创造是关税同盟建立后，成员国之间以新创造的来自同盟内伙伴国的进口，替代原先的国内生产的状况。其效果是由于内部关税取消，不再为生产效率低、成本高的国内生产提供保护，以来自伙伴国的低价进口取代高价的国内生产，使消费者提高了福利。

2. 名义汇率就是现实中两国货币兑换的比率。实际汇率是将名义汇率用价格水平调整后得到的汇率，反映了两国商品的兑换比率，实际汇率可以表示商品的国际竞争力，实际汇率越高，则产品竞争力越强。在直接标价法下，实际汇率 = 名义汇率×(外国的物价水平/本国的物价水平)。

3. 技术资本化，指通过市场机制使技术创新成果转化为资本，进而实现技术创新成果市场化的过程。一般可分为两个阶段，一是技术的商品化阶段，也称为初级阶段；二是技术的资本化阶段，即高级阶段。技术资本化是现代企业不断创新发展的战略选择，也是传统产业发展的希望和出路所在。

4. 三级价格歧视指垄断者对同一商品在不同的市场上收取不同的价格，或者对不同的人收取不同的价格，但使得每一市场上出售产品的边际收益相等。实行三级价格歧视需要具备两个重要的条件。第一个条件是存在着可以分割的市场。若市场不可分割，市场上的套利行为将使得价格歧视消失。第二个条件是被分割的各个市场上需求价格弹性不同。如果被分割的各个市场需求价格弹性相同，则最佳策略是对同一产品收取相同的价格。

## 二、简答题(每题10分，共40分)

1. 对外直接投资是一国投资者为取得国外企业经营管理上的有效控制权而输出资本、设备、技术和管理技能等无形资产的经济行为。跨国公司对外投资有跨国并购和新建投资两种形式。

我国企业走出去的影响有：

(1) 积极影响

① 通过在工业发达、技术先进的国家和地区收购企业或购买股份，直接经营或参与经营管理，可以吸收其中的先进技术，学习有效的管理经验和方法，这有助于提高国家的整体技术水平，提高企业经营的效率。

② 中国一些传统加工产业的国际市场已面临饱和，亚洲金融危机使中国的出口增长速度大幅度下降。企业进行对外投资，不仅可以避开一些国家对中国产品所设置的关税和非关税壁垒，带动国内原材料、辅助材料、半成品以及成套设备的出口，而且可以为国内企业提供准确的国际市场行情，减少出口中的盲目性。

③ 通过投资于国外资源性行业，能合理有效地利用国外的自然资源，弥补国内资源的短缺，促进国内经济发展。

(2) 负面影响

① 对外直接投资导致资本外流，使我国国际收支的资本项目受到影响。如果对外直接投资旨在寻找市场，则经常项目也会受到损害。

② 当企业进行离岸生产，对外直接投资成为国内生产的替代品时，短期内会产生就业转移，减少我国的就业岗位。

2. (1) 从1994年起我国开始实行“以市场为基础、单一的、有管理的浮动汇率制度”。在这一汇率制度的实施过程中汇率受市场影响波动较大，为了维持人民币汇率的稳定，中国人民银行加强了对外汇市场的干预。我国的汇率制度实际上变成了盯住美元的固定汇率制度。盯住美元的固定汇率制度，为我国的国际贸易和投资提供了较为稳定的环境，降低了汇率的风险，便于进出口成本核算，以及国际投资项目的利润评估，从而有利于对外贸易发展。

(2) 盯住美元的固定汇率制度，在促进我国外贸行业发展的同时，也使人民币升值压力变得越来越大，不利于经济的进一步发展。于是2005年7月21日中国人民银行宣布我国实行“以市场供求为基础、参考一篮子货币进行调节、有管理的浮动汇率制度”，并且这种汇率制度一直沿用到今天。实行浮动汇率制度有一些现实原因：

① 国际收支失衡问题严重。固定汇率制度不能完全反映外汇市场，政府主导市场汇率的形成，中国的汇率市场跟市场真正的需求供给不对称。政府的介入使人民币存在一定程度上的低估，使经常项目顺差以及资本金融项目顺差迅速扩大。不断扩大的“双顺差”，加剧了我国跟其他国家的贸易摩擦，不利于我国经济的长远发展。

② 货币政策独立性受到挑战。受我国国际收支连年顺差的影响，我国外汇储备在近几年增长极其迅速。外汇储备的高速增长造成了我国货币投放的过快增加，出现了通货膨胀的压力。为了抑制国内信贷投放过猛、部分行业和地区盲目投资和重复建设严重的现象，中国人民银行不得不采取在公开市场上对冲外汇占款的做法，对冲比率不断提高，以至出现“无券可用”的情况，只能通过不断滚动增发央行票据来回笼资金，使得我国货币政策的独立性和有效性受到很大的挑战。

③ 国际热钱大量涌入。固定汇率制度在促进我国出口和吸引外资发展的同时，也给国际热钱入侵留下了可乘之机。大量热钱的涌入，在很大程度上危害了我国金融体系的稳定，降低了货币政策的有效性，加大了我国的金融风险，不利于宏观经济的稳定发展。因此，为了进一步加强我国经济金融稳定性，需要对固定汇率制度进行改革。

3. 直播营销就是基于网络直播的优点发展起来的一种新型的网络营销模式，它有如下优点：

(1) 不受地域限制，受众面更广。由于互联网的特点，使地球变成一个村，人们无论身在何方，只要进入直播频道就能了解到商家的产品和服务。

(2) 产品直观，交互性强。在做网络直播的过程中，商家能跟观众产生即时互动关系，能直接解决观众对产品的疑虑，使商家能在直播现场达成即时成交的目的。

(3) 成本更低，操作简单。只要手上有一台能录像的智能手机，就算在一个普通的厂房都能做直播营销，省却了大量的场地费和邀请媒体的费用，只要做好前期的推广就能把活动搞好。

(4) 效益更好，延续时间更长。网络直播在完成之后，商家还可以通过把视频上传到各大视频网站，让没有即时观看直播的观众了解到产品。商家还可以有针对性地对视频进行剪辑，再分段上传，让观众更方便去了解产品的特点及优惠活动。

(5) 明星效应，让产品销量起飞。在做直播营销的过程中，如果能有明星进行产品的直接体验，由于明星往往都拥有自己的粉丝，在明星体验的过程中，粉丝的跟风心理油然而生，从而达到产品大卖的目的。

4. 产业结构政策是产业政策的重要组成部分，指一国政府依据本国在一定时期内产业结构的现状，遵循产业结构演进的一般规律，规划产业结构逐渐演进的目标，并分阶段地确定重点发展的战略产业，实现资源的重点配置，引导国家经济向新的广度和深度发展的政策。

产业结构政策按照政策目标和措施的不同，可以划分为多种不同的类型，主要有：

(1) 主导产业选择政策。主导产业选择政策是指政府为了引导、促进主导产业的合理发展，从整个经济发展的目标出发，运用经济政策、经济法规、经济杠杆以及必要的行政手段、法律手段来影响主导产业发展的所有政策的总和。

(2) 战略产业扶植政策。战略产业，或称先导产业，是指能够在未来成为主导产业或支柱产业的新兴产业。战略产业的成长必须具有战略意义，即受国家政策保护和扶持的某些产业必须具有能够成为未来经济发展中主导产业和支柱产业的可能性。

(3) 衰退产业撤让政策。衰退产业是指在产业结构中陷入停滞甚至萎缩的产业，其主要特征是产品的需求量和销售量大幅度减少，生产能力严重过剩，技术进步缓慢、创新乏力，从业人员流失和失业现象严重，在国民经济中的地位下降。

(4) 幼小产业保护政策。主张积极扶持目前暂时处于幼小地位，但需求增长快、生产率上升潜力大的产业。

(5) 产业的可持续发展政策。人类社会经济发展的历史表明，产业结构在一个长时期内，既有其相对稳定的一面，也有不断变化的一面，产业结构事实上是处于一种不同程度的不断变动之中。

## 三、论述题(5题，共86分)

1. (1) ① 斯托尔珀-萨缪尔森理论认为，国际贸易会使一国出口商品相对价格上升，进口商品相对价格下降。当一种商品的相对价格上升时，相应地会出现该商品中密集使用的生产要素报酬的提高；当一种商品的相对价格下降时，相应地会出现该商品中密集使用的生产要素报酬的下降。所以，自由贸易的结果是：在出口产品生产中密集使用的生产要素(本国丰裕生产要素)的报酬提高；在进口产品生产中密集使用的生产要素(本国稀缺生产要素)的报酬降低。

② 这一结论表明，国际贸易虽然能提高整个国家的福利水平，但是并不对每一个人有利，一部分人在收入增加的同时，另一部分人的收入却减少了。国际贸易会对一国要素收入分配格局产生实质性的影响。这也恰恰是为什么有人反对自由贸易的原因。在发达国家，劳动是稀缺要素，资本是丰裕要素。自由贸易使得劳动的价格(工人工资)下降；资本的价格下降，所以发达国家劳动者反对自由贸易。同理，在发展中国家，劳动是丰裕要素，资本是稀缺要素，自由贸易使得劳动的价格上升，资本的价格降低，因此，发展中国家的劳动者欢迎自由贸易。

(2) 近年来，不少国家掀起逆全球化的思潮。我国应采取以下应对措施：

① 积极构建对外开放新体制，共建“一带一路”和“亚太自贸区”经济发展新引擎。“一带一路”就是中国应对“逆全球化”而开出的一剂良方。“一带一路”以政策沟通、设施联通、贸易畅通、货币流通、民心相通为主要内容，为中国和各国充分利用各国的市场提供了有利平台，这无疑为经济全球化发展增加了新的动力，是应对“逆全球化”浪潮的得力之举。“亚太自贸区”是中国应对“逆全球化”的又一剂良方。亚太地区作为全球最具有活力的地区，无疑应该联合起来作为拯救全球经济低迷的“旗手”。亚太经济的崛起对于

世界经济的重新振作至关重要。所以，面对“逆全球化”带来的国际贸易的颓势，“亚太自贸区”的建立是恰逢其时的。

② 善于利用“逆全球化”的时机，扩大自己的国际话语权，推动构建更加公平、合理的新型全球化。“逆全球化”的出现，说明以前的全球经济体系已经不再适应当今世界的发展形势。所以，这正是构建新的、更加公正合理的国际体系的好时机。中国作为最大的发展中国家和全球第二大经济体完全有能力为全球治理贡献中国智慧、提供中国方案。近年来，中国在参与全球治理的进程中做出了越来越大的贡献，并且通过“一带一路”“亚太自贸区”等一系列新举措，带动了沿线发展中国家以及一些新兴经济体共同发展，为中国赢得了“民心”。通过这一系列的举措，中国在国际舞台上“负责任的大国形象”日益得到认可，中国在国际体系中的话语权不断扩大。中国可以借此时机凝聚共识，号召、团结这些国家共同努力推动构建更加公平合理的新型全球化，实现全球的“共赢”。

③ 加强与其他国家领导人的对话，凝聚“全球化”共识和“人类命运共同体”意识。中国作为最大的发展中国家和世界第二大经济体，国际地位不断上升，参与全球事务的能力与水平也不断提升。面对现今出现的“反全球化”逆流，中国领导人应有大国担当，积极号召各国共同支持、维护全球化，顺应历史的潮流。

2.（1）常见的国际金融市场划分有：

① 按性质不同，分为传统国际金融市场和离岸金融市场。传统国际金融市场：从事市场所在国货币的国际信贷和国际债券业务，交易主要发生在市场所在国的居民与非居民之间，并受市场所在国政府的金融法律法规管辖。离岸金融市场：其交易涉及所有可自由兑换的货币，大部分交易是在市场所在国的非居民之间进行的，业务活动也不受任何国家金融体系规章制度的管辖。

② 按资金融通期限的长短，分为国际货币市场和国际资本市场。国际货币市场：指资金借贷期在 1 年以内(含 1 年)的交易市场，或称短期资金市场。国际资本市场：指资金借贷期在 1 年以上的中长期信贷或证券发行，或称长期资金市场。

③ 按经营业务的种类，划分为资金市场、外汇市场、证券市场和黄金市场。其中资金市场即狭义的国际金融市场，外汇市场是从事外汇买卖的市场，证券市场是进行直接融资的市场，黄金市场是从事黄金实物及黄金衍生品交易的场所。

（2）国际金融市场一体化是一把双刃剑，获得收益的同时还伴随着风险。

① 金融市场一体化的风险：

首先，资本自由流动导致国内金融资产价格过度波动，降低金融市场稳定性。

其次，各国金融市场之间的传染效应使国际金融体系的系统风险上升。

最后，金融监管体系失效的风险提高。

② 金融市场一体化收益：

首先，促进金融市场成长，推动金融发展更低的资本成本和更高的收益率，更好地获得范围经济和规模经济效应，以增加金融市场流动性和市场厚度。大规模的国际资金的运用、调拨，合理高效地进行配置调节，生产和资本国际化。

其次，促进本国经济和区域经济增长实现资源配置优化和投资组合多元化，为本国提供更多外国资本有利于金融市场成长和金融发展，从而间接地有利于经济增长。

（3）金融市场开放和人民币国际化是相互推动的关系。

① 金融市场开放是人民币国际化的必要条件。一国货币的国际化程度与本国金融市场发展和开放水平息息相关，发达和开放的金融市场有助于满足境外市场主体对本币资产交易流动性的需求以及对本币资产价格产生合理预期。从全球范围看，在英镑、美元等货币的国际化历程中，其本国金融市场的发展与开放，对货币职能的升级，发挥了积极的推动作用。

② 人民币国际化加速金融市场开放。我国金融业正走在加速开放的进程中，其中，人民币国际化发挥着十分重要的作用。正是人民币国际化的不断推进，促进了中国整个金融业的进一步对外开放。

3.（1）差异化战略是指企业针对大规模市场，通过提供与竞争者存在差异的产品或服务来获取竞争优势的战略。这种差异性可以来自设计、品牌形象、技术、性能、营销渠道或客户服务等各个方面。成功的差异化战略能够吸引对品牌忠诚度高且对价格不敏感的顾客，从而获得超过行业平均水平的收益。与成本领先战略主要用于提高市场份额不同，差异化战略有可能获得比成本领先战略更高的利润率。

（2）差异化战略主要适用于以下一些情况：①产品能够充分地实现差异化，且为顾客所认可；②顾客的需求是多样化的；③企业所在产业技术变革较快，创新成为竞争的焦点。

（3）实施差异化战略应具备的资源和技能包括：①强大的研发能力；②较强的产品设计能力；③富有创造性；④很强的市场营销能力；⑤企业在质量和技术领先方面享有盛誉；⑥能够获得销售商的有力支持。

（4）采取差异化战略的风险主要包括：①竞争者可能模仿，使得差异消失；②产品或服务差异对消费者来说失去了重要意义；③与竞争对手的成本差距过大；④采用差异化集中战略者能够在细分市场实现更大的差异化。

4.（1）经济服务化是工业化高度发展阶段以后产业结构的一种转变过程，表现为产业结构中服务业的比重超过工业，成为经济活动的中心。一般认为，经济服务化趋势表现为以下三方面的特征：

① 产业结构服务化。表现为服务产业的大规模发展引致三次产业结构的转变，服务产业在经济体系中的地位不断上升并成为产业结构的主体。

② 生产型产业的服务化。表现为工业等生产型产业（非服务性产业）内部服务性活动的发展与重要性增加，从而改变了这些产业的单纯生产特点，形成生产—服务型体系，反映了服务活动在经济领域的广泛渗透。

③ 服务型经济的形成。经济服务化发展的结果，是形成以服务活动为主导经济活动类型的服务型经济。服务活动在服务型经济中更具有主导性的广泛的经济社会功能，服务业已经成为经济增长的引擎，成为推动传统产业的新发展并引致产业体系的整体升级的重要动力。

（2）制造和服务的关系

自20世纪中期以来，世界经济结构发生了深刻的变革，自工业革命以来长期占据主导地位的制造业在西方国家国民经济中的比例日渐减少，作用日渐削弱，而各类新兴、门类繁多的服务部门蓬勃发展，全球经济正在进入服务经济时代。

① 制造业首先是服务业发展的前提和基础，服务业则是制造业的补充。许多服务业部门的发展必须依靠制造业的发展，因为制造业是服务业产出的重要需求部门，没有制造业，社会就几乎没有对这些服务的需求。

② 服务业尤其是生产者服务业是制造业劳动生产率得以提高的条件，没有发达的生产者服务业，就不可能形成具有较强竞争力的制造业部门。服务业部门的扩张有助于引起进一步的专业化分工，提高劳动生产率；有助于降低投入到制造业部门的中间服务的成本，有效提高产品的竞争力。

③ 服务业和制造业是相互作用、相互依赖、共同发展的互补性关系。随着经济规模特别是制造业部门的扩大，对服务业的需求，如贸易、宾馆、金融、交通、社会服务以及教育、医疗服务等，会迅速增加，同时也提高了制造业部门的生产率；反之，服务业部门的增长依靠制造业部门中间投入的增加。随着经济发展程度的提高，服务业与制造业之间彼此依赖的程度加深。

④ 随着信息通信技术的发展和广泛应用，传统意义上的服务业与制造业之间的边界越来越模糊，两者出现了融合趋势。

# 上海外国语大学 2022 年 434 国际商务专业基础试题

**一、名词解释(每题 5 分，共 30 分)**

1. 优惠关税
2. 出口管制
3. 跨国化指数
4. 数字贸易
5. 全球价值链

**二、问答题(每题 16 分，共 80 分)**

1. 国际避税港的基本类型有哪些？具体有何差异？

2. 影响企业跨国经营与管理的因素有哪些？影响方式和结果有何异同？

3. 哪些因素影响到国际物流供应链的稳定畅通？您认为企业应采取什么样的措施全力保障物流畅通？

4. 为了吸引外国投资流入国内，发展中国家和部分发达国家一般采取什么样的优惠措施？这些措施有何异同？

5. 全方位经营的主要类型有哪些？新冠肺炎疫情暴发后一些企业向发展战略转移，您认为企业为什么会采取这样的战略转移？

**三、综合应用分析(每题 20 分，共 40 分)**

1. 请分别论述人工智能、大数据、区块链等新技术的发展对国际贸易的影响。

2. 请分别论述自加入 WTO 20 年来，中国是最大的受益方之一，同时也是最大的贡献方。

## 上海外国语大学 2022 年 434 国际商务专业基础试题解析

**一、名词解释(每题 5 分，共 30 分)**

1. 优惠关税是相对于普通税率而言的，指对来自特定受惠国的进口货物征收的低于普通税率的优惠税率关税。优惠关税又可分为特定优惠关税、普遍优惠关税、最惠国待遇三种。使用优惠关税的目的是增进与受惠国之间的友好贸易往来。

2. 出口管制是指一国或者多个国家为达到特定的政治、军事和经济目的，利用行政和法律的强制手段，以限制和禁止一些物质、技术出口流向和规模的行为。出口管制的主要对象是军用物资和技术及其他战略性敏感物资。

3. 跨国化指数(TNI)，是指一家公司在海外的经营活动占其全部业务活动的国际化程度，即衡量企业跨国程度的指标。其计算公式为：

$$TNI=\frac{\frac{\text{国外资产}}{\text{总资产}}+\frac{\text{国外销售额}}{\text{总销售额}}+\frac{\text{国外雇员数}}{\text{总雇员数}}}{3}\times 100\%$$

4. 数字贸易是指信息通信技术发挥重要作用的贸易形式，既包括传统货物和服务贸易的数字化，也包括数字商品及服务的贸易，以及数据信息资产本身的流动交换。数字贸易与传统贸易形式的区别仅在于将数字化手段运用在商品和服务的跨境交付过程中，而无关乎商品和服务本身的性质或形态。

5. 全球价值链是指为实现商品或服务价值而连接生产、销售、回收处理等过程的全球性跨企业网络组织，涉及从原料采购和运输，半成品和成品的生产和分销，直至最终消费和回收处理的整个过程。包括所有参与者和生产销售等活动的组织及其价值、利润分配，当前散布于全球的处于价值链上的企业进行着从设计、产品开发、生产制造、营销、交货、消费、售后服务、最后循环利用等各种增值活动。

## 二、问答题(每题16分，共80分)

1. 国际避税港是指对跨国纳税人提供低税、免税或给予大量税收优惠的国家和地区。某些国家和地区建立避税港，旨在吸引外资，引进先进技术，扩大就业和发展经济。国际避税港类型的选择取决于该国或该地区的政治、经济、社会、资源、地理位置等因素。通常分为三种类型：

（1）无税避税港。不征个人所得税、公司所得税、资本利得税和财产税，如百慕大群岛、巴哈马、瓦努阿图、开曼群岛等。

（2）低税避税港。以低于一般国际水平的税率征收个人所得税、公司所得税、资本利得税财产税等税种，如列支敦士登、英属维尔京群岛、荷属安的列斯群岛、香港、澳门等。

（3）特惠避税港。在国内税法的基础上采取特别的税收优惠措施，如爱尔兰的香农、菲律宾的巴丹、新加坡的裕廊等地区。

跨国纳税人是否去避税港或进哪一类的避税港，在客观条件相同的情况下，往往取决于“避税管道”是否把税收减少到最低点。跨国纳税人常用的“避税管道”主要有：持股公司、受控保险公司、银行金融、转让定价、许可证贸易等。随着避税港的兴起，各国对此评价不一。发展中国家为了带动经济发展，积极鼓励其发展。一些发达国家为防止税款流失，多采取防范措施。

2. 影响企业跨国经营与管理的因素有三个层次：国家层次、行业层次、公司层次。

（1）国家层次因素主要考虑东道国经济环境、政治因素、市场环境、文化距离等。

① 东道国经济环境。经济环境，是指东道国的经济发展水平、市场的完善程度、基础设施状况和经济等。经济发展水平的高低会引起的市场结构和投资需求的不同，导致各国对外资利用规模和结构的差异，这影响到跨国投资企业进入该国的市场战略与产品政策。完善和开放的市场意味着跨国公司面临着较好的投资环境，企业通常会倾向于选择高控制型进入模式。良好的基础设施建设有利于跨国公司进入该国市场进行直接投资。

② 东道国政治因素。政治因素是指在国际投资中，由于东道国政府在政权、政策法律等政治环境方面的变化给国际投资活动造成影响的可能性。政治因素可以分为国家主权、征用或国有化、战争和政策四类。东道国的土地、税收、市场、产业规划等方面具体政策的变化将影响投资者的决策。东道国市场的开放程度以及在投资区域和行业等方面实行的限制或鼓励政策也会影响投资者的收益。东道国政府在国际贸易方面制定的一些限制性进口政策将限制出口进入模式。

③ 东道国市场环境。一般而言，规模比较大的目标市场适宜于企业直接投资；若目标国投资竞争太激烈，企业也可采用合同进入方式或跨国战略联盟；而对于市场潜力低，但却具有高不确定性需求的市场来说，企业通常会选择合同进入等低资源承诺型进入模式。

④ 文化距离。文化距离是指东道国与企业所在国在语言、传统习惯、价值观、做事方式和市场体系等方面的差异。文化差异程度会影响跨国企业进入模式选择的倾向性。文化距离的存在增加了企业在管理、组织成本及附加成本，市场进入存在着高度不确定性，因此文化距离越大，企业越倾向于采取高控制进入模式。

（2）行业层次因素主要考虑在目标国跨国企业所在行业产业增长率或市场潜力、产业组织特征(包括产业的市场集中度和规模经济)、资产专用性等。

① 产业增长率。一般来说，产业增长率高表明该产业的市场规模或增长潜力大，更可能以高控制模式进入。

② 产业组织特征。研究产业组织特征与进入模式关联性的重点是东道国产业的市场集中度和规模经济程度。一般认为：市场集中度越高，跨国公司越倾向于选择低控制模式；市场集中度越高，高控制模式越有效，反之亦反。规模经济的产业一般存在进入壁垒，相对于新建企业，规模经济的产业更可能偏好收购或合资的模式以最小化风险。

③ 资产专用性。资产专用性是指支持交易的资产的可转移性或支持交易的专用性投资的程度。根据传统的交易成本理论，资产专用性较高时，跨国公司偏好于采取独资这样的高控制模式。拥有专用性资产的公司具备投资外国市场的优势并试图建立外国子公司。

(3) 公司层次因素主要考虑公司规模、公司经验(分为国际经验、东道国经验和进入模式经验)、公司技术知识和资本密集度等。

① 公司规模。跨国公司公司规模影响国际市场进入模式的选择。小规模企业在国际化战略中往往采取合资和联盟以减少风险；大规模企业具有更多资源优势，因而偏好于独资模式。

② 公司经验。具有一定国际经营经验、实力较强的企业往往以取得海外投资的高控制权以及投资的高收益为进入模式，以此来发挥母公司的资金与技术优势。

③ 公司技术知识。从出口进入、合同式进入到投资进入模式，公司对公司技术知识的控制程度是依次增强的。相对出口进入模式而言，合同式和投资式模式对技术实力和资本要求较高；在知识产权比较突出的直接投资中，采用独资的形式更易于加强母公司对自身知识产权的控制，避免先进的生产技术或管理技术的泄漏。

④ 资本密集度。资本密集度反映了跨国公司海外市场进入的有形资本投入的大小。合资方提供的资金可以减少企业跨国经营的资本投入；投资式进入往往需要投入较多的资本，增加了投资的商业和政治风险。因此，出于风险规避的考虑，对于大的投资项目，外国投资者将倾向以小所有权比例模式进入。

3. (1) 国际供应链的特征和特性，已经能够在一定程度上揭示其运转的难度大、范围广、距离长、技术水平高，而这些都带来了巨大的潜在风险，也是关系国际供应链能否成功运作的关键。影响国际物流供应链的稳定畅通的因素有：

① 政治和法律因素：国际供应链的运作遍及世界，必然要涉及不同的政策和法律制度，因此在不同的国家和地区开展供应链业务活动时，必须了解和利用当地的政策法规，按照它们来制定相应的经营战略和策略，应付和处理在业务中遇到的问题和可能发生的纠纷。

② 经济因素：这些因素包括金融环境(货币、汇率、利率波动、当地的通货膨胀率或通货紧缩率、股市波动等)、地区性贸易协议、税收、进出口配额和劳动力的成本费用等。同样，不同的贸易保护措施会对全球性的供应链产生影响。

③ 文化因素：文化因素当中的信仰、价值观、习俗、语言等方面的差异，对于企业的海外业务、整体目标与整个供应链业务都有着较大的影响。这些影响主要体现在企业之间的商业交流、交易的协商、合同的签订等各方面。这些文化差异的存在，会使一方认为是非常合理的行为，却可能会使另一方产生误会。

④ 人力资源因素：许多企业在进入海外市场时，常常采取低成本策略去选择劳动力的成本费用低的国家和地区。在一些不发达国家，尽管可以发现一些具有适当技术水平的工作人员，但很难找到受过专业技术培训的专业人员和熟悉现代管理技术的管理人员，因而开展全球化的供应链业务较为困难，需要投入大量的培训成本。

⑤ 基础设施因素：一个国家的基础设施是运作和管理全球化供应链的基础。它们的好坏都会促进或制约供应链的运行。

⑥ 信息资源因素：信息资源对供应链，特别是国际化供应链的管理和运作都有极为重要的影响，是成功运作国际化供应链的可靠保证。

⑦ 供应商合作因素：单一的供应渠道可能会带来供应链中断的风险并因此造成严重的损失。另外，与跨国供应商的合作可能会带来知识产权风险、信用风险、信息整合风险和物流运作风险。

⑧ 不确定性因素：这种不确定性因素包括节点企业的不确定性；节点企业内部的不确定性；市场需求的不确定性；外界环境的不确定性。

(2) 对于企业来说，国际物流合理化的措施有：

① 合理选择和布局国内、国外物流网点，扩大国际贸易的范围、规模，以达到费用省、服务好、信誉高、效益好、创汇好的物流总体目标。

② 采用先进的运输方式、运输工具和运输设施，加速进口货物的流转。

③ 缩短进出口商品在途积压，它包括进货在途(如进货、到货的待验和待进等)、销售在途(如销售待转、进出口口岸待运)、结算在途(如托收承付中的拖延等)，以便节约时间，加速商品资金的周转。

④ 改进运输路线，减少相向、迂回运输。

⑤ 改进包装，增加技术装载量，多装载货物，减少损耗。

⑥ 改进港口装卸作业，有条件要扩展港口设施，合理利用泊位与船舶的停靠时间，尽力减少港口杂费，吸引更多的买卖双方入港。

⑦ 改进海运配载，避免空仓或船货不相适应的状况。

⑧ 国内物流运输段，在出口时，有条件尽量做到就地就近收购、就地加工、就地包装、就地检验、直接出口，即称“四就一直”的物流策略，等等。

4.(1) 为了吸引外资投资，发展中国家常采取的优惠措施：

① 税收优惠，包括降低税率、减小税基、加速折旧、投资税收抵免、退税和免税等措施。

② 减负面清单，将在农业、采矿业、制造业、服务业领域推出更加开放的措施，允许更多领域实行外资独资经营。

③ 通过提供公有土地等租赁费用减免优惠、劳工训练计划赞助经费、发展工业区设施、成立投资促进机构等多项方案，全方位争夺 FDI。

(2) 为了吸引外资投资，发达中国家常采取的优惠措施：

① 更新投资和公司法，允许外国投资者进入股票市场市场，并向外国投资者开放关键行业。

② 允许外国投资者 100%持股，启用了新的“绿卡”居住计划，为外国投资者和技术人员大开绿灯。

③ 建立投资促进机构，并对其进行改革以提高效率，为本国和外国投资者提供服务。这些机构中的大多数都成立了一站式服务，方便投资者办理手续。

(3) 发展中国家和发达国家采取的吸引外资的措施有所不同，但目的是一致的，吸收外资，促进本国经济发展。二者的不同点在于，发展中国家常利用资金支持等投资鼓励措施吸引外资，只注重引资量，忽略了引资质和产业结构的调整，容易导致引进外资技术含量低；发达国家常利用技术、服务优势作为筹码吸引外资。

5.(1) 在大中型企业里，特别是多种经营的企业里，总体战略是企业最高层次的战略。总体战略分为：稳定战略、发展战略和紧缩战略。

① 稳定战略。这种战略强调的是投入少量或中等程度的资源，保持现有的产销规模和市场占有率，稳定和巩固现有的竞争地位。这种战略适用于效益已相当不错、而暂时又没有进一步发展的机会、其他企业进入屏障又较大的企业。

② 发展战略。这种战略适用于企业有发展和壮大自己的机会，其特点是：投入大量资源，扩大产销规模，提高竞争地位，提高现有产品的市场占有率或用新产品开辟新市场，这是一种进攻型的态势。发展战略具体包括：垂直一体化战略、水平一体化战略和多元化战略。

③ 紧缩战略。这种战略适用于外部环境与内部条件都十分不利，企业只有采取撤退措施才能避免更大的损失的情况。

(2) 企业战略转移是指企业基于长远发展的需要，对企业的经营重心进行重大调整。从理论上来说，企业战略转移是外部环境和内部条件相互作用的结果。新冠肺炎疫情暴发后一些企业向发展战略转移，主要原因如下：

① 从外部环境来看，我国发展仍处于并将长期处于重要战略机遇期，虽然经济发展面临各种压力，但我国经济韧性强、经济发展健康稳定的基本面没有改变，支撑高质量发展的生产要素条件没有改变，长期稳中向好的总体势头没有改变。

② 从内部条件来看，疫情催生企业数字化转型、数字化创新的机遇。疫情期间全民居家的生活状态改变了人们的消费方式和工作方式，催生企业向数字化转型。企业通过发展战略转移抓住机遇，创新疫情下国际贸易发展的新模式，增添贸易发展新动能，实现贸易高质量发展。

## 三、综合应用分析(每题 20 分，共 40 分)

1.(1) 人工智能的发展对国际贸易的影响

① 对国际贸易规模的影响。首先，提高企业生产率将扩大国际贸易规模。一方面，人工智能等技术进步能够通过提高企业生产率促进企业的进出口，促使更多的企业参与和竞争全球价值链，推动国际贸易发

展；另一方面，自由贸易使资源由低生产率企业、低收益产品向高生产率企业、高收益产品重新配置，进出口产品种类的增多将提高市场竞争程度，在企业的“干中学”效应下，国际贸易可能反向推动人工智能技术创新，进一步提高企业生产率，形成良性循环。其次，降低企业出口固定成本将扩大国际贸易规模。人工智能将从多个方面大幅度降低企业的出口固定成本，促进更多的企业选择出口，从而扩大国际贸易规模。

② 对国际生产分工格局的影响。第一，促使制造业重心转移至东南亚地区。机器没有闲暇和收入需求，其单位生产成本普遍比人类劳动力低，因而人工智能技术变革将减弱发展中国家的劳动力成本优势。从短期看，这将使得东南亚国家获得相对以往更大的劳动力成本优势，促使全球制造业的重心向东南亚地区转移。第二，推动发达国家制造业回流。从长期来看，随着人工智能技术的广泛应用，发达国家将愈加充分发挥其在先进制造业中的人才、技术和资本优势，实施“再工业化”战略，以高效的智能化生产缓解劳动力短缺、人力成本高的劣势，停止向发展中国家大规模转移劳动密集型行业的贸易和投资活动，实现制造业与价值链回流，强化发达国家在国际分工中的主导地位。第三，促进服务贸易比重提升。发达国家在迈入后工业化时期后，产业结构重心通常会转向服务业，而人工智能技术会加速这一产业转型过程。

③ 对国际贸易交易模式的影响。随着新一代信息技术的推广应用，国际贸易交易模式将由传统线下贸易模式向线上平台贸易模式转变，使国际贸易过程更为便捷，降低国际贸易交易成本和进入门槛，为中小企业创造更多的参与国际贸易的机会。国际贸易交易模式也将由传统大宗贸易模式向小宗化、分散化贸易模式转变，同样有助于中小企业甚至个人走出本土市场，向全世界销售产品或服务，为国际贸易带来新的发展方式。

（2）大数据的发展对国际贸易的影响

① 对贸易动因的影响。大数据为贸易动因提供了新的来源。目前已存在的理论均是从技术、要素禀赋等角度阐述贸易主体的优势来源。然而，数据作为极为重要的信息载体，是企业创造利润和价值的主要源泉。上升到国家层面，巨大的数据资源是每个国家的战略新高度，它构建了国家的综合竞争力。从各行各业来说，大数据为企业带来了新的发展机遇和商机，同时提升了企业的核心竞争力。这些都将成为国际经济贸易的新动力，从而推动世界贸易的进程。

② 对贸易方式的影响。在大数据时代到来后，就彻底突破了以往传统的交易对时间、空间的限制，无论是商品参数的可传递性还是交易货币的电子化程度都发生了巨大变化，这促使国际贸易更加快捷方便，同时也是对实体贸易的补充与优化。

③ 对世界贸易格局的影响。国际贸易利益格局已呈现出南北分化的趋势。但是大数据可以帮助发展中国家利用数据信息在国际市场上对供需进行合理的定位和估计，降低供需不均衡，减少成本，实现资源配置的优化，从而提高发展中国家的国际竞争力，进而改变世界经济贸易格局，促进世界经济的多元化发展。

（3）区块链的发展对国际贸易的影响

① 区块链技术对跨境结算的影响。在跨境结算方面，区块链技术大大提高了支付效率，缩减了各方的对账和信息核查流程，各节点的共同参与直接保证了信息一致。区块链也减少了交易成本，使得国际贸易交易方共同构建了相互信任的网络，只有交易双方共同参与才能够完成支付流程，而不必依赖中心机构银行。

② 区块链技术对无纸化贸易的影响。区块链为贸易参加方提供了便利可靠的核查依据，有力地推动了无纸化贸易和贸易便利化，减少了中间环节和壁垒，节省了国际贸易的时间和成本，物流、信息流、资金流得到了统一，且贸易的安全性也得到了保证，有利于整个供应链的协同。

③ 区块链技术对贸易融资的影响。区块链技术应用于贸易融资能够增强制造业和服务业协同发展，一方面，融资的文件能够得到及时的审批，提高了融资效率，降低了融资成本，减轻了以往的复杂流程对货物销售的不利影响；另一方面，国际贸易中的单据流、信息流、资金流实现了有效整合，金融机构能准确把握货物实时的位置，有利于推动基于应收、应付账款或库存的融资产品。

2.（1）加入世贸，不仅让中国企业有机会参与国际贸易，融入全球产业分工格局，也让参与其中的跨国企业在见证营商环境的不断优化的同时也受益于中国的发展机遇。加入 WTO 使得中国得以充分利用互惠原则和非歧视性原则等世贸规则发挥国内市场优势，创新技术引进方式，当年提出关键技术装备采取了引进、消化、吸收、再创新的策略，综合施策加速推动我国关键领域重大技术装备国产化进程。构建与WTO规则接轨的经贸规则，建立起符合WTO原则和市场经济总体要求的统一、公正、透明的经济法律体系，为中国特色社会主义市场经济体制不断完善和可持续发展提供了坚实的法律基础。通过入世后的开放加大和跨越式发展，国民对我国政治、经济体制、文化自信增强；尽力捍卫多边贸易体制，成为WTO中核心成员；在国际事务中，我国从仰视到平视，成为有作为的大国，赢得国际组织、联合国成员的赞誉。20年来，中国勇敢接受经济全球化的洗礼，化挑战为机遇，不仅自身取得了超预期的经济发展成就，也成为世界经济增长的重要引擎。中国经济总量从世界第六位上升到第二位，货物贸易从世界第六位上升到第一位，服务贸易从世界第十一位上升到第二位，对外直接投资从世界第二十六位上升到第一位。

（2）与此同时，自加入WTO以来，中国全面履行承诺，实现互利共赢，在对外开放中展现了大国担当。加入世界贸易组织后，中国不断完善社会主义市场经济体制，全面履行入世承诺，对接世界贸易组织规则，持续开放市场，激发市场和社会活力，积极推进贸易投资自由化便利化。中国在国际组织和多边平台中不断学习规则、熟悉规则、运作规则，已经从国际经贸规则制定的旁观者、跟随者转变成为参与者、引领者。中国作为一个新兴的经贸大国正在展现大国责任，带头做多边经贸规则的遵守者、维护者和建设者，积极参与到国际经济治理体系的改革之中，在改革完善国际经贸规则中贡献中国方案。全力支持发展中国家融入多边贸易体制，帮助发展中成员从全球价值链中获利的能力。在WTO内，我国旗帜鲜明地反对单边主义和保护主义，支持WTO的开放、透明、包容、非歧视等基本原则。我国倡导自由贸易，强调通过加强合作、平等对话和协商谈判来解决国际贸易中的问题。对世界贡献增多，入世后我国改革开放和经济发展进入加速期，取得了跨越式发展。在互利共赢基础上，我国积极促进世界经贸发展，增加全球民众福祉，成为世界经济的主要稳定器和动力源。

综上所述，自加入WTO 20年来，中国是最大的受益方之一，同时也是最大的贡献方。

# 西南财经大学 2022 年 434 国际商务专业基础试题

一、简答题(每题 10 分，共 20 分)

1. 制度理论中"同构机制"的分类。

2. 国际债券市场的含义及主要特点。

二、简述题(每题 15 分，共 105 分)

1. 简述内部规模经济和外部规模经济分别是如何产生国际贸易的。

2. 简述当代国际服务贸易迅速发展的原因。

3. 简述影响国际直接投资方式选择的主要因素。

4. 简述国际战略的主要内容、优缺点及其适用情形。

5. 简述货币自由兑换的利弊。

6. 简述新产品研发失败率高的主要原因及应对策略。

7. 简述文化差异给国际企业内部管理带来冲突的主要表现。

三、论述题(25 分)

《2021 世界投资报告》指出，2020 年全球对外直接投资额下降 35%，而中国以 1490 亿美元的外国直接投资额实现了 6%的逆势增长。同时中国也是 2020 年全球第一大外国直接投资流出国，投资额总达 13 亿美元。2021 年 10 月，商务部发布《"十四五"利用外资发展规划》为"十四五"期间利用外资工作提供指引。请结合国际投资相关理论分别解释为何中国能够在疫情中实现对外投资和利用外资的逆势增长，中国更高水平利用外资将对内外资企业分别带来哪些机遇和挑战?

# 西南财经大学 2022 年 434 国际商务专业基础试题解析

一、简答题(每题 10 分，共 20 分)

1. 同构性是指在制度约束或指导作用下，企业在组织结构以及行为方式上趋同或相似的过程。根据动因不同，同构机制包含以下三类：

(1) 强制性同构：组织外部具有权威或者强制力的重要机构会强迫组织采用某种结构或行为模式，如果组织不遵从这种制度安排则会遭受一定损失。

(2) 模仿过程：为了降低风险或提高生存率，组织会分析并模仿其他成功组织的行为。

(3) 规范性压力：社会规范会产生共享观念或思维方式，组织在专业知识的形成及推广中逐渐接受这些社会规范或思维方式并趋于相同。

2. 国际债券是一国政府、金融机构、工商企业或国际组织为筹措和融通资金，在国外金融市场上发行的，以外国货币为面值的债券。国际债券的重要特征，是发行者和投资者属于不同的国家、筹集的资金来源于国外金融市场。所谓国际债券包括三类：外国债券、欧洲债券和全球债券。

(1) 外国债券是指非居民发行的用发行地所在国货币计价的债券，如扬基债券、武士债券、猛犬债券和熊猫债券等。

(2) 欧洲债券是指居民或非居民发行的用发行地所在国之外国家货币计价的债券，如在伦敦发行的日元债券、美元债券。

(3) 全球债券是指融资者同时在不同国家(包括本国)发行，且可用包括本国货币在内的任何国家货币

计价的债券。与欧洲债券不同，全球债券可以用发行地所在国货币计价

## 二、简述题(每题15分，共105分)

1. (1) 规模经济，指在一定的产量范围内，随着产量的增加，平均成本不断降低的事实。规模经济又细分为内部规模经济和外部规模经济。

① 内部规模经济，指由于企业自身规模的扩大(即产量的增加)而导致的企业长期平均成本下降的现象，这是通常意义上的规模经济。

② 外部规模经济，指由于行业内企业数量的增加，行业规模的扩大，所导致的企业长期平均成本下降的现象。在外部规模经济存在的情况下，企业的生产过程仍然是规模收益不变的，规模收益递增只发生在产业层次上，即整个产业产出增加比例大于整个产业要素投入增加的比例。

(2) 规模经济与国际贸易

① 内部规模经济条件下，企业有不断扩大规模的内在动力，因为单纯的规模扩大即可带来平均成本的下降。各国的厂商集中力量于少数产品并保持较大的生产规模，各国通过商品交换来满足各自的需求，这种模式远比各国自给自足地供应本国市场更具效率，它使每个国家的生产厂商都可以获得规模经济利益。

② 外部规模经济条件下，由于厂商的集中与交流而产生的规模效益，企业的生产成本随其所属行业生产规模的扩大而下降，原因主要有专业化供应商的集聚，地理上的聚集导致劳动力市场共享，加剧了知识外溢。随着产业规模的扩大，外部规模经济会带来该产业成本的降低，使该国成为商品出口国，从而产生国际贸易。

2. 当代国际服务贸易发展的原因有：

(1) 服务贸易发展是服务业发展的结果。二战后，在新科技革命的推动下，各国普遍在产业结构调整中加快服务业的发展，使服务业在国民经济中的份额和就业人员的比重大幅提高。在国民经济日益向服务化方向发展的趋势下，国家间的服务贸易也随之增加。

(2) 新科技革命是推动国际服务贸易迅速发展的基本动因。首先，高新技术使许多原先“不可贸易”转化为“可贸易”服务；其次，科学技术革命加快了劳动力和科技人员的国际流动；再次，发达国家把劳动密集型产业转移到新兴工业化国家和部分发展中国家，形成大规模的境内服务输出。

(3) 产业结构的调整是促进国际服务贸易迅速发展的主要原因。随着科技发展，生产力水平提高，各国产业结构调整持续进行，产业结构升级的必然结果是服务业比重不断上升，对国际服务贸易的发展发挥着重要作用。

(4) 国际货物贸易量的增加是国际服务贸易迅速发展的基础。在货物贸易高速增长的带动下，同货物进出口直接关联的传统服务贸易项目，如国际运输服务、国际货物保险、国际结算服务等，都相应地在规模上、数量上成倍增长。

(5) 各国在服务业上的比较优势差异是服务贸易发展的前提。由于服务部门是多种多样的，它的技术含量的差异很大，这就使发展程度不同的国家都可能在某些服务的生产上拥有比价优势。各国输出具有比较优势的服务，进口本国处于劣势的服务，形成了巨大的服务需求与供给，加速了服务贸易市场体系的发育。

3. 影响国际直接投资方式选择的因素可以从宏观、中观、微观三个层面进行分析。

(1) 宏观因素。在宏观层面上，东道国的制度环境、市场环境、经济环境以及两国间的文化距离都会影响跨国企业的进入模式选择。

随着东道国对外来企业控股权限制的由紧到松，跨国企业会由合作合资等低控制水平的进入模式逐步转向设立独资企业以及兼并收购的方式进入。东道国的管制制度相较本国越宽松，跨国企业往往越倾向于在当地实施高控制度的投资。此外，基于交易成本理论，认为东道国较大的市场规模会提高在该国投资获利的机会，企业应采用更加积极、高控制度的进入模式以获取更好的投资收益。企业在东道国经济高速增长时进入，能获得丰厚的超额利润，企业往往倾向于独资等高控制模式以防止利益均分。东道国的经济规模影响该国的市场规模，从而影响跨国企业对该国市场的投入，而东道国的国民生产总值、投入资本的比率、就业状况等经济动态和国际收支、汇率等外部经济情况也会影响跨国企业的进入方式。东道国经济稳

定性对跨国企业投资进入模式的选择具有一定的影响。文化距离越大，意味着市场进入面临的不确定性越高，为减少这种风险，跨国企业往往通过与东道国企业合作或合资的形式进入东道国市场。

(2) 中观层面。在中观层面上，进入模式的影响因素主要有市场集中度和市场增长率两方面。市场集中度较高的情况下，独资的高控制模式创造的额外生产力会反过来压低价格从而导致价格战，因此与当地企业进行合资是更有利的。但根据产业组织理论得出，高市场集中度意味着存在寡头垄断行为，市场进入存在障碍，因此，外来企业可能会内部化市场来应对市场的不完全性。关于市场增长率，部分学者通过对比高增长产业中收购、合资和新建三种投资模式发现，新建的投资形式可以使企业吸收额外生产能力，市场增长率越高，该市场增长潜力也越大，跨国企业更倾向于高控制模式进入东道国。另外，产业资源的可转移性也会对进入模式的选择产生影响。产业的某些技术资源可以在本国生产，也很容易应用于全球范围，具有可转移性，而下游资源如营销网络、品牌、声誉等一般只能在当地生产并适用于当地，可转移性较弱。因此，资源的可转移性与否对企业能力的提升以及资源的获取具有举足轻重的作用。

(3) 微观层面。基于发达国家的数据，发现如果企业异质性来源于可转移优势，则生产率高的企业采用跨国并购，居中的企业采用绿地投资，而生产率低的企业选择出口。如果企业异质性来源于不可转移优势，当企业面临绿地投资、出口和跨国并购三种策略时，生产率高的企业采用绿地投资，居中的企业采用出口，生产率低的企业是跨国并购。除了生产率这个因素外，企业的其他异质性特征，如企业规模、财务状况、资本密集度、企业所有权性质等微观因素也会影响对外直接投资模式的选择。

4. 国际化经营战略包括国际战略、多国本土化战略、全球化战略和跨国战略。

(1) 国际战略指企业将其具有价值的产品与技能转移到国外的市场，以创造价值的举措。如果企业的核心竞争力使企业在国外市场上拥有竞争优势，而且在该市场上降低成本的压力较小，企业采取国际化战略是非常有利的。但是，如果当地市场要求能够根据当地的情况提供产品与服务，企业采取这种战略就不太合适。

优点：能充分发挥母公司的中心调整功能，更优化地使用资源。

缺点：①由于企业在国外各个生产基地都有厂房设备，形成重复建设，加大了经营成本，这对企业也是不利的。②不利于发挥国际事业部的自主性与积极性，全球化协作程度和对东道国本土市场的适应能力均低。

(2) 多国本土化战略将一个企业的大部分活动，如战略和业务决策权分配到所在国外的战略业务单位进行，由这些单元向本地市场提供本土化的产品，从而把自己有价值的技能和产品推向外国市场而获得收益。在当地市场强烈要求根据当地需求提供产品和服务并降低成本时，企业应采取多国本土化战略。但是，由于这种战略生产设施重复建设并且成本比较高，在成本压力大的行业中不太适用。

优点：①强调的是管理的灵活性与适应性，有利于充分发挥各子公司的积极性和责任感。②能使企业面对各个市场的异质需求时的反应最优化。

缺点：母公司难以统一调配资源，而且各子公司除了自谋发展外，完全失去了利用公司内部网络发展的机会，无法获得经验曲线效益和区位效益。

(3) 全球化战略向全世界的市场推销标准化的产品和服务，并在较有利的国家集中地进行生产经营活动，由此形成经验曲线和规模经济效益，以获得高额利润。在成本压力大而当地特殊要求较少的情况下，企业采用全球化战略是有利的。但是，在要求提供当地特色的产品的市场上，这种战略是不合适的。

优点：根据最大限度地获取低成本竞争优势的目标来规划其全部的经营活动，它们将研究与开发、生产、营销等活动按照成本最低原则分散在少数几个最有利的地点来完成，但产品和其他功能则标准化和统一化以节约成本，能形成经验曲线和规模经济效益。

缺点：全球化战略强调集权，由母国总部控制，于是对东道国本土市场的反应相对迟钝。并且由于企业需要跨越国界的协调战略和业务决策，所以难以管理。

(4) 跨国战略既寻求多国本土化战略所具有的当地优势，又注重全球化战略带来的效率。跨国战略是目前公认为是跨国公司的最佳战略选择。跨国公司试图兼顾全球效率、国别反应和世界性学习效果这三种战略需要。

优点：可实现区位经济，可实现曲线经验经济，可把核心竞争力转移到国外，可获得全球学习的好处。

缺点：由于有效执行的困难，跨国战略往往被看成是一种理想化而非现实的形式。

5. 货币自由兑换指在外汇市场上，能自由地用本国货币兑换成某种外国货币，或用某种外国货币兑换成本国货币。

（1）货币自由兑换的益处

① 有利于提高货币的国际地位。可自由兑换的货币在国际货币体系中地位较高，作用也较大，它在一国的国际收支、外汇储备、市场干预及其他国际事务等方面，发挥着更大或关键的作用。

② 有利于形成多边国际结算，促进国际贸易的发展。一国货币能否自由兑换，尽管不是利用外资的先决条件，但却是一个长期性的影响因素，特别是外国投资者的利息、利润能否汇出，是外国投资者必然要考虑的重要因素。

③ 有利于利用国际资本发展经济。一国货币能否自由兑换，尽管不是利用外资的先决条件，但却是一个长期性的影响因素，特别是外国投资者的利息、利润能否汇出，是外国投资者必然要考虑的重要因素。

④ 有利于获取比较优势，减少储备风险与成本。如果一国货币是可自由兑换货币，该国在国际收支逆差时，就可以用本币支付，由此减少了动用外汇储备来平衡的压力；同时，也可以不需储备太多的外汇而造成投资机会与投资收益的损失，即减少储备风险和成本。

（2）货币自由兑换的弊端

① 汇率浮动。资本账户开放后，外国资本要自由进出，政府在利率政策与汇率政策方面的自由度一定会受到影响。

② 开放资本账户后的风险。国内资本可以自由流出，外国资本也可自由流入，由此将带来许多金融风险。国内很多的人民币资产将会转移投资国外的一些高收益项目。外资的大量进入也会造成某些领域的泡沫。

③ 债务风险。在目前发达国家利率都非常低的情况下，一些外资会借机大量借债，到中国市场投资，这实际上是把短期债务转换成了长期债务。

④ 挤兑风险。现在，世界各国货币基本上是政府的信用行为，如果不出现很高的通货膨胀，没有人会将银行的储蓄取出来使用。但是当资本自由流动时，挤兑情况就有可能出现。

6. 新产品开发是指从研究选择适应市场需要的产品开始到产品设计、工艺制造设计，直到投入正常生产的一系列决策过程。

（1）新产品研发失败率高的原因

① 公司未能正确评估新产品的潜在市场，在对市场调查不够、了解不彻底的情况下，贸然投放新产品开发而导致失败的企业有很多。

② 新产品本身有缺陷，如由于技术上或设计上的错误，造成产品品质低劣、功能不全，以及颜色、味道、外观、规格、包装容量不适当。产品本身过分复杂，或者同市场现有产品相比没有突出优点，显不出竞争优势，都会种下败因。

③ 定价是决定新产品成败的关键因素之一。价格定得过高或过低，都不合适。当新产品的成本高于预计成本时，所定的价格必缺乏竞争力、难于在市场立足。

④ 延误新产品上市时机，错失良机，或者匆忙抢先上市，未能奠定竞争的优势地位。快半拍或慢半拍，都会使新产品开发有失败的可能。

⑤ 当一种新产品出现在市场时，必然会遇到竞争对手的有力反击。低估竞争对手的反应，因而导致新产品开发失败。

⑥ 推销人员在推出新产品时缺乏明确的策略，没能赢得高层管理者的支持，或者推销、广告等配合不当，都会给新产品以致命伤。因推销计划欠周而造成新产品失败，推出新产品是扩大市场占有率的有效策略之一，然而，由于新产品缺乏市场基础，推销不畅，稍有不慎，就会掉进失败的深渊。分析、研究、弄清新产品开发失败的原因，作为前车之鉴，势将有助于新产品的成功。

（2）新产品开发失败的对策

① 重视和改善新产品开发的规划，市场和技术的双向适应性选择最能正确描述新产品开发的演变过

程。消费者的需求创造产品技术开发的机会，产品技术的发展也将创造消费者的需求，在开发前期对市场进行多番调研，生产出满足消费者偏好的产品。

② 产品的生产要使创新和仿制相结合。就市场策略而言，仿制产品的最大好处是至少可以部分地避免产品开发先期投入所需的巨大的宣传、促销费用，以及在市场营销方面的错误。

③ 完善新产品开发的组织结构。有效的组织结构形式包括产品经理制、新产品经理制、新产品委员会、新产品部、新产品开拓组等，企业可根据自身企业资源和开发目标确定。无论如何，良好的组织形式被证明是提高工作绩效的基础之一。

7. 跨国公司由于各个分公司所在的地域、民族、企业规模等方面存在差异，或者公司内部管理者的文化背景不同，都会给国际企业内部管理带来冲突，表现为：

（1）价值观差异。企业在跨国经营时所面对的可能是与其母国文化根本不同的文化以及由这种文化决定的价值观念、行为态度，文化的不同直接影响管理的实践。一个在特定文化环境中行之有效的管理模式和管理方法在另一种文化环境下的应用，也许会产生截然不同的结果。由于人们价值观的不同，导致不同文化背景的人采取不同的行为方式，从而导致文化冲突；并且这种冲突对跨国经营的影响是全方位、全系统和全过程的，如果解决不好将导致跨国经营的失败。

（2）沟通障碍。在跨国经营企业中，交换信息、交流思想、决策、谈判、激励和领导等活动是以不同文化背景的管理人员和职员之间进行有效沟通为基础的。实际上，复杂的多元文化使得有效的双向式沟通即使借助翻译也难以进行，尤其是低情景语言与高情景语言背景的人们之间的沟通对跨国经营者来说更是个挑战。这是因为低情景语言如英语、德语等是直接明确地陈述事物，明确地给出语言的含义，不要求听者了解当时语言的背景，而高情景语言如亚洲语言和阿拉伯语言等是间接、隐含地陈述事物，具有多重含义，只有了解当时的说话情景才能理解其含义，甚至一些信息的交流不必通过语言。

（3）制度文化冲突。主要体现在：

① 管理基础。西方企业一般是在法律环境比较严格和完善的条件下开展经营与管理，自然会用法律条文作为自己行为举止的依据，而发展中国家企业往往以经常变动的条文、指令、文件作为企业成员的办事章程和决策依据。由于双方行为的标准和依据不同，冲突在所难免。

② 管理方式。企业跨国经营管理是一种跨文化管理，在一国被证明是最好的管理方式在另一不同文化背景的国家则不一定也是最好的。一般来说，美国等西方国家的企业在管理中重视人机系统，见物不见人，分工过于专业化，注重规章制度，偏重于物质刺激，实行职能工资或能力工资，偏重于重物轻人和偏重理性的管理；在领导方式上采用权威领导方式，实行单向沟通，注重组织结构和组织制度，整个组织层次分明，职责明确各司其职，强调理性主义和个人主义。而我国的企业则在管理中重视人际、部门、企业之间的良好关系，强调和谐、尊重和关心，实行富有人情味的管理，物质奖励与精神鼓励有机结合，实行岗位技能工资，注重德能勤绩，偏重于精神手段和感性的管理；组织内部的责任和权利划分不明确，强调相互协调和集体主义。

③ 组织协调。跨国经营企业在内部管理上不同文化的管理人员之间和员工之间不能建立起协调的关系，影响组织的稳定性，引起组织决策制定和执行的风险。首先，在经营管理上，由于不同文化背景的管理人员的不协调和不合作，使得组织管理程序混乱，信息不通，各职能部门职责不分，甚至会出现海外子公司的离心力加大，母公司对子公司失控的局面。其次，由于缺乏共同的价值观，跨国经营企业很难协调职员的行动，职员对企业的目标和管理者的决策也表现出不理解和不认同。

## 三、论述题（25分）

（1）疫情下，我国对外直接投资流量逆势增长，其中国能够在疫情中实现对外投资和利用外资的逆势增长的原因有：

① 中国宏观经济具有广阔的发展前景和韧性。尽管2019年我国经济面临较大的下行压力，但总体稳健。2019年中国GDP规模超14万亿美元，稳居全球第二，实际增速在全球主要经济体中亦保持较高水平，同时人均GDP突破1万美元大关。2021年的经济增速高达8.2%，经济基本面依然强劲。

② 不断改善的营商环境和扩大的对外开放将加大对外资的吸引。近年来我国不断改善的营商环境也将

提升对外资的吸引力。从政府治理方面来看，在对抗自然灾害和瘟疫时，中国强大的资源调动能力、各级政府高度的执行力，以及社会各界的信任和配合，能够较快、有效地控制灾难的蔓延。为复工复产、逐渐恢复经济正常运行打下了基础。新冠肺炎疫情在我国得到有效控制后，政府高度重视稳外资、稳外贸，提出了多项政策优先支持外资外贸企业复工复产。此次全球新冠肺炎疫情中，我国防控疫情取得的成就世界有目共睹，也将增强我国对外资的吸引力。

③ 完整的上下游产业链和优质的要素资源也是外商投资的重要考量。面对疫情的冲击，一些国家政府提出鼓励将制造业回流，甚至考虑对企业的搬家费用进行补贴和支持，以避免过度依赖海外。但是我们认为，重塑高度分工的全球产业链对于企业而言无疑是一个需要大量资金和时间的复杂过程，不会因为一些政府的“搬家补贴”而改变企业的长期战略决策。靠近产品市场、降低生产成本、完善的上下游产业链才是企业投资决定的根本考虑因素。

（2）中国更高水平利用外资将对内外资企业带来的机遇

① 有利于贸易结构优化和贸易逆差收窄。在其他国家对疫情防控设备产品采取出口限制的情况下，中国成为全球抗疫物资重要的出口国。与此同时，居家办公也带来国际市场对小家电等生活消费品需求的增加，我国家电企业对美欧出口订单激增。

② 有利于提升我国贸易数字化水平与新业态发展。疫情的影响，倒逼政府与企业加快数字化转型，创新疫情下国际贸易发展的新模式，增添贸易发展新动能，实现贸易高质量发展。

③ 有利于提振国际市场对华投资信心。中国政府以人民至上的理念成功应对疫情，有序复工复产复市，提振了国际市场对华投资信心。

④ 疫情催生企业数字化转型、数字化创新的机遇。疫情期间全民居家的生活状态改变了人们的消费方式和工作方式，催生企业向数字化转型，比如线上看房；加快企业数字化创新，比如阿里巴巴提供的在线医疗服务。

⑤ 疫情带来信息服务、远程医疗、远程教育等需求扩大的机遇。把握全球贸易结构服务化与服务贸易结构高端化的大势，加快推出服务贸易负面清单，扩大服务业开放，促进生产要素向高端服务集聚，大幅提高服务贸易在我国贸易中的占比，实现中国贸易高质量发展。

（3）中国更高水平利用外资将对内外资企业带来的挑战

① 全球供应链因疫情影响运行受阻，导致运费大幅上涨。在疫情严重情况下，有关国家采取封关、封境、封城措施，造成物流体系存在不畅，大量跨境运输停滞，零售终端停摆，欧美多地港口关闭、航线停飞，空运缩减一半、运费大幅上涨，大量货物无法运输，只能积压在仓库，还要额外支付更多的仓库保管费。

② 订单业务量骤减使诸多企业面临资金链断裂。从配件用的物料、材料到设计，再到成品，到品牌运营，再到订单服务，产业链很长，资金链是随着产业链高效运转而不断流动的。但采购商以不可抗力为由取消订单，货物滞留，仓库管理费还须照常支付，加上工资、租金等其他成本，实体经济压力越来越大。

# 中山大学 2022 年 434 国际商务专业基础试题

**一、名词解释（每题 6 分，共 30 分）**

1. 垂直型跨国投资
2. 国际市场倾销
3. 竞争导向定价法
4. 经济一体化的层次
5. 企业价值链

**二、简答题（每题 16 分，共 80 分）**

1. 为什么有些国家劳动生产率处于绝对优势，仍能够从贸易中获益？
2. 简述四种不同的国际化战略及其优缺点。
3. 简述新贸易保护主义的表现。
4. 简述企业进行倾销的目的和后果。
5. 简述国际分销渠道管理的具体内容。

**三、分析题（每题 20 分，共 40 分）**

1. 农业出口补贴有什么影响？为什么农产品难以自由贸易？
2. 瑞幸咖啡财务作假的影响有哪些？对经营者有什么启发？

## 中山大学 2022 年 434 国际商务专业基础试题解析

**一、名词解释（每题 6 分，共 30 分）**

1. 垂直型直接投资，是指一国企业或跨国公司到国外建立子公司或附属机构的国际直接投资活动。这些国外建立子公司或附属机构，与母公司之间实行纵向专业化分工协作。垂直型直接投资可分为两种：一种是一国投资者为了在生产过程的不同阶段实行专业化，而将生产资本直接输出到另一国进行设厂或建立企业的投资活动，与出口则主要体现为互补关系。另一种是把劳动密集型产品的某些生产阶段采用投资的方式，转移到劳动力成本较低的国家或地区进行。这种投资方式，在发达国家或一部分新兴工业化国家与地区进行产业结构调整时常常采用。

2. 国际市场倾销，是国际贸易的参加者为争夺国际市场而采取的一种手段。商品倾销的一般做法是：在一定时期内以低于国内外市场价格，甚至低于成本的价格，在所要争夺的国际市场上大量抛售某种商品，一旦竞争对手被击败、被挤出市场，倾销者获得了对市场的垄断后，就改低价为垄断高价，从而获取高额利润。通过倾销，可以击败竞争对手，使自己的产品在国际市场上取得垄断地位，由此而获得的高额利润，不但可弥补低价倾销阶段的损失，而且能保证今后较长一段时期内能稳获高额利润。对垄断资本来说，倾销能缓和国内生产过剩的矛盾，并能更多更长久地占领国际市场，特别是发展中国家的市场。

3. 竞争导向定价法是指企业对竞争对手的价格保持密切关注，以对手的价格作为自己产品定价的主要依据。当然，这并不意味着保持一致，而是指企业可以根据对手的价格制定出高于、低于或相同的价格。其优点在于：考虑到产品价格在市场上的竞争力。缺点在于：过分关注价格上的竞争，容易忽略其他营销组合可能造成产品差异化的竞争优势；容易引起竞争者报复，导致恶性的降价竞争，使公司毫无利润可言；竞争者价格变化难以被精确估算。

4. 经济一体化层次由低到高排列依次为：

① 优惠贸易安排，指在成员国之间，通过协议或其他形式对全部货物或部分货物规定特别的关税优惠或非关税优惠。这是经济一体化的最松散和较低级的一种形式。

② 自由贸易区，是指由签订有自由贸易协定的两个或两个以上的国家或地区组成的贸易区域。自由贸

易区内逐渐减免甚至取消关税与进口数量限制，同时，保留成员国各自的原有独立的对区外国家的关税结构和其他贸易保护措施。

③ 关税同盟，是指两个或两个以上的国家通过签订条约或协定取消区域内关税或其他进口限制，并对非同盟国家实行统一的关税率而缔结的同盟。

④ 共同市场，是指共同市场成员国间除完全废除关税与数量限制，建立非成员国的共同关税外，成员国间的生产要素也实现自由移动。

⑤ 经济同盟，是指不但成员国之间废除贸易壁垒，统一对外贸易政策，允许生产要素的自由流动，而且在协调的基础上，各成员国采取统一的经济政策。

⑥ 完全经济一体化，指各成员国之间在经济贸易和财政金融等政策方面完全协调一致，实行统一的政策，是最高层次的经济一体化。

5. 企业价值链是指企业为了满足长期的市场目标以及整个链条的共同利益而进行的战略协作。企业价值链将企业的生产经营活动分为基本活动和辅助活动两大类。基本活动，是指生产经营的实质性活动，一般可以分为内部后勤、生产经营、外部后勤、市场销售和服务五种活动。这些活动与商品实体的加工流转直接有关，是企业基本增值活动。辅助活动，是指用以支持基本活动而且内部之间又相互支持的活动，包括采购、技术开发、人力资源管理和企业基础设施。

## 二、简答题（每题 16 分，共 80 分）

1. 当一国劳动生产率处于绝对劣势时，可以通过出口具有比较优势的产业获得贸易利益。因为他们通过专业于各自的比较优势生产活动，能用最低成本获得所需要的商品，达到最大的消费者效用。李嘉图认为，国际贸易的基础并不限于劳动生产率上的绝对差别。只要各国之间存在着劳动生产率上的相对差别，就会出现生产成本和产品价格的相对差别，从而使各国在不同的产品上具有比较优势，使国际分工和国际贸易成为可能。所以，每个国家应该根据“两利相权取其重，两弊相权取其轻”的原则，集中生产并出口其具有比较优势的产品，进口具有比较劣势的产品。

2. 国际化经营战略包括国际战略、多国本土化战略、全球化战略和跨国战略。

（1）国际战略指企业将其具有价值的产品与技能转移到国外的市场，以创造价值的举措。如果企业的核心竞争力使企业在国外市场上拥有竞争优势，而且在该市场上降低成本的压力较小，企业采取国际化战略是非常有利的。但是，如果当地市场要求能够根据当地的情况提供产品与服务，企业采取这种战略就不太合适。

优点：能充分发挥母公司的中心调整功能，更优化地使用资源。

缺点：①由于企业在国外各个生产基地都有厂房设备，形成重复建设，加大了经营成本，这对企业也是不利的。②不利于发挥国际事业部的自主性与积极性，全球化协作程度和对东道国本土市场的适应能力均低。

（2）多国本土化战略将一个企业的大部分活动，如战略和业务决策权分配到所在国外的战略业务单位进行，由这些单元向本地市场提供本土化的产品，从而把自己有价值的技能和产品推向外国市场而获得收益。在当地市场强烈要求根据当地需求提供产品和服务并降低成本时，企业应采取多国本土化战略。但是，由于这种战略生产设施重复建设并且成本比较高，在成本压力大的行业中不太适用。

优点：①强调的是管理的灵活性与适应性，有利于充分发挥各子公司的积极性和责任感。②能使企业面对各个市场的异质需求时的反应最优化。

缺点：母公司难以统一调配资源，而且各子公司除了自谋发展外，完全失去了利用公司内部网络发展的机会，无法获得经验曲线效益和区位效益。

（3）全球化战略向全世界的市场推销标准化的产品和服务，并在较有利的国家集中地进行生产经营活动，由此形成经验曲线和规模经济效益，以获得高额利润。在成本压力大而当地特殊要求较少的情况下，企业采用全球化战略是有利的。但是，在要求提供当地特色的产品的市场上，这种战略是不合适的。

优点：根据最大限度地获取低成本竞争优势的目标来规划其全部的经营活动，它们将研究与开发、生产、营销等活动按照成本最低原则分散在少数几个最有利的地点来完成，但产品和其他功能则标准化和统一化以节约成本，能形成经验曲线和规模经济效益。

缺点：全球化战略强调集权，由母国总部控制，于是对东道国本土市场的反应相对迟钝。并且由于企业需要跨越国界的协调战略和业务决策，所以难以管理。

（4）跨国战略既寻求多国本土化战略所具有的当地优势，又注重全球化战略带来的效率。跨国战略是目前公认为是跨国公司的最佳战略选择。跨国公司试图兼顾全球效率、国别反应和世界性学习效果这三种战略需要。

优点：可实现区位经济，可实现曲线经验经济，可把核心竞争力转移到国外，可获得全球学习的好处。

缺点：由于有效执行的困难，跨国战略往往被看成是一种理想化而非现实的形式。

3. 新贸易保护主义主要表现形式有：

（1）以环境保护为名筑起"绿色壁垒"

关贸总协定作为世贸组织的主要协定在第 20 条中规定，为保护人类、动植物的生命及健康，为保存有限的天然资源，允许对贸易进行限制。在其后的世界贸易组织的规则中亦允许各成员建立自己的卫生、安全、环境等方面的标准，限制不符合该国标准的产品进口。一些发达国家和新兴工业化国家以此为借口，凭借其经济和技术上的优势制定了一系列苛求的环保措施和高于发展中国家技术水平的环境质量标准，作为市场准入条件，对本国的市场甚至某些夕阳工业加以保护，构筑起所谓"绿色壁垒"，其主要形式有：绿色标志制度、绿色包装、环境成本。

（2）凭借技术优势构建技术壁垒

随着科学技术与管理水平的发展，各国对产品的生产标准的技术法规及生产产品的管理体系认证的标准、评审程序和认证制度等名目繁多，复杂多变，且常常带有强烈的主观性和不透明性，对其他国家的产品和服务设置重重障碍。技术壁垒的常常表现为：

① 严格的产品准入条件。主要集中在对产品制订严格的甚至是苛刻的标准、法规作为市场准入条件。广泛涉及产品适用度、安全、卫生等方面。

② 技术认证。CE 认证、美国的 UL 安全认证等都是影响广泛的认证制度。随着著名的 ISO 9000 质量管理认证体系在全球的推广和普及，国际标准化组织又不失时机地推出了 ISO 14000 环境管理国际标准体系。该体系的推出一方面有利于加强企业和社会团体的环境意识，规范其环境行为，另一方面，由于实行过于严格的认证标准和要求，在发展中国家全面推广尚有一定难度，这就自然而然地给发展中国家的出口贸易造成障碍，将发展中国家的产品和服务排斥在发达国家市场之外。

（3）对外贸易管理和反倾销

新贸易保护主义通过干预本国对外贸易，来加强对外贸易的管理。最著名的是 1988 年美国国会修订并通过的《综合贸易及竞争办法法规》，从法律上标志着新贸易保护主义的形成。该法案授权政府对贸易对手不合理或不公正的贸易可采取必要的行动，以减少国内产业的压力，从而加强了美国政府对外贸易调控的合法性。新贸易保护主义另一表现形式是把"反倾销"作为控制进口的有效而便利的手段，恣意滥用，为所欲为。新贸易保护主义运用反倾销战略，不显山不露水地将受指控方原本符合公平竞争原则的比较利益优势消除殆尽，彻底违背了世贸组织关于反倾销协议所规定的准则。

除此之外，劳工标准、区域性协议、关税升级保护和"灰色区域"措施等也是新贸易保护主义所采取的手段。

4. 倾销是指出口商在控制国内市场的条件下，以低于国内市场价格甚至低于成本的价格向国外市场抛售商品，以打击竞争者并占领或巩固国外市场的行为。

（1）倾销的目的有：

① 为打击或摧毁竞争对手，扩大或垄断某种产品的销路。

② 为了在国外建立新的销售市场。

③ 为了阻碍出口国同种产品或类似产品的发展，以维持垄断地位。

④ 为了推销"过剩"产品，转嫁经济危机。

⑤ 对发达国家来说，商品倾销是为了打击发展中国家的民族经济，以达到经济上、政治上控制发展中

国家的目的。

（2）倾销对出口国的影响为：

① 挤占出口国其他企业的海外市场份额。无论从事倾销的生产厂商出于何种目的对外低价倾销，客观上都可以在短期内扩大其在海外市场的份额。这样，倾销厂商就可能抢夺原本属于未进行倾销的本国企业的海外市场份额。进口国厂商也可以通过对倾销产品进行简单加工后低价出口到第三国，使在第三国市场上进行正当竞争的出口国的有关生产厂商受到打击，缩小或失去市场。所以，倾销相对于出口国的其他非倾销企业而言，也是一种不公平竞争的行为。

② 损害出口国消费者的利益。倾销厂商可以利用倾销手段，处理其库存或剩余产品，从而维持其在国内市场上的垄断价格，以弥补其在海外市场的损失。在此情况下，出口国的消费者被迫支付比正常价格还要高的费用，而使之用于享受其他消费品的购买力受到不同程度的丧失。实际上，倾销企业在海外市场的扩张是以侵害出口国消费者的利益为代价的。

③ 扰乱出口国市场秩序。由于倾销往往并不是出口产品的生产厂商劳动生产效率高的反映，因而其低价销售行为会创造一种虚假的竞争优势，引发国内其他生产厂商的过度竞争。这种过度竞争的后果，会使生产厂商过分关注产品价格而忽略非价格因素对质量与销售的影响，造成出口国生产物质与人力资源的浪费，降低资源按照比较优势进行配置时的使用效率。倾销所引起的低价竞争与价格大战，更助长假冒伪劣产品的泛滥，阻碍生产企业的进步，从而扰乱出口国国内市场的价格形成机制和公平竞争秩序。

（3）倾销对进口国的影响为：

① 阻碍进口国相应产业的发展。出口国倾销企业对海外市场的扩张是通过挤占进口国相同产品生产商的市场份额来实现的。进口国相应产业由于面临着来自外国产品的低价倾销，而被迫与其进行价格竞争，其结果是导致进口国生产商利润下降以至于经营亏损。

② 扭曲进口国市场秩序。对进口国消费倾销产品的产业来说，由于其以倾销的进口产品作为原材料或零部件生产另一制成品，因接受错误的低价信号而扩大生产。一旦出口国停止了倾销，该进口国产业将无法保持扩大了的生产规模，从而造成在资源配置与使用上的浪费。

5. 国际分销渠道管理，从广义上讲包括制定渠道目标和选择渠道策略，选择、激励、评价、控制渠道成员，以及渠道改进等。

（1）分销渠道创建的途径包括购买分销渠道、向分销渠道提供资金或相关优惠条件、新建分销渠道和首创性分销渠道。

（2）中间商的管理包含以下方式：

① 向中间商提供优质畅销的产品。

② 给予中间商适当的利润分成。

③ 共同进行人员培训。

④ 给中间商独家经营权或有价值的特许经营权。

⑤ 共同开展传播活动。

⑥ 给成绩突出的中间商一定的物质奖励。

⑦ 给予一定资金支持。

（3）分销渠道控制。在国际营销中，分销渠道控制主要是指对整个渠道和各个层次中间商的控制。

（4）分销渠道评估。评估分销渠道应遵循以下四个标准：

① 经济性标准。经济性标准是国际企业评估分销渠道的首要标准。

② 可控性标准。可控性标准反映了国际企业对渠道的控制能力。

③ 应变性标准。在评估分销渠道时，国际企业要考虑分销渠道适应时间和环境变化的能力如何。

④ 销售定额标准。销售定额是一项重要的评估指标，国际企业可以将中间商的销售业绩定期进行排序。

（5）分销渠道调整。分销渠道必须随着国际市场环境、分销渠道和企业内部条件的变化进行适当的调整。

## 三、分析题(每题 20 分，共 40 分)

1.(1) 农业出口补贴的影响分为小国模型和大国模型：

① 小国模型下的出口补贴效应：

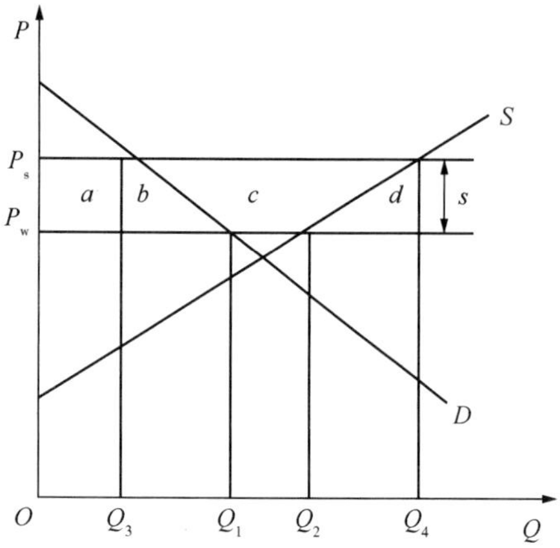


图 1　小国模型下出口补贴的经济效应

如图 1 所示，$S$ 为国内供给曲线，$D$ 为国内需求曲线，$P_w$ 是在开放市场并实行自由贸易的情况下的国际市场价格，同时也是出口国的国内市场价格。在此价格水平下，出口国的国内需求量为 $OQ_1$，出口量为 $Q_1Q_2$。出口国政府为扩大出口，对出口企业每出口一单位商品提供相当于 $s$ 的出口补贴。这样，出口企业的出口收入便增加至 $P_s(P_w+s)$。由于出口收入增加，出口商不再愿意以 $P_w$ 的价格在国内市场上销售商品，直至国内市场价格上升到与其出口收入相一致的 $P_s$。因此，政府提供出口补贴的最终结果，必然迫使出口国的国内市场价格也上升到 $P_s$。这样，由于国内市场价格上升，国内需求由原来的 $OQ_1$ 下降到补贴以后的 $OQ_3$，国内供给则由补贴前的 $OQ_2$ 增加到 $OQ_4$。其中 $OQ_3$ 用于满足国内需求，$Q_3Q_4$ 用于出口。从而使国内的生产、消费和政府收支出现变化：生产者收入增加，表现为生产者剩余增加了 $(a+b+c)$；消费者收益减少，表现为消费者剩余比补贴前减少了 $(a+b)$；政府用于支付出口补贴的支出增加了 $(b+c+d)$。因政府提供补贴而导致出口国社会福利水平的变化为：$(a+b+c)-(a+b)-(b+c+d)=-(b+d)$。其中，$b$ 是消费扭曲，即由原来国内消费者的消费转移到国外消费者的消费的部分；$d$ 为生产者剩余，即由效率低的出口国的生产代替了效率高的国外产品生产而造成的效率的损失。由此可见，小国模型下，出口补贴的实施会导致出口国整体社会福利水平下降。

② 大国模型下的出口补贴效应：

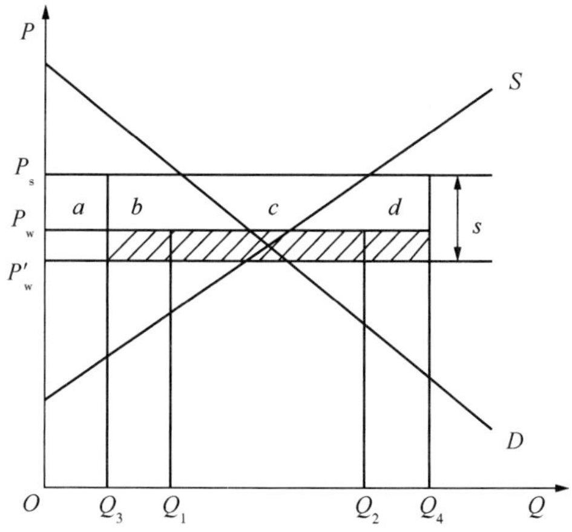


图 2　大国模型下出口补贴的经济效应

大国实行出口补贴会导致出口供给增加，国际市场价格下降，因此会减少出口商的收益，弱化政府出口补贴的作用。在大国模型下，出口补贴对出口国带来的经济效应影响见图 2。由于出口国是贸易大国，随着该国在国际市场上供给的不断增加，引起国际市场的供过于求从而导致价格由 $P_w$ 下降至 $P'_w$。因此在国际市场价格下降以后，出口企业的实际总收益只有 $P'_w$+s，所以，实行出口补贴后出口国的市场价格最终会上升至 $P_s(P'_w+s)$。这一价格上升的幅度低于小国模型时出口国国内价格的上升幅度，原因是政府补贴导致出口供给增加，世界市场价格下降。因此出口国政府所提供的补贴，有一部分成为进口国消费者的福利。在大国模型下，出口补贴对出口国的生产、消费及政府支出的影响如下：生产者收入增加，表现为生产者剩余增加了 $(a+b+c)$；消费者收益减少，表现为消费者剩余比补贴前减少了 $(a+b)$；政府支出增加，表现为政府必须向出口企业提供 ($b+c+d$+阴影部分) 的出口补贴。因此，政府补贴导致出口国社会福利水平的变化为：$(a+b+c)-(a+b)-(b+c+d$+阴影部分$)=-(b+d$+阴影部分$)$。由此可见，在大国模型下，出口国政府向出口企业提供出口补贴所造成的损失大于小国模型下的损失。

(2) 近现代自由贸易理论研究表明，贸易保护会扭曲市场，导致资源配置失效，进而导致国民净福利的损失，损人又损己；而自由贸易则可通过资源在世界范围内的重新配置提高资源使用效率，促进国民净福利和世界净福利增加。但是，农产品贸易与工业品贸易不同，它不仅涉及一个国家的经济利益，更为重要的还涉及粮食安全、农民生计、农村发展、社会稳定以及经济结构的平衡等一系列重大而敏感的问题。特别是粮食安全问题，虽然农产品自由贸易对于粮食安全具有积极影响，但也有消极作用，没有一个国家愿意把自己人民生死攸关的吃饭问题交给自己难以控制的世界市场。另外，随着工业化的进步，由于农业生产和消费都缺乏弹性，农产品对于工业品的相对贸易条件不断恶化，农民收入下降，势必影响粮食生产，扩大城乡差距，动摇农业的基础性地位，进而导致严重的社会问题。只有对农业提供支持，才能提高农民收入，保障粮食安全，缩小城乡差距，稳固农业的基础性地位，维护国家的长治久安。因此，各国明知农业保护的代价很高，也要不惜代价予以维持。不论是发达国家还是发展中国家，考虑到农业在一国的政治经济中的特殊地位，除少数农产品竞争力很强的国家，农产品贸易支持与保护将成为常态。所以，农产品贸易自由化的阻力向来大于工业品贸易自由化的阻力，在农产品贸易中允许大量国内支持措施的存在，甚至在“绿箱措施”中也允许具有贸易扭曲作用的国内支持措施的存在。

2.（1）瑞幸咖啡财务作假对自身的影响如下：

① 对瑞幸自身的影响股价下跌，面临诉讼风险。瑞幸在财务造假事件被揭露后，股价暴跌超80%，一度触发熔断；之后多次收到纳斯达克的退市通知，直至2020年6月29日正式停牌；同时，瑞幸咖啡还要承担在美投资者的集体诉讼，为了解决诉讼风波，瑞幸咖啡要支付高昂的法务费用，这加剧瑞幸咖啡的破产风险。

② 门店大量关闭，员工面临失业。瑞幸咖啡为了抢占市场，所选择的商业模式是烧钱扩张。通过高额补贴的形式实现初期快速扩张。受到财务造假事件的恶劣影响，瑞幸咖啡的财务危机让瑞幸咖啡的大量门店面临关店风险，员工失业率急速上升。

③ 企业信誉降低，融资困难。财务造假被揭露之后，瑞幸咖啡面对着高额的亏损，急需不断的融资来维持经营。而此时瑞幸咖啡的优良形象已经荡然无存，企业商誉不断减值，企业的融资也变得异常困难。

（2）瑞幸咖啡财务作假对中概股的影响如下：

① 产生信任危机，降低中概股信誉。瑞幸咖啡的财务造假使得中概股的信任危机再一次地濒临爆发，受瑞幸咖啡事件的影响，外国投资者对中国企业的不信任加深，其他中概股的跌幅明显，中概股平均股价异常波动。

② 上市难度增加，企业压力增加。面对大环境下对于中概股的不看好，对于中概股的投资也会变得格外犹豫和谨慎，因此企业难以得到资金支持，融资能力越来越差。除此之外，相关会计师事务所等中介机构也会加大上市成本，来缓解自己面对高风险上市的负担。在少进多出的资金双重压力之下，企业想要作为中概股上市的难度不断增加，压力也日趋变大。

（3）对经营者的启发：

① 遏制贪婪因素。公司在上市前应对当地的市场环境和法律法规进行全面深入了解，尊重经济市场、遵循市场规则、遵守法律规范，及时履行信息披露义务，合理合法进行经济业务活动；优良的企业文化和企业家精神对内有效引导员工、对外提高企业信誉，亦有利于克服道德风险、增强管理者自律、遏制贪婪因素；科学的激励机制设计能够使管理者控制权和剩余索取权相匹配，避免形成了贪婪诱因。

② 减少机会因素。监事会、独立董事应积极参与公司决策、治理，有效地发挥公司内部控制与监督作用，维护公司整体利益；要建立财务数据核实制度和独立的审计部门和审计渠道，并加强对违规行为的内部查处和追责力度。

③ 公司应该制定合理的经营模式和发展战略。尽管在美国上市对公司盈利要求相对较低，但中概股公司也应对自身产品市场竞争力和资金状况进行分析，避免快速占据市场、融资扩张等过于激进的运营模式所带来现金流风险和长期亏损状态。

④ 加强监督和管理。严肃监管和制度环境、提高资本市场惩戒力度和强化发现机制。除了政府监管，还可发挥其他市场主体、媒体的监督作用。

## 关 于 科 兴

上海杨浦区科兴进修学校成立于 2000 年，主要涉足考研和插班生等大学生考试培训项目。科兴自成立以来，一直谨守精细化、个性化和专业化的服务理念，深受广大学子信赖。2014 年 2 月 1 日，科兴学校正式收购翔高教育，进一步完善了考研课程辅导体系，形成公共课、专业课和一对一个性化辅导齐头并进的局面。翔高是国内最专业、最权威的专业课考研培训机构之一，尤其擅长上海财经大学和复旦大学经济类相关专业的课程辅导。

科兴考研下设经济学、金融学、计算机、心理学、教育学、新闻学、法学、会计学、管理学等 10 余个专业课教学研究中心。金融学教学研究中心是 2011 年成立的，独立从事经济学教学研究和图书研发。近年来发展迅速，成为了综合实力最为强大的教学研发部门。从教学成果而言，历年复旦和上财 431 人均 110+，为广大考生步入沪上名校提供了有力支持；从研发成果而言，431 金融学综合系列年累积读者 30000+，成为众多考生备考的经典丛书。

## 联 系 我 们